KB148430

새로운 세계합리성

새로운 세계합리성

신자유주의 사회에 대한 에세이

피에르 다르도 · 크리스티앙 라발 지음

오트르망(심세광 · 전혜리) 옮김

감사의 말

이 책은 무엇보다도 우리가 신자유주의에 대한 연구를 발표하고 논의했던 '맑스의 문제' 세미나 마지막 해에 참여했던 모든 분들께 빚지고 있다. 특히 질 도스탈레르Gilles Dostaler, 아녜스 라브루스Agnès Labrousse, 도미니크 플리옹Domnique Plihon, 파스칼 프티Pascal Petit 그리고 이사벨 로셰Isabelle Rochet 등 이 집단적 성찰을 풍부하게 만들어 준 발표자분들께 감사드린다. '맑스의 문제' 세미나가 소소한 모험을 시작했을 때부터 동행했고 이 책의 구성에 대해 조언하면서 큰 도움을 주신 우리 편집자 위그 잘롱Hugues Jallon께도 큰 감사를 드린다. 또한 끈질기고 주의 깊게 원고를 교정해 주신 브뤼노 아우어바흐Bruno Auerbach께 감사드린다.

그러나 처음부터 이 책의 집필에 참여했던 엘 무후브 무후드El Mouhoub Mouhoud의 변함없는 우정과 지적 지원이 없었더라면, 또 원고를 여러 번 다시 읽고 편집하는 수고를 아끼지 않았던 안 다르도Anne Dardot의 끊임없는 귀중한 도움이 없었더라면 아무것도 이루어지지 않았을 것이다.

한국어판 서문 · 신자유주의의 변신

피에르 다르도, 크리스티앙 라발

신자유주의가 구성하는 주요 정치 현상을 분석하고자 한다면, 마치 그 특수하고 지역적이며 과도기적인 정치적 형상들 중 하나에 신자유주의의 본질이 담겨 있기라도 하듯 천착해서는 안 된다. 자본주의의 규범적 논리에 따라 사회적 관계와 제도를 변형시키는 것을 목적으로 하는 통치 방식이라 할 수 있는 신자유주의에는 무수한 변종들이 존재하기 때문이다. 그래서 우리 관찰자들은 시간의 흐름 속에서, 주권주의, 국수주의, 종교적 근본주의, 파시즘으로부터 새로워 보이는 수사修辭와 방법을 차용해 극도로 권위적이고 억압적이며 폭력적인 신자유주의의 형태들이 출현하는 것을 목도할 수 있었다. 어떤 관찰자들은 트럼프, 보우소나루, 오르반의 권력 행사 방식을 규정하기 위해 '권위적 신자유주의', '신자유주의적 파시즘'을 논한 바 있다. 근래 발생한 이러한 신자유주의의 사건들에 비추어 푸코에게서 최초의 개념틀을 발견했던 분석들, 또 우리가 『새로운 세계합리성』을 쓸 때 우리의 지침이 되기도 했던 분석들은 이제 낡은 것으로 간주되어 폐기되어야 하는 것일까?

위기를 이용한 통치

푸코는 1979년 강의 『생명관리정치의 탄생』에서 신자유주의 통치성을 분석의 중심 대상으로 설정했다. 푸코는 풍부한 분석들을 통해 신자유주의를, 단순히 법이나 국가나 제도가 부재해서 시장이 이를 이용하는 것으로 이해해서는 안 된다는 사실을 밝혀낼 수 있었다. 반대로 푸코의 독해는 경쟁 사회에 반드시 필요한 사법-정치적 틀을 구축해 유지하는 것을 목표로 하는, 독일 질서자유주의의 표현을 빌리자면 '정부 개입주의'를 신자유주의에서 명확히 볼 수 있게 해주었다. 오늘날 우리는 신자유주의 국가가 소극적인 국가, 최소 국가, 혹은 약한 국가가 아니라는 사실을 잘 알고 있다. 오늘날의 신자유주의 국가는 오히려 사회적 관계에 경쟁의 논리를 강제하고 공적 기관들을 포함한 기관들에 기업 모델을 강제하는 데 대단히 적극적이다. 그러나 푸코는 인센티브와 자극을 이용해 개인들의 품행을 '간접적으로' 인도하는 것으로 단순 귀착될 수 없는 신자유주의의 사회 변형 전략 안에 들어 있는 반민주적 논리를 충분히 역설하지 못했다. 이러한 분석에 필수적인 역사적 거리두기가 충분치 않았기 때문이다. 신자유주의는 사회국가의 기득권에만 이의를 제기하는 것이 아니라 '자유민주주의'의 전통적 작동 방식의 중심부에도 심각한 타격을 입힌다. 요컨대 신자유주의는 경제정책을 공론의 장에서 제외시키는 자본의 논리를 '헌법화'하고 권력을 소수 지배자들에게 집중시키며 임금노동자의 사회권과 시민의 정치권의 약화를 목표로 하는 항상적 협박과 억압적 방법을 사용하는 것이다. 바로 이런 현상 때문에 웬디 브라운 같은 저자들은 "탈-민주화"를 논했고, 어떤 저자들은 우리 필자들이 했던 것처럼, 신자유주의의 근본적 반민주화를 더 강조하기 위해 "민주주의로부터 탈출"하는 프로세스를 논하기도 했다.

우리는 이에 대해 간과하고 있었고, 바로 이것을 핵심 주제로 삼아 2016년에 쓰게 된 책이 『끝나지 않는 악몽—신자유주의는 어떻게 민주주의를 파괴하는가』*Le Cauchemar qui n'en finit pas: Comment le néolibéralisme défait la démocratie*이다. 이 책은 『새로운 세계합리성』의 속편이자 최초의 변경이었다. 우리는 이 책에서 신자유주의가, 스스로 야기한 위기에도 불구하고 살아남아 스스로를 강화하는 것이 아니라, 반대로 자신이 실행한 정책들이 야기한 가장 부정적이고 가장 재앙적인 결과를 자기에게 유리하게 이용하면서 위기에 의지해 살아남고 스스로를 강화한다는 사실, 그래서 신자유주의는 자신이 유발하는 위기를 이용해 자신을 강화한다는 사실을 지적한 바 있다. 2015년 유럽연합 당국들이 IMF의 도움을 받아 소위 '그리스 국가 부채 위기'를 해결한 권위적 방식은 이런 종류의 악순환의 고리가 어떻게 작동하는지 더욱더 상세히 이해할 수 있게 해준다. 이 '위기를 이용한 통치'에 의거해 우리는 신자유주의라는 체계의 특징을 더욱더 선명히 밝혀낼 수 있었다. 신자유주의는 체계를 구축한다. 이제는 국제 수준에서의 통화, 금융, 무역, 재정상의 제약이라는 조밀한 그물망이 존재하고, 그 중 어떤 것들은 무역협정서 조항들에 각인되거나 (유럽연합의 경우에서처럼) 거의 헌법적인 것이 되어 버렸다는 의미에서 말이다. 그러나 신자유주의는 거의 기계적으로 늘 자기 시스템에 유리한 방식으로 정치·사회·경제적 위기에 대한 대응을 내놓는, 다양한 차원—사회학적, 주체론적, 이데올로기적 차원—을 가진 지배 시스템이라는 특징을 갖고 있기도 하다. 이러한 신자유주의의 대응들은 위기를 유발하는 조건들을 오히려 강화함으로써 다음에 오는 위기들을 더 악화시킨다. 이는 이미 2008년 세계 경제 및 금융 위기에서 우리가 끌어낼 수 있었던 교훈이다. 조지프 스티글리츠는 "신자유주의의 종말"을 고할 수 있다고 생각했지만, 2008년 경제위기 및 금융위기는 오히려 신자유주의적 개혁들을 가속화하고 지구화와 그 효과들을 강화할 절호의 기회였던 것이다.

인구집단을 분열시켜 그들에 맞서 통치하기

포퓰리즘 스타일의 국수주의, 권위주의, 외국인 혐오 지도자들이 정치 무대에 등장함으로써 또 다른 계열이 시작되었다. 미국, 유럽, 라틴아메리카 등지에서 출현한 이 새로운 지도자들은 신자유주의 노선을 더 욱더 급진적으로 강제하기 위해 종교, 인종, 문화 등 유구한 분열의 선들을 빈번히 도구로 활용하려 한다. 그들의 정부는, 권력의 방식으로서의 신자유주의와 생산 시스템으로서의 자본주의에 결코 이의를 제기하지 않는다. 반대로 그들은 가장 부유한 사람들의 세금을 경감하고 사회복지를 축소하며 특히 금융이나 환경보호 관련 탈규제화를 가속화하며 신자유주의의 절대주의적이고 초권위적인 성격을 전격적으로 수용한다. 도널드 트럼프가 이런 종류의 모델을 만들어 냈다. 이제 모든 일들은 마치, 신자유주의가 불만과 실망을 더 잘 활용하려는 마당이니 자유주의나 '민주주의'의 이미지는 더 이상 필요치 않다는 듯이 진행된다. 이 극도로 반동적인 신자유주의는 인구집단 전체 계층의 원망을 민주주의에 대한 혐오로 유도하고 자신이 야기한 위기를 도구로 악용한다.

『끝나지 않는 악몽—신자유주의는 어떻게 민주주의를 파괴하는

가』 이후 우리가 수행한 연구는 신자유주의의 **전략적** 특징에 집중되었다. 신자유주의에 통일성이 존재한다면 그것은 사실 교의적인 것이 아니라 본질적으로 전략적인 것이리라 생각했기 때문이다. 이는 상황에 따라 다양한 얼굴을 가질 수 있는 적을 무력화시키기 위한 수단들과 관련되어 있다.[1] 통치성에 관한 푸코의 분석은 사실 국가 지배의 폭력적 차원을 망각하게 하고 내전의 차원을 사라지게 만들 위험이 있다. 이 내전의 차원은 푸코의 1979년 강의 『생명관리정치의 탄생』 이전인 1970년대 초반, 특히 『처벌 사회』*La Société punitive*라는 제목의 강의에서 대단히 중요했다. "일상생활에서의 권력 행사는 내전으로 생각될 수 있어야 하고 거기서 우리가 포착할 수 있는 모든 도구와 전술, 그리고 이것들의 연합은 분명 내전의 관점에서 분석할 수 있습니다."[2] 달리 말하면 신자유주의 통치성은 신자유주의에 방해가 되는 모든 사회 세력, 모든 정적, 모든 제도적 장애물에 대항하는 항구적 전쟁을 요청한다는 것이다. 이 점을 여실히 보여 주는 것들에는 피노체트 치하의 칠레라는 실험실, 마거릿 대처의 노조와의 전쟁, 혹은 더 일반적으로 복지와 노동조합운동에 반대하는 신자유주의 이론가들의 정치적 캠페인이 포함된다. 이 전쟁이 꼭 군사적인 것은 아니다. 이 전쟁은 모든 장, 모든 제도, 모든 담론을 가로지르고 있다. 이 전쟁은 근본적으로 '사회적' 전쟁이다. 왜냐하면 이 내전은 사회 내부에서 권력관계를 구성하기 때문이다. 신자유주의의 전략적 합리성은 새로운 게 아니고 이

---

1) 다음을 참조하라. Pierre Dardot, Haud Guéguen, Christian Laval, Pierre Sauvêtre, *Le Choix de la guerre civile, Une autre histoire du néolibéralisme*, Montréal, Lux, 2021.

2) Michel Foucault, *La société punitive. Cours au Collège de France(1972-1973)*, Le Seuil, 2013.

미 1920~30년대 신자유주의자들의 초기 텍스트와 담론에서 나타난다. 특히 칼 슈미트와 그의 **강한 국가** 독트린(그가 보기에는 이 독트린이야말로 유일하게 인민의 사회적 평등 요구에 저항할 수 있는 것이었다)으로부터 완전히 영향을 받은 오스트리아와 독일 이론가들의 텍스트와 담론에서 말이다.

이러한 내전은 극우와 네오파시스트 지도자들이 승리한 국가에만 국한되는 것이 아니다. 내전은 도처에 존재한다. 사회질서를 교란하고 권력에 과감히 이의를 제기하는 모든 사람들에 대한 경찰 및 사법적 억압의 강도를 관찰함으로써 이를 확인할 수 있다. 테러리즘이나 무장 봉기에 맞설 때나 적합할 법한 사법, 경찰, 테크놀로지 장치들은 점점 더 빈번하게 공공질서의 **일상적 관리** 도구가 되어 가고 있다. 우리 시대를 특징짓는 것, 그것은 국가가 시민들을 법의 견지에서의 '범죄자'로 간주할 뿐 아니라 시장 질서의 기본 법칙들의 적으로 간주하면서 더욱 빈번히 시민들에게 사용하게 된 폭력이다. 반대자와 방해자의 '적대시'가 정치사의 현시점을 특징짓는다.

이러한 적의 전략적 구축은 신자유주의가 몰두하는 임무에 꼭 필요한 것이 되었다. 신자유주의는 이전의 국가 발전 단계에서 확립된 사회보장 메커니즘에 **대항하는** 투쟁에 열을 올리고 있고 보다 더 일반적으로는 시민적, 사회적 평등과 관련된 제도에 속하는 모든 것에 대항하는 투쟁에 열을 올리고 있다. 신자유주의 국가는 사회적으로 **불안정하고 불평등한** 정책을 의도적으로 펼침으로써 사회적 국가를 배반한다. 신자유주의 국가는 민중들의 반발에 대한 억압적이고 경찰적이며 처벌적인 대응을 일반화한다. 이러한 내전의 새로운 합리성은, 아직 조직되지도 않은 '적', 특히 무장 폭력을 통한 권력 쟁취에 관심 없는 '적',

설사 그러기를 원한다 할지라도 임금노동자 집단의 세력 약화와 사회주의에 의거하는 유파들의 이데올로기적 붕괴로 인해 그것이 불가능하게 된 '적'에 대항해 내전이 행해진다는 점에서 역설적이다. 이러한 내부 적의 생산은 특히 신자유주의 정책에 의해 공격받는 인구 집단의 절망적 반응에 기반하고 있다. **가치들과 관련된 전쟁**을 통해 인민을 갈라치기 하고, 도덕, 인종, 문화, 이데올로기의 분열선들을 적극적으로 활용해 인민들을 서로의 적으로 대립시키는 것이 가능해졌다. 바로 이 분열을 통해 오늘날 민주주의의 관점에서 봤을 때 불평등하고 퇴행적인 상황의 세계적 영속화가 확보된다. 범지구적 신자유주의의 논리에 맞서기 위해서는 다양한 실험과 집단적 투쟁의 주체들을 공통적인 것에 기반한 평등 정치의 길로 인도할 수 있는 민주적 · 초국가적 대안의 구축이 긴급히 요청된다.

차례

II부 · 학문적 재정립

III부 · 새로운 합리성

새로운 세계합리성

| 일러두기 |

1 이 책은 Pierre Dardot et Christian Laval, *La nouvelle raison du monde*(La Découverte, Paris, 2009)를 완역한 것이다.

2 주석은 모두 각주이며, 원주 외에 옮긴이가 삽입한 주석은 내용 앞에 '[옮긴이]'라고 표시했다.

3 본문 중에 옮긴이가 첨가한 내용은 대괄호로 표시했으며, 영역본의 내용을 첨가한 경우 대괄호 안에 '—영역본'이라고 표시했다.

4 단행본·정기간행물의 제목에는 겹낫표(『 』)를, 논문·단편·영화·작품 등의 제목에는 낫표(「 」)를 사용했다.

5 외국어 고유명사는 2002년에 국립국어원에서 펴낸 외래어표기법을 따르는 것을 원칙으로 하되, 관례가 굳어서 쓰이는 것은 관례를 따랐다.

서문 · 합리성으로서의 신자유주의

우리는 신자유주의를 아직 끝장내지 못했다. 신자유주의에 대해 많은 사람들이 어떻게 생각하든 간에, 그것은 금융위기와 더불어 사라져 버릴 일시적 이데올로기가 아니다. 신자유주의는 단순히 상업과 금융에 지배적 지위를 부여하는 경제정책에 불과한 것이 아니다. 문제는 아주 다른 것, 그 이상의 것, 바로 우리가 살고 느끼며 사유하는 방식이다. **우리 실존의 형태** 그 이상도 이하도 아닌 것, 즉 우리가 어떻게 행동하고 타자와는 어떻게 관계 맺을 것인지, 또 우리 자신과는 어떻게 관계 맺을 것인지와 관련해 압박받는 방식이 문제인 것이다. 신자유주의는 실제로 서구사회에서, 더 나아가 '현대성'modernité의 길 위에서 서구사회 뒤를 쫓는 모든 사회에서 일정한 삶의 규범을 규정한다. 이러한 규범은 각자가 전면화된 경쟁의 세계에서 살아가도록, 또 사람들이 서로에 대한 경제적 투쟁 속에 들어가도록, 사회관계는 시장의 모델을 따르도록 명령한 끝에 개인마저도 변형시켜 이제 개인은 자기 자신을 기업으로 여겨야 할 운명에 처해 있다. 이 실존의 규범은 30여 년 전부터 공공정책을 주재하고 전 세계의 경제관계를 지휘하며 사회를 변형시키고 주체성을 개조하고 있다. 이러한 규범이 성공하고 있다는 정황들이 종종 기술되어 왔다. 때로는 정치적 측면(신자유주의 세력의 권력 쟁취), 때로는 경제적 측면(세계화된 금융 자본주의의 도약), 때로는 사회적 측면(집단의 연대와 맞바꾼 사회적 관계의 개별화, 극심한 빈부격차), 심지어 때로는 주체의 측면(새로운 주체의 출현, 새로운 정신질환의 발달)에서 말이다. 여기 이것들은 **새로운 세계합리성**을 보충하는 차원들이다. 이를 통해 이 합리성이, **전면적**이라는 말이 가질 수 있는 두 가지 의미에서 전면적이라는 사실을 이해해야 한다. 이 합리성은, 단번에 세계적 규모로 유효하다는 의미에서 '세계적'이며, 경제영역에 국한되지 않는 인간 실존의 **모든** 영역을 통합할 수 있는 힘을 통해 전체화하려고, 다시 말해 '세계를 만들려고'까지 한다. 세계합리성, 그것은 '합리성-세계'이기도 하다.[1)]

신자유주의는 이렇듯 오늘날의 지배적 합리성이다. 여기서 이 용어는 '자본주의'라는 말을 피하게 해주는 완곡어법으로 사용된 것이 아니다. 신자유주의는 **현대 자본주의의 합리성**, 즉 구태의연한 자본주의의 준거들로부터 해방된 자본주의의 합리성, 역사적 구축물이자 삶

1) 세계를 구성하는 합리성에 대한 관념은 막스 베버(Max Weber)에게서 발견된다. 이때 세계를 구성하는 합리성은 본질적으로 자본주의 **경제** 질서, 즉 "시장에 얽혀 있는 개인들에게 이 세계가 정한 경제 활동의 규범을 강제"하는 "방대한 우주"와 관련된다(*L'Éthique protestante et l'Esprit du capitalisme*, Flammarion, 'Champ', Paris, 1999, pp. 93~94)[『프로테스탄트 윤리와 자본주의 정신』, 박문재 옮김, 현대지성, 2018, 75쪽. 번역 일부 수정]. 그러나 칼뱅주의 이웃사랑의 "객관적"[지은이는 "상대적"이라고 옮겼지만 오기로 보인다—옮긴이]이고 "비인격적"인 성격에 대해 말하는 구절에서는 "우리를 둘러싼 **사회적** 우주[사회 질서]를 합리적으로 구성"한다는 표현을 발견하게 된다(*Ibid*., p. 175, 강조는 인용자)[같은 책, 187쪽. 번역 일부 수정]. 어떤 의미에서, 그리고 사회적인 것을 인간 실존의 다른 차원들 중 하나로 환원하지 않는다는 명시적 조건하에서, 우리는 그 신자유주의적 합리성이 명백히 **우리의** "사회적 우주"의 합리성이라고 말할 수 있을 것이다.

의 보편규범으로서 전적으로 수용되는 자본주의의 합리성인 것이다. 신자유주의는 경쟁이라는 보편원리에 따라 인간들을 통치하는 새로운 방식을 야기하는 담론·실천·장치의 총체로 규정될 수 있다.

신자유주의는 '자유방임' 이데올로기다?

이러한 정의에는 놀라지 않을 수 없다. 왜냐하면 이 정의는, 좌파뿐 아니라 우파도 폭넓게 공유하는 완전히 새로운 어떤 의견, 즉 이제 '신자유주의는 죽었다'고 선언하는 의견과 정면충돌하기 때문이다. 실제로 금융위기의 심각 국면(2008년 9~10월) 때 어떤 담론 하나가 거의 이론의 여지 없는 자명한 방식으로 도처에서 인정되었다. '국가의 회귀', '케인스의 복수', '신고전파 이론의 죽음', '신자유주의의 종말'만이 문제였다.[2] 규제와 보호, 국유화, 국가개입으로 이루어진 완전히 다른 세계, 새로운 '패러다임'으로 우리가 갑자기 들어서게 됐다는 것이다.

세계금융의 대혼란 때문에 '신자유주의라는 여담'이 완전히 끝났다는 관념은 실제로는 오류일 뿐 아니라 위험하기도 하다. 때로 가장 탁월한 지성들에게서까지 발견되는 이 관념은 그들이 신자유주의를 18세기 '자유방임'에 관한 진부한 통설과 혼동해 신자유주의의 역사와 속성을 이상하게 오해하고 있음을 증명한다. 하나만 예를 들면 조지프

---

2) 여기에 저항할 수 있었던 매우 드문 사람들 가운데 하나인 드니 시페르(Denis Sieffert)는 이렇게 주장했다. "최후의 위기는 하나의 우화일 뿐이다. 여기서는 자본주의의 몰락에 대해 한 마디도 하지 않으며(광범위한 주제!), 신자유주의조차도 명줄이 길다. 그것은 수치심으로도, 반복되는 실패로도 죽지 않는다. 그것은 사람들의 등에 올라탄 채 인위적으로 그 위기들을 해결하는 국가 관리적 개입에 완벽하게 적응한다." "La fable de la crise finale"(최후의 위기라는 우화), *Politis*, 2008. 9. 25.

스티글리츠는 2008년 7월에 신자유주의를, "자정 기능을 가진 시장이 자원을 효율적으로 분배해 보편적 이익에 복무한다는 근본주의적 개념에 기초한 관념들의 창고"[3]라고 정의했었다. 일반적으로 이러한 의견은 **신자유주의**를, 시카고 학파의 경제학설에 근거하며 더 거슬러 올라가면 애덤 스미스의 '보이지 않는 손'에 대한 믿음을 그 원천으로 삼는 **이데올로기**로 간주한다. 이런 식으로 간주되는 신자유주의는 두 가지 양상을 나타낸다고 하는데, 시장의 자유는 최적의 자원 배분을 보증하지만, 공적 개입은 예측을 교란해 자동 밸런싱에 해를 끼친다는 것이다. 이 이데올로기의 핵심은 따라서 시장을 자연적 실재와 동일시함으로써 구축되었다고 할 수 있을 것이다.[4] 이 자연주의적 존재론에 따르면, 균형과 안정 그리고 성장을 얻는 데는 이 자연적 실재를 있는 그대로 내버려 두는 걸로 충분하다고 한다. 만약 그럼에도 불구하고 이 자연주의적 존재론이 일정한 '개입'의 여지를 받아들인다 해도, 그것은 국가가, 기존에 자신에게 부여된 공공 서비스의 임무를 약화시킴으로써 자기 고유의 기반을 무너뜨리는 행위를 하는 한에서이다. 절대적으로 부정적인 '개입주의'라 말할 수 있는 이것은, 국가가 스스로의 후퇴를 조직하는 적극적이고 정치적인 측면에 불과하므로, 원칙적으로 반-개입주의다.

이러한 이데올로기의 존재와 확산에 이의를 제기할 생각도 없고,

---

3) J. E. Stiglitz, "La fin du néo-libéralisme"(신자유주의의 종말), *Les Échos*, 2008. 7. 21.

4) 애덤 스미스보다도 장-바티스트 세(Jean-Baptiste Say)나 프레데릭 바스티아(Claude-Frédéric Bastiat)에게서 훨씬 강했던 이러한 자연주의적 신조는 알랭 맹크(Alain Minc)의 다음과 같은 말에 의해 완벽하게 정식화되었다. "자본주의는 무너질 수 없다. 그것은 사회의 자연적 상태이기 때문이다. 민주주의는 사회의 자연적 상태가 아니지만 시장은 사회의 자연적 상태다." *Cambio 16*, 1994. 12.

이 이데올로기가 레이건과 대처 시대 이래로 추진된 경제정책에 지속적으로 양분을 제공했다는 것을 부정할 생각도 없다.[5] 여기서 신자유주의를 이러한 진부한 통설로, 또 이 진부한 통설이 직접적으로 불러일으킨 경제정책으로 **환원**하는 것은 틀렸다. 이 책에서 보게 되겠지만, 이 역설은 상당히 중대하다. 왜냐하면 신자유주의는 바로 **자유방임이라는 자연주의적 이데올로기에 대항하여** 자유주의를 재정립하려는 시도로서 역사에 출현했기 때문이다.

시장의 자기조절기능이라는 진부한 통설에 실제적 효과가 없었다는 건 아니다. 실제로 2008년 가을의 위기가 오기 전까지만 해도 이 진부한 통설은 세계의 **현실**에 전지전능한 시장이라는 환상을 부여하는 진정한 '이데올로기적 거품'으로 변형되기까지 했었다. 이 진부한 통설은 그 자체로 분명 금융의 지구적 확장에 기여했고, 뉴욕이나 런던 등의 대도시에서 금융업 관련 소득의 막대한 증대를 조장했다. 증권거래소의 이데올로기는 수많은 에세이스트와 논설기자 그리고 전문가들을 통해 전 세계로 퍼져 나갔고, 언론 매체를 가득 채우면서 '효율적 시장'과 '선한 기업'의 미덕들에 대한 오래된 마술적 믿음들을 끊임없이 지겹도록 퍼트려 댔다. 이 이데올로기는 '시장적 해법'의 옹호자를 자처하는 모든 경제학자들 및 좌우를 막론한 정치가들에 의해 호의적으로 중계되었다. 예를 들어 유럽의 정치가들은 미국과 영국의 '기적'을 찬양하면서, 공적 개입의 '과도한 비용' 및 시대에 뒤떨어진

5) 이렇듯 레이건은 1960년대 초에 프레데릭 바스티아의 『법』(*Le Loi*)[김정호 옮김, 자유기업원, 2016]을 애독했다. Cf. A. Laurent, *Le libéralisme américain. Histoire d'un détournement* (미국의 자유주의: 방향전환의 역사), les Belles Lettres, Paris, 2006, p. 177.

'사회모델'의 '낙후성'을 한목소리로 비난했다. 이 이데올로기는 분명 금융위기 때도 자기 역할을 했는데, 이는 금융지배의 직접적 피해(불평등 심화 및 생산수단 손상)를 성찰하지 못하게 막음으로써, 또 본질적으로 체계적인 리스크들을 과소평가함으로써 이루어졌다. 요컨대 첫 번째 '유해 요소'는 행위자들의 예측이 절대적으로 합리적이리라는 믿음, 즉 리스크들은 언제라도 상쇄될 수 있다고 생각하게 하는 믿음이었다.

이 증권거래소 이데올로기에 대한 가장 훌륭한 증언들 중 하나는 앨런 그린스펀의 입에서 나온다. 레이건이 1987년 연방준비은행(Fed) 수장으로 임명했던 이 '마술사'는 2006년까지 18년 동안 그 자리를 유지했다. 그가 회고록에서 표명한 신조는 투박하기 이를 데 없다. 요컨대 애덤 스미스의 '보이지 않는 손'을 단순화한 버전에 불과한 것이다. 참 순진하게도 그는 이렇게 쓴다. "주목할 만한 점은 시장 경쟁의 효력에 관한 우리의 생각이, 18세기 계몽주의 시대에 애덤 스미스가 처음 제안했을 당시와 비교해도 기본적으로 거의 변한 것이 없다는 사실이다."[6] 이 만고의 진리로부터 그가 도출해 내는 위대한 교훈은, 애덤 스미스가 조언했다고 하는 바대로 "사물들의 자연스런 흐름"natural course of things[7]을 방임해야 한다는 것이다. 보탤 말은 없다. 세계적 교역과 금융의 "표면상의 안정성"은 애덤 스미스의 낙관론에 대한 역사적 증명

6) A. Greenspan, *Le Temps des turbulences*, J.-C. Lattès, Paris, 2008, p. 338. [그린스펀, 『격동의 시대』, 현대경제연구원 옮김, 북@북스, 2007, 381쪽.]

7) [옮긴이] 애덤 스미스의 1755년 강의에 나오는 구절(Lecture in 1755, quoted in Dugald Stewart, *Account of the Life and Writings of Adam Smith LL.D.*, Section IV, 25). *The Age of Turbulence*, p. 262에서 재인용.

으로 해석되고 있다.[8] 정확히 하기 위해 덧붙이자면, 애덤 스미스 학설 추종자들의 이러한 해석에는 혁신과 경쟁이 우월한 기능이라는 생각에 기초하는 슘페터 진화론이 살짝 섞여 있다. 금융시장의 자연스러운 균형은 이렇게 낡은 것과 무용한 것 그리고 적응하지 못한 것을 제거하는 "창조적 파괴"와 일치한다는 것이다.[9]

그러므로 이러한 균형을 확보해 주는 것은 공적 규제가 아닌 개인 경영자들 간 상호감시가 된다. 하지만 행위자들 간 상호작용이 일어나도록 방임하는 이 유연성은 금융뿐 아니라 임금과 가격 그리고 이자율과 관련된 시장에서도 유효하다.[10] 탈규제화된 금융시장의 성공은 세계 경제성장에 기여했다고 평가되며, 그렇게 모든 시장들에 대한 본보기로서의 가치를 갖게 된다. 앨런 그린스펀은 스스로를 "반체제인사"[11]로, 금융체계에 대한 **"대부분의 규제에 반대하는 자유지상주의"**의 신봉자로 묘사한다.[12] 공적 규제는 해로울 뿐 아니라 시장의 변화 속도와 규모, 복잡성 때문에 가능하지도 않게 됐다는 것이다.[13] 이

---

8) Greenspan, *Le Temps des turbulences*, p. 472. [『격동의 시대』, 531~532쪽.]

9) *Ibid.*, pp. 347~348. [같은 책, 393쪽.]

10) *Ibid.*, p. 623. [같은 책, 701~702쪽.]

11) [옮긴이] *The Age of Turbulence*, p. 428. (같은 책, 617쪽.)

12) *Le Temps des turbulences*, p. 478. [같은 책, 538쪽.]

13) *Ibid.*, pp. 620~621. [같은 책, 698~699쪽.] 그린스펀은 자기 말의 중대함을 깨닫지 못한 채 이렇게 말한다. "20세기 금융 모델인 직접적인 감독과 규제는 21세기 금융의 규모와 복잡성에 의해 압도당하고 있다. […] 초음속으로 진행되고 있는 시장 행동을 효과적으로 감시하고 그것에 영향력을 행사하려는 노력은 실패할 것이다. 공공 부문에 의한 감시는 더 이상 성과를 거둘 수 없다. 오늘날 전 세계적으로 이루어지는 거래를 감시하는 데 필요한 감사원들은 그들의 행동만으로도 미래에 아주 중요한 금융적 유연성을 훼손할 것이다. 우리에게는 시장이 스스로 작동하도록 내버려 두는 것 외에 다른 합리적인 대안이 없다. 시장의 실패는 아주 드문 예외적 사항이고, 그 파급효과는 유연한 경제 및 금융 시스템에 의해 완화될 수 있다."(*Ibid.*, p. 624)[같은 책, 702쪽.]

런 과감한 발언은, 뒤로 약간 물러나 보면 다소 신중치 못한 것으로 판명되는 '월스트리트의 마에스트로'가 행한 분석을 보강하게 된다. 요컨대, "예를 들면, 예측이라는 지평선상에 어떤 불균형이나 문젯거리가 보이냐는 질문을 받았을 때, 나의 대답은 언제나 한결같다. 시장 참여자들이 예측할 수 있는 금융위기는 좀처럼 일어나지 않는다는 것이다. 만일 주식시장 급등이 폭락의 전조라고 인식되면, 투기꾼들과 투자가들이 일찌감치 주식을 팔아 치우려고 시도할 것이다. 그렇게 되면 자라고 있던 거품이 터지고 시장은 폭락 사태를 면하게 된다."[14] 그러니 뭐하러 개입을 하겠는가? 확실히 1987년 10월의 주가 대폭락 혹은 1997~98년의 금융위기와 같은 "금융상의 경련"financial spasms이 있었던 것은 사실이지만, 극도의 시장 반응성 덕분에 "국제적인 보이지 않는 손"international invisible hand에 의해 인도되듯 여기에 적응할 수 있게 되었다는 것이다.[15]

이데올로기의 함정과 국가숭배

하지만 과연 자유시장에 대한 이 진부한 통설이, 많은 이들이 믿듯, 신자유주의의 실천과 장치들에 대한 모든 진실을 말해 주고 있을까? 신자유주의는 20~30년 동안 미디어와 정치 주변에서 범람했던 단순한 학설에 불과하다고 여겨야 할까? 더 직접적으로 말하자면, 국가는 정말 무대에서 사라졌는가? 국가는 정말 아무 역할도 하지 않았는가?

---

14) *Ibid.*, p. 592. [같은 책, 670쪽.]
15) *Ibid.*, p. 619. [같은 책, 698쪽.]

'패러다임의 변화'를 논하기 전에 먼저 '신자유주의 모델'이 뭔지 명확히 해야 함을 인정해야 할 것이다. 그런데 신자유주의 모델은 전지전능한 시장이라는 '미친 관념'으로 환원되지도 않고 세계금융의 폭발적 팽창으로 요약될 수도 없으며, 신용대출 활동에 대한 감독 소홀이나 기술과 금융 그리고 부동산의 '거품'을 유발한 맹목으로도 환원되지 않는다. 주식시장에서의 유가증권 가격을 자산가치의 유일한 지표로 만들어 버리는 금융 논리의 '실물경제' 지배로 환원되지도 않는다.

실제로 금융의 '대혼란'은, 그 어떤 형태의 합리성과도 무관한 순수 '광기'가 전혀 아니다. 그것은 제도와 사회관계 그리고 통치방식의 총체적 변형에 참여하는 국가들 자신의 지속적이고 편재적이며 다형적인 행위의 결과다. '금융시장 규제완화'는 규칙의 부재를 의미하는 것이 결코 아니었다. 그것은 건전한 규제체계 설정(이 경우 바젤 II 협약 체계)을 수반했다. 그러나 그것이 무효한 것으로 드러났기 때문에,[16] 결국 금융위기는 규칙의 부재보다는 특정 규제방식의 기능장애에서 기인하는 것이다. 게다가 리스크 높은 신용대출로 투기하는 상업은행들과, '악성' 유가증권 매입자에게 보험증권을 제공하는 보험업자들의 적극적 선제조치는, 연방준비은행의 금융완화정책 및 재무부의 '상태 좋은' 보장보험과 무관하지 않았다.

더 모범적인 사례가 있다. 금융위기가 최고조에 달했을 때에도 니콜라 사르코지는 선거캠페인 공약을 집요하게 고수했다.[17] 이것은 모

16) 이 본질적인 점에 대해서는 이 책의 10장과 12장을 참조하라.
17) "위기가 요구하는 것은 개혁의 속도를 늦추는 것이 아니라 가속화하는 것"이라고 2008년 9월 25일 툴롱에서의 연설에서 그는 강조했다.

순인가? 조작인가? 기만인가? 전혀 아니다. 한계에 봉착한 논거로 설득하려 했던 어떤 좌파와는 정반대로, 국제적 수준의 새로운 규제에 초점을 맞춘 유럽 이사회 의장의 호소와 국내적으로 계획된 개혁들을 추진하려는 프랑스 대통령의 단호한 의지 사이에는 조금의 모순도 없다. 개혁(공공지출 감축, 우체국 민영화 절차, 은퇴연령 제한에 대한 문제제기 등)은 경쟁 정책에 의해 강요된 것이다. 하지만 세계 금융규제에 대한 호소 역시 경쟁을 '효율화'하고 '합법화'하려는 배려에 의해 강요되는 것이다.[18] 고안된 규제들은 그러므로 경쟁을 전혀 가로막지 않으며, 반대로 경쟁을 구성하고 촉진하며 자극하는 것을 그 기능으로 삼는다. 그런데 경쟁이 잘 작동하려면 규제가 필수라는 이 관념이 바로 신자유주의의 핵심에 있는 것이다.

보다 넓게 말해 국가가 시장에 뒤이어 오는 것이 아니다. 왜냐하면 국가는 실제로 항상 거기에 존재했고, 또 맑스가 살아생전 강조했듯 국가는 자본 축적 절차를 방해하는 모든 종류의 장애물을 파괴하는 강력한 지렛대 역할을 끊임없이 계속해 왔기 때문이다. 신자유주의의 엄청난 혁신성은 시장의 자연 상태로 회귀한다는 기만과 관련된 것이 아니다. 그것은 행동방식과 공적 제도의 폐지가 아닌 변형을 전제하는 논리를 가진 세계적 시장 질서를 모든 국가에 법률적이고 정치적으로 배치하는 것과 관련된다. 무대에서 '국가를 사라지게' 만드는 이데올로기적 마술은 무엇보다도 국가의 실질적 변화를 감추고 있다. 경쟁이

---

18) 툴롱에서의 그 연설에서 니콜라 사르코지는 이렇게 선언한다. "예, 경쟁이 효율적이지 않을 수도 있고 비열할 수도 있습니다. 따라서 국가는 개입하고 규칙을 부과하고 투자하고 참여해야 합니다. 단, 개입이 더 이상 필요하지 않을 때 물러날 줄만 안다면 말입니다."

라는 보편적 원리에 전적으로 복종하고 시장의 확장과 유지 그리고 일정 한도 내에서는 시장의 규제를 지향하는, 일종의 '대기업'으로의 변화 말이다. 국가는 사라지지 않았고 기업에 전례 없이 봉사하고 있을 뿐 아니라 심지어 기업가적 유형의 정부로 변해 버렸다.[19)]

국가개입과 더불어, 우리가 '케인스주의' 혹은 '사회주의'에 직면해 있다고 하는 생각도 분석의 대상이 되지 않을 수 없다. 우선 슬라보예 지젝과 더불어 "빈자가 아닌 부자를, 빌리는 자가 아닌 빌려주는 자를 돕는 것을 그 일차적 목적으로 하는"[20)] 조치가 '사회주의적'이라 명명되는 데에 어떤 의미가 있는지 자문해 볼 수 있다. 다음으로 미국 재무부와 유럽 정부들의 투자은행 구제가 실제로는 은행들 자신에 의해 획책된 것이며 엄청난 수수료를 대가로 했다는 데 주목할 필요가 있다.[21)] 그러므로 금융 자본주의가 **신자유주의 국가**에 의해 구제되었다고 보는 것은 매우 순진한 생각의 발로다. 신자유주의 국가는 최종 대부자 역할을 재천명했고, 역설적으로 우위를 점하게 된 '파산자들'의 압박으로 지원과 보장을 배가하고 있다. 이 신자유주의 국가는 이제 새로운 얼굴로 출현한다. 그것은 '수치스러운 사회주의'의 얼굴이 아니라, '체계를 구하기' 위해, 맛이 간 유가증권을 일시적으로 환매하고 그 가격상승을 억지로 장담하게 된 **투기자**의 얼굴을 하고 있다.

오늘날 '국가의 회귀'를 진단하는 이 견해는 사실 **대항-이데올로기**

---

19) '기업가적 정부'에 관해서는 이 책의 12장을 참조하라.

20) S. Žižek, "Lutte des classes à Wall Street"(월스트리트의 계급투쟁), *Le Monde*, 2008. 10. 9.

21) Marc Roche, "Les banques d'affaires s'enrichissent en conseillant les Etats pour qu'ils sauvent... les banques!"(투자 은행들이 더 부유해지는 것은 그들이 주정부들에 조언하기 때문이다. 은행들을 살리라고 말이다!), *Le Monde*, 2008. 10. 9.

로서, 시장 이데올로기라는 진부한 영역에만 머무른다는 결점을 갖는다. 이 견해 역시 시장 이데올로기와 마찬가지로 일관성 없고 피상적인 대립, 즉 자유주의 **아니면** 개입주의, 국가 **아니면** 시장 등과 같은 대립에 사로잡혀 있다. 이 견해는 또 시장 이데올로기와 마찬가지로, 그 개입의 내용이나 속성은 고려하지 않은 채 국가개입을 하느냐 마느냐라는 단 하나의 기준만을 채택한다. 실제 결론은 다음과 같이 내려진다. 즉 경제적 삶에 대한 모든 규제가 그 정의상 비자유주의 또는 반자유주의로 여겨지는 이상, 사람들은 그 규제 내용과 관계없이, 혹은 더 나쁘게는 그 내용을 긍정적으로 속단하면서 국가의 회귀를 진단하는 견해를 지지하는 것을 자신의 의무로 삼으려 한다.[22] 이러한 태도가 드러내는 것은 결국 진정한 **국가숭배**다.

실제로 오늘날 자유방임 이데올로기를 타격하는 이 깊은 불신은, 그러나 신자유주의가 다양한 주체들의 실질적 실천에 형태를 부여할 수 있는 합리성의 자격으로 그 어느 때보다도 더 지속적으로 지배력을 행사하는 것을 결코 막을 수 없다. 2008년 **자유방임 이데올로기 거품**의 붕괴는 신자유주의의 규범적 논리가 필연적으로 패배할 것임을 알리는 것이 아니다. 신자유주의의 규범적 논리는 오늘날 너무도 잘 정착되고 확산된 나머지 금융의 대혼란 속에서도 사유의 대상이 되기는커녕 있는 그대로 지각되지조차 않았다.

그러므로 '신자유주의'를 진지하게 다뤄 보는 것이 좋겠다. 바로 이것이 이 책의 야심 찬 목표다. 이 책의 목표는 신자유주의의 단순한

---

22) 주지의 사실이지만 이것은 2005년 프랑스 국민투표 캠페인에서 유럽 헌법 조약 비준을 편들었던 사회주의 지도자들이 가장 꾸준히 인용하던 논거들 중 하나였다.

정의를 내리는 것도 아니고, 쉽게 파악할 수 있는 학설적 · 정치적 · 경제적 · 역사적 · 사회학적인 어떤 현실이 신자유주의라는 말의 배면에 있다고 생각할 여지를 주는 것도 아니다. 정반대다. '신자유주의'라는 용어가 한정된 개념적 내용을 갖고 있다 해도, 그것을 검증하려면 결코 쉽지 않은 독서와 해석 작업에 동의해야 한다. 한마디로 이제 좌파 진영에서 '자유주의' 혹은 '신자유주의'를 논할 때 우리가 뭘 상대하고 있는지 알고 있다고 생각하기를 중단해야 한다. '반자유주의'라는 단순하고 엉성한 기성관념 때문에 우리는 시간을 너무 많이 낭비했다.

통치성의 속성

이 책에서 주장하고자 하는 것은, 신자유주의가 이데올로기나 경제정책이기 이전에 우선적으로 그리고 근본적으로 하나의 **합리성**이며, 그 합리성의 자격으로 신자유주의는 통치 행위뿐 아니라 피통치자 자신들의 품행까지도 구성하고 조직한다는 것이다.

『생명관리정치의 탄생』이라는 제목으로 출간[23]되기도 한 푸코의 1978~79년 콜레주드프랑스 강의의 요지에는 신자유주의 연구를 위해 선택된 '분석계획'이 소개되어 있다. 푸코가 구체적으로 말하듯, 중요한 것은 "가능한 분석계획이다. 이것은 '통치합리성'에 대한 분석계획, 다시 말해 국가 행정을 통해 인간의 품행을 이끌어 가기 위한 절차

23) M. Foucault, *Naissance de la biopolitique*, Seuil/Gallimard, Paris, 2004(이하 *NBP*). [『생명관리정치의 탄생』, 오트르망 옮김, 난장, 2012.] 이 책에서 시도된 신자유주의 분석 전체는 이 강의를 핵심적으로 참조하여 정리되었다.

내에서 활용되는 합리성의 유형에 대한 분석계획인 것이다".[24] 신자유주의 합리성은 이런 의미에서 '통치' 합리성이다.

물론 이러한 '통치'gouvernement 개념의 의미는 다음과 같이 이해해야 할 것이다. "이것은 '정부'gouvernement라는 제도를 말하는 것이 아니라 하나의 틀 속에서 국가의 여러 도구를 이용함으로써 인간의 품행을 통제하려는 활동"[25]이다. 푸코는 누차 반복해 '제도'가 아닌 '활동'으로서의 '통치' 개념을 논한다. 그렇기 때문에 『생명존재들에 대한 통치』라 명명된 콜레주드프랑스 강의의 요지에서 이 '통치' 개념은 "넓은 의미에서 인간의 품행을 관리하는 기술과 절차로 이해"[26]된다. 혹은 더 나아가 『성의 역사』 서문[폐기된 첫 번째 버전]에서 자신의 처벌 실천 분석에 회고적 관점을 덧붙이면서 푸코는 무엇보다도 권력 절차들에 관심이 있었다고 말한다. "그것이 개인을 '통치하기' 위해, 다시 말해 '그들의 품행을 인도하기' 위해 18세기 이래로 고안되어 수립된 것이든, 학교, 군대, 작업장과 같은 상이한 영역에서 고안되어 수립된 것이든 간에 말이다."[27] '통치성'이라는 용어는 바로, 어떤 '정부'에 속할 수도 있고 속하지 않을 수도 있는 인간들이 다른 사람들의 품행을 인도하고자 하는, 즉 그들을 통치하고자 하는 다양한 형태의 활동을 지시하기 위해 도입되었다.

통치가 개인의 가장 내밀한 부분까지 도달하기 위해 규율에만 의

---

24) *Ibid*., p. 327. [「강의요지」, 『생명관리정치의 탄생』, 441쪽.] 이 부분은 다음 책에 다시 실려 있다 : *Dits et Écrits II*(말과 글 2), 1976-1988, Gallimard, 'Quatro', Paris(이하 *DE II*), p. 823.

25) *Ibid*., p. 324. [「강의요지」, 『생명관리정치의 탄생』, 436쪽.] *DE II*, p. 819에도 실려 있다.

26) *DE II*, p. 944.

27) *Ibid*., p. 1401.

존하지 않고 최종적으로 개인 스스로의 **자기통치**를 얻어 내려 한다는 것, 즉 일정 유형의 자기와의 관계를 생산해 내려 한다는 것은 정말 맞는 말이다. 1982년 푸코는 "자기 테크닉들을 통해 개인이 자신에게 행사하는 행동 방식"에 점점 더 흥미를 갖게 되었으며, 타자에게 권력을 행사하는 테크닉들에 지나치게 집중되어 있던 통치성에 관한 초기의 개념화가 확장되기에 이르렀다고 말한다. "나는 '통치성'을, 타자에게 행사되는 지배 테크닉과 자기 테크닉의 만남이라 부른다"[28]라고 쓰게 된 것이다. 그러므로 통치한다는 것은 인간들의 품행을 잘 인도한다는 것이다. 단, 그것이 타자에 대한 인도인 만큼 **자기 자신에 대한** 인도이기도 함을 분명히 하는 한에서 말이다. 그렇기 때문에 통치는 그 가능조건으로서 자유를 필요로 한다. 요컨대 통치한다는 것은 자유에 **대항해** 통치하거나 자유를 **무릅쓰고** 통치하는 것이 아니라, 자유를 **통해** 통치하는 것이다. 다시 말해 개인들에게 주어진 자유의 공간 위에서 능동적으로 작용함으로써 개인들 스스로가 특정 규범들에 복종하도록 만드는 것이다.

이렇게 넓은 의미로 이해된 통치성 개념은 권력과 지배의 즉각적

---

28) M. Foucault, "Les techniques de soi"(자기 테크닉), in *DE II*, p. 1604. 여기서 '통치성'이라는 용어는 넓은 의미로 사용될 것이다. 따라서 웬디 브라운(Wendy Brown)이 그의 신랄하고 고무적인 짧은 에세이(*Les Habits neufs de la politique mondiale, Néolibéralisme et néoconservatisme*[세계 정치의 새 모습: 신자유주의와 신보수주의], trad. par Christine Vivier, Les Prairies ordinaires, Paris, 2007)["Neo-liberalism and the End of Liberal Democracy", *Theory & Event*, 7: 1, 2003에 수록된 후 Wendy Brown, *Edgework*, Princeton University Press, 2005의 제3장으로 재수록; "American Nightmare: Neoliberalism, Neoconservatism, and De-Democratization", *Political Theory*, Dec., 2006, pp. 690~715]에서 했던 것과 달리, 우리는 통치합리성과 엄격하게 정치적인 합리성을 동일시하는 데 유보적이다. 통치성은 주체의 자기통치와 연결되어 있다는 점에서, 정치영역을, 시민과 국가 지도자 간의 관계의 영역을 한참 뛰어넘는다.

동일시를 불가능하게 한다. 왜냐하면 이 통치성 개념은 '자유 아니면 지배' 또는 더 나아가 '동의 아니면 강제'라는 양자택일을 벗어나기 때문이다. 통치성 개념은 그 자체로, 여러 자유들 간의 개방적이고 가역적인 관계의 상태로 이해되는 단순한 유형의 권력과, 이 개방적이고 가역적인 관계를 차단하여 위계적이고 안정적인 배분 속에 고정시키는 작업으로 규정되는 '지배상태' 사이에 위치한다.[29] 통치성 개념은 타자에게 행사되는 일정한 형태의 권력을 내포하는데, 이 권력은 권력 행사의 대상이 되는 자들의 자유를 통해서만 행사될 수 있다. 따라서 이러한 통치 분석론은 주체들의 자유가 권력관계들과 지배형태들 바깥에 위치한다는 생각에 즉각 이의를 제기한다.[30]

신자유주의의 혁신성에 대한 문제제기

이 책의 목표는 자유주의 통치성과 비교해 신자유주의 통치성에 특유한 차별적 특징들을 점검해 보는 것이다. 그리고 그 절차는 푸코가 그 말에 부여한 바로 그러한 의미로 '계보학적'이고자 한다. 그러므로 여기서 문제는, 늘 그래 왔듯 자유주의와 신자유주의 간의 단순한 연속성을 복원하는 것이 아니다. 무엇이 정말로 '신'자유주의의 혁신성을 이루고 있는지, 즉 '이해관계(이기심)의 통치'가 18세기에 일으켰던 가장 중대한 단절을 참조해야만 이해될 수 있는 그 혁신성이 정말 무엇

---

29) 고착된 권력관계로서의 '지배상태'에 대해서는 다음을 참조하라. M. Foucault, *DE II*, pp. 1529~1530.

30) 이 모든 점에 대해서는 다음의 분석을 참조한다. Mitchell Dean, *Governmentality, Power, and Rule in Modern Society*, Sage, Londres, 1999, p. 35 et pp. 46~47.

으로 이루어져 있는지를 강조하는 것이다.[31)]

그러므로 한 '사건'의 특이성을 이해하게 하는 것이 문제다. 이 사건은, 초기 자유주의의 '지적'知的 균열에 이미 기입되어 있었던 것이 전혀 아니라, 진리와 비진리를 분할하듯 말할 수 있는 것과 말할 수 없는 것을 분할하는 새로운 방식을 작동시키는 새로운 담론체계를 창설한 일정한 역사적 조건의 우연성에 기인한다.[32)] 이 임무를 잘 수행하기 위해서는, 신자유주의를 본래적 자유주의로의 '회귀'로, 또는 1890-1900년대의 위기에 이어진 오랜 쇠퇴기 이후 찾아온 본래적 자유주의의 '부흥'으로 설명하려는 경향에 역행해야 한다. **부활** 또는 '르네상스'[33)]라는 이 주제는 물론 신자유주의 옹호 문헌에서는 흔해 빠진 것

---

31) 모임 리토르트(Retort; 샌프란시스코에 기반한 자본주의 대항 집단)에 속하는 미국 대학교원들은 이렇게 주장한다. "'신'(néo)이라는 접두어는 자본주의가 소중히 여기는 부흥의 수사학에 너무 많은 것을 허락한다." 그들이 '전투적'이라 규정하는 실제 신자유주의는 "원시적이고 (기껏해야) 은폐된 축적일 따름"이라고 한다. *Des images et des bombes*(이미지와 폭탄), Les Prairies ordinaires, Paris, 2008, p. 111. 그들 스스로도 그 중요성을 정확하게 평가하는 특정한 변화들이, 여기서는 거의 고려되지 않는 것처럼 보인다. "20세기 동안 국가는 일상생활의 미시적 관리(micro-gestion)에 전적으로 관여하게 되었"으며, 또 국가는 "소비자들의 유순함을 일상적으로 계측(instrumentation)하는 데 점점 더 관여하고 있다". *Ibid.*, pp. 44~45. 우리는 국가의 이러한 변화가 '기업가적 정부'의 소관이며, 이 변화가 분명 신자유주의적 통치성 특유의 표식임을 보여 줄 작정이다.

32) 이런 의미에서 우리에겐 신자유주의 합리성을 **담론적** 합리성으로 취할 충분한 근거가 있다. Brown, *Les Habits neufs de la politique mondiale, Néolibéralisme et néoconservatisme*, p. 40[*Edgework*, p. 40] 참조. 정치적 합리성은 "정치적 담론의 규범뿐 아니라 정치적인 주체들과 제도들(국가를 포함하여)에 정보를 제공하는 추론적 이성의 질서로" 분석되어야 한다. 푸코에게서 담론 자체는 주관적 표현이 아니라 특정 규칙에 의해 관리되는 '실천'임을 기억하자. Michel Foucault, *L'Archéologie du savoir*, Gallimard, Paris, 2005, p. 182. [『지식의 고고학』, 이정우 옮김, 민음사, 2000, 196쪽.]

33) '자유주의 르네상스'라는 표현은 하이에크(Friedrich Hayek)가 가장 좋아하는 표현 중 하나다. 특히 1951년에 발표된 "The transmission of the Ideals of Economic Freedom"을 참조하라. 이 텍스트는 다음에 다시 수록되었다. *Studies in Philosophy, Politics, and Economics*, University of Chicago Press, 1967, pp. 195~200.

이고, 그 논리적 귀결은 적대적 반감의 낙인으로 간주되는 '신'néo이라는 접두사에 대한 평가절하, 심지어는 무조건적 거부다.[34] 허울뿐이면서도 실제로 진정한 대칭효과를 갖는 이 역설에 근거해 자유주의와 신자유주의가 근본적으로 연속적이라고 이해하는 방식은, 스스로를 기꺼이 '반자유주의적'이라 칭하는 좌파들 사이에서 매우 폭넓게 공유되고 있다. 놀라울 것도 없다. 좌우 공히 이데올로기적 표상과 합리성을 혼동하기 때문이다. "권력의 거대한 기계장치는 이데올로기의 생산을 수반"[35]한다는 것이 사실이라 하더라도, 담론의 규칙들이나 권력의 테크닉 및 절차들을, '야만적 자본주의'의 노골적 현실을 은폐하는 기능을 갖는 '상부구조'의 형성으로 환원하는 것은 정당화되지 않는다. 이런 생각은 결국 신자유주의 신봉자들이 확산시키기 좋아하는 자연주의적 환상을 존속시킬 뿐이다. 요컨대 시장은 사회의 자연 상태라는 것, 통치가 개입을 삼갈 때마다 사회가 틀림없이 되돌아가는 그러한 상태라는 것이다. 신자유주의의 가장 교조적인 신봉자들과 가장 순진한 적대자들 간의 대립은 그 둘 모두를 아우르는 어떤 것을 감추는 경향이 있다. 전자는 전적으로 이로운 자연성을, 후자는 근본적으로 해로운 자연성을 각자 신자유주의에 부여하기 때문이다. 그러나 시장이 정부의 간섭 없이도 스스로를 유지할 수 있는 실재로 간주되고, 따라서 시장체계와 공적 개입이 상호 배타적일 수밖에 없다는 것은 양자 모두에게 본질적이다. 그렇기 때문에 이데올로기로서의 '자유지상

34) 앞서 언급한 로랑의 저서에, "소위 '신'-자유주의"와 "'신'의 기만적 성격"에 항의하는 좋은 예가 있다. Laurent, *Le libéralisme américain. Histoire d'un détournement*, pp. 161, 177.

35) M. Foucault, "Il faut défendre la société", Gallimard/Seuil, Paris, 1997, p. 30. [『사회를 보호해야 한다』, 김상운 옮김, 난장, 2015, 52쪽.]

주의'libertarianisme와 합리성으로서의 '신자유주의'néolibéralisme를 가르는 모든 것에 대한 이해를 특히 거부하고 있는 것이다. 적어도 로버트 노직Robert Nozick[36]의 관점에서 자유지상주의는, 시장이 독자적으로 정의를 실현한다는 구실로 모든 형태의 재분배를 거부하는 '최소 국가'를 권한다. 머리 로스바드Murray Rothbard의 급진적 자유지상주의는 **모든 통치정책**의 원칙을 거부함으로써 그 너머로까지 가고 있다.[37] 이러한 점에서 자유지상주의는, 그 극단적 형식에서는 신자유주의 합리성에 대한 **부정**이라고 말할 수 있을 것이다. 왜냐하면 자유지상주의가 신자유주의에 대해 비판하는 것은 바로 **통치성** 그 자체, 다시 말해 바람직한 특정 목적에 도달하도록 하는 방식으로 내부에서부터 개인들의 선택을 유도하기 위해 통치의 기제들에 호소하는 것 자체이기 때문이다. 이로부터 자유시장은 총체적이고 무조건적이어야 한다는 생각이, 심지어는 "어린이 자유시장"free market in children[38]을 허용해야 한다는 생각이 나온다. 어떤 좌파 '반자유주의'의 단언과는 반대로, 시장경제의 합리성과 '시장만능'의 원리를 혼동해서는 안 된다. 신자유주의는 시장경제의 합리성을 인간 실존의 모든 영역으로 확장하지만, 시장이 전부라고 강요하는 것은 전혀 아니다. 더욱이 이러한 확장은 "시장에는

---

36) *Anarchy, State, and Utopia*(1974)[『아나키에서 유토피아로』, 문학과지성사, 1997]의 저자. 이 문제는 3장에서 더 상세히 다뤄질 것이다.

37) 이에 대한 근본적 이유는 모든 정부 정책이 본래 침략(agression)이기 때문이라는 것인데, 이는 결국 모든 국가, 심지어는 최소 국가까지도 반자유주의적이라고 말하는 것이 된다. 다음의 책에 나오는 '아나키즘적 자유주의'(anarcho-capitaliste) 선언을 참조하라. M. Rothbard, *For a New Liberty*, The Macmillan Company, New York, 1973.

38) M. Rothbard, *L'Éthique de la liberté*, trad. François Guillaumat, Les Belles Lettres, Paris, 1991. [*The Ethics of Liberty*, New York University Press, 1998, p. 103.] [양육권을 자유롭게 사고팔 수 있는 시장. 국가가 부모에게 양육을 강요할 수 없다는 사고방식과 관련된다.—옮긴이]

[여전히] 그 자체의 독특함이 남아 있다"[39]고 가정하므로, 모든 것이 시장은 아니라고 전제하고 있는 것이다. 본질적인 것은 시장의 규범이 시장을 넘어선 곳에까지 부과된다는 것이지 시장이 모든 현실을 잠식한다는 것이 아니다. 사유에서의 이러한 혼동이 야기한 정치적 결과는 좌파 전반에서 쉽게 확인된다.

이러한 정치적 관건을 넘어서서, 통치성이라는 문제를 통해 자유주의와 신자유주의 연구에 접근하는 것은 지배적 접근방식 혹은 가장 잘 설정된 분할선들과 관련해 일정한 이동을 발생시키지 않을 수 없다. 여기서 사람들은 헛되이 "자유주의의 지성사"[40]를 추구하게 될 것이고, 아마도 '경제적 자유주의'와 '정치적 자유주의'라는 전통적 이분법의 흔적을 발견할 수 없다는 데 놀라게 될 것이며, 심지어 양자의 근본적 통일성을 주장하는 구실조차 발견할 수 없다는 데 놀라게 될 것이다. 일정 지점을 넘어서고 나면 이러한 구분의 타당성은 더욱 의심스러워진다. 베르나르 마냉[41]의 지적처럼, 그러니까 바람직한 정치 질서라는 일정한 관념과 단절된 순전히 경제적이기만 한 자유주의는 사실 없다는 그의 지적처럼 말이다. 통치 행위의 한계라는 문제 역시 '경제적' 자유주의뿐 아니라 '정치적' 자유주의에 의해서도 고안되었다. 우리는 통치 행위의 한계라는 문제를, 시장자유주의와 대항권력적 자유주의의 더 확실하고 섬세한 구분으로 대체하지 않을 것이다.[42] 이 모든

---

39) W. Brown, *Les Habits neufs de la politique mondiale*, p. 50. [*Edgework*, p. 40.]

40) P. Manent, *Histoire intellectuelle du libéralisme*(자유주의의 지성사), Hachette Pluriel, Paris, 1987.

41) B. Manin, "Les deux libéralismes: marché ou contre-pouvoirs"(두 개의 자유주의: 시장 혹은 대항권력), *Intervention*, n° 9, mai-juin-juillet 1984, pp. 10~24.

구분들은 지성적이거나 학설적인 정합성의 탐구를 참조하는 것일 뿐, 담론과 실천의 논리를 참조하지는 않는다는 단지 그 이유 때문이다.

신자유주의를 총체적 합리성으로, 일반적 규범성으로 이해하는 것은 또 무엇보다도, 각기 다른 이유로 신자유주의를 단순 **이데올로기**로 환원시키는 세 가지 불충분한 이론적 접근방식을 거부하는 것이기도 하다.

그 중 첫 번째는 맑스주의에 속하며, 모든 속박으로부터 해방된 자본주의 이데올로기를 신자유주의에서 발견하려 한다. 이 접근방식은 일반적으로 신자유주의 그 자체에는 거의 관심을 갖지 않는다. '애덤 스미스로의 회귀'라는 이 단순하고 허망한 이데올로기는 시장 자유화 및 사회 '상품화'의 한 표현인 동시에 하나의 원천일 것이다. 사실상 여기서 유일하게 중요한 것은 자본주의의 자기동일성에 대한 본질주의적 재천명이다. 좌파 '반자유주의'에 광범위한 토대를 제공하는 이 도식화에서는 자유주의와 신자유주의를 구분하기가 상당히 어렵다. 신자유주의에 대한 이러한 고발이 갖는 표면적 급진성은 역설적인 면을 지니고 있다. 이 급진성은 진행 중에 있는 사회 정치적 관계들의 변형을 과소평가하고, 이 변형을 주재하는 전반적 논리를 지각하지 못하며, "자유주의적 환상"의 신속한 제거를 기대하게 만드는 것이다. 이는 이 접근방식이 신자유주의 질서에 저항하는 자들을 얼마나 이론적 무장해제 상태에 방치하는지를 말해 준다.

---

42) 베르나르 마냉은 시장을 권력 제한의 원칙으로 삼는 첫 번째 유형의 자유주의는 하이에크의 것으로, 이러한 제한을 구체화하는 임무를 '중간 권력'(pouvoirs intermédiaires)에 맡기는 두 번째 유형의 자유주의는 매디슨(James Madison)의 것으로 본다. *Ibid*.

두 번째 접근방식에서는 신자유주의 분석이 더욱더 설 자리를 잃어버린다. 방법론적 관념론에 속하는 이 접근방식은 현재 지배적인 이데올로기에서 17~18세기 개인권 혁명의 연속과 고조高彫를 보려고 한다. 우리 사회의 거대한 해악들, 즉 정치의 위기와 우리 국민들의 도덕적 타락은 개인주의 이데올로기의 과잉에 기인한다는 것이다. 앞서 거론한 맑스주의적 입장과 달리 여기서는 자본주의와 그 돌연변이들이 그 어떤 역할도 하지 않는다. 정치적 이념들 고유의 운동 때문에 여러 제도와 민주주의가 와해되었다고 하는, 정치적 이념들의 순수한 왕국인 것이다. 마르셀 고셰[43]의 저작에서 발견되는 이러한 논지는 관점의 오류에 근거하며, 위험한 정치적 결론을 발생시킬 수 있다. 가치들의 공허함과 규범의 붕괴에 대한 불안은 질서를 회복하자는 호소에 손쉽게 힘을 실어 주게 되는 것이다.

마지막으로 세 번째 접근방식은 앞의 둘보다 훨씬 더 독창적이긴 해도 멀리하는 것이 좋다. 뤽 볼탕스키와 에브 쉬아펠로가 창시한 이 방법론은 자본주의의 새로운 '이데올로기'를 확인하려 한다.[44] 이 방법론의 주요 범주는 **정당화**의 범주다. 요컨대 신경영이론 문헌들이 자본주의 '정당화'의 새로운 형식들을 명확화할 수 있게 해준다는 것이다. 이 새로운 정당화 형식들은 68년 5월에서 비롯된 '예술가들의 비판'으로부터 나온다고 한다. 개인주의적 쾌락주의에 부여된 중요성을 통해 앞서 언급한 두 번째 접근방식과 만나는 이 세 번째 접근방식은 이윤

43) Marcel Gauchet, *La Crise du libéralisme*(자유주의의 위기), vol. I et II, Gallimard, Paris, 2007. 이 책의 5장을 참조하라.

44) Luc Boltanski et Ève Chiapello, *Le Nouvel Esprit du capitalisme*(자본주의의 새로운 정신), Gallimard, 'NRF Essais', Paris, 1999.

추구의 도덕적 정당화가 갖는 중요성을 강조하는 막스 베버로부터 받은 영향에 충실하다고 자처한다. 이 접근방식은 두 개의 심각한 한계를 드러낸다. 첫 번째로, 뒤에서 개진하겠지만,[45] '새로운 자본주의 정신'을 1968년 자유지상주의의 주제로까지 거슬러 올라가게 하는 이 역사적 관점은 지나치게 궁색하고 피상적이다. 두 번째로 일련의 정당화를 '이데올로기'에서 발견해 내고자 하는 이 접근방식은 베버의 논지에서 강점을 이루고 있던 것을 사장시켜 버린다. 베버에게 '자본주의 정신'은 사회적 주체들의 실제 품행을 일정하게 질서화하는 것인데 말이다.[46]

이 책의 1부에서는 초기 자유주의의 모태라 불릴 수 있는 것, 즉 통치를 제한하는 문제에 관한 구상을 명확히 해명하고자 한다. 이 구상이 인간, 사회, 역사라는 일정한 개념에 근거하고 있음이 드러나게 될 것이다. 그럼에도 불구하고 이 문제의 통일성이 '고전' 자유주의의 동질성을 내포하는 것은 아니다.[47] 상충하는 여러 길들이 19세기 말 확실성의 거대한 위기에 이르게 되는 것이 이를 보여 준다.

이 책의 2부에서는 신자유주의가 그 탄생에서부터 19세기에 지배적이었던 자유주의의 교조주의적 해석과 거리를 두고 있을 뿐 아니

45) 이 책의 10, 12, 그리고 13장을 참조하라.

46) 이를 명확히 보여 주는 것이 다음 구절이다. "경제생활을 지배하게 된 현대의 자본주의는 경제적 자연도태 과정에서 자신이 필요로 하는 경제 주체 — 기업가와 노동자 — 를 교육시키고 만들어 낸다." Weber, *L'Éthique protestante et l'Esprit du capitalisme*, p. 94. [베버, 『프로테스탄티즘의 윤리와 자본주의 정신』, 박성수 옮김, 문예출판사, 40쪽.]

47) 디디에 들뢸(Didier Deleule)은 이러한 균질성(homogénéité)이 사후적으로 발명된 신화라고 설득력 있게 주장한다. *Hume et la naissance du libéralisme économique*(흄과 경제적 자유주의의 탄생), Aubier Montaigne, Paris, 1979, p. 282 sq.

라 그것과 명백히 단절하고 있음을 해명하는 데 전념할 것이다. 왜냐하면 이 교조주의의 위기의 심각성이 낡은 자유방임주의에 명시적이고 책임 있는 수정을 가하도록 압박했기 때문이다. 여기서 지적 재건의 임무는 완전히 통일된 학설로 귀결되지 않는다. 1938년 월터 리프먼Walter Lippmann 학술대회에서 시작된 두 주요 경향이 윤곽을 드러내기 시작하는데, 바로 발터 오이켄Walter Eucken과 빌헬름 뢰프케Wilhelm Röpke로 대표되는 독일 질서자유주의의 경향, 그리고 루트비히 폰 미제스Ludwig von Mises와 프리드리히 하이에크Friedrich A. Hayek로 대표되는 오스트리아와 미국의 경향이다.

마지막으로 3부에서는 1980~90년대에 실질적으로 전개되는 신자유주의 합리성이, 1930년대에 고안된 학설의 단순 적용이 아님을 확증하도록 할 것이다. 1930년대의 학설과 관련해 사람들은 이론으로부터 그것의 적용으로 나아가지 않는다. 의식적이고 숙고된 선택에 속하지 않는 모종의 여과장치가, 주어진 역사적 상황에서 몇몇 요소들의 조작적 또는 전략적 가치에 따라 어떤 요소들은 버리고 특정한 몇몇 요소들은 채택한다. 이는 단일한 인과관계를 갖는 행동(이데올로기에서 경제로 또는 경제에서 이데올로기로)과 관련되는 것이 아니라, 이질적 절차들의 다수성과 관련되는 것으로, 이 이질적 절차들은 "응집, 지지, 상호강화, 결합, 통합의 현상"에 따라 새로운 통치합리성의 확립이라는 "총체적 효과"에 이르게 된다.[48]

---

48) M. Foucault, *Sécurité, territoire, population*, Gallimard/Seuil, 'Hautes Études', Paris, 2004, p. 244. [미셸 푸코, 『안전, 영토, 인구』, 오트르망 옮김, 2011, 329~330쪽.] 이 구절에서 푸코는 역사의 명료성을 확립하는 특권적 수단으로서, 단일한 원인이나 근원을 어떻게 지정할 것인지 묻는 대신, 총체적 효과가 어떻게 구축되거나 구성되었는지를 묻는다.

따라서 신자유주의는 초기 자유주의의 자연스러운 계승도 아니지만 그 배신도 아니고 일탈은 더더욱 아니다. 신자유주의는 통치의 한계라는 방치되어 있던 문제를 다시 제기하는 것이 아니다. 신자유주의는 정치적 통치, 시장, 권리, 유용성 계산에 어떤 유형의 한계를 부과해야만 하는가에 대해 더 이상 묻지 않는다(1부). 그보다는 오히려 어떻게 시장을 인간통치의 원리, 자기통치의 원리로 만들 것인가, 라는 문제를 제기한다(2부). 합리성으로 간주되는 신자유주의는 국가로부터 시작해 주체성의 가장 내밀한 부분에 이르기까지, 시장의 논리를 규범적 논리로서 전개한다(3부). 결론적으로 독자들은 이 책에서 수행된 연구의 연속성에 주목해야 할 것이다. 그렇지만 이 책을 구성하고 있는 세 부분을 개별적으로 읽어도 무방하다. 왜냐하면 이 책의 각 부분들은 고유의 정합성을 갖고 있기 때문이다.

I부 · 통치의 한계들

1장 · 사회의 역학과 이기심의 합리성

고전 자유주의는 공권력 행사에 가해지는 제한을 사유하는 방식의 혁신으로 특징지어진다. 두 계열의 논지들이 때로는 뒤섞이고 또 때로는 분리되는데, 첫 번째 계열의 논지는 개인의 권리를 말하고, 두 번째 계열의 논지는 개인의 이기심을 말한다. 전자의 경우 공권력 제한의 토대는 **사법적**이다. 요컨대 개인이 갖고 있는 자연권의 존재만으로도 주권 스스로 넘어서기를 삼가야 하는 한계를 설정하기에 충분하다는 것이다. 후자의 경우 자신의 토대가 **과학적**이기를 바란다. 인간의 본성과 시민사회 고유의 질서 그리고 세계 역사의 진보가 존재하는 것만으로도 국가개입의 범위를 '자연스럽게' 설정하기에 충분하다는 것이다. 그러므로 이 개입에다 한계들을 설정하는 것은 인식 가능한 법칙들에 따르는 힘들의 작용이다.

이 두 가지 논증 방식, 즉 사법-정치적 방식과 과학적 방식은 저자에 따라, 또 경향에 따라 결합하기도 하고 분리되기도 한다. 그럼에도 불구하고 푸코를 따라가다 보면, 두 논증 방식 중 어느 쪽이, 절대적으로 격상된 것은 아니라 해도 특권화된 상태에 있느냐에 따라 두 개의 주요한 '길'들을 구별해 낼 수 있다.

첫 번째는 '사법-연역적' 길이다. 바로 이것이 '어느 정도까지는' 프랑스 대혁명의 길이었다. 이 길은 우선 만인에게 귀속되는 자연권(혹은 '인권')을 확인하고 나서 이 권리들 중 어떤 것들을 양도할 수 있는 조건을 규정하고자 한다. 따라서 이 길은 양도 불가능한 권리와 양도 가능한 권리를 분할하려 하며, 결국 이러한 양도로부터 결과되는 주권 영역의 구체적 윤곽에 입각해 통치 권한의 제한을 연역해 내려 한다. 요컨대 이 [주권] 영역에 속하지 않는 권리들(소위 '양도 불가능한' 권리)이 모든 통치 행위가 스스로 넘어서기를 삼가야 하는 일종의 '경계'를 이룬다. 이중의 특성이 특징짓는 이 한계들은, 그것이 **권리**의 한계인 한에서 통치 실천 **외부**에 있다.

두 번째 길의 출발점은 완전히 다르다. 이 경우에는 통치 실천 그 자체로부터 출발하여, **권리**에 의해서가 아니라 **유용성**에 의해 규정되는 한계, 즉 통치 실천에 **내재**하는 한계를 도출하는 것이 문제다. 이러한 대체는 대부분 벤담에서 비롯되는 '영국 급진주의'의 독창성을 이루고 있다. 그래서 푸코는 이 두 번째 길을 '급진 공리주의의 길'이라 칭한다.

이 두 길은 법률과 자유라는 두 이질적 개념을 내포할 수밖에 없다. 법률에 대한 두 가지 다른 개념은 먼저 '혁명의 공리'라는 길에서 법률이 우선 '공동'의지나 '보편'의지의 표현으로 이해되는 반면, '공리주의적 급진주의'라는 길에서는 법률이 유용성이라는 단일한 기준에 따라 공권력이 개입하는 영역과 개인의 자유의 영역을 나누는 '타협의 효과'로 나타난다. 두 번째로, 자유에 대한 두 개념은 '혁명의 공리'라는 길에서는 양도 불가능한 자연권의 인정으로부터 유래하는 자유의 사법적 개념이고, '공리주의적 급진주의'라는 길에서는 '통치자에 대한 피통치자의 독립'으로서의 자유 개념이다.[1] 반면에, 이러한 이질성에도 불구하고 이 두 체계 사이에는 '지속적 결합' 즉 "일련의 교류, 연락, 접합"[2]이 있었다. 이처럼 '인간의 자연권'에 대한 참조는, 유용성의 문제가 실제로 지배적인 문제가 되었음에도 불구하고, 자유주의 담론 안에서 계속 작동해 왔다. 그러므로 역사-정치적 현실이 지극히 다양한 형태로 부단히 제시해 온 양자의 '혼합'을 속단하지 말고, 이 두 길의 구별이 우선적으로, 자유주의 담론의 구성에서 작용하고 있는 두 주요 논리를 식별하려는 고심에서 기인한다는 사실을 반드시 유념해야 한다.

정치경제학이라는 학문

이 길들의 이중성과 관련해 정치경제학 담론의 자리는 정확히 어디인가? 이 담론에 활력을 불어넣는 과학성의 주장은 정치경제학 담론을 이 분할 내에서의 두 번째 길에 위치하도록 추동하는 것 같다. 공리주의의 길은, 엄밀히 말하면 정치경제학이 전문적 학문으로 구축되고 난 이후에야 비로소 개척되었음에도 불구하고 말이다. 왜냐하면 결정적으로 정치경제학이 구축된 후부터 정치는 적어도 직접적으로는 종교에 속하는 신법이나 고대인들의 도덕률에 더 이상 따르지 않게 됐

1) '두 개의 길'이라는 모든 표현에 대해서는 다음을 보라. *NBP*, pp. 40~45. [『생명관리정치의 탄생』, 69~77쪽.]

2) *Ibid.*, p. 45. [같은 책, 77쪽.]

기 때문이다. 정치는 '자연법'loi naturelle에 따르는데, 이 자연법은 신을 그 원천으로 삼는 '자연의 법'loi de nature과는 달리 명령이 아니라 사물들 자체에 기입되어 있는 필연성을 나타낸다. 결과적으로 정치는 소위 '자연적', '경제적', '과학적'이 된다. 통치는 세 가지 고려사항, 즉 개인의 본성, 사회질서, 역사의 진보에 자신의 행위를 의거하게 만들어야 한다. 그 어떤 초월적 선도 통치자들이 따라야 할 모델을 제공하지 않을 것이다. 통치자들은 조사를 통해, 또 이성의 빛을 통해 인식할 수 있는 객관적 힘의 작용 속에서 행동해야 한다. 여러 힘들 중 하나의 힘으로서, 모든 통치 행위는 작동 중에 있는 상호작용과 이해관계들로 이루어진 체계에 대한 성찰도 겸하게 될 것이다. 그렇기 때문에 인간, 사회, 역사를 인식하는 것이 중요하고, 미래 사회의 행복이 달려 있는, 인간 본성에 대한 학문을 구성하는 것 역시 긴급하다.

인간, 사회 그리고 역사라는 관념을 유기적으로 연결하는 방식은 그 고안자들에 따라 다양하다. 이 유기적 연결은 스코틀랜드학파의 흄David Hume, 퍼거슨Adam Ferguson, 스미스Adam Smith의 계보에 관심을 집중하느냐, 아니면 중농주의의 계보에 관심을 집중하느냐에 따라 대단히 상이한 모습을 보인다. 그러나 거의 모든 계보에서 정념과 이기심을 가진 인간에 토대를 둔 인간학적 담론이 발견되고, 또 균형 잡힌 힘들의 역학적 작용에 기초한 경제적 담론도 발견되며, 여러 세기에 걸친 생존 양식의 연이은 단계들을 가로지르는 거스를 수 없는 사회적 흐름이라는 관념에 기초한 역사적 담론도 발견된다. 이 세 유형의 고찰, 즉 이기심의 인간학과 사회 역학 그리고 역사적 진보주의는, 인간의 역사는 사전에 고안된 계획을 완수하는 것이 아니며 인간의 의지를 벗어난다는 관념 속에서 묶이게 된다. 1부의 첫 두 장은 이 담론에 대한 검토에 할애될 것이다.

그렇지만 정치경제학이, 고전 자유주의의 모든 잔가지들이 뻗어 있는 담론의 장을 철저히 고찰한 것은 결코 아니다. 정치경제학이 '자연'의 명증성에 따라 통치 행위의 한계들에 대해 잘 고찰하고 있긴 하지만, 자연주의가 정치경제학으로 하여금 기술[통치술]을 학문[경제학]으로 귀결시키도록 유도하지 않을 경우, 이 문제화되지 않은 자연주의 때문에 정치경제학은 경제학에 속하는 것과 통치술에 속하는 것을 명확하게 구분하지 못하게 된다. 기술이 자연법에 대한 인식으로 환원될 수 없을 것이기 때문이다. 요컨대 자연법에 대한 인식은 사실 그 자체로는 무엇을 해야 하고 어떤 방법을 취해야 하는지를 규정하기에는 무력하다. 그런데 바로 이것을 기술이 규정하고자 하는 것이다. 한계를 순전히 자연주의적으로 설정하는 것은 불충분하다. 그것이 이후 자유주의 자체 내부에서 다음과 같은 것들이 시도된 원인이 되었다. 이를테면, 자유주의 이전의 담론으로부터 영향을 받은 개인의 권리에 관한 담론을 자유주의적 의미로, 즉 통치술을 개인의 권리에 의해 구성된 외적 제한들에 따르게 하는 방식으로 재활성화하려는 시도, 아니면 유용성 원칙을 내적 제한의 원칙, 다시 말해 **통치술의 실정적 원칙**으로서 발전시키려는 시도 말이다. 전자의 시도는 매우 강제적인 사법적 틀에 통치술을 속박할 뿐 아니라 권리의 한계 규정을 '상업사회'에 고유한 동학의 인정과 결부시켜야 한다. 요컨대 이를 통해 전자는 자유주의에 소위 '사법-연역적' 길을 열어 줄 것이다. 이에 대해서는 3장에서 다룰 것이다. 후자의 시도는 말하자면 경제학을 '제자리'로 돌려놓음으로써 통치술에 고유한 공간을 열어 줄 것이다.

이기심의 주체

자유주의 정책은 그 영역과 준거로서 새로운 인간을 설정한다. 이 인간은 자신의 이기심의 추구, 자기애의 충족 그리고 그를 행동하게 하는 정념적 동기들에 의해 규정된다. 과거에 숙고된 사유의 유산을 물려받은 이 자유주의 정책은 인간 본성을 소여[이미 주어져 있는 것]로 간주한다. 요컨대 인간 본성이란 자기 정념에 속박되어 있으며 이기심의 추구 혹은 자만심의 쾌락에 의해 움직이는 욕망의 존재라는 것이다. 도덕과 종교가 결점으로 취급했던 이기심과 정념이 이제 행동의 동인을 지시한다. 인간은 자신의 욕망을 충족시키기 위해 행동하는 자인 동시에 자신의 욕구를 채우기 위해 노동하는 자이며, 사용하지 않는 것을 주고 갖고 있지 않은 것을 획득하기 위해 교역하는 자이기도 하다.[3)]

자유주의의 경제적 고찰은 이렇듯 인간의 표상과 인간이 타자와 맺는 관계의 표상 속에서 자기들의 토대를 발견한다. 이 토대는 경제 메커니즘의 이해력을 한참 넘어서는 철학적 전제들과 관련되어 있다. 존 로크가 18세기에 가졌던 중요성은, 그의 정치적인 글뿐만 아니라 『인간지성론』 때문에 매우 진지하게 고려되어야 한다. 이 작품이 경제학자들의 글에 미친 영향이 아무리 간접적이라 해도, 이 책은 자유주의 정치경제학의 중요한 철학적 준거로 생각될 수 있다. 이 책은, 자기를 보존하고 신께 영광을 돌려야 하는 '자기소유권self-ownership을 가진 자들'[4)]의 사회에서, 인간을 행위하게 하는 행동원리를 자기 안에 지니

3) Cf. Christian Laval, *L'Homme économique. Essai sur les racines du néolibéralisme*(경제적 인간: 신자유주의의 뿌리들에 관하여), Gallimard, 'NRF Essais', Paris, 2007.

고 있는 새로운 인간의 형상을 구현했다. 인간이 모든 걸 알 수는 없지만, 신을 인식하고 신에 대한 의무를 인식하는 데 충분한 만큼은 알 수 있다는 관념이 『인간지성론』 전체를 지배하고 있다.

> 인간의 인식은 존재하는 모든 것에 대한 완벽하고 보편적인 이해에 도달하기에는 아마도 불완전한 것 같다. 그럼에도 불구하고 인간의 인식은 인간에게 중요한 이득을 확보해 준다. 인간들은 자신들의 창조주와 자신들의 임무를 인식하는 데 도달할 수 있을 정도로 충분한 빛을 가지고 있다. 인간들은 자신들의 사유가 몰두해야 하는 대상을 발견할 수 있는 능력과 다양하고 매력적이며 충만한 방식으로 손을 사용할 수 있는 능력을, 그들이 자신들이 만들어진 방식에 대해 파렴치하게 불평하지 않고 자신들의 손이 모든 것을 잡기에는 너무 작다는 핑계로 그 손에 충만한 은혜를 거부하지 않는 그 시간만큼 오래 지속시킬 수 있다.[5]

이 책의 조금 뒤쪽에서 로크가 명확히 하겠지만, 단 하나의 진짜 문제는 우리가 할 수 있는 것을 아는 것이고, 우리 품행과 관련 있는 것들을 우리가 충분히 알 수 있다는 사실을 깨닫는 것이다.

로크의 논지는 잘 알려져 있다. 우리 정념을 활성화하고 우리 행동을 추동하며 우리 품행을 인도하는 것은 바로 감각들이라는 것이다. 우리를 행동하게끔 하는 욕망은 이 근심, 즉 대상의 결여로 인해 우리

---

4) '자기소유권'(propriété de soi)에 대해서는 이 책의 3장을 보라.

5) J. Locke, *Essai sur l'entendement humain*, Vrin, Paris, 2001, liv. I, chap. 1, § 5, p. 61. [존 로크, 『인간지성론 1』, 정병훈·이재영·양선숙 옮김, 한길사, 2014, 62쪽. 번역 약간 수정.]

가 느끼는 불편함uneasiness과 연결되어 있다.[6] 이 불편함은 "인간행동의 유일한 동인은 아닐지라도 주된 동인"이며, 그것은 욕망을 인간 행위의 유일하고 진정한 동인으로 만든다. 그러므로 인간의 의지는 "최대의 실정적 선善"에 의해서나 저승에서의 "천상의 기쁨"이라는 관념에 의해 결정되는 것이 아니라, 일상생활에서의 무수한 작은 고통과 불만족에 의해 결정된다는 것이다. 이것이 지고의 선이라는 오래된 표상과 종교적 관념론을 붕괴시키기 때문에 이 점은 대단히 중요하다.

자신의 욕망에 의해 인도되는 인간은 세계에 대한 경험을 쌓고 스스로를 변화시킨다. 인간은 지속적인 활동으로 자신의 부를 창출하고 토지를 쾌적한 정원으로 만든다. 그를 일하게 하고 자유인의 근면함으로 인도하는 것은 욕망이다. 제임스 스튜어트는 자유인의 근면을 노예의 노동과 대립시킨다.[7]

이기심과 도덕 사이의 긴장

이 이해타산적 인간 개념은 아주 대단한 성공을 거두게 될 것이고, 맨더빌Bernard Mandeville의 저 유명한 『꿀벌의 우화』(1714)[8]에 등장하게 되는데, 이 이야기의 가장 도발적인 표현은 몇몇 사람들에게 혐오감을 불러일으키게 될 것이다. 실제로 이 저자는, 한편으로는 새로운 믿음의

6) *Ibid*., liv. II, chap. 20, § 6, p. 368. [『인간지성론 2』, 정병훈·이재영·양선숙 옮김, 한길사, 2014, 341~342쪽.]
7) J. Steuart, *An Inquiry into the Principles of Political Economy*, Dublin, 1770, vol. 1, liv. II, x, chap. 1, p. 166.
8) [옮긴이] 『꿀벌의 우화 — 개인의 악덕, 사회의 이익』, 최윤재 옮김, 문예출판사, 2010.

정식들을 확정하면서도 다른 한편으로는 시장의 세계를 압도적인 그 무엇으로 만든 가치관들에 대해 극도의 신중함을 보인다. 결과적으로 '고전 자유주의'라 불리는 것은, 완벽하게 통일된 의미를 갖는 작품들 중 한 편으로부터 발생한 것이 아니다. 후에 가서는 이데올로기와 도덕 그리고 정치 간의, 혹은 더 나아가서는 과학까지 합세한, 노골적 대립의 형태를 취하게 될 모든 긴장과 분열이 **애초부터** 그것을 관통하고 있었다.

애덤 스미스나 데이비드 흄과 함께 '스코틀랜드 계몽주의'에 속해 있는 애덤 퍼거슨의 『시민사회사에 관한 시론』*An Essay on the History of Civil Society*(1767)은 이 긴장의 적절한 증거가 된다. 이 저작의 1부는 '인간 본성의 일반적 속성'을 발견하고자 한다. 1부 2장에서 그는 '자기보존의 원리'(무엇보다도 자기애self-love)에 대해 설명하고, 바로 그 자기애로부터 파생된 것에 다름 아닌 자존심self-liking으로부터 모든 정념들이 파생된다고 보는 맨더빌에 반대하면서, 어떻게 이기심이 이 [자기보존의] 원리의 자연스러운 발전이 아니라 이 원리의 '퇴락'으로부터 비롯되는지 밝히고 있다.[9] 1부 3장은 '인간들의 단결 원리', 다시 말해 사회 조직에 힘과 견고성을 부여하는 애착 관계와 관련된다. 1부 4장은 '전쟁과 대립의 원리', 다시 말해 질투, 시기, 악의의 정념과 관련되어 있다. 1부 6장은 '도덕 감정'에 할애되어 있다. 여기에서 애덤 퍼거슨은 '상업 국가'에서 사람들이 이기심의 지배를 받음을 인정하지만, 그렇다고 해서 이로부터 인간의 본성에 수치심, 동정심, 자비심의 성향이 부재한다는 결론을 내리려고 하지는 않았다. 그는 "행복은 가장 많은 양의 부,

9) 퍼거슨이 말하는 이기심의 기원에 대해서는 다음 장에서 다시 다룰 것이다.

재산, 명예를 소유하는 데 있다는 지배적 의견에도 불구하고" 이러한 성향이 여전히 살아 있다고 밝힌다. 애덤 퍼거슨에 따르면 가장 심층적인 동기에서도 인간의 품행은 이기심으로 환원될 수 없다.

그런데 회고적으로 자유주의 정치경제학의 창시자로 알려진 애덤 스미스의 저작들에서조차도 공감이라는 도덕적 원리[『도덕감정론』]와 이기심이라는 경제적 동기[『국부론』] 간의 긴장이 발견된다. 19세기 말 '애덤 스미스 문제'Das Adam Smith Problem라 불리던 것은 실제로는 계몽주의 전체를 관통하는 문제다. 요컨대 여러 덕들이 이기심이나 자기애로 환원되는 것을 도덕 판단의 특수성과 어떻게 양립시킬 수 있느냐는 것이다. 실제로 『도덕감정론』에서 공감은 인간 품행에 관한 도덕 판단의 토대로 나타난다. 애덤 스미스에게 이 개념의 의미는 '동정심'이라는 일상적 의미보다 훨씬 더 넓은 외연을 갖는다. 공감이라는 개념은 상상력을 통해 타자의 입장에 서 보는 경향을 지시하고, 이런 의미에서 "사람 간 감정의 상상적 소통"[10]을 가리킨다.

제이콥 바이너Jacob Viner 이후 애덤 스미스의 도덕적 성찰과 경제 분석에는 양립 불가능한 두 사유방식이 있다고 오랫동안 여겨져 온 반면, 비교적 최근의 더 섬세한 연구들은 이 사태가 그리 간단치만은 않았음을 다양한 방식으로 제시한다. 스미스에 따르면 근면한 노력과 검소함, 이해관계의 계산 그리고 분업으로부터 생겨난 경제적 진보는 사회적 조건을 향상시키고자 하는 선천적 욕망 때문인데, 이 욕망은 타인의 동의에 대한 지속적 추구, 그리고 개인에게 생명력을 불어넣는

10) C. Marouby, *L'Économie de la nature. Essai sur Adam Smith et l'anthropologie de la croissance*(자연의 경제: 애덤 스미스와 성장의 인류학에 관하여), Seuil, Paris, 2004, p. 179.

인정 및 사랑의 추구와 결코 분리할 수 없다. 만족을 모르는 인간의 경박함과 칭찬받고자 하는 인간의 욕망에 산업의 진보가 기인한다는 사실은 17세기부터 상당히 널리 퍼져 있는 생각이었고, 바로 다음 세기에 다시 등장해 재평가되었다. 볼테르Voltaire의 『사교계 사람』*Le Mondain*과 허영심에 대한 그의 변론을 생각해 보는 것으로 족할 것이다. 이는 스미스와 함께 정치경제학이 자연주의적인, 심지어 생물학적인 토대를 갖고자 하던 시절에도, 정치경제학이 여전히 보편적 인간학에 의존하고 있었다고 생각할 여지를 준다. 그 보편적 인류학은 행동과 판단의 정념적 동기에다가, 단순한 물질적 이해를 한참 넘어서는 매우 포괄적인 정의를 부여했었다. [그런데] 이 새로운 학문[정치경제학]은 결국 그 물질적 이해에만 전념하게 된다.[11] 『도덕감정론』과 『국부론』은 방대한 도덕체계의 두 지류다. 이 둘은 분명 상이한 대상을 갖지만 유사한 방법을 사용한다. 감정의 상상적 소통이 문제가 되는 경우든 부의 순환이 문제가 되는 경우든, 인간의 교환을 주재하는 규칙은 인간본성에 각인된 원리들, 동일시 경향, 소통하려는 경향 등 다양한 정념들에 의존하는데, 적어도 어느 정도까지는 그것들을 존중할 필요가 있다는 것이다. 이 인간의 원리들은 한편으로는 도덕 질서를, 다른 한편으로는 고유의 평형과 발전 법칙을 갖는 경제질서를 탄생시킨다는 것이다. 사회적 관계를 확보하기 위해서는 그 어떤 외적인 정치적 권위도 필요치 않다는 것이다. 사회적 관계는 인간 본성의 한가운데에 각

11) 이 점에 대해서는 마루비(C. Marouby)가 앞의 책, 『자연의 경제』 6장에서 명쾌한 논의를 전개한다. 우리는 또한 비지우의 논문을 참조할 것이다. Michaël Biziou, *Adam Smith et l'origine du libéralisme*(애덤 스미스와 자유주의의 기원), PUF, Paris, 2003. 이 논문은 스미스의 정치경제학이 그보다 훨씬 더 넓은 외연을 갖는 거대한 철학적 총체의 일부임을 보여 준다.

인되어 있다는 것이다.

하지만 어떻게 자비, 정의, 이기심이 결합될 수 있을까? 애덤 스미스가 구축하려 했던 도덕철학의 완결된 체계는 바로 이 질문에 답하는 것을 목표로 했던 것 같다. 그는 성공하지 못한 것 같고, 공감의 원동력에서 비롯되는 도덕 감정과, 이익의 추구에서 비롯되는 경제 질서의 양립 가능성이라는 어려운 문제를 그의 주석자들에게 남겨 주었다. 하지만 '애덤 스미스 문제'의 해결은 도덕영역과 경제영역을 총체적으로 분할하는 것과 같은 쉬운 일이 아니다. 이전 시대의 모럴리스트와 당대의 철학자들을 애덤 스미스가 괜히 읽은 것이 아니다. 그는, 최종 단계에 도달한 사회 즉 상업사회에서 가장 긴급한 욕망은 생명 유지에 필수적인 재화의 욕망이 아니라, 존경과 인정 그리고 애덤 스미스의 용어에 따르자면 타자의 동의를 촉발시키는 기품 및 위엄과 관련된 재화의 욕망이라는 관념에 찬동했다. 이처럼 우리에게는, 우리로 하여금 타자의 감정으로 들어가게 해주는 공감보다 **타자의 공감에 대한 욕망**이 더 중요한 것이다.

> 인류 사회의 각계각층 사람들 모두에게서 나타나는 경쟁심은 어디에서 생기는 것인가? 그리고 소위 자신의 지위의 개선이라고 하는 인생의 거대한 목적을 추구하는 것은 어떤 이익이 있어서인가? 남들로부터 관찰되고 주의와 주목을 받는다는 것, 그리고 그들로부터 동감과 호의와 인정을 받는다는 것이 바로 그것으로부터 얻을 수 있는 이익이다. 우리의 관심을 끄는 것은 안락이나 즐거움이 아니라 허영이다. 그러나 허영이란 항상 자신이 주위로부터 주목을 받고 시인의 대상이 되고 있다는 신념에 기초한다.[12]

그리고 이 덧없는 재화가 사랑을 끌어당기는 까닭에 그것이 가장 소중하다고 믿게 하는 착각은 그가 보기에 인류의 근면과 진보의 일차적 원동력이다. 더 일반적으로 『도덕감정론』에서의 자기애는 타자에 대한 우리의 사랑과 같은 것이 아니다. 그것은 타자의 사랑에 대한 우리의 욕망 그리고 타자가 사랑하는 것에 대해 우리가 느끼는 욕망과 결코 분리될 수 없다.[13] 애덤 스미스의 이 작품을 독서할 때 정말로 문제가 되는 것은, 『국부론』에서 말하는 "자기 조건을 개선하고자 하는 욕망"에서는 공감의 작용이 도입하는 본질적으로 상상적인 차원을 명확하게 파악해 낼 수 없다는 것과 관련된다.[14] 아무튼 애덤 스미스가 보기에 충만하게 도덕적이고 행복한 사회가 상인들의 이기적 이해관계만으로 충족될 수 없었다는 데에는 의심의 여지가 없다. 퍼거슨에 따르면 그렇기 때문에 애덤 스미스는 맨더빌의 '방종한 체계'를 비판하게 된다는 것이다.

아무튼 이 주체라는 개념은 그 자체로 제대로 파악되어야 할 도덕적이고 정치적인 차원을 갖는다. 근면은 결여로부터 해방되고 스스로에게 행사하는 권력을 확보하기 위한 수단이다. 이기심의 추구와 근면을 통한 자기규율은 근대의 도덕 체제 및 정치 체제의 대대적인 변화

---

12) Adam Smith, *Théorie des sentiments moraux*, trad. Michaël Biziou, Claude Gautier, Jean-François Pradeau, PUF, Paris, 2003, pp. 92~93. 강조는 인용자. [『도덕감정론』, 박세일 옮김, 비봉출판사, 2009, 제1부 제2장 제1절, 92쪽.]

13) C. Marouby, *L'Économie de la nature*, p. 196.

14) 특정한 독해 방식은 『국부론』에 나오는 정육점과 빵집에 관한 유명 구절을 이러한 의미에서 재해석하도록 요구한다. 그러니까 우리는 제빵사에게서 빵을 구할 뿐만 아니라 시장이 '공감을 교환하는 장'으로 기능할 수 있도록 상호 승인의 감정을 느낄 수 있는 방식으로 그에게서 동의를 구한다는 것이다. *Ibid.*, p. 217.

를 명확히 드러낸다. 종교적 계율에는 더 이상 아무것도 기대하지 말아야 하고 군주의 변덕에 맞서야 한다. 곧은 품행과 훌륭한 정책은 오직 인간의 자연적 메커니즘에 속할 뿐이다. 앨버트 허시먼은 이기심의 경제가 어떻게 사회의 평화를 회복하고 군주의 힘을 제한하기 위해 '개발'(그가 사용한 낱말)됐는지 잘 제시했다.[15] 그는 경제적 이기심으로 위험한 정념을 중화시킨다는 몽테스키외의 매우 중요한 관념을 강조한다. 여기에서 경제적 이기심은 인간의 에너지를 '유도하고' 풍속을 순화시키며 '권위가 가하는 엄청난 타격'을 막는다는 것이다.

이는 또 특히 자기를 통치하는 새로운 방식의 토대이기도 하다. 욕망의 또 다른 이름인 이기심은 고유의 내적 규제를 갖는 행동 원리다. 자유주의적 자기통치는 행위의 결과들을 정확히 계산함으로써 고통을 감소시키고 쾌락을 증가시키는 데 있다. 바로 이 계산 능력이, 이제 최소한의 유효성도 없다고 여겨지는 천국과 지옥이라는 종교적 표상을 제압하고 우리 품행의 일차적 규제자가 된다.[16] 그때까지 인간을 속박한다고 여겨졌던 정념을, 이제는 인간을 해방하는 것으로 여길 수 있고 또 그렇게 여겨야만 한다는 사실을 증명해야 했던 것은 물론 역설이 아닐 수 없다. 이 새로운 도덕은 정념에 예속된 상태로부터 해방되기 위해 만들어진 것이 더 이상 아니다. 옛 도덕의 편견을 타파하는 것이 바로 이 정념인 것이다.

---

15) A. O. Hirschman, *Les Passions et les intérêts*, trad. Pierre Andler, PUF, Paris, 1980. [*The Passions and the Interests: Political Arguments for Capitalism before Its Triumph*, Princeton, NJ, Princeton University Press, 1977. 『정념과 이해관계』, 노정태 옮김, 후마니타스, 2020.]

16) 제러미 벤담은 인간의 이 새로운 도덕적 경제로부터 비롯된 '의무론'에서 종교적 제약을 축소시킬 것이다.

17세기 한 기계론자가 분명 이 길을 제시한 바 있다. 홉스, 위대한 모델이자 엄청난 혐오의 대상이기도 했던 그는 욕망의 메커니즘 위에 정치적 건조물을 짓는다.[17] 알래스데어 매킨타이어가 지적한 바 있듯이 "홉스는 플레오넥시아pleonexia라는 용어를, 적절한 수준보다 훨씬 더 많이 소유하려는 욕망이라고 설명한 영국 최초의 저자인 것 같다."(『리바이어던』, 15장)[18] 아리스토텔레스에게서 이 말은 불의의 두 형태 중 하나로, 아무 제한 없이 더 많은 것을 소유하려는 목적만으로 무작정 뭔가를 획득하려는 성향이라 할 수 있는 성격상의 악덕을 지시한다. 매킨타이어의 섬세한 지적에 따르면 홉스의 이 용어 번역은 소유 그 자체를 추구하는 능동적 성향과 단순한 욕망의 차이, 그러니까 아리스토텔레스의 관점에서는 중대한 이 차이를 은폐하려 한다는 점에서 "정말로 거짓인 것은 아니지만 오류"가 된다는 것이다. 매킨타이어는 여기서 고대인들에게 악덕으로 여겨지던 소유욕이 이제 선으로 여겨지게 되는 이 역전의 단서와 같은 것을 식별해 낸다. "아리스토텔레스에게는 악덕이었던 이 플레오넥시아가 이제는 근대 생산적 노동의 원동력인 것이다."[19] 물론 초기 자유주의 주창자들마저도 여기에 일정

17) 유쾌한 대상을 향하는 욕구 및 욕망과 불쾌한 대상으로부터 고개를 돌리는 혐오감이 자리하는 곳에 대해서는 『인간 본성에 관하여』를 참조하라. Thomas Hobbes, *De la Nature Humaine*, trad. Baron d'Holbach, Actes sud, Arles, 1997, p. 53. 홉스에 따르면 멀리 떨어진 하나의 목표는 수단에 해당하는 중간 목표들을 상정한다. "고대 철학자들이 지복의 자리로 상정했던 가장 멀리 떨어진 목표는 이 세상에 존재하지도 않고 그 목표에 이르는 길도 없다." 코나투스나 노력에 대한 분석은 『리바이어던』 6장에 나온다.

18) A. MacIntyre, *Quelle justice? Quelle rationalité?*, PUF, 'Léviathan', Paris, 1993, p. 120. [*Whose Justice? Which Rationality?*, University of Notre Dame Press, 1988, p. 111.]

19) A. MacIntyre, *Après la vertu*, PUF, 'Léviathan', Paris, 1997, p. 220. [*After Virtue*, University of Notre Dame Press, 1981, p. 227. 『덕의 상실』, 이진우 옮김, 문예출판사, 2021, 335쪽.]

한 저항감을 표현하는 것을 볼 수 있다. 그러니 퍼거슨이 자신의 유보적 입장을 숨기지 않은 것이다. 그는 상업과 관련해 "개인의 이기심은 정부[통치]가 행하는 모든 계산보다 훨씬 더 확실한 안내자"임을 완전히 인정하면서도 "이득을 취하려는 욕망은 부당함의 중대한 원동력"[20] 이라고 단언한다. 하지만 홉스에 의해 시작된 이 역전은, 후에 사적인 용도로 일련의 덕 목록을 수립하면서 고대 그리스에서 비롯된 모든 전통에 반해 획득의 의지를 덕으로 여기게 되는 벤저민 프랭클린에 의해 노골적으로 찬양될 것이다.[21]

이 결여의 인간 경제는 정치적 행위의 근거가 되며, 복지의 향상을 일반적 목표로 제시한다. 법률의 유용성이 그 척도이고, 상상력에 의해 변형되는 감각들이라는 가소성의 질료가 그 행위의 수단이다. 인간이 다른 인간들에게 영향력을 행사하는 것은 인간행동의 일차적 추동력에 직간접적으로 호소함으로써 이루어지는 것이지, 그들의 신앙심이나 도의에 호소함으로써 이루어지는 것이 아니다. 그 신앙심이나 도의가 제대로 이해된 어떤 이익에 결부되어 있지 않는 한 말이다. 이 행동법칙의 메커니즘이 도덕률로 쉽게 전환될 수 있을지는 의심스럽다. 자기를 위해 일하는 것이 타자를 위해 일하는 것이라 할지라도, 타자를 위해 일하는 것이 자기를 위해 일하는 것임을 증명함으로써 이 말을 역전시키는 것은 별로 어려운 일이 아니기 때문이다. 이타주의는 말하자면 힘들의 연쇄와 조합에 대한 분석에 내포되어 있다고 할 수

---

20) A. Ferguson, *Essai sur l'histoire de la société civile*, trad. Claude Gauthier, PUF, 1992, pp. 241, 251. [*An Essay on the History of Civil Society*, ed. Fania Oz-Salzberger, Cambridge University Press, 1995, pp. 139, 150.]

21) A. MacIntyre, *Après la vertu*, p. 170. [*After Virtue*, p. 183. 『덕의 상실』, 271쪽.]

있다. 더구나 자기 이익을 더 잘 확보하기 위해서는 언제나 그 일부를 포기해야 하지 않던가?

하지만 이 '행동법칙'의 본질은 아마도 개인의 상대적 독립성을 단언하는 것, 즉 타자와의 교환에서, 개인의 이익의 견지에서, 자기 및 타자에 대한 도덕적 판단에서 개인이 갖는 상대적 독립성을 단언하는 것이다. 달리 말해 주권의 한계는 각자가 자기의 이익과 그 이익을 충족시키기 위한 수단, 그리고 그것이 달성되었을 때의 결과를 계산할 수 있는 능력에 있으며, 이러한 판단 능력은 단순히 개인의 이익에 그치는 것이 아니라, 타자와 전 사회의 이익으로까지 확장된다는 것이다. 반대로 계산의 도덕적 능력에 기초한 이 독립성은 그 자체로 타자의 시선과 공적 판단에 노출되는 행동들로 귀결된다. 개인이 스스로 정념에 떠밀려 행동한다면 어떻게 여러 개인들의 행동 계획이 조정될 수 있는지, 또 그 계획들이 **그 자체로** 권력에 대한 제한일 수 있는 질서를 구성하기에 충분한지 아닌지 여부가 문제로 제기된다.

이기심의 체계

인간성에서 '능동적 힘'과 '자기 조건을 개선하고자 하는 욕망'을 구분하는 것으로는 불충분하고, 이 이기심 및 자기애의 인간학이 전면화된 전쟁이 아니라 조화로운 사회질서로 귀결됨을 증명해야 한다.

고전 자유주의의 출발점들 중 하나는 이기심들이 국가적 수준에서는 물론이고 세계적 수준에서도 상호의존한다는 것을 확증하는 것이었다. 공적 개입 없이도 작동하고 심지어 공적 개입의 필요성에 이의를 제기하며 공적 개입의 한계를 정하는 질서 혹은 체계가 존재한다고 말이다. 이 경제 질서는 교환에서의 상호 유용성에 기초한다. 이 경제 질서는 일반적 생산 활동에 참여함으로써 가장 큰 이익을 얻으려는 욕망에 고무된 각자가 자신의 직분 및 전문성에 따라 사회적 유용성에 기여하는 공간을 한정한다.

포르루아얄 학파 출신으로 데카르트주의 및 아우구스티누스주의 경제학자 피에르 드 부아길베르Pierre de Boisguilbert는 피에르 니콜Pierre Nicole과 장 도마Jean Domat에 이어 이에 관한 정식을 부여했다.

> 도매상이든 소매상이든 지상의 모든 상업과 심지어 농업까지도 기업가들의 이기심에 의해서만 통치될 수 있다. 이 기업가들은 자신들과 상업적 관계에 있는 사람들에게 결코 이익을 주려 하지 않고 그들에게 복종하려 하지도 않는다. 여행자들에게 포도주를 파는 술집 주인들은 그 누구도 여행자들에게 유익함을 베풀려는 의도를 갖고 있지 않으며, 그의 가게에 들른 여행자 역시 술집 주인의 식량이 상할 것을 염려해 여행하는 것이 아니다. 세계를 조화롭게 만들고 국가를 유지시키는 것은 바로 이 상호 유용성이다. 각자는 최대한의 사적 이익을 가능한 한 손쉽게 얻으려 한다.[22]

자유주의적 경제 고찰의 틀은 이렇게 기술된다. 어떻게 가격의 게

---

22) 다음에서 재인용. Serge Latouche, *L'invention de l'économie*(경제의 발명), Albin Michel, Paris, 2005, p. 157. *Factum de la France*(프랑스에 관한 사실), 1705, in Pierre de Boisguilbert, *Œuvres*, INED, Paris, 1966, pp. 748~749. Cf. le commentaire de G. Faccarello, *Aux origines de l'Économie politique libérale. Pierre de Boisguilbert*(자유주의 정치경제학의 기원들로: 피에르 드 부아길베르), Anthropos, Paris, 1986.

임으로 교환자들의 만족이 평형을 유지하게 되는지를 보다 명료한 방식으로 설명하는 것으로 충분하리라.

'분업'은 17세기 후반부터 사회 조직화의 원리로서, 또 물질적 진보의 원인으로서 출현한다. 분업으로 인해 각 부분이 상호의존하는 시장경제 체계가 인식 가능한 법칙들에 의해 지배되고 평형을 이루며 부단히 증대되는 생산을 야기한다는 이 관념은 분명 고전 정치경제학의 발전에 앞서는 발견이다. 이것은 17세기 말 영국의 사업가들과 행정가들의 수많은 무역론을 구성하는 '중상주의' 문헌에서뿐만 아니라 철학자와 모럴리스트 그리고 얀센주의 혹은 칼뱅주의와 관련된 신학자의 글에서도 상투어가 되다시피 했다. 이기심과 노동의 상호의존이라는 개념은 당대 과학에도 빚지고 있는 바가 있다. 세르주 라투슈[23]가 말하는 "경제학의 발명"은 사실 상업적 실천과 물리학의 산물이다. 그것은 힘과 운동에 대한 역학의 분석 방식을 사회에 적용하는 메커니즘에 속한다. 사회를, 복잡한 톱니바퀴로 이루어진 엄청난 기계 혹은 모든 부품들이 동시에 움직임으로써 협력하는 거대한 태엽시계에 비유하는 은유들의 급속한 증가에서 알 수 있듯이 말이다.

이러한 발상은 과학으로서의 정치경제학 구성에 선재하기도 하지만 과학으로서의 정치경제학 구성을 위한 조건이기도 하다. 아마도 루이 뒤몽Louis Dumont의 주장이 맞을 것이다. 그가 강조하기로 정치경제학은 특수한 인간학이기 때문에 여타의 도덕적·정치적 사유 영역들과 분리될 수 없었지만, 특정한 성질을 갖는 현상들에 고유한 어떤 체계가 존재한다는 고찰에 입각해 분리될 수 있었다는 것이다. 요컨대,

---

23) S. Latouche, *L'invention de l'économie*.

"그러한 분리가 발생하기 위해서는, 그 특수한 질료가 어떤 식으로든 다른 질료들과는 완전히 구분되는 어떤 것을 구성하는 체계로 보이거나 느껴져야 했다."[24)]

여기서도 역시 이 과학적 방식에 도덕적이거나 종교적인 고심이 없었다는 것이 아니다. 모든 교역자들이 이득을 볼 수 있게 하는, 교역에서의 상호성에 기초한 이 체계의 조화가, 얀센주의자들과 그 뒤를 이은 경제학자들이 생각할 수 있었던 것처럼, 인간 행동의 추동력이 자유롭게 작동하도록 놓아둘 때 결과될 수 있는 것일까? 그렇게 생각하는 것은 신이 어떤 기계를 단번에 결정적으로 창조하고 작동시켰으며 그 후로는 그 기계를 재점검할 필요가 없다고 생각하게 만든다.

> 끔찍한 맹목 때문에, 상인이라면 누구나 전력을 다해 이 조화를 깨트리려 한다. 판매할 때든 구매할 때든 조화의 유지는 칼끝에 있다. 그리고 모든 신민들에게 양식을 주는 공공의 풍요는, 저 위에서 지상의 모든 생산이 결실을 맺게 하는 신의 섭리, 만날 때마다 전쟁을 하는 인간 때문에 매 순간 모든 시장에서 작용하지 않으면 안 되는 신에 의해서만 존속될 수 있다.[25)]

그러나 이 섭리 혹은 상위의 권위가 사기 위해 팔라고 각자에게 강요하는 한, 그것은 독점과 이자율 상승을 막는 경쟁 메커니즘에 불

---

24) L. Dumont, *Homo aequalis. I. Genèse et épanouissement de l'idéologie économique*(호모 아이쿠알리스 I. 경제 이데올로기의 탄생과 개화), Gallimard, Paris, 1977, p. 43.

25) P. Boisguilbert, *Dissertation sur la nature des richesses*(부의 본성에 관한 논고), in E. Daire (dir.), *Économistes financiers du XVIII*^{e}, 1843, Guillaumin, Paris, p. 404.

과할 뿐이다. 모든 사람이 판매자가 되라는 강요를 받기 때문에 모든 사람 사이의 평형이 가능해진다. 바로 이 상위의 법칙이 평형을 가능케 하고, 바로 이 보편 법칙이 경쟁을 통한 번영을 확보해 준다. 이익에 대한 욕망에 일단 고무되면 각자는 시장 게임의 규칙이라는 틀 내에서 자신의 이익을 극대화하려 하기 때문이다.

질베르 파카렐로Gilbert Faccarello가 보여 주듯, 시장이라는 최상위 법칙은 경쟁 조건의 '관리' 역할만을 국가에 남겨 준다. 물론 이제 국가가 할 일이 없다는 의미는 아니고, 이런 관점에서 우리가 17세기에 획득된 것과의 어떤 단절을 발견하는 것은 잘못된 일일 것이다. 국가는 자기 영역에서 본질적인 역할만을 담당한다. 그러니까 개인과 재산의 보호, 노골적인 폭력의 금지 말이다. 아마도 자유주의 메커니즘의 윤곽을 가장 잘 그린 사람 중 한 명일 피에르 드 부아길베르에 따르면, 각자의 잉여물 교환이 갖는 상호성이 자연스럽고 지속적이며 조화롭다면 모든 외적 개입은 이를 망칠 뿐이다. 그러므로 여기에 부가적으로 작동시켜야 할 도덕률이나 종교정책은 없다는 것이다. '얻기 위해 준다'는 피에르 니콜의 정식이면 충분하다. 애덤 스미스는 이 논지의 핵심을 이어받는다. 요컨대 개인들이 자기 고유의 이익을 즉각적으로 지각하고 그 지각에 따르도록 내버려 둔다면 경제는 알아서 조화롭게 흘러간다는 것이다. '보이지 않는 손'이라는 이 유명한 주제 때문에 애덤 스미스는 후대에 이 문제계의 창시자로 여겨지기까지 했다. 개인들은 그들 자원의 가장 유익한 사용을 모색함으로써 사회 전체에 가장 잘 공헌한다. 그러한 목적을 의식적으로 의도한 것이 전혀 아님에도 불구하고 말이다. 여기서 중요한 건 초자연적 힘의 불가사의한 작용이 아니라, 반대로 생활의 조건을 개선하려는 보편적 욕망에서 비롯된 지극히 자연스러운 힘의 불가사의한 작용인 것이다.[26] 바로 이것이 교환, 전문화, 생산성 향상을 추동하는 원동력이다.

이기심들의 조화라는 관념이 18세기 이전에 이미 존재했고 애덤 스미스에 의해 발명된 것이 아니라고 해서 이 관념을 간과해서는 안 된다.[27] 정치적 자유주의는 종종 이 관념으로 요약된다. 칼 폴라니Karl Polanyi가 지적한바 19세기 전반 구체적인 통치 정책의 기초가 바로 이 '자기조절적 시장' 개념이다.

스미스의 진정한 혁신은 도덕과 정치경제학에서 모든 목적론을 거부했다는 데 있다.[28] '보이지 않는 손'이라는 섭리는, 인간의 본성에 각인되어 있는 원칙과 동기에 의해 유도된 행동들이 비의지적으로 결과시킨 것들의 연속에 불과하다. 인간의 행위는 궁극적인 목표들에 의해 유발되는 것이 아니다. 행위주체들은 그들 행위의 즉각적 효과 너머에 있을 수 있는 결과들에 대해 알지 못한다. 인간들은 자기 행위의 결과를 모르는 채 행동한다는 것이다.

---

26) Cf. J.-C. Perot, "La Main invisible et le Dieu caché"(보이지 않는 손과 숨어 있는 신), in *Une historie intellectuelle de l'économie politique, XVIIe-XVIIIe siècle*(정치경제학의 학문적 역사, 17-18세기), Éditions de l'EHESS, Paris, 1992, p. 333 sq.

27) 개인의 이익과 공공의 이익이 결합한다는 이 관념을 스미스는 메르시에 들라리비에르에게서 읽어 낼 수 있었다. "이 위대한 자유에 고무된 사적 이익은 특히 각 판매자가 자기 물건들을 개선시키고 배가하도록, 그러니까 이 방법을 통해, 그가 다른 사람들에게 쾌락을 제공하는 대가로 자신에게 쾌락을 제공해 줄 수 있는 그 사람들에게 제공할 수 있는 쾌락의 총량을 증가시키도록 판매자들 각자에게 강력하고 영속적으로 촉구한다. 그러면 이 세계는 저절로 굴러간다. 즐기려는 욕망과 즐길 수 있는 자유는 생산의 증식과 산업의 성장을 끊임없이 유발하고 최상의 상태를 향한 항구적 경향이 되는 운동을 사회 전체에 각인한다." P.-P. Le Mercier de la Rivière, *L'Ordre naturel des sociétés politiques*(정치 사회의 자연적 질서), in E. Daire(dir.), op. cit., p. 617.

28) 그렇지만 역사의 진보를 생각할 땐 목적론을 피하지 않았음을 다음 장에서 보게 될 것이다.

'사태의 진행과정'에 의해 제한된 통치

통치 실천은 이로부터 어떤 결론을 끌어내는가? 저자들과 유파들에 따라 편차는 있지만 그래도 하나의 일반 원칙이 도출된다. 국가는 무기력해서도 안 되고 무관심해서도 안 되지만 '조용히' 있어야 한다는 것이다. "조용히!" 바로 이 통치 정식으로 그 세기 말 벤담은 정치경제학 교훈을 요약하게 될 것이다. 신은 자기가 고안한 시계의 태엽을 스스로 되감을 필요가 없을지라도, 국가는 주기적으로 아주 조심스럽게 그 메커니즘을 조율해야 한다.

제임스 스튜어트는 무역과 산업의 작동을 도울 줄도 알고 동시에 자기 권력의 임의적 행사를 삼갈 줄도 아는, "오늘날의 복잡한 경제" 사정을 완벽히 아는 식견 갖춘 행정관의 초상을 그린 바 있다. 이 "현대의 행정관"은 과거의 군주보다 훨씬 강하다. "이전 세기 가장 절대적이었던 통치하에서는 알려지지 않았던 권위"를 사용함으로써 "인민 전체를 조종할 수 있는 강력한 영향력"을 행사할 수 있기 때문이다. 그가 지휘하는 모든 행정, 보유하고 있는 재정의 능력, 모든 영역에서 취할 수 있는 모든 법률들 때문에 그는 가공할 무절제의 요인이 된다. 그렇지만 그의 힘은 경제학 자체에 의해, 과거 군주의 힘이 그랬던 것보다도 더 많이 제한된다. 요컨대 "근대 경제학은 전제주의의 광기에 대항해 만들어졌던 것들 중 가장 효율적인 제동장치다."[29] 역사의 간지奸智

---

29) J. Steuart, *An Inquiry into the Principles of Political Economy*, liv. II, chap. XXII, p. 322. 다음에서 재인용. A. O. Hirschman, *Les Passions et les intérêts*, op. cit., p. 79. [『정념과 이해관계』, 141쪽.]

로, 군주들 역시 자기들 권력의 근원에 묶이게 된다. 이웃보다 더 강해지려는 열망에 군주들은 무역과 산업을 장려했고, 이로 인해 '새로운 행정 계획'이 사회적 기계장치의 톱니바퀴들을 더 잘 존중하도록 강제하는 복잡한 경제학이 탄생했다. 철저한 변화가 일어난다. 요컨대 과거에는 자의적 권력이 만사에서 자유를 제한하려 했던 반면 이제 군주는 공적 자유를 신장시키기 위해 자신의 권위를 사용한다.[30] 군주는 이제 "법률을 위반하는 자신의 각 사례가 그를 새로운 곤란에 빠트리는 그런 방식으로 정치경제학 법칙들과 결부된 상태"[31]에 있으니, 이러한 사실들이 보복할 것 같으면 군주도 공공의 자유에 복종하지 않겠는가? 군주는 자기가 징수하는 세금에 의해 '구속되어' 있었다. 그의 힘이라는 것 자체가, 당시까지는 알려져 있지 않았던 인민들의 다양한 행동들에 종속되었던 것이다.[32] 군주는 경제 주체들 간의 수많은 상호작용, 즉 생산자와 상인 그리고 구매자가 맺는 다양한 관계들에 의존한다. 이 복합성이 기계의 취약성을 이루기도 한다. "통치는 기계와 같아서 단순할수록 더 견고하고 오래 지속되며, 교묘하게 구성될수록 더 유용해지긴 하지만 무질서에도 더 많이 노출된다."[33] 애덤 스미스가 "사적 개인의 노동을 감독하고 그것을 사회의 이익에 가장 적합한 직업으로 인도해야 하는 의무"와 관련해 "인간의 어떤 지혜나 지식도 결코 충분할 수 없"[34]다고 강조할 때도 같은 말을 하고 있는 것이다. 경제

30) J. Steuart, *An Inquiry into the Principles of Political Economy*, liv. II, chap. XIII, p. 248.
31) *Ibid.*, p. 249.
32) *Ibid.*, liv. II, chap. XXII, p. 321.
33) *Ibid.*, liv. II, chap. XIII, p. 249.
34) A. Smith, *Richesse des nations*, édition et traduction Paulette Taïeb, PUF, Paris, 1995, p. 748. [『국부론 하』, 제4편, 제9장, 비봉출판사, 2007, 848쪽.]

적 자유가 필요한 단 하나의 이유가 바로 입법자의 무능이다.

이 기계론적 이미지는 자유주의자들에게 정치적 문제의 형태를 제공한다. 이를테면 경제라는 이 기계에서 주권자의 위치는 어디인가? 주권자는 성급한 개입으로 이 기계의 자연스러운 작동을 가로막지 않는가? 그래도 부품 하나가 맛이 가거나 그게 다른 부품들의 작동에 방해가 될 땐 개입해야 하는 것 아닌가? 제임스 스튜어트는 시계의 이미지를 즐겨 사용했다. 너무 거친 손길은 시계를 망가트릴 위험이 있지만, 시계는 계속 고장 나기 때문에 관리자가 이따금씩 태엽과 톱니바퀴 장치를 고쳐야 할 필요가 있다는 것이다.[35]

여기서 주권자의 위치가 변했음을 알 수 있다. 주권자의 위치는 더 이상 정치 질서의 신분적 위계 서열에 의해 규정되는 것도 아니고, 특권화된 질서들 간의 본질적 구분에 의해 규정되는 것은 더더욱 아니다. 주권자의 위치는 여러 직업들의 상호 유용성이라는 기계에서 그가 갖는 기능에 의해 결정된다. 바로 이것이 주권의 **존재론적** 개념으로부터 통치성의 **기능적** 개념으로의 이행을 특징짓는다.

스튜어트에게서도 그랬지만 스미스에게서도 통치권력은, 아무리 경제 법칙들에 의해 제한된다 해도 무력한 채 남아 있지 않다. 국가가 소거되어야 한다거나 축소되어야 한다고도 말할 수 없다. 이 두 저자들은 발전의 최종 단계에 도달한 사회가 다른 어떤 사회도 겪어 본 적 없는 광범위한 권력을 갖는 공공 행정의 증대를 목도했다는 점을 지나치게 의식했다. 모든 통치 행위가 사회적 교환의 규칙과 관련해서만, 보

35) 이러한 해석에 대해서는 다음을 참조하라. A. O. Hirschman, *Les Passions et les intérêts*. [『정념과 이해관계』.]

다 구체적으로는 시장의 작동과 관련해서만 의미를 갖는다는 것이다.

스미스에게 주권자는 신민들의 행복 추구를 위해 정의와 자비를 사용해야 하는 자로서, 『국부론』 제5편에서 그가 설명하듯 세 가지 의무를 갖는다. 국방, 사법행정, 그리고 공공 사업 및 공공 기구가 그것이다. 하지만 여기서 그치면 본질적인 것을 놓치게 될 텐데, 그것은 오히려 『법학강의』에서 스미스가 통치 과업을 두 종류로, 즉 **정의**의 법률과 **내치**의 규칙들로 나누는 데서 발견될 것이다.[36] 모든 통치 체계의 일차적이고 주요한 목표는 정의를 유지하고 타인의 재산 침해를 방지하며 각자에게 자기 재산의 평화적이고 확실한 소유를 확보할 수 있게 해주는 것이다. 일단 이 '내적 평화'the internal peace, or peace within the doors라는 목적이 달성되고 나면, 그때 통치는 국가의 풍요를 제고하고자 한다. 교환, 무역, 농업, 수공업 등을 대상으로 하는 모든 '규제'는 '내치'에 속한다. 법률이 사회의 기반들 자체와 관련되고, 인간이 결여하고 있는 정의와 신중함 쪽으로 그들을 이끌어 가는 보편적 법률의 형식을 취하는 반면, 내치의 규칙들 혹은 행정적 규칙들은 종종 자비의 의무의 영향을 받는 특수한 목적들을 추구한다. 전자의 경우, 꽤 빈번하게 일어나는 일이지만, 특정한 이기심의 편을 드는 편파성으로 얼룩져서는 결코 안 된다. 스미스가 자신들의 이익을 위한 법안만을 신속하게 통과시키려는 상인들을 대단히 불신했었다는 사실은 잘 알려져 있다. 규제

36) A. Smith, *Lectures on Jurisprudence*, éd. par R. L. Meek, D. D. Raphael et P. G. Stein, Clarendon Press, Oxford, 1978, p. 5 sq. [『애덤 스미스의 법학강의』, 서진수 옮김, 자유기업원, 2002, 89쪽 이하.] 이 해석에 관해서는 다음을 참조하라. Cf. Knud Haakonssen, *The Science of a Legislator. The Natural Jurisprudence of David Hume and Adam Smith*, Cambridge University Press, 1989, p. 95.

법은 매우 다양한 영역들에 관련되어 있다. 이 영역들은 상업, 농업, 수공업, 상품수송뿐 아니라, 종교 및 도덕교육까지도 포함한다. 『국부론』의 많은 지면이 이 주제에 할애되어 있다.

그런데 '모든 연령의 사람들'에 대한 교육은 물론이거니와, 모든 신분의 자녀들, 특히 평민 자녀들의 교육에 스미스가 중요성을 부여했다는 점은 놀랍다. 스미스의 관점에서 사회 관계의 질, 타자에 대한 존중, 예의범절, 공적 토론 등은 통치가 추구해야만 하는 목적의 일부를 이룬다. 편견과 맹목으로부터 비롯되는 무질서를 피하고자 한다면 평민을 교육해야 한다는 것이다. "정부의 안전이 정부의 행동에 대한 인민의 판단에 매우 크게 의존하는 자유국가에서는 국민들이 정부의 행동을 성급하거나 변덕스럽게 판단하지 않도록 하는 것이 확실히 가장 중요한 문제임에 틀림없다."[37] 이는 그가 종교적 이단들에 대해 말한 것과도 상통한다. "과학은 종교적인 광신·미신의 병독病毒에 대한 최선의 해독제다."[38] 그렇기 때문에 법률은 개인의 행동이 타자들에게 해를 끼칠 때 그 행동에 제한을 가하기 위해서만 만들어진 것이 아니다. 입법자의 의무는 늘 '사회적 이익' 전체를 따른다. 정치적 행위의 제한은 그 행위가 정의를 저해할 수도 있다는 사실에 근거한다. 국가가 침탈자가 되거나, 또 아주 복잡한 기계를 고장 낼 때 말이다.

사람들의 안녕이 침해되는 일이 없도록 함으로써 정의를 보장하는 것이 '법률적 제동'이 갖는 주된 기능이라는 것, 이것은 퍼거슨이 주장하고 있는 바이기도 하다. 오만, 악의, 시기, 복수심과 같은 다른 동

---

37) A. Smith, *Richesse des nations*, p. 884. [『국부론 하』, 제5편, 제1장, 965~966쪽.]

38) *Ibid.*, p. 894. [같은 책, 977쪽.]

기들과 더불어 "이득을 취하려는 욕망은 부당함의 중대한 원동력"이기 때문에, 법률은 "이와 같은 원리들 자체를 뿌리 뽑거나 혹은 **적어도** 그 원리들이 불러일으키는 효과들을 예방"하려고 한다.[39] 하지만 이러한 수단을 통해 사회의 평온을 획득하기란 대단히 어렵다는 사실을 인정해야 한다. 가장 행복한 나라들이 향유하는 평화는, '재갈'보다는, 그 나라의 시민을 단결시키는 정서적 관계의 힘에서 나온다. 아테네와 로마를 비롯한 여러 국가는 과거에, 특히 사치에 대한 법률을 수단 삼아 "소수에게 과도한 부가 축적되는 것을 예방"하고자 했다. 이와 같은 목표는 칭송할 만하지만, 역사가 주는 교훈에 따르면, "재산의 분배가 불평등한 모든 나라, 부가 지위와 명성을 가져다주기에 충분한 영향력을 갖는 그러한 모든 나라에서 이 목표에 완벽히 도달하는 것은 불가능"하고, "어떤 식으로든 이 부패의 원천을 제거하는 것은 매우 어렵다".[40] 시민들에게 "이기심을 경멸"하도록 가르친 스파르타만이 성공했다. 그러나 스파르타의 예를 현재로 옮겨 놓을 수는 없다. "우리가 사는 사회에서는 위대해지려면 부유해야 하고, 종종 허영심을 통해서만 쾌락이 추구되며, 행복으로 추정되는 것에 대한 욕망이 정념들 중 가장 위험한 정념을 불타오르게 하고, 그 욕망 자체가 불행의 원천이 되기까지 하며, 공적 정의는 몸에 채우는 족쇄와 같아서 곧고 성실한 감정들은 고취시키지 않은 채 중범죄자들의 팔을 묶는 것밖엔 할 줄 모른다."[41] 결론은 자명하다. "인간들이 서로를 해치게 하는 정념들"을

39) A. Ferguson, *Essai sur l'histoire de la société civile*, p. 251. [*An Essay on the History of Civil Society*, p. 150.] 강조는 인용자.

40) *Ibid.*, p. 253. [pp. 151~152.]

41) *Ibid.*, p. 256. [p. 155.]

일소할 수는 없으므로, 법률은 본질적으로 이 정념들의 재앙적 결과들을 '억제'하고 '예방'하는 것을 목표로 삼아야 한다. 법률은 타인에 대한 상호적 자비의 감정을 아직 느끼지 않는 사람들에게서 그 감정을 만들어 낼 수 있다고 주장함으로써 위험하게도 자기 힘을 과대평가하는 것 같다. 요컨대 법률이 인간을 정의로 이끌어 가야 한다는 것이 사실이라 할지라도, 정의로운 인간을 만들어 내는 데에는 여전히 무기력할 수밖에 없다.

인구 증가는 통치가 개입하면 해로울 뿐인 대상이다. '인구와 부에 관하여'라는 제목의 『시민사회사에 관한 시론』 3부 4장에서 논증의 출발점이 되는 "반중상주의적" 전제에 따르면, 인구 증가가 "부의 축적"에서 기인하는 것이지 인구 증대가 부의 증대를 확보해 주는 것이 아니다.[42] 풍요가 지배적일 때 인구는 저절로 증가하며 그 공을 자신에게 돌리려는 위정자들은 착각하고 있는 것이다. "이 위정자들은 마치 자신들이 이 풍요로 향하는 운동의 원인이라도 되는 듯 자화자찬하지만, 그들은 풍요로 향하는 운동을 그저 따라갈 뿐이다. 이는 노를 저어 폭포의 속도를 올린다고, 혹은 부채질로 바람의 속도를 올린다고 주장하는 것과 같다."[43]

그런데 사람들로 하여금 부유해지도록 추동하는 것은 이기심이라는 동기이기 때문에, 통치는 무엇보다 그들이 스스로 행동할 수 있도록 내버려 두는 데 전념해야 한다. "이러한 관점에서, 정치가는 인구

---

42) *Ibid*., p. 239. [p. 137.]
43) *Ibid*., p. 238. [p. 137.]

와 관련해 그렇듯, **해를 끼치는 것을 피할 수 있을 뿐이다**."[44] 달리 말해 주권자들이 "가장 잘 할 수 있는 일은, 그들이 거의 아무것도 할 수 없는 그러한 대상에 해를 끼치지 않도록 유의하는 것이고, 그들의 힘으로는 다시 막을 수 없는 구멍을 내지 않도록 유의하는 것이다".[45] 이를 통해 통치 행위의 제한이 순전히 **부정적**인 방식으로 규정되고 있음을 검증할 수 있다. 거기에 **직접적으로** 개입하지 못하게 만드는 것은 바로 '사태의 진행과정'이며, 따라서 해를 끼치지 않고서는 행동할 수 없는 권력에게 남겨진 유일한 권력은 해를 끼치지 않기 위해 행위를 삼가는 권력뿐이라는 것이다. 그렇다고 해서 통치가 절대적 무기력 상태에 빠질 수밖에 없다는 것은 아니다. 만일 그렇다면 이는 인구와 부가 '인간의 자유와 안녕'이라는 공통의 토대를 갖는다는 사실을 간과하는 것이리라. 정치적 억압은 인구 감소의 주요 원인이다. 따라서 통치는 인간의 자유와 안녕이라는 이중적 토대를 공고히 함으로써 인구와 부에 **간접적으로** 작용을 가할 수 있다는 것이다. 이와 관련해 퍼거슨은 이렇게 말한다. "이 두 가지 염려와 관련해 정책의 주요 목적은 그러므로, 가정이 자리를 잡고 생계를 이어갈 수 있는 수단을 보장하는 것, 산업이 관심을 갖는 모든 분야에서 산업을 보호하는 것, 내치 및 인간 본성의 사회적 정서에 의해 부과된 제약과 개인들의 타산적이고 개별화된 행위를 양립시키는 것이다."[46] 이것은 사실상 우리를, 이러한 간접적 행위의 주된 도구로서의 '법률적 제동'으로 되돌리는 것에 불과하다. 그러

44) *Ibid*., p. 240. [p. 138.] 강조는 인용자.
45) *Ibid*., p. 237. [p. 136.]
46) *Ibid*., p. 240. [p. 139.]

므로 '평온한' 국가는 근본적으로, 직접 작용을 가할 수 없는 모든 것에 간접적으로만 작용을 가해야 한다는 것이다.

자연법칙의 인식을 통한 통치

프랑스 중농주의의 사유방식은 스코틀랜드 학파의 사유방식과 매우 다르다. 그러므로 프랑스 중농주의는 통치 행위와 관련해 아주 다른 방식으로 문제를 제기한다. 불변의 일반 법칙에 따르는, 경제 현상에 특유하고 체계적인 질서가 있음을 가장 단호하게 주장한 자들은 아마도 중농주의자들일 것이다. 또한 그들은 무역의 완전한 자유를 가장 단호하게 주장하기도 했다. 미라보H.-G. comte de Mirabeau가 말하듯, 중농주의자들의 학설을 요약하자면 "잘 되는 일은 저절로 된다"[47]는 것이다. 하지만 신이 가장 완벽한 방식으로 모든 것을 고안했으니 권력은 무기력할 수밖에 없다는, 그런 말은 아니다. 중농주의자들이 말하는 '무위'無爲가 입법자의 지속적이고 근본적인 행위, 즉 자연 질서를 창시한 신법神法을 존중하고 인식하도록 만드는 행위를 상정한다는 것은 역설적이다. 중농주의자들의 교조적 자유주의는 '시장의 무정부 상태'나 '정글'이 아니다. 실제로 중농주의자들은 시장 전제주의를 장려한다. 전제주의와 자연 질서의 이상한 결합인 중농주의는 '새로운 경제학'을 합리적 국가의 준거가 되는 이론으로 삼는다. 케네François Quesnay, 메르시에 들라리비에르Mercier de la Rivière, 뒤퐁 드 느무르Dupont

47) 다음에서 재인용. G. Weulersse, *La Physiocratie à l'aube de la Révolution 1781-1792*(대혁명 여명기의 중농주의, 1781~1792), Éditions de l'EHESS, Paris, 1985, p. 190.

de Nemours는 신이 원했고 또 창조한 자연 질서를, 사회 자체를 파괴하지 않고서는 침범이 불가능한 질서로 만들어 버린 것으로 유명하다. 과학적 합리성에 의해 알려진 이 자연 질서의 존재는 주권자의 절대 권위에 이의를 제기하기는커녕 오히려 이 절대 권위를 정당화한다.

그러나 과학적 근거에 기초한 이 권력은, 그 절대적 속성을 확보해 주는 법칙들과 연관되어 있으면서 또 그 법칙들에 의해 제한된다. 신이 자신이 창조한 법칙들과 전적으로 결부되어 있는 것과 마찬가지다.[48] 그러므로 중농주의는 인간의 바람과 무지로부터 생겨나는 자의적 대항권력에 의해 제한될 수 없는 전제주의다. 그것은 '자명한 전제주의'다. 다시 말해, 그것은 이성의 빛에 의해 알려진 자연질서의 법칙으로, 주권자는 그 법을 집행하는 자에 불과하다. 자유주의적 통치는 법칙을 만들어 내는 것이 아니라 그 법칙이 자연적 합리성에 부합함을 확인한다. 자유주의적 통치는 이 법칙을 실정 법규 내에서 표현하고 그 법칙을 적용한다. 도덕의 세계에서 자유주의적 통치는 물리학의 영역에서와 다르지 않은 방식으로 적용된다. 인간에게 가장 이로운 통치는, 적절히 처신하기 위해 알아야 하는 법칙에 부합해야 한다. 케네는 천문학과 경제학의 완벽한 대응을 설정하고 있다.

> 시간과 공간의 질서를 알기 위해, 그리고 항해술을 적절히 조절하고 무역을 확보하기 위해 천체운동의 법칙을 정확히 관찰하고 계측할 필요

---

48) 케네와 말브랑슈의 관계가 밝혀진 지는 오래되었다. Cf. A. Kubota, "Quesnay, disciple de Malebranche"(케네, 말브랑슈의 계승자), in *Quesnay et la physiocratie*(케네와 중농주의), vol. 1, INED, Paris, 1958.

가 있었다. 마찬가지로, 사회에 모여 사는 인간이 갖는 자연권의 범위를 알기 위해서는 가능한 한 최선의 통치를 구성하는 자연법칙에 관심을 기울일 필요가 있다.[49]

게다가 케네가 말하듯, 실정적 법률의 제정이 "사회에 모여 사는 인간에게 분명 가장 이로운 질서를 구성하는 자연법의 천명"이라면, 최우선적이고 근본적인 정치 제도는 "자연 질서 법칙을 가르치는 공교육과 사교육"[50] 제도일 것이다. 주권은 법칙을 만들기 위해 세워진 것이 아니다. 법칙은 이미 권리와 의무를 창조한 신의 손으로 만들어졌기 때문이다. 주권은 분리 불가능한 재산권과 자유의 보존을 실정법의 형태로 천명하고자 만들어졌다.[51] '경제적 통치' 자체가 경제학에 의해 발견된 법칙에 지배되는 통치인 것이다. 이 '인지적 통치성'이 중농주의자들의 다양한 교육 계획 내에서 발전되는 것을 볼 수 있을 것이다. 인식과 복종은 짝을 이루게 될 것이다. 즉 법칙의 절대적 준수와 잘 이해된 자유는 함께 간다. 경제적 통치는 모든 영역에서 최상의 결과를 낳을 것이다. 요컨대,

경제적 통치는 부의 원천으로 향하는 길을 연다. 부는 인간을 유혹한다. 인간과 부는 농업을 번창하게 하고, 무역을 확장하며, 산업에 활력

49) F. Quesnay, "Le droit naturel"(자연법), in *Physiocratie*(중농주의), Garnier-Flammarion, Paris, 1991, pp. 82~83.
50) *Ibid*., p. 84.
51) P. S. du Pont de Nemours, *De l'origine et des progrès d'une science nouvelle*(새로운 과학의 기원과 발달)(1768), in E. Daire(dir.), *Physiocrates*(중농주의자들), Guillaumin, Paris, 1846, p. 347.

을 불어넣고, 부를 증대시키고 영속시킨다. 경제적 통치는 국부와 국력의 쇠퇴를 방지한다. 왕국 행정 제반 영역의 성공 여부는 바로 풍부한 자원에 달려 있다. 경제적 통치는 국력을 과시하고, 타국의 이목을 끌며, 군주의 영광과 백성의 안녕을 보장한다. 이러한 관점은 완벽한 통치에 본질적인 모든 원칙을 포괄하며, 이 완벽한 통치 내에서 권위는 항상 보호적이고 자비로우며 수호적이고 경배를 받아 마땅하다. 경제적 통치는 결코 오류를 범할 수 없고 지나치게 확장되지도 않으며 사람들을 근심하게 하지도 않는다. 경제적 통치는 도처에서 국익, 적절한 질서, 공법, 주권자의 역량과 지배력을 지탱한다.[52)]

중농주의자들은 극단적 자연주의를 옹호한다. 정치의 조직화는 그 자체가 불변의 물리학적 질서로부터 파생된 사회 질서에 부합해야 한다는 것이다. 질서에 독자성 따위는 없고, 오히려 자연 법칙의 일반 체계에 각각의 질서가 의존하고 있을 뿐이다. 자연 법칙의 일반 체계의 정치적 표현인 '법률적 전제주의'는 자연 법칙의 절대 권위, 보편적 실정법으로 해석되어야 하는 그런 절대 권위만을 바란다. 사실상 '자유방임'은 자연권에 대한 절대적 존중이고, 무엇보다 우선적으로 재산권과 무역의 자유에 대한 절대적 존중이다. 주권자에게 가해지는 제한은 자기 권리에 대한 각자의 인식이다. 그러므로 이 제한은 공교육 및 의사소통의 자유에 의해 명확화된 의견이 가하는 부하負荷다. 주권자 권위의 통일성과 백성의 교육은 경제적 통치의 양대 지주다. 상충하는 이해들 간의 화합, 정념들 간의 타협, 감정들 간의 교환, 부차적 수

---

52) F. Quesnay, "Tableau économique"(경제표), in *Physiocratie*, op. cit., p. 127.

단의 마련 등은 스코틀랜드 학파의 경우와는 달리 결코 문제가 되지 않는다.

그러므로 이기심들의 자연적 질서를 통치하는 두 방식이 있다고 생각할 수 있다. 중농주의의 '방식'과 스코틀랜드 학파의 '방식'은 그 통치 메커니즘과 그 통치 메커니즘을 고안한 자에 대해 그들이 갖는 생각이 다르기 때문에 본질적으로 구분된다. 여기서 미카엘 비지우의 유용한 대조를 재검토함으로써,[53] 전자의 방식이 특히 그 톱니바퀴를 완벽하게 창조한 위대한 조물주의 관점에 입각해 경제적 기계를 사유하고 있다고 주장할 수 있을 것이다. 후자의 방식은 인과론적 연쇄라는 관점으로 경제적 기계를 고찰한다(이 방식은 애덤 스미스처럼 유일한 창조자 혹은 인도자를 당연히 인정하지 않는다). 전자의 방식은 만인이 자연 법칙에 복종하도록 하기 위해 경제적 진리에 대한 보편적 교양을 전제한다. 후자의 방식은 오히려 톱니바퀴의 바람직한 작동을 확보하기 위해 최종적 결과에 신경 쓰지 않고 인간성에 각인되어 있는 성향들을 자유롭게 내버려 두는 것을 전제한다. 전자의 경우 이 '자명한 전제주의'를 확보하기 위해 신법에 대한 정확한 인식이 필수다. 후자의 경우 자연의 유일무이한 관리자가 의도한 최종목적에 대한 개인의 무지는, 자기 본래의 감정과 이기심이 자신을 안내하도록 내버려 두는 것과 병행한다.

그럼에도 불구하고 이 두 방식 모두 여전히 다음과 같이 공공연히 표명된 정치적 의도에 영향을 받고 있다. 즉 케네의 '새로운 과학'은 주권자에 호소하는 반면, 스미스의 정치경제학은 '입법자의 과학' 내

53) M. Biziou, *Adam Smith et l'origine du libéralisme*, pp. 57~58.

에서 완결되고자 한다. 주권자와 입법자의 차이는 바로 인식에 부여된 역할과 정확히 관련되어 있다. 요컨대 스미스의 입법자는 솔론이라는 인물로부터 영향을 받은 것으로, 이 입법자는 백성이 감당할 만한 최상의 법을 수립해야 한다. 하지만 사회적 기계장치는 극복할 수 없을 만큼 불투명하기 때문에, 그로부터는 "중농주의적 주권자의 배려와 수완 같은 것"을 기대할 수 없다. 케네의 관점에서 자연 질서의 법칙에 대한 인식의 부재는 불가항력적으로 "농업왕국"을 쇠락하게 한다.[54] 그렇기 때문에 정치를 경제지상주의적으로 환원함으로써 통치술의 특수성을 인정할 여지가 그에게는 결코 없는 것이다. 하지만 스미스에게서 통치술이라는 말이 여전히 과학으로 남아 있다는 데 유념해야 한다. 정치경제학에 기초하는 이 입법자의 과학은 정치경제학 덕분에 '사태의 자연스러운 진행과정'을 이해할 수 있는 것이다.

54) P. Steiner, *La "Science nouvelle" de l'économie politique*(정치경제학이라는 '새로운 과학'), PUF, Paris, 1998, pp. 115~116.

2장 · 역사의 진보와 인간 본성의 획일성

자유주의 통치성은 인류 역사의 의미에 대한 일정한 이해理解와 무관치 않다. 이기심의 게임은, 그것이 자연스럽게 어떤 질서를 만들어 낸다는 점에서 사회 개선perfectionnement의 원칙에 속한다는 것이다. 그러나 인간이 언제나 이기심의 자극에 고취되어 행동했다면 그것은 이기심이 인간 본성 자체의 일정한 성향들에 그 뿌리를 두고 있기 때문이다. 사실 최초의 자유주의자들은 모두 인간 본성의 획일성과 관련된 흄의 원칙, 즉 어떤 성향들과 감정들은 선천적이고 보편적이라 간주되며 오직 시간과 장소의 상황만이 가변적이라는 원칙과 단단히 결부되어 있다.

이런 상황에서 어떻게 인간의 생활방식과 생존양식의 첫 단계에서부터 일어난 변화를 해명할 수 있을까? 만일 인간이 늘 동일한 상태에 머물러 있었다면, 이러한 변화가 결국 분업과 교환으로 특징지어지는 '상업사회'의 출현으로 귀결되었다는 것을 어떻게 설명해야 할까? 대대적으로 확산되고 후대에도 지속될 '인간학적 모델', 즉 경제발전의 연쇄적 단계를 통한 인류의 보편적 진보라는 모델이 18세기 말에 고안됨에 따라 그 어려움은 더욱 첨예해졌다.

사회학자이자 애덤 스미스 저작의 방대한 글래스고 판 편집자 중 한 사람인 로널드 믹은 이러한 이론적 모델의 계보를 복원하는 데 기여했다.[1] 그는 이 모델을 '4단계 이론'Four Stage Theory이라 명명했다. 요컨대, "가장 특수한 형태하에서, 이 이론은 사회가 시간의 흐름에 따라 다소 분명하고 연속적인 네 단계를 거쳐 '자연스럽게' 또는 '통상적으로' 발전한다고 규정했다. 각 단계는 상이한 생존양식에 상응하며, 이 단계는 수렵단계, 목축단계, 농업단계, 상업단계로 규정된다."[2] 스미스, 튀르고Anne Robert Jacques Turgot, 루소가 거의 동시에 이 모델을 정식화했다.[3]

이 모델의 세 가지 특질은 주목할 만하다. 우선 각 단계는 생존양식과 동일시된다. 이러한 동일시는 이 단계들의 차별화가 경제와 긴밀하게 연결되어 있다고 생각하게 만든다. 그리고 한 단계에서 다른 단계로의 진화는 '자연스러운' 것이라고 설명된다. 마지막으로, 이제 다종다양한 인민들은 인간의 지리적 환경이라는 공간에 단순히 위치하는 것이 아니라, 관념적 시간성 속에서 그들이 점유하는 위치, 즉 인간사회의 보편적 발전의 위치에 따라 정돈된다.[4] 이런 단계적 진보 관념은 일정한 불연속성을 내포하지 않을 수 없다. 이 불연속성은 어느 풍

---

1) Ronald L. Meek, *Social Science and the Ignoble Savage*, Cambridge University Press, 1976에서. 여기서 우리는 다음에 의거한다. C. Marouby, *L'Économie de la nature*, p. 25.

2) *Ibid*., p. 26, note 1에서 재인용.

3) *Ibid*., pp. 23~25. 애덤 스미스에게서 다음과 같은 단언이 발견된다. "인류가 경유한 서로 다른 네 상태가 있으니, 첫째는 수렵의 시대요, 둘째는 목축의 시대, 셋째는 농업의 시대이고, 넷째는 상업의 시대다." *Lectures on Jurisprudence*, p. 14 sq.

4) C. Marouby, *L'Économie de la nature*, pp. 26~27.

토에서건 어느 시대에서건 인간성이 동일하다고 생각하는 '획일주의'의 가정과 쉽사리 양립할 수 없다.[5] 상이한 단계들에 상응하는 이 인간 유형들 간의 어떤 환원 불가능한 이질성을 인정하지 않고서 어떻게 이 불연속성을 설명할 수 있을까?

18세기 중반부터 이 문제에 맞섰던 사람이 애덤 퍼거슨이다. 앞서 인용한 『시민사회사에 관한 시론』에서 퍼거슨은, 푸코도 지적했고 특히 로크가 이미 그렇게 했던 것처럼, '시민사회'와 '정치사회'를 더 이상 동일시하지 않음으로써 '시민사회'라는 개념에 엄밀하게 근대적인 의미를 부여한다.[6]

'시민사회'의 의미

이 '시민사회'의 본질적 특질이란 무엇인가? 미셸 푸코는 그 네 가지 특질을 식별해 낸다. 시민사회는 첫째로 '역사적이고 자연적인 불변요소'다. 둘째로는 '자연스러운 통합의 원칙'이다. 셋째로 '정치권력의 항구적 모태'이며, 넷째로 '역사의 원동력'을 이룬다.[7]

네 번째이자 마지막 특질을 보다 잘 이해하기 위해 앞선 세 특질을 재검토해 보자. 퍼거슨은 이 네 번째 특질 덕분에 인간 본성의 항구성과 상이한 단계들의 역사적 연쇄를 연관시킬 수 있었다. 시민사회가 '역사적이고 자연적인 불변요소'라는 것이 의미하는 바는 우선, 시

5) *Ibid*., p. 31.

6) Foucault, *NBP*, p. 301. [『생명관리정치의 탄생』, 407쪽.]

7) *Ibid*., pp. 302~312. [같은 책, 408~425쪽.]

민사회에 선행하는 것이 결코 존재하지 않는다는 점이다. 아무리 과거로 거슬러 올라간다 해도 문제는 늘 시민사회다. 그 결과 고립된 상태 혹은 비사회일 수도 있었던 '자연상태'라는 형식으로 시민사회 이전의 사회를 상정해 봐야 아무 소용이 없다. 이를 통해 비사회에서 사회로의 이행이라는 모든 문제, 즉 사회계약과 관련된 모든 문제는 소거된다. 상황이 이러한 이유는 인간 본성이 사회와 역사로부터 분리될 수 없기 때문이다. 그리고 인간 본성이 사회로부터 분리될 수 없는 이유는 인간에게 "사회는 개인만큼이나 오래된 것으로 드러나기" 때문이다.[8] 인간 본성이 역사와 분리될 수 없는 이유는 "인간 특유의 속성" 덕분에 "개인뿐 아니라 인류도 진보하고" 그 결과 인간은 "자기 안에 진보의 원리를 갖기"has in himself a principle of progression 때문이라는 것이다.[9] 사람들은 언제나 이미 사회와 역사 안에 있기 때문에 사회와 역사 속으로 들어가야 할 필요가 없다는 것이다.

두 번째 특질은 "시민사회가 개인들의 자연스러운 통합을 확보한다"는 것이다.[10] 통합이 자연스럽다는 것은 특히 계약에 의해 체결되는 권리양도 또는 어떤 자발적 연합이 필요치 않다는 것이다. 요컨대 개인들은 사회를 **만들** 필요가 없고, 그들은 모든 제도 내에서 작동하는 관계들을 통해 **연합**한다. 이 관계들이란 무엇인가? 앞서 환기했듯 이는 바로 공감 관계, 자비심의 관계, 동정심의 관계이기도 하고, 적개심, 경쟁심, 질투심의 관계이기도 하다.[11] 공동체 조직, 다시 말해 역사 속

8) A. Ferguson, *Essai sur l'histoire de la société civile*, p.111. [*An Essay on the History of Civil Society*, p. 12.]

9) *Ibid*., pp. 110, 112. [*Ibid*., pp. 10, 14.]

10) Foucault, *NBP*, p. 304. [『생명관리정치의 탄생』, 412쪽.]

시민사회의 존재형식(가정, 촌락, 부족, 국가 등)을 구성하는 것은 이 정서적이고 정념적인 관계다. 여기서는 이 상이한 사회들을 지탱하는 것이 경제적 관계가 아님을 이해하는 것이 중요하다. 이와 반대로, 그리고 아마도 바로 여기에 퍼거슨의 위대한 독창성이 있는 것 같은데, 상품교환 당사자들 간에 설정되는 이해관계는, 이 이해관계가 정서 및 정념의 작용을 통해 형성되는 자연스러운 연합을 지속적으로 '해체'하는 경향이 있기 때문에, '해체 원칙'과 같은 어떤 것을 작동시킨다. 이해관계는 정서관계가 연합시킨 관계들을 해체하는 경향이 있고, 그 결과 시민사회는 그 내부에서 역사를 따라 연합-해체라는 이중의 메커니즘을 통해 작동한다.

푸코가 강조한 세 번째 특질은, 시민사회란 '정치권력의 항구적 모태'라는 것이다. 이 정식을 어떻게 이해해야 할까? 개인들의 자연스러운 연합이 사회계약pactum unionis의 존재 이유를 박탈하는 것과 마찬가지로, 권력의 자연스러운 형성은 복종계약pactum subjectionis을 완전히 불필요한 것으로 만들어 버린다. 개인들 사이에 존재하는 실제적 관계는 개인들이 자기에게서 발견해 낸 재능에 따라 그들 사이에서 역할과 임무를 그들 스스로 분배하게 만들 것이다. 그리고 '분업'은 경제영역을 한참 넘어서서 그 자체로 차별화를 발생시키게 될 것이며, 이 차별화를 이용해 몇몇 사람들은 조금씩 다른 사람들에게 영향력을 행사하게 될 것이고, 그 결과 이들에게 가장 중요한 결정을 맡기는 관행이 생겨날 것이다. 그리고 연합체의 형성과 동시에, 사회만큼이나 인간에게

---

11) A. Ferguson, *Essai sur l'histoire de la société civile*, 1re partie, sections III et IV(1부 3절과 4절). 물론 도덕감정에 할애된 6절도 잊으면 안 된다.

본질적인 복종관계가 자연스럽게 형성될 것이다. 요컨대 "복종체계가 사회만큼이나 인간에게도 필수적이라는 것은 분명하다. 이 복종체계는 모든 통치가 목표로 삼는 바를 달성하기 위한 것일 뿐 아니라 자연이 수립한 질서에 부합하기 위해 필요한 것이다."[12] 그러므로 권력은 모든 정치제도 및 법전화에 선행해 만들어진 것이다. 이는 '북아메리카 야만인'의 예가 보여 주는 것이다. 요컨대 이 '민족들'은 모든 '고정된 통치형식'이 부재하더라도 '이미 구축된 민족들'이 수행할 수 있는 모든 '협력'을 통해 스스로를 이끌어 나가며, "그 시민사회는 경찰 또는 강제적 법률의 도움 없이도 질서 있게 조직된다".[13]

이런 상황에서, 인류가 **미개민족**rude nations[14]의 단순성에 만족하지 않고 그 상태로부터 벗어나 문명의 상태에 도달한 것을 어떻게 설명할 수 있을까? 푸코가 해명한 네 번째 특질의 중요성이 바로 이 점에 있다.

시민사회와 역사

여기서 시민사회가 '역사의 원동력'이라는 말은 쉽게 이해될 수 있는 주장이 아니다. 그러니까 만약 인류의 최초 상태가 '자연스러운 평형'

12) *Ibid*., pp. 162~163. [*An Essay on the History of Civil Society*, p. 64.]

13) *Ibid*., pp. 186~187. [*Ibid*., p. 85.] 영어 원문은 다음과 같다. "their domestic society is conducted with order." 홉스가 이 동일한 무법상태에 대해 다음과 같이 말한 바와 비교할 수 있다. "아메리카 대륙 곳곳에서 많은 야만인들이 지금도 여전히 국가가 없는 상태에서, 앞에서 말한 것같이 잔인한 방식으로 살아가고 있다. 기껏 몇몇 가족들이 모여 본능적 욕망에 따라 일시적으로 화합하는 소가족의 통치를 해나갈 뿐이다." T. Hobbes, *Léviathan*, trad. Tricot, Sirey, Paris, 1971, p. 125. [『리바이어던』, 최공웅·최진원 옮김, 동서문화사, 2016, 132쪽.]

14) C. Gautier는 rude를 grossières(거칠음, 조잡함, 무례함, 상스러움, 교양 없음)로 번역한다.

을 실현하고 있다면, 또 만약 '인간 본성의 보편적 특징들'이 이미 그 초기부터 작동하고 있고 그 결과 계약의 모든 가정들이 진작에 무효화된다면, 대체 무엇이 인간으로 하여금 '원시 상태'로부터 벗어나 '야만 상태'로 나아가게 했을까? 사실 우리는 시민사회가 '원시', '야만', '문명'이라는 세 단계를 통해 역사로 이행했다고 퍼거슨이 생각한다는 것을 알고 있다. 이러한 관점에서 근본적 대립은 미개성rudeness과 문명civilization 간의 대립이다. 미개민족 전체에서 우리는 원시민족savage nations과 야만민족barbarous nations을 구별할 수 있을 것이다.[15] 최초의 상태는 사냥과 낚시 혹은 대지의 자연산물로부터 그들의 생존원리를 이끌어 내는 '민족'의 상태다. 즉 "이 민족이 재산 때문에 시달리는 일은 거의 없고 또 이 민족에서는 복종과 통치의 어떤 기미도 거의 발견되지 않는다." 두 번째 상태는 스키타이 인이나 타타르 인들처럼 가축 무리를 소유하며 목축에서 생계수단을 얻는 '민족'의 상태다. 즉 이 민족들에는 '빈부'가 존재하고 '후견인과 피후견인 관계, 주인과 하인 관계' 역시 존재한다. 요컨대 원시상태에서 "재산과 관련된 관념들은 아직 전혀 알려져 있지 않았"지만 야만상태에서 "재산은 법으로 보호되지

15) 이 점에 대해, 그리고 더 넓게는 퍼거슨의 문명 관념에 대해서는 말레르브(M. Malherbe)의 "Quelques considérations sur l'idée de civilisation : Hume et Ferguson"(문명 개념에 관한 고찰: 흄과 퍼거슨), in B. Binoche(dir.), *Les Équivoques de la civilisation*(문명의 불명확성), Champ Vallon, 'Milieux', Paris, 2005, p. 168을 보라. 퍼거슨은 농업을 별도의 단계로 여기지도 않았지만, 루소처럼 사회인과 농부를 동일시하지도 않았다는 점을 덧붙이겠다. Cf. Rousseau, *Essai sur l'origine des langues*(언어의 기원에 관하여), Gallimard, 'Folio Essais', Paris, 1990, p. 98 : "미개인은 사냥꾼이고, 야만인은 양치기이며, 사회인은 농부다." 네 단계 이론과 그것의 여러 변형들에 대해 푸코는 다음의 책을 읽었다. R. Meek, *Economics and Ideology and Other Essays*, Chapman & Hall, Londres, 1967(*NBP*, p. 319, note 22[『생명관리정치의 탄생』, 422쪽, 각주 22]).

는 않았을지라도 욕망과 배려의 주요 대상이다".[16]

그러므로 첫 번째 상태로부터 두 번째 상태로의 이행에서 문제가 되는 것은 재산의 출현이고, 그와 더불어 나타나는 재산분배상에서의 불평등의 출현이다. 인간 본성에 어떤 특수한 성향이 있어서 이 성향의 작용이 이러한 이행의 원리가 되는 것일까? 아니면 차라리 우리 본성에 기입되어 있는 모든 성향이 '모든 종에 공통적'이기 때문에 이 동일한 성향을 다르게 사용함으로써 결국 이러한 이행을 발생시킨다고 생각할 수 있지 않을까? 그렇다면 '획일주의'의 경직성을 완화시키고 또 '인간 본성은 상이한 환경과 시대에 따라 달라진다는 것'을 인정할 수도 있을 것이다. 물론 이 차이가 질이나 성향 그 자체와 관련되는 것이 아니라, 그 용례 아니면 더 나아가 그 분배와 관련이 있다는 엄밀한 조건하에서지만 말이다.[17] 실제로 퍼거슨은 바로 이러한 길을 따르고 있다. 2부 3장('재산과 이기심의 영향하에 있는 미개민족'이라는 의미심장한 제목이 붙어 있다)의 초반부에 '이기심'이라는 결정적 동기가 소개되고 있다. 이 말이 지시하는 건 대부분 경제적 이기주의인데, 이 경제적 이기주의에 대해서는 이미 강조한 바 있고, 이것이 정서관계의 '해체원리'와 같은 것을 작동시키는 것이다. 그렇기 때문에 이 단락에서는 다음과 같이 말하고 있다.

개인이 자신의 동료들에게서, 모든 것을 공동으로 사용하기 위해 공동

---

16) A. Ferguson, *Essai sur l'histoire de la société civile*, p. 182. [*An Essay on the History of Civil Society*, p. 81.]

17) 이는 그 시론의 1부 2절 첫 부분(p. 115[*Ibid*., p. 16])이 말하고 있는 바로 그것이다.

으로 소유하려는 동일한 경향을 더 이상 발견할 수 없을 때, 그는 개인의 재산에 대한 염려에 사로잡히고 모든 이들이 자기 자신에게 쏟는 관심으로 인해 불안해진다. 그는 필요의 감정에 의해 자극받는 만큼이나 경쟁심과 질투심에 의해 자극받는다. 그의 마음속에 이기심이 자라나고 현재의 욕구가 충족될 경우 그는 미래의 일을 도모한다. 아니 오히려 경쟁의 동기와 일반적인 존경의 대상이 되어 버린 것을 축적하는 데 여념이 없게 된다.[18]

모든 문제는 이기심의 작용이 과연 인간 본성의 원리로부터 기인하는지 여부를 아는 것이다. 만일 그렇다면 원시상태에서 이 이기심 작용의 제한된 효율성을 설명하는 것이 문제이지, 그 부재를 설명하는 것은 당연히 문제가 아니기 때문이다. 사실 퍼거슨은 이 점을 단호히 지적한다. "가장 단순한 사회상태에서", "이기심은 중요한 동기가 아니"라고 말이다.[19] 그는 조제프-프랑수아 라피토Joseph-François Lafitau와 프랑수아-자비에 샤를부아François-Xavier Charlevoix에 의거해,[20] 아메리카 야만인들은 평등에 대한 사랑이 지극해서 수혜자와 기부자를 잇는 감사의 의무라는 관념을 낯설어한다는 것을 보여 준다. 그는 이렇게 첨언한다.

18) *Ibid*., p. 196. [*Ibid*., p. 95.]

19) *Ibid*., p. 185. [*Ibid*., p. 83.]

20) 중대한 영향력을 끼친 두 이야기는 두 여행자들에게 빚지고 있다. J.-F. Lafitau, *Mœurs des sauvages américains, comparées aux mœurs des premiers temps*(초기 야만인들의 풍속과 비교한 아메리카 야만인들의 풍속), 1724, et P.-F.-X. Charlevoix, *Journal d'un Voyage fait par ordre du Roy dans l'Amérique septentrionale*(북아메리카에서 왕의 명령으로 작성된 여행일지), 1744.

감사의 항목에 대한 우리의 엄격성, 이 감사의 의무를 더욱 신성하고 불가침한 것으로 만드는 경향이 있는 감사라는 유구한 주제는 우리가 그 속성을 오해하고 있음을 증명하고 우리 이기심의 성향을 폭로해 준다. 우리 이기심의 성향은 이익에 입각해 우정과 너그러움을 평가하게 하고 또 감성의 교류에 불과한 것에서도 거래의 정신을 갖게 만든다.[21]

그러므로 퍼거슨이 적절히 결론짓는 바에 따르면, 자애로움과 너그러움이라는 이 감정들은 결코 '문화'에서 나오는 결과가 아니라 인간 본성의 원초적 특질이라는 것이다.[22] 그렇다면 원시상태로부터 야만상태로의 이행이 개인의 사적 이기심의 구성으로부터 영향받는 '사회관계'의 이완을 발생시키는 것은 어디서 기인하는 것일까?[23] 조건의 불평등이 개인들 상호 간의 종속을 '현저'하게 만들고 '항구적'으로 만들 정도로 진척되는 것은 바로 개인의 사적 이기심의 구성으로부터 비롯되는 것이다. 야만상태에서 약탈욕, 승부욕, 공명심과 같은 폭력적 정념들이 우세한 것을 설명 가능하게 해주는 것은 이와 같은 개인의 사적 이기심의 구성인 것이다. 인류의 역사에서 사적 이기심의 동기가 갖는 결점을 이해하기 위해서는 1부 2장에서 '자기보존 원리'라 지시된 인간 본성의 원리를 재검토할 필요가 있다. 퍼거슨은 여기서 '이해타산적 정념'이라 불리는 바의 양의성을 확증한다. 이 이해타산적 정념은 "기계를 이용한 기술 및 상업을 발전시키도록" 하고, 그와 동시에

21) A. Ferguson, *Essai sur l'histoire de la société civile*, p. 188. [*An Essay on the History of Civil Society*, p. 87.]

22) *Ibid*., pp. 193~194. [*Ibid*., p. 93.]

23) *Ibid*., p. 197. [*Ibid*., p. 97.]

"형평성의 법칙the laws of justice을 위반하도록 한다".[24] 그리고 조금 뒤 구절에서 다음과 같은 주목할 만한 부연설명을 한다.

> 이기심의 동기가 신체적 필요와 욕구라는 경험에 기초하고 있다고는 해도, 그 목적은 그 중 특수한 하나를 만족시키는 데 있는 것이 아니라, 그 모두를 충족시킬 수 있는 수단을 확보하는 데 있다. 그리고 이 목적은 이 목적을 만들어 낸 욕망을 더 강력하고 더 엄격한 방식으로 빈번히 억압하는데, 종교나 의무보다도 훨씬 더 엄격하고 강력하게 억압한다. 이 목적의 원천은 자기보존 원리 내에 있다. 그러나 이 목적은 자기보존 원리들의 퇴화에 불과하거나, 아니면 적어도 이 원리들의 부분적인 결과인데, 이는 여러 측면에서 부적절하게 자기애self-love라 불리고 있다.[25]

여기서 퍼거슨의 관심사는, 자비심을 '자기애'의 한 형태로 축소시키는 '이기주의적 철학'에 반대해 자기보존과 이기심의 동일시를 방지하는 데 있음이 명백하다. 또한 그는 "'이기심'이라는 말의 의미를 가장 공통적인 뜻으로 축소"시키고자 한다. 요컨대 이기심은 '자기애'만을 지시할 뿐이고, 그러므로 '보편적 유용성'의 의미를 가질 수 없지만, 그렇다고 해서 모든 유용한 것이 '이해타산적'이라는 것은 아니다.[26] 이기심selfishness이라는 말은 이기적selfish이라는 말에서 파생한 것

24) *Ibid*., p. 117. [*Ibid*., p. 17.]
25) *Ibid*., p. 118. [*Ibid*., p. 18.]
26) *Ibid*., pp. 118~119. [*Ibid*., pp. 18~19.]

으로, 퍼거슨에게 이 말은 '이해타산적'이라는 의미와 '이기적'이라는 의미를 동시에 갖고 있다. 만일 이렇게 이해된 이기심이 자기보존 원칙에서 '부분적으로 파생'한다면, 이 성향들의 자연스러운 작용이 '사적 이기심'의 결정화를 야기시키지 않고도, 이 성향들이 원시상태에서도 작동할 수 있음을 충분히 상정해 볼 수 있다. 이 성향들이 "성찰 및 예측과 결합"할 경우에만 "재산과 관련된 관념들을 만들어" 내고, 또 이러한 성향들로 인해 인간들은 "자신의 이익이라고 그들이 명명한 배려 대상"을 의식할 수 있다는 것이다. 만일 이 조건이 충족된다면, 인간은 "그가 결코 사용하지 않을 수도 있는 부의 축적 내에서, 그가 가장 관심을 갖는 대상과 그의 마음속에 있는 주된 우상"을 발견할 것이고, 이때 비로소 그는 "그 자신의 소유물이라는 것을 자신의 일부로 변형시키는, 인격과 재산 사이의 관계를 깨닫는다".[27]

그러므로 이제 우리는 푸코가 명확히 한 네 번째 특질을 어떤 의미로 이해해야 하는지 알 수 있다. 요컨대 "분리적 연합의 원리가 역사적 변형의 원리"이기도 하다면,[28] 그것은 이기적인 이익의 맹목적 작용이 시민사회를 역사 속으로 접어들게 하지 않고, 한 단계에서 다음 단계로 넘어가게 하는 진보의 메커니즘을 구성하기 때문이다. 결과적으로 푸코와 더불어 "시민사회는 역사의 원동력"이라고 말하기보다는, 푸코가 자신의 강의를 우회하며 스스로 암시하고 있는 정식을 이용해 이기심의 작용이 "시민사회 내에 있는 역사의 원동력"이라고 말하는 편이 나을 것이다.[29]

---

27) *Ibid.*, p. 116. [*Ibid.*, p. 17.]

28) Foucault, *NBP*, p. 310. [『생명관리정치의 탄생』, 423쪽.]

이와 같은 결론은 원시상태로부터 야만상태로의 이행뿐 아니라 야만상태에서 문명상태로의 이행에도 유효하다. 우리는 "이해타산적 정념들"이 "기계를 이용한 기술 및 무역을 발전시키게 했다는 것"을 본 바 있고, 인간이 "자신의 이해관계를 고려하는 법을 터득한다"는 한에서, 그들 안에서 "농부, 장인, 상인의 습관들이 점차적으로 형성된다는 것"을 보았다.[30] 이 동일한 결론이 **문명상태에 내재하는 생성**으로까지 확장될 수 있다. 실제로 문명화된 사회polished nations의 진보는 분업의 지속적 완성에 의해서만 가능했던 것이다. 그런데 이와 같은 "직업과 기술의 분리" 방식은 엄밀히 말해 개인적 이기심의 충동에 작용한다. 한편으로 "제조업자"는 "자신의 노동자들의 직무를 세분하고 작업의 모든 세부사항을 위해 더 많은 일손을 고용함에 따라 자신의 이익"이 증가하는 것을 목격하는 반면, 다른 한편으로 소비자는 "여러 종류의 작업을 위해 고용된 일손으로부터 획득되는 실행결과보다도 더 완벽한 실행결과를 상품에 요구"한다.[31] 이러한 점에서, 퍼거슨의 분석은 직접적으로 스미스의 분석과 만나게 된다. "기계를 이용한 기술의 지속적 세분화"는 부의 전반적 증대를 위한 가장 확실한 수단이다. 왜냐하면 이 지속적 세분화는 고립된 작업을 하게 되어 있는 개인으로 하여금 "국가의 이해관계를 염두에 두지 않고" 국가의 보존과 확장을 위해 일하게 하기 때문이다.[32]

---

29) *Ibid*., pp. 310~311. [『생명관리정치의 탄생』, 423쪽.] 강조는 인용자.

30) A. Ferguson, *Essai sur l'histoire de la société civile*, p. 196. [*An Essay on the History of Civil Society*, p. 95.]

31) *Ibid*., p. 278. [*Ibid*., pp. 172~173.]

32) *Ibid*., p. 278. [*Ibid*., p. 173.]

사회관계의 퇴락

하지만 퍼거슨의 독창성은 분업을 상업과 기술 진보의 원동력으로서 높이 평가하는 데 그치지 않는다는 점에 있다. 그의 공로는 상업화되고 문명화된 사회가 **퇴락**하는 원인이라는 아주 어려운 문제를 정면으로 제기했다는 데 있다. 우리는 이미 위에서 '이해타산적 정념'의 양의성에 대한 퍼거슨의 인정에 대해 언급한 바 있다. 요컨대, 만일 한편으로 이해타산적 정념이 "기계를 이용한 기술과 상업을 발전시키도록" 한다면, 다른 한편으로 그리고 그와 동시에 이해타산적 정념은 우리로 하여금 "공평성의 법칙을 위반하도록 부추긴다". 그 결과, 시민사회 법칙의 제약이 없다면, 이해타산적 정념은 인간들을 '폭력적인 습성'에 빠지지 않을 수 없게 만들 것이라는 것이다. 요컨대 퍼거슨은 도덕적이고 정치적인 덕의 쇠퇴를 수반하게 될 경제발전이 사회관계에 가하는 위협을 잘 알고 있었다는 것이다. 마키아벨리주의와 신해링턴주의에서 영감을 받은 오래된 논증을 재론하면서[33] 우선 퍼거슨은 전사와 시민의 분리에서 근대국가 퇴락의 진정한 요인을 발견한다. 한편으로 군무의 직업화는 "군인이 습관적으로 그리고 처벌에 대한 두려움 때문에, 더 이상 공적인 선 또는 민족정신에 대한 사랑으로부터 비롯되지 않은 어려운 임무를 완수하는 데 익숙해지게 하는" 결과를 발생시킨

---

33) 이 논의의 전체 범위는 포콕의 다음 저서에서 복원되었다. G. A. Pocock, *The Machiavellian Moment, Florentine Political Thought and The Atlantic Republican Tradition*, Princeton University Press, 1975. 우리는 여기서 퍼거슨의 『시민사회사에 관한 시론』을 번역하고 소개한 클로드 고티에의 분석들을 따른다. A. Ferguson, *Essai sur l'histoire de la société civile*, Introduction et traduction par Claude Gauthier, op. cit., pp. 77~78.

다. 다른 한편으로 군무의 직업화는 이제 상인 또는 장인이 돈을 지불함으로써 병역 의무를 면제받는 것이 허용됨을 전제한다.[34)]

퍼거슨은 분업화 자체에서 **정치적인 것에 비해 경제적인 것이 갖는 치명적인 우위의 원리**를 발견하면서 한층 더 멀리 나간다. 그것이 치명적인 이유는 영리적 기술과 상업의 영향력이 "항시 다른 직업들을 희생시켜 형성되기" 때문만은 아니다. 요컨대 "이득에 대한 사랑은 완벽에 대한 사랑을 파괴하고 이기심은 마음에 불을 붙이며 상상력을 얼어붙게 하기 때문이다. 일거리들이 가져다주는 이익이 다소 상당해지고 더 확실해짐에 따라 일거리를 선호하게 만들면서 이 이득에 대한 사랑은 계산대와 작업장 깊은 곳에 재능과 야망을 가두어 버린다."[35)] 그러나 보다 근본적으로는 분업화가 사회관계에까지 침해하기 때문이다.

> 직업 분화는 산업의 발전에 이로운 것으로 생각되고 또 각 기술의 산물들이 무역의 발전으로 인해 더욱 완벽하게 되는 데 실제적인 원인이 되기도 한다. 그럼에도 불구하고 분업은 해악적인 결과를 발생시키게 된다. 요컨대 분업화는 각각의 기술이 가지고 있는 창조적 재능을 규칙들과 형식들로 대체하고, 말하자면 사회관계를 절단하여 영혼의 운동과 정신의 힘이 가장 행복하게 펼쳐질 수 있는, 그들 직업들에 공통되는 무대로부터 개인들을 멀어지게 만든다.[36)]

34) A. Ferguson, *Essai sur l'histoire de la société civile*, p. 247. [*An Essay on the History of Civil Society*, p. 146.]

35) *Ibid*., p. 316. [*Ibid*., p. 206.]

36) *Ibid*., p. 316. [*Ibid*., p. 207.]

개인적 관심사의 협소한 원을 극단적으로 축소시키면서, 직업 분화는 공적 활동에 대한 경제적 목적(이득에 대한 사랑)의 우위를 영속화한다. 직업 분화는 사적 노동의 전면적 상호의존성을 실현한다. 그리고 이 전면적 상호의존성은 개인에게 공동체 전체에 속한다는 감정을 주는 것이 아니라, 공공의 목적에 대한 관심을 잃게 만든다. 또한 여기에서 퍼거슨은 문명화된 사회들이 쇠퇴하는 주된 원인을 찾아낸다. 요컨대, "시민사회의 자랑할 만한 개선은 대부분, 인민의 전체적인 정치적 정신을 속박하고, 인간의 근심하고 동요되는 성향보다는 인간의 능동적인 덕을 속박하기 위해서 상상된 계략에 불과하다."[37] 조금 뒤에, 이 판단은 결정적인 것이 된다.

> 일상적 제도는 원기의 쇠퇴로 귀결되고, 국가를 지탱할 수 없다. 일상적 제도는 인간들이 자신의 덕을 믿기보다는 자신의 기술을 믿도록 만들고, 또 부와 복지의 확대에 불과한 것을 인간 본성의 완성으로 여기도록 선동하기 때문이다.[38]

이 모든 성찰을 통해 구체화되는 것은, 근대사회가 필연적으로 봉착할 수밖에 없는 듯한 **쇠퇴**에 대한 성찰이다. 이 근대사회는 문명 진보의 불가항력성에 대한 인정과 관련해 정반대의 입장과 같은 것을 형성하게 된다.

그러나 이 성찰을 따라 소묘되는 것은 역사가 이중의 과정에 속한

---

37) *Ibid*., p. 319. [*Ibid*., p. 210.]
38) *Ibid*., p. 322. [*Ibid*., pp. 212~213.]

다는 관념이다. 요컨대 그것은 분업화와 이기주의적 이해관계의 작용을 **통해** 실현되는 **기술 및 무역 발전**의 절차이고, 또 인간 활동의 도덕적이고 정치적인 차원을 침식하는 근대사회의 퇴락 절차라는 이중의 절차인 것이다. 그러므로 퍼거슨의 '진보주의'의 의미를 단순화시키지 않도록 유의할 필요가 있다. 인류 역사의 진보는 부정할 수 없다 해도 그것이 인간 본성의 **모든** 성향의 실현을 보장하는 것은 결코 아니다. 오히려 인류 역사의 진보는 인간 본성의 어떤 성향들을 희생시켜 다른 어떤 성향들, 즉 이기심의 본능적 힘을 작동시키는 성향들을 사실상 특권화하게 된다. 그렇기 때문에 퍼거슨이 개진한 시민사회의 역사와 호모 에코노미쿠스 이론의 관계에 대한 푸코의 설명이 갖는 함축적 의미를 고려할 필요가 있다. 자기 자신의 이기심을 넘어서는 것에 대한 각 개인의 무지로 인해 발생하는 총체화라는 동일한 도식이 역사와 관련해서도 발견된다는 판단에 우리는 동의할 수 있다.[39] 퍼거슨에게 역사는 루소에게서의 역사와 같지 않다는 것, 즉 '시원적 투명성'으로 정의되는 자연상태로부터 시작되는 '퇴화의 원리'가 아니라는 것에 우리는 동의할 수 있을 것이다. 이런 의미에서 여기에는 "퇴화 없는 역사의 부단한 생성"[40]이 존재한다. 근대사회의 퇴락은 시원적 형태로의 단순한 회귀가 아니다. 퇴락의 반복이 진보의 발걸음을 위태롭게 하지는 않는다. 물론 그 퇴락의 반복 때문에 '정치적 연합관계의 이완'이 일어날 수 있으며, 공동체의 의미가 상실될 수도 있다. 바로 이것이 경제적 진보와 인간 본성의 진보를 동일시할 수 없도록 만드는 것이다.

---

39) Foucault, *NBP*, p. 310. [『생명관리정치의 탄생』, 423쪽.]
40) *Ibid*., p. 311. [같은 책, 425쪽.]

애덤 스미스에게서의 두 욕망

우리가 애덤 스미스에게서 발견할 수 있는 역사이론은 다소 상이한 긴장의 영향을 받는다. 애덤 스미스의 인간학은 인간의 모든 동기를 근본적인 두 욕망으로 환원한다. 첫 번째는 자기 자신의 환경을 개선하려는 욕망으로, 그것은 자기애(스미스가 보기에 이 자기애는 자기보존 본능으로부터 파생되는 것이다)에 근거하며, 두 번째로는 타자의 동의를 얻어 내려는 욕망으로, 공감으로부터 직접적으로 기원한다.[41] 『도덕감정론』이 해명하는바, "우리 환경을 개선하려는 욕망 그 자체는 공감의 작용에 의해 매개된다. 공감은 사회적 상상물의 반영에 속하는 것이고 동의를 얻어 내려는 욕망 자체에 의존하기 때문에 두 욕망을 구분하는 것은 불가능하다".[42] 달리 말하면, 자신의 환경을 개선하려는 욕망은 결코 물질적 부에 대한 욕망으로 환원될 수 없다. 그것이 사회적 인정의 추구와 분리되기 어렵기 때문이다.[43] 인간 본성과 역사의 연관이라는 문제는 결과적으로 인간 사회의 진보에서 이 두 욕망의 상호적 역할과 연관되어 있다. 하지만 최초의 상태 즉 원시상태의 인간에 대해 사유하는 것이 문제가 될 경우, 스미스는 마루비Christian Marouby가 진정한 '축소'라고 타당하게 명명하는 바를 행한다. '수렵' 단계는 '극도의 빈곤' 상황으로 꾸준히 묘사되고 있는데, 그것은 '단순한 궁핍'pure want으로 인해 원시인들이 사망할 정도로 "비참하고 빈곤한" 단계다.[44] 요

41) C. Marouby, *L'Économie de la nature*, p. 240.

42) *Ibid*.

43) 앞 장에서 허영심의 필수적 역할에 대한 스미스의 인용문을 참조하라.

컨대 이 첫 번째 단계는 불가항력적인 결핍의 논리에 전적으로 지배되고 있는, 생존이 거의 불가능한 단계로 보인다. 그러나 바로 이 결핍의 논리가 인간을 일차적 단계로부터 벗어나게 한다. 또한 이 결여의 논리는 두 번째 단계인 목축 단계로부터 세 번째 단계인 농업 단계로의 이행을 가속화시킨다. 그리고 마지막으로 이 결여의 논리도 세 번째 단계로부터 네 번째 단계인 '상업' 단계로 넘어가게 만든다. 인간의 자연적 욕구(『법학강의』의 한 구절에서 명시하듯, 이는 의식주를 말한다[45])를 충족시키는 최적의 수단의 추구가 인류에게 활력을 불어넣는 이 욕망을 역사 전반에 걸쳐 처음부터 끝까지 작동시킨다. 인구 증가는 이와 같은 결핍의 압력에 생명과 관련된 절박성을 부여하고 그와 동시에 상이한 단계의 역동성을 보장하기도 한다. 왜냐하면 "인구 증가의 경향은 욕망의 논리와 마찬가지로 이 모든 수준=단계$_{\text{stage}}$[이하 '단계']들을 통해 영속화되고" 또 "무한하기 때문이다".[46] 이런 식으로 각 단계는 영어의 stage라는 말의 이중적 의미에 입각해 일정한 안정성으로 특징지어질 수 있는 '수준'인 동시에 다음 단계로 귀결되는 진보상에서의 한 '단계'로 보여질 수 있다.[47]

인구 증가와 자원 부족을 통한 설명을 중시함으로써 스미스는 그 자체가 빈번하게 '향상'$_{\text{improve}}$과 동일시되는 성장 또는 증대$_{\text{increase}}$라는 일방적인 방식으로 사회의 진보$_{\text{progress}}$를 생각하게 되었다.[48] 통치

44) 바로 이것이 칼 폴라니가 '희소성 가정'(the postulate of scarcity)이라 부르는 것이다. 다음에서 재인용. C. Marouby, *L'Économie de la nature*, p. 62.

45) 다음에서 재인용. *Ibid.*, p. 81.

46) *Ibid.*, p. 85.

47) *Ibid.*, p. 82.

48) *Ibid.*, p. 88.

행위의 제한을 통해 스미스가 이 **자연화**로부터 어떤 결론을 끌어냈는지는 잘 알려져 있다. 『1755년 수고』의 한 구절은 바로 이 점을 분명하게 말하고 있다.

> 계획을 세우는 자들은 자연이 인간사에서 작동하는 동안 이 자연을 교란시킨다. 하지만 자연이 그 의도하는 바를 성취할 수 있도록 하기 위해서는, 홀로 내버려 두고 또 그 목표를 추구함에 있어 공명정대하게 일할 수 있도록 두는 것이 필요할 뿐, 그 외에 다른 것은 필요치 않다. […] 가장 심각한 야만상태로부터 지고의 풍요상태를 만들어 내기 위해서는 오로지 평화, 가벼운 세금, 관대한 사법행정만이 필요하다. 나머지 것들은 사물의 자연스러운 흐름에 의해 완성된다. 이 자연스러운 흐름을 거스르고 또 사물을 다른 흐름에 강압적으로 집어넣거나 어떤 특정한 지점에 사회의 진보를 고정시키려 드는 모든 통치는 반자연적unnatural이다. […][49]

우리는 여기서 애덤 스미스가 통치에 부여한 역할 즉 성장 조건 관리 역할을 확인할 수 있다. 『국부론』에서 주장하듯 사물의 자연스러운 흐름의 불가항력성이 이러하기 때문에 아무리 강압적인 정책이라 할지라도 번영하는 국가의 진보를 "완전히 막을 수" 없을 뿐만 아니라 "이 번영을 퇴화시킬 수는 더더욱 없다"는 것이다.[50] 훌륭한 통치가 그 활동을 자연의 흐름에 부합시키려는 통치라면, 나쁜 통치는 자연에 거

49) 다음에서 재인용. *Ibid*., p. 90.
50) *Ibid*.

스르는 통치이고 게다가 무기력한 통치이기도 하다.

자유주의 통치합리성이 이기심들의 역학에 의해 보증되는 사회 진보에 의존하는 한, 그것은 심층적인 '자연주의'로부터 비롯되는 것이다.[51] 그래도 스미스에게 이 자연주의는 역설적으로 인간 본성의 한 차원 전체를 무력화시킨다. 요컨대 원시 인류의 환경은 '시원적 기근'의 환경이기 때문에, 공감과 그로부터 파생하는 타인의 동의에 대한 욕망은 첫 번째 단계의 극복으로 귀결되는 동기의 자격으로 개입할 수 없다. 인정에 대한 욕망과의 모든 관계가 끊어지고, '행복'에 대한 욕망으로 축소되는 '자기 환경을 개선하려는' 욕망만이 결과적으로 역사적 진보의 원동력 역할을 하는 것이다. 그 결과 애덤 스미스는 도덕감정과 행복에 대한 욕망 간의 조화를 가정할 수밖에 없다. 그 조화는 '신의 계획'에 속하는 것인데, 왜냐하면 이 계획이 인류를 동일한 큰 목적 즉 진보라는 목표로 이끌어 가기 때문이고, 또 이 계획은 독특한 표현으로서 '자연의 경제'*the oeconomy of nature*라는 것을 지시하기 때문이다.[52]

그러므로 우리는 퍼거슨과 스미스의 차이를 잘 파악할 수 있다. 퍼거슨에게서 기술과 상업의 진보는 확실히 이기주의적 이해관계의 작용으로부터 추진력을 얻는다. 하지만 이 추진력은 양의적이다. 한편으로 이 추진력은 원시상태에서 단결을 확보해 주던 정서관계(자비, 관대, 평등에 대한 사랑)[53]의 약화를 전제하고, 다른 한편으로 이 추진력이

51) 푸코는 '통치의 자연주의'에 대해 말한다. 이 책의 1장을 참조하라.

52) C. Marouby, *L'Économie de la nature*, pp. 219~230.

53) 그러나 야만인들은 연민을 포함하여 "정신의 자기 자신으로의 회귀"에 의해 만들어지는 모든 정념들에는 접근할 수 없었다. A. Ferguson, *Essai sur l'histoire de la société civile*, p. 190. [*An Essay on the History of Civil Society*, p. 89.]

상업국가에서 순수한 사적 목적이 공적인 덕을 압도하게 만든다는 점에서 그러하다. 스미스에게서 첫 단계로부터의 탈출은 물질적 상황을 향상시키려는 욕망으로부터 기인할 수밖에 없다. 왜냐하면 원시인들은 근본적으로 공감의 능력이 없기 때문이다. 만일 그럼에도 불구하고 이후에 도덕감정(이 도덕감정들 가운데 최우선적인 위치를 점하고 있는 반발의 감정이 인간들로 하여금 불의를 징벌하게 한다)이 인간 욕망의 활동에 균형을 잡아 주게 된다면 그것은 조화가 존재하기 때문인데, 이 조화는 자연의 계획에 속하는 것으로, 한 단계에서 다른 한 단계로의 진보에 있어서는 그 어떤 설명적 역할도 하고 있지 않다. 달리 말해 궁극적으로 인간 본성의 두 측면의 통일성을 보장하는 것은 바로 목적론이다. 퍼거슨의 관점에서 인간 본성의 두 측면의 통일성은 단번에 위태로워진다. 진보는 인간 본성을 통합적으로 완성시키는 것이 아니라, 오히려 이 두 측면들 중 하나를 위해 다른 하나를 희생시킨다. 그 결과 인간 본성의 균일성이 실현된다 해서 그것이 어떤 개선을 의미한다고는 전혀 말할 수 없다.

솔직히 스미스에게서도 획득의 무용성에 대한 성찰이 발견되는데, 이는 '스토아주의 철학'에 대한 그의 집착에서 비롯된 듯하다. 크리스토퍼 래시Christopher Lasch가 주목했듯 애덤 스미스의 체계가 "필연적으로 사람들이 공동의 선을 희생시켜 사적 이익을 추구하도록 고무하고 있음에도 불구하고, 스미스는 이러한 실존에 대한 공화주의적 경멸에 양분을 제공했다". 왜냐하면 그는 "'극기를 가르치는 훌륭한 학교' 노릇을 하는 것은 상업이 아니라 정치와 전쟁이라고 믿었기" 때문이다.[54] 그러나 이러한 성찰은 쇠퇴이론과 같은 것에 어떠한 양분도 제공하고 있지 않다. 스미스에게 '진보주의'가 있다면 그것은 우선 그리고 무엇보다도 먼저 다음과 같은 단언과 관련된다. "한없는 욕구는 부패와 쇠퇴로 이어진 것이 아니라 그 욕구를 만족시키는 데 필요한 생산 기계의 무한한 팽창으로 이어졌다"는 주장이 그것이다.[55] 생산성과 부의 무한한 진보 가능성에 대한 이 믿음이야말로 이 '진보주의'의 특징을 이룬다고 할 수 있다. 결과적으로 시원적 자유주의에 생기를 불어넣는 '진보에 대한 확신'의 본질은 생산력 발전의 잠재적 무한성과 인간 본성의 완성을 일정하게 분리하는 데 있다. 이러한 분리가 쇠퇴 이론(퍼거슨)을 발생시키든 혹은 신의 섭리라는 형태의 목적론(스미스)에 의해 이데올로기적으로 상보되든 간에 말이다. 그러므로 이 자유주의는 너무나 명철하여 '역사의 종말'로 이해되는 이상사회의 유토피아로 결코 흘러 들어가지 않는다. 즉 "세속적 유토피아의 약속"이 아니라 무한한 발전에 대한 기대야말로 "역사를 행복한 대단원으로 이끄는 것"[56]이고, 항시 도덕적이고 정치적인 우려의 절정으로 채색된 '진보주의'의 독창성을 이루고 있는 것이다.

진보주의 이후에 발생한 사건들

스미스와 퍼거슨을 계승하는 자유주의자들은 모두가 진보 예찬에 대해 신중한 태도를 갖지는 않게 될 것이다. 왜냐하면 '행복의 정념'이

---

54) C. Lasch, *Le Seul et Vrai Paradis, Une histoire de l'idéologie du progrès et de ses critiques*(단 하나의 참된 낙원, 진보 이데올로기와 그에 대한 비판의 역사), Flammarion, Paris, 2006, p. 67. [크리스토퍼 래시, 『진보의 착각』, 이희재 옮김, 휴머니스트, 2014, 58쪽.]

55) *Ibid.*, p. 65. [같은 책, 57쪽.]

56) *Ibid.*, p. 56. [같은 책, 47쪽.]

발생시키는 해로운 정치적 효과에 대해 토크빌Alexis de Tocqueville이 성찰함으로써 퍼거슨의 계승자 역할을 담당했다면, 19세기 후반 스펜서Herbert Spencer와 같은 사람의 예언들은 토크빌의 경우와는 반대로 스미스가 상상했던 것과 같은 것을 훨씬 넘어서는 인간 역사의 총체적 자연화에 속한다고 말할 수 있을 것이기 때문이다. 스펜서가 보기에 사회는 다른 모든 유기체와 마찬가지로 진화의 법칙에 따르는 **유기체다**. 이러한 생각에 따르면 인류의 역사는 원시부족으로부터 군사형 사회를 거쳐 산업형 사회에 이르는 하나의 생성으로 이해되어야 하고 그 각각의 단계들은 이제 생물학적 유형의 모델에 입각해 사유되어야 한다. 그러므로 원시부족은 미분화된 집합체라는 선先유기체적 모델에 해당한다. 어떤 원생생물 또는 아메바가, 스펜서가 플라스모디엄plasmodium이라 칭한 다양한 크기의 점액질 덩어리와 융합되듯, 원시부족은 그들의 개인성을 망각함으로써 수많은 다른 개인들과 융합한다. 그리고 이번에는 군사형 사회도 개별적 유기체의 생물학적 모델에 입각해 사유될 수 있다. 요컨대, 전제체제 혹은 군주제체제에서 사회는, 개별 유기체에서 부분들이 중앙에 종속되는 모델과 정확히 유비되는 중앙집중화와 위계질서로 특징지어지는 한 단계에 도달하게 된다. 게다가 스펜서는 애덤 스미스로부터 분업 개념을 다시 취해 그것을 각각의 개별적 유기체가 자기의 고유한 분화와 통합의 정도를 실현하게 되는 '근본적 속성'으로 만들었던 것이다. 마지막으로 산업형 사회는 강압에 의한 협동을 자발적 협동으로 대체하는 특수성을 갖고 있는데, 이 산업형 사회는 새로운 모델, 즉 초유기체 모델의 고안을 요구한다. 유기체와 초유기체의 차이는, 전자의 경우 "의식이 집합체의 작은 부분에", 즉 중앙신경체계에 상응하는 부분에 집중하는 반면, 후자의 경우 각각의 미세 단위가 이러한 자질을 갖추고 있기 때문에 "행복과 불행을 느낄 수 있는 능력을 갖추고 있다"는 데 있다.[57] 만일 산업형 사회가 의지들 간의 계약과 합의에 기초하고 있다면, 그것은 이 산업형 사회에서, 그리고 이 산업형 사회와 더불어, 모든 유기체를 특징짓는 '분업'이 일정한 지점까지 진척되어 전체 내 각 요소들이 의식과 감수성을 갖추고 있기 때문이라는 것이다.

이것이 전부가 아니다. 인간 사회의 역사에 관한 이 독특한 생각은 인간 본성과 관련해 퍼거슨과 스미스가 고안해 낼 수 있었던 관념과 매우 동떨어진 진화론적 도덕을 야기한다. 여기서 생물학적 이기주의는 도덕적 삶의 기초이자 목적인 것으로 보인다. 그 결과 가장 약한 자들의 결핍상태에 대한 모든 형태의 보충을 반복적으로 비난하게 되는 것이다.

> 우월한 자의 장점을 이용하지 못하게 하고, 열등한 자를 그 자신이 발생시키는 나쁜 것들로부터 보호하는 모든 조정, 우월한 자와 열등한 자 간의 모든 차이를 제거하려는 모든 조정은 조직의 진보와 보다 상위의 삶의 도래에 정면으로 배치되는 조정인 것이다.[58]

---

57) P. Tort, *Spencer et l'évolutionnisme philosophique*(스펜서와 철학적 진화론), PUF, Paris, 1996, pp. 92~93('초유기체' 모델에 관해), pp. 98~102(사회 진보 도식에 관해). 이 점과 관련해 파트리크 토르(Patrick Tort)는 스펜서가 사회를 유기체와 동일시한 것의 한계를 분명하게 강조한다. 사실 이러한 동일시는 우리가 유기체를 '생리적 분업'으로 환원하는 경우에만 유효하다. 그러나 사회 진화에 대해 생각할 때 스펜서는 이러한 동일시로 만족할 수 없으며, 이 '사회'라고 하는 어떤 특정 유형의 집합체를 이루는 구성원들의 환원될 수 없는 개체성을 설명하기 위해 '초유기체'라는 개념을 만들어 낼 수밖에 없게 된다.

58) *Ibid*., p. 108에서 재인용.

이렇게 자유방임은 생물학적 진화론의 과학적 보증을 받게 된다. '정의'에 따르면, 우월한 개인들이 그들을 가장 '가치 있는 자'로 만들어 주는 자연적 장점을 이용할 수 있는 권리가 그들에게 인정되어야 한다.[59] 공감 혹은 호의 그리고 모든 이타적 행동과 같은 도덕감정은 이 생물학적 이기주의의 수단 혹은 도구로 환원된다. 아마도 스펜서에게 산업형 사회는 이타주의와 이기주의의 일종의 조화를 실현하고 있는 듯하다. 하지만 이 조화는 그 자체가 개인의 행복을 목표로 삼고 있는 것이다.[60]

진보의 '유익한 필연성'에 대한 찬양의 주목할 만한 마지막 특질은 다음과 같다. 요컨대 초기 자유주의자들과 반대로, 스펜서는 인간의 완성을 가까운 미래에 접근 가능한 상태로 만드는 데 주저하지 않는다. 그래서 1851년 그는 이렇게 단언한다. "우리가 악과 부도덕이라 부르는 것이 사라져야 한다는 것은 당연하다. 인간이 완벽해져야 한다는 것도 당연하다."[61] 스펜서의 해석 방식에서 생물학적 진화론은 이와 같이 세 가지 관계하에서 고전 자유주의와 구분된다. 우선 진보를 '신의 계획'이나 본질적으로 경제적인 자연의 직접적 절차로 회부시키는 것이 아니라 생명의 법칙과 혼동될 만큼 불가항력적인 자연의 필연성이라는 특성을 진보에 부여함으로써, 그리고 도덕감정 내에서 인간 본성의 특수한 차원을 검증해 내는 것이 아니라 도덕감정을 이기주의의 근본으로 환원시킴으로써, 마지막으로 경제적 진보의 무한한 지속 가

59) *Ibid.*, p. 103. 이것은 '능력'(mérite)에 비례하는 급료를 정당화하기에 충분하다.
60) *Ibid.*, p. 113.
61) H. Spencer, *Social Statics*, John Shapmen, Londres, 1851, p. 65. 다음에서 재인용. P.-A. Taguieff, *Du progrès*, Librio, Paris, 2001, p. 80.

능성을 열기보다는 인류를 완성의 최종상태로 이끌어 감으로써 고전 자유주의와 생물학적 진화론을 구분한다. 이 완성의 최종상태는 수많은 진보주의적 유토피아가 찬양해 마지않는 '역사의 종말'이라는 '자유주의 낙관론'과 유사한 것이다.

'진보'에 대한 찬양은 차후에 이 '낙관론'의 또 다른 변종들을 낳게 될 것이다. 신자유주의의 가장 현저한 특질 가운데 하나는 바로 그 **구성주의**constructivisme에 있다. 이 구성주의에 관해서는 차후에 살펴보겠지만,[62] 요컨대 초기 자유주의가 자연적 소여로 여겼던 것을 신자유주의는, 인간들 스스로 행위자가 되어 구성한 결과로 여긴다. 진보에 대한 기술은 직접적이고 심층적으로 이 구성의 영향을 받을 수밖에 없다. 진보의 자연성이라는 관념은 사라진 것이 아니라 종종 또 다른 성향과 교차한다. 이 또 다른 성향은 이번에는 인간을 적용 지점으로 삼는 기술의 프로메테우스적 수단의 진보를 진척시키는 것이지, 인간 본성의 성향의 자연스러운 작용에 의지하는 것과는 거리가 멀다. 프랜시스 후쿠야마가 주장한 '역사의 종말' 개념은 이러한 변환과 이 변환이 유발시킬 수밖에 없는 고전 자유주의에 대한 몰이해가 낳은 결과의 아주 좋은 예를 제공한다. 후쿠야마를 이러한 자유주의의 직접적 계승자로 만들어 버리는 설명과는 반대로, 우리는 여기서 후쿠야마의 구성주의만으로도 충분히 그가 자유주의의 계승자가 아님을 보여 줄 수 있다고 말하고자 한다. 『역사의 종말』(1992)을 보면 후쿠야마가 인정을 위한 투쟁과 '재화에 대한 무한한 획득'의 욕망을 세계사의 두 '원동력'으로 간주한다는 것을 알 수 있다. 플라톤의 영혼 삼분설(이성, 욕망, 기

62) 이 책의 6장과 7장을 참조하라.

개)을 다시 취하면서, 인정욕구를 티모스thymos라는 이름으로 지칭되는 부분 즉 분노와 용기에서 나타나는 기개라는 부분과 동일시함으로써 그는 '생산과 소비의 욕구'를 영혼의 욕망하는 부분 즉 에피티미아epithymia에 결부시킨다. 우리는 그가 인정욕구의 두 가지 표현형식을 구분했다는 것도 알 수 있다. 요컨대, 남들과 동등하다고 인정받고자 하는 욕망 즉 이소티미아isothymia[이하 대등욕망] 그리고 남들보다 탁월하다고 인정받고자 하는 욕망 즉 메갈로티미아megalothymia[이하 우월욕망]가 그것이다.[63] 마키아벨리가 주장한 명예욕으로 우월욕망이 재평가되었다는 점을 간략히 환기한 후, 후쿠야마는 '근대 자유주의의 창시자들'(그는 홉스, 로크, 애덤 퍼거슨, 제임스 스튜어트, 데이비드 흄, 몽테스키외를 혼잡하게 정렬해 놓았다)에게 영향을 미친 기획을 검토한다. 그의 말에 따르면, 이 사람들은 "기개를 정치적 삶으로부터 소거하고 이것을 욕망과 이성의 조합으로 대체시키려 했지", 마키아벨리처럼 인민의 우월욕망을 군주의 우월욕망과 대립시키려 하지는 않았다. 달리 말해, 군주들의 귀족적 오만함에 대해 비난함으로써 그들은 "인간 본성 자체를 변화시킴으로써 사회의 평화를 만들어 내고자 하는 사회적 묘책이라는 노력을 통해" 우월욕망을 "완전히 극복하려" 했다.[64] 고전 자유주의에 대한 이러한 해석은 그 자체로 프랜시스 후쿠야마의 논지를 잘 드러내 준다. 왜냐하면 우리가 이미 보았듯이 "인간 본성을 변화"시키려는 계획만큼 스미스나 퍼거슨과 같은 사람에게 낯선 것은 없기 때문

63) F. Fukuyama, *La fin de l'histoire et le dernier homme*(역사의 종말과 최후의 인간), tr. D.-A. Canal, Flammarion, Paris, 1992, p. 215. [『역사의 종말』, 이상훈 옮김, 한마음사, 1997, 255~256쪽. 이 책에서 티모스는 '패기'로 번역되어 있다. 이 책의 인용문에 조금씩 수정한 부분들이 있다.]

64) *Ibid*., p. 218. [같은 책, 259~260쪽.]

이다. 게다가 우월욕망의 원리를 비난한 사람이 스미스나 퍼거슨이라고 하는 것은 지나친 단순화이고, 혹은 더 나아가 이들의 사유가 문제시될 때 우월욕망이 그들의 사유에서 구성의 핵을 이루는 것이 아니라면 이 개념의 적절성이 의문시된다. 실제로 후쿠야마의 고백에 따르면, 타인에 비해 탁월함을 인정받으려는 욕구는 "카이사르나 스탈린과 같은 사람의 전제적 야망"에서뿐 아니라 "최고의 베토벤 해석자로 인정받고 싶어 하는 피아니스트에게서도" 발견될 수 있다는 것이다.[65] 두 번째 형태의 욕망 즉 애덤 스미스 같은 사람은 타인의 동의를 받아 내려는 지극히 인간적인 욕망과 지체 없이 연관시켰을 형태의 이 욕망을 정치생활로부터 '소거'해 버리려는 엉뚱한 계획을 정말 자유주의 창시자들의 계획으로 봐야 할까? 이러한 욕망의 표현에 어떠한 자리도 마련해 주지 않는다면 정치가 어떤 의미를 가질 수 있겠는가? '명예욕'도 이 혼돈스러운 개념하에 포섭되는데, 이 또한 오직 무절제한 오만의 기호라고 그들은 비난하는 것인가? 이 명예욕은 전쟁에서 유명해지고 싶은 욕망에서 구현되는 것은 아닐까? 스미스는 군사학교에서 형성된 군인의 덕에 대한 찬양을 경멸하지는 않았다. 그리고 퍼거슨은 "가장 탁월한 전사는 시민이었다"는 점을 종종 환기하곤 했는데, 이는 그 사실을 개탄하기 위함이 아니라 "인간들은 시민사회의 일을 이끌어 나가는 데서 그들이 발휘할 수 있는 가장 훌륭한 재능을 발견한다"는 사실을 더 명확히 밝히기 위한 것이었다.[66] 우월욕망 개념에 유효한 것은

65) *Ibid.*, p. 215. [같은 책, 255쪽.]

66) A. Ferguson, *Essai sur l'histoire de la société civile*, p. 251. [*An Essay on the History of Civil Society*, p. 149.]

기개 개념 그 자체에도 또한 더욱더 유효하다. 이 기개 개념이 '자기존중이라는 평범한 형태'뿐 아니라 '지배욕'의 형태로도 나타난다면, 우리는 후쿠야마와 더불어 최초의 자유주의자들이 정치생활로부터 우월욕망뿐만 아니라 기개 자체마저도 '소거'하려는 계획을 세웠다고 진지하게 주장할 수 있을까?

더 광범위하게는, 『역사의 종말』 같은 저작이 포함하고 있는 인간학과 스미스나 퍼거슨의 인간학을 대조해 볼 필요가 있다. 그래서 스미스가 발견해 낸 두 '동기' 즉 자신의 상황을 향상시키려는 욕망과 타인의 찬동을 얻어 내려는 욕망을 성장의 욕구 및 인정의 욕구와 근접시킬 수 있을 것이다. 스미스는 인간이 자신의 상황을 향상시키려는 욕망이 인정의 욕구에 의해 내적으로 부추겨져 작동한다고 이해하는 반면[67] 후쿠야마는 적어도 일차적 단계에서는 경제적 절차와 비경제적 절차로 이루어진 "두 개의 평행하는 절차"[68] 간의 집중의 논리에 머무르고 있다는 것을 사람들은 보게 될 것이다. 요컨대 인정을 위한 투쟁은 "전적으로 비경제적인 충동"으로부터 기인하고, 이 충동은 "자신의 욕망과 이성에 의해 지배되는 경제적 동물"에게 "절대적이고 보편적인 의미에서의 인간"의 진정한 차원을 부여할 수 있게 해준다는 것이다.[69] 그러나 가장 중요한 것은 아마도 거기에 있지 않은 것 같다.

'사회적 묘책'의 기획이 자유주의 창시자들의 것이라고 하는 것은 엄청난 이점을 제공한다. 즉 근대 자유민주주의를, 적어도 부분적으로

67) 적어도 『도덕감정론』에서는 그렇다.

68) F. Fukuyama, *La fin de l'histoire et le dernier homme*, p. 325. [『역사의 종말』, 392쪽.]

69) *Ibid*., pp. 163~170. [같은 책, 193~194쪽.]

이와 같은 기획의 실현으로써 회고적으로 출현시킬 수 있는 이점을 가지고 있다는 것이다. 기개를 '욕망과 이성의 조합'으로 대체하는 데는 실패했지만, 근대 자유민주주의는 적어도 우월욕망을 대등욕망으로 대체했다. 요컨대, "자유민주주의는 타인보다 더 위대하다고 인정받으려는 비합리적 욕망을, 타인과 동등하다고 인정받으려는 합리적 욕망으로 **대체한다**"는 것이다.[70] 그러나 엄밀한 의미에서 이 명제는 이번에는 '역사의 종말'이라는 중심 논지와 양립하기 어렵다. 왜냐하면 역사의 종말은 인정욕구 그 자체의 **완벽한 충족**을 전제로 하고 있지,[71] 인정욕구의 충족 형태들 가운데 하나를 순수하고 단순하게 희생시키는 것을 전제하지는 않기 때문이다. 후쿠야마는 그의 저작 마지막 장들에서 이러한 판단의 경직성을 좀 완화시켜 보려고 애쓴다. "우월욕망을 소거하기 위한 민주주의의 노력 혹은 우월욕망을 대등욕망으로 변환시키려는 민주주의의 노력은 아무리 해보아도 불완전했다."[72] 후쿠야마는 자유민주주의의 안정은 우월욕망의 제거능력보다는 그것의 배출능력에 달려 있다는 것을 인정한다. 그 "배출구"로 거론된 것들 중에는 기업가정신, 정치적 경쟁, 스포츠, 등반, 자동차 경주 등이 있다.[73] 타인보다 우월하다고 인정받으려는 욕망이 정치생활 자체로부터 사라진 것도 아닐 뿐만 아니라 결국에는 '기업가정신'이라는 형태로 경제활동에 엄습하는 것을 본다는 것은 그러므로 놀라운 일이다. 이것은 분명히 우리를 애덤 스미스에 근접시키지만 그와 동시에 현대 자유민주

70) *Ibid*., p. 21. [같은 책, 20쪽.] 강조는 인용자.
71) *Ibid*., pp. 324~325. [같은 책, 392~393쪽.]
72) *Ibid*., p. 355. [같은 책, 427쪽.]
73) *Ibid*., pp. 355~359. [같은 책, 427~431쪽.]

주의가 자유주의의 창시자들의 시원적 기획을 완수했다는 생각으로부터, 다시 말해서 '정치생활로부터 기개를 소거'했다는 관념으로부터 우리를 멀어지게 만든다. 요컨대, 자유민주주의가 정치생활에서 기개를 소거하기에 이르렀고 또 그와 동시에 자유민주주의가 바로 이 동일한 기개 내에 뿌리를 내리고 있는 인정욕구를 '충족시킴으로써' 역사의 종말을 완수한다고 주장할 수는 없다.

하지만 인정욕구는 이 난관을 피하는 방식이기도 하다. 이 방식은, 역사의 종말을 인간 본성에 속하는 욕망의 충족으로 더 이상 생각하지 않고, 반대로 소위 자유주의 창시자들의 기획의 실제적 구현, 다시 말해 인간 본성의 변화, 더 나아가 '인간성 그 자체'의 소거로 생각함으로써 구성주의의 논리를 끝까지 밀어붙이는 데 있다. 후쿠야마는 생명기술이 우리로 하여금 "지금부터 2~3세대 후에", "덜 폭력적이고 범죄적 성향들로부터 해방된 인간 존재를 낳도록" 해줄 것이라고 여기면서 이 정식 앞에서 물러서지 않는다. 후쿠야마는 새로운 인간이 그들의 기개 또는 적어도 우월욕망으로부터 해방될 수 있을지 여부에 대해서는 분명히 하고 있지 않다. 하지만 그는 다음과 같이 확언한다. "이 단계에서 우리는 인간 역사를 결정적으로 종결 지었어야 했다. 왜냐하면 우리는 인간 존재 그 자체를 소거했어야 했기 때문이다. 그러고서야 비로소 인간 이후의 새로운 역사가 시작될 수 있을 것이다."[74] 물론 그 이후에 후쿠야마는 '포스트휴먼의 미래'에 대한 '예언'에 열린 가설적 의미를

74) F. Fukuyama, "La post-humanité est pour demain"(포스트휴머니티의 임박), tr. fr. B. Bibas, *Le Monde des Débats*, n° 5, juillet-août 1999, pp. 19~20(다음에서 재인용. P.-A. Taguieff, *Du progrès*, op. cit., p. 120).

부여함으로써 이러한 주장을 완화시키게 된다.[75)]

그럼에도 불구하고 인간 본성의 완결 혹은 인간성의 소거라는 형태의 '역사의 종말' 관념은 고전 자유주의의 사고와 체질적으로 다르다. 고전 자유주의는 기껏해야 인간 본성의 완성이 갖는 무한한 가능성을 생각할 뿐이다. 이것은 너무나 진실이어서 앞서 퍼거슨의 경우에서 살펴보았듯이 부당함의 원천에 영향력을 행사할 수 없는 법의 무기력은 법을 통해 인간 본성을 변화시키려는 모든 시도의 실패를 사전에 선고한다. 그리고 후쿠야마가 인정하듯 애덤 스미스의 관점에서 "부자는 자신의 부로부터 계속해서 영광을 얻게 되는 반면 빈자는 자신의 가난으로부터 계속해서 수치심을 느끼게 되고 자신을 둘러싼 이웃들에게 미미한 존재라고 계속해서 느끼게 될 것이다".[76)] 그래서 인정욕구는 근본적으로 불만족 상태로 남을 수밖에 없다(『역사의 종말』이 근대 자유민주주의에 적용하는 궤변적 정식을 취해 본다면, 인정욕구의 근본적 불만족 상태는 불완전한 만족과 결코 동일하지 않다). 이 관점에서만 보자면 후쿠야마를 애덤 스미스와 뱅자맹 콩스탕의 '정신적 계승자'로 보는 해석은 이 텍스트의 검토를 버텨 낼 수 없다. 요컨대 어떤 '철학적 논리'도 애덤 스미스와 뱅자맹 콩스탕으로부터 후쿠야마로 이어지지 않는다.[77)]

---

75) F. Fukuyama, *Our Posthuman Future: Consequences of the Biotechnology Revolution*, Farrar, Strau & Giroux, 2000, p. 217 sq. [『Human Future: 부자의 유전자, 가난한 자의 유전자』, 송정화 옮김, 한국경제신문, 2003, 324쪽 이하.]

76) Francis Fukuyama, *La fin de l'homme*(인간의 종말), La Table ronde, Paris, 2002, p. 338.

77) 그러므로 다음의 입장은 유지될 수 없다. Jean-Claude Michéa, *L'Empire du moindre mal*(가장 소소한 악의 제국), Climats, Paris, 2007, pp. 206~207.

3장 · 개인의 여러 권리에 의해 제한된 통치

자유주의가 열어젖힌 '두 길'에 대한 푸코의 설명을 따라가 보면, 의심의 여지 없이, 소위 '공리주의적 급진주의'라는 두 번째 길이 공권력 행사의 한계에 관한 문제를 가장 심층적으로 변혁하는 길임을 알 수 있다. 첫 번째 길은 주로 17세기 법학자들과 법률이론가들이 방치했던 공권력 제한 문제를 다룬다는 점에서, 이 소위 '법률-연역적'인 길이 역사적 · 정치적으로는 혁명적이었다 해도, 지성적 · 담론적으로는 '소급적'인 절차이기 때문이다.[1)]

실제로 군주권의 한계에 대한 문제는 아주 일찍부터 출현했다. 16세기부터 몇몇 법학자들은 절대주의 이론가들, 즉 국가이성 옹호자들에 대항하여 '왕국 기본법'이 구성하는 장벽을 환기시킨다. 1560년대에 파스키에Étienne Pasquier, 뒤 아이앙Girard Du Haillan 그리고 초기의 보댕Jean Bodin이 설명한 이 입헌주의constitutionnalisme[2)]는 프랑스의 오래된 관습과 건립의 역사에서 왕의 절대권력에 대한 몇 가지 '견제장치' 즉

1) Foucault, *NBP*, pp. 40~41. [『생명관리정치의 탄생』, 71~72쪽.]

'내치', '종교' 그리고 '사법'을 찾는다. '내치' 개념은 세 요소를 포함하고 있다. 두 가지 왕국 기본법(왕실 자산의 양도불가능성과 부계 상속에 의한 왕권 이양에서의 장자상속법)과 관습의 권위, 그리고 충고를 받아들여야 하는 왕으로서의 의무 말이다.[3] 국가 건립을 확정하는 기본법에 대한 이러한 참조는 다음 세기에 뷔를라마키Jean-Jacques Burlamaqui와 푸펜도르프Samuel von Pufendorf같이 자연권을 연구한 몇몇 법학자에 의해 재론되고 확장될 것이다.[4] 우리는 이렇게 정의된 군주권의 제한이 권리의 제한으로서 우선적으로 군주권 남용을 예방하려는 통치 실천의 외적 제한이라는 사실을 잘 알 수 있다. 이 지적은 자연법과 보편적 목표를 통해 설정된 다른 두 제한에도 마찬가지로 유효하다. 군주권은 이 보편적 목표를 위해 계약을 통해 구축되었던 것이다. 자연법은 신의 의지에서 나오고, 따라서 주권자 자신들은 이러한 견지에서 '신의 심판' 앞에 선 자신의 행실에 책임을 져야만 한다. 그리고 시민사회의 보편적 목표는 정치권력이 부합해야만 하는 '공공의 선'에 다름 아니다.[5] 이러한 상황에서 우리는 미셸 푸코가 '공리주의적 급진주의'의 길을 중시했음을 알 수 있다. 이 길은 '군주권 남용'이라는 낡은 문제를 다시 끄집어 내기보다는 오히려 '통치의 남용' 문제를 숙고하면서 새로운 것을 도입하기 때문에 통치성의 문제에 그 고유한 담론의 장을 열

2) 1560년대 입헌주의(=헌정주의) 사조에 대해서는 다음을 보라. Q. Skinner, *Les Fondements de la pensée politique moderne*, Albin Michel, Paris, 2001, p. 718 sq. [스키너, 『근대 정치사상의 토대 2. 종교개혁의 시대』, 박동천 옮김, 한국문화사, 2012, 533쪽 이하.]

3) *Ibid.*, p. 709. [같은 책, 515~516쪽.]

4) 이 점에 대해서는 다음을 보라. R. Derathé, *Jean-Jacques Rousseau et la science politique de son temps*(장-자크 루소와 그 시대의 정치학), Vrin, Paris, 1988, pp. 328~332.

5) *Ibid.*, pp. 321~328.

어 준다고 할 수 있다. 게다가 이 길은 마침내 역사적으로 우위를 점하게 된다.[6]

루소, 로크 그리고 '법률-연역적' 길

아무튼 '혁명적' 길을 지시하기 위해 푸코가 사용한 '공리계'라는 용어는 인권에 대한 참조와 곧바로 결부되는 자명한 특성을 지적할 수 있다는 장점이 있다.[7] 1776년의 미국 독립선언은 '자명하다고 간주되는 여러 진리'를 곧바로 선언한다.

> 모든 인간은 평등하게 태어났다. 그들은 양도 불가능한 몇몇 권리를 신으로부터 부여받았다. 이 권리들 중에는 생명권, 자유권, 행복추구권이 있다. 이러한 권리를 확보하기 위해 인간들 사이에서 정부가 수립된 것이며, 정부의 정당한 권력은 피통치자들의 동의에서 비롯된다.

1789년 프랑스 인권선언은 '단순하고 이론의 여지 없는' 원리들을 설명하려 한다. 요컨대 "모든 정치적 연합의 목적은 인간의 자연적이고 불가침한 여러 권리를 보존하는 데 있다. 이 권리는 자유, 사유재산, 안전 그리고 억압에 대한 항거이다." 이론의 여지 없이 앞서 확인

---

6) Foucault, *NBP*, p. 44(생략된 푸코의 강의원고 pp. 18~20에 대한 주석). [『생명관리정치의 탄생』, 76쪽 주석.] 동일한 의미로 다음을 보라. *Ibid*., p. 45. [같은 책, 77쪽.] 이 두 체계들 중에서 "강력하게 유지됐던 체계는 당연히 통치의 유용성을 통해 공권력의 법률적 제한을 규정하려 했던 급진적인 길"의 체계이다.

7) '공리' 개념은 그 자체로 명백한 원리를 의미한다.

한 한계들 가운데 두 개가 어떤 방식으로 서로 결부되었는지를 보여 주는 것은 바로 미국의 독립선언이다. 즉 한편으로 신이 자연적 권리들을 인간에게 부여했다면—이것이 자연적 권리들을 '자연법' 자체에 결부시키도록 해준다—, 다른 한편으로 통치의 '보편적 목표'는 신학적 보증이 이 자연적 권리들에 부여하는 명증성으로부터 연역된다(왜냐하면 이 명증성은 이 자연적 권리들을 보장하는 데 있기 때문이다). 상대적으로 단호한 표명과 '지고한 존재'의 원용에도 불구하고 프랑스 인권선언은 '자연권의 조절적 선재성'의 명증성이 상당 부분 침식당했다는 것을 이미 보여 주고 있는 논쟁들의 영향을 느끼게 한다. 루소에 대한 명확한 참조에 의존하면서 어떤 사람들(특히 크레니에르Crénière)은 의회 내부에서 자연상태의 인간이 권리를 가질 수 있다는 것을 인정하지 않기 위해 목소리를 높인다.[8] 루소에게 주권(이 경우 오직 인민에게만 귀속되는 입법적 권능)은 자연적으로 개인에게 귀속되는 양도 불가능한 권리들을 주권 뒤에 방임함으로써 구성되는 것이 아니라는 것을 우리는 잘 알고 있다. 그 이유는 개인의 여러 권리들은 본래 주권자의 일원의 자격으로, 달리 말해 시민의 자격으로 개인에게 부여된 것이고 따라서 주권자의 구성 이전에는 존재할 수 없는 것이기 때문이다.[9] 개인의 권리들은 주권자의 권능을 제한하는 원리를 구성하지 않으며 집행의 권능(통치)의 활동을 제한하는 원리를 구성한다 해도 그것은 이 권리들이 법을 통해 모든 시민들에게 주어지는 한에서만 그렇게 될 수

8) M. Gauchet, *La Révolution des droits de l'homme*(인권 혁명), Gallimard, Paris, 1989, p. 75 sq.

9) 그럼에도 불구하고 루소의 '자연권'에 대해 이야기할 수 있다면, 자기애와 동정이라는 타고난 두 경향으로 축소되는 한에서뿐이다.

있다.[10] 루소의 문제는 보다 심층적으로 '주권의 제한'[11]이라는 문제로 남아 있다. 아무튼 몇몇 '유격대원들'[12]의 개입으로 논쟁에서 발생한 효과들을 과대 해석해서는 안 된다. 여기서 중요한 것은 루소 사상의 직접적 영향보다는 오히려 프랑스 혁명 당시 입헌의회 의원들이 그것을 이용하는 방식이다. 이러한 관점에서 볼 때 중요한 것으로 드러나는 것은 사회가 부여한 권리라는 관념보다는 '보편적 의지'라는 개념에의 호소일 것이다. 왜냐하면 이 호소의 주된 역할이 법의 원천의 비개인성을 보증하는 것이기 때문이다.[13] 마찬가지로 혁명적 공리의 길을 '루소의 길'[14]로 평가하는 과대해석을 하지 않는 것이 바람직하다고 생각된다. 이를 통해 푸코는 루소의 사유를 지시하려고 하기보다는 '루소주의'를 지시하려고 했다. 루소주의의 이름으로 루소의 사상은 어떤 정치적 용례에 의해 왜곡되었다는 것이다.

그럼에도 불구하고 이러한 평가는 어떤 본질적인 점을 언급하지 않는다는 단점을 보인다. '혁명적 공리'의 길은 역사적으로 '루소주의'보다는 로크에 더 많은 빚을 지고 있는 것이다. 설령 로크의 영향이 이 '루소주의'마저도 변형시키는 여과장치를 통해서만 프랑스에 영향을 줄 수 있었다고 해도 말이다. 왜냐하면 국가이론에 의거하지 않는 통

10) J.-F. Spitz, *La Liberté politique*(정치적 자유), PUF, Paris, 1995, pp. 434~435.

11) 그의 선배들과는 달리 루소는 주권을 '무제한'(헌법적 제한이 없음)적임과 동시에 '제한'(본성상 법률에 의해서만 행사될 수 있으므로 '일반적 대상들'에만 행사될 수 있음)적인 것으로 생각한다.

12) 이 표현은 다음에서 크레니에르를 가리키는 데 사용된다. M. Gauchet, *La Révolution des droits de l'homme*, p. 77.

13) *Ibid*., pp. 117~118.

14) Foucault, *NBP*, p. 40. [『생명관리정치의 탄생』, 71쪽.] "혁명적 공리"(p. 43)[74쪽]의 길을 말하면서 푸코는 이렇게 쓴다. "루소의 길이라고 부를 수도 있을 것입니다."

치이론은 로크에게서 나온 것이기 때문이다.[15] 이와는 대조적으로, 주권에 관한 낡은 문제를 다시금 재검토함으로써 루소는 먼저 국가이론을 만들어 낸다. 그 결과 루소에게서 입법권능에 의한 통치 행위의 제한원리는 어떤 특수한 문제를 구성하기보다는 주권 개념으로부터 직접 연역된다.[16] 반면 로크가 생각하려 하는 것은 (아마도 '지고한 권력'으로 여겨지는) 입법권능 자체에 대한 제한이다. 바로 이 절차야말로 (뱅자맹 콩스탕과 존 스튜어트 밀로부터 시작해 로버트 노직에 이르는) 자유주의 전통에서 통치의 제한이라는 문제와 관련된 이후의 재검토에서 로크의 이론이 갖는 결정적 중요성을 폭넓게 설명해 주는 것이다. 그렇지만 이 재검토는 거의 언제나 이 이론이 실현시킨 불안정한 평형을 훼손함으로써 이루어졌다.

사실, 적어도 역사적이고 정치적인 측면에서, 아니면 지적인 측면에서 자유주의에 관한 주요한 문제는 단순한 것이기보다는 이중적인 것이었다. 요컨대 통치 행위가 시민사회의 자연스러운 흐름을 저해하지 않도록 하기 위해 어떻게 그것을 제한해야 할 것이냐는 문제일 뿐만 아니라, 또한 이 통치 행위를 어떻게 완전하게 봉쇄하지 않으면서도 제한하느냐는 문제인 것이다. 심지어 이 시민사회의 자연스러운 흐름이 독자적으로 경제적·사회적 개입의 기회를 증가시키는 경우에 있어서도 말이다. 19세기에 자유주의가 맞게 되는 위기는 바로 이 이중적 문제에 주어진 해답의 명확화가 어려웠다는 사실과 관계가 있

15) 이를 알아본 푸코는 이렇게 쓴다. "로크는 이제 국가 이론을 만들지 않고 통치 이론을 만듭니다." *NBP*, p. 92. [『생명관리정치의 탄생』, 142~143쪽.]

16) 통치형식들을 추론하는 식의 통치 연구는 『사회계약』 제2권의 주권 개념이 완전히 재작업된 후, 제3권에만 개입한다는 것이 그 증거다.

다. 이 이중적 성격을 고려하지 않는다면, 우리는 심각할 정도로 조화를 이루지 못하는 자유주의 사상의 운동 및 이 운동의 분열, 위기, 단절을 놓치게 될 것이다. 그것이 찬양을 위한 것이든 비난을 위한 것이든 간에, 이 운동을 '개인적 권리'에 대한 점진적 긍정과 동일시하는 것은 '관념의 역사'라는 관념론으로 넘어가는 것이다. 현대 자유주의로 향하는 운동을 이해하는 열쇠이기도 한 결정적인 점은, 자유주의가 **실제적 필요성**과 직면해 자기 토대의 유효성을 시험하게 되리라는 것을 파악하는 것이다. 이 실제적 필요성이란 곧 인구관리의 필요성, 자본주의 조직의 필요성, 사회갈등 방지 및 관리의 필요성을 말한다. 로크 시대에 대한 검토가 더없이 소중한 것은 관건이 되는 이러한 사항들과 관련해서이지, 단지 이 검토의 정합성이라는 관점에서만은 아니다.

개인적 권리의 토대: 목적론에서 순환론으로

자연권들에 의한 통치의 제한이 제기하는 근본적 문제는 이 권리들의 정당화라는 문제다. 존 로크에게서 이 정당화는 신의 의지에 대한 참조를 제쳐 두고 생각할 수 없다. 자연법은 신의 의지를 선언하는 것에 불과하다.[17] 오늘날 우리는 자연권들의 실존의 "명증성"이 "우리 안에 심어지고", 신에 의해 "우리 정신 안에 각인된" 듯한 "자연법"의 실존의 "명증성"과 연결되어 있었다는 것을 너무 망각하는 경향이 있다는

---

17) J. Locke, *Second Traité du gouvernement* (dorénavant noté Second Traité), PUF, 1994, §135, p. 98. [『통치론』, 『시민정부론』, 『시민정부』 등의 제목으로 번역되어 있다. 이 책에서는 국내에 번역되어 있지 않은 『제1론』과 구분하기 위해 『제2시민정부론』으로 표기한다.]

것이다.[18] 우리는 또한 자연법 실존의 명증성이 이 법 자체의 내용의 명증성으로 회부된다는 것을 간과해 왔다. 요컨대 어떤 사람도 상황이 어떻든 간에 자신이 범한 법의 위반에 대해 법을 몰랐다는 핑계를 댈 수는 없다는 것이다. 법은 이성을 통해 즉각적으로 알 수 있는 것이기 때문이다. 오직 이러한 의미에서만 우리는 법이 '이성의 공통법'이라고 말할 수 있다. 로크는 실제로 이성이 이 법의 제정자가 아니라 단지 해석자라고 말한다. 오직 신의 의지만이 이 법을 질서화함으로써 한 치의 예외 없이 만인에게 강제할 수 있는 것이다.[19] 그러므로 자연법은 소유자가 자신의 피조물에 남기는 표식과 같다. 즉 만인은 동등한 자격으로 '지고한 소유주'의 재산인 것이다. 만인은 이 지고한 소유주의 피조물이고, 또 이 절대적 소유주에 대한 의무를 만인에게 환기시키는 것이 이 자연법이 갖는 기능이라는 것이다.

이 법이 강제하는 것은 정확히 무엇인가? 로크는 이 법이 인간에게 이중의 보존임무를 부과한다고 응답한다. 첫 번째 임무는 다음과 같다. "각자는 자기 자신을 보존해야 한다"(이로부터 자살 금지가 도출된다). 두 번째 임무는 다음과 같다. "각자는 스스로 가능한 한에서 인류 전체의 보존에 힘써야 한다"(이로부터 타인의 생명 파괴 금지 혹은 타인의 생명을 보존하려는 것에 대한 침해 금지가 도출된다).[20] 그러므로 직접적인

18) 토마스 아퀴나스(Thomas Aquinas)의 '자연법' 개념을 재발견한 것의 중요성에 대해, 그리고 이 사조가 로크에게 끼쳤던 영향에 대해서는 다음을 보라. Q. Skinner, *Les Fondements de la pensée politique moderne*, p. 566 sq. [『근대 정치사상의 토대 2』, 307쪽 이하.]

19) J. Locke, *Second Traité*, note 9, p. 178[§136의 각주 9]. 그렇기 때문에 "신성한 의지가 도덕적 속성의 기원을 구성한다고 하는 '로크의 주의주의'의 주제에 대해 말할 근거가 충분하다". J. B. Schneewind, *L'Invention de l'autonomie*(자율의 발명), Gallimard, Paris, 2001, p. 176.

20) *Ibid.*, §6.

문제는 인권이 아니다. 일차적인 것은 신에 대한 인간의 의무다. 또한 자연상태를, 각자가 자유롭게 원하는 일을 할 수 있는 '방종'의 상태로 이해하지 않도록 주의해야 한다. 자연적 자유는 자연법의 한계 내에서만 유효하다는 것이다.[21] 결과적으로, 자연권은 의무로부터 연역될 것이다.

로크에 따르면, 자연상태에서 인간은 두 가지의 근본적 '권력'을 소유한다. 첫 번째 권력은 "자신 및 인류 전체의 보존을 위해 적절하다고 여겨지는 모든 것을 행할 권력"이고, 두 번째 권력은 "법을 위반한 범죄를 처벌할 권력"이다.[22] 첫 번째 권력이 일종의 '자연적 입법권'을 규정한다면, 두 번째 권력은 일종의 '자연적 집행권'을 구성한다. 왜냐하면 이 권력은 다른 인간이 저지르는 모든 자연법 위반에 맞섬으로써 자연법의 집행을 확보하는 권력이기 때문이다. 게다가 부당한 손해를 입은 모든 피해자들은 가해자로부터 보상을 얻을 권리, 즉 손해보상의 권리를 갖고 있다. 이 첫 번째 권리가 자연법의 이중적 의무(자신 및 인류의 보존)에 즉각적으로 연결된다는 것은 명백하다. 하지만 로크는 다른 두 권리 또한 이 이중적 의무에 대응시킨다. 요컨대, 범죄자를 처벌할 권리는 인류의 보존에 전력을 다해야 할 의무로부터 연역되고, 보상받을 권리는 개인의 보존에 전력을 다해야 할 의무로부터 연역된다. 실제로 전자는 범죄의 재발을 막기 위한 징벌이고, 바로 이 예방 기능을 통해 인류의 보존을 확보하는 것이다. 그리고 후자는 인간이 자신의 보존을 확보하기 위해 사용하는 수단과 관련된 손실을 입었을 경우

---

21) *Ibid.*, §4, 6.
22) *Ibid.*, §128.

에 그가 입은 손실을 상쇄하기 위한 보상이다.[23)]

따라서 자연권과, 그 자연권을 존중해야 한다고 하는 각자의 의무는 그 자체로 신의 의지에 근거하고 있음이 분명하다. 신의 의지가 자연법에의 복종을 명령한다는 한에서 말이다. 즉 각자는, 타인이 인류의 보존에 전력을 기울이는 한, 자신을 보존하는 데 적절하다고 판단한 것을 행할 권리를 존중할 의무가 있다. "로크에게 '자연권'은 신이 만인에게 부과한 절대적 의무의 개인적 반대급부이기 때문에 불가침의 것이다."[24)]

조물주와 단절된 자연권

그런데 이후의 자유주의가 로크와 가장 크게 구분되는 점은 자연권의 창설이라는 문제와 관련해서다. 신의 명령적 의지로부터 자연법이 '일탈하는' 길은 보다 일찍 17세기부터 그로티우스Hugo Grotius와 홉스에 의해 동시에 열렸다.[25)] 홉스는 죽음의 공포와 생존의 욕구라는 원시적 정념의 충족을 위해 사용할 수 있는 최적의 수단 사용을 합리적으로 계산한 '결과'와 같은 것이 자연법이라고 제시함으로써 자연법에 대한 참조를 무력화시킨다.[26)] 뿐만 아니라 홉스는 일단 한번 설립된 시민의 권위는 이 자연법을 해석할 유일한 자격을 가졌다고 보았다.[27)] 이는

23) *Ibid.*, § 4~15(2장 전체).

24) J.-F. Spitz, *La Liberté politique*, p. 58.

25) *Ibid.*, p. 59.

26) *Ibid.*, p. 61.

27) P.-F. Moreau, *Hobbes : Philosophie, Science, Religion*(홉스: 철학, 과학, 종교), PUF, Paris, 1989, p. 102. 같은 의미에서, J.-B. Schneewind, *L'Invention de l'autonomie*(자율의 발명), p.

시민의 권위가 혹시나 남용되더라도 자연법이 이에 맞서는 방책으로서 기능하지 못하도록 금지하는 것이다. 한편 그로티우스는 모든 인간에게 주어진 자연스러운 경향, 즉 자기보존 욕구로부터 출발해 두 가지 권리를 연역해 내는데, 바로 폭력을 거부할 권리와 삶에 유용한 것들을 전유할 권리이다.[28] 로크는 욕망이나 욕구가 곧바로 권리로 변할 수 있다는 것을 용납하려 하지 않았다. 자기보존이라는 도덕적 의무에 입각할 때에만 그에 대한 반대급부로서 자기보존에 좋다고 여겨지는 것을 행할 권리가 확립될 수 있다고 보았기 때문이다. 그러므로 피에르 마낭Pierre Manent이 이야기했던 바와는 달리 로크는 "개인의 권리를 오로지 배고픔으로부터 도출하려고" 하지 않고, 욕구의 자연성이 먹을 권리의 자연성으로 곧장 이어지기라도 한다는 듯 애초부터 개인이 '배고픈 개인'으로서 주어지는 것은 더더욱 아니다.[29] 로크와 그로티우스 간의 모든 차이점은 그로티우스가 욕구나 욕망의 '자연성'으로부터 출발하는 반면, 로크는 도덕적 의무의 '자연성'으로부터 출발한다는 데 있다. 요컨대 첫 번째 경우에 자연은 생명의 자연성을 가리키지만, 두 번째 경우에는 인간을 만들고 소유하는 신과 인간 간의 도덕적 관계를 가리킨다. 컴벌랜드Richard Cumberland 주교는 홉스에 주로 대항하는 그의 1672년 저작 『자연법에 관하여』*De Legibus Naturae*에서, 신뿐만 아니라 인간도 지배하는 '자비'에 관한 유구한 도덕을 경험을 토대로

---

112. "홉스는 우리가 실정법을 비난하기 위해 자연법에 호소할 수 있다고 여기지 않는다. 그래서 그는 자연법에 관한 고전적 이론의 주요 측면을 폐기한다."

28) J.-F. Spitz, *La Liberté politique*, p. 60.

29) P. Manent, *Histoire intellectuelle du libéralisme*(자유주의의 지성사), Hachette, 'Pluriel', Paris, 2004, pp. 95~96과 102~103.

구축하려고 시도하게 된다. 그러나 로크는 이 시도를 알고 있었음에도 불구하고, 이에 대해 논의조차 하지 않았을 정도로 신의 유일한 의지로부터 자연법을 연역해 내는 것이 필연적이라고 확신하고 있었다.[30]

자연권을 욕망 내에 재정립하려는 시도는 차후에 스펜서에 의해 다른 의미에서 훨씬 급진적으로 계승될 것이다. 스펜서 방식의 독창성은 정치적 장에서의 자연권 문제를 생명과학이라는 영역으로 이전했다는 데, 달리 말해서 "생명의 법칙"[31]으로부터 권리들을 연역해 냈다는 데 있다. 스펜서의 논지는 자연법주의의 단순한 재천명으로 나타난다. 즉 "개인의 권리의 원천은 인위적인 것이 아니라 자연적인 것이다."[32] 스펜서의 목표는 국가에 의해 만들어진 권리만 존재한다고 주장하는 벤담의 급진적 공리주의에 맞서는 것이었다. 스펜서는 소위 권리의 '창조'("어떤 것을 무로부터 끌어낸다"는 의미)라는 것과, 관습을 통해 미리 설정된 권리의 법에 의한 승인("기존에 존재하는 것에 형태를 부여"하는 것)을 대립시킨다.[33] 스펜서의 의도는 독일 법리학에서 중시되는 자연법 관념의 단순한 반복을 넘어서서, 관습을 통해 승인된 권리

---

30) 컴벌랜드의 입장에 대한 연구에 관해서는 다음을 보라. J. B. Schneewind, *L'Invention de l'autonomie*, pp. 122~140.

31) H. Spencer, "La grande superstition politique", in *L'Individu contre l'Etat*, Alcan, Paris, 1885, p. 141[「거대한 정치적 미신」, 『개인 대 국가』, 이상률 옮김, 이책, 2014, 216쪽] ; *Le Droit d'ignorer l'Etat*(국가를 무시할 권리), Les Belles Lettres, Paris, 1993, p. 171. 스펜서는 그의 생애 말년에 이 유명한 논문집(장 게르셸Jean Gerschel 역)을 출간했는데, 이 논문집의 가장 중요한 표적은 국가의 개입이었다. 이 작품을 구성하는 텍스트의 최신 재판본은 *Le Droit d'ignorer l'Etat*라는 제목으로 출간되었다. 이 재판본은 스펜서를 복권하려는 목적을 가진 것으로, 스펜서의 가장 중요한 논고들 가운데 몇몇을 누락하고 있다. 우리는 그 중에서 두 판본을 제시한다.

32) Ibid., p. 152(p. 193). [같은 책, 228쪽.]

33) 하이에크에게서 이와 유사한 반대가 발견될 것이다(이 책 9장에서 thesis와 nomos의 구분을 참조할 것).

가 “서로 얼굴을 맞대고 살아야 하는 사람들의 개인적 욕망에서 자연스럽게 생겨난다”는 것을 확증하는 데 있었다.[34)]

이러한 목적으로 그는 먼저 개인적 삶의 조건을 검토하고, 이어서 사회적 삶의 조건을 검토한다. 전자와 관련해 그는 삶의 유지에 필요한 활동을 할 권리 내에서 ‘긍정적 요소’와 ‘부정적 요소’를 구분한다. 긍정적 요소는 모든 고등동물에게 유효하며 어떤 도덕적 속성도 지니고 있지 않다. 요컨대 ‘활동’의 자유는 식량의 추구와 획득의 조건을 구성한다. 식량의 추구와 획득 없이 동물의 삶은 유지될 수 없다. 그러므로 이 활동을 저지하는 것은 정당하지 않다. 이 권리에 도덕적 속성, 그러므로 인간 특유의 속성을 부여하는 부정적 요소는 상이한 개인들의 활동 영역을 “상호적으로 제한하는 데” 있다. 요컨대 이 도덕적 제한은 개인에게 허용된 것과 허용되지 않은 것(다시 말해 자신의 행동 영역을 침해하는 것)을 구분할 수 있게 해주는데, 이것은 ‘자연적 제한’이기도 하다. 이 점은 통치 전반을 결여하고 있는 원시부족의 풍습이 증명해 주고 있다. 우리는 긍정적 요소가 ‘생명의 법칙에서 탄생’하는 반면 부정적 요소는 ‘사회 집합체’가 개인의 활동에 부과한 조건들로부터 파생한다는 것을 알 수 있다.[35)]

다음으로, 사회적 삶의 조건의 검토로 넘어가면서, 스펜서는 원시인류가 “협동에서 나오는 이익의 경험”[36)] 때문에 단체생활을 하게 되었다고 강조한다. 그런데 그러한 경험은 무엇보다도 암묵적이거나 공

34) H. Spencer, “La grande superstition politique”, *loc. cit.*, p. 137(p. 163). [같은 책, 212쪽.]
35) *Ibid.*, p. 146(p. 180). [같은 책, 221쪽.]
36) *Ibid.*, p. 146(p. 181). [같은 책, 222쪽.]

공연한 계약의 이행에 의한 것이다. '자발적 협동'이 '강요된 협동'을 대신하면 할수록 계약의 자유와 그 이행의 보장은 더욱더 '올바른 사회적 존재의 조건'으로 나타난다. 요컨대 개인적 삶의 조건과 사회적 삶의 조건은 둘 다 똑같이 "극히 중요한 필요조건"[37]의 성질을 띤다. 그러므로 우리가 직면하게 되는 것은 로크에 의해 수행된 신학적 기초가 아니라 바로 권리의 진정한 생물학적 기초인 것이다.

또한 마찬가지로 로버트 노직의 태도를 고찰함으로써, 권리의 토대를 신의 의지에 두는 것으로부터 개인의 욕망에 두는 것으로 변화한 것을 제대로 평가할 수 있을 것이다. 이 자유지상주의[38] 철학자는 사실 로크의 방식을 가장 직접적으로 표방한 철학자이기도 하다. 『아나키에서 유토피아로』(1974)의 첫 문장이 대표적인 예다. "개인들은 권리들을 가지고 있으며, 세상에는 어느 인간이나 집단도 이 권리들에 해서는 안 되는 것들이 있다(이들의 행사는 곧 개인 권리의 침해이다)." 이 개인의 권리는 절대적이고 침해될 수 없다. 타인의 관점에서, 개인의 권리는 이 개인에게 그가 할 수 있는 것을 제한하는 엄격한 도덕적 제약을 의미한다. 권리의 소유자 관점에서, 개인의 권리는 타인의 속박을 받지 않고 행동할 수 있는 권력을 말한다. 노직에 따르면, 개인의 권리가 갖는 절대적 성격은 분리된 삶을 영위하는 상이한 개인들의 생존이라는 근본적인 사실과 관련된다.[39] 이는 사회에 그 어떠한 존재형태도

37) *Ibid*., p. 151(p. 191). [같은 책, 227쪽.]

38) '자유지상주의'는 "시장 메커니즘은 본질적으로 정의롭다"는 주장을 옹호하고, "최소한의 국가"(W. Kymlicka, *Les Théories de la justice : une introduction*, La Découverte, Paris, 2003, p. 109)를 주장한다. 반대로, 하이에크와 같은 신자유주의자에게 시장은 정의롭지도 않고 불의하지도 않다(이 책의 9장을 참조하라).

부여하지 않는 일종의 급진적 유명론이다. 요컨대 사회는 존재하지 않기 때문에 개인에 대한 어떤 권리도 갖지 않고, 그러므로 '사회적 실체'의 선, 다시 말해 (벤담을 계승한 공리주의의 정식에 따르자면) '사회의 보편적 선'을 위한 개인의 희생은 용인될 수 없다는 것이다. 노직은 주저하지 않고 "칸트의 원리" 즉 "개인들은 단지 수단이기만 한 것이 아니라 목적이기도 하다"[40]는 원리를 원용함으로써 개인의 분리가 개인 및 개인적 권리의 불가침성을 야기한다는 관념을 주장하게 된다. 개인 그 자체가 목적이라는 것, 이것만으로도 그의 동의 없이 그를 이용하거나 더 나아가 그를 신체적 폭력의 대상으로 삼는 것을 금지하기에 충분하다는 것이다. 반대로 한 개인을 다른 한 개인이 아무렇게나 이용할 수 있는 것, 즉 어떤 사람이 타인에게 자신을 마음대로 할 수 있도록 허용하는 것, 예를 들면 그를 죽이도록 허용하는 것을 정당화하기 위해서는 자발적 동의만으로도 충분하다. 노직은 이 동의에 의한 허락이 로크의 관점에서는 아무런 가치도 갖지 않는다는 것을 잘 알고 있었다. 요컨대 자연법은 각자가 자신의 삶을 제멋대로 처분하려는 동기로 자신의 생명을 해치는 것을 금지한다. 그 결과 자연법은 그가 소유하지 않은 자신의 생명권을 타인에게 양도하는 것을 금할 수밖에 없다.[41]

결국 모든 문제는 어떻게 노직이 분리된 개인들이 존재한다는 사실로부터 그들이 소유하는 권리로 넘어가는지를 아는 것이다. 왜냐하

---

39) Robert Nozick, *Anarchie, État et Utopie*, trad. Évelyne d'Auzac de Lamartine et Pierre-Emmanuel Dauzat, PUF, Paris, 2003, pp. 52~54. [『아나키에서 유토피아로』, 57~58쪽.] "개인들, 상이한 개인들, 자기 고유의 개인적 삶을 갖는 상이한 개인들만이 있을 뿐이다."(p. 52) "각자가 영위해야 할 **고유한** 삶을 갖는, 서로 구별되는 개인이 존재한다."(p. 54) "각자가 **영위해**야 할 고유한 삶을 갖는, 서로 구별되는 개인이 존재한다."(p. 54)

40) *Ibid.*, p. 50. [같은 책, 56쪽.]

면 이 권리들이 바로 타인의 행동에 가해지는 제약과 마찬가지로 타인에게 부여된 허용의 토대가 되기 때문이다. 이와 같은 '교차'의 동인은 노직의 고백에 따르면 "난해하고 파악하기 어려운" 개념이라 할 수 있는 "삶의 의미"[42] 개념이다. 각 개인은 자신이 영위하고자 하는 삶의 총괄적 구상에 따라 행위함으로써 자신의 삶에 의미를 부여할 능력을 갖고 있다. 바로 이 능력이 그가 삶의 의미에 대해 갖는 관념에 따라 행위할 권리를 부여하는 것이다. 그 결과 타인의 행동에 대한 나의 동의가 나와 관련해 타인에게 부여된 권리와 같다 해도, 이 동의 자체는 총체적인 내 삶이라는 개념에 따라 행위하려는 나의 욕망으로부터 기인하는 것이다. 그러나 자신의 삶에 의미를 부여할 수 있는 역량은 개인화를 구성하는 특징이지 결코 부가적 특징이 아니기 때문에[43] 이러한 역량이 개인에게 자기가 의도하는 대로 행동할 권리를 부여한다고 주장하는 것은 개인은 개인이기 때문에 권리들을 갖는다는 주장과 같다. 권리들의 신학적 토대를 포기하는 것은 순진하고 단순한 순환론으로 곧바로 귀결된다.

---

41) "누구도 자신이 소유한 것 이상의 권력을 부여할 수 없다." J. Locke, *Second Traité*, § 23, p. 20을 참조할 것. 노직의 논증 및 로크의 '가부장주의'에 대한 비판에 관해서는 다음을 참조하라. Nozick, *Anarchie, État et Utopie*, p. 82. [『아나키에서 유토피아로』, 86쪽.] 타인에게 부여된 허용의 유일한 기준으로서의 자발적 동의의 중시는, 그에 대해 노직이 어떻게 생각하든 간에, 그 자체가 목적인 개인이라는 칸트적 관념과는 크게 동떨어진 것이다. 요컨대 칸트에게 그 자체가 목적인 개인은 사실 합리적 자연으로서의 인류이지 '분리된 개인'이 아니다. 그러므로 허용된 것과 금지된 것 사이의 경계를 궁극적으로 확정하는 것은 모든 합리적 존재에게 유효한 목적을 스스로에게 부여할 능력인 것이다(이 점에서 로크와 마찬가지로 자살 금지가 귀결된다).

42) *Ibid.*, p. 73. [같은 책, 77~78쪽.]

43) *Ibid.*, pp. 71~73. [같은 책, 75~78쪽.]

소유권의 토대로서의 자기 소유권

신자유주의를 포함해 이후의 모든 자유주의가 명백히 로크에게 빚지고 있는 점이 있다면 그것은 바로 소유권에 대한 철학적 정당화다. 그렇지만 『제2시민정부론』을 잘 읽어 보면 "물질적 재산에 대한 소유권은 일차적인 것도 아니고 자연에 직접적으로 뿌리내리고 있는 것도 아니다. 그것은 각자가 자기 자신을 보호해야 한다는 의무에서 비롯되었다"는 것을 깨닫게 된다. 그러므로 이 권리에 대한 정당화를 로크의 논증의 신학적 전제로부터 떼어 놓아서는 안 된다.[44] "신이 인간에게 세계를 공동의 것으로 준"[45] 만큼, 이 시도는 어려울 수밖에 없다.

'원시공동체론'은 당시 자연권 옹호자들 사이에서 광범위하게 공유되던 것이었다. 그렇기 때문에 그로티우스와 푸펜도르프 모두 이 공동체가 '부정적 공동체'를 구성했다고 주장했는데, 이 부정적 공동체에서는 그 어떤 것도 개인에게 속하지 않았고 그 결과 사적 소유의 수립을 위해서는 합의가 필요했다는 것이다. 로크는 원시공동체를 '부정적 공동체'라기보다는 '긍정적 공동체'라고 생각한 것 같다. 요컨대 모든 인간은 지구와 자연의 모든 것을 '공동소유'하는 신에 의해 만들어졌기 때문에,[46] 세계는 애초부터 '거대한 공동의 영역'이었다는 것이다. 그로티우스나 푸펜도르프와는 달리 로크가 말하고자 하는 바는 사물들은 공동의 것res communes(사물들이 모두에게 귀속된다는 의미에서)이

---

44) J. Locke, *Second Traité*, p. 182, note 36.

45) *Ibid.*, § 25~26, pp. 21~22.

46) *Ibid.*, p. 187, note 57.

지 누구의 것도 아닌 것res nullius(사물들이 그 누구에게도 귀속되지 않는다는 의미에서)은 아니라는 것이다. 『제2시민정부론』 5장에서는 합의와 관련해 이론적으로 부담이 되는 관습이라는 가설을 피함으로써 소유권을 정당화하는 데 전념한다. 이러한 가설의 가장 큰 난점은 사실상 "공동소유자 전체의 명시적 동의"가 필요하다는 점이다.[47] 그러므로, 어떻게 합의를 끌어들이지 않고서도 시원적 공동소유라는 논지에 입각해 사적 소유권을 정당화할 수 있을지가 가장 큰 문제다.

로크에 따르면 인간은 자신의 조물주인 신의 소유물이라는 점을 상기할 필요가 있다. 우리 삶은 우리 것이 아니고 우리의 일차적 의무는 삶을 보존할 의무(자연법)다. 제임스 툴리[48]가 한 해석의 장점은 소유물의 문제를 신학적 맥락에서 재설정했다는 점이다. 그의 해석에 따르면 로크는 토마스 아퀴나스, 수아레스Francisco Suárez와 더불어 소유물의 두 개념을 구분했다고 한다. [소유의] 첫 번째 개념possesio은 지상의 만물에 대한 만인의 공동소유 개념이다. 이러한 소유물은 만인이 자신들의 생명을 보존하는 데 필요한 사물들을 평등하게 사용할 권리가 있다는 의미에서 포괄적 권리를 결정한다. 이러한 사용권은 자기보존의 의무로부터 파생한 명제에 불과하다. 각자는 자신을 보존해야 하기 때문에, 그러므로 각자는 이 자기보존에 필요한 사물들을 사용할 권리가 있다. 그렇다고 해서 이 사용권jus utendi이 남용할 권리jus abutendi는 아니

---

47) *Ibid*., § 25, p. 21.

48) J. Tully, *A Discourse on Property : John Locke and His Adversaries*, Cambridge University Press, 1978. 제임스 툴리의 해석은 J.-F. 스피츠가 쓴, 『제2시민정부론』의 프랑스어판 서문(*Second Traité*, pp. LXIX~LXXIII)에 매우 분명하게 설명되어 있다. 우리는 로크의 소유권 개념과 관련해 여기 언급한 모든 세부사항을 이 서문에 의거하고 있다.

다. 만인이 자신에게 필요한 것과 관련해 동일한 권리를 갖고 있다 해도, 홉스의 주장과는 달리[49] 만인이 만물에 대한 권리jus in omnia를 갖고 있지는 않다.

이와는 반대로, 소유의 두 번째 개념proprietas은 독점적이되 포괄적이지는 않은 권리로 정의된다. 왜냐하면 어떤 사물에 대한 사적 권리가 문제인데, 이 사적 권리는 이 동일한 사물에 대한 타인의 모든 권리를 배제하고, 게다가 그 소유자가 이 사물을 자기 마음대로 사용하거나 파괴할 가능성 또한 내포하고 있기 때문이다. 그러므로 "그가 필요로 하는 것을 소유할 권리와 그가 획득한 것을 소유할 권리"[50]를 철저히 구별해야 한다. 그런데 로크의 이러한 착안에서는 공동소유에 근거하는 자연상태의 원시공동체가 인간 각자에게 관습적 권리를 주는 한편, 어떤 사물에 대한 절대적 소유권은 배제한다. 그렇다면 이러한 조건하에서 사적이고 독점적인 전유의 기원은 무엇일까?

실제로 신이 인간에게 공동의 세계를 부여했다면, 이는 오로지 인간이 그들 삶의 보존과 유지를 위해 그것을 사용하도록 하기 위함이다. 하지만 이러한 사용 자체가 인간으로 하여금 신으로부터 받아 공동소유하고 있는 세계에 노동을 가하도록 한다. 즉 자연법이 명령하는 목표는 이 목표의 수단들을 강제하지 않고서는 강제될 수 없는 것이고, 노동은 자기보존의 근본적 수단인 것이다. 그런데 노동은 자연적으로 주어진 것에 노동자 자신에게 속하는 무엇인가를 부가하고, 노동

49) T. Hobbes, *Léviathan*, Sirey, Paris, 1971, 14장, p. 129. 홉스는 이 권리가 타인의 신체에까지 확장된다고 명시하고 있다. [『리바이어던』, 135~136쪽. "모든 사람은 만물에 대한 권리를 가지며, 심지어는 서로의 몸에 대해서까지도 권리를 갖는다."]

50) *Second Traité*, p. LXX, Introduction.

자가 애초에 처해 있던 미분화 상태로부터 그를 벗어나게 하는 놀라운 덕을 갖고 있다. 그 형태가 어떻든, 오직 노동만이 한 사물에 대한 독점적 권리로 이해되는 소유권을 부여한다. 노동을 통한 소유권 획득은 물론 토지의 경우에서 증명되는데, 바로 이 노동을 통한 소유권 획득이 근대 초기 영국사를 특징짓는, 공유지에 대한 인클로저 운동을 정당화할 수 있게 해준 것이다. 요컨대 포괄적 공동소유권을 독점적 사적 소유로 변화시킨 동인이 바로 노동이다. 그리고 이 변화는 모든 동의 즉 모든 관습과 무관하다. "그래서 내 말이 뜯어먹은 풀, 내 시종이 캐낸 석탄, 내가 타인들과 공동의 권리를 가지고 있는 모든 장소에서 채굴한 광석은 내 소유물이 된다. 누군가가 그것을 나에게 주거나 그렇게 하기로 동의하지 않고서도 말이다."[51] 노동행위 자체는 사람이 노동을 가하는 것을 자기 것으로 만드는 것, 따라서 그것을 전유하는 데 있다. 그래서 소유권에서는 순수 '자연'권의 우위가 존재하지 않는다는 사실이 확인된다. 요컨대 소유권은 분명히 관습으로부터 기원하는 것이 아니지만, "어떤 의무의 완수를 위한 수단의 자격"[52]으로서 비로소 도입된 것이다.

이러한 추론은, 노동행위가 본질적으로, 가공되는 것의 소유권을 획득하는 행위라는 사실에 동의하는 조건에서만 지탱된다. 이 명제를 증명하기 위해 로크는 자기-소유권self-owenership이라는 핵심 개념을 도

---

51) *Ibid.*, § 28, p. 23. 로크가 『제2시민정부론』 뒷부분(§ 35)에서, 영국과 같은 나라에서 공유지의 사적 소유는 모든 공동소유자의 동의를 필요로 하는데, 그 이유는 이 토지가 "계약을 통해, 다시 말해 국법에 의해"(*Ibid.*, p. 26) 공유지로 인정되었기 때문이라는 사실을 받아들이게 된다는 점에 주목할 필요가 있다.

52) J.-F. Spitz, *La Liberté politique*, p. 57.

입한다. 『제2시민정부론』 5장 44절에서 자기 자신에 대한 인간의 소유권이 모든 물질적 재산에 대한 소유권의 토대로 분명히 확증되고 있다. "자연의 사물들이 공여로서 주어졌음에도 불구하고 인간은—왜냐하면 인간은 자신의 주인임과 동시에 자기 자신의 일신과 그의 활동, 즉 노동의 소유자이기 때문에—여전히 자기 자신 속에 소유권의 커다란 토대를 가지고 있었다."[53] 모든 행위는 그것을 수행하는 개인의 확장이다. 그러나 이 행위의 결과 역시 이 개인의 확장이다. 이것이 의미하는 바는 나의 노동에 의해 생산된 대상(예를 들어 내가 채취한 광석)은 말하자면 나의 일부이고 이런 의미에서 내 것이라는 말이다. 그러므로 내가 내 행위 및 그 결과와 맺는 관계는 내가 내 신체적 힘과 맺는 관계와 근본적으로 동질적이다. 이와 같은 소유관계를 이용해 나는 그 결과물에 대해 절대적인 소유권을 갖게 된다. 결과적으로 이 관계는 나 이외의 그 누구도 이렇게 확장된 나의 일신에 대한 권리를 가질 수 없다는 사실을 함축한다.[54]

로크가 여기서 '주인'이라는 말을 사용한다는 사실에 주목해야 한다. 만인은 "스스로의 주인이며 자기 일신을 소유하는 자"라고 앞서 인용한 44절에서 말한다. 엄밀히 말해 노예에 대한 주인의 권력은 절대적이고 독단적이다. 그리고 바로 이런 점 때문에 그것은 자연법과 모

53) J. Locke, *Second Traité*, §44, p. 34. §27에서 이미 로크는 이러한 방식으로 자기소유 개념을 도입한 바 있다. "토지와 모든 열등한 피조물들이 공히 만인에게 속한다고 할지라도, 만인은 자기 **일신**의 **소유자**이기도 하다. 자기 자신을 제외한 그 누구도 자기 일신에 대한 권리를 가질 수 없다. 자신의 신체적 **노동**과 그의 손으로 만든 **제작물**은 그 자신에 속한다고 우리는 말할 수 있다."

54) 『제2시민정부론』은 소유라는 '총칭명사' 아래에 '삶', '자유', '재산'을 포섭함으로써 이 확장에 대해 다루고 있다(§123, p. 90).

순된다. 즉 그 모든 확장을 수반하는 이 신체가 자기 자신의 보존을 위한 도구이기 때문에, 자연법이 만인에게 자신을 보존하라고 하는 이상, 그것은 만인에게 다른 사람이 행사하는 지배력으로부터 자유로운 자신의 신체를 보존하도록 명령하는 것이다. 내 몸과 내 몸의 힘들에 대해 내가 갖는 권력이 이 의무에 의해 명백하게 제한된다고 말할 수 있는데, 그러므로 그것은 절대적이고 독단적인 권력이 아니다. 우리는 기껏해야 그것이 독단적이지 않으면서 절대적인 권력임을 인정할 수 있을 뿐이다.[55] 그런 권력이 내게 없다면, 나는 내가 갖고 있지 않은 그 권력을 타인에게 양도할 수 없고, 따라서 나는 내가 타인의 노예가 되도록 허용할 수 없다는 것이다.[56] 요컨대 그것은 인간이 신의 소유물이라는 사실이다. 신은 인간이 독자적으로 갖는 소유권을 제한하고 그 소유권을 독단적 권력과 동일시하는 것을 막는다. 확실히 우리는 인간과 그의 연장延長들 간의 관계가 신과 인간의 관계와 겹쳐질 수밖에 없다고 생각할 수 있다. 즉 신이 만든 인간에 대해 신이 그 소유자인 것과 마찬가지로 인간은 그의 행위들과 그의 작업들에 대해, 그가 그것들을 만들었기 때문에 그 소유자라고 말이다.[57] 그럼에도 불구하고 나는 신이 나를 창조했다는 것과 동일한 의미로 내 노동의 창조자일 수는 없는 것이다. 내가 창조될 때 신은 내게 육체를 주었고, 또 적절하게 이용하기 위한, 즉 신의 관점에서의 내 의무들을 이행하기 위한 힘을 주었다. 신이 나 자신에 대해 내게 허락한 소유는 노예에 대한 주인의 권력

55) 자연상태의 인간은 "그 일신과 소유물의 절대적 주인이다"(*Ibid.*, § 123, p. 91), 그러나 "절대권력이 필수적일 경우 그것은 절대적이기 때문에 독단적이지 않은 것이다"(*Ibid.*, § 139, p. 102).

56) *Ibid.*, § 23, p. 20.

57) *Ibid.*, p. LXXI.

과 같은 종류의 것이 아니다. 그것은 제한 없는 사용 가능성을 구성하지 않으며 그러므로 신의 의도에 엄격히 종속된 것이다.

우리는 이 자연법의 동일한 한계가, 로크가 독점적 소유권에 부여한 두 조건하에서 작동하고 있는 것을 볼 수 있다. 첫 번째 조건은, "적어도 타인들에게 공동으로 남겨진 바가 양적으로 충분하고 질 또한 좋은 경우",[58] 노동은 그 자신과 연관되어 있는 것을 소유할 권리를 갖는 자 이외의 모든 사람을 배제한다는 것을 명백히 규정한다. 두 번째 조건은 낭비 금지의 조건인데, 이를 통해 각자는 그것을 향유함으로써 자신이 사용할 수 있는 것만을 소유할 수 있게 된다. 우리는 이 두 조항이 자연법이 명령한 자기보존 의무와 밀접하게 연관되어 있음을 알 수 있다. 사적 소유가 이 의무의 완수에 장애가 될 경우, 즉 생존에 필요한 것을 타인에게 남겨 주지 않는 경우라든가 생존을 목적으로 그들이 사용할 수도 있었던 것을 파괴하는 경우, 사적 소유는 그 정당성을 상실한다. 로크는 관습에 의한 화폐제도의 수립이 이 조건들을 우회할 수 있게 하고 그 결과 축적 욕구가 해방될 수 있게 한다는 것을 잘 알고 있었다. 실제로 화폐는 자기가 사용할 수 있는 것보다도 훨씬 더 많은 것을 소유할 수 있게 해준다. 화폐는 개인적 노동의 산물의 잉여분을 금과 은 같은 일정량의 소멸하지 않는 재화와 맞바꿀 가능성을 제공하기 때문이다.[59] 그렇다고 해서 화폐가 낭비 금지 조건이나 타인에게 충분한 여분을 남겨야 한다는 조건을 소거하는 것은 아니다.

게다가 이것은 영국에서 당시 전개되고 있던 인클로저 운동에 대

58) *Ibid.*, § 27, p. 22.

59) *Ibid.*, § 46~50, pp. 35~38.

해 로크가 『통치론』 35절에서 표명하는 유보를 설명하는 것이기도 하다. 이미 살펴보았듯이 로크는 여기서 "계약을 통해" 남겨지는 공유지는 "모든 공동소유자들의 동의가 없이는" 사적 소유의 대상이 될 수 없다는 것을 인정한다. 그러나 그는 다음과 같이 첨언한다. 즉 "모든 사람들이 전체를 향유할 경우 이 전체가 모든 사람들에게 좋지 않은 것과 마찬가지로, 이와 같은 인클로저를 시행할 경우 남게 되는 것도 여타의 공동소유자들에게도 좋지 않다."[60] 이것이 의미하는 바는 소유의 정당성의 첫번째 조건, 즉 타인에게 남겨진 여타 토지의 양과 질이 충족될 수 없다는 것이다.[61] 그럼에도 불구하고 로크가 화폐의 사용이라는 새로운 조건 속에서 사적 소유를 정당화한다면, 그것은 노동을 통한 토지의 경제적 가치 상승이 이 토지에 노동을 가하는 사람의 필요를 광범위하게 넘어서는 경우조차도, 토지를 소유하지 못한 자들이 운용 가능한 재화의 양을 상당한 비율로 증가시키기 때문이다. 이 점을 납득하기 위해서는 아메리카 대륙의 종족들로 관심을 돌리기만 하면 된다고 그는 말한다. 자연이 그들에게 풍요롭게 마련해 준 비옥한 토양을 노동을 통해 향상시키지 않은 탓에 "이 종족들은 우리 유럽인들이 향유하고 있는 편의의 백분의 일도 소유하고 있지 않다". 요컨대 "거기에서 방대하고 기름진 토지를 소유한 왕은 영국의 날품팔이 농민보다도 더 의식주 상황이 열악하다."[62]

60) *Ibid*., § 35, p. 26.

61) *Ibid*., p. 190, note 75.

62) *Ibid*., § 41, p. 32. 마찬가지 의미에서, § 37, p. 29에서는 다음과 같이 말하고 있다. "개량되지도 않고 개간되지도 않았으며 경작되지도 않은 채 자연상태로 남겨진 원시림 및 아메리카의 황무지에서 천 에이커의 토지가 가난하고 비참한 주민들에게, 데본셔의 10에이커의 비옥한 토지, 다시 말해 잘 경작된 토지가 줄 수 있는 동일한 양의 생필품을 마련해 줄 수 있는지 의심

그러므로 사유재산의 역사에서 두 주요 시기를 구분해야 한다. 첫 시기인 '초기', 즉 "온 세상이 하나의 아메리카 대륙이었을 때" 그 작인에게 소유권을 부여한 것은 노동이었는데, 바로 그 노동이 작인으로 하여금 공동의 소유와 노동의 결과를 구분할 수 있게 했던 것이다. 이 긴 시간 동안에는 공동의 자산이 가장 중요한 몫을 구성했고, 사적 소유는 각자 자신의 소비를 위해 활용할 수 있는 것들로 제한되었다. 인구와 자원이 증대된 두 번째 시기에는 그 증대의 효과와 화폐 사용의 효과가 결합됨으로써 토지가 희소화되고, 또 토지에 예전에는 존재하지 않았던 가치가 부여되는 결과가 초래되었다. 서로 다른 여러 종족들은 "계약과 합의를 통해", "노동과 근면이 제일의 기초가 되는 이 소유권을 수립했다".[63]

로크 이후의 소유권

권리의 기초에 대한 문제와 마찬가지로, 로크 이후의 자유주의 또한 소유권을 자연법에 의해 만들어진 의무로부터 끌어내지 않으면서 그것을 정당화시키려 할 것이다. 물론 『자연권』(1765)이라는 논고에서 케네는 홉스에 반대하고 로크에 동의하면서 다음과 같이 주장하게 될 것이다. 만인의 자연권은 "그가 향유할 수 있는 사물들"로 귀결되며, 실제로는 "노동을 통해 그가 얻을 수 있는 몫"[64]과 동등하다고 말이다.

스럽기 때문이다."

63) 이 두 시기의 구분에 관해서는 *Ibid*., §45, p. 34를 참조할 것.

64) F. Quesnay, *Physiocratie*(중농주의), p. 73.

이때 노동은 인간이 향유하기 위해 필요한 재화를 수중에 넣으려는 행위와 같은 것으로 나타난다.

그러나 이미 '자연법'의 원용은 지극히 일반적으로 행해지고 있으며, 이는 로크와 마찬가지로 말브랑슈의 영향이 크다.[65] 자연법의 원용은 뱅자맹 콩스탕이 19세기 초에 행한 소유권 정당화에서는 완전히 사라지게 된다. 『정치의 원리』*Principes de politique*에서는 소유권에 특별한 위치가 부여된다. 이 책의 제15장('소유권의 불가침성에 대하여')은 소유권의 향유란 "모든 사회적 혹은 정치적 권위로부터 독립되어 있는" 개인의 권리에 속한다는 점을 환기하고 있지만, 이는 곧바로 소유권이 여타의 개인적 권리들(사적 자유, 종교의 자유, 의견의 자유, 독재로부터의 보호)과 구분되어야 한다고 첨언하기 위한 것이다. 왜냐하면 소유권이 모든 사회적이거나 정치적인 권위로부터 독립되어 있다 해도 로크가 생각하는 것과는 반대로 모든 관습으로부터 독립된 상태에 있는 것은 아니기 때문이다. 소유권은 사회적 관습에 지나지 않는다. 요컨대 "모든 구성원에게 공동으로 속하거나 모두에게 공동으로 속하기 전에 만인이 쟁탈전을 벌이는 그 재화를 그 구성원들 모두가 향유할 수 있도록 하는 최적의 수단은 각자에게 일정한 부분을 양도하는 것 혹은 각자에게 그가 점유한 부분을 향유할 수 있도록 보장함으로써 각자로 하여금 자신이 점유한 부분에 머물 수 있게 하는 것이다."[66]

하지만 관습으로부터 기원한다 할지라도, 그럼에도 불구하고 소

65) P. Steiner, *La "Science nouvelle" de l'économie politique*, p. 98.

66) B. Constant, *De la Liberté chez les Modernes*(근대인들에게서의 자유에 관하여), Hachette, Paris, 1980, pp. 375~376.

유권은 '신성불가침한' 것이다. 물론 사회는 이 다른 권리들(자유, 생명, 사회구성원들에 대한 의견)에 대해 가질 수 없는 권리를 소유권과 관련해서는 갖고 있다. 그럼에도 불구하고 "소유권은 인간생활의 다른 부분들과 긴밀하게 연관되어 있다. 그리고 그 가운데 어떤 것들은 집단적 권한에 종속되지 않으며 또 어떤 부분들은 제한적으로만 이 권한에 따른다."[67] 우리는 여기서 로크가 '소유권'이라는 총칭하에 통일시키려 했던, 자유와 소유권 간의 상대적 분리를 보게 된다. 요컨대 정치 당국이 여전히 갖고 있는 [개인의] 소유권에 대한 권리가 개인의 재산을 침해할 위험이 있다면, 그것은 "소유권에 대한 전횡이 곧 개인들에 대한 전횡을 수반하기 때문"[68]이지, 소유권 그 자체가 개인의 직접적 확장이기 때문은 아니라는 것이다.

반대로 우리는 노직이 자기소유에 대한 로크적 관념을 직접적으로 계승했음을 발견할 수 있다. 하지만 노직에게서 자기소유는 자연법이 규정한 제한들로부터 완전히 독립되어 있다. 그런데 이러한 독립은 로크가 '자기소유'라는 말로 사유하려 했던 자기관계의 본질을 변질시키지 않을 수 없다. 노직은 자기소유 관념을, 개인은 "그 자체가 목적"이라는 단언에 직접적으로 결부시킨다. 노직에 따르면 그러한 목적은 우리가 우리 자신의 주인이라는 사실을 함축하며, 노예가 주인을 위한 수단인 방식으로 우리가 타인을 위한 단순한 수단으로 환원되는 것을 배제한다. 하지만 이러한 자기지배는 주인과 노예 관계의 완벽한 유사물이다. 바로 여기에서 자기 자신에 대한 절대적이고 독단적인 소유권

67) *Ibid*., p. 377.
68) *Ibid*., p. 377.

관념은, 인간의 삶은 처분 불가능하다는 로크의 논지와 대척점을 이룬다. 더 논리적으로 노직은 자기 자신의 절대적 소유로부터 '자연적 자산'(소질, 재능, 능력) 및 이 재능의 행사를 통해 얻은 산물들에 대한, 마찬가지로 절대적인 소유권을 추론해 낸다. 여기서 명백히 문제가 되는 것은 행위 및 그 결과로 소유권을 확장시키는 것이며, 이러한 확장은 로크가 수행한 바 있다. 하지만 개인이 그 자신에 대해 갖는 소유권이 절대적이고 무조건적인 권리이기 때문에, 개인이 재능의 활용을 통해 얻은 결과물에 대해 그가 행사하는 소유권 역시 절대적이고 무조건적이라는 것이다. 모든 '분배적 정의'의 원리에 대한 성토에 토대를 부여하기 위한 논증이 동원된다. 요컨대 혜택을 가장 많이 받은 사람들의 소득을 공제함으로써 '자연적 자산'의 분배에서의 불평등을 상쇄하려는 모든 시도는 사실상 다른 사람에게 소유권을 넘기는 것과 마찬가지이며, 이는 자기소유의 원리와 모순된다는 것이다.[69] 다른 개인들이 내 재능의 성과물에 대해 소유권을 주장할 경우, 사실상 그들은 나로부터 소유권을 찬탈하는 것이 된다는 것이다. 내 재능의 성과물은 내 일신을 구성하는 한 부분이기 때문이다. 하지만 그 이상의 것이 있다. 노직은 로크가 사적 소유에 부여한 두 가지 조건(낭비 금지 및 타인에게 양적·질적으로 충분한 여분 남기기)을 매우 자유롭게 해석한다. 노직은 킴리카Will Kymlicka가 매우 정당하게도 '시초적 획득의 원리'라 명명한 바를 끌어오는데, 이 원리는 한 개인의 소유권을 향후 타인에게 양도하

69) 특히 롤스가 옹호한 분배적 정의의 원리에 대해 노직이 말했듯이 말이다. "이 원리들은 고전 자유주의자들이 말한바 자기소유권(self-ownership) 개념으로부터 타인에 대한 (부분) 소유권 개념으로의 변화를 전제한다." Nozick, *Anarchie, Etat et Utopie*, p. 215. [『아나키에서 유토피아로』, 218쪽.]

는 것을 정당화할 수 있는 원리다. 이러한 양도는 애초부터 외적 재화가 개인들에 의해 정당한 방식으로 획득되었을 때에만 정당화될 수 있다. 그러므로 시초적 획득의 원리는 최초의 취득을 정당화해 주는 원리인 것이다. 노직이 구성한 논증은 근본적으로 두 가지 점에서 로크의 논증과 다르다. 첫째로 노직은 외부 세계가 애초부터 그 누구의 것도 아니라는 가설을 세우는 반면, 로크는 이 세계가 만인의 것이라는 가설로부터 출발한다. 바로 이 차이점이 유일하게 신에 대한 참조를 완전히 소멸시킨다. 주지하다시피 인간에게 공동의 세계를 부여한 자는 바로 신이기 때문이다. 그러므로 '분리된 개인'에게 인정된 자기소유가 어떻게 애초부터 소유자가 없는 외부 세계에 대한 소유권을 발생시킬 수 있는지 설명할 필요가 있다. 노직은 애초에 그 누구의 것도 아닌 것에 대한 사적 소유의 토대를 노동에서 찾아낸다. 요컨대 누군가가 자기 노동의 소유자라는 사실로부터, 애초에 누구의 것도 아닌 사물에 대한 소유가 정당화된다는 것이다.[70] 두 번째로 노직은 로크로부터 첫 번째 제한 즉 타인들을 위해 충분한 여분을 남겨야 한다는 제한만을 취한다. 노직은 이 제한에다가 '로크의 조항'이라는 이름을 붙이고, 취득이 정당화될 수 있는 기준으로 격상시킨다. 의미심장하게도 노직은 이 조건을 다음과 같이 재정식화한다. 요컨대 한 개인이 전에는 누구의 것도 아니었던 사물을 취득하는 것이 정당화되는 데는, 이 취득으로 인해 타인의 상황이 악화되지 않는 것으로 충분하다는 것이다. 그렇지 않을 경우 취득은 부당한 것이 된다. 이 취득의 부당성을 설명할 수 있는 두 가지 예에 주목할 필요가 있다. 한 개인에게는 사막에 있

70) "소유권은 다른 모든 것을 빨아들인다." *Ibid.*, p. 218. [같은 책, 221쪽.]

는 유일한 우물을 자기 것으로 삼고 제멋대로 물값을 받을 권리가 없다. 마찬가지로 만일 한 개인이 우물을 소유하고 있고 또 이 우물을 제외하고는 사막에 있는 다른 우물이 모두 말라 버렸을 경우, 이 개인은 더 이상 제멋대로 물값을 받을 수 없다. 노직은 곧바로 페이지 하단의 주석에서 다음과 같이 표명한다. 우물이 마르지 않게 하기 위해 취해진 특별한 조치로 인해 우물이 마르지 않게 된다면, 상황은 많이 달라질 것이라고 말이다.[71] 왜냐하면 물이 마르지 않는 예외적 상황은 노동으로부터 기인한 것이지 우연한 기상 변화에서 기인한 것이 아니기 때문이다. 그러므로 우리는 개인이 제멋대로 물값을 받을 권리를 갖는다고 정당하게 결론짓게 된다. 심지어 이로 인해 다른 개인들이 그가 정한 물값을 낼 수 없어 목이 말라 죽는다 할지라도 말이다. 이는 분명 타인에게 충분한 여분을 남기라는 로크의 조건과는 아주 동떨어진 것이다. 노직이 시도한 소유권 정당화는, 타인들로부터 그들의 생존수단을 박탈하지 말라는 의무에 대한 참조가 사라지게 됨으로써, 매우 적고 또 약하기까지 한 제한만을 인정하게 된다.

결국 '자기소유' 개념이 로크의 사유에서 전환점적 위치를 점유하고 있다면, 그것은 이 개념이 노동을 통한 사적 소유로 하여금 자기보존의 임무를 실현시킬 수 있는 수단이 되게 하기 때문이다.

'지상(至上)권'의 본질

어떻게 자연법에 입각한 소유권의 연역을 통치의 창시와 연결시킬 수

71) *Ibid*., p. 225. [같은 책, 226쪽.]

있을까? 법률가들이 일반적으로 원용하는 주권에 대한 세 가지 제한 즉 '기본법'과 '자연법' 그리고 정치권력에 부여된 '보편적 목표'들에 대해 우리가 위에서 언급한 바를 여기서 상기할 필요가 있다. 로크는 휘그당 온건파가 개진한 바 있는 '구헌법'(영국에서의 '왕국 기본법'에 해당) 개념에 의거한 역사적 논증을 인정하지 않는다.[72] 그러므로 로크는 다른 두 제한을 불가분의 관계로 연결시키게 된다. 결과적으로 통치권력은 이 권력이 창시될 당시 부여되었던 임무 및 자연법에 이중으로 토대를 두고 있음을 알 수 있으며, 이 이중의 토대는 이중의 제한을 구성한다. '입법권의 범위에 관하여'라는 제목이 붙은 『제2시민정부론』 11장은, 모든 통치권력 가운데 가장 근본적인 권력인 입법권이 "인민 그리고 신법과 자연법에 의해 부여된 임무를 통해"[73] 제한된다는 단언으로 결론지어진다. 그러므로 모든 문제는 이 임무의 본질을 규정하는 것이며, 이것은 모든 통치가 설립된 동기가 되는 이 목표, 다시 말해 인간으로 하여금 자연상태로부터 벗어나 정치사회로 집결하게 하는 이유를 규정하는 것과 아주 정확하게 일치하는 것이다.

로크가 이해하는 자연상태는 이미 교환과 계약을 할 줄 아는, 소유권자로서의 개인들 간의 이해관계가 관통하고 있다.[74] 하지만 개인이 자기가 소유하고 있는 재산을 향유하는 것은 "매우 불확실하고 보증되지 않은" 상태에 머물러 있다. 사실상 세 가지가 부재한다. 우선 개인들 사이에서 일어날 수 있는 모든 분쟁을 해결 가능하게 해주는 "확

72) J. Locke, *Second Traité*, op. cit., Introduction, p. LXXV.

73) *Ibid.*, § 142, p. 103.

74) *Ibid.*, § 14, p. 12.

고하고 공인된 기성의 법"이 부재하고, 다음으로는 기성의 법에 따라 이러한 분쟁을 해결할 수 있는 수완을 가진 "공인되고 공평한 심판관"이 부재하며, 마지막으로 심판관이 내린 판결의 집행을 보장할 수 있는 권력이 부재한다.[75] 인간이 자연상태에서 두 가지 근본적인 권력을 소유한다는 것을 기억할 필요가 있다. 자신과 여타 다른 인간의 생명 보존에 적절하다고 판단한 모든 것을 할 수 있는 권력이 그 첫 번째이고, 두 번째로는 자연법 혹은 '자연의 실행권'의 침해를 처벌할 수 있는 권력이다. 각자는 여기에서 "자연법의 심판관이자 집행주체"다. 인간이 "공포와 항구적 위험으로 가득 찬" 이 상태에 만족할 수 없는 이유는 이상과 같다.

이로부터 우리는 자연상태를 떠나는 인간들이 추구한 목표와 동시에 그들이 거기에 도달할 수 있게 해주는 수단을 추론할 수 있다. 첫째로 '거대한 목표', 요컨대 "공화국을 만들기 위해 단결하며 하나의 통치에 복종하는 인간들이 추구하는 주된 목표, 그것은 그들의 소유권의 보존인 것이다".[76] 물론 여기서 소유권이라는 말은 앞에서 정의된바 '총칭적' 명칭의 의미로 이해되어야 한다. 이런 의미에서 소유권의 보존은 사회에 속해 있는 개인들의 보존과 동일시되고 자연법, 즉 자기 및 타자를 보존하는 법으로 곧바로 환원된다. 우리는 이를 통해 자연법이 정치사회에 들어가서도 계속해서 유효하다는 것을 확인할 수 있

75) *Ibid*., pp. 90~91. 첫 번째 부재와 관련해서는, 공부를 하지 않아서든 이익에 눈이 멀어서든 간에, 자연법의 즉각적 인지가능성은 인간이 이 부재를 무시하는 것을 막을 수 없다는 것을 상기할 필요가 있다. 자연법의 즉각적 인지가능성은 반대로 인간들이 이 첫 번째 부재에 대한 무시에 항상 책임이 있음을 함축하고 있다.

76) *Ibid*., § 124, p. 90.

다. 둘째로 '중대한 도구' 혹은 '중대한 수단'이 있다. 오직 기성의 법만이 이와 같은 보존을 보증할 수 있기 때문에, 법을 제정할 권한을 부여받은 자들에게 동의하는 것으로부터 시작해야만 한다. 그 결과 "모든 공화국에서 일차적이고 근본적인 실정법은 그러므로 입법권의 수립이다".[77] 하지만 입법권에 부여된 임무는 일정 목표에 도달하기 위해서만 주어진 것이므로, 인민은 입법자가 이 목표와 모순되게 행동할 경우 입법자의 권한을 박탈할 권력을 소유한다.

그러므로 입법권을 최고 권력으로 설정하는 행위는 공화국(키비타스Civitas 또는 커먼웰스Commonwealth)을 구축하는 행위다. 이 행위를 통해 각각의 인간은 자연상태에서 그가 갖고 있는 두 가지 권력 즉 자기 자신의 보존을 위해 필요하다고 여겨지는 바를 행할 수 있는 권력뿐 아니라 자연법 위반자를 처벌할 권력을 양도한다. 여기서 우리는 계약의 고전적 구조를 확인하게 될 것이다. 각자가 다른 모든 타자들과 계약을 체결하는 의무는 이제 다수의 결정에 따를 것을 약속하는 것과 마찬가지다. 왜냐하면 오직 '다수의 동의'만이 공동체에게 단일한 방향으로 행동하는 힘을 부여할 수 있기 때문이다.[78] 그러므로 오로지 단 하나의 계약만이 가능하며, 이 계약을 통해 각자는 그들과 같이 "다수결의 원칙"[79]을 받아들이는 모든 사람들과의 연대를 결정한다. 이 행위를 통해 각자는 다수의 결정에 따름으로써 공동체를 공통의 중재자로 만들 것을 약속하게 된다. 그리고 이 행위만으로도 정치체corps

77) *Ibid.*, §134.
78) *Ibid.*, §96, p.71.
79) *Ibid.*, §99, p.73.

politique를 형성하기에 충분하다. 이러한 사회는 한번 형성되면 이러한 효과를 위해 지정된 심급에 입법 및 행정권을 위임해야 한다. 그러므로 다수결의 원칙에 대한 각자의 동의가 그를 공화국의 일원이 되게 한다면, 그것은 인민의 동의가 통치를 합법화하는 것이다.

이러한 조건하에서 미셸 푸코가 1979년 3월 28일 강의에서 설명한 바 있는,[80] 이해관계의 주체와 법권리의 주체의 차이가 갖는 내용에 대해 질문해 볼 수 있다. 그에 따르면 계약하는 주체는 법권리의 주체인데, 그가 자신이 자연적으로 소유하고 있는 권력을 사적으로 행사하기를 포기한다는 점에서 그러하다. 이러한 자기포기야말로 이 주체를 '자연권들'의 소유자로서의 자기 자신과 분리시킴으로써 법의 주체로 자기 자신을 정립하는 것이다. 이와는 반대로 이해관계의 주체를 특징짓는 것은 바로 그가 전적으로 자신의 이익을 추구하고 또 모든 수단을 동원해 이익을 최대화한다는 점에 있다. 왜냐하면 각자가 이렇게 행동한다는 조건하에서만 어떤 종류의 포기라는 형태를 거칠 필요 없이 상이한 사적 이해관계가 저절로 자연스럽게 서로 간에 조화를 이루게 될 것이기 때문이다. 결과적으로 계약의 법률적 이론이 자기포기 및 '자연적 주체'와 관련된 자기포기 주체의 초월성 그리고 의지들의 일치를 연결시키는 반면, 정치경제학에 의해 행해진 시장분석은 이기주의적 이해관계의 강화라는 완전히 이질적인 논리를 도출하게 해준다. 이러한 논리는 모든 초월성을 배제하고 이해관계의 자연적 일치로 향한다.[81] 이러한 분석에 따르자면 "시장과 계약은 서로 완전히 정

80) Foucault, *NBP*, pp. 275~280. [『생명관리정치의 탄생』, 372~382쪽.]
81) 이 논리에 관해서는 이 책 1장을 참조할 것.

반대의 방식으로 작동"하기 때문에 그 결과 시장의 주체(호모 에코노미쿠스)와 계약의 주체(호모 주리디쿠스 또는 호모 레갈리스)는 서로 완전히 이질적이며 중첩 불가능하다.[82] 미셸 푸코가 또한 강조하고 있듯 모든 문제는, 환원 불가능하고 양도 불가능한 개인의 선택에 의해 규정되는 주체의 출현 — 이 주체는 분명 이해관계의 주체를 구성하는 것이기도 하다 — 이 로크에까지 거슬러 올라갈 수 있다는 사실에 있다.[83] 『인간오성론』이 인간의 품행이 결정되는 데 있어 쾌락과 고통의 감각에 부여하는 특권적 역할을 우리는 이미 강조한 바 있다.[84] 그렇다면 이 이중적 주체 개념 즉 한편으로는 쾌락과 고통에 의해 자극받는 이해관계의 주체 — 이는 『인간오성론』의 주체일 것이다 — 이고, 다른 한편으로는 자기 자신을 포기하는 법적 주체 — 이는 『제2시민정부론』의 주체일 것이다 — 인 개념이 로크에게서 기원한다고 해석되어야만 하는가? 실제로, 정치사회를 구성하기 위해 계약을 맺는 주체는 어떤 의미에서 항상 '이해타산적'이다. 이 이해관계가 시장의 주체들을 인도하는 것과는 직접적 관계가 없다 할지라도 말이다. 그가 동의하는 포기가 총체적이지 않다는 것 외에도 이 주체는 자신의 이해관계를 희생시키기보다는 오히려 그 이해관계를 합리화한다.[85]

시원적 계약의 주창자들과 이해관계를 엄격하게 따르는 정치적

82) Foucault, *NBP*, pp. 279~280. [『생명관리정치의 탄생』, 380~382쪽.]

83) *Ibid*., pp. 275~276. [같은 책, 374쪽.]

84) 이 책 1장을 참조하라.

85) 윌리엄 블랙스톤(Sir William Blackstone) — 옥스퍼드에서 그의 제자였던 벤담은 그의 이론에 정면으로 반대한다 — 이라는 법률가의 개념을 환기하면서, 미셸 푸코는 계약의 주체가 "소위 순화된 이해관계, 타산적이 되거나 합리화된 이해관계의 주체"라고 말한다. *NBP*, p. 277. [『생명관리정치의 탄생』, 378쪽.]

합리성의 주창자들 사이에서 이 주체는 훨씬 더 심각한 또 다른 쟁점이다. 이 논쟁의 관건을 보다 더 잘 파악하기 위해서는, 흄이 「시원적 계약에 관하여」Of the Original Contract라는 제목의 작은 시론에서 로크의 체계에 가했던 비판으로 거슬러 올라가 보는 것이 바람직하다. 사실 근본적 문제는 의무의 토대에 관한 문제다. 물론 흄은 새로운 통치가 빈번히 정복이나 찬탈, 다시 말해 무력에 의해 수립된다는 것을 강조함으로써 통치의 기원이 인민의 동의라는 사실을 의심하는 데서 시작한다.[86] 그의 비판은 곧장 충성의 의무(당국에 복종할 의무)duty of allegiance의 토대에 집중된다. 그는 묻는다. 왜 만인이 정부에 복종하기로 약속했다고 가정하면서, 충성의 의무의 근거를 충실의 의무(약속을 지킬 의무)duty of fidelity에서 찾으려 하는가? 왜냐하면 사람들이 "왜 우리가 약속을 지켜야 하느냐"[87]고 묻는다면, 이 의무가 [자기 이외의 토대를 필요로 했던] 첫 번째 의무[충성의 의무]와 마찬가지로 사회의 보편적 이익 혹은 보편적 필요에 기초하기 때문인 것으로 보이기 때문이다. 이를 통해 소위 시원적 계약이라는 것을 존중해야 할 의무는 모든 초월성을 상실하게 된다. 요컨대 모든 약속에 내재하는 도덕적 강제 때문에 계약을 존중해야 하는 것이 아니라, 거기서 발견되는 이익 때문에 존중해야 한다는 것이다. 결과적으로 이해관계가 없어지면 의무도 중단된다. "만약 이해관계가 우선적으로 정부에의 복종을 결과시킨다면, 이해관계가 상당 정도 그리고 상당수 중단될 경우 복종의 의무 또

86) D. Hume, "Du contrat originel", in *Quatre essais politiques*, Editions Trans-Europe-Express, Toulouse, 1981, p. 9.
87) *Ibid*., p. 17.

한 중단될 수밖에 없다"[88]는 것이다. 그러므로 계약의 주체와 이해관계의 주체 간의 차이는 계약의 주체가 자신의 이해관계를 포기한다는 데 있는 것이 아니다. 왜냐하면 법률적 주체는 이해관계 때문에 자신의 자연적 자유를 포기하기 때문이다. 계약의 주체와 이해관계의 주체 간의 차이는 한편으로 직접적 이해관계와 합리적 이해관계의 차이에 있으며, 다른 한편으로 계약 존중 의무가 이해관계로 환원될 수 없는 도덕적 속성을 갖고 있다는 데 있다. 이러한 환원 불가능한 도덕적 성격은 로크에게서는 그 자체로 자연법의 초월성으로까지 소급된다. 아무튼 법적 주체를 이해관계의 주체로 환원할 수 없다는 사실은 로크적 주체 안에서 작동하는 긴장관계를 명확히 드러낸다.[89]

통치의 제한

만일 이것이 모든 정치적 연합을 기초하는 계약의 속성이라면, 통치 권력과 관련해 그로부터 파생하는 제한은 무엇일까? 이 문제는 명백

---

88) D. Hume, *Traité de la nature humaine*, traduction A. Leroy, Aubier, Paris, liv. III, IIe partie, section IX, p. 676[『도덕에 관하여』, 이준호 옮김, 서광사, 2008, 125쪽], cité in M. Foucault, *NBP*, p. 292, note 19. [『생명관리정치의 탄생』, 379쪽, 각주 19.]

89) 보다 광범위하게, 이 주체와 관련해 우리가 확인할 수 있는 일종의 통일성에 관한 문제를 제기하면서, 여기서 소묘된 지적 사항들을 연장해 볼 필요가 있다. 사실 여기서 문제가 되었던 차이 외에도 『관용에 관한 서신』(1686)의 논지들에 입각해 국가의 성원(시민) 및 교회의 성원(신자) 간에 존재하는 차이를 조사해 볼 필요가 있을 것이다. 물론 이 두 유형의 단체의 차이는 쉽게 설명할 수 있을 것이다. 요컨대 국가는 인민의 세속적 이해관계를 보호하기 위해 억압하지만, 교회는 그것이 영혼의 구원을 위해 설립되었기 때문에 억압에 의존해서는 안 된다. 그럼에도 불구하고 양심과 시민법 간에 분쟁이 생길 경우, 신자는 자기 양심의 명령에 따라야 한다. 13장에서 보게 되겠지만, 실존의 영역(경제, 정치, 종교)에서의 일정 형태의 분리를 신성화함으로써 자유민주주의는 로크적 주체에 내재하는 차별화로부터 상당 부분을 물려받게 된다.

히 『제2시민정부론』 11장에서 다루어지고 있다. 여기서는 "모든 공화국"의 지상권과 입법권에 부과된 제한들을 다루고 있다. 이 제한들 혹은 권리의 불가능성에는 네 가지가 있다. 첫 번째는 "특수한 경우에 따라 가변적이어서는 안 되는, 안정적이고 공포된 법에 따라 통치하라"[90]는 요구다. 이는 "임시변통적이고 자의적인 법령"[91]에의 의존을 배제한다. 이 첫 번째 요구는 자연상태에 내재하는 불확실성으로부터 진정으로 벗어나기 원한다면 필수불가결한 것이다. 요컨대 그렇게 하기 위해 각자는 자신의 '소유권'이 어디까지 확장될 수 있는지 알아야 한다. 왜냐하면 시민권은 오직 이 소유권을 보호하기 위해 설립된 것이기 때문이다. 그러나 이 요구사항은 점차, 실정법은 "자연법에 기초하는 한에서만 올바르며, 자연법에 따라 규제되고 해석되어야 한다"[92]는 생각을 가리키게 된다. 로크는 "여러 나라의 시민법 대부분"[93]의 구상을 지배한다고 여겨지는 환상을 혹독하게 비판한다. 특히 로크는 관습법commun law 체계뿐 아니라 법률의 증가도 혐오하는 태도를 보인다. 로크에 따르면 이 관습법 체계는 지극히 상이한 입법화의 정합적이지 않은 가중을 야기시켰으며, 이 가중은 입법화가 관습에 의해 신성시된다고 하는 유일한 동기에 의해 영향을 받고 있다는 것이다. 입법권에 부과된 두 번째 제한은, "이러한 법률들은 인민의 선(더 나아가 '사회의 공공선'[94]) 이외의 그 어떤 궁극적 목적도 가질 수 없다"[95]는 것이다. 달

90) J. Locke, *Second Traité*, § 142, p. 104.
91) *Ibid.*, § 136, p. 98.
92) *Ibid.*, § 12, p. 11.
93) *Ibid.*, § 12.
94) *Ibid.*, § 135, p. 98.
95) *Ibid.*, § 142, p. 104.

리 말하면, 이 권력은 "다른 사람의 생명이나 재산을 박탈하는 절대적이고 자의적인 권력이 아니"[96]라는 것이다. 여기서도 또한 인민의 선이라는 목표는 오직 자연법에 비추어서만 그 완전한 의미를 가질 수 있다. 각자가 공동체의 수중에 양도하는 것은 오직 우리의 생명과 인류의 생명을 보존하는 데 적합한 수단을 판단할 수 있는 권력 즉 그 완수를 위해 필요한 수단의 자격으로 자연법에 의해 부여된 권력이다. 그렇기 때문에, 그 누구도 자기 자신의 생명을 침해할 수 있는 권력 혹은 타인의 생명을 찬탈할 수 있는 권력 그리고 그의 재산을 박탈할 수 있는 권력을 양도할 수 없다. 왜냐하면 이 권력은 자연법의 의무사항들과 모순되기 때문이다. 그러므로 입법권은 "신민들을 죽이고, 노예 삼고, 의도적으로 궁핍하게 만들 권리를 결코 갖고 있지 않다".[97] 이는 자연법이 사회가 형성되고 난 이후에도 계속해서 유효하다는 것을 의미할 뿐이다. 세 번째 제한은, "최고 권력은 그 누구로부터도, 그 재산의 그 어떤 부분도, 동의 없이 탈취할 수 없다"[98]는 것이다. 우리는 여기서 17세기 절대왕정과 대립되는 대원칙, 즉 동의 없이 세금을 부과할 수 없다No taxation without consent는 원칙을 확실히 확인할 수 있다. 그러나 본질적인 것은, 정부 수립 목적과 자연법에 의해 만들어진 의무는 이 제한의 정당화 내에서 다시 만나게 된다는 것이다. 사실 정부는 오직 개인들의 소유권을 유지하고 보장하기 위해 설립된 것이다. 그러므로 정부는 "신민들 서로와 관련한 신민들의 소유권 규제the regulation

96) *Ibid.*, § 135, p. 97.
97) *Ibid.*, § 135, p. 98.
98) *Ibid.*, § 138, p. 101.

of property를 위해 법률을 제정할 권력"을 갖는다. 그러나 정부 자신을 위해 신민들의 재산 전부 혹은 일부를 그들의 동의 없이 취할 권력은 결코 가질 수 없다. 요컨대, "다른 사람이 그가 원할 때 나를 탈취할 권리를 갖는다면, 내게 남는 소유권은 도대체 무엇이겠는가?"[99] 그런데 "소유권과 관련된 기본법을 이렇게 침해한다는 것"은, 자기보존을 위해 필요한 모든 것을 노동을 통해 전유할 수 있도록 각자에게 명하는 자연법을 침해하는 것이다. 네 번째이자 마지막인 제한은 다음과 같다. 즉 입법자는 "어떤 다른 사람에게도 법률을 제정할 권력을 양도할 수 없다". 이 권력은 인민의 '명시적positive 양도'를 통해 입법자들에게 위임된다. 입법자들은 이 권력을 그 위임을 통해서만 보유한다. 그 결과 그들은 바로 법률을 제정할 권력을 사용할 수 있다. 하지만 그들은 입법자들을 만들어 낼 수 있는 권력은 갖고 있지 못하다. 이러한 권력은 오직 인민에게 있다.[100] 이 마지막 제한은 아마도 직접적으로 "공동체는 언제나 지상권"[101]이라는 원리로부터 직접 연역될 수 있다. 공동체는 입법자들의 활동이 공동체가 입법자들에 위임한 임무에 부합하는지 판단하는 유일한 심판관으로 존속하며, 입법자들이 그들의 임무를 소홀히 할 때 그들을 해임할 유일한 권한을 갖는다.

99) *Ibid.*, § 140, p. 103.
100) *Ibid.*, § 141, p. 103.
101) *Ibid.*, § 149, p. 109.

'위대한 통치술'

결국 통치는 인민이 부과한 임무(소유권의 보호)에 의해 그리고 자연법(자기 자신과 인류의 보존)에 의해 제한되며, 오직 그러한 한에서 개인들의 권리에 의해 제한되는 것이다. 권리의 제한에 대한 규정과, 미셸 푸코가 '통치성'이라고 적절히 명명했던 것 사이에는 어떤 관계가 수립되어야 할까? 로크가 고안해 낸 순전히 사법적인 이론이 로크로 하여금 그러한 질문을 간과하게 만들었다고 생각해 볼 수 있지만, 실은 결코 그렇지 않다. 로크가 이해하는 바대로의 정치는 자연법에 입각한 단순한 접근을 한참 넘어선다. 『신사의 독서와 학습에 관한 몇몇 단상』*Some Thoughts Concerning Reading and Study for a Gentlemen*의 한 구절에서는 다음과 같이 명시적으로 주장하고 있다.

> 정치학은 서로 매우 상반되는 두 부분을 포함한다. 전자는 사회의 기원, 정치권력의 탄생과 그 외연을 포함한다. 반면 후자는 사회를 이룬 인간에 대한 통치술을 포함한다. [...] 통치술과 관련된 정치학의 두 번째 부분을 이해하기 위한 가장 훌륭한 방법은 경험과 역사에 의지하는 것이라고 나는 생각한다.[102]

첫 번째 부분에서 곧바로 두 번째 부분으로 이행하는 것처럼 보이지는 않는다. 요컨대 '통치술' 연구가 문제일 경우, 통치권력의 기원과 외연을 설정 가능하게 해주는 합리성에 기초한 규칙들은 경험과 역사

102) 다음에서 재인용. J.-F. Spitz, *La Liberté politique*, p. 237, note 460.

에 의존하지 않을 수 없다. 당연히 통치술은 정치권력의 본질이 사전에 정해져 있다는 것을 전제한다. 바로 이것이 자연법으로부터 연역된 통치이론에 고유한 문제이다. 반면 이렇게 규정된 제한들 내부에 기입되면서도, 이 통치술은 권리의 규칙의 엄격한 적용을 광범위하게 넘어서고 있다. 그러므로 그 고유한 대상이 무엇인지를 알기 위한 문제가 제기된다.

미셸 푸코에게서 18세기 초의 통치술 문제를 제기하게 만들었던 것이 '인구'라는 문제의 출현이었음을 기억할 것이다. 로크에게 이 문제는 아주 억압적인 법률적 틀에 포섭되어 있었다. 더 주목해 봐야 할 것은 로크가 '위대한 통치술'이라고 명명한 바를 '인구의 번창'이라는 목표와 명시적으로 연결시키고 있다는 것이다. 『제2시민정부론』 42절 뒷부분의 한 구절에서, 경작된 토지에 진정한 가치를 부여하는 것은 노동이라는 점을 설명하고 난 후 그는 다음과 같이 주장한다.

> 이는 영토의 크기보다 인구수가 얼마나 더 선호되는지 보여 주며, 토지의 증대와 그것의 적절한 활용이 통치의 중요한 기술임을 보여 준다. 권력의 억압과 당파적 편협성에 대항하여 제정된 자유의 법에 따라 인류의 정직한 근면성의 보호와 장려를 보증할 만큼 지혜롭고 탁월한 군주는 이웃 국가에게 가공할 만한 존재가 될 것이다.[103]

이 구절의 두 번째 문장에 나타나는, 정치적 압제와 인구감소 간

103) J. Locke, *Second Traité*, § 42, pp. 32~33.

의 관계에 대한 단언에는 아무런 새로운 것도 없고, 앞서 보았듯이[104] 이후의 모든 문헌에서 다시 나타난다. 『제1시민정부론』의 33절과 41절에서는 "자식을 많이 낳고 번성하여 땅을 가득 채우라"는 "신의 위대한 계획"을 참조하면서 이 주제를 길게 다루고 있다. 전제 군주제는 이 신의 의도에 따르기는커녕, '터키 정부'의 예에서 보듯, 신민들이 온순한 정도에 따라 생필품에 접근할 수 있게 함으로써 통치하는 나라들의 인구를 감소시켰다.[105] 그러나 법을 통해 신민의 자유를 보장하는 것으로는 충분치 않다. '통치술'은 사람들이 '정직한 근면성'을 장려하는 데 힘쓸 것을 요구하며, 오직 이 정직한 근면성을 통해서만 토지의 가치가 고양될 수 있다. 경작지를 늘리고 적절히 활용해야 한다면 그 이유는 그것이 전반적인 부를 증대시키고 결과적으로 인구 증가를 촉진하는 최적의 수단이기 때문이다. 그렇기 때문에, '통치술'은 주권이라는 낡은 문제틀의 경우에서처럼 그 최종목적을 자기 자신에게서 발견하는 것이 아니라, 자신의 밖, 즉 자신이 관리하는 사물들 내에서 발견한다는 점이 확증된다.[106] 하지만 이와 동시에 통치술에 관한 로크의 성찰은 자연권 이론의 사법적 틀에 폭넓게 의존하고 있기도 하다.

18세기 초 통치성의 비약적 발전이 '전술'을 위한 법의 후퇴 혹은 법의 '전술적' 사용으로 해석되는 반면[107] 로크는 여전히 통치 행위

104) 이 책의 1장.

105) J. Locke, *Premier Traité du gouvernement*(제1시민정부론), traduction Bernard Gilson, Vrin, Paris, 1997, § 33 et § 41, pp. 43 et 48.

106) 위에서 인용한바 『제1시민정부론』 42절의 "인접국에 위협적"인 군주의 권능에 대한 암시는 중상주의적 어조를 가지고 있음을 부인할 수 없음에도 말이다.

107) M. Foucault, *Sécurité, Territoire, Population*, Gallimard/Seuil, Paris, 2004, p. 102. [미셸 푸코, 『안전, 영토, 인구』, 오트르망 옮김, 2011, 151쪽.]

의 도구라는 본질적 기능을 법에 부여하고 있다. 『제2시민정부론』의 50절이 이를 증거한다. 여기에서는 다음과 같이 단언되고 있다. "통치에서 법은 소유권을 규제한다."the laws regulate the right of property[108] 이 구절의 해석은 regulate라는 동사에서 완전히 유보된다. 법이 정치사회 설립 이전에 획득된 소유의 경계 표지를 존중하게 하는 기능을 갖는다고 이해해야 할까? 아니면 다른 구절들도 그렇게 유도하고 있듯이[109] 법은 각자의 소유의 범위를 결정하는 권력을 갖고 있는 것일까? 그 경우, 낭비를 피하고 만인의 보존을 확보해야 할 필요성이 명하는 일종의 재분배를 법이라는 수단을 통해 시행하는 것은 정치권력의 소관이 될 수 있다.[110] 재분배, 특히 노동 능력이 없는 자들을 위한 재분배는 이렇게 '소유지 확장'보다는 '인구의 풍요'를 추구하는 통치가 운용할 수 있는 수단들 가운데 하나다. 이러한 관점에서 실정법은 자연법의 실현을 위한 분명한 도구이고 이는 통치술이 여전히 자연권의 견고한 틀에 따르고 있음을 확증하는 것이다. 제러미 벤담이 택한 길은 매우 다르다. 그는 바로 이 틀 자체를 파열시키려고 노력하는 동시에 통치술 성찰에 새로운 이론적 공간을 연다.

본질적으로 이론적인 쟁점을 넘어서서, 로크 이후 자유주의 정치사상에서 존 로크에 대한 직간접적 참조가 갖는 중요성에 주의를 기울이는 것이 중요하다. 로크가 통치의 소관인 특수한 행위를 무시하지 않는 반면, 그것을 무시해야 한다고 주장하는 자들은 결국 정치를

108) J. Locke, *Second Traité*, § 50, p. 38.
109) *Ibid*., § 120과 § 139. 이 논쟁의 용어들은 J.-F. Spitz 판의 주 108과 419에 명확히 나타나 있다.
110) 『제1시민정부론』 § 42~43은 이 점을 생각하게 한다.

오직 자연적 개인의 권리들의 고양으로 환원시키는 성향을 갖는 것이다. 소유권과 관련해서는 더욱더 그러하다. 로크적 입장의 이러한 독단화는 19세기 동안 그리고 20세기 자유주의자들에게 두 가지 중요한 결과를 가져오게 될 것이다. 첫 번째 결과는, 자유주의 정치가 점차적으로 소유권 보호라는 경직되고 보수적인 정식들에 함몰될 것이라는 결과인데, 이는 소유권을 침해할 수 있는 모든 사회적 개입의 거부를 야기하게 될 것이다. 이러한 소유권의 '신성화'는 여전히 조물주에 대한 개인의 의무와 관련되어 있던 모든 것을 사라지게 하고, 소유자들의 이익의 엄격한 보호와 일체가 되는 경향을 갖게 될 것이다. 두 번째 결과는, 위에서 이미 환기한 바 있는 실제적 필요성, 즉 인구관리, 생산과 교역의 조직화 및 개개인의 주도적 행동에 맡겨 버릴 수만은 없는 일정한 재화와 용역(교통, 공공조명, 보건, 교육)의 발전 혹은 임금노동자 계급의 절실한 요구들에 직면해 택해야 할 태도 등의 실제적 필요성들을 완전한 무방비상태에 방치하는 것이다. 나중에 이 필요성을 소거함으로써 이 난제를 '해결'하는 것이 자유지상주의자들 가운데 가장 일관된 자들의 소임이 된다. 요컨대 침해 불가능한 개인적 권리만이 존재한다면 통치는 존재할 이유가 없다는 것이다. 하지만 이러한 결론은 자유주의의 주류뿐 아니라 후에는 신자유주의의 주류조차도 거부하게 될 것이다.

주지하듯이 독특하게 재해석된, 통치 행위의 '자연법'에의 종속은 19세기 중반부터 나타나기 시작한 자유주의의 위기와 무관치 않다. 왜냐하면 이러한 종속은 모든 개혁의 시도를 차단하는 실질적 효과를 갖기도 하고, 다른 길, 즉 공리주의의 길이 역사적으로 성공할 수 있었던 이유를 상당 부분 설명해 주기 때문이다. 공리주의의 길은 전자와는 정반대로 정부 정책을 상황에 적응시키도록 해주지만, 사회개혁주의가 가질 수 있는 위험, 요컨대 소위 '자연적'이라는 권리들을 침해할 위험을 조장하기도 한다.

4장 · 유용성의 통제 아래 있는 통치

통치 행위의 한계는 무엇이며 그것을 어디에 기초할 것인가? 그리고 스스로 쾌락의 추구와 고통의 회피에 의해 지배되고 있는 이 주체들을 어떻게 통치할 것인가? 이 두 문제는 18세기 말과 19세기 초 공리주의가 만들어 내려 했던 이론적 명확화를 필요로 한다. 이 문제는 새로운 것이 아니다. 인간을 경제적 주체로 새로이 정의하려 한 저자들의 아주 오래된 전통이 이 문제로 고심해 왔다. 엘베시우스Claude Adrien Helvétius의 영향권 안에 있는 제러미 벤담은 이해관계에 의한 통치방식을 가장 일관성 있게 성찰한 이론가인 것 같다. 그는 제도적 '조정'과 그것의 논리적 적용을 구성할 수 있었던 법규들을 고안하면서 이 성찰을 이끌었다. 공리주의적 통치 방식은 통치 실천의 수행을 통해 또 그 통치 실천의 수행 안에서 주권자의 권력을 제한하려고 했다. 즉 천부적이고 신성한 권리들로부터 출발해서가 아니라 어떤 정해진 목적에 도달하기 위해 필요한 실제적 한계에 입각해 주권을 제한하려고 한다. 이러한 한계들은 사람들이 발생시키고자 하는 효과들에 의해 주어진다. 즉 이 한계들은 설정된 그대로의 개인의 이해관계 체계와 관계를 맺고 있는 조치 또는 법의 계측 가능한 유용성에 의해 정해진다.

앞서 논의했듯, 이러한 성찰의 역사에서 벤담이 갖는 중요성과 관련해 푸코의 콜레주드프랑스 강의는 많은 기여를 했다. 우선 자유주의가 자연법주의적 측면에 한정되지 않았다는 발상, 그리고 자유주의를, 개인의 권리들을 단언하기만 하는 역사적 운동으로 규정할 수 없었다는 견해가 그것이다. 푸코가 영국의 공리주의적 급진주의에 대해 행한 재평가를 통해 우리는 고전 자유주의의 이질적 특성을 이해할 수 있다. 그것은 정치적 자유주의와 경제적 자유주의 간에 상정된 단절보다는, 두 유형의 권력 제한 원리 즉 인권과 유용성을 대립시키는 단절을 통해 이해될 수 있는 이질적 특성이다.

유용성의 원리는 엄밀히 말해 경제적이지도 않고 정치적이지도 않다. 이 원리는 양자의 경계를 초월하게 해주고, 인간의 모든 활동 영역에서의 설명과 판단의 단일한 방식을 인간에게 적용할 수 있게 해준다. 인간은 단일해서, 여기서는 상인이고 저기서는 시민인, 그런 식이 아니라는 것이다. 어디서나 인간은 자신의 이해관계에 복종하는 감각 능력과 언어 능력을 갖춘 존재다. 그는 자신이 사용하는 말을 통해 이 이해관계를 지각하고 그것을 표현한다. 바로 이 동질성을 통해 벤담은 유용성의 유일한 원리에 따르는 제도적 장치의 완벽한 재건축을 시도할 수 있었다.

이 원리는 로크가 이미 『인간지성론』에서 완벽히 정의한 바 있는 견해를 분석과 정치술에 적용한 것에 불과하다. 이 관념에 따르면 인간은 쾌락의 추구와 고통의 회피에 의해 지배된다. 이것은 영국의 문헌을 넘어서서 관념학파에 이르기까지 18세기에 대단한 성공을 거둔 철학적 공리다. 그와 동시에 이 적용은 많은 어려움을 발생시켰고 벤담은 자신의 저작을 통해 평생 이 문제들을 해결하려고 시도했다. 벤담의 사유가 보여 주는 역설적 양상은 많은 주석가들을 당황케 하며, 이 때문에 해석상에서의 다양성, 심지어는 대립이 나타난다.

유용성의 원리를 통해 국가개입에 내적 한계를 부과하는 것은 자유주의 통치성이 상이한 양태에 따라 모든 영역에서 전개될 수 있도록 하는 것이기도 하다. 왜냐하면 외적 원리에 의해 사전에 설정된 어떠한 경계도 없기 때문에, 모든 양자택일적 원리는 세심하게 배제되며 용인될 수 있는 유일한 한계는 유용성 그 자체와 관련되어 있다. 다시 말해서 그 한계란 개입의 비용과 이득의 계산에 속하는 것이다. 바로 이 계산 결과 덕분에 통치는, 해야 할 것과 하지 말아야 할 것을 구분할 수 있다. 따라서 통치는 선험적으로 주어진 대상에 대한 의사를 표명해서는 절대로 안 되며, 그런 대상은 존재하지도 않는다는 것이다.

그러므로 유용성은 양면적 원리를 구성한다. 요컨대 이 원리는 공적 개입에 전적으로 인간적인 공간을 부여하는 동시에, 아무리 사소하다 할지라도 모든 개입을 행복과 관련한 수량화 가능한 효과로 설명하도록 강제한다. 행동의 유용성이라는 관점이 항상 이익을 보는 자와 손해를 보는 자 사이의 상거래로 나아가게 된다는 발상이 여기로부터 도출되고, 이는 정의와 불의 사이에 결정적인 선을 그으려고 하는 자연법 주창자들을 불편하게 한다. 뱅자맹 콩스탕이 『정치의 원리』*Principes de politique*에서 행한 비판의 표적이 되었던 것이 바로 이 유용성 계산의 상거래적 속성과 유용성 계산으로 모든 것을 지배하겠다는 주장이었다는 점은 잘 알려진 사실이다. 한편으로 "유용성은 정확한 증명을 해줄 수 없다. 이는 개인적 의견의 대상이고 따라서 끝없는 논쟁의 대상이다. 모든 명령과 금지에서 우리는 유용성의 동기를 발견할 수 있다."[1] 다른 한편으로, 모든 것이 유용성에 속할 수 있으므로 계산은 모든 대상에 적용 가능하다는 것이다. 요컨대 "이 표현의 엄밀한 의미에 따르자면, 자연에는 그 무엇도 하찮은 것이 없다. 모든 것에는 원인과 결과가 있다. 모든 것은 실제적이거나 가능적인 결과를 가지며, 모든 것은 유용할 수도 있고 위험할 수도 있다." 근대의 통치가 공공의 복락을 위해서, 그리고 "유용성이라는 애매모호한 구실"로 이 원리를 수용할 경우 해악적인 결과를 발생시키는데, 그것은 주권이 옛날의 통치와는 다른 방식으로 무제한적이 된다는 것이다. 요컨대 "사회적 권위가 모든 가능성의 유일한 심판관이므로, 이 체계 내에서 사회적 권위는 결코 제한되지 않으며 제한될 수도 없다는 사실은 명백하다."[2] 그러므로 콩스탕에 따르면 그것은 마치 근대의 정부들이, 유용성에 부여된 의미의 비한정적 속성에 힘입어 무한히 그 권위를 확장하는 위협을 하는 것과 같다.

벤담의 학설에 대한 일련의 긴 '자유주의적' 비판의 서곡에 해당하는 이 비판과, 벤담을 이기주의적 행동에 부여된 전면적 자유의 절대적 옹호자—아마 그 원조는 앨버트 벤 다이시인 듯하다[3]—로 만

---

1) B. Constant, *Principes de politique applicables à tous les gouvernements(1806-1810)*(모든 통치에 적용 가능한 정치의 원리들, 1806~1810), Hachette Litératures, Paris, 1997, liv. III, chap. 1, p. 66.

2) *Ibid.*, p. 67.

3) 다음을 참조하라. A. V. Dicey, *Lectures on the Relations between Law and Public Opinion in England during Nineteenth Century*, Macmillan and Co., London, 1905.; trad. fr. : *Leçons sur les rapports entre le droits et l'opinion publique en Angleterre au XIXe siècle*, V. Giard & E. Brière, Paris, 1906. 앨버트 벤 다이시는 19세기를 세 시기로 구분한다. 1. 구시대적 보수주의 또는 입법정지의 시대(1800~1830), 2. 벤담주의 또는 개인주의 시대(1825~1870), 3. 집단주의 시대(1865~1900).

들어 버리는 비판 간에는 큰 차이가 있다. 심지어는 케인스도 『방임의 종말』에서 벤담이 국가의 '논어젠다'non-agenda — 하지 말아야 할 일 — 를 '어젠다'agenda — 해야 할 일 — 보다 더 일관되게 선호할 만큼 자유시장을 고지식하게 주창한 자였다는 점만을 본다. 너무 오랫동안 잊혀졌다고 그가 말하는 이러한 구분은 그가 보기에 정통파 자유주의의 가장 고전적인 사유 도식이다.

벤담을 가장 완벽한 경제적 자유의 맹신적 지지자로 보는 이런 견해는 결국 동시대 주석자들의 골칫거리였던 해석의 어려움에서 기인한다. 우선은 벤담이 정치경제학을 물질적 부wealth의 생산이라는 지극히 제한된 영역에서 입법자를 보좌하는 학문으로 여겼다는 것을 기억할 필요가 있다. 그러나 벤담의 의도는 훨씬 더 방대한 것을 목표로 하는데, 그것은 행복happiness 또는 안녕well-being을 그 모든 측면에서 극대화하는 것을 목표로 하는 인간 품행의 일반 경제에 다름 아니다. 그리고 좁은 의미에서의 정치경제학의 영역, 즉 물질적 부와 관련된 영역에서 각각을 따로 떼어 내는 것이 중요한 몇 가지 유형의 고찰들을 벤담이 조목조목 해명했다는 점에 또한 주목할 필요가 있다.

어젠다와 논어젠다[국가가 개입해야 할 일과 그렇지 않은 일] 간의 구분은 스미스가 '사태[사물]의 자연적 진행과정'에 관해 행한 기술과 유용성 원칙에 입각한 통치 실천 사이의 명확한 구분이라는 특수한 문제에 응답하는 것이다. 이 명확한 구분은 '정적주의'quiétisme의 권고로 이어진다. 요컨대 국가는 조용히 있어야 하고, 국가는 개인들이 자신들의 성향에 따라 수행한 행위들이 자연스럽게 전개되도록 가능한 한 방임해야 한다는 것이다.[4] 만일 개인들에게 자유가 주어진다면, 개인들이 정한 특수한 목적의 달성은 정치권력 기관보다도 개인들이 훨씬 더 잘

할 것이기 때문이다. 하지만 벤담은 사람들이 오랫동안 그렇게 해야 한다고 믿어 왔던 것과 달리, 스미스를 따르는 데 불만을 표시한다. 벤담은 경제학자들의 담론을 변화시키고, 정치술로부터 완전히 독립된 경제학이라는 발상 자체에 이의를 제기한다. 다른 하나의 담론이 실제로 정치경제학 담론과 섞인다. 즉 정치는 단순히 자연발생적 질서에 의존하는 것도 아니고, 어떤 한 원인의 결과처럼 일방적으로 자연발생적 질서로부터 파생하는 것도 아니라는 것이다. 정치는 오히려 자연발생적 질서를 간접적으로이긴 하지만 통솔하고, 또 이 자연발생적 질서를 만들어 내는 데 기여하기까지 한다는 것이다. 달리 말해 자유주의적 정치가 시장에서 자신의 한계를 발견함에도 불구하고, 시장은 정치 내에서 자신의 존재와 작동 조건을 발견한다는 것이다.

다시 말해 벤담이 생각하는 자유주의 정치의 독특한 지점은, 그것이 자기 고유의 한계를 만들어 내야 한다는 것이다. 요컨대 법률적 체계화와 정치적 제도화를 통해 자신의 행위영역을 한정하는 경계를 설정해야 한다. 이러한 자기제한의 자율적 설정은 정치가 고유의 목표들을 갖고 있고 또 '자유로운' 경제 활동이 이러한 목표의 실현을 위한 하나의 도구가 될 때에만 가능하다. 이 자기제한의 자율적 설정을 구성할 수 있게 해주는 것이 바로, 이 최상위 규칙으로서의 유용성 원칙이다. 시장은 정치 사회의 목표들에 부응할 수 있는 정치적 도구로서만 생각될 수 있다. 이 목표들을 인간에게서가 아니라면 대체 어디서 찾아야 한단 말인가? 그 만능 열쇠, 요컨대 근대 사회의 거대한 규범적 건축물의 궁극적 토대를 제공하게 되는 것이 바로 경제적 인간에 대

4) 벤담은 이 행위들을 sponte acta라 칭했다.

한 인류학이다. 하지만 이 인류학이 기초를 제공한다 해도 이 행복은 물질적 재화에 국한되지 않으니까, 이 인류학으로부터 파생된 정치는 모든 사회적 표면 위로 범람할 위험이 있지 않을까? 이러한 정치의 확대가 자유주의의 역사에서 중대한 대립을 발생시키게 된다. 스펜서는 19세기 후반 이 대립의 가장 능란한 대변인이었다.

공적 행동의 원리로서의 자연권에 대한 비판

우선 벤담이 어떤 표현 방식과 추론을 통해 인권 담론에 이의를 제기하는지 상기할 필요가 있다. 1795년에 벤담이 작성한 수고에는 '터무니없는 소리'Nonsense upon Stilts라는 제목이 붙어 있는데, 이 수고에서 그는 두 개의 프랑스 인권선언, 즉 1791년 헌법 서문과 1795년 헌법 서문에 각각 등장하는 프랑스 인권선언을 비난한다.[5] 벤담에게 중요한 것은, 이 원칙들이 현실에서 그 어떤 토대도 갖고 있지 않기 때문에 우리가 할 수 있는 모든 해석에 개방되어 있다는 사실을 명백히 해명함으로써, 프랑스 인권선언에서 선언되고 있는 원칙들의 정당성을 무효화하는 것이다. 그러니까 이 비난은 이중적이다. 두 인권선언을 구성하는 형이상학은 인간의 실제 실천들을 모르고 있고, 그래서 이 형이상학은 자기가 잘 모르는 실천들에 직면하게 된다는 것이다.

벤담이 인권에서 비난하는 것은 무엇인가? 인권은 인간이 무엇인

5) 이 텍스트는 에티엔 뒤몽(Étienne Dumont)의 불역으로 1816년에야 비로소 출간된다. 이 텍스트의 최근 번역은 다음을 참조하라. B. Binoche et J.-P. Cléro(dir.), *Bentham contre les droits de l'homme*(인권에 맞선 벤담), PUF, Paris, 2007. ["Anarchical Fallacies", oll.libraryfund.org에서 열람 및 다운로드할 수 있다. *The Works of Jeremy Bentham*, vol. 2에 수록.]

지 알지 못하고, 인간의 원동력과 행동의 동기가 되는 것에 무지하며, 인간은 매사에 자신의 이익을 추구한다는 것을 망각한다는 것이다. 인권은 정치적 '궤변'이며, 루이 뒤몽 이래로 행해진 '궤변'에서 비롯된 잘못된 용어다. 벤담은 정치적 '궤변'에 개론서 한 권을 통째로 할애한 바 있는데, 정치적 '궤변'은 그 어떤 실제적 본질과도 무관한 표현이고 정식이지만, 그럼에도 불구하고 사회적이고 정치적인 세계에 전적으로 실제적인 영향력을 행사한다.[6] 자신들의 사적 이해관계를 [인권이라는] 기만적인 표현 뒤에 숨기려는 모든 자들의 해악적 권력은 바로 이 정치적 '궤변'의 체계적 사용을 통해 행사된다는 것이다.

'인권'은 일상적인 것에서 기인하는 정치적 '궤변'이다. 이 말은 인권이 갖는 원칙의 위상과 관련해 벤담이 인권에 부여하는 특수한 위치를 설명해 준다. 인간들에게 활력을 불어넣는 것에 대한 무지, 그러므로 통치의 임무에 대한 몰이해에 기초하고 있기 때문에 그 자체가 오류일 수밖에 없는, 입법 및 통치 체계의 토대 위에 인권이 있다는 것이다. 모든 통치 기능들 가운데 가장 중요한 기능은 사회 전체의 원활한 작동을 위해 개인들로 하여금 일정한 쾌락들을 포기하게 하는 수완이다. 요컨대 "사회는 사람들이, 그들이 갈구하는 만족을 포기할 준비가 되어 있을 때에만 비로소 단결력을 유지할 수 있다. 즉 그들로부터 이러한 희생을 이끌어 내는 것은 대단히 어려운 일이고 통치의 중대한 임무다."[7] 실제로 유용성의 원리는 그 기술記述적 측면에서 인간이 쾌락과 고통에 의해 지배된다는 것을 알려 준다. 자신의 행복을 위해 일

---

6) 다음을 참조하라. J. Bentham, *Manuel de sophismes politiques*, trad. J.-P. Cléro, LGDJ, Paris, 1996. [*The Book of Fallacies*, 앞과 동일한 책에 수록.]

정한 쾌락의 주장을 포기해야 한다는 것을 어떻게 납득시킬 수 있을까? 최대 다수 사람들의 실리를 충족시키기 위해 이해관계의 재료에 작업을 가하는 통치만이 여기에 도달할 수 있다는 것이다.

프랑스 혁명가들의 근본적인 정치적 오류는 거기로부터 기인한다는 것이다. 그러니까 인간에 대해 전혀 알지 못하면서 어떻게 인간을 통치한다고 주장할 수 있을까? 이러한 무지의 경험은 무정부 상태 또는 전제주의로 퇴행할 수밖에 없고, 이와 같은 애초의 오류는 궁극적으로 공포정치로 귀결될 수밖에 없었다. 이러한 과오는 이와 같은 불행한 혁명을 이끈 형이상학에서 기인한다. 인권은 근대적 통치를 이끄는 데 도움이 되지 못하고, 더 나쁜 것은 그것들이 실제 있는 그대로의 인간들의 통치를 불가능하게 한다는 것이다. 이상이 벤담이 행한 비판의 대략적 개요다. 이 비판은 반혁명주의자들의 공격과는 전혀 관계가 없다. 그의 시각은 실제적 통치에 대한 고심으로 엄밀히 국한된다. 벤담은 다음과 같은 문제에 골몰한다. 왜 인권과 같은 불합리한 것을 논박하는 데 시간과 종이를 낭비하는가? 실제로 존재하지도 않는 것을 어떻게 논박할 수 있는가? 그는 돌려 말하지 않는다.

> 그것은 불합리함에도 불구하고, 자기가 세계를 통치한다는 엄청난 주장을 한다. 사람들 가운데 일부, 수적으로 무시할 수 없는 이 일부의 사람들이 적어도 이 불합리한 것에 의해 통치받으려는 성향을 드러낸다.

---

7) J. Bentham, "L'Absurdité sur des échasse ou la boîte de Pandore ouverte…"(터무니없는 소리 혹은 판도라의 열린 상자…), in B. Binoche et J.-P. Cléro(dir.), *Bentham contre les droits de l'homme*, p. 22. [앞의 책, p. 497.]

만약 사람들이 불합리한 것의 지배권을 파괴할 수 있다면 시간과 종이가 전적으로 낭비되는 것만은 아닐 것이다.[8]

실제로 이러한 종류의 인권선언이 개인들에게 불러일으키는 유혹을 부수어야 한다는 것이다. 이러한 선언은 개인들을 가장 찬란한 빛 속에 등장시킴으로써 그들의 환심을 사기에는 아주 좋지만, 최고 심급의 규칙의 대용으로 동양의 설화 또는 재미있는 이야기처럼 쓰여진 텍스트를 작성하는 것은 대단히 위험한 일이라는 것이다.

희곡 또는 소설에서 부적절한 단어는 그저 단어에 불과하다. 그리고 이러한 잘못은 사람들이 그것을 알아차리든지 못하든지 간에 대수롭지 않은 것이다. 법전의 경우, 특히 기본법과 헌법으로 여겨지는 법의 경우, 부적절한 단어는 국가적 재앙이 될 수도 있고 내전을 발생시킬 수도 있다. 경솔한 단어 하나로 수많은 살인사건이 터질 수도 있다.[9]

달리 말해 프랑스 인권선언은 그것이 기성의 법에 대항한 반란을 공상적인 자연법의 이름으로 부단히 정당화하기 때문에 '아나키적'이라는 것이다. 실정법은 그것이 가져올 수 있는 실제 결과에 따라 범위가 정해지지만, 이 인권선언은 자연권이라는 괴물을 만들어 낸 상상력에 굴종할 수밖에 없다는 것이다.

---

8) B. Binoche et J.-P. Cléro(dir.), *Bentham contre les droits de l'homme*, p. 11에서 인용.

9) Bentham, "L'Absurdité sur des échasse ou la boîte de Pandore ouverte…", op. cit., p. 23. [앞의 책, p. 497.]

사회에서 인간들의 실제 상황은 일반적인 예속이나 정치사회에 불가분한 희생, 온갖 종류의 불평등 이외의 그 무엇도 보여 주지 않는다. 어떤 통치도 자유와 공상적 평등에 대한 요구를 만족시킬 수 없다는 것이다. 실정권은 자연권에 반대되는 것으로 항시 비판될 수 있기 때문에 이 선언들의 효과는 엄청나다. 그러므로 자연권은 '과장된 불합리'에 불과할 뿐 아니라 모든 통치에 대한 반란 선동이라는 것이 여기서 핵심 요점이다. 요컨대 벤담이 포착해 낸 이 모순은 통치를 규제하는 원칙들이 통치권력의 실제적 행사를 막는 모든 장애물들을 사전에 정당화함으로써 이 실제적 권력행사를 막는다는 사실과 관련되어 있다. 조세는 내 신성한 소유권에 대한 침해가 아닌가? 정치적 권위는 모든 인간의 평등에 반하는 것이 아닌가? 그러므로 인권이 '아나키적인 것'이라면, 그것은 인간의 '본래적 자유'를 억압함으로써만 작동할 수 있는 모든 통치를 인권이 사전에 고발하기 때문이다. 법을 통해 누군가에게 어떤 것을 행할 권리를 부여하는 것은, 그에게 다른 것을 하지 말라고 강제하는 것을 전제로 한다. 실효적 권리들은 언제나 법제에 의해 강제된 법적 의무들의 이면에 다름 아니라는 것이다.

프랑스 인권선언에 대한 비판에서 벤담의 모든 설명은, 그 [인권에 관한] '신성한 수사修辭'가 특히 소유권과 관련될 때 이 수사가 정당화하고자 하는 것에 [오히려] 부정적 효과를 발생시킨다는 사실을 보여주고자 한다.[10] 권리의 언어는 기만적이며, 사람들을 유혹한다. 권리라는 말 자체는 "말 중에서 가장 유혹적인 말"[11]이라는 것이다. 자연권의

10) *Ibid*., p. 89. [앞의 책, pp. 514~515.]

11) *Ibid*., p. 120. [앞의 책, p. 523.]

이름으로 통치를 약화시키는 것은, 자유와 안전을 위한 활동을 막는 것이다. 소유권을 불가침한 것으로 간주하는 것은, 모든 세금을 용납할 수 없는 압제로 여기고 그것을 거부하는 것을 용인하는 것이다.

결과적으로 자연권은 정치사회의 구성원들이 향유할 수 있는 실정권을 황폐화시킨다는 것이다. 실정권이 존중받는 데 필요한 토대로서의 유일한 보증은 통치가 제공할 수 있다. 소위 모든 '계약'의 창시자들과 마찬가지로 이러한 인권선언자들이 인식하지 못하고 있는 것은 바로 정치 권력의 속성 그 자체다. 경험주의자 계열에 속하는 벤담은 자유, 평등, 안전이 법 이전에 존재하는 것이 아니라 통치력에 의해 보호받는 법의 결과물, '법의 산물'이라는 점을 환기한다. 그것은 "공중에 있는", "하늘에 있는", "과장된" 권리가 아니라 실효적 권리다. 소유권이 보편적 권리라고 말하는 것은 무의미하다. 소유권은 아무것도 소유하고 있지 않은 자와는 하등의 관계가 없기 때문이다. 소유권은 실정법을 통해 소유자들이 누리는 권리다. 그리고 바로 그렇기 때문에 다양한 '소유물'subject matter of possession을 세심하게 구분하는 것이 매우 중요하다. 이 점과 관련해 벤담은 존 로크를 가차 없이 비판한다. 그러나 생명, 신체, 물질적 재화를 '소유권'이라는 총칭 속에서 혼동했다고 비판하는 것이 아니라, '부의 질료'matter of wealth와 (지위, 명성, 신분 등과 같은) 무체 재산을 구분하지 못했다고 비판하는 것이다.

> 로크는 이 경우 그만큼의 가치를 갖는 수많은 다른 소유물들을 놓쳐 버렸다. 즉 권력, 명성, 유리한 한에서의 사회적 신분,[12] 신체나 정신에 존

---

12) 영어로 "condition of life"라고 표현되어 있다.

재하는 모든 형태의 고통(불행히도 이 소유물에 대해서는 언어가 더 간결한 낱말을 제공할 수 없다)의 면제는 물론이요, 안전을 보장하는 소유물, 사법의 기능과 임무에 속하는 보장과 같은 소유물들을 로크는 놓치고 있다. 또 개인들에게 악영향을 발생시킬 수 있고 통치에는 금지와 징벌을 발생시키며, 이러한 금지의 정도에 따라 개인에게 범법행위를 발생시키는 대상들도 로크는 놓치고 있다.[13)]

이 모든 '소유물'은 그것이 일부 입법자들에게 세심한 주의를 요구하는 만큼 더 세밀하게 구별되어야 한다. 그러나 이 비판은 물질적 부에만 부당하게 더 큰 가치를 부여하는 정치적 결과와도 연관된다.

소유물은 통치의 유일한 배려 대상이 될 자격이 있다! 결국 재산 소유자들은 유일하게 이 동일한 배려의 대상이 될 자격이 있다! 재산 소유자들은 주권의 일부분과 단편을 형성하는 대의체 내에서, 그리고 그 대의체에 의해 대표될 자격이 있는 유일한 사람들이다! 빈자 집단은 부자 집단이 자기들을 노예로 삼고 또 영원히 노예로 취급할 권한을 갖는 공동체를 형성하게 될 것이다. 개인적 노예상태보다 아마 더 나쁜 집단적 노예상태, 통치는 이 상태의 야기와 유지를 자신의 고유한 대상으로 삼게 된다.[14)]

13) J. Bentham, "Article on Utilitarianism", in éd. Amnon Goldworth, *Deontology*, Clarendon Press, Oxford, 1983, pp. 314~315.

14) Ibid., p. 315.

여기서 강력하게 문제가 되는 것은 소위 '자연법'적 소유권의 이름으로 지주 귀족의 특권들을 정당화하는 문제인데, 이 텍스트가 쓰여질 당시 휘그주의 이론가들이 전문적으로 이 정당화를 행하게 된다. 다양한 소유물들의 구분이 '최대 다수의 행복'을 증진하고자 고심하는 정부에서 얼마나 중심적 관심사가 되어야 하는지를 알 수 있다. 이는 자연법으로부터 소유권을 도출하는 것은 문제가 될 수 없다는 것을 충분히 말해 준다. 왜냐하면 권력 행사를 규제하는 것은 권력 행사 이전 또는 권력 행사 바깥에 존재하는 것임에 틀림없기 때문이다. 통치 이전의 것 그리고 선재하는 자연법이 존재하지 않는다면, 오직 구체적이고 지각 가능하며 계측 가능하기까지 한 통치 실천의 효과만이 통치를 규제하는 데 사용될 수 있다.

그러므로 오직 유용성만을 고려하기 위해 다른 모든 신성한 정당화가 포기되어야 한다. 확실히 득과 실의 대차대조표가 계약이나 자연권의 열렬한 언어만큼 매력적이지는 않다. 하지만 이 대차대조표는 적어도 그것이 만들어 낼 수 있는 측정 가능한 결과들을 갖는다. 그것을 통해 이 대차대조표는 파괴적 정념뿐 아니라 보수주의와도 대립하는 지속적 개혁주의의 길을 연다는 것이다. 과거를, 해야 할 것과 하지 말아야 할 것의 이론의 여지 없는 모델로 삼는 모든 규범들에 적대적이었던 벤담은 그러므로 혁명주의자들이 통치 원리의 근거를 순전히 허구적인 '자연'에 두려 했던 방식을 비판한다. 전통에의 절대적 복종이든 봉기를 정당화하는 상상적 원리에의 복종이든 동일한 환상에 속한다는 것이다. 요컨대 그것은 미래 통치의 행동 노선을 영원히 고정시키게 될 신성불가침의 원리들을 대리석에 각인하려 하는 것, 주어진 한 시대의 신념들에 후세를 구속시키려 하는 것과 같다는 것이다.[15)]

근대 정부들에 남아 있는 유일한 길은 '자연적' 원칙들에 기초한 항구적 혁명도 아니고 선조들에 대한 충실성에 기초한 항구적 보수도 아니다. 그것은 세력가들과 다수의 하층민들로 환원 불가능하게 분할된 불평등하고 위계화된 사회의 틀 속에서 유용성의 원리에 입각해 지속적으로 개혁하는 길이라는 것이다.

정치행위의 유일한 기준으로서의 유용성의 원칙

통치는 유용성에 자신의 행위를 맞춰야 한다. 이는 이익, 상거래, 국제관계, 기술적 변화 등의 변동에 항상적으로 적응하는 유일한 방식이고, 또 사회의 전반적 행복 증진에 능동적으로 기여할 수 있는 유일한 방식이기도 하다. 입법권은 통치의 무기이고, 통치가 창조해 내고 보호하는 권리들은 유용성, 다시 말해 모든 정치적 억압이 이미 비용이라는 점을 고려해, 악보다는 더 많은 선을 만들어 내는 경향을 가진 유용성 이외의 그 어떤 토대도 갖지 않을 것이다.

한쪽을 바람직하고 필요한 행동으로, 다른 쪽을 해악적이고 불필요한 행동으로 분할하는 것은 바로 이 유용성의 원칙이다. 통치는 이 규칙을 벗어나지 않는다. 입법자의 행동을 가장 체계적인 방식으로 재정의하기 위해 벤담은 유용성의 원칙을 인간 행동의 보편적 규범으로 수립하고자 했던 것이다. 『도덕과 입법의 원칙에 대한 서론』*An Introduction to the Principles of Morals and Legislation*[16]은 이 점을 명시하고 있다.

---

15) B. Binoche, "Critique des droits de l'homme"(인권 비판), in B. Binoche et J.-P. Cléro (dir.), op. cit., pp. 143~144의 해설을 참조하라.

요컨대 유용성의 원칙은 감각적 존재의 존재론적 소여에 기초하고 있고 도덕과 정치의 유일한 원칙으로 간주되며 다른 경쟁적 원칙들, 이를테면 금욕주의나 공감의 원칙은 거부된다는 것이다.

특히 정치경제학이 전념하는 물질적 부의 생산 영역은 다른 학문들과 마찬가지로 유용성 원칙의 권한에 따른다. 물질적 부의 생산 영역은 그 어떤 특권도 갖지 않는다. 왜냐하면 공리주의는 모든 종류의 활동에서 개인이 언제나 이익이라는 동일한 동기에 따른다고 상정하기 때문이다. 그러므로 다른 분야와 마찬가지로 경제에서도 사적 활동과 공적 활동을 그 유용성의 기준에 따라 분석 가능하게 해주는 도구들을 정의하는 것이 관건이다. 공리주의적 통치는 모든 형태의 이익의 장 전체를 통치의 질료, 표적 그리고 목표로서 취한다. 이것이 바로 이익에 의한, 이익에 관한, 그리고 이익을 위한 통치다. 통치 행위가 개인들이 실현하고자 하는 바를 방해해서는 안 되고 더욱이 개인들 스스로가 자발적으로 하고자 하는 바를 대신해서 행하면 안 되기 때문에, 개인의 이익이 통치 행위의 제한을 구성한다면 이 이익은 또한 통치가 다뤄야만 하는 질료이고 또 그 이익의 작용을 방해하지 않고 개입해야 하는 질료이기도 한 것이다. 통치는 법체계를 통해 사익과 공익을 연결시키는 중요한 임무를 가지며, 법은 각 개인이 위반했을 경우 받아야 하는 징벌의 위험으로서 계산에 넣어야 하는 그만큼의 강제권이기도 하다. 정치적이고 행정적인 제도들에 적용되어야 하는 원리는 '이익의 접속 원리'interest junction principle인 것이다. 통치는 또한 (학교, 감옥, 병원, 작업장에서의 저 유명한 '일망감시체제'와 같은) 새로운 제도를 조장

16) [옮긴이] 제러미 벤담, 『도덕과 입법의 원칙에 대한 서론』, 강준호 옮김, 아카넷, 2013.

할 수 있다. 이 새로운 제도는 적절히 계산하는 법을 배우는 장소가 될 것이다. 마지막으로 통치는 나쁜 품행을 막는 것을 목표로 하는 '간접적 법제화'를 구성하는 일련의 선동, 유도, 도덕적 금기, 통제 조치를 전개할 수도 있다.

통치가 이익의 손실을 억제하기 위해 사용할 수 있는 수단들은 상당히 많다. 통치는 인간 존재를 지배하는 것, 즉 상상력에 의해 답습된 감수성을 규범과 제재의 체계를 통해 장악할 수 있다. 희망과 공포에 대해 통치가 행사할 수 있는 모든 수단 덕분에, 통치는 각자의 품행을 지배할 수 있다. 통치는 의지에 작용을 가할 수도 있고 욕망을 인도할 수도 있으며 이익을 만들어 낼 수도 있다. 그러므로 문제는 통치가 행할 수 있는 모든 행위를 어떻게 관리하고 지배할 수 있는지를 아는 것이다. 설령 통치의 목표가 인간 감수성에 각인된 요청에 따라 최대 다수의 행복을 극대화하는 것이라 해도, 통치는 이 권력을 일관되고 절제된 방식으로 사용해야 한다. 왜냐하면 법의 개입은 상당수의 개인들에게 비용을 발생시키기 때문이다.

전체의 행복은 개인들의 행복의 총화기 때문에 국가 행위는 각자가 자신의 목표들을 실현하는 방식으로 행해져야 한다. 물론 이 목표들이 전체의 행복에 부가되는 한에서 말이다. 그 결과 통치 행위는 개인들의 이익 실현을 촉진함으로써만 그 목표에 도달할 수 있다. 물론 개인들의 이익이 전체의 목표를 해치지 않는 한에서 말이다. 한편으로 전체의 목표에 부합하는 이익을 조장하는 모든 조치를 취해야 한다는 것이고, 다른 한편으로는 전체의 선에 반하는 이익을 예방하기 위한 모든 통제 조치를 수립해야 한다는 것이다.

이러한 이중의 의무로부터 가장 바람직한 경제 정책이라는 문제가 제기된다. 벤담이 『정치경제학 입문』*Manuel d'économie politique*, 1793에서 구분한 국가의 어젠다와 논어젠다는 생산되고 교환된 부와 직접적으로 연관된 행위들, 즉 미래의 부에 미치는 긍정적 효과와 부정적 효과에 따라 신중하게 국가가 선택해야 하는 자신의 범위 내에 있는 행위들을 지시한다. 그렇지만 이 생산의 핵심 요소는, 가장 일상적인 활동을 할 때도 부의 축적과 욕구의 충족을 목표로 삼는 이해타산적 개인들의 자발적 행동으로부터 기인하기 때문에, 통치는 일반적 동기들과는 거의 관계가 없다. 반면 경제 행위를 해명할 수 있고 경제 행위의 상황과 결과를 보호하는 빛을 가져다주는 것이 통치의 소관이다.

그러므로 벤담이 정치경제학에서 유념하는 것은 바로 sponte acta[이하 '자발적 행위'], 즉 개인들이 자유롭게 각자의 이익을 추구할 수 있을 때 그들의 행동이 전반적 복지에 끼치는 긍정적 효과다. 이 점에 대해 오해하지는 말자. 벤담은 다른 영역 특히 입법 영역에서 그가 거부할 개인의 자유를 경제의 영역에서는 옹호하는 그런 사람이 아니다. 벤담에게 경제는 법제 밖에 있는 영역, 시민사회 한복판에 있는 자연으로 둘러싸인 영역이 결코 아니다. 이것이 의미하는 바는 사람들이 종종 생각했던 것보다 덜 모순적이다. 입법자는 모든 사람들의 최대한의 행복에 관심을 집중한다. 이를 행하기 위해 그는 법이라는 도구를 운용하는데, 법은 고려되는 영역이 무엇이든 관계없이 항상 자유에 대한 속박이고 제한이며, 행복의 관점에서는 일정한 비용이다. 그렇기 때문에 법을 최대한 절제해서 운용해야 한다는 것이다. 경제영역에서 유용한 활동을 자극하고 행복을 증진시키는 행동을 장려하는 등의 일과 관련해 국가가 선험적으로 할 수 있는 일은 거의 없다. 행복을 증진시키려 애쓰는 자는 바로 개인 자신이기 때문이다. 그러므로 이러한 증진을 목표로 하는 활동은 **자연발생적**으로 행해진다. 그렇다고 해서 이것이 경제적 삶의 조건을 확보하고 안녕의 증진을 확보하는 데 국가가 중요한 역할을 담당하지 않는다는 것을 의미하는 것이 아니다.

국가는, 개인들에게 활력을 불어넣는 필요와 욕망을 느낄 수 있는 유일한 자들인 개인들을 대체할 수 없다. 하지만 정확한 계측은 공공기관의 특수한 행위를 필요로 하는 지적 능력과 정보 데이터를 전제로 하기 때문에, 반대로 국가는 개인들이 반드시 필요로 하는 지식들을 그들에게 제공할 수 있다. 그리고 우선 개인들에게 법에 대한 충분한 지식을 제공해서, 죄를 범해 제재받는 일 없이 행동하게 해야 한다. 벤담은 늘 법의 공개성, 공공회계, 제도의 전반적 투명성, 언론 자유, 공적 토론의 자유에 관심을 기울인다.[17)]

이때까지의 벤담은 자발적 행위의 학문을 설립한 경제학자들의 교훈을 따르는 듯하다. "그러므로 실제로 자발적 행위라는 장은 부의 증대를 직접적으로 발생시키는 모든 조작들을 포함하고 있다. 그리고 그것은 통상적으로 정치경제학이라 불리는 것과 다소 일치한다."[18)] 이는 정치경제학이, 구성 중에 있는 **경제정책학**과 완전히 일치하지는 않는다는 것을 의미하기도 한다.

바로 여기에 스미스와 벤담의 관계의 어려움이 있으며, 이와 더불어 시장의 자연발생적 질서와 자유주의적 통치 간의 연결을 사유하는

---

17) 언론 자유에 관한 벤담의 글을 참조할 것. J. Bentham, *Garanties contre l'abus de pouvoir* (권력 남용에 맞선 보장), traduction et édition Marie-Laure Leroy, Editions Rue d'Ulm, Paris, 2001.

18) J. Bentham, *Institute of Political Economy*, in ed. W. Stark, *Jeremy Bentham's Economic Writings*, Allen & Unwin, London, 1954, vol. III, p. 324.

데 있어서의 어려움이 있다. 어젠다와 논어젠다를 나누는 벤담의 구분은, 스미스가 기술하고 분석한 바 있는 '사태[사물]의 자연적 진행과정'과 관련해 국가가 감행할 수 있거나 없는 개입과의 연관 속에서만 타당성을 갖는다. 이 '사태[사물]의 자연적 진행과정'이란 정확히 말해 정치경제학이 고찰한 바와 같은 시장에 의한 경제적 역량의 조정이다. 벤담이 던지는 질문은 다음과 같다. 시장에 의해 지배되는 생산과 교환의 체계가 자연발생적 조절에 따라 기능한다고 생각했던 스미스나 다른 모든 경제학자들이 옳다면, 국가는 어떤 상황에서, 무슨 목적으로, 어떤 수단을 통해, 어떻게 작동할 수 있겠느냐는 것이다. 국가는 아무 일도 하면 안 된다고 독단적으로 단언하는 것은 전혀 중요하지 않다. 문제는 어떻게, 어느 한도까지 국가가 개입의 유용성이라는 고려에만 근거해, 그러니까 이러한 개입이 야기할 수 있는 이로운 점과 해로운 점에 관한 비교에만 의거해 처신할 수 있는지에 관해 가능한 한 가장 엄밀하고 신중하게 사유하는 것이다.

벤담은 애덤 스미스 학설의 '진실'을 확인하는 데 그치지 않고 관점과 화제를 바꾼다. 벤담에 따르면 애덤 스미스는 주로 존재해야만 하는 것을 희생시켜 존재하는 것을 다루었다. 스미스는 기술보다는 학문에 골몰했고, 더 정확히 말하자면 양자의 연루관계를 어둠 속에 방치했다는 것이다. 벤담은 바로 이것을 자신의 과업으로 삼는다. 정치술을 위해 정치경제학으로부터 교훈을 끌어내고자 한다면, 통치의 실제 문제들에 입각해 정치경제학의 대상을 재정의할 필요가 있다는 것이다. 바로 이것이 스미스가 하겠다고 했지만 실행하지 않은 것이며, 이것은 그의 정치경제학 이론 자체에 영향을 미치게 된다. 합리적 공리주의자 벤담이 보기에, 해결해야 할 실질적 문제를 고려하지 않는 것은 지식이 아니기 때문이다. 유용성은 정치경제학과 무관한 차원이 아니다. 유용성은 정치경제학의 조건을 이루는데, 그것은 정치경제학 자체의 대상을 정의하는 순간부터 그렇다.

> 중요한 대상, 절실히 요구되는 것은 통치가 해야 할 바와 하지 말아야 할 바를 아는 것이다. 오직 이러한 관점에서, 통치의 간섭 없이 행해지고 발생한 것에 대한 인식이 실질적으로 유용한 것이 될 수 있다.[19]

『정치경제학 편람』*Institute of Political Economy*, 1801-1804에서 벤담이 하는 말도 이와 다르지 않다. 정치경제학은 한정된 정치적 목표에 도달하는 데 가장 효율적인 수단에 대한 연구라는 것이다.[20] 정치경제학은 입법자의 지상 목표, 즉 입법자가 몰두하는 물질적 부의 영역 내에서 최대 다수의 최대 행복, 하위 목표들 가운데 생존과 풍요를 포함하는 총체적 목표를 실현하기 위해 가장 적합한 법률과 제도를 결정하는 데 활용되어야 한다는 것이다. 개입과 비개입을 가르는 기준은 따라서 총체적 행복에 대한 정치적 조치의 유효성이라는 기준이다. 여기서 문제가 되는 것은 국가개입의 원리를 통한 처벌이 아니라 해야 할 행위들의 엄격한 구분이다. 이것은 다른 학문, 즉 경제정책학의 대상일 수밖에 없다. 비록 이 학문이 애덤 스미스류의 정치경제학이 획득한 결과를 통합한다 해도 말이다.

---

19) 다음을 참조하라. J. Bentham, *Manual of Political Economy*, in *Jeremy Bentham's Economic Writings*, op. cit., vol. I, p. 224. 또 다음을 참조할 것. C. Laval, *Jeremy Bentham, les artifices du capitalisme*(제러미 벤담, 자본주의의 책략), PUF, Paris, 2003, pp. 28~29.

20) J. Bentham, *Institute of Political Economy*, op. cit., p. 307.

바로 이러한 관점에서 '사태[사물]의 자연적 진행과정' 내에서의 국가개입과 관련된 벤담적 규제를 이해해야 한다. 가만히 있어라! 벤담에 따르면 이것이 통치의 태도가 되어야 한다. 이러한 정적주의는 경제적 삶에서의 자발적 행위의 우선성에 의해 지배된다. 이 자발적 행위가 물질적 부의 생산에 가장 중요한 역할을 하고 있다면, 공적 행동은 항상 '특별한 이유'가 있을 때에만 결정되어야 한다.

통치는 신중함을 증명해야 하고, 오직 유용성의 계측만이 통치를 신중하게 만들 수 있다. 통치에 고유한 목표를 실현하기 위해, 즉 물질적 부의 발전을 전제로 하는 총체적 행복을 실현하기 위해, 통치는 자기가 원하고 또 그 책임을 져야 하는 부가적 부의 원인이 될 수 없음을 받아들여야 한다. 요컨대, "계획된 목표 — 최대한의 안녕 — 를 달성할 수 있는 최대한의 행위가 공동체 전체에 의해 수행되어야 한다는 점에 유의하는 것이 입법자의 소관이다. […] 그러나 최적의 흐름 추구가 통치의 소관이어야 한다 해도, 그 흐름 내의 모든 단계들이 반드시 그러한 목적의 달성을 위해 통치가 취한 조치의 결과인 것은 아니다."[21]

그러나 이것은 필요한 정책의 한 측면일 뿐이다. 벤담은 지속적으로 또 다른 물음을 던진다. 누가 자발적 행위를 가능하게 하는가? 어떤 한도 내에서 자발적 행위의 질서가 가능한 것일까? 행복에 대한 모두의 열망이나 이익을 향한 모두의 끌림 또는 상업에 대한 열정이라 답하는 것으로는 불충분하다고 벤담은 생각한다. 어떤 인위적 조건하에서 이러한 질서가 작동할 수 있는지를 아는 것이 관건이다.

---

21) *Ibid*., p. 311.

자발적 행위들이 가능한 한 가장 자유롭게 전개되도록 방임해야 한다면, 이 '자발성'의 제도적 조건 또한 확보해야 한다. 사람들이 벤담을 스미스보다 더 스미스적이라고 빈번히 간주하는 이유 중 하나는, 그들이 이 행위들의 '자발성'과 '자연성'을 혼동한 것과 관련이 있다. 그런데 벤담은 정치경제학이 경제질서 내에 쾌락을 늘리고 고통을 줄이도록 부추기는 경향 외에 그 어떤 '자연적'인 것도 없다는 사실을 망각했다고 아주 공공연히 비난한다.[22] 하지만 만일 노력과 희생의 결과를 보호할 수 있고 또 무엇보다도 미래의 향유에 대한 기대—이러한 기대 없이는 경제영역에서 그 어떤 것도 행해질 수 없다—에 필수적인 안전을 보장할 수 있는 입법체계와 정치사회의 구축 없이는, 각자에게 내재되어 있는 이러한 경향만으로는 번영을 보장하는 데 충분치 않다는 것이다. 달리 말하자면, 스미스와 다른 경제학자들은 이익의 형성과 실현 가능성에 미치는 법의 영향력을 충분히 고려하지 못했다. 지극히 생산적이어서 경제학자들이 인정하고 찬양하는 자발성을 개인들이 발휘할 수 있는 것은 바로 법의 조직 그리고 법을 강화시키는 상벌체계에 의해서인 것이다. 정치사회에 감수성의 성향들 외에 다른 '자연법칙'은 없으며, 이 성향들은 도덕 규범과 법률이라는 장치 전반에 의해 분명히 문명화되어야 한다. 이 성향들을 도덕과 법률에 복종시키는

22) 그래서 벤담은 애덤 스미스나 흄처럼 '사태[사물]의 자연적(natural) 진행과정'보다는 오히려 '실제적(actual) 진행과정'에 대해 논의하기를 더 선호한다. 이 점에 관해서는 다음을 참조할 것. C. Laval, *Jeremy Bentham, les artifices du capitalisme*, p. 49.

것의 또 다른 이름이 바로 안전이다. 이는 정치의 일차적 목표 가운데 하나고, 교역의 모든 자발적 질서가 존재하기 위한 조건이기도 하다. 입법자가 번영에 기여하는 것은 무엇보다도 바로 이러한 길을 통해서다. 통치가 **직접적으로** 할 수 있는 일은 거의 없는 반면, **간접적으로** 할 수 있는 일은 매우 많다.

벤담은 자발적 질서와 자연적 질서를 구분한다. 자발적 행위는 어떤 강제적 법에 의해서도 가로막히지 않기 때문에 입법자가 허용한 행위일 뿐 아니라 특히 입법자가 구축한 행위이기도 하다. 왜냐하면 '자발적 행위'의 방해를 금하는 법률과 상벌체계를 통해 이 행동이 가능해졌기 때문이다. 이러한 의무사항들은 '자연'에 속하는 것이 아니라 조직된 사회와 거기서 제정된 규칙들에 속하는 것이다. 가장 섬세한 활동은 물론 가장 단순한 몸짓도 마찬가지다.

> 법이 명령이나 금지를 삼가야 하는 행동들과 관련해 법은, 당신이 자유를 활용해 그 누구에 의해서도 방해받지 않고 그것들을 행하거나 행하지 않을 수 있는 실정적 권한을 부여한다. 나는 서 있을 수도 앉아 있을 수도 있으며, 들어갈 수도 나올 수도 있고, 음식을 먹을 수도 먹지 않을 수도 있다. 법은 여기에 대해 어떤 언도도 하지 않는다. 하지만 이러한 관점에서 내가 행사하는 권리를 나는 법으로부터 얻어 낸다. 왜냐하면 법은 내가 좋아하는 일을 하려는 것을 막는 모든 폭력을 범죄로 만들기 때문이다.[23)]

23) *Ibid*., pp. 156~157.

요컨대 모든 법은 그것이 성향에 대한 억압인 한에서 '자연적 자유'에 반대된다고 말할 수 있다. 하지만 오직 법을 통해서만 사람들은 행동의 실효적 자유와 자신의 능력을 발휘할 수 있는 실효적 자유를 향유할 수 있는 것이다. 이해관계의 의미, 활동에 대한 취향, 여기에 사람들이 투여하는 에너지와 지성, 미래에 자신을 던질 수 있는 능력, 이것들은 인간들이 누릴 수 있는 보상의 법적 보호에 속하는 것이다. 시간과의 관계는 우리가 생각하는 것처럼 자연적이지 않다. 미래는 제도가 만들어 내는 것이다. 미래는 무엇보다도 안전에 달려 있고 안전 없이는 미래의 향유에 대한 어떤 희망도 품을 수 없다는 것이다.[24] 우리는 여기서 이익에 따라 통치한다는 것이, 이 이익이 '자연적' 흐름에 따라 실현되도록 방임하는 데 있는 것이 아니라, 반대로 개인들의 품행에 법률이 미치는 영향에 따라, 요컨대 개인의 품행이 집단의 행복에 미치는 효과에 따라 수정 가능한 '법률로 이루어진 피륙'을 직조하는 것임을 알 수 있다.

또 규범체계를 전체적으로 질서화하는 유용성의 원리가 통치하고만 관련되는 것이 아니라 제한의 원칙이기도 하다는 점을 볼 수 있다. 인간에 대한 통치는 그들 성향의 표현 및 실현에 국한되어 이루어진다. 이렇게 함으로써 인간의 욕망이 생산적 활동으로 유도될 수 있는 것이다. 그래서 정치적 주체의 품행은 일련의 법적 강제에 의해 관리되는데, 이 법적 강제의 존재 이유는 유용성에 있다. 통치는 자신이

24) 시간과 제도의 관계 분석은 다음을 참조할 것. S. G. Engelmann, *Imaging interest in Political Thought. Origin of Economic Rationality*, Duke University Press, London, 2003. C. Laval, *Jeremy Bentham, les artifices du capitalisme*, chap. 'L'Etat et le temps', pp. 84~103.

개인들의 성향에 가하는 제한행위 내에서조차도 제한적이다. 그리고 이 제한행위는 항시 유용성의 원리에 기초할 수 있어야 한다. 그러므로 통치권력의 제한은 개인들의 행위 자체로 회부되며, 또 어느 정도까지는 개인들의 행위가 발생시킬 수 있는 결과에 따라 그 행위들을 제한할 필요성 여부로 회부된다.

그러므로 간소하게 통치하기 위해서는 개인들을 최소한으로 제한해야 하며, 이는 개인들의 자발적 행위를 증대시켜야 한다고 가정하는 것이다. 자유주의 통치는 개인들의 품행에 대한 제어력을 강화하려 하기보다는 **개인들 각자가 자기 자신의 품행에 행사하는 제어력**을 강화시킴으로써 각자가 가능한 한 최대의 행복에 도달할 수 있게 하는 통치인 것이다. 도로를 유지하고 청소함으로써, 언론매체를 활성화하고 관념과 지식의 순환을 활성화함으로써 경제활동의 외부조건에 작용을 가하는 것, 교육, 노동, 갱생의 일망감시적 제도들을 만들어 냄으로써 개인들이 법을 고려해 자신들의 이익을 더 잘 계측하도록 하는 것, 안전을 통해 미래에 대한 기대치를 안정화하여 노동과 투자를 고무하는 것, 각자가 타자의 감시인이 되도록 상호감시장치를 발전시키는 것, 이 모든 것이 자기통치를 돕는다. 그리고 잘 알려진 바 있는 '쾌락과 고통의 계측'은 사유의 역사에서 이 자기통치에 붙여진 문장紋章 같은 이름이다. 하지만 이 통치가 계측 능력을 만들어 낼수록 이러한 창조, 이러한 작업을 통해 통치는 더욱 제한된다. 이해관계가 안정화될수록 이러한 기대도 더욱 안정화되고, 미래의 자발성을 억제하는 무시무시하고 전염되기까지 하는 악이라 할 수 있는 '기대의 어긋남'이 발생하지 않도록 통치는 이해관계 체계를 지나치게 동요시키지 않도록 더욱 유의하게 될 것이다.

실효적 권리들은 공공선을 최대화하기 위해 기성의 권위가 만들어 낸 허구라고 말하는 것은 모든 법, 제도 그리고 기능을 그것들의 유용성이라는 관점에 입각해 검토하는 길을 열게 된다. 그것은 시행 중인 법뿐 아니라 사회 전체와 신분의 분배, 권력과 부의 불평등, 가치, 말 그 자체를 유용성이라는 엄격한 심판에 복종시킨다. 그것은 정부의 권한과 국회의원, 공무원, 판사를 항상 인민의 시선 아래 두고 '여론의 심판'을 통해 그들의 행위를 문제 삼으려는 의지다. 이는 뱅자맹 콩스탕이 간파했듯, 유용성의 고찰을 사회적 삶의 모든 영역으로 확대하는 것이고, 심지어는 중상주의적 내치조차 관리하려 하지 않았던 영역에 공적 개입의 길을 여는 것이다. 한마디로 '최대 다수의 최대 행복'이라는 원칙은 복지 관료주의와 가능한 한 가장 급진적인 정치적 민주주의, 그리고 꾸준한 개혁을 위한 정치적 방법론으로 귀결된다. 이 보편화된 비판의 요청은 공리주의 가설의 논리 전개다.[25]

자연권 옹호자들은 이 위험을 간파한 바 있다. 만일 특정 상황에서 정치 공동체에 이로움보다는 해로움을 더 많이 가져다준다고 여겨질 수 있는 권리들을 '시효時效의 대상이 되지 않는 것'으로 간주하지 않는다면, 그 권리들은 파괴될 위험에 노출될 수 있다. 예를 들면 이는 모렐레André Morellet 신부가 벤담과의 논쟁에서 소유권과 관련해 옹호

25) 이 점에 대해 존 스튜어트 밀은 벤담에게 할애된 그의 저작에서 벤담을 평가하면서 "전복될 수 있었던 모든 것을 오래전부터 방치한 […] 한 세기를 전복한 중요한 사상가"라고 놀랄 만한 정식을 사용했다. *Essai sur Bentham*(벤담에 관한 시론), PUF, Paris, 1998, p. 170.

한 논지다. 만일 소유권의 문제가 단순히 유용성의 문제라면, 그리고 만일 소유권 자체가 벤담이 주장한 것처럼 법이 만들어 낸 것이라면, 통치는 언젠가 소유권의 제한, 심지어는 소유권 철폐가 공공선에 이로운 것이 될 수도 있다고 계측할 수 있는 것이다.[26] 이와 같이, 프랑스의 생시몽주의자와 피에르 르루Pierre Leroux의 글에 의한 것이든 또는 영국의 톰슨William Thompson같이 급진적 벤담주의자의 글에 의한 것이든 간에, 탄생 중에 있는 사회주의는 공리주의의 교훈을 포함하게 될 것이다. 물론 벤담은 경제적 자발성에 매우 본질적인 이 '안전'을 보존하는 데 너무 집착한 나머지, 그들처럼 극단으로 가지는 않게 되겠지만 말이다. 하지만 벤담 이론의 다소 심화된 개혁적 잠재성을 이해하는 데는, 벤담이 급진적으로 선회하기 훨씬 이전에 그가 평등을 (안전, 생존, 풍요와 더불어) 경제정책의 네 가지 목표 중 하나로 만든 방식에 대해 고찰하는 것으로 충분하다.

개입 대상의 증가, 행정 기능의 증대, 그리고 관리 방식의 증대는 분명 벤담의 생각과 연결된다. 근대 통치의 일반적 목표인 사회복지가 개인적이고 사회적인 모든 양상을 포함하고 그 결과 국가의 관점에서는 그 무엇도 무심히 넘겨 버릴 수 없다는 생각과 말이다.

벤담은 관념적으로 합리적인 감옥의 교도관으로 축소될 수 없다. 그는 인구에 대한 철저한 배려에 주의하는 '생명관리정치'의 가장 훌륭한 사유자이기 때문이다.[27] 최대 다수의 최대 행복은 수많은 다양한

---

26) Abbé Morellet, *Traité de la propriété de l'homme sur les choses*(사물에 대한 인간의 소유권 논설), éd. Eugenio di Rienzo et Lea Campos Boralevi, Centro editoriale toscano, Florence, 1990.

27) 벤담의 공적 개입과 관련해서는, 벤담에 관한 가장 훌륭한 주석서를 쓴 해리슨(Ross Harrison)

인구의 활동들을 교육하고 유도하며 또 감독할 수 있게 해주는 도구들의 배치를 전제로 한다. 극빈자, 광인, 어린이 그리고 병자들을 위해 마련된 일망감시체제는 명백하게, 급격한 산업화 도정에 있는 사회가 마주치게 되는 새로운 현상들을 관리하기 위해 만들어진 것이다. 사회적이며 경제적인 삶이 그들에게 요구하는 것, 즉 우선 그들 개인의 노력을 통해 부유해지고자 하는 그들 자신의 이해관계에 대한 공정한 계산을 요구하는 것에 이러저러한 이유로 적응하지 못한 모든 사람을 관리하는 것이 중요하다. 그래서 상업사회의 '찌꺼기'를 긴밀하게 통제하고 재편성하는 활동을 통해 노동하도록 만드는 것이 특히 중요하다. 일망감시체제는 원래 감금의 장소가 아니라 노동하는 법을 배우는 재교육의 장소인 것이다.[28] 벤담은 18세기 말, 즉 추방자, 이주자, 범죄를 증가시키는 낙오자와 걸인들로 이루어진 인구집단을 어떻게 처리해야 할지 알 수 없게 되었을 때, 일망감시체제가 적용된 감옥과 극빈자를 위한 작업장의 기획안을 작성한다. 일망감시체제는 또한 인구와 관련된 문제들, 즉 이러저러한 이유로 계산의 규범에 스스로 따를 수 없고 일망감시체제의 원리에 의해서만 다뤄져야 하는 자들의 일거리, 생

을 참조할 것. 그는 "좋든 싫든 간에 벤담적인 국가가 우리 국가다"(for better or worse, the Benthamite State is our state)라고 주장한다. R. Harrison, *Bentham*, Routledge and Kegan Paul, London, 1983, p. 260.

28) 다음을 참조할 것. M. Dean, *The Constitution of Poverty. Toward a Genealogy of Liberal Governance*, Routledge, London, 1991 및 A. Brunon-Ernest, *Le Panoptique des pauvres. Jeremy Bentham et la réforme de l'assistance en Angleterre*(빈자의 판옵티콘: 제러미 벤담과 영국에서의 구제 사업 개혁), Presses de la Sorbonne nouvelle, Paris, 2007, p. 19. A. Brunon-Ernest의 인터넷 글, "La fin de la misère? Jeremy Bentham et la réforme des secours aux indigents. 1795-1798"(비참의 끝? 제러미 벤담과 극빈자 원조의 개혁, 1795~1798), site du centre Bentham, 2006. http://bentham.free.fr/Articles/Fin_misere.pdf 또한 참조하라.

산, 도덕성, 성현상, 교육, 건강과 같은 문제들 전체의 포괄적 관리를 위한 경제적 해법으로서 나타난다.

벤담이 19세기 사회개혁주의의 강력한 운동에 영향을 줄 수 있었다는 사실을 다이시는 놓치지 않는다. 앞서 이야기했듯 그가 벤담주의와 개인주의를 동일시하긴 했지만 말이다.[29] '집산주의가 벤담주의에 진 빚'이라 명명된 장에서 그는 벤담이 의도치 않게 세기말의 '전제적 민주주의'와 '사회주의' 정책들을 결정적으로 조장했다는 것을 보여준다. 게다가 1880년대 페이비언주의자들과 '자유주의'는 벤담을 공공연하게 원용하고 있다.[30]

그러면 벤담의 정치는 무엇인가? 그것을 어떻게 특징지을 수 있을까? 벤담은 경제적 주체, 즉 이해타산적 인간에서 출발하여, 이렇게 재정의된 인간에 부합하는 근대정치를 기초하려 한다. 벤담에게 모든 것은 이 경제적 인간에 대한 정치로 향하고 있다. 하지만 문제가 없는 것은 아니다.[31] 벤담의 정치는 전반적 목표가 없는 게임규칙의 단순한 법제화로 환원될 수 없다. 벤담의 정치는 오히려 사회생활 관리, 주체들이 효율적으로 계산할 줄 아는 사람이 되게끔 하는 교육을 지향한다. 이러한 방향설정 때문에, 최소 국가라는 전형적으로 '자유주의적'인 권고들과 다양한 사회적 개입을 권고하는 복지정책이 양립하기 어

29) 벤담이 영국 개혁운동에 끼친 영향이라는 문제에 관한 논의에 대해서는 다음을 참조할 것. E. de Champs, "La postérité des idées de Jeremy Bentham: la notion d'influence à l'épreuve", *Cyber Review of Modern Historiography*, n°11, 2006.

30) Cf. J. Dinwiddy, *Bentham*, Oxford University Press, 1989, pp. 118~119.

31) 하이에크는 벤담이 구성주의적 차원을 수용했음을 간파했다. 이 책 9장을 참조하라.

렵다고 보는 벤담 해석자들은 혼란을 느끼게 된다. 때로 해석자들은 벤담에게서 자유무역 주창자적인 면을 발견하기도 하고 때로는 사회개혁주의자적인 면을 발견하기도 한다. 하지만 다이시는 벤담에게서 둘 모두를 동시에 본다. 벤담이 남긴 유산이 갖는 이러한 이중성을 잊지 말아야 한다. 이 이중성은 19세기 말 '구급진주의자들'과 '신급진주의자들'이 분열하는 원인이 된다.[32] 전자는 급진주의로부터 지주귀족계급의 특권에 대항한 투쟁, 계약의 자유에 기초한 사회모델의 확립, 소유권에 대한 절대적 존중을 끌어내고 이에 유념한다. 후자는 제도들이 개인들 간의 관계들을 '조정할' 목적으로 만들어진 인공물에 지나지 않으며 그러므로 선거에서 표현된 유용성 원리의 심판에 따라 변화시킬 수 있는 것이라는 근본적인 생각을 벤담으로부터 끌어내고 이에 유념한다. 전자가 민주주의를 점차적으로 신뢰하지 않게 되었다면, 후자는 이와 반대로 여기서 절대 다수를 위한 사회적 규칙들을 완성시킬 수 있는 수단을 발견한다. 마치 통치 행위의 측정 가능한 효과를 통해 통치를 제한하려는 공리주의 특유의 방식이 국가개입을 잠재적으로 무한히 확장하는 결과만을 초래하기라도 하듯이 말이다. 자유주의의 한복판에서 펼쳐지는 신성화된 개인의 권리라는 논리와 유용성의 원리라는 논리 간의 대결이 자유주의 위기의 중심에 놓이게 되는 것이다.

32) 이 점에 관해서는 다음을 참조하라. M. W. Taylor, *Men versus the State*, Clarendon Press, Oxford, 1992. 특히 chap. 2. 'Rivals to the Benthamite Heritage'.

5장 · 자유주의의 위기와 신자유주의의 탄생

자유주의는 긴장의 세계다. 자유주의의 통일성은 애초부터 문제였다. 자연권, 상업의 자유, 사유재산, 시장의 균형과 관련된 여러 덕목들은 모두 19세기 중엽에 지배적이던 자유주의 사상의 교의들이었다. 이 원리들을 건드리면 진보의 기계를 파괴하고 사회적 균형을 파괴하게 될 것이었다. 그러나 서구 국가들에서 군림한 것이 의기양양한 휘그주의만은 아니었다. 가장 신랄한 비판들이 정치적 측면뿐 아니라 교의적 측면에서 19세기 내내 터져 나오게 될 것이다. 요컨대 도처에서 그리고 전 분야에서 '사회'는 개인들 간의 계약적 교환의 총체로 요약될 수 없다. 허구적일 뿐인 평등성의 기만을 고발하는 사회주의에 대한 논의는 차치하고라도 프랑스의 사회학은 콩트Auguste Comte 이후 지속적으로 이 점을 논의하게 될 것이다. 영국에서 급진주의는 가장 자유주의적인 빈민구호와 관련된 개혁에 영향을 미치고 자유교역의 고양을 지원하고 나서 이 자연주의적 형이상학에 대한 반론의 빌미를 제공하게 되며 최대 다수를 위한 민주적이고 사회적인 개혁을 추진한다.

자유주의의 위기는 내부적 위기이기도 했다. 자유주의를 통일된 코퍼스로 보고 연구하려는 사람들은 이 점을 쉽게 망각한다. 자유주의는 19세기 중반부터 제1차 세계대전을 거쳐 양차대전 사이에 이르기까지 더 깊어지는 파열선들을 노출하기 시작했다. 공공선이라는 이상을 옹호하는 사회개혁론자들의 자유주의 그리고 개인의 자유를 절대적 목표로서 옹호하는 자유주의, 이 두 유형의 자유주의 간의 긴장은 사실상 결코 중단된 적이 없었다.[1] 자유주의의 통일성을 단순한 소급적 신화로 축소시키는 이 파열이 바로 1880년대부터 1930년대에 이르는 기나긴 '자유주의의 위기'를 구성한다. 이 자유주의의 위기에서는 사회개혁론자들이 입지를 확보하는 산업화된 모든 나라들에서 차츰 자유주의의 교의가 문제시된다. 때때로 경제의 향방에 대한 사회주의적 관념과 양립하는 것처럼 보이는 이 이의 제기는 20세기 전반 신자유주의 탄생의 지적·정치적 문맥을 형성한다.

이러한 '자유주의의 위기'의 본질은 무엇인가? 마르셀 고셰가 그 여러 측면들 중에서 중대한 문제 하나를 식별해 낸 것은 분명 일리가 있다. 그 문제는 이렇다. 스스로를 전적으로 역사적인 것으로 발견하기 위해 신들을 극복했던 사회가 어쩌다가 숙명적 흐름에 말려들어 자기 미래에 대한 통제력을 송두리째 잃게 되었는가? 어떻게 인간의 자율성이 집단적 무기력과 동의어가 될 수 있단 말인가? 마르셀 고셰가 묻듯이 "스스로를 지휘할 수 없는 자율성이란 무엇인가?" 사회주의가 성공할 수 있었던 것은 미래를 건설하려는 낙관적 의지의 구체화로서 출현할 수 있었기 때문이며, 바로 이 점에서 자유주의의 계승자라 할 만

1) 자유주의의 두 형식에 관한 설명은 다음을 참조하라. Michael Freeden, *Liberalism Divided. A Study in British Political Thought 1914-1939*, Clarendon Press, Oxford, 1986.

하다.[2] 하지만 이는 우리가 자유주의를 시장의 자발적 균형이라는 덕목에 대한 단일한 믿음으로 축소시킬 경우에만, 그리고 우리가 관념들의 단일한 차원 내의 모순 속에 자리 잡을 경우에만 옳다. 그런데 우리는 18세기 이래로 통치 행위의 문제가 훨씬 더 복잡한 방식으로 제기되었음을 살펴본 바 있다. 실제로 우리가 '자유주의의 위기'라 부르곤 하는 바는 미셸 푸코에 따르자면 자유주의 통치성의 위기다. 다시 말해 이는 무엇보다도 경제적·사회적 분야에 정치가 개입하는 것에 관한 그리고 그것을 교의적으로 정당화하는 것에 관한 실천적 문제를 제기하는 위기인 것이다.[3]

이 행위[정치적 개입]에 대한 외적 제한으로 제기되었던 것, 특히 개인의 침범할 수 없는 권리는, '통치술'이 새롭고 긴급한 사회적·경제적 문제에 구체적으로 봉착하게 되자 통치술에 대한 단순한 장해요소가 되었다. 자본주의 체제의 변동, '사유재산'을 위협하는 계급투쟁, 새로운 국제역학관계에 대처하기 위한 통치적 개입의 필요성 때문에 교조주의적 자유주의는 '위기'를 맞게 된다.[4] 프랑스에서의 연대주의와 급진주의, 영국의 페이비언주의와 사회자유주의, 미국적 의미에서의 '자유주의'의 탄생은 통치 방식의 위기를 알리는 징후이자 이 위기에 대처하기 위해 행해진 몇몇 대책이기도 했다.

---

2) 다음을 참조하라. M. Gauchet, *La Crise du libéralisme*(자유주의의 위기), vol. II, *L'Avènement de la démocratie*(민주주의의 사건), Gallimard, Paris, 2007, p. 64 sq 및 p. 306.

3) 다음을 참조하라. M. Foucault, *NBP*, p. 71. [『생명관리정치의 탄생』, 111쪽.]

4) 각 국가는 자신들의 정치적 전통에 따라 고유한 방식으로 자유주의의 개혁을 체험했다. 프랑스는 분명 세기말의 공화주의와 연대주의 교의 내에서 통치의 임무를 재고하는 독특한 방식을 갖게 되었다.

지나치게 편협한 이데올로기

1930년대 대공황보다 훨씬 전에 자유시장주의는, 몇몇 '늙은 자유주의자들'이 그들의 가장 교조적인 명제들을 단념하고자 하지 않았음에도 불구하고 산업화와 도시화의 오랜 과정을 거치며 발전한 자본주의의 새로운 소여들을 통합하는 데까지는 이르지 못했다.

'자유주의 붕괴'의 확증은 사회주의자 혹은 자본주의에 가장 적대적인 반동분자 진영에 국한되지 않고 폭넓게 퍼져 있다. 일련의 모든 경향과 새로운 현실로 인해 경제와 정치에 대한 표상은 완전히 재검토되어야 했다. 자유주의 학파들이 '경제적 조화'를 과장하여 논의했을 때 '역사적 자본주의'는 점점 더 이 학파들의 도식과 일치하지 않게 되었다. 달리 말해서, 19세기 중반에 있었던 자유주의의 승리는 더 이상 지속되지 않으리라는 것이다. 20세기 후반에 출현한 양대 세력인 미국과 독일의 자본주의는 다음과 같은 사실을 증명한다. 요컨대 독립적이고 고립된 경제 주체, 명확히 이해된 자신들의 이해관계에 대한 고심에 따라 행동하는 경제 주체, 경쟁적 시장의 조정에 따라 결정을 내리는 경제 주체라는 원자론적 모델은 실제로 현존하는 산업이나 금융 체계의 구조 및 실천과 더 이상 부합하지 않는다는 것이다. 정치 지도자들과 밀접하게 얽혀 있는 소수 지배집단에 의해 지배되고 경제의 주요 부문에 점점 더 집중되는 이 산업체계와 금융체계는, 정통 경제학 이론가들이 고안한 '수요와 공급 법칙'이라는 어설픈 구상과는 하등의 관계가 없는 '게임의 법칙'에 의해 지배되고 있었다. 미국의 철도, 석유, 은행, 철강, 화학 등의 분야를 장악한 대기업의 수뇌로 있는 몇몇 독재자의 군림은—사람들은 이때를 '강도 남작'robber baron('악덕 자본가'

라는 뜻)들의 시대라 규정했다—아마도 자수성가한 남자self-made-man의 신화를 만들어 내기는 한 것 같지만, 동시에 개별적 이해관계의 조화로운 결합이라는 관념을 완전히 못 믿을 것으로 만들어 버렸다.[5] '불완전경쟁', 기업전략 분석이나 게임이론이 고안되기 훨씬 전부터 완전경쟁시장의 이상은 이미 대규모 자본주의의 새로운 현실과 많이 동떨어져 보였다.

고전 자유주의는 기업은 물론이고 기업의 조직, 그 법률적 형태, 기업의 자금력 집중, 새로운 형태의 경쟁과 같은 것들을 충분히 통합하지 못했다. 생산과 판매의 새로운 필요성은, 헌신적이고 자격을 갖춘 직원들에 의해 군대식으로 위계화된 방식으로 관리되는 산업역군들을 동원하는 일종의 '과학적 경영'을 요청했다. 다수의 분열을 통합하는 근대기업은 조직화 전문가들에 의해 관리되며 주류 경제학이 미처 이해하지 못한 그런 현실이 되어 버렸다. 하지만 교의들에 별로 신경 쓰지 않는 다수의 사람들, 특히 '제도학파' 경제학자들은 근대기업들을 검토하기 시작했다.

카르텔을 형성한 거대 그룹들의 등장은 소단위 자본주의를 소외시켰고 판매 기술의 비약적 발전은 소비자 주권과 합의 그리고 지배실천에 대한 믿음을 약화시켰으며 독과점과 독점가격의 배후조종자들은 모두에게 득이 되는 정당한 경쟁이라는 표현들을 손상시켰다. 일부 여론은 비즈니스맨들을 발전의 영웅으로 보기보다는 오히려 거물급 사기꾼으로 보기 시작했다. 민주주의 정치는 결정적으로 정치적 삶의

5) 이 점에 관해서는 다음을 참조하라. M. Debouzy, *Le Capitalisme 'sauvage' aux Etats-Unis, 1860-1900*(1860~1900년, 미국의 '미개한' 자본주의), Seuil, Paris, 1991.

모든 단계에서 나타나는 부패라는 대대적 현상들 때문에 위기에 빠진 것 같았다. 정치인들은 무엇보다도 금권을 쥔 자들의 꼭두각시처럼 보였다. 그들과 연결된 경영자와 자본가 그리고 정치가의 '보이는 손'은 시장의 '보이지 않는 손'에 대한 믿음을 심각하게 약화시켰다.

자유주의 정식이 임금조건 개선의 긴급성에 적응하지 못한다는 것, 또 그것이 여기저기서 터져 나오는 사회개혁 시도와 그 자체로 양립 불가능하다는 것은 교조적 자유주의의 위기의 또 다른 요소를 이루고 있다. 19세기 중반부터 유럽에서는 임금노동자의 조건을 공고히 하고 또 19세기 전반을 휩쓸었던 빈곤상태에 그들이 계속해서 빠지지 않도록 하는 장치, 규정, 법률의 상승운동이 일어난다. 이는 1870년대 말부터 1880년대 초에 걸친 비스마르크의 초기 개혁으로부터 시작해 강화되었는데, 그 내용은 아동노동, 노동시간 제한, 단결권과 파업권, 재해보상, 노동자의 퇴직금 등에 관한 법제화다. 특히 집단보호 및 사회보장 조치가 맞서야 했던 일군의 일들에 빈곤이라는 새로운 문제가 끼어들게 된다. 임금관계란 서로 독립적이고 평등한 두 의지가 맺는 계약이라고 보는 관념은 거대한 산업집중과 도시집중이 나타나던 시기의 사회 현실과는 완전히 유리된 허구로 점차 여겨지게 되었다. 정치적 측면에서와 마찬가지로 노동조합의 측면에서 비약적으로 발전한 노동운동은 바로 이러한 점에서 임금관계의 집단적이고 투쟁적인 측면을 부단히 환기시켰고, 노동계약이 엄밀하게 개인적이고 '조화롭다'는 교조적 자유주의의 견해에 도전했다.

국제적 측면에서 19세기 말은, 리카도David Ricardo가 19세기 초에 꿈꿨던 분업의 원리에 따라 조직된 평화롭고 보편적인 거대한 사회와 전혀 닮아 있지 않았다. 관세보호와 국수주의의 대두, 경쟁적 제국주의, 국제통화체계의 위기는 그에 버금가는 자유주의 질서에 대한 위반으로 보였다. 심지어 자유교역이 보편적 번영의 정식이어야 한다는 것도 더 이상 사실이 아닌 것처럼 보였다. '교육적 보호'에 관한 프리드리히 리스트Georg Friedrich List의 논지는 더욱 신뢰성 있어 보였고 새로운 현실에 부응하는 것처럼 보였다. 요컨대 독일은 미국처럼 관세보호 장벽에 의해 보호되는 대단위 자본주의의 형상을 보여 주고 있었던 반면, 영국에서는 자국의 산업에 대한 이의 제기가 목격된다.

'야경' 국가라는 구상은 영국에서는 '맨체스터학파'에 의해 그리고 프랑스에서는 장-바티스트 세Jean-Baptiste Say를 계승한 교조적 경제학자들에 의해 확산되었다. 그들은 특별히 구체적인 관점으로 통치의 기능을 제시했다. 즉 질서유지와 계약의 존중, 폭력의 소거, 재화와 인명의 보호, 외부 적들로부터의 영토 방어 그리고 사회·경제적 삶의 개인주의적 구상이다. 18세기에는 있을 수 있는 '전제주의'의 다양한 형식들에 대한 비판을 구성하던 것이 점차 소유권의 보수적 방어가 되어 갔다. 스미스가 상상한 '내치법'의 개입 영역이나 벤담적 국가의 행정 영역과 관련해서도 지극히 제한적인 이 개념은 19세기 말 산업화되고 도시화된 새로운 사회의 조직 및 조절의 필요성과 점점 더 일치하지 않게 되었다. 달리 말하자면 자유주의자들은 19세기 중반부터 발전되어 온 통치 실천 이론을 운용하지 않았던 것이다. 설상가상으로 그들은 예리하지 못한 보수주의자 혹은 동시대 사회를 제대로 이해하지 못하는 자들처럼 보이는 바람에 고립되었음에도 불구하고 자신들이 자유주의 자체의 구현자들이라 주장했던 것이다.

몇몇 이들이 '자유주의의 실낙원' 느낌이라 불렀던 세기말 '자유주의의 위기'는 단번에 터져 나온 것이 아니다. 사회주의자들이나 공공연한 보수주의 신봉자들 외에, 자유주의가 크게 유행하던 시기에도 이해관계의 자연적 조화가 갖는 덕목들에 대한, 그리고 개인적 행위와 능력의 자유로운 개화에 대한 믿음을 매우 일찍부터 의심스럽게 생각하던 상당히 염려스러운 시각들이 있었다.

하나만 예를 든다면, 토크빌과 존 스튜어트 밀 간의 지적 교류가 이 명철한 우려를 잘 보여 준다. 1835년에서 1840년 사이에 이 두 사람은 근대사회의 심층적 경향들에 대해, 특히 사회생활로 더욱 확대되고 세분화되는 통치 경향에 대해 논의한다. 토크빌은 미국 여행보다도 1835년 영국 여행 당시 가졌던 이 만남을 통해 민주주의, 중앙집권화, 획일성 간의 관계를 설정할 수 있었다.[6] 토크빌에게 이 관계는 민주주의 사회와 결부되어 있다. 그의 의견에 따르자면 영국이나 미국 같은 몇몇 나라들은 지역 자치의 활력 때문에 더 잘 버틸 수 있다.[7]

그가 영국을 여행하는 동안 구상한 이러한 생각은 1840년에 출간된 『미국의 민주주의』 제2권, 특히 4부 2장 '통치 분야에서의 민주주의적 민중 개념은 권력의 집중에 당연히 유리하다'에서 전개된다. 민주

---

6) 다음을 참조할 것. A. de Tocqueville, *Voyage en Angleterre et en Irlande de 1835*(1835년 영국과 아일랜드 여행), *Œuvres I*, Gallimard, 'La Pléiade', Paris, 1991, p. 466 이하.

7) 게다가 그는 중앙과 지방의 균형작용, 근대국가의 중앙집권화 원리와 지방자치의 원리라는 서로 대립되는 두 원리 간의 중화를 환기한다. 빈민에 대한 1834년 8월의 영국법은 바로 토크빌에게 국가와 지방의 균형의 모델이다.

주의적 민중들은 '단순하고 보편적인 개념'을 좋아한다는 확증으로부터 출발해 토크빌은 유일하고 중심적인 권력과 일률적인 법체계에 대한 견해를 결론짓는다. 신분의 평등은 개인들로 하여금 강력한 중앙권력을 원하도록 만들었다. 민중의 힘으로부터 태어났고 어떠한 상황에서도 그들의 손을 놓지 않을 중앙권력을 말이다. 현대 정치권력의 특징 중 하나는 통치 행위에 대한 한계의 부재, 즉 '모든 것을 할 권리'다. 국가로 상징되는 사회는 매우 강력하며 개인의 권리를 희생시킨다. 주권자들은 "그들이 대표하는 중앙 권력이 그 자체에 의해 그리고 획일화된 도식 위에서 모든 사항과 모든 사람을 관리할 수 있고 또 그래야만 한다는 것"[8]을 결국은 이해하게 된다. 이리하여 그들에 대한 정치적 반대가 무엇이든지 간에, "그들 모두는 유일하고 단순하며 신의 섭리에 의한 권력 그리고 창조적인 권력의 이미지로 통치를 이해하게 될 것이다".

이 은밀한 힘은 각자가 사적인 일에 힘몰되는 것을 이용해 국가가 모든 영역을 독점하게 만든다. 따라서 더 많은 보호, 교육, 구호, 사법행정에 대한 개인들의 요구가 증가하고, 활동과 교환에 대한 규제 및 공공사업을 벌여야 할 요청도 산업과 더불어 증대된다. 가장 광범위한 동시에 가장 유연한 '거대하고 보호적인 권력'이라고 토크빌이 칭한 바 있는 이 새로운 전제주의는 개인의 관점에서는 용인할 만한 것인데, 왜냐하면 이 전제주의는 모든 사람들의 이름으로 행사되고 또 이

8) A. de Tocqueville, *De la Démocratie en Amérique*, II, liv. IV, chap. 2, *Œuvres II*, Gallimard, 'La Pléiade', Paris, 1992, p. 810. [『미국의 민주주의 2』, 임효선·박지동 옮김, 한길사, 1997, 4부 2장.]

는 인민주권으로부터 나온 것이기 때문이다. 중앙집중으로 향하는 이 본능, 개인적 자유의 범위를 희생시키는 행정 영역의 급증은 어떤 이데올로기적 타락에서 비롯되는 것이 아니라 평등으로 향하는 사회의 전반적 운동에 내재하는 경향에서 비롯되는 것이다.

이 점과 관련해 존 스튜어트 밀은 상당수의 반론을 제기하면서도 동의를 표한다. 존 스튜어트 밀의 반응은 자신의 아버지 제임스 밀과 제러미 벤담 같은 사람들이 자기수정 가능한 대의민주주의를 상상했을 때의 공리주의적 관점과 관련한 수정을 분명히 표현하는 것이다.[9] 토크빌이 생각한 위험은 민주주의에 대한 그릇된 관념에 근거하고 있다고 존 스튜어트 밀은 분명히 주장한다. 민주주의는 인민에 대한 직접적 통치가 아니라 만인의 선에 부응해 인민이 통치된다는 보증인 것이다. 이것은 통치자들의 행동을 심판할 수 있는 유권자들에 의한 통치자의 통제를 가정하는 것이다. 그러나 그는 특히 토크빌이 신분의 평등과 '상업문명'으로의 흐름을 혼동했다고 비판한다. 상업문명에서 평등의 열망은 여러 양상들 가운데 하나에 불과하다는 것이다. 존 스튜어트 밀이 보기에는 우선 경제발전과 "매개적 위치를 점유하는 자들의 증가"가 근본적 경향을 이루고 있다.[10]

---

9) J. S. Mill, *Essais sur Tocqueville et la société américaine*, Vrin, Paris, 1994 참조. [토크빌의 『미국의 민주주의』를 주해한 두 개의 글("De Tocqueville on Democracy in AmericaI", "De Tocqueville on Democracy in America II")과 "State of Society in America"를 번역·출간한 책. 이 논고들은 다음에 수록되어 있으며, https://oll.libertyfund.org/에서 열람 및 다운로드 가능하다. *Collected Works of John Stuart Mill, Volume XVIII — Essays on Politics and Society: Part 1*, University of Toronto Press, 1977.]

10) *Ibid*., p. 195. [*Essays on Politics and Society: Part 1*, p. 192.]

그러나 이 점증하는 평등은 문명 진보의 한 특성에 불과하다. 그것은 산업과 부의 진보에 따른 우연한 결과일 뿐이다. 요컨대 그것은 토크빌이 보여 주듯 다른 결과들에 수많은 방식으로 작용하지만 그렇다고 해서 원인과 혼동해서는 안 된다.[11]

존 스튜어트 밀에 따르면, 주된 변화는 부의 추구가 우세해지고[12] 정신적이고 도덕적인 몇몇 가치들이 쇠퇴한 것이다. 토머스 칼라일 Thomas Carlyle의 우려에 답하면서 그는 높은 가치의 개인이 여론의 무게에 으스러짐을 한탄한다. 그는 전면화된 협잡질이 상업계를 장악했다고 묘사하고 또 예술과 문학에 존재하는 보다 고귀하고 고결한 것이 평가절하되고 있음을 고발한다. 만약 사회의 새로운 상태가 대중들의 돌이킬 수 없는 권력과 정치적 개입의 확장으로 특징지어질 수 있다면, 개인의 무력함을 개선하는 방법이 될 만한 것들이 검토되어야 한다. 그는 그 방법을 두 원리로 검토한다. 그 중 하나는 토크빌이 예고했듯, 고립된 각각의 원자에 결핍되어 있는 힘을 획득하기 위한 단체를 세우는 개인들의 '연합'이고, 다른 하나는 대중의 여론에 저항하기 위한 개인의 개성에 생기를 불어넣기 위해 고안된 교육이다.[13]

토크빌 및 존 스튜어트 밀과 더불어, 우리는 꽤 일찍부터 그리고 **그 내부로부터** 자유주의 진영을 엄습했던 의심이 무엇이었는지 더욱 잘 이해할 수 있다. 통치권력이 상업문명과 함께 강화된다는 것, 바로

---

11) *Ibid*., p. 195. [p. 192.]

12) J. S. Mill, "Civilisation", *Essays on Politics and Culture*, Peter Smith, Glouchester, 1973, p. 45 이하에 재수록. [*Essays on Politics and Society: Part 1*에 수록.]

13) *Ibid*., p. 63. [*Essays on Politics and Society: Part 1*, p. 136.]

이것이 자유방임주의 교의가 만장일치로 신뢰받는 대상은 아니라는 사실을 증명하는 지적인 것이다. 이와는 정반대로, 만일 태만하게도 자유무역과 절대적 사적 소유권의 덕목과 관련해 의기양양한 지성적이고 정치적인 역사만을 살펴본다면 우리는 19세기에 대해 아무것도 이해할 수 없을 것이다. 개인의 자유, 진보 그리고 평화로운 사회가 도래하리라는 낙관주의는 아주 일찍부터 대단히 중대한 유보의 대상이 되었다. 그런데 급진주의 전통이 비개입주의 교의에 파열의 구멍을 내기 시작한 것도 또한 매우 이른 시기의 일이었다. 존 스튜어트 밀의 탐구는 그 자체로 이와 같은 변화를 명확히 드러내 준다.

존 스튜어트 밀은 생전에 출간되지 않은 1869년의 뒤늦은 텍스트 『사회주의론』에서 경제에 대한 전면적 통제라는 사회주의적 이상을 혹독하게 비판했지만, 벤담의 정신에 충실한 이 책의 한 장('사유재산권은 절대적 권리가 아니다')에서는 "소유권제도의 존폐는 그들[투표권자들] 손에 달렸다. 즉 그 제도가 얼마나 공공성을 띠는지…에 대한 그들의 판단과 평가가 그것의 운명을 결정할 것"[14]이라고 주장했다. 그가 보기에, 한 사회가 충분한 검토를 거쳐, 공공선에 부합하지 않는 재산권을 변경하거나 심지어 폐지하는 것은 완전히 정당하다.[15] 우리는 여기서 18세기 말부터 논쟁을 불러일으킨바, 즉 소유권을 신성한 자연권으로 간주해야 하는가 아니면 최대 다수의 행복에 대해 소유권이 미치는 영향, 다시 말해 상대적 유용성에 따라 고찰해야 하는가라는 문제

14) J. S. Mill, *On Socialism*, Prometheus Books, Buffalo, New York, 1987, p. 56. [「사회주의론」, 『존 스튜어트 밀 선집』, 서병훈 옮김, 책세상, 2020, 786쪽. 이 인용문은 '머리말'에 있다.]

15) *Ibid*., pp. 145, 146. [같은 책, 867쪽.]

와 만나게 된다.

공리주의가 정치적 개입과 소유권 상대화의 정당화로 귀착될 수 있었다는 사실은 허버트 스펜서에 의해 즉시 논쟁적인 방식으로 강조되었다. 경제적·사회적 개입주의에 반대하는 19세기 말 스펜서의 격렬한 반응, 그리고 그에 의하면 이 개입주의의 기초가 되는 '경험적 공리주의'에 대한 그의 격렬한 반응은 이러한 자유주의적 통치의 위기를 알리는 주요 징후다. 스펜서의 진화론은 마찬가지로 자유주의를 철학적으로 재정립하려는 첫 번째 시도다. 이 시도는 비록 망각되었을지언정 무시할 수 없다. '스펜서주의'는 신자유주의의 가장 중요한 몇몇 주제들 중에서도 특히 경쟁의 우선성을 사회적 관계에 도입했다.

자유시장 옹호

스펜서주의는 인구의 안녕을 목적으로 하는 사회개혁 지지자 모두를 반역자라 규탄하고 '사회주의'라 비난하는, '개인주의자들'에 의한 반격의 성격을 갖는다.[16] 1880년경 늙은 자유주의자들은 1860년의 승리가 옛일이 되어 버렸고 반자유방임의 거대한 운동에 패배했음을 느끼게 되었다. 1882년 창설된 자유와 재산 방어연맹Liberty and Property Defense League으로 재규합한 이 늙은 자유주의자들은 빅토리아 시대에 갖고 있던 지적·정치적 영향력을 상당 부분 상실한 상태였다.

스펜서는 '경험적 공리주의'의 파행을 막기 위해 새로운 토대 위에 공리주의를 재정립할 필요가 있다고 생각한다. 우리는 스펜서의 철

16) M. W. Taylor, *Men versus the State*, op. cit., p. 13.

학이 19세기 말 영국과 미국에서 대단히 인기 있었다는 사실을 알고 있다.[17] 이론 및 정치적인 측면에서 에밀 뒤르켐Émile Durkheim의 강력한 경쟁자였던 허버트 스펜서는 전형적인 공리주의자였다. 그러나 어떤 공리주의일까? 스펜서는 법률적이거나 경제적이기보다는 진화론적이고 생물학적인 공리주의자를 자처한다.[18] 그 정치적 결과는 명확하다. 요컨대 벤담주의의 개혁적 성향을 막기 위해 공리주의의 이론적 토대를 변화시키는 것이 중요해진다. 스펜서는 사실, 인민의 선을 주장하면서 늘 더 많은 명령적 조치를 취하려 하는 개혁주의자들의 '배반'을 막으려 애쓴다. 이 사이비 자유주의자들은, 군사적 형태의 결집을 막는 계약주의적 형태의 자발적 협동이 지배해야 하는 사회로 역사가 진보하는 것을 막을 뿐이라는 것이다.

스펜서는 어떤 '진화의 법칙'에 따라,[19] 자유주의를 주장하는 국가 책임자들이 행한 개입주의까지를 포함한 국가의 모든 개입주의에 반기를 들었다. 그는 입법조치에서, 그리고 가장 약한 자에 대한 법적 보호를 꾀하는 공공제도에서 시민들의 삶에 장애가 되는 '간섭'과 '제약'만을 발견할 뿐이다. 염색공장이나 세탁소에서 여성과 어린이의 노동을 제한하는 법, 의무 백신접종을 부과하는 법, 가스공장에 관리감독부서를 세우는 법, 12세 이하 아동을 고용하는 탄광 주인을 징계하는 법, 아일랜드 소작인들의 종자 매입을 방조하는 법 등, 하면 안 되는 것

---

17) Cf. P. Tort, *Spencer et l'évolutionnisme philosophique*(스펜서와 철학적 진화론), op. cit.

18) 게다가 스펜서는 자연과학의 진보에 힘입어 자신이 벤담과 비교해 얼마나 '진화'했는가를 지적하고 있다. 스펜서의 학설이 생시몽과 콩트에게 많은 영향을 받고 있다는 사실을 첨언할 수 있을 것이다. 하지만 스펜서는 이 두 사람의 학설을 변형시켰고 또 그들이 자신들의 이론으로부터 이끌어 낸 정치적 결과들을 변형시켰다.

19) 이 책의 2장 108쪽을 참조하라.

의 예로 스펜서가 드는 이 모든 법은 철폐되어야 한다. 왜냐하면 이 법들은 억압적인 방식으로 협동을 조직화함으로써 선을 직접적으로 행하려 하기 때문이다. 이 법들의 강제적 성격은 용납될 수 없고 또 시대에 뒤떨어진 것이다.[20] 그가 비난하는 '강제적인 법'의 목록은 그 자체로 대단히 중요한데, 왜냐하면 이 목록은 사회, 의료, 교육 영역에 관련되어 있기 때문이다. 요컨대 노동, 주거, 건강, 위생, 교육, 과학적 연구, 박물관과 도서관 등의 영역인 것이다.[21]

스펜서는 이 배신을 빈자들을 구하려는 좋지 못한 조급함이라고 설명한다. 나쁜 길을 택했다는 것이다. 사실 선을 얻기 위한 두 가지 방법이 있다. 선은 속박을 감소시킴으로써, 즉 간접적으로 얻어질 수도 있고 또는 속박을 통해, 즉 직접적으로 얻어질 수도 있다. 요컨대,

> 국민을 위한 선의 획득이 초기 자유당의 조치에 공통된 뚜렷한 외적 특징이었기 때문에(그때에는 이 선을 매 경우 제약의 완화로 얻었다), 자유당원들이 국민을 위한 선을 제약의 완화를 통해 간접적으로 얻어야 할 목적이 아니라 직접적으로 얻어야 할 목적으로 추구하는 일이 일어났다. 그리고 그 선을 직접적으로 얻으려고 했기 때문에, 그들은 처음에 사용했던 것과는 본질적으로 반대되는 방법을 사용했다.[22]

---

20) *Ibid.*, p. 13.

21) *Ibid.*, pp. 13~19. 칼 폴라니는 이 목록을 대단히 중시하게 된다. 그는 이 목록을 1860년도부터 구체화되기 시작한 '대항운동'(contre-mouvement)에 지표가 되는 것으로 여긴다. K. Polanyi, *La Grande Transformation*, Gallimard, Paris, 1983, p. 197. [『거대한 전환』, 홍기빈 옮김, 길, 2009, 402~403쪽.] 이 점을 이 책 234쪽에서 다룰 것이다.

22) H. Spencer, *L'Individu contre l'Etat*, p. 10. [『개인 대 국가』, 62쪽.] 이러한 구분은 이사야 벌린(Isaiah Berlin)이 대중화시킨 긍정적 자유와 부정적 자유 간의 구분 그리고 벤담 자신의 작

불우한 인구의 사회적 향상이라는 요청에 부응하며 이 개혁주의자들은 늙은 휘그주의자들이 확립하려 했던 자유와 책임의 체계를 파괴했다.[23] 스펜서가 그다지 가혹하게 말하지 않았던 빈민구호와 관련해 이 점은 대단히 구체적으로 드러난다.

스펜서는 이러한 종류의 구호에 대해 맬서스Thomas Robert Malthus의 논지를 다시 사용한다. 요컨대 사람들은 "도와줄 가치가 없는 빈자들의 비참을 생각하는 대신, 도와줄 만한 빈자들의 비참함"을 한탄하려 한다.[24] 그리고 스펜서는 품행의 규칙으로서 빈민구호 의무와는 거의 관계가 없는 '그리스도교적' 격언을 제안한다.

> 격언을 하나 제시하겠다. 이 격언에 대해서는 일반적으로 통용되는 신조도 과학의 신조도 한마음으로 동의하고 있는 만큼, 그 격언은 최고의 권위를 가졌다고 볼 수 있다. 그건 그렇고 "일하기 싫은 자는 먹지도 말라"는 명령은 생명이 현재의 높이에 도달할 때까지 복종한 보편적 자연법칙(자신을 유지할 만큼 충분히 활동하지 않는 생물은 죽을 수밖에 없다는 법칙)의 기독교적인 언명에 불과하다.[25]

하지만 빈자들에 대한 이 구호는 국가개입이 야기하는 폐해의 한 측면일 뿐이다. 국가개입은 사회의 모든 악을 개선하고자 할 때 그 어

품에서 우리가 이미 본 바 있는 구분과 꽤 많은 부분에서 유사하다.

23) 하이에크의 『노예의 길』(*The Road to Serfdom*)에서 동일한 설명도식("대중의 성급함")을 발견하게 될 것이다.

24) H. Spencer, *L'Individu contre l'Etat*, op. cit., p. 26(*Le Droit d'ignorer l'Etat*, op. cit., pp. 43~44). [『개인 대 국가』, 83쪽.]

25) [옮긴이] 『개인 대 국가』, 85쪽.

떤 제한도 갖지 않게 된다. 국가개입은 교육과 보통선거에 의해 강화되는데, 교육은 대중이 실현할 수 없는 욕망을 증가시키고 보통선거는 정치 공약을 남발하게 만든다. 스펜서는 사회주의라는 '미래의 노예제'의 불행을 예언하는 자로 자처했다. 스펜서는 진정한 사회법칙을 설명할 수 있는 과학적 사회학에 속하는 한 저서를 통해 이 노예제의 도래를 막아 보려 했다. 왜냐하면 사회에는 자연의 다른 모든 부분들처럼 근본 법칙들이 있기 때문이다. 공리주의자들, 아니 보다 정확히 말해 '사이비 공리주의자들'은 계약법, 분업 및 행위에 대한 윤리적 제한에 무지하다. 그래서 그들은 무지와 맹신 때문에 잘 알지도 못하고 사회주의의 길을 택하는 것이다. 이 사이비 공리주의자들은 시야가 너무 좁은 경험주의자들일 뿐이다. 유용성에 대한 그들의 경험주의적 이해는 "그들로 하여금 입법의 제한을 명하는 근본적 속성들에 입각하지 못하게 막는다". 반대로 사회과학은 진정한 유용성이라는 엄정한 법률에 기초한다고 말할 수 있을 것이다. "따라서 경험적으로 평가하지 않고 합리적으로 결정되는 효용은 개인 권리의 유지를 요구하며, 함축적으로는 개인의 권리를 방해하는 어떤 과정도 거부한다."[26]

국가에 대한 미신에 반대하여

경험적 공리주의로부터 사회주의가 파생하는 원천이 되는 것들 가운데 하나는 주권적 심급에 대한 형이상학적 믿음이다. 국가와 국가의 정당성을 기초하는 정치적 범주들은 "거대한 정치적 미신"을 만들어

---

26) H. Spencer, *L'Individu contre l'Etat*, p. 156(*Le Droit d'ignorer l'Etat*, p. 201). [같은 책, 232쪽.]

낸다. 그래서 스펜서는 홉스와 아우구스티누스가 얼마나 신법에 기초해 주권을 정당화하려고 했는지 보여 준다. 이것은 이 철학자들이 주권을 그 자체 위에 기초할 수 없었다는 것, 즉 주권이 수행해야 할 임무 위에 기초하지 못했다는 것을 의미한다. 주권을 특징짓는 통치의 전능은 의회의 신권 즉 다수당의 신권에 대한 미신에 근거하고 있으며 다수당의 신권은 왕의 신권의 연장일 뿐이다.[27]

그러므로 스펜서가 국가에 의한 권리의 창조와 관련해 벤담과 그의 제자들을 비난하는 것은 놀랄 일이 아니다. 스펜서는 이 이론이 통치가 형성되기 이전에 인민이 모든 권리를 공동으로 소유하고 있었다고 주장하려 하지 않는 한, 이 이론은 이 권리들이 무로부터 창조되었다는 것을 내포하고 있다는 것을 보여 주면서 이 이론의 내용을 환기시키고 있다. 스펜서는 권리의 창조에 대한 벤담주의 이론과 오스틴주의 이론은 오류이며 비논리적이고 위험하다고 본다. 그것이 궤변[28]을 활용하기 때문이다. 사실 국가는 이미 존재하는 것만을 가공할 뿐이니 말이다.

그러므로 '자연법'에 대한 참조는 그것이 17~18세기 자연법주의에서 가졌던 의미를 더 이상 갖지 않게 되었다. 위에서 본 바와 같이, 이제부터 권리는 개인적 삶의 조건 위에 기초하게 될 뿐 아니라 삶에 필수적인 것에 속하는 사회적 삶의 조건 위에도 기초하게 된다. 이 사회적 삶의 조건과 관련해, 최초의 인간들로 하여금 집단을 이루어 살게 만든 것은 '협동의 가능한 이점의 경험'임을 우리는 알고 있다. 스펜

27) *Ibid*., p. 116 & p. 122(p. 121 & p. 132). [같은 책, 187, 194쪽.]
28) *Ibid*., p. 132(p. 153). [같은 책, 205쪽.]

서가 원시사회의 관습을 통해 입증한 바 있는 이 협동은 사람들이 준수하기로 약속한 암묵적 계약의 존재가 그 조건이 된다. 여기서 '진화'는 모든 실정적 입법에 비해 계약의 권리가 아득한 옛날부터 선재하고 있었다는 증거다. 그러므로 국가의 임무는 구체적으로 한정되어 있다. 요컨대 국가는 자유롭게 동의된 계약의 실행을 확보할 뿐, 결코 무로부터 권리를 창조하는 것이 아니다.

과거 자유주의의 기능은 왕권에 제한을 설정하는 것이었다. 미래 자유주의의 기능은 무식한 대중의 성급한 압력에 굴복하는 의회권력을 제한하는 일이 될 것이다.[29] 벤담을 공격하면서 스펜서는 공리주의로부터 기원하는 영국의 급진주의와 자유주의가 갖는 개입주의적 경향의 이론적 근간으로 나아간다. 그는 자연법, 다시 말해 사실들 간의 인과관계들을 충분히 고려하지 않고 인민의 안녕을 국가개입의 지상목표로 삼으려는 해석을 공격한다.

> 제기된 본질적인 질문은 일반적으로 주장되고 있는 공리주의 이론의 진실성이다. 그리고 여기서 주어지는 대답은 일반적으로 받아들여지고 있는 그 이론이 거짓이라는 것이다. 공리주의 도덕가들의 진술과 이들의 지침을 알게 모르게 따르는 정치가들의 행동이 의미하는 것은 효용이 직접적인 사실들의 단순한 조사와 예상되는 결과의 추정으로 바로 결정될 수 있다는 것이다. 하지만 공리주의를 올바르게 이해할 경우 그것은 경험적인 분석이 가져다주는 일반적인 결론을 따른다는 것을 의미한다.[30]

---

29) *Ibid.*, p. 158(p. 206). [같은 책, 235쪽.]

진화론적 사회학의 틀에서 이 유용성에 내포된 의미를 정확히 이해함으로써 진화 이전의 상태에 다름 아닌 전쟁의 시대로 퇴보하는 사회주의적 노예제도를 피할 수 있다. 그러기 위해 자유주의는 사회적 법률에 대한 덧없는 논리로부터, 즉 학술적으로 어리석은 벤담주의적 수정주의로 귀결되는 그 논리로부터 벗어나야 한다는 것이다.

세기말 경쟁주의의 탄생

스펜서의 생물학적 진화론은 몇몇 신자유주의자들이 보기에 너무나 시대착오적이어서, 그렇다고 그것을 거부하는 건 아니지만, 그것이 자신들이 참조하는 원전들 중 하나라고 언급하는 것을 매우 자주 '잊어버리는' 것처럼 보인다. 그럼에도 불구하고 스펜서의 생물학적 진화론은 자유주의 교의의 이후 흐름에 큰 영향을 미쳤다. 심지어 **스펜서주의가 진정한 전환점을 대표하고 있다**고 말할 수도 있을 것이다. 스펜서가 어떻게 콩트를 매개로 생리적 분업을 그의 '철학적 종합'의 주요 요소 중 하나로 만들었는지 위에서 살펴본 바 있다. 첫째로, 진화는 두 가지 절차에 따르는 일반적 현상으로서 설명되었다. 그 두 절차란 곧 '집합' 내로의 통합 그리고 상호의존적인 여러 부분들의 차별화다. 어디서나 볼 수 있는, 동질성에서 이질성으로의 이행[31]이라는 이 후자의 관념과 더불어 스펜서는 분업의 원리를 생리적이고 생물학적이며 인간적인

30) *Ibid*., p. 154(p. 198). [같은 책, 231쪽.]

31) 다음을 참조할 것. H. Spencer, "Progress : its law and causes", *The Westminster Review*, vol. 67, 1857. [『진보의 법칙과 원인』, 이정훈 옮김, 커뮤니케이션북스, 2014.]

현실들의 총체에까지 확장시킨다. 스펜서는 이를 물질과 생명 자체의 보편적 시장에 관한 원칙으로 만든다.

콩트뿐 아니라 다윈도 나중에는 인류의 특수성을 강조했고 이기적 본능보다 공감적 동기를 우선시하게 만든 "개인경제의 급진적 변화"라고 콩트가 명명했던 바를 다양한 방식으로 설명했다. 스펜서가 경제적 기능들의 차별화라는 관념을 다시 취하기는 해도 차별화된 인간들의 행동 규제에 충실한 정치적 중심이 인류에게 필요하다고 받아들이지는 않는다. 물론 '우월한 인종들'과 '열등한 인종들'을 비교하면서 인간 정신의 진화를 검토할 때 그는 이타주의를 자유주의 경제의 급격한 이기주의적 팽창에 대한 반발로 간주한 콩트의 교훈을 잊지 않는다.[32] 하지만 그는 그것을 통해 통치가 어떤 조절적 임무를 갖고 있다고 결론 내리기를 거부한다. 가장 진화한 사회에서 계약의 형태로 전개되는 '자발적 협동'에 대해, 콩트나 뒤르켐과는 달리 '사회의 과도한 조직화'를 유지시킬 만큼 충분히 강고한 단위들 간의 상호의존을 확보해 주는 것으로 생각하는 것 같다. 이러한 전제를 통해 그는 다윈의 자연선택설을 자기 방식대로, 그리고 진화론적 통합에 입각해 재해석하기에 이른다.[33]

---

32) H. Spencer, "Esquisse d'une psychologie comparée de l'homme"(인간 비교 심리학 개요), *Revue philosophique de la France et de l'étranger*, t. I, 1876.

33) 이 모든 점과 관련해서는, 미국 역사학자 리처드 호프스태터(Richard Hofstadter)가 1944년에 『미국의 사회적 다윈주의 사상』(*Social Darwinism in American Thought*, ré éd. Beacon Press, Boston)에서 개진한 고전적 논지를 참조할 것. 당시까지는 매우 드물게 사용되던 '사회적 다윈주의'라는 말을 대중화시킨 것이 바로 이 작품이다. 1879년 『파퓰러사이언스』(*Popular Science*)지에 슈미트(Eduard Oscar Schmidt)가 게재한 논고에 등장하는 이 용어는 에밀 고티에(Émile Gautier)라는 무정부주의자가 『사회적 다윈주의』(*Le Darwinisme social*)라는 제목으로 1880년에 파리에서 출간한 글에서 사용되었다.

누구나 알고 있듯 다윈은 1859년 종의 변화 원리인 자연선택설을 만들어 내면서 『종의 기원』을 출판했다. 몇 년 뒤 스펜서는 『생물학의 원리』(1864)에서 다윈에게 존경을 표하며 '적자생존'survival of the fittest[34]이라는 저 유명한 표현을 만들어 낸다. 그것은 『종의 기원』 제5판에서 다윈에 의해 '자연선택'의 동의어로 제시될 것이다. 이 만남과 또 이 만남을 특징짓는 상호 오해의 세부적 이유들은 논외로 하고 이렇게 지적할 수 있다. 스펜서에게는 이 다윈주의 이론이 마치 자유방임 이론을 강화하는 것처럼 보였다고 말이다. 스펜서는 그의 『생물학의 원리』에서 경제적 진화와 종의 진화가 일반적 견지에서 비교될 수 있다는 것을 충분히 보여 줌으로써 자유방임의 선구자 역할을 한 바 있다. 그의 눈에는 경제적 진화 역시 자신들의 환경에 가장 잘 적응한 종들을 중시하는 '생존 투쟁'의 변주로 보일 뿐이다. 이 비교는 곧장 적자생존 이론의 심각한 왜곡으로 이어진다. 적자생존 이론이 이제는 종의 생존에 가장 적합한 특성들의 선택적 유전이 아니라 생물학적으로 해석된 인종 간, 계급 간의 직접적 투쟁으로 간주되는 한에서 말이다. 경쟁이라는 문제계는 이렇게 대단히 부적절하게 '사회적 다윈주의'라 불리는 것을 탄생시키면서 재생산이라는 문제계를 제압해 버렸다. 파트리크 토르가 보여 주었듯이 다윈은 문명이 오히려 자연선택의 토너먼트적 양상들을 제압할 수 있는 '사회적 본능'의 우세로 특징지을 수 있다고 말했고, 또 공감이 무한히 확장될 것이라고 생각했다.[35]

---

34) 『생물학의 원리』(*Principles of Biology*), 3부 12장 165절에서 스펜서는 다음과 같이 적고 있다. "이 적자생존은 […] 다윈이 '자연선택 혹은 생존투쟁에서 선호된 품종의 보존'이라 불렀던 그것이다." Tr. fr. *Principes de biologie*, Germer Baillière, Paris, 1880, t. I, p. 539.

자유주의 역사에서 스펜서의 사유가 보여 주는 전환점을 강조할 필요가 있다. 생물학적 진화법칙으로부터 그 정치적 귀결로 이행하게 해주는 결정적 지점은 사회적 삶에서 생존 투쟁이 우선성을 갖는다는 데 있다. 아마도 스펜서에게서 맬서스의 참조는 여전히 중요한 것으로 보인다. 요컨대 모든 인간이 거대한 '자연의 만찬'에 초대받은 것은 아니라는 것이다. 하지만 맬서스의 영향에 다음과 같은 관념이 부가된다. 즉 개인들 간의 경쟁이 인류에게 ―이 점과 관련해서는 다른 종들과 마찬가지지만― 인류 진보의 원리 그 자체를 구성했다는 관념이 그것이다. 그래서 경제적 경쟁은 일반적 생존투쟁과 동일시된다. 진화가 중단되지 않도록 하려면 전개되도록 내버려 둬야 하는 그 생존투쟁과 말이다. 또 앞서 살펴본 것처럼, 극빈자 구호와 관련된 주요한 정치적 결과들이 이로부터 비롯되어, 그들은 자신들의 운명에 내팽개쳐져야 했다.

이렇게 스펜서는 분업 모델로부터 중대한 필요성으로서의 경쟁 모델로 이행함으로써 자유주의 사유의 무게중심을 이동시킨다. 이 극단적 자연주의는 이데올로기적 이해관계를 충족시키고 기업들 간의 무역 전쟁과 국가들 간의 무역 전쟁을 설명할 수 있었던 것 외에도 진보의 원동력이라는 구상을 **전문화**에서 **선택**으로 이행시켰다. 전문화의 결과와 선택의 결과는 아마도 같지 않을 것이다.

스미스와 리카도에게서 모범적으로 발견되지만 그들보다 훨씬

35) 다음을 참조할 것. P. Tort, *Spencer et l'évolutionnisme philosophique*, op. cit. 이 문제에 관한 그의 완전한 설명에 관해서는 다음을 참조할 것. P. Tort, *L'Effet Darwin. Sélection naturelle et naissance de la civilization*, Seuil, Paris, 2008.

이전부터 존재했던 첫 번째 모델에서는 자유교역이 활동들의 전문화와 작업장에서의 분업, 그리고 마찬가지로 국내 생산의 방향설정을 조장한다. 국내시장이든 국제시장이든 시장은 그 고유한 작용을 통해 활동들 간에 필요한 중재를 담당하며 그것들이 연계되는 메커니즘이다. 이러한 상업적이고 시장경제적인 모델의 첫 번째 귀결은, 전문화로부터 비롯된 평균적인 생산성의 일반적 증대로 인해 모든 사람들이 교역에서 이득을 얻는 것이다. 이는 경제 주체 중에서 가장 나쁜 주체를 제거하는 논리가 아니라 생산자들 가운데서 가장 나쁜 생산자들의 능률과 안녕까지도 향상시키는 상보성의 논리다. 물론 이 '게임의 규칙'에 따르고 싶어 하지 않는 자라면 자신의 운명에 맡겨야 하겠지만, 여기에 참여하는 자는 손해를 볼 일이 없다. 두 번째 모델에서는 완전히 반대로, 자연선택의 이 거대한 투쟁에 참여하는 자의 생존을 보장하는 것은 아무것도 없다. 그의 노력과 선한 의지 그리고 그의 역량에도 불구하고 말이다. 이 투쟁에서 남들보다 능력이 떨어지고 허약한 자들은 더 뛰어난 능력과 힘을 가진 자들에 의해 제거된다. 그러니 이젠 전반적 향상이 아니라 자연선택의 과정이 문제인 것이다. 이 모델은 이제 더 이상 교역을 상호강화와 상호향상의 수단이 되게 하는 것이 아니라, 그것을 대결과 생존의 항구적 시험으로 만든다. 그러므로 그 경쟁은 정통경제학—고전 경제학이든 신고전 경제학이든—에서와 같이, 시장에서의 교역이 바람직하게 흘러가기 위한 필요조건으로서 고려되는 것이 아니다. 이제 필요조건은 철저하게 냉혹한 생존의 법칙과 최약자들의 제거를 통한 진보의 메커니즘이다. 맬서스의 '인구법칙'으로부터 강력한 영향을 받은 스펜서의 진화론이 거칠게 결론짓는 바에 따르면, 사회의 진보, 더 넓게 보자면 인류의 진보는, 사회나 인류의 몇몇 구성요소가 파괴되는 것을 전제한다.

아마도 이 두 모델은 이후의 자유주의 선전물에서 지속적으로 서로 겹쳐지게 되는 것 같다. 스펜서 자신에게서 경계선은 단순히 산업사회를 특징짓는 의지적 협동과 적자생존의 법칙 사이에 그어지는 것이 아니다. 그럼에도 불구하고 자유주의의 위기에 대한 스펜서의 '반응'은, 그가 행한 교환 모델로부터 경쟁모델로의 점진적 변화와 더불어, 복합적이고 장기 지속되는 효과를 갖게 될 이론적 사건을 이룬다. 수많은 갈래로 분화된 신자유주의는 설령 생물학적 진화론이 폐기된다 할지라도 그로부터 깊은 영향을 받게 될 것이다. 라이벌 간의 투쟁으로서의 경쟁이 사회진보의 원동력이라는 것은 자명해질 것이다. 그리고 이 경쟁에 대한 모든 족쇄, 특히 기업, 개인 그리고 최빈국들에 대한 지원이라는 족쇄는 생명의 지속적 흐름을 방해하는 장애물로 간주되어야 한다는 것이 자명해질 것이다. 경제적 경쟁의 패배자들에게 불행 있으라!

지나칠 정도로 잘못 명명된 이 '사회적 다윈주의'는 보다 정확히 말해 '사회적 경쟁주의'라 할 수 있고,[36] 이 사회적 경쟁주의는 경쟁을 개인적이고 집단적인 생활, 국내적인 생활뿐만 아니라 국제적인 생활의 보편 규범으로 설정하고 있다.[37] 자연적이라고 간주되는 경쟁 상황에의 적응은 이렇게 생존을 위한 투쟁과 동일시되는 개인적 품행의 표

---

36) 토르는, 사회적 인간에게 생물학적 적자생존 원리는 가장 열악한 처지에 있는 개인들의 허약함의 원인을 인위적으로 축소시키는 '보상기술'로 대체되었기 때문에 다윈의 이론이 이 경쟁주의와 정반대된다는 사실을 단적으로 설명했다. P. Tort, *L'Effet Darwin*, p. 110. 그 반대자들에 의해 사용된, 논쟁을 불러일으키는 '사회적 다윈주의'라는 말은 어떤 왜곡을 숨기고 있다. '생존투쟁' 또는 '적자생존'과 같은 표현의 반복만으로는 다윈 이론 안에서 사회적 다윈주의의 토대를 확보하는 데 충분치 않다.

어가 된다. 빅토리아 시대 전성기에 빈곤을 서민계층의 무책임한 생식능력의 숙명적 결과로 몰아가던 맬서스주의의 연장선상에서 이 경쟁주의는 유럽과 특히 미국에서 대대적인 성공을 거둔다. 포식자와 약탈자라는 비난에 응수하며 앤드류 카네기 및 존 록펠러와 같은 미국의 거물 상공인들은 그들이 구축하기 시작하던 초대형 자본주의 기업그룹의 성장을 정당화하기 위해 이 자연선택설의 수사학을 사용했다. 록펠러는 이 이데올로기를 다음의 주장으로 요약한다. "바라보는 사람을 매혹시키는 현란함과 향기를 가진 '아메리칸 뷰티'라는 품종의 장미는 그 주변에 싹트는 새싹들을 희생시킴으로써만 생산될 수 있다. 경제생활에서도 상황은 마찬가지다. 그것은 여기서 자연법과 신법의 적용에 지나지 않는다."[38] 이 경쟁주의는 봉급생활자 보호를 목적으로 하는 상당수의 법률에 이의를 제기한 미국에서 중대한 정치적 결과를 발생시키고 교조주의적 방임주의를 일신했다.

그러나 이론적 측면에서는 미국의 사회학자이며 예일 대학 교수인 윌리엄 그레이엄 섬너William Graham Sumner, 1840~1910가 가장 명료한 방식으로 이러한 경쟁주의의 기반을 제시했다.[39] 사회주의에 대항하고 사회에 대한 '감상주의적' 사유의 모든 유혹에 대항하는 쪽으로 가닥을 잡고 있는 그의 에세이 『사실의 도전』*The Challenge of Facts*에서, 그는

---

37) M. Hawkins, *Social Darwinism in European and American Thought, 1860-1945. Nature as Model and Nature as Threat*, Cambridge University Press, 1997.

38) 다음에서 재인용. John Kenneth Galbraith, "Derrière la fatalité, l'épuration sociale. L'art d'ignorer les pauvres"(숙명 뒤에서, 사회 정화: 빈자들을 모른 체하는 기술), *Le Monde diplomatique*, Octobre 2005.

39) Cf. G. Sumner, *The Challenge of Facts and Other Essays*, ed. Albert Galloway Keller, Yale University Press, New Haven, 1914.

인간이란 투쟁의 최초 시기부터 늘 그 자신과 처자식의 삶을 위하기 마련이라는 것을 상기시키려 한다. 생존 수단을 극도로 인색하게 제공하는 자연에 대항하는 이 생사를 건 투쟁은 인간에게 노동하고 자기제어하며 성적으로 절제하고 도구를 만들며 자본을 만들도록 강제한다. 결핍은 인류의 위대한 교육자다. 그러나 인류에게는 자기의 생존 능력 이상으로 번식하려는 성향이 있다. 자연에 대한 투쟁은 동시에 필연적으로 인간들 간의 투쟁이기도 하다. 바로 이러한 경향이 진보의 원천이 되어 왔다. 문명사회의 핵심은 이 투쟁을 자유롭고 평화로운 경합으로 만드는, 시민의 자유와 사유재산에 의한 지배로 특징지어지는데, 이 경합으로부터 승자와 패자를 만들어 내는 부의 불평등한 분배가 결과된다. 루소 이후의 많은 감상주의적 철학자들이 그랬던 것처럼 이 투쟁의 불평등주의적 결과에 대해 슬퍼할 이유는 결코 없다고 섬너는 강조한다. 정의는 그 투쟁에서의 재능과 능숙함에 대한 정당한 보상에 다름 아니고, 실패한 자들은 그들의 허약과 방탕만을 탓해야 한다는 것이다. 섬너는 그의 가장 중요한 에세이들 중 하나에서 다음과 같이 단언한다.

> 앞서 살펴봤듯이 생존투쟁이라는 자연적 조건에 따라 조직된 사회의 특징인 사유재산권 또한 인간들 사이의 불평등을 야기한다. 생존투쟁은 자연에 대항하는 쪽으로 나아간다. 자연이 인색함에도 불구하고 우리는 우리 욕구를 충족시키기 위한 수단을 얻어 내야 한다. 하지만 우리 동료들은 자연이 제공하는 빈약한 자원을 사용하는 데 있어서는 경쟁자다. 결과적으로 경쟁은 일종의 자연법이다. 자연은 전적으로 중립적이다. 자연은 가장 단호하고 정력적으로 자신을 덮치는 자에게 복종

한다. 자연은 최고의 능력자들에게 보상을 내리며, 그러므로 그 이외의 어떤 것도 고려의 대상이 되지 않는다. 그렇기 때문에 만약 자유가 존재한다면, 인간이 그것으로부터 얻어 내는 것은 그들 노동에 정확히 비례할 것이고, 또 그들이 소유하고 향유하는 것은 그들이 누구인지 그리고 그들이 무엇을 했는지에 정확히 비례할 것이다. 이것이 바로 자연의 체계다. 만일 우리가 자연의 체계를 좋아하지 않고 또 이것을 개선하려 한다면 단 하나의 수단밖에 없다. 우월한 자들로부터 빼앗아 열등한 자에게 주는 것이다. 우리는 나쁘게 행한 자들에게 가야 할 형벌의 방향을 바꿔 탁월하게 행한 자들에게 가할 수 있다. 우리는 불평등을 감소시킬 수 있을 것이다. 우리는 가장 무능력한 자의 생존을 도와줄 것이다. 그리고 우리는 자유를 파괴함으로써 이를 이뤄 낼 것이다. 우리가 자유·불평등·적격자의 생존the survival of fittest과 부자유·평등·무적격자의 생존the survival of the unfittest 간의 양자택일에서 벗어날 수 없다는 것을 잘 이해해야 한다. 전자는 사회를 발전시키고 모든 훌륭한 구성원들에게 혜택을 주지만, 후자는 사회를 퇴보시키고 모든 나쁜 구성원들에게 혜택을 준다.[40)]

바로 이것이 그 이름만 다윈주의적인 '사회적 다윈주의'의 완벽한 종합인 것이다. 그러나 자유주의가 위기로부터 탈출하기 위해 오직 이러한 방향으로만 변화하는 것은 아니다.

---

40) *Ibid.*, p. 19.

그 자체가 진행 중에 있는 변화를 보여 주며 이후의 자유주의의 변화를 내포하고 있는 스펜서주의의 격렬한 반응이 아무리 중요하다 할지라도, 통치적 개입의 점증을 묘사할 때의 토크빌의 견해와 존 스튜어트 밀이 개진한 경제 · 사회학적 논지들이 옳다고 생각하는 사람들이 19세기 후반에 많이 있었다. 콩트나 다윈의 연장선상에서 공감과 연대의 본능을 고도화된 문명의 표현으로 여기는 자들이 많았는데, 거기엔 자유주의를 표방하는 자들의 진영도 포함되어 있었다. 독일의 '강단 사회주의자' 아돌프 바그너Adolf Wagner처럼 존 앳킨슨 홉슨John Atkinson Hobson은 당대의 유명한 어떤 책에서 통치 기능의 점증을 성찰의 중심 주제로 설정했다.[41] 많은 이들에게 국가는 합법적일 뿐만 아니라 경제 및 사회에 필요한 개입자로 여겨졌다. 아무튼 자본주의의 '조직화', 모두가 꼭 나태하거나 타락한 자들이라고 할 수는 없는 빈자들의 환경 개선 문제가 19세기 말부터 중심적인 문제가 되었던 것이다.

제1차 세계대전과 그에 이어진 위기들은 19세기 자유주의 교의를 전반적으로 재검토하도록 만들었다. 사회 · 경제적 균형 전체가 동요하는 것처럼 보일 때, 자유교역의 미화된 낡은 이미지들이 만들어 내는 것은 무엇일까? 반복되는 경제위기, 즉 투기현상과 사회 · 정치적 무질서는 자유민주주의의 모든 허술함을 노출시켰다. 복잡 다양한 위기의 시대는 시장 관계자들에게 완벽한 자유를 권장했던 경제적 교리에 대

41) Cf. J. A. Hobson, *The Evolution of Modern Capitalism*, The Walter Scott Publishing Co., London, New York, 1894.

한 매우 폭넓은 불신을 야기했다. 자유방임은 시대에 뒤떨어졌다는 평가를 받았다. 자유주의를 표방하던 진영에서조차도 말이다. 고전적 교의에 집착하며 근본적으로 국가개입에 반대하는 골수 강단 경제학자들의 소수집단을 제외하고는, 자본주의의 자유주의 체계를 파괴하기 위해서가 아니라 구제하기 위해 점차적으로 이 체계의 변화를 원했다. 국가는 심각한 경제사회적 상황을 회복시킬 능력이 있는 유일한 것처럼 보였다. 폴라니가 제안한 방법에 따르면, 1930년대의 위기는 규제적 규율과 법적 틀 그리고 도덕원칙 내에 시장을 '재삽입'할 때라는 경종을 울렸다.

앵글로색슨 국가들에서는 앞서 살펴본 바와 같이 대공황이 자유주의의 표현에 대한 더 근본적인 문제를 제기할 수 있는 계기가 되었지만, 이러한 의심은 훨씬 이전부터 제기되고 있었던 것이다. 뉴딜은 자본주의에 전통적으로 적대적인 그러한 단일 집단들을 한참 넘어서는 엄청난 비판 작업에 의해 준비되었다. 게다가 19세기 말 이래로 미국에서 자유주의와 자유주의자라는 말의 의미는 자유방임을 포기하고 자본주의를 개혁하려는 학설을 지시하기 위한 것으로 변형되기 시작했다.[42] 사회·경제적 현실을 보다 더 의식하는 '새로운 자유주의'는 오래전부터 자유주의 원칙들을 이해하려는 새로운 방식을 찾으려 했는데, 이 방식은 사회주의로부터 그 비판의 일부분을 차용해 오기는 했지만 자유주의 문명의 목표들을 더 잘 실현하기 위한 것이었다.

42) 몇몇 저자들은 이 변화를 자유주의에 대한 반역 또는 그 '방향전환'으로 본다. 바로 다음의 경우에서 그러하다. A. Laurent, *Le Libéralisme américain. Histoire d'un détournement*(미국의 자유주의: 방향전환의 역사), Les Belles Lettres, Paris, 2006.

'새로운 자유주의'는 통치적 개입에 새로운 제한을 재설정하는 데 자유주의 교의가 무능력하다는 확증에 기초를 두고 있다. 낡은 자유주의 교의의 이러한 무능력은 케인스의 작은 시론에서 가장 잘 드러난다. 『방임의 종말』(1926)이라는 그 시론의 제목만으로도 당시의 시대정신을 드러내기에 충분했다. 케인스는 후에 신자유주의자들의 주된 표적이 되지만 케인스주의와 신자유주의가 한때 동일한 문제의식을 갖고 있었다는 것을 잊어서는 안 된다. 요컨대 그 문제의식은 "어떻게 자유주의 자체에 대항하여 자본주의 체제에서 우리가 할 수 있는 일을 지킬 수 있을까"라는 것이었다. 이러한 문제화는 경제적 자유주의의 비중에 따라 중요한 변동을 수반하며 모든 나라들에 연관된다. 이전 세기에 순수 자유주의와 사회주의의 중간에 있는 제3의 길 추구가 확실히 유행했었으나 이 '제3의 길'을 '중용'으로 생각하는 것은 오류일 것이다. 사실상 이 연구는 통치적 개입을 어떤 토대 위에서 재성찰해야 하는가라는 당대의 중심 문제틀에 재위치시킬 때 충만한 의미를 갖게 된다.[43)]

이러한 시대의 문제를 통치성의 문제로 제기할 수 있었던 것이 케인스의 힘이다. 게다가 이는 좀 뒤늦은 시기에 그의 친구 월터 리프먼

---

43) 질 도스탈레르는 케인스의 정치적 비전을 다음과 같이 설명한다. "케인스의 정치적 비전은 우선 부정적으로 묘사된다. 이 부정적 비전은 그가 주창하는 것에서보다는 그가 거부하는 것에서 훨씬 더 명확하다. 한편으로 케인스는, 극단적인 형태하에서는 파시즘으로 변형될 수도 있는 보수주의의 전유물이 되어 버린 고전 자유주의에 대항한 투쟁을 이끈다. 다른 한편으로 그는 그가 차례로 레닌주의, 볼셰비키주의, 공산주의라 명명한 바 있는 급진적 형태의 사회주의를 거부한다. 그러므로 문제는 반동과 혁명 사이에서 항해하는 것이다. 바로 이것이, 대안적으로 새로운 자유주의, 사회주의적 자유주의 또는 자유주의적 사회주의라고 차례로 명명된 '제3의 길'이 수행해야 할 임무다. 그리고 케인스는 그 포교자가 된다." G. Dostaler, *Keynes et ses combats*(케인스와 그의 전투), Albin Michel, Paris, 2005, p. 166.

이 다소 다른 의미에서 제기하게 될 문제이기도 하다. 에드먼드 버크의 주장[44]과 벤담에서의 어젠다와 논어젠다 간 구분을 환기시키고 난 후 케인스는 다음과 같이 쓰고 있다.

> 오늘날 경제학자의 주된 임무는 아마도 통치의 어젠다와 논어젠다 간 구분을 재고하는 데 있는 것 같다. 정치적으로 이러한 임무에 상당하는 것은 민주주의의 틀 내에서 어젠다를 사용할 수 있는 통치의 형식들을 생각해 내는 것이다.[45]

케인스는 자유주의 전체에 대해 문제를 제기하려는 것이 아니라 자유주의로부터 결과된 교의적 일탈에 대해 문제를 제기하려고 했다. 이렇게 그가 "통치의 본질은 개인들이 이미 행한 것을 보다 더 잘하거나 더 못하는 것이 아니라 실질적으로 전혀 행해지지 않은 것을 행하는 것"[46]이라고 주장할 때 우리는 '자유주의의 위기'의 본질에 대해 가장 명확히 알 수 있다. 요컨대, 어젠다와 논어젠다 간의 구분을 어떻게 이론적으로, 도덕적으로 그리고 정치적으로 다시 정식화하느냐는 것이다. 이제는 그 답변이 자유주의 경제학의 창시자들, 특히 애덤 스미스의 답변과 정확히 일치할 수 없다는 것을 잘 알면서도, 옛 문제와 여기서 다시 만나게 되는 것이었다.

---

44) 에드먼드 버크는 "권리에 관한 가장 미묘한 문제 중 하나"는 "국가가 책임지고 여론에 따라 관리해야만 하는 것에 대한 정확한 규정 그리고 가능한 한 모든 간섭으로부터 벗어나 개인의 결정하에 내버려 두어야만 하는 것에 대한 정확한 규정이다"라고 했다.

45) J. M. Keynes, *The End of Laisser-faire*, Agone, Marseille, 1999, p. 26.

46) *Ibid*., p. 31.

케인스는 경제학자들이 실제로 말한 바와 선전이 확신시킨 바 간의 구분을 설정하려 한다. 그가 보기에 방임주의는 여러 전통과 다양한 시대를 뒤섞은 단순한 사회적 교의, 주로 18세기의 자유경쟁 옹호와 19세기의 '사회적 다윈주의'를 뒤섞은 교의다. 요컨대,

> 경제학자들은 부, 상업, 산업이 자유경쟁의 산물이라고, 자유경쟁이 런던을 세웠다고 가르쳤다. 그러나 다윈주의자들은 더 멀리 나아갔다. 자유경쟁이 인간을 창조했다고 말이다. 인류는 모든 사물을 최적의 상태로 정리하는 신의 창조물이 아니라 자유경쟁과 방임의 조건에 따르는 우연의 마지막 산물이라는 것이다. 적자생존의 원리도 이렇게 리카도의 경제학적 원리의 방대한 일반화로서 간주될 수 있었다.[47]

케인스는 19세기 중반부터 그 교리상의 믿음이 대다수 경제학자들로부터 폭넓게 거부당한다는 것을 강조한다. 교양과목 수강생들에게는 여전히 그 믿음이 제시된다 할지라도 말이다. 설령 그가, 가장 완벽한 경쟁을 시장의 이상적 기능조건으로 삼는 '한계효용설'의 영감을 받은 경제 구조를 언급하지 않은 채 개정의 폭을 아마도 과장한다 할지라도, 그는 그럼에도 불구하고 우리가 '새로운 자유주의'라 부르고 또 그 자신도 그렇게 표방하는 교의가 재정립되는 순간을 지적한다. 새로운 자유주의는 사회·정치적 무정부 상태를 모면하기 위해 경제적 힘의 제어를 겨냥하고 정치적 개입에 유리한 방식으로 어젠다와 논어

47) *Ibid*., p.9.

젠다를 다시 문제제기한다. 국가는 "자유주의적 사회주의"[48]라고 하는 것 내에서 근본적인 규제 및 재분배 역할을 부여받게 된다.

질 도스탈레르가 보여 주듯이, 이는 무엇보다도 국가개입이 필요할 때 이를 항상 옹호하던 영국 급진주의와 다시 연결되는 것이다. 홉슨이나 레너드 홉하우스Leonard Hobhouse와 같은 19세기 말~20세기 초 저자들이 바로 이러한 전통에 속했다. 이 사람들은 정치적 민주주의의 정상적 발전이라 간주된 사회민주주의를 옹호했다. 이 사회개혁 주창자들에 의해 교역의 자유와 재산권의 원칙은, 이제 결코 그 자체로 목적인 것이 아니라 다른 여러 수단들 중 하나가 되었다. 이는 분명 벤담과 존 스튜어트 밀을 상기시킨다. 더 나아가 이 운동은 근대국가를 전제군주국가와 혼동하도록 만든 옛 자유주의의 이론적 순진함을 근본적으로 비판하면서, 사회·경제적 메커니즘에 대한 이해 속에서 개인주의에 대한 교의적 투쟁을 주도하려고까지 했다.

레너드 홉하우스는 1911년 자유주의 역사에 대한 체계적 재해석을 제안했다.[49] 그가 보기에 개인의 자기의존 상태로부터의 완만하고 점진적인 해방운동은 탁월하게 역사적이고 사회적인 현상이다. 이 운

48) 질 도스탈레르는 '새로운 자유주의'에 대해 이렇게 기술한다. "요컨대 빅토리아 시대 동안 사회적으로 대단히 많은 비용이 들었고 또 노동계급의 봉기를 야기할 위험이 있었던 경제적 자유주의를 심층적으로 변화시키는 것이 문제다. 새로운 자유주의자들은 사회변혁의 원동력으로서의 계급투쟁을 거부한다. 그들은 차라리 일종의 자유주의적 사회주의에 찬동한다. 이 자유주의적 사회주의는 2차대전 초반 노동당의 분열이 있은 후 이 표현이 갖는 의미에서 사회민주주의라 칭할 수 있다. 물론 이 새로운 자유주의는 오늘날 무엇보다도 케인스적 개입주의에 대항한 급진 자유주의적 반동인, 신자유주의라 불리는 바와 정반대되는 것이다." G. Dostaler, *Keynes et ses combats*, p. 179.

49) Cf. L. Hobhouse, *Liberalism and Other Writings*, ed. James Meadowcroft, Cambridge University Press, 1994.

동은 사회 바깥에서 완전히 형성된 개인들의 상상적 집합으로 환원 불가능한 형태의 조직으로 귀결된다. 이 사회 조직은 인격 개화의 조건을, 경제적 측면까지를 포함해 공동으로 만들어 내는 것을 목표로 한다. 이것이 가능하려면 각 개인이 다른 개인들과 맺는 다종다양한 관계가 다함께 설정한 규칙들에 따라야 한다. 이러한 자기실현을 위해서는 비례대표제에 기초한 가장 완전한 민주주의가 필요하다. 요컨대 각 개인은 자신의 실질적 자유를 확보해 주는 규칙들의 창시에 참여해야 한다.[50] 자유는 노동자 보호법과 함께 더 구체적인 새로운 개념을 얻게 된다. 레너드 홉하우스에 따르면 입법의 개입을 통해 최약자들을 고려해 사회적 교환의 균형을 다시 잡을 필요가 있다. "진정한 합의는 자유로운 합의이며 타협에 참여한 쌍방의 평등을 전제한다."[51] 자유주의가 생각지 못했던 이러한 실질적 자유를 보장하는 것은 국가의 소관이다. 최강자들의 '비사회적 자유'unsocial freedom에 대립되는 '사회적 자유'social freedom를 보장하는 것은 국가라는 것이다. 이번에도 지극히 벤담적인 방식으로 홉하우스는, 실질적 자유는 타인들의 자유와 관련해 가장 위협적인 자에 대해 행사되는 강제력을 통해서만 확보될 수 있다고 설명한다. 자유의 침해와는 무관한 이러한 강제는 사회적 부조화를 피함으로써 모든 품행상에서 자유를 확대시켜 준다.[52] 자유는 속박의 반대말이 아니라 가장 강한 자들에게 행사되는 강제와 가장 약한 자들

50) 이 새로운 자유주의는 '다수의 폭정'에 대해 밀이 갖고 있던 불신을 방기하는, 근본적으로 민주주의적인 운동이라는 사실에 주목할 수 있겠다. 이런 의미에서 벤담과 더욱 가까워지는 이 새로운 자유주의는 대중의 권력보다 소수지배의 복권을 더 염려한다.

51) *Ibid*., p. 43.

52) *Ibid*., p. 44.

에 대한 보호의 결합이라는 것이다.

이러한 관점에서 정통 자유주의 논리는 다음과 같이 손쉽게 요약될 수 있다. 근대사회는 경제영역에서뿐 아니라 모든 사회적 삶에서 계약에 의한 관계들을 증대시킨다. 그러므로 모두의 자유 그리고 무엇보다도 최약자들의 자유를 확보하기 위해 다시금 균형을 잡아 주고 보호하는 활동들을 증가시키는 것이 바람직하다. 사회적 자유주의는 이렇게 입법을 통해 최대 다수에게 최대한의 자유 신장을 확보해 준다. 전적으로 개인주의적인 철학인 이 자유주의는 개인 각자에게 자기 자신의 계획을 실현할 수 있는 수단을 확보해 주는 본질적인 역할을 국가에 부여한다.[53]

양차대전 사이 기간 동안 이 새로운 자유주의는 미국에서 중요한 발전을 이루게 될 것이다.[54] 존 듀이는 『자유주의와 사회적 실천』*Liberalism and Social Action*에 취합된 1935년의 여러 강연에서 고전 자유주의가 개인적 자유에 관한 19세기의 기획을 실현시키기에 무력하고, 또 종속이라는 옛 형태에 대한 비판으로부터 전적으로 자유주의적 원리에 기초한 사회조직으로 이행할 수 없음을 보여 주었다. 존 듀이는 근대사회에서 정치적 삶을 짓누르는 거대한 질곡을 발견한 벤담의 공로를 발견한다. 벤담이 실현하려던 민주주의는 자신들만의 이익을 위

53) 이 자유주의적 '혁신'은 대서양 연안 유럽 국가들에서의 공화주의적 전통과 분명히 연관되어야 한다. 프랑스에서 이 혁신에 해당하는 것은 스피츠(J.-F. Spitz)가 *Le Moment républicain en France*(프랑스의 공화주의 시대), Gallimard, 'NRF Essais', 2005에서 연구한 근대 공화주의 기획 내에서 발견된다.

54) 로랑(Alain Laurent)에 따르면, 존 듀이가 이끄는 '현대 자유주의자들'은 미국의 정치 어휘 내에서 '자유주의자'라는 말의 의미를 결정지은 바 있던, 1920년대에 미국에서 행해진 작업과 거의 비슷한 작업을 실현시키고자 했다.

한 정치인들의 권력 사용을 방지하기 위한 것이었다. 하지만 듀이는 벤담과 여타 모든 경제학자들을 비판한다. 그들은 동일한 메커니즘이 경제에서도 작동하리라는 것을 알지 못했고, 결과적으로 이러한 일탈을 막기 위한 '빗장'을 미리 고려하지도 못했다는 것이다.[55] 요컨대 듀이는 앞에서 본 홉하우스와 마찬가지로, 20세기 자유주의는 이제 구질서를 비판할 수 있게 해준 교의로 그칠 수 없고, 사회질서와 경제질서 구축의 문제를 기필코 제기해야 한다고 보았다. 현대 신자유주의자들은 머지 않아 — 하지만 정반대의 의미에서 — 바로 이 문제에 몰두하게 된다.

홉하우스, 케인스 혹은 듀이는 자본주의와 사회주의의 교차지점에서 19세기 말과 20세기 초에 확산된 자본주의 개혁을 생각하려 시도한 일파 혹은 집단을 구현하고 있다.[56] 정치는 공공선과 집단의 도덕적 목표에 따라야 한다는 견해는 이 유파에게 본질이며 이 점은 사회주의 운동과의 교차 가능성을 설명한다고 할 수 있다. 페이비언주의는 잡지와 서클을 통해 이러한 양자의 만남의 한 축을 구성한다. 그러나 이 새로운 자유주의는 특히 영국 급진주의의 역사에 재기입되어야 한다. "그 속에서 신체적, 지적, 도덕적 만족이 각기 제자리를 찾을 수 있는 새로운 공리주의"[57]를 원한다고 홉슨이 천명할 때 그의 말을 진지

55) J. Dewey, *Liberalism and Social Action*, in *The Later Works*, vol. 11, 1935-1937, Southern Illinois University Press, Carbondale, 1987, p. 28 참조. [『자유주의와 사회적 실천』, 김진희 옮김, 책세상, 2018, 45~46쪽.]

56) P. Clarke, *Liberals and Social Democrats*, Cambridge University Press, 1978 참조.

57) 다음에서 재인용. M. Freeden, *Liberalism Divided. A Study in British Political Thought 1914-1939*, op. cit. 다음에서 발췌. J. A. Hobson, *Wealth and Life*, Macmillan, London, 1929.

하게 받아들일 필요가 있다.

여기서 진정한 자유주의의 '방향전환'을 보는 것은 분명, 자유주의의 본질이 동일성을 갖는다는 가정에 기초한 오류일 것이다.[58] 즉 19세기 초부터 벤담적 급진주의가, 프랑스에서와 마찬가지로 영국에서도 초기 사회주의 운동과 접촉했던 지점들을 망각하는 것이다. 또한 후에 교의적 공리주의가 점차적으로 헨리 시지윅Henry Sidgwick의 최대 다수의 최대 행복의 윤리와 순수 쾌락주의의 논리를 대립시키게 되었다는 것을 망각하는 것이다. 그것은 우리가 앞에서 환기한 바 있듯이 존 스튜어트 밀이 자기 자신의 교의에 가했던 변경의 의미를 명백히 무시하는 것이기도 하다.

칼 폴라니가 말한 국가의 이중활동

통치개입의 본성에 관한 문제는 국가와 시장 간의 경계선이라는 문제와 구분되어야만 한다. 이러한 구분은 『거대한 전환』에서 제기된 문제를 더 잘 이해하게 해준다. 이 책에서 칼 폴라니는 자유주의 국가가 19세기에 서로 반대되는 방향의 이중활동을 행했다고 생각했다. 자유주의 국가는, 한편으로는 시장 메커니즘 창설에 유리하게 작용했지만, 다른 한편으로는 시장 메커니즘을 제한하는 메커니즘을 설정했다. 한편으로는 시장 사회로 향하는 '운동'을 지지했으면서도, 다른 한편으로는 시장 메커니즘에 대한 사회의 저항이라는 '대항 운동'을 고려하고 강화했던 것이다.

---

58) A. Laurent, *Le Libéralisme américain, Histoire d'un détournement* 참조.

칼 폴라니는 경제적 요소들의 시장화가 자본주의적 성장의 조건임을 보여 준다. 산업혁명은 용역 판매자들이 화폐의 교환을 통해 생필품을 획득하는 것처럼 '심각한 굶주림하에서' 인간들 스스로가 서로를 이해하는 시장경제 체계의 구성을 그 조건으로 했다. 그러기 위해서는 자연과 노동이 상품이 돼야 하고 인간이 자신의 동료들 및 자연과 맺는 관계가 상업적 관계의 형태를 가져야 한다. 사회 전체가 상품이라는 허구에 따라 조직되고 생산과 교환의 거대한 기계로 구축되기 위해서는 국가의 개입이 반드시 필요하다. 소유권과 계약권을 확정하는 입법적 측면에서뿐만 아니라, 사회관계 내에서 경쟁시장의 작동에 필요한 다양한 규칙들을 만들어 내고 그것을 존중시키기 위한 행정적 측면에서의 개입도 필요하다. 자기조절적 시장은 숙고된 정치적 활동의 산물이다. 칼 폴라니에 따르면 자기조절적 시장이론의 주요 이론가 중 한 사람은 엄밀히 말해 제러미 벤담이었다. 칼 폴라니의 『거대한 전환』 중 결정적인 한 구절을 인용해 보자.

> 자유방임이란 전혀 자연적인 것이 아니었다. 인간 만사를 그야말로 제 갈 길 가도록 내버려 두기만 한다면, 결코 자유시장이란 나타날 수가 없는 것이었다. [⋯] 1830년대와 1840년대는 여러 제약적 규제들을 철폐하는 입법이 무수히 터져 나온 기간만큼이나 국가의 여러 행정 기능들을 엄청나게 증대시키기도 했으니, 이제 국가는 자유주의 신봉자들이 정해 놓은 여러 과제와 임무들을 수행할 수 있도록 충분한 능력을 갖춘 중앙 관료 기구를 손에 쥐게 된 것이다. 전형적인 공리주의자에게는 경제적 자유주의란 최대 다수의 최대 행복을 위해 실천에 옮겨야 할 하나의 사회적 프로젝트일 뿐이었다. **자유방임은 무언가를 달성하기 위**

한 방법이 아니었다. 자유방임은 그것 자체가 달성되어야 할 목표였다.[59]

경제와 시장사회를 창조하고 조절하는 이 행정국가는 바로, 개입의 범위를 명확히 밝히지 못한 채 시장의 자발적 추진력을 억제하고 사회를 보호하는 행정국가다. 이것은 폴라니 논증의 두 번째 역설이다. 폴라니는 다음과 같이 표명한다. "자유방임 경제가 의도적인 국가 활동의 산물이었던 반면, 그 뒤에 나타났던 자유방임 제한 조치들은 완전히 자생적으로 시작된 것들이었다. **자유방임은 중앙 계획이 만들어 낸 것이었지만 중앙 계획은 중앙 계획이 만들어 낸 것이 아니었다.**"[60] 1860년 이후 허버트 스펜서에게는 대단히 기분 나쁘겠지만, '대항운동'이 미국에서와 마찬가지로 유럽의 모든 자본주의 국가들에서도 전면화되었다. 이 대항운동은 매우 다양한 이데올로기들에서 영감을 얻어 '사회 보호'의 논리에 답한다. 자기조절적 시장의 파괴적 성향들에 대한 이 반발운동은 두 양상을 취했다. 국내상업 보호주의와 19세기 말에 정착하게 될 사회 보호주의가 그것이다. 그러므로 상반된 방향의 '두 운동', 즉 시장의 창조를 부추기는 운동과 시장에 저항하는 운동에 따라 역사를 읽어야 한다. 폴라니가 말하는 바에 따르면, 자발적 자기방어라는 이 운동은 완전한 시장사회가 불가능하다는 것을 증명하고, 또 시장사회가 야기하는 고통이 이러하기 때문에 공권력이 '제방'과 '성벽'을 설치해야만 한다는 것을 증명한다.

시장 기능과 관련된 모든 불균형은 시장에 종속된 사회를 위협한

59) K. Polanyi, *La Grande Transformation*, p. 189. [『거대한 전환』, 391쪽.] 강조는 인용자.
60) *Ibid*., p. 191. [같은 책, 394쪽.] 강조는 인용자.

다. 인플레이션, 실업, 국제적 신용위기, 증권시장 붕괴 등의 모든 경제 현상은 사회 자체에 직접적인 타격을 가하고 그 결과 정치적 보호를 요청하게 된다. 1차대전 직전에 얻을 수 있었던 교훈을 이해하지 못한 바람에, 종전 이후 정치가들은 시장을 재건하려는 운동(특히 금본위제를 회복시키려는 의지를 수반한 세계적 규모의 시장 재건)과 사회의 자기보호 운동 간의 긴장을 증폭시키면서 매우 취약한 세계적 자유주의 질서를 재건하려고 했다. 시장사회에 내재하는 모순에 해당하는 이 긴장은 경제영역에서 사회영역으로, 또 사회영역에서 정치영역으로, 국가규모에서 국제규모로까지 이행되고 또 그 역방향으로도 이행함으로써 종국적으로는 파시즘의 반동과 2차 세계대전을 야기하게 된다.

1930년대와 1940년대를 특징짓는 이 '거대한 전환'은 "시장 문명이 소용돌이에 말려든 것"[61]에 대한 광범위한 대답이다. 그리고 더 엄밀히 말해서 1920년대의 자기조절적 시장을 재건하기 위한 최후의 절망적인 시도인 것이다. 요컨대 "화폐의 자유에 개입했던 모든 개입주의적 정책들을 제거하여 체제의 자기조절을 회복하는 쪽에다 극도의 노력을 경주했다."[62] 화폐가 주된 역할을 한 이 최후의 경매로부터 거대한 전환에 이르기까지, 결과는 직접적이다. 당시에는 통화안정과 세계무역의 자유가 공적 자유와 민주적 삶의 보존보다 우선시되었다. 파시즘은 "시장사회가 기능을 멈추어 버린"[63] 징후였으며 19세기에 만들어진 자유주의적 자본주의에 종말을 고하는 신호였다. 1930년대 정

61) *Ibid*., p. 285. [같은 책, 537쪽.]

62) *Ibid*., p. 299. [같은 책, 555~556쪽.]

63) *Ibid*., p. 308. [같은 책, 570쪽.]

치의 대변화는 경제의 급격한 재사회화로 나타난다.[64] 도처에서 경향은 동일했다. 요컨대 경쟁시장에서 노동, 토지, 화폐의 가격을 확정하는 규칙들이 제거되어 '사회보호'를 목표로 하는 정치적 논리에 종속되게 된다. 폴라니가 '거대한 전환'이라 부르는 것은 그가 보기에 19세기 문명의 종말이며 경제적 자유주의와 그 유토피아의 소멸이다.

그렇지만 폴라니는 자유주의의 최종적 종말을 너무 속단했다. 왜 그는 이렇듯 잘못된 진단을 했던 것일까? 그가 자유주의의 주된 양상 중 하나를 과소평가했다고 가정해 볼 수 있다. 그 자신이 그것을 강조했음에도 불구하고 말이다. 우리는 앞서 다양한 형태의 국가개입 가운데 서로 상반된 두 형태의 개입, 즉 **시장창조**를 위한 개입과 **사회보호**를 위한 개입, 달리 말해 '운동'과 '대항운동'이 있었다는 것을 살펴본 바 있다. 그런데 폴라니가 훨씬 더 간략하게 논의한 세 번째 종류의 개입이 있다. 그것은 **시장의 작동**을 위한 개입이다. 그는 그것들이 서로 잘 구분되지 않는다고 지적했으나, 그럼에도 불구하고 그는 그것들을 자유주의적 통치 행위의 어떤 상수로서 언급한다. 시장의 자기조절을 확보하는 데 한정된 이와 같은 개입들은 시장을 지배해야 하는 경쟁원리가 존중되도록 힘쓴다. 폴라니는 그 예로서 반트러스트법과 노동조합법을 들고 있다. 이 두 경우에는 경쟁의 규칙을 더욱 원활히 작동시키기 위해 자유(이 경우에는 단결의 자유)에 반하는 것이 문제다. 게다가 폴라니는 이 "철저한 자유주의자들"을 인용하는데, 이 중에는 월터 리프먼도 포함되어 있다. 이 자유주의자들은 경쟁시장을 위해 주저 없이 자유방임을 희생시키는 자들이다.[65] 즉 반트러스트법과 노동조합법은

---

64) K. Polanyi, *La Grande Transformation*, p. 1의 뒤몽(L. Dumont)의 서문을 참조할 것.

양자를 혼동하는 일상어에도 불구하고 동의어가 아니다. 한 훌륭한 구절을 인용해 보자.

> 엄격하게 따져 보자. 경제적 자유주의란 산업이 자기조절 시장이라는 제도에 기초를 두도록 만드는 사회조직 원리이다. 일단 그러한 체제가 비슷하게나마 달성되면 어떤 특정 유형의 개입은 줄어들어야 함이 분명하다. 하지만 그렇다고 해서 시장 체제와 개입주의가 서로 완전히 모순된 용어인 것은 결코 아니다. 왜냐하면 시장 체제가 제대로 확립되지 않는다면 경제적 자유주의자들은 그것을 확립하기 위해서 서슴지 않고 국가개입을 요구할 것이며, 그것이 일단 확립되면 이번에는 그것을 제대로 유지하기 위해서 국가가 개입해야 한다고 목청을 높일 것이며, 또 실제로 그렇게 해야만 할 것이다. 따라서 경제적 자유주의자들은 자신들 주장의 일관성에 아무런 문제도 없이 국가에 법의 강제력을 사용할 것을 요구할 수 있으며, 자기조절 시장의 전제 조건들을 현실에 제대로 갖추기 위해서라면 심지어 내란과 같은 폭력적인 힘에 호소할 수도 있다.[66]

최근의 몇몇 '캠페인'까지도 예견하고 있다는 점에서 주목할 만하지만 거의 인용되지 않는 이 구절은 자유주의에 고유한 것이라 여겨지는 국가와 시장의 '분리'로부터 우리를 멀어지게 한다. 미국 자본주의의 작동 규칙을 통일하기 위해 북부를 남부와 대적하도록 만들었던 전

65) *Ibid*., p. 200. [같은 책, 406쪽.]
66) *Ibid*., p. 201. [같은 책, 407~408쪽.]

쟁을 인용하면서 폴라니가 보여 주었듯이, 사실 역사적 현실은 이러한 분리와는 완전히 다르다.

시장의 '보존'이라는 이 항상적 개입 형태는 칼 폴라니와 그의 뒤를 잇는 자들의 오류를 새로이 조명한다. 이 오류는 열렬히 바라던 어떤 종말에 대한 낙관적 추정에 불과하거나, 폴라니가 그 위험을 누차 지적했던 사유의 혼란의 결과에 지나지 않는다.[67] 경제적 자유주의를 자유방임과 혼동해서는 안 된다. 사람들이 여전히 종종 그렇게 생각하는 것과는 달리, 경제적 자유주의는 '개입주의'의 반대가 아니다.

사실상 다양한 종류의 국가개입을 구분해야 한다. 이 개입들은 상품화의 원칙들에 속할 수도 있고 연대와 분배, 전통의 존중 혹은 종교적 규범의 원칙들에 따를 수도 있다. 이러한 의미에서 이 개입들은 거대한 시장의 주된 경향에 거스르는 '대항운동'의 성질을 띤다. 그러나 또 이 개입들은 생산과 사회적 삶의 활동 분야 전반의 시장화(혹은 준시장화)를 확장하려는 계획에 속할 수도 있다. 어떤 공공정책 또는 자본주의 기획의 전개를 관리하거나 지탱하는 어떤 사회지출을 통해서 말이다. 칼 폴라니가 '예언자'로 자처했을 때 그는 이 상업적 운동과 사회적 대항운동 사이의 모순에 매료되었다. 그의 눈에는 이 모순이 끝내 체계의 '파열'을 불러일으킬 것이었다. 그러나 그의 저술의 증명적 의도뿐 아니라 그 맥락으로도 설명할 수 있는 이 매료로 인해 그는 그가 아마도 명백히 강조했었던 듯한 자기조절적 시장작용의 공적 개입들을 망각하게 되었다.

폴라니의 이러한 오류는 신자유주의의 특수한 속성을 모호하게

---

67) *Ibid*.

한다는 점에서 중요하다. 신자유주의는 '거대한 전환'에 대한 새로운 반동도 아니고, '국가의 회귀'에 선행하는 '국가의 축소'도 아니다. 오히려 신자유주의는 경쟁에 의해 지배되는 경제·사회적 관계를 형성하기 위해 정치적으로 의도된 특정 유형의 개입주의로 규정된다.

자유주의의 불협화음과 신자유주의

'자유주의의 위기'는 통치와 관련된 사안들의 관리에서 자유방임이라는 교조적 원리의 불충분성을 드러내 보여 주었다. '자연법'의 고정된 성격은 최대한의 번영과 사회질서를 동시에 확보한다는 공공연한 목표를 내건 통치를 이끌어 갈 수 없게 만들어 버렸다.

여전히 고전 자유주의와 관련되어 있는 이 모든 것들 중에서 두 종류의 해결책이 표명되는데, 역사 속에서 때때로 뒤섞임에도 불구하고 이 둘을 구별하는 것이 중요하다. 연대기상 먼저 등장하는 것이 '새로운 자유주의'라는 해결책이고 나중에 등장하는 것이 '신자유주의'라는 해결책이다. 이 두 길에 주어진 이름들은 아마도 단번에 주어진 것은 아닌 듯하다. 그 용례들, 고안된 내용들, 차츰 명확해지는 정치적 노선이 사후에 그것들을 구별 가능하게 해준다. 이 두 명칭의 유사성은 우선 그 기획의 공통적 특성을 말해 준다. 요컨대 이 두 해결책에서 문제가 되는 것은 자유주의적 통치방식의 위기에 대처하는 것이고 또 자본주의의 변동, 사회갈등, 국제적 대립으로부터 결과된 모든 종류의 난관들을 극복하는 것이다. 심지어 더 근본적으로는 어떤 순간에 '자본주의의 종말'로 보여질 수 있었던 바와 대면하는 것이 문제이기도 했다. 이 자본주의의 종말은 1차대전 이후 '전체주의'의 대두에서 구체화되었다. 이 두 경향이 차츰 공통적으로 발견하게 되는 것은 거칠게 말해 공공의 적, 즉 전체주의인데, 이는 자유주의 사회의 파괴인 것이다. 그것이 아마도 통치개입의 형식에 그 이유, 형식, 의미를 부여하는 이론적인 동시에 정치적인 담론을 만들어 내게끔 하는 것 같은데, 이 새로운 담론은 새로운 통치합리성을 만들어 낸다. 이는 19세기에 전승되었던 바로 그 자유주의적 자연주의 전반에 대한 문제제기를 전제로 하는 것이었다.

겉으로는 눈에 잘 띄지 않을 수 있는 '새로운 자유주의'와 '신자유주의'라는 명칭 구분은, 때로는 여러 형태의 통치술 혁신을 주창했던 자들에게조차 단번에 지각될 수 없었던 대립을 드러낸다. 경제이론의 차원에서 '새로운 자유주의'에 대한 가장 뒤늦고 가장 숙고된 표현 중 하나는 바로 케인스의 표현인데, 이 '새로운 자유주의'는 모두에게 이득이 되는 '개인적 자유의 사회'를 실현하게 해주는 사법적, 도덕적, 정치적, 경제적, 사회적 수단들의 총체를 재검토하는 데 있었다. 두 가지 명제로 이를 요약할 수 있을 것이다. 요컨대 ① 자유주의 사회의 본질적 이익을 보호하려 한다면 국가의 어젠다는, 자유방임이라는 독단론이 국가의 어젠다에 부과하는 한계들을 초월해야 한다는 것이고, ② 이 새로운 어젠다는 지금까지 시장의 자기조절적 메커니즘에 부여되었던 신뢰에 대해, 그리고 서로 평등하다고 간주된 개인들 사이의 계약의 정의에 대한 믿음에 대해 실질적으로 이의를 제기해야만 한다는 것이다. 달리 말해 자유주의의 이상을 실현하려면, 자유주의 원리의 작동을 보호하기 위해 이 원리에 이질적이거나 반대되어 보이는 수단들을 사용할 줄 알아야 한다는 것이다. 예를 들어, 노동보호법, 소득에 대한 누진세, 의무적 사회보험, 적극적 예산지출, 국유화 등이 그것이다.

하지만 이 개혁주의가 집단적 이익을 더 잘 보호하기 위해 개인적 이익의 축소를 용인한다 해도, 이 개혁주의는 오직 개인적 목표를 실현하기 위한 실질적 조건들을 더 잘 확보하기 위해서만 그렇게 하는 것이다.

'신자유주의'는 더 나중의 것이다. 어떤 점에서 이 신자유주의는 '새로운 자유주의'의 명확화로 보여질 수 있고 또 다른 관점에서는 '새로운 자유주의'가 주창한 경제적 개입과 사회 개혁주의 유형에 대한 대안으로 보여질 수도 있다. 신자유주의와 '새로운 자유주의'는 첫 번째 명제를 폭넓게 공유하게 될 것이다. 그러나 신자유주의자들이 국가개입의 필요성을 받아들이고 또 통치의 순수한 수동성을 거부할 때조차 그들은 사적 이해관계들 간의 경쟁게임에 장애가 되는 모든 행동에 반대하고 있다. 심지어 국가개입은 정반대의 의미를 갖고 있기도 하다. 요컨대 문제는 국가의 교정적 혹은 보상적 행위를 통해 시장을 제한하는 것이 아니라, 세심하게 맞춰진 사법적 틀을 통해 경쟁시장을 발전시키고 정화하는 것이다. 개인적인 이익들 간의 자연스러운 화합을 가정하는 것은 더 이상 문제가 아니다. 중요한 것은 그들의 경쟁게임이 집단적 이익을 충족시킬 수 있도록 최적의 조건을 마련하는 것이다. 이러한 관점에서 볼 때, 앞서 언급한 두 명제 가운데 후자를 거부하면서 신자유주의는 공적 개입의 복권과 경쟁 중심 시장 개념을 결합하게 된다. 그 원천을 우리는 19세기 후반의 스펜서주의에서 이미 목격한 바 있다.[68] 신자유주의는 경쟁을 사회적이고 개인적인 삶의 중심원

68) 미셸 푸코는 고전 자유주의와 비교했을 때 신자유주의를 특징짓는 것으로, 교환에서 경쟁으로의 이행을 지적했었다. Foucault, *NBP*, pp. 121~122. [『생명관리정치의 탄생』, 183~184쪽.]

리로 만듦으로써 자유주의의 축을 이동시킨 전환점의 연장선상에 있다. 그러나 국가에 대한 스펜서주의적 공포와는 반대로, 신자유주의는 시장질서가 자연적 소여가 아닌 역사와 정치적 구축의 인공적 산물임을 인정한다.

II부 · 학문적 재정립

6장 · 월터 리프먼 학술대회 혹은 자유주의의 쇄신

자유주의의 위기가 그 징후로서 19세기 말부터 점차로 두드러진 사회개혁주의를 수반했던 것이 사실이라면, 신자유주의는 이 징후에 대한 하나의 대응 혹은 19세기 말부터 발전되기 시작한 재분배, 보험, 계획, 규제, 보호주의와 같은 정책 지향, 요컨대 곧장 집단주의로 귀결되는 해체로 간주되는 지향을 저지하기 위한 시도였다.

우리는 종종 1947년 몽펠르랭 협회의 탄생을 신자유주의의 탄생으로 잘못 인용하곤 한다.[1)] 사실 신자유주의 창설 시기는 훨씬 이전이다. 즉 파리 한가운데에 있는 몽팡시에 거리의 국제지식인협력위원회Institut international de coopération intellectuelle(유네스코의 전신)에서 1938년 8월 26일부터 5일간 개최되었던 월터 리프먼 학술대회에서다.[2)] 파리에서의 이 모임은 그곳에 참여했던 사람들의 특성 때문에 눈에 띈다. 그 참가자들 중 다수가 전후 서구 국가들에서 사유의 역사와 자유주의의

1) 몽펠르랭 협회의 역사에 관해서는 다음을 참조하라. Ronald Max Hartwell, *A History of the Mont Pelerin Society*, Liberty Fund, Indianapolis, 1995.

정치사에서 두각을 나타내고 있으며 프리드리히 하이에크 및 자크 뤼에프Jacques Rueff, 레몽 아롱Raymond Aron, 빌헬름 뢰프케 혹은 알렉산더 폰 뤼스토우Alexander von Rüstow가 그 주요 인물이다.

이 둘 중 어느 쪽을 신자유주의 창설 시기로 볼 것이냐는 사소한 문제가 아님을 곧 살펴볼 것이다. 그것은 우리의 신자유주의 분석과 관련된다.

게다가 이 두 사건은 서로 무관치 않다. 월터 리프먼 학술대회는 자유주의 혁신을 위한 국제연구소 창설 선언으로 귀결된다. 이 연구소는 파리의 라스 카제스 가에 있는 사회박물관에 본부를 두었는데, 당시 이 연구소는 여러 나라가 돌아가며 정기적으로 회기를 담당하는 국제 지식인 단체로 구상되었다. 그런데 유럽에서 일어난 사건들 때문에 다른 결정이 내려졌다. 이러한 각도에서 볼 때 몽펠르랭 협회는 1938년 발의의 연장으로 보인다. 그들의 공통점 중 하나가 신자유주의 보급에서 중요성을 갖는 사해동포주의였고, 이 학술대회는 이를 잘 증거하고 있다. 이 학술대회는 최초의 신자유주의 '인터내셔널' 창설 시도였고 이후 다른 조직들을 통해 이어졌다. 그 중 최근 수십 년 사이에 만들어진 삼각(삼극)위원회Trilateral Commission와 다보스 세계경제포럼이 있다. 또 다른 공통점은 그들의 적들을 확실히 제압하기 위해 교의를 재정립하는 지적 작업에 중요성을 부여한다는 점이다. 가장 유

2) 더 자세한 사항에 관해서는 다음을 참조하라. François Denord, "Aux origines du néolibéralisme en France : Louis Rougier et le Colloque Walter Lippmann de 1938"(프랑스에서 신자유주의의 기원: 루이 루지에와 1938년 월터 리프먼 학술대회), *Le Mouvement social*, 2001, n°195, pp. 9~34 및 더 최근에 나왔고 매우 많은 참고자료를 제공하고 있는 오디에(Serge Audier)의 다음 책 또한 참조하라. *Le Colloque Lippmann. Aux origines du néolibéralisme*(리프먼 학술대회: 신자유주의의 기원), Le Bord de l'eau, Latresne, 2008.

명한 곳만을 언급한다면 1927년 제네바에 설립된 국제학대학원, 런던 정경대, 시카고 대학을 꼽을 수 있고 이들을 필두로 전 세계를 통해 자유주의 교의를 전파하게 될 수백 개의 두뇌집단으로 퍼지게 된다. 자유주의 재건은 이렇게 이름 있고 재정 상태가 좋은 학문적 공간들을 1930년대 초반부터 활용하기 시작한다.

신자유주의는 어떤 긴장 속에 있는 여러 노선들에 따라 전개되게 된다. 우리는 이 긴장의 정도를 가늠해 볼 필요가 있다. 1938년 학술대회는 신자유주의를 표방하는 지식인들을 처음부터 분열시키는 의견 불일치를 보여 줬다. 이 학술대회에서는 2차 세계대전 이후 계속해서 다소간 열린 방식으로 진행될 불일치도 드러난다. 여러 종류의 불일치들이 서로 혼동되어서는 안 된다. 월터 리프먼 학술대회는 첫째로 자유주의 재건을 향한 공동의 요청이 1938년에도 여전히 '새로운 자유주의'의 경향과 '신자유주의'의 경향을 철저히 구분하지 못하게 했다는 사실을 증명한다. 세르주 오디에가 지적하듯이, 이 학술대회에 참가한 프랑스인 몇몇은 루이 마를리오Louis Marlio처럼 '사회주의적 자유주의'를 참조하거나 베르나르 라베르뉴Bernard Lavergne처럼 '자유주의적 사회주의'를 참조할 때 이 첫 번째 경향을 전형적으로 드러낸다.

하지만 '새로운 자유주의'는 이 학술대회의 중심축이 아니다. 이 학술대회는 차라리 재건의 또 다른 방식을 명확화하는 순간이다. 이 학술대회는 '새로운 자유주의'와 더불어 개입을 승인하겠지만, 그 개입을 새로이 정의하고, 결국 그 개입에 새로운 제한을 부과하려 할 것이다. 사람들이 구축하고자 하는 '신자유주의'의 의미 자체에 대해서도 불일치들이 나타나게 될 것이다. 요컨대 자유주의에 새로운 토대를 부여함으로써 자유주의를 변형시키는 것이 중요한지, 아니면 고전 자유주의에 다시 활기를 불어넣는 것, 다시 말해 자유주의를 타락시킨 일탈과 이단에 대항해 '진정한 자유주의로의 회귀'를 수행하는 것이 중요한지에 관한 불일치 말이다. 공동의 적(공산주의와 파시즘 형태의 사회주의, 그리고 케인스주의를 위시하여 이 사회주의를 서구 국가에 들여왔다고 여겨지는 개혁적 정치성향)에 직면하여, 이러한 불일치들은 특히 바깥에서 볼 때는 부차적인 것으로 보일 것이다. 신자유주의자들이 지적이고 정치적인 시련을 거치는 동안 관건이 되었던 것은 사실상 '국가개입주의'와 '사회주의의 대두'에 대항해 단일 전선으로 맞서는 것이었다. 몽펠르랭 협회가 신자유주의의 서로 다른 경향들 즉 미국적 경향('신오스트리아학파' 프리드리히 하이에크와 루트비히 폰 미제스에게 큰 영향을 받음)과 독일적 경향을 규합하여, 전쟁 전에 분명히 나타났던 불일치의 선들을 소거함으로써 구체화할 수 있었던 것이 바로 이 대립이었다. 신자유주의자들의 이러한 규합은 무엇보다도 현대 자유주의 역사에 나타났던 전환점의 가장 중요한 측면들 중 하나, 즉 순수하게 자유주의적인 개입주의의 이론화를 은폐했다. 월터 리프먼 학술대회가 밝히고 있는 것이 바로 이것이다. 이러한 의미에서 이 학술대회는 창조행위일 뿐만 아니라 폭로행위이기도 하다.

자유주의적 자연주의에 대항하여

이 학술대회는 1938년 8월 26일부터 30일까지 열렸다. 경제학자, 철학자, 각국 고위공무원 등 26명으로 이루어진 국제모임의 좌장은 오늘날에는 잊혀진 철학자, 루이 루지에Louis Rougier였다. 브장송 대학 철학교수였던 그는 논리실증주의를 신봉했고 비엔나 학파 회원이었으며 새로운 토대 위에서 '자유주의로의 회귀'를 주장하는 여러 저작과 논고의 저자였다. 이 회동에는 두 계기가 있었는데 그것은 월터 리프먼의 『훌륭한 사회 원리에 대한 탐구』*An Inquiry into the Principles of the Good Society*의 프랑스어 번역본 『자유 도시』*La Cité libre*[3)] 출간과 저자의 파리 방문이었다. 이 책은 학술대회 조직자인 루지에에 의해 자유주의 재건 선언으로 소개되었고, 동일한 방향에서 연구하면서도 서로 다른 정신을 가진 사람들이 이 선언에 참여할 수 있었다. 루지에에 생기를 불어넣어 주는 관념은 단순한 것이었다. 요컨대 자유주의 교의를 이론적으로 재기초하고, 방임에 대한 형이상학적 믿음이 유발하는 부정적 결과들을 피할 수 있는 능동적 자유주의 정책을 이 재기초로부터 연역해낼 수 있을 때 비로소 '자유주의로의 회귀'가 가능하다는 것이다. 이 학술대회에서 루지에가 정하려 한 노선은, 리프먼이 그의 저서에서 다시 만들어 내야 할 자유주의 '어젠다'를 아래와 같이 정의할 때 단호하게 주장한 신념의 연장선상에 있다.

---

3) W. Lippmann, *La Cité libre*, trad. Georges Blumberg, Librairie de Médicis, Paris, 1938. 여론 분석과 미국 국외 정치 분석으로 유명한 미국의 신문기자이자 논설위원인 리프먼은 양차대전 사이에 '새로운 자유주의'와 신자유주의의 교차점에 있었다. *Drift and Mastery*(1913)에서 그는 경제와 사회의 과학적 통제에 찬성을 표명했다. 그의 주장은 후에 대공황과 뉴딜에 대한 글들로 연장되는데, 그의 주장에 따르면 정부의 개입 없이는 자유도 없다는 것이다. *The New Imperative*(1935)에서 그가 강조하는 바에 따르면, 위기 대응 정책들과 더불어 실행된 "새로운 정치적 요청"은, 국가가 "시민들의 삶의 조건을 책임지는 것"이다. 루스벨트뿐 아니라 후버에 의해서도 추진되었던 이 정책들이 시작했던 것은, 그가 보기에는 1929년 이전의 자유방임 이데올로기와는 아주 대조적인 어떤 "항구적 뉴딜"이었는데, 이것은 "자신의 모든 권력을 사용해 경기순환[경기변동]을 규제하는" 새로운 기능을 통치에 부여한다. 현대 경제에 통치가 필수적이라면, 남은 문제는 가능한 한 최선의 정책을 결정하는 것이다. 그의 모든 노력은 자유주의 통치 양식의 재고로 향하게 될 것이다. Cf. Ronald Steel, *Walter Lippmann and the American Century*, Little Brown, Boston, 1980.

그 어젠다는, 방임의 교의와 고전 경제학자들의 몰이해에 빠져 있던 비생산적 변명과 자유주의는 전혀 다른 것임을 증명한다. 그 어젠다는 자유주의가 현상태의 정당화가 아닌, 산업혁명을 통해 필수적이 된 사회 재조정의 논리임을 보여 준다고 생각한다.[4]

루지에는 학술대회 개회사에서 재설립을 위한 이 노력에 아직 이름이 없다는 사실을 환기한다. 그것을 '구성적 자유주의'나 '신자본주의'라고 불러야 할까, 아니면 오히려, 그의 말에 따르자면 활용 면에서 아마도 더 나은 표현인 '신자유주의'라 불러야 할까?[5] 루지에는 이 학술대회를 통해 광범위한 지적 운동들을 응결시키고자 한다고 강조하면서, 자신이 조직한 이 모임의 목적으로, 전체주의의 강력한 대두에 더 잘 맞서기 위한 자유주의 재건을 내세운다.[6] 이 학술대회는 그에게, 어떤 새로운 종류의 자유주의 교의를 구축하고 보급하는 것을 목적으로 하는 국제기구 창립 행위이기도 하다. 우리가 위에서 상기한 바 있는, 자유주의 혁신을 위한 국제연구소 말이다. 이 연구소는 주제와 관련된 몇몇 모임들로 편성되겠지만, 전쟁과 독일의 프랑스 점령으로 인해 그 구성원들이 흩어지면서 사라지게 될 것이다.

개회사에서 루지에는 월터 리프먼의 논문이 갖는 중요성을 환기

4) W. Lippmann, *La Cité libre*, p. 272.

5) 이 표현은 학술대회 이전에 이미 사용된 바 있다. 특히 피루(Gaëtan Pirou)가 사용했다.

6) 루지에는 학술대회에서의 토론들을, 자유주의를 표방하고 또 '자유주의의 위기'를 공통 주제로 삼은 기출간된 일련의 연구들의 결과로 보고 있다. 그는 자크 뤼에프의 『자본주의의 위기』(*La crise du capitalisme*, 1935), 루이 말리오의 『자본주의의 운명』(*Le sort du capitalisme*, 1938), 베르나르 라베르뉴의 『자본주의의 흥망』(*Grandeur et déclin du Capitalisme*, 1938) 등의 저작을 언급하고 있다.

하는데, 이 논문에 따르면 자유주의는 자유방임과 동일하지 않다. 이러한 동일시는 사실상 모든 부정적 결과들을 나타내는데, 왜냐하면 자유방임의 명백한 해악에 대해 여론은 사회주의만이 파시즘을 면하게 해줄 수 있는 것이라고, 또는 반대로 파시즘만이 사회주의를 면하게 해줄 수 있는 것이라고 재빨리 결론지으려 하기 때문이다. 사실 이 둘은 동일한 것의 두 변종일 뿐인데 말이다. 루지에는 리프먼이 '맨체스터주의적' 교의의 자연주의에 대해 행할 수 있었던 비판 또한 언급한다. 그가 보기에 『자유 도시』는 자유주의 체제가 국가의 사법적 개입주의를 상정하는 법적 질서의 결과임을 환기시켰다는 큰 공이 있다. 그는 이 작품의 주된 논지를 다음과 같이 요약한다.

> 경제적 삶은 사법적 틀 내에서 작동한다. 이 사법적 틀은 소유권, 계약, 특허, 파산, 직능조합과 무역협회의 지위, 화폐와 은행의 체제를 확정한다. 이 모든 것들은 경제적 평형의 법칙과 같은 자연적 소여가 아니라 입법자의 우연한 창조물이다.[7]

이것이 이 학술대회의 지배적 노선을 나타내는 구절이다. 그리고 이것은 몇몇 참석자들, 특히 '신오스트리아학파 사람들'인 폰 미제스에게 유보와 이의 제기의 대상이 되었고, 비록 토론회에서 스스로 표현하지는 않았지만 폰 미제스를 스승으로 여기며 그의 의견에 동의하

---

7) Travaux du Centre international d'études pour la rénovation du libéralisme, *Le Colloque Lippmann*, Librairie de Médicis, Paris, 1939, p. 15. 이 학술대회의 보고문은 최근 출간되었다. Serge Audier, *Le Colloque Lippmann. Aux origines du néolibéralisme*.

는 하이에크에게도 유보와 이의 제기의 대상이 되었던 것 같다. 하지만 모든 참석자들은 만장일치로 파시즘, 공산주의와 같은 다양한 형태의 집단주의, 계획주의, 전체주의의 거부에 동의한다. 그것은 또한 프랑스의 인민전선이 이끌었던 것과 같은 소득 재분배와 사회보장을 지향하는 좌파 개혁에 대해 폭넓게 확산된 거부이기도 하다.[8] 그러나 이 경향과 싸우기 위해서는 어떻게 해야 하는 것일까? 새로운 맥락에서 자유주의를 재활성화시켜야 하는 것일까? 아니면 자유주의를 심층적으로 개혁해야 하는 것일까? 이 양자택일은 '대공황' 및 그 원인의 진단과 밀접하게 연관되어 있다.

당시 표출되던 이 대립들은 양차대전 사이의 경제·정치·사회 현상들에 대한 해석에서의 어떤 중대한 차이와 관련 지어져야 한다. 정치적이고 학설적으로 다른 영역의 몇몇 저자들은 이 대립들을 '자본주의의 위기'로 판단한다. 앞서 살펴본 것처럼, 칼 폴라니가 잘 묘사한 '자유주의의 황금시대'와 관련해 상황이 극도로 바뀌었다는 것에는 거의 의심의 여지가 없다.

이 학술대회 기간 동안 자본주의의 '혼돈'에 대해 완전히 대립적인 두 해석이 충돌한다. 게다가 이 두 해석은 유럽 자유주의자 그룹을 광범위하게 분할하고 있다. 한쪽에서는 자유방임 교의가 물론 쇄신되어야 하지만, 이 교의는 무엇보다도 국가개입을 권장하는 모든 것들에 대항하여 옹호되어야 한다고 주장한다. 이 사람들 중 영국의 라이오넬

8) 이 점과 관련된 동의가 그 정도로 전면적이지는 않다. '프랑스 신자유주의의 복잡성'의 증거는 세르주 오디에에 따르면, 월터 리프먼 학술대회의 몇몇 참석자들이 '사회진보'와 '사회자유주의'의 주창자라는 데 있다. 이는 이미 루이 마를리오나 베르나르 라베르뉴가 인용하고 있는 사례이다. Serge Audier, *Le Colloque Lippmann*, pp. 140~157 et pp. 172~180.

로빈스Lionel Robbins와 프랑스의 자크 뤼에프는 '오스트리아 학파'의 폰 미제스 및 하이에크와 더불어 교의적 측면에서 가장 보수적인 사람들에 속한다.[9] 다른 한쪽에서는 자유주의는 철저히 개혁되어야 하는 것이라 주장한다. 더욱이 폰 뤼스토우 혹은 헨리 트루시[10]가 사용한 표현에 따르면 '자유주의적 개입주의'라 불리는 것을 지지해야 한다는 것이다. 대공황 분석에서의 논란은 특히 이 가능한 두 선택의 측면에서 중요한 것이다. 전자의 사람들이 보기에 대공황의 주된 요소들은 고전 자유주의의 원리들에 대한 점진적 배반에서 찾을 수 있다(로빈스, 뤼에프, 하이에크, 폰 미제스). 후자의 사람들이 보기에 대공황의 원인은 고전 자유주의 그 자체에서 찾아야 한다(루지에, 리프먼 그리고 독일 질서자유주의 이론가들[11]).

『대공황, 1929-1934』*La Grande Dépression, 1929-1934*라는 저작에서 라이오넬 로빈스는 경제위기와 정책적 개입의 결과는 가격의 자기조절적 메커니즘을 교란한다고 설명했다. 이 저서에 붙인 서문에서 뤼에프는 사회개혁자들의 선의가 재앙적 결과를 발생시킨다고 강조한다. 로빈스와 뤼에프의 이러한 반응은 서구사회의 황금기에 원활하게 기능했던 자기조절적 시장에 대한 향수를 보여 준다. 뤼에프는 그의 저서 『자본주의의 위기』에서 제1차 세계대전 이전의 거의 평형적인 상태와 대공황의 카오스를 대조하면서 바로 이 점을 해석하고 있다.[12] 예전

---

9) 폰 미제스 그리고 특히 하이에크와 같은 저자들이, 얼마나 과거의 자유방임주의와 단순히 동일시될 수는 없는 독창적인 사유를 전개했는지 차후에 논하게 될 것이다.

10) Henri Truchy, "Libéralisme économique et économie dirigée"(경제적 자유주의와 계획경제), *L'Année politique française et étrangère*, décembre 1934, p. 366(F. Denord의 언급).

11) 이들에 대해서는 7장에서 다뤄질 것이다.

12) J. Rueff, *La Crise du capitalisme*, Edition de la Revue bleue, Paris, 1936.

에 "사람들은 그들의 행위가 시장의 일반적 상태에 미치는 영향을 전혀 신경 쓰지 않고 각기 독자적으로 행동했다. 그러나 개인들의 궤적들이 그려 내는 혼돈으로부터, 이 행위들이 드러내 주는, 거의 평형에 가까운 상태를 나타내는 집단적 질서가 탄생한다"고 그는 말하고 있다.[13] 그러나 이후 공적 개입, 모든 형태의 계획경제, 과세, 계획, 규제는 "번영의 즐거운 쇠퇴를 가능하게 했다".[14] 이 저사들의 가정은 폰 미제스나 하이에크에게서도 발견된다. 정책적 개입은 중복적 절차라는 것이다. 한번 시작되면 개입은 필연적으로 경제의 사회주의화를 초래하는데, 그 이유는 개인의 행동을 권위적인 경제관리 프로그램의 절대적 명령에 적응시켜야 하기 때문이다. 결론은 명백하다. 자본주의의 파국은 논의될 수 없으며 그 이유는 개입주의 정책이 위기를 불러일으켰기 때문이다. 가격 메커니즘이 자유롭게 작동하도록 내버려 두면 경제 주체들이 결정의 조정과 관련된 모든 문제들을 해결할 수 있다는 것이다.

예를 들어 뤼에프는 자유주의와 사회문제 간의 관계에 할애된 8월 28일 일요일 학술대회에서 노동자들이 겪는 사회적 불안정은 인간으로서는 어찌할 수 없는 것들 때문이 아니라 주기적인 경제적 불안정 때문이며, 만약 평화의 메커니즘이 고장 나지 않는다면 평형으로의 자동적 회귀라는 범위 내에서 출현하는 것만큼 중대한 것은 없다는 가장 정통적인 방법을 주장한다. 반대로 만약 국가가 개입한다면 자동기계를 망가뜨리게 될 것이라면서 이렇게 말한다.

13) *Ibid.*, p. 5.
14) *Ibid.*, p. 6.

자유주의 체제는 가장 빈곤한 계급에 최대의 안녕을 약속하는 경향이 있다. 경제계획상에서의 모든 국가개입은 노동자들을 빈곤하게 하는 결과를 가져온다. 통치의 모든 개입은 최대 다수의 처지 개선을 원하는 듯하다. 그러나 생산물의 총량을 증가시키고 나누는 것 말고 다른 방법은 없다.[15)]

시장의 자유가 가져다주는 사회적 복락에 대한 리프먼의 회의적 문제제기("사적 시장체계의 불안정성이 가져오는 고통을 경감할 수 있는가? 시장의 균형이 그 자체에 맡겨져야 하는 것이라면 이러한 불안정성은 거대한 고통을 유발하게 된다"[16)])에 대해, 뤼에프는 조금 뒤에 다음과 같은 결정적 문장으로 응수한다. "자유주의 체제는 경제체계에 어떤 유연성의 여지를 남겨 주며, 이 유연성을 통해서만이 불안정에 대처할 수 있다"고 말이다.[17)] 폰 미제스도 실업보험과 관련해 다음과 같이 환기시킨다. "집단적이고 지속적인 현상으로서의 실업은 시장상황에서 비롯된 임금보다 더 높은 수준의 임금을 유지시키려는 정책 때문에 나타난 결과다. 이러한 정책을 폐기함으로써만 가장 신속히 실업자 수를 대대적으로 감소시킬 수 있을 것이다."[18)]

"자유주의의 쇠퇴는 내적 원인에 기인하는가?" 전날 제기된 문제가 이 긴장을 잘 설명해 준다. 질서자유주의 사상가 뢰프케는 경쟁을

---

15) Travaux du Centre international d'études pour la rénovation du libéralisme, *Le Colloque Lippmann*, p.69.
16) *Ibid.*, p.69.
17) *Ibid.*, p.71.
18) *Ibid.*, p.74.

파괴하는 산업에서의 기업집중이 기술적 원인(고정자본의 부하)으로부터 기인한다고 본 반면, 폰 미제스는 오히려 세계의 경제공간을 파편화하고 국가들 간 경쟁을 막아 버려서 국내 수준의 담합을 조장하는 보호주의의 산물이 바로 카르텔이라고 주장한다. 폰 미제스에 따르면 기업집중과 관련해 국가개입을 주창하는 것은 부조리하다. 국가개입이 바로 악의 근원이기 때문이다. "경제력의 자유로운 게임이 아니라 정부의 반자유주의적 정책이 독과점 성립에 유리한 조건을 조장했다. 독과점 경향을 발생시킨 건 바로 입법과 정책이다."[19)]

이 학술대회에서 표출된 철저한 반개입주의 노선은 이런 면에서 외관상 손상되지 않은 정론의 지속을 잘 증거하고 있다. 하지만 미셸 푸코가 "국가혐오"라 명명하게 될 바는 이 학술대회의 최신 화제를 요약하고 있지는 않다.

신자유주의의 독창성

수많은 참가자들이 자유주의를 재정의하는데, 이는 특히 정통자유주의자들을 무력화시키는 것이었다. 이 학술대회의 여러 세력들의 노선은 특히 과학철학적 성질을 띤 루지에의 관점과, 시장경제의 기능 내에서 사법적 구축이 갖는 중요성을 환기한 리프먼의 관점, 마지막으로 '자유주의적 사회학자'에 매우 근접해 있고 시장의 사회적 기반—이것만으로는 모든 것의 통합을 확보해 줄 수는 없지만—을 주장한 뢰프케와 뤼스토우의 관점을 통합한 것이었다.

19) *Ibid*., p. 37.

학술대회 참가자들은 그들을 갈라놓는 의견대립을 아주 잘 의식하고 있었다. 그래서 뤼스토우는 이렇게 단언한다.

> 여기 우리 회동에서 상이한 두 관점이 표출되었다는 것은 부인할 수 없는 사실이다. 어떤 사람들은 전통적 자유주의를 비판하거나 변화시켜야 할 어떤 본질적 이유가 없다고 생각한다. 그러나 그와 다르게 생각하는 우리 진영은 자유주의 쇠퇴의 책임을 자유주의 자체에서 찾으려고 한다. 결과적으로 우리는 자유주의의 근본적인 개혁에서 출구를 찾는다.[20]

그 학술대회에서 특히 루지에와 리프먼은, 그들에 따르면 '신자유주의'가 의미하는 바와 신자유주의에 부과된 임무가 무엇인지를 정의한다. 두 저자는 이전에도 각자의 저작에서 아주 유사한 사유를, 무엇보다도 자유주의에 새로운 가치를 부여하려는 동일한 의지를 개진한 바 있다. 이 재건의 본질을 더 잘 이해하려면 루지에의 저서를, 또 특히 리프먼의 저서를 좀 더 상세히 검토하는 것이 좋겠다.

루지에가 주창한 '자유주의의 회귀'는 사실 자유주의의 이론적 기반을 재정립하는 것이고 새로운 정책을 규정하는 것이다. 루지에는 무엇보다도 자연주의적 형이상학에 대한 거부 노선을 따라가는 것으로

---

20) F. Denord는 이 말을 이렇게 논평한다. "공식적으로 뤼스토우는 대학의 예의범절을 존중한다. 하지만 사적으로는 프리드리히 하이에크와 루트비히 폰 미제스에 대해 생각하는 모든 나쁜 점들을 빌헬름 뢰프케에게 고백한다. 방부 처리되어 박물관에나 있어야 할 그런 종류의 인간들이 20세기의 대위기를 책임지고 있다고 말이다." F. Denord, "Aux origines du néolibéralisme en France : Louis Rougier et le Colloque Walter Lippmann de 1938", *loc. cit.*, p. 88.

보인다. 그에게 중요한 것은, 경쟁에 따르는 사적 행동이 완전히 자유롭게 전개되도록 해주는 법적 질서를 의식적으로 창조하려 하는 신자유주의를, 옛 기법에 따르는 자유주의적 자연주의와 단칼에 구분하는 것이다. 이러한 국가의 **사법적** 개입주의는 기업활동의 자유를 속박하거나 방해하는 **행정적** 개입주의와 반대되는 것이다. 경제에 대한 권위주의적 관리와는 반대로, 법적 틀은 소비자가 시장에서 서로 경쟁 중에 있는 생산자들과 더불어 결정을 내릴 수 있도록 내버려 둬야만 한다는 것이다.

루지에에 따르면, 신자유주의와 과거 자유주의 간의 중대한 차이는 경제적·사회적 생활에 대해 사람들이 갖는 생각에 근거한다. 자유주의자들은 기성의 질서를 자연적 질서로 간주하는 경향이 있었고, 그 결과 기득권을 유지하려는 보수주의적 입장을 철저히 고수하게 된다. 개입하지 않는 것은 요컨대 자연을 존중한다는 것이다. 자유주의자에 대해 루지에는 이렇게 말한다.

> 자유주의자는 사실상 과거의 입법으로부터 결과되는 특권을 유지하고자 한다는 의미에서의 보수주의자가 결코 아니다. 반대로 과학적 발견, 조직화와 경제기술의 진보, 사회구조의 변화, 현대 의식의 요구에 법질서의 항상적 적응을 추구한다는 의미에서 본질적으로 '진보주의자'인 것이다. 자유주의자는 '맨체스터주의자'처럼 자동차가 자기 좋을 대로 사방팔방 다니도록 방치하여 그 결과 끊임없는 교통체증과 사고를 일으키는 것이 아니다. 그렇다고 '계획주의자'처럼 모든 자동차의 통행시간과 경로를 고정시키는 것도 아니다. 자유주의자는 **교통법규**를 부과하되 교통이 정체되는 시간대와 원활한 시간대의 법규가 반드시 동일

하지는 않다는 점을 인정한다.[21)]

이 도로교통법의 은유는 모든 신자유주의가 가장 많이 활용한 이미지들 중 하나이며 거의 보편적인 표식이다. 이 은유는 리프먼에게서 전개되며,[22)] 전후 하이에크가 출간하게 될 저 유명한 『노예의 길』에서도 역시 전개된다.

이 학술대회의 결정적 견해는 다음과 같다. 고전 자유주의가 겪은 위기의 일차적 책임은 바로 고전 자유주의에 있다는 것이다. 계획주의와 계획경제를 조장한 것은 바로 고전 자유주의가 야기한 통치의 오류들이다. 어떤 성격의 오류인가? 이 오류들은 사회체계가 기능하는 데 있어서의 규칙들을 신성불가침한 자연법과 혼동한 데서 비롯된 것이다. 예를 들어 루지에는 프랑스 중농주의에서 이러한 혼동의 가장 명백한 표현을 발견한다.[23)] 루지에가 '자유주의적 신비주의' 혹은 불변적 자연에 대한 믿음이라 칭한 것은 그가 진정한 경제학과 구분하고자 하는 것으로서, 이 '자유주의적 신비주의'는 자유경쟁에 의해 지배되는 질서가 갖는 과학적 속성들의 관찰로부터, 이 질서가 신의 작품이기 때문에 신성불가침하고 완벽하다는 관념을 도출하면서 야기된 것이다.[24)] 이러한 혼동과 관련 있는 두 번째 방법론적 오류는 "경제가 정

21) Travaux du Centre international d'études pour la rénovation du libéralisme, *Le Colloque Lippmann*, pp. 15~16.

22) 리프먼은 『자유도시』에서 이렇게 설명한다. 공무원들은 어디로 가야 하는지 말해 주기 위해서가 아니라 교통법규를 준수하게 하기 위해 존재한다. *La Cité libre*, pp. 335~336.

23) 다음을 참조할 것. Louis Rougier, *Les Mystiques économiques. Comment l'on passe des démocraties liberals aux Etats totalitaires*(경제지상주의: 어떻게 자유주의적 민주주의로부터 전체주의적 국가로 변하는가), Librairie de Médicis, Paris, 1938.

치보다 우월하다"는 믿음이다. 루지에에 따르면 이러한 이중의 오류는 다음과 같은 정식으로 요약될 수 있다. "최상의 입법자는 경제적 힘의 작용에 개입하기를 항상 삼가는 사람이고 또 모든 도덕적·사회적·정치적 문제들이 이 경제적 힘의 작용에 따르도록 만드는 사람이다." 자연적이라 가정된 질서에 따라야 한다는 것은 자유방임의 원칙에 속하지만 이는 환상이다. 이 환상은 법의 지배를 받지 않는 별도의 영역을 경제가 형성한다는 생각에 근거한다. 정치적·사회적 제도들과 관련한 경제의 독립성은 자유주의적 신비주의의 근본적 오류로서, 시장 기능을 이루는 속성을 인식하지 못하게 만든다는 것이다.

리프먼은 『자유 도시』에서 그가 "후기 자유주의자"라 명명한 자들의 오류에 대해 [루지에와] 매우 유사한 분석을 했다. 그가 구르네 Gournay에 그 기원이 있다고 환기시키는 이 '자유방임'은 본성상 국가 정책을 이끌 수 없는 부정적이고 파괴적이며 혁명적인 이론이었다. 자유방임에서 문제가 되었던 것은 어떤 계획이 아니라 "시대에 뒤떨어진 법률들에 가해지는 역사적 반론에 불과했던"[25] 행동지침이다. 애초에는 혁명적이었던 이러한 관념들은 과거의 정치·사회적 체제의 흔적들을 제거할 수 있게 해주었고 시장 질서를 확립할 수 있게 해주었다. 그러나 이러한 관념들은 "반계몽적이고 현학적인 교의로 변형되었다".[26] 초기 자유주의자들의 사법-정치적 이론들에 침투해 있던 자연주의는

24) 루지에에 따르면 자연주의적 믿음은 신비주의다. 하지만 집단주의 교의보다는 덜 조야하다. 집단주의 교의는 인간 이성이 경제적·사회적 절차에 행사하는 절대권력에 대한 순수한 주술적 믿음인 것이다. 그러므로 자유주의적 신비주의에는 여러 단계들이 있다.

25) W. Lippmann, *La Cité libre*, p. 227 sq.

26) *Ibid*., p. 228.

이러한 교조주의적이고 보수적인 변동에 잘 들어맞았다. 설령 자연권이 한때 소유권을 안정시켜 축적행위를 수월하게 해주는 자유주의의 허구였다 해도 이 신화는 법의 유용성에 대한 모든 성찰을 막는 불변의 교의로 굳어졌다고 그는 말한다. 법의 유효 범위에 관한 성찰을 막음으로써 '자연'에 대한 이 절대적 존중은 특권을 통해 획득된 지위를 강화했다.

이 분석이 19세기 프랑스의 사회학 창설자들의 입장과 어떤 엄밀한 유연관계도 갖지 않는 것은 아니다. 오귀스트 콩트가 그의 시대에 이미 보여 주었듯이 경제적 자유주의의 거대한 결함은 본질적으로 부정적인 이론을 기초로 해서는 실현 가능한 사회질서를 구축할 수 없다는 점과 관련이 있다. '재창조된' 신자유주의의 혁신성은 시장질서를 이미 구성된 어떤 질서로서 생각할 수 있다는 사실, 그러므로 그 창설과 지속적인 유지·보수를 목표로 하는 진정한 정치적 프로그램(어떤 '개입')을 수립할 수 있다는 사실에 있다.

밀이나 스펜서[27] 같은 '후기 자유주의자들'의 관념들 중 가장 잘못된 것은 법이 존재하는 영역과 존재하지 않는 영역이 있다고 주장했다는 데 있다. 역사적 흐름을 이해하지 못하게 만들고 필요한 정책을 추구하지 못하도록 만든 것은 바로 '자연적' 행위의 영역, 즉 무법적 사회영역이 존재한다는 믿음으로, 그들에 따르면 이 영역은 시장경제다. 리프먼이 다시 여기에 주목하듯이, 자유주의적 교조주의는 19세기에 구체적인 통치 실천으로부터 점차 벗어나게 되었다. 자유주의자들이 자유방임의 외연과 자연권의 목록에 대해 거만하게 논의하는 동안, 정치

27) 리프먼은 밀의 의심과 곡해를 염두에 두었음에도 불구하고 이 두 저자를 혼동하고 있다.

현실에서는 근대 경제생활에 필수적인 모든 법률, 제도, 규범이 발명되었던 것이다. 요컨대, "이 모든 상거래는 권리를 유효화하고 담보물을 보호하기 위한 어떤 법률, 국가의 재량권에 의존했다. 국가 영역의 한계가 어디 있는지 묻는 것은 결과적으로 어떤 현실적 의미도 갖고 있지 못하다"[28]는 것이다. 소유권, 매우 다양한 계약들, 기업의 법적 지위 그리고 상법과 노동법의 거대한 체계는 '후기 자유주의자들'의 자유방임 옹호론에 대한 실질적 반증이 되었다. 이들은 통치자의 실제적 실천 및 입법 활동의 의미를 고찰할 수 없게 된 것이다. 이 오류는 더 심각하다. 이 자유주의자들은 사회조직의 **제도적** 측면을 이해할 능력이 없었던 것이다.

> 합법적 권리가 국가에 의해 공표되고 적용되었다는 것을 인정함으로써만 비로소 특수한 권리의 가치를 합리적으로 검토할 수 있다. 후기 자유주의자들은 이 점을 고려하지 않았다. 그들은 소유권, 계약, 조합도 입법부, 사법부, 행정부와 마찬가지로 법의 창조물임을 알지 못하고 또 이것들은 그 적용이 요청되는 권리와 의무의 다발로서만 존재함을 알지 못하는 심각한 오류를 저질렀다.[29]

우리는 이러한 표현을 통해 어떻게 리프먼의 신자유주의적 비판이 시장 옹호 문헌을 뒤덮던 자연주의적 표현들 속에서 벤담이 생각했던 것과 동일한 통치성의 토대를 발견하는지를 알 수 있다. 자연법주의

---

28) W. Lippmann, *La Cité libre*, p. 230.

29) *Ibid*., p. 293.

자들의 환상에 대한 자신의 비판과, 벤담이 행동의 자유와 법질서 간의 관계에 대해 생각하는 방식 간의 연관성을 완전히 확립하지 못한 채로, 리프먼은 자유주의 교의의 변천을 18세기 말부터 19세기 말 사이에 발생한, 요컨대 벤담과 스펜서 사이에서 발생한 **퇴행**으로 분석한다.

소유, 교환 그리고 노동에 대한 권리와 의무의 체제를 정의하고 체계화하며 개선하는 법학자들의 작업에 대한 후기 자유주의자들의 무지에는 이유가 있다. 리프먼은 이를 설명하려 한다. "사적 소유와 계약들, 개인기업, 협회 그리고 익명의 단체와 같은 모든 체제가 그와 분리 불가능한 법률적 총체에 속한다는 이 사실"에 대한 몰이해는 지금 문제가 되는 이 권리의 형성 방식을 통해 설명될 수 있다. 리프먼에 따르면, 권리는 적절한 법제화의 산물이라기보다는 용례를 인준하는 판례의 산물이기 때문에 후기 자유주의자들은 여기서 "사물의 본성에 기초하고 또 말하자면 초인간적 가치를 갖는 일종의 자연권"의 표현을 그릇되게 발견할 수 있었다. 자연주의자들의 이러한 헛된 꿈 때문에 그들은 자기들 마음에 차지 않는 각각의 사법적 배치 안에서 국가의 참을 수 없는 개입, 즉 자연상태에 대한 참을 수 없는 침해를 상상하게 된다.[30] 사법적 창조 고유의 작업을 인정하지 않는 것은 국가개입을 비난하는 수사학적 원리를 야기한 오류이다.

> 소유권은 법의 창조물이다. 계약은 법률적 도구다. 사회가 권리를 창조했다. 그러므로 사회가 법 밖의 존재라고 생각함으로써, 그리고 그러한 관점에서 '개입'의 허용 여부를 자문함으로써 그들은 오류를 저지른 것

30) *Ibid*., p. 252 참조.

이다. […] 모든 소유권과 계약, 사회는 오로지 권리와 적용 가능성을 확신할 수 있는 담보가 존재하기 때문에, 그리고 그것들이 국가의 강제권에 호소하는 법을 통해 승인될 때 비로소 존재한다. 아무것도 건드리지 말라고 이야기하는 것은 하나 마나 한 짓이다.[31]

오류의 또 다른 원천은 경제학에 필수적인 단순화로부터, 적용 가능한 사회모델을 도출했다는 데 있다. 루지에와 마찬가지로 리프먼에게서, 과학적 노동이 추상화를 통해 관계와 규칙성을 도출해 내기 위해 사회의 현실에 존재하는 찌꺼기들과 혼성물들을 제거해 버리는 것은 완전히 정상적이다. 하지만 자유주의자들은 이 법들을 자연적 창조물로, 현실의 정확한 이미지로 간주했으며 단순화되고 정화된 모델을 벗어나는 것들에서 불완전함과 착오를 발견할 수도 없었던 것이다.[32] 이러한 인식론적 오해와 자연주의적 환상의 결합은 19세기 초까지의 자유주의적 교조주의의 지속적인 힘을 설명해 준다.

18세기 말 인간해방이라는 이상을 내걸었던 자유주의는 편협한 보수주의로 점차 변화되어 자연질서의 엄격한 존중이라는 이름하에 모든 사회적 진보에 반대했다.

이러한 오류의 결과는 재앙적이었다. 왜냐하면 인간의 노동·구매·판매·계약체결·재산소유가 이루어지는, 전적으로 가정적이며 환상적인 이 자유의 영역을 상정함으로써 자유주의자들은 모든 비판을 포기하

31) *Ibid.*, pp. 320~321.
32) *Ibid.*, p. 244.

고 이 영역에서 지배적이었던 권리의 옹호자가 되었기 때문이다. 그들은 이 영역이 내포하고 있는 모든 남용과 빈곤의 의무적 옹호자가 되었다. 법률의 존재는 인정하지 않으면서도 신으로부터 기원하는 자연질서의 존재는 인정했던 그들은 자연질서의 행복한 신봉이나 스토아주의적 체념만을 가르칠 수밖에 없었다. 사실 그들은 과거 법률주의적 흔적과 가장 부유하고 강력한 사회계급이 도입한 탐욕적 개혁으로 구성된 체제를 옹호했다. 게다가 그들은 소유권, 계약, 사회를 지배하는 인간의 법이 부재한다고 가정했기 때문에 이 법이 좋은지 나쁜지, 개혁되거나 향상될 수 있는지에 대해 결코 관심을 가질 수 없었다. 이들 자유주의자들의 순응주의는 비난받아 마땅한 것이었다. 아마도 그들은 다른 사람들과 같은 감수성을 가지고 있었지만 머리의 작동은 마비되었던 것 같다. 교환경제는 '자유롭다'고, 다시 말해 법률의 관할 영역 밖에 위치한다고 일제히 주장함으로써 그들은 막다른 골목에 봉착했다. [⋯] 바로 이런 이유로 그들은 강대국의 지적 지배력을 상실했고 진보주의 운동은 자유주의에 등을 돌리게 되었다.[33]

자유주의와 진보주의가 분리되었을 뿐만 아니라 특히 자유주의적 자본주의와 그것이 야기한 불균형들 간에 점점 더 강한 분쟁이 발생하는 것을 볼 수 있다. 사회주의는 지배계급의 경제적 이해관계를 위해 마련된 자유주의적 교의의 보수주의적 경화硬化를 이용하면서 발전한다. 소유권에 대한 리프먼의 문제제기는 특히 이 변화의 징후라 할 수 있다. "만약 사적 소유가 근대세계에서 이토록 심각하게 위협받

33) *Ibid*., pp. 234~235.

게 되었다면, 그것은 유산계급이 그들 권리의 모든 변화에 저항하면서 그들의 소유권을 폐지하려는 혁명적 움직임을 야기했기 때문이다."[34]

쇄신된 자유주의의 어젠다

'후기 자유주의자들'이 이해하지 못했던 것은, "자유주의 경세는 비간섭주의가 아니라" [오히려] 늘 변화하는 환경에 인간을 적응시키고자 하는 "적극적이고 진보적인 법질서를 전제한다"는 것이다. '자유주의적 개입주의', '건설적 자유주의', 사회주의적이고 계획경제주의적인 개입주의와 구별되는 국가주도 계획경제가 필요하다. 경쟁이 가져다주는 혜택의 자명성에 근거한 이 개입주의는 스펜서주의적 국가혐오를 버리고 사회적 경쟁주의와 국가개입 행위의 장려를 결합시킨다. 이 개입주의는 자유로운 경쟁을 저해하는 사회적 논리에 의해 위협받고 있는 자유로운 경쟁을 회복시켜 '가장 능력 있는 자들'의 승리 보장을 목표로 설정한다.

> 자유주의적 계획경제는 자유를 막기보다는 자유를 보호하는 방식으로 개입이 행해져야 한다는 것을 전제로 한다. 이윤 획득이, 국가의 위선적 지원의 결과로 가장 보호받는 자들이나 가장 부유한 자들의 특권이 되는 것이 아니라, 공정한 경쟁의 승리의 결과가 되는 그런 방식으로 행해져야 한다.[35]

---

34) *Ibid*., p. 329.
35) L. Rougier, *Les Mystiques économiques*, p. 84.

이렇게 '제대로 이해된' 자유주의, '진정한 자유주의'는 개인들에게 공평무사한 권위의 원천 구실을 하는 국가의 복권을 경유한다.

> 자유주의로 회귀하고자 하는 자는 조합화된 사적 이해의 압력에 저항할 수 있는 충분한 권위를 정부가 회복할 수 있게 해야 한다. 그리고 러시아의 예에서 잘 볼 수 있듯이, 대체로 소수 특권층의 일시적 이익을 위해 대다수의 소비자-시민을 희생시켜 경제적 안정을 지속적으로 교란하는 기술에 불과한 개입주의, 계획경제, 경제계획론의 해악을 고발함으로써 공공의 정신을 재건한다는 조건하에서만 헌법 개정을 통해 정부가 이러한 권위를 회복할 수 있다.[36]

경쟁을 죽이는 개입과 경쟁을 강화하는 개입을 구분하기가 쉽지는 않은 듯하다. 아무튼 경제기계를 교란하는 사회적·정치적 힘들이 존재한다 해도, 여기에 대항하는 힘이 "위험과 책임의 취향"[37]에 그 자리와 힘을 부여하고자 한다는 것을 인정해야 한다는 것이다. 사실상 루지에는 상반되는 두 입장을 취하고 있다. 전자에 따르면 국가개입주의는 본질적으로 **사법적**이어야 한다. 모든 경제 주체에게 보편적 규칙을 부과하는 것, 그리고 특수한 계층에게 이권을 준다거나 특권을 준다거나 그들을 보호한다거나 함으로써 경쟁을 해칠 수 있는 모든 개입에 저항하는 것이 관건이다. 여기서 위험은 국가가 연합된 단체들의 영향하에 놓이게 되는 상황이다. 그것이 가장 부유한 자들의 단체건,

36) *Ibid*., p. 10.
37) *Ibid*., p. 192.

가난한 대중들의 단체건 간에 말이다.

루지에에게 위험은, 자신의 이익을 위해 경쟁게임을 왜곡하려는 정치세력을 필두로 하는, 사회 안에 존재하는 세력이다. 정치세력은 유권자의 표를 얻기 위해 주저하지 않고 선전정치를 한다. 프랑스의 인민전선이 그 완벽한 예라 할 수 있다. 경쟁게임을 왜곡하는 사회적 논리에도 위험이 존재한다. 지나치게 편협한 경제적 사유는 이러한 왜곡을 고려하지 못한다. "[…] 우리는 기체 분자가 아니라 사유하는 사회적 존재다. 우리는 우리의 이해관계를 결합시키고 부화뇌동의 충동에 따르며 노조, 정치조직, 외국 등 조직된 단체들로부터 외적 압력을 받기도 한다."[38] 위협과 압력으로부터 보호받는 강력한 국가는 법 앞에서의 평등을 보장하기 위해 필요하다.

그러나 루지에는 또 하나의 논지를 내세운다. 경제장치를 보다 잘 작동시키기 위해 국가는 개입을 서슴지 말아야 한다는 것이다. 건설적 자유주의는 다음의 것들을 재검토한다.

> 경제기계에 윤활유를 치고 균형의 자기조절적 요소들의 장애물을 제거하는 것. 가격, 이자율, 소득격차에 따라 생산을 소비의 현실적이고 지불 가능한 수요에 적응시키는 것. 또 이제부터는 저축을 수요에 의해 정당화되는 투자의 필요에 적응시키고 대외무역은 자연스러운 국제분업에 적응시키며 임금은 기술적 가능성과 기업의 수지타산에 적응시키는 것.[39]

---

38) *Ibid*., p. 192.
39) *Ibid*., p. 194.

적응시키는 개입은 비록 '자연스럽지만' 독자적으로 이루어질 수 없는 균형을 회복하기 위해 경제 주체들에게 바람직한 행동을 자극하기까지 한다는 것이다.

> 자유주의적 개입주의는 과잉설비의 시기에는 생산의 경제적 가치를 유일하게 높일 수 있게 해주는 소비를 활성화시키는 데 노력을 경주해야 한다. 만약 생산 규모가 원가에 달려 있다면 오직 지불 가능한 수요만이 생산의 상업적, 사회적 가치를 결정하기 때문이다. 그리고 이것은 신용판매라는, 이윤을 내지 못하는 절차를 통해 이루어져서는 안 되고 기업 이윤의 대부분을 주주에게는 배당금으로, 노동자에게는 임금으로 분배하는 절차를 통해 시행되어야 한다. 이렇게 함으로써 국가는 인위적 목표를 설정하는 것이 아니라 저축과 투자, 생산과 소비, 수출과 수입의 균형을 회복시키는 것을 목표로 설정한다.[40]

경쟁적 자본주의는 자연의 산물이 아니라 지속적인 감시와 조절을 필요로 하는 기계다. 하지만 우리는 루지에가 부여한 버전의 '자유주의적 개입'을 둘러싼 모호성을 볼 수 있고 또 이것은 자유주의 교의에 가장 가까이 위치하고 있는 자유주의자들의 우려를 유발시켰다. 루지에는 공공정책의 정당화를 위해 세 차원을 혼합한다. 법치국가 확립, 변화하는 환경에 적응시키는 정책, '자연적 균형' 실현에 도움되는 정책이 그것이다. 이 세 차원은 동일한 질서에 속하지 않는다. 스펜서에게서 전형적으로 드러나는 '국가혐오'와 단절하는 것이 하나의 일이

---

40) *Ibid*., p.85.

라면, 정당한 개입과 그렇지 못한 개입을 구분하는 경계 확정은 또 다른 일이다. '선전 정치인들'과 광신적 교조주의자들의 악습에 빠지지 않으려면 어떻게 해야 할까? 그 절대적 기준이 경쟁 원칙의 존중이다. "경쟁이 경쟁을 죽인다"고 설명하는 자들과 달리 루지에는 다른 모든 자유주의자들과 함께, 경쟁의 왜곡은 주로 국가개입에서 비롯되는 것이지 경쟁 내적 절차에서 비롯되는 것이 아니라고 주장한다. 관세보호주의로부터 시작해 독점 형성에 이르기까지, 국가는 늘, 최대 다수의 이익을 희생시켜 가며 경쟁체제를 제한하거나 폐지하는 유일하거나 유일하지 않은 원인이 된다는 것이다. 하지만 입장 차도 있다. 루지에에게 경쟁은 국가개입을 통해서만 확립 가능하다. 뤼스토우가 학술대회에서 지적하듯이 이는 독일 신자유주의의 중심축이기도 하다.

> 경쟁을 죽이는 것은 경쟁이 아니라, 국가의 지적·도덕적 허약함이다. 그 허약함은 우선 시장 감독 의무를 등한시하고 알지도 못한다. 그것은 경쟁이 후퇴하도록 내버려 두고, 약탈자들이 이 쇠퇴한 경쟁에 일격을 가하기 위해 자신들의 권리를 남용하도록 방치한다.[41]

루지에에게 '자유주의로의 복귀'는 '자유주의적 삶'에 부여된 가치를 통해서만 의미를 갖는다. 그런데 이 '자유주의적 삶'은 이기주의의 정글이 아니라 자기실현의 규칙화된 게임이다. 그래서 그는 "위험을 내포하고 있긴 하지만 사람들이 그 규칙을 알고 또 존중하는 게임

---

41) Travaux du Centre international d'études pour la rénovation du libéralisme, *Le Colloque Lippmann*, p. 41.

의 질서 잡힌 틀 속에 있다는 사실로부터 결과되는 그런 삶의 풍미"[42]를 주창한다.

신자유주의와 자본주의 혁명

리프먼의 경우에는 신자유주의를 정당화하고 그 역사적 의미를 설명하기 위해 아주 새롭고도 아마도 더 일관성 있는 논거들을 늘어놓는다. 그의 눈에 사회주의는 일종의 '반혁명'이었고 서구사회에서 태어난 진정한 혁명에 대한 '반동'이었다. 왜냐하면 그에게 진정한 혁명이란 전지구적으로 확장된 자본주의 상업경제 혁명이고 또 시장을 "고도로 전문화된 분업에 기초한 경제 내에서, 전문화된 노동자들을 조절하는 최상의 장치"[43]로 만듦으로써 생활방식을 부단히 동요시키는 자본주의 혁명이기 때문이다.

후기 자유주의자들이 잊어버린 이러한 사실은 "자유주의를 재발견"하게 한다. 자유주의는 사실 다른 것들과 같은 이데올로기가 아니며 사회적 보수주의의 "빛 바랜 장식"은 더더욱 아니다. 점차 그렇게 되긴 했지만 말이다. 리프먼에게 자유주의는 사회와 그 사회를 구성하는 인간들을 분업 및 이해관계의 차별화에 기초한 산업과 상업의 변화에 적응하도록 이끌 수 있는 유일한 철학이다. 제대로 이해한 게 맞다면 이것은, '대연합'Grand Association을 구성할 수 있고 또 조화롭게 작동하게 할 수 있는 유일한 교의다. "집단주의는 산업혁명에 대한 반동이

---

42) L. Rougier, *Les Mystiques économiques*, p. 4.
43) W. Lippmann, *La Cité libre*, p. 209.

었을지 몰라도 자유주의는 그렇지 않다. 자유주의는 오히려 산업혁명의 철학 그 자체다."[44] 사회운동에 기입된 자유주의의 특징, 다시 말해 자유주의의 **필연성**은 사회주의를 역사의 또 다른 필연성으로 여기는 맑스주의의 주장과 쌍을 이루는 것처럼 여겨질 수도 있을 것이다.

분업에 기초하고 또 시장에 의해 조절되는 경제는 근본적으로 변화될 수 없는 생산체제다. 이는 수렵채집 경제체제가 그랬던 것처럼 역사의 소여이며 역사적 근간이다. 게다가 이는 신석기혁명이라 알려진 그것과 매우 유사한 혁명이다. 사회주의자들이 잘못 생각하고 있는 바는 이 사회혁명을 경제 절차의 총체적 제어를 통해 무효화할 수 있다 여기는 것이고, 이는 그 어떤 정치적 개입도 필요로 하지 않는 자연상태를 중시하는 맨체스터주의자들의 오류이기도 하다.

리프먼의 성찰에서 중요한 말은 **적응**이라는 단어다. 전면화되며 쉼 없이 계속되는 경쟁에 기초한, 내적으로 가변적인 경제질서에 인간과 제도가 지속적으로 적응해야 할 필요성에 의해 신자유주의적 어젠다의 방향이 설정되는 것이다. 신자유주의 정책은 특권, 독점, 그리고 기득권을 공격함으로써 이 적응 활동을 조장하기 위해 요구된다. 신자유주의 정책은 경쟁체제의 작동 조건을 만들어 내고 또 유지하려 한다.

생활방식과 사고방식의 항구적 적응은 또한 생산방식과 구조의 항구적 혁명에 부합해야 한다. 공권력의 항구적 개입을 강제하는 것, 그것은 사회·정치적 개혁의 필요성을 절감했던 초기 자유주의자들이 이해했던 바이며 적응보다는 보수에 더 관심을 가졌던 '후기 자유주

44) *Ibid*., p. 285.

의자'들은 망각하고 말았던 바이기도 하다. 사실 자유방임론자들은 이 적응의 문제가 신기하게 해결되었다고 추측했다. 아니 오히려 그들은 이것을 문제로 제기하지조차 않았다고 해야 할 것이다.

신자유주의는 이중적 확증에 근거한다. 즉 자본주의가 경제적 질서 내에 항구적 혁명의 시대를 열었다는 것과, 그럼에도 불구하고 사람들은 다른 세계에서 자랐기 때문에 이 변덕스러운 시장질서에 자연스럽게 적응하지 못했다는 것이다. 이것은 독일 질서자유주의자들이 리프먼의 말을 빌려 이야기하는바, **개인의 삶과 사회 전체의 삶**을 겨냥해야 하는 정책을 정당화하는 것이다. 사회질서에서 분업에 이르기까지 이 적응 정책은 "인류에게 새로운 방식의 삶을 부여하는 데"[45] 그 목적이 있는 엄청난 과업이라고 그는 쓰고 있다. 리프먼은 다음과 같은 것을 수행해야 하는 사회적 변형의 체계적이고 완전한 성격에 대해 더욱 분명하게 말한다.

> 적응장애는 생산방식에서 혁명이 일어났다는 사실로부터 비롯된다. 근본적으로 다른 생활방식을 물려받은 인간들에게서 이 혁명이 일어나는 것처럼, 필수적 재적응은 사회 질서 전체로 확대되어야만 하며, 이는 산업혁명이 일어나는 동안만큼은 확실히 지속되어야 한다. '새로운 질서'가 실현되는 순간은 있을 수 없다. 사물의 본성이라는 이름으로, 역동적 경제는 반드시 진보주의적 사회질서 내에 있어야 한다.[46]

45) *Ibid*., p. 272.
46) *Ibid*., p. 256.

생산 및 상업활동을 변화하는 관계 내에 삽입하고 또 이 활동들을 생산의 전문화 및 상거래의 확대와 조화를 이루는 규범들을 통해 관리하는 것은 국가의 소관이고 또 국가가 만들어 내고 보장하는 법체제의 소관이다. 소위 자연적 시장경제 메커니즘들이 더 잘 작동되도록 하기 위한 사회적이고 도덕적이며 정치적인 틀의 필요성을 부정하지 않는 신자유주의는 새로운 경제구조와 양립할 수 있는 새로운 틀을 재정의하는 데 도움이 되어야 한다는 것이다.

그뿐만이 아니다. 신자유주의 정책은 **인간 그 자체를 바꿔야** 한다. 끊임없이 움직이는 경제 속에서 사람들의 생활방식 및 사고방식 그리고 사람들이 따라야 하는 경제적 제약 간의 조화를 재창조하기 위한, 언제나 현재진행형인 과업이 바로 적응이다. 구시대에 태어난 인간, 즉 인식하는 법과 조정하는 법, 그리고 관습 등을 물려받은 인간은 재적응과 현대화라는 특수한 정책의 대상이 되어야 하는 만성 사회부적응자다. 그리고 이 정책들은 인간이 심적 괴로움을 피하기 위해, 그리고 개인들 사이 혹은 내부의 대립을 피하기 위해 자신의 삶과 운명을 상상하는 방식까지도 변형시키는 데에 이르러야 한다.

> 현대 사회의 진정한 문제는 사회질서가 분업의 필요성과 양립할 수 없는 곳이라면 어디에서든 제기된다. 오늘날의 문제들에 대한 검토는 이 양립불가능성의 목록 이외의 그 무엇도 아니다. 그 목록은 아마 상속으로 시작될 것이고, 모든 관습과 법 그리고 제도와 정책을 열거할 것이며, 인간이 지상에서의 자신의 운명, 자기 자신의 영혼에 대한 그의 관념들 그리고 다른 사람들에 대해 그가 갖는 관념들을 다룬 후에야 완성될 것이다. 왜냐하면 사회적 유산과 사람들이 먹고살기 위해 행하는 방

식 간의 모든 갈등은 필연적으로 그들의 사업에는 무질서를 그리고 그들의 계획에는 불화를 초래하기 때문이다. 사회적 유산과 경제가 균질한 전체를 형성하지 않을 때, 세상에 대한 저항 혹은 단념이 반드시 생겨나기 마련이다. 그렇기 때문에 사회가 인간 실존의 조건과 대립하는 오늘날과 같은 시대에는, 불평불만으로 인해 어떤 사람들은 폭력으로, 어떤 사람들은 금욕주의와 피안에 대한 숭배로 나아가게 된다. 시절이 하 수상하니 어떤 이들은 폭동을 일으키고 어떤 이들은 수도원에 들어가는 것이다.[47]

이 적응의 위기를 모면하려면 서구 사회에서 **인간 환경에 대한 진정한 정책**을 구성하는 모든 사회개혁을 실행하는 것이 바람직하다. 리프먼은 경쟁에의 적응과 관련된 이 포괄적 정책의 순수하게 인간적인 두 양태, 즉 우생학과 교육을 지적한다. 적응은 과거의 인간이 갖고 있던 자질과 다르기만 한 것이 아니라 더 우월한 자질을 가진 새로운 인간을 요구한다는 것이다.

경제는 인류의 자질 그리고 삶을 위한 인간의 장비가 기본 수준을 유지하는 것을 넘어서서 점차 향상될 것을 요구한다. 상호의존성이 증가하는 전문화된 노동의 세계에서 성공적으로 살아가기 위해서는 다음과 같은 것들, 즉 적응 능력, 상호적 권리와 의무에 대한 교양 있는 이해력과 지성, 그러한 종류의 삶에 대한 혜택과 기회 등의 것들이 부단히 증대되어야 한다.[48]

47) *Ibid*., pp. 256~257.

특히 사람들로 하여금 그들을 기다리는 전문화된 경제활동을 위해 준비하도록 하는, 그리고 그들이 "상호의존적인 구성원들의 대연합 속에서 평화롭게"[49] 살기 위해 동조하지 않을 수 없는 자본주의 정신을 준비하도록 하는, 대중에 대한 대규모 교육정책이 필요하다는 것이다.

> 대규모 군중을 교육한다는 것, 전문분야를 바꿀 능력이 있는 상태에서 전문화되어야 하는 생활을 위해 인간들에게 장비를 갖추게 하는 것, 바로 여기에 아직 풀리지 않은 엄청난 문제가 있다. 분업 경제에서는 우생학과 교육의 문제에 관한 논의가 실질적으로 요청된다. 그리고 고전 경제학은 바로 그렇게 가정한다.[50]

더 이상 교양 있는 소수 엘리트만을 위한 것이 아니라 대중을 위해 행해지는 이 대대적 교육정책을 필수적인 것으로 만드는 것은, 사람들이 직업적 위치 혹은 기업에서의 위치를 바꿔야 하고 새로운 기술에 적응해야 하며 전면화된 경쟁에 대처해야 한다는 사실이다. 리프먼에 따르면 교육은 전통적 공화국의 논거가 아니라 단지 학교의 경비를 정당화하는 적응의 논리에 속한다. 즉 "자유주의가 공공예산의 막대한 몫을 교육에 할애하는 것은 새로운 방식의 삶에 적합한 인간을 만들기 위해서다."[51]

리프먼이 장려하는 정책은 다른 양상을 갖는다. 나중에 보겠지만

48) *Ibid*., p. 258.
49) *Ibid*., p. 285.
50) *Ibid*., p. 258.
51) *Ibid*., p. 285.

이것은 뢰프케나 뤼스토우의 질서자유주의적 사회학의 주제에 근접한다. 즉 삶의 근간과 자연, 지역과 도시의 보호가 그것이다. 인간들이 경제적으로 민첩하게 움직여야 한다고는 해도, 그들이 과거도 고향도 없는 유목민들처럼 살아서는 안 된다. 지역공동체에서의 사회통합 문제, 미국문화에서 아주 현저하게 드러나는 이 문제는 상업경제 발전에 필요한 반대급부의 일부를 이루고 있다. 즉 "산업혁명이 수많은 사람들을 조상 대대로 살아오던 고향으로부터 끌어내 인구과밀의 초라한 집들로 넘쳐나는 음울하고 익명적인 거대한 대도시 근교에 모아 놓음으로써 그들을 야만인으로 만들어 버린 것은 확실하다."[52] 독일의 전후 질서자유주의자들과 마찬가지로 리프먼 역시, 적어도 그가 경제를 어떤 넘어설 수 없는 역사적 소여로 여기는 한에서는, 영원했으면 싶은 경제 유형과 그것이 야기할 수 있는 사회적 영향들 사이의 모순을 보지 못한다. 경쟁을 유지하기 위해서는 거대한 지주회사들의 담합에 맞선 투쟁이 필요한 것과 정확히 마찬가지로, 그가 보기에 통합되고 안정된 사회의 보호 또한 사회정책의 소관이다. 어떻게 보면 적응정책이라 자처하는 신자유주의는 대단위 자본주의가 취한 형식에 대한 적대감으로 귀착된다. 그런 식으로 독점 기업의 막후공작에 대한 투쟁 의지와 무역 및 금융거래에 대한 감시 확대의 욕구를 이해할 수 있다. "자유주의 사회에서 시장의 발전은 끊임없는 연구 대상이 되어야 한다. 이는 필연적 개혁의 방대한 영역이다."[53]

어쨌든 이러한 자유주의 재창조가 시장의 작동, 특히 안정적이고

52) *Ibid*., p. 260.
53) *Ibid*., p. 268.

효율적인 사회적·제도적 구조 내에서 노동력의 동원과 형성 그리고 재생산의 측면에서 정책의 필요성을 간과하지 않는다는 것을 유념해야 한다. 아마 이것이 『자유도시』의 주된 관심사일 텐데, 이는 이 책이 무엇보다도, 노동자 교육을 위해 마련되었을 뿐만 아니라 해고당했을 경우 전업과 이직을 돕는 보상금을 위해 마련된 누진세를 정당화한다는 것에서도 알 수 있다. "자유주의 국가의 발전에서 야기된 위험에 대하여 이 자유주의 국가가 인간들에게 안전을 확보해 주고 피해를 보상하지 말아야 할 이유는 없다. 오히려 그것들을 해야만 하는 모든 이유가 여기에 있는 것이다."[54]

법의 지배

리프먼이 행한, 자연주의에 대한 신자유주의적 비판이 특히 경제활동 영역에서 법이 갖는 창조적 역할에 관한 벤담의 구상과 얼마나 일치했는지에 관해서는 이미 논한 바 있다. 소유권은 자연에 각인되어 있는 것이 아니라, 복잡하고 다양하며 차별화된 법들이 얽힘으로써 생긴 결과물이라는 생각은 신자유주의자들에게 반론의 여지 없이 공통된 것이다. 자연법주의의 보수적 구상에 반대하는, 사회적이고 경제적인 진화에 따른 법적 토대의 변화에 대한 관심도 발견할 수 있다. 법은 항구적 진화 중에 있는 경제체제 내에서 필요에 따라 변화되어야 한다. 하지만 리프먼은 관습법common law의 판례적 실천에 대해 벤담보다 더 공감을 표하고 있고, 의회에 의한 법 수립에 대해서는 벤담보다 더 불신

54) *Ibid.*, p. 270.

을 표하고 있다. 그는 앵글로색슨 실천에서 법이 수립되는 방식과, 현대사회에서 개인들을 조정시킬 필요성 사이에는 생각의 유사성이 존재한다는 것을, 하이에크보다 훨씬 이전에 지적하고 있기도 하다.

통치술의 문제가 중심에 놓인다. 사회주의자와 자유방임주의자는 서로 다른 이유로 분업과 교환의 체계에 상응하는 정치적 질서를 오해하고 있다. 전자는 인간들 사이의 모든 관계를 관리하려 하고, 후자는 이 관계가 본성상 자유롭다고 믿고 싶어 하는 것이다. 민주주의는 만인에 대한 법의 지배고, 인간이 만든 관습법에 의한 통치다. 요컨대 "자유로운 사회에서 국가는 사람들의 일을 관리하지 않는다. 국가는 각자 자기 일을 하는 개인들 사이에서의 정의를 관리할 뿐이다."[55] 이러한 구상이 도출되기 어렵다는 것은 사실이다. 18세기 말부터 일어났던 논쟁들이 이를 보여 주고 있다.

인민이 권력의 합법적 소유자인 시대에 권력이 전체의 이익에 봉사하도록 하려면 국가를 어떻게 조직해야 하는가? 미국의 국부들founding fathers이 제기한 문제는 헌법에 관련된 모든 문제이며, 이는 프랑스 공화주의자들과 영국 급진 민주주의자들의 문제이기도 하다. 리프먼에 따르면, 자유주의적 통치방식은 이데올로기에 속하는 것이 아니라 구조적 필연성에 속하는 것이다. 이에 관해서는 이미 논한 바 있다. 자유주의적 통치방식은 상업사회 내의 사회적 관계가 갖는 본성 그 자체에 연관되는 것이다.

분업은 일정 유형의 자유주의 정책을 강제하며, 제멋대로 개인들을 이용하는 독재권력의 독단을 금지한다. 정치적 측면에서, 경제 주체

---

55) *Ibid*., p. 318.

들로 이뤄진 시민사회는 위계화된 조직에서와 같이 명령과 법령을 통해 관리될 수 있는 것이 아니다. 하나의 관습법을 확정함으로써 차별화된 이해관계들을 조화시킬 수 있을 뿐이다. "자유주의 체제는 한 사람이 국가공무원을 포함한 다른 모든 사람들로부터 기대할 수 있는 것을 규정하고자 노력하며, 그 기대가 실현될 수 있도록 확보하고자 노력한다."[56] 사회관계에 관한 이러한 구상은 자유 도시에서 행해질 수 있는 유일한 통치방식을 규정하는데, 이러한 통치방식은 독단을 제한하고 또 개인들을 관리하려 들지 않는 것이다.

하나의 법률은 사적 개인 간의 관계에 대한 하나의 전반적 규율이고, 이 법률은 인간들 사이의 전반적 관계를 나타낼 뿐이다. 이는 초월적 권능의 발현도 아니고 개인의 자연적 소유권도 아니다. 법률은 개인들이 상호간에 갖는 권리와 의무를 조직하는 방식이고, 사회진화에 따라 지속적으로 변화하는 대상이다. 관습법에 의한 자유주의적 통치는, 리프먼에 따르면 "질서를 부과하는 상부 당국에 의해서가 아니라 사람들 사이의 상호적 권리와 의무를 규정하고 또 그들의 사안을 법정에 위임함으로써 그들이 법을 적용하도록 하는 관습법에 의해 행사되는 사회통제인 것이다".[57] 법에 대한 이러한 구상은 개인들 간 상대적 의무의 체제로서의 사적 권리의 영역을 권리의 총체로까지 확장시키는 것이다.

리프먼은 법의 **관계적** 개념과 다시 만나게 된다. 이 개념은 원래 초기 자유주의자들의 것이었다. 그의 설명에 따르면, 우리는 섬에 사는

---

56) *Ibid*., p. 343.
57) *Ibid*., p. 316.

로빈슨 크루소처럼 독립된 작은 주권을 갖는 것이 아니다. 우리는 권리와 의무의 조밀한 총체에 연관되어 있으며, 이 권리와 의무는 우리가 맺는 관계들 내에서 어떤 특정한 상호성을 수립하는 것이다.

이 권리들은 자연으로부터 모방된 것이 아니고, 단번에 결정적으로 주어진 하나의 교의에서 도출된 것도 아니다. 전지전능한 입법자가 만들어 낸 것은 더더욱 아니다. 이 권리들은 진화의 산물이고, 개인 간의 상거래가 증대되고 변화함으로써 규제가 요구된다는 집단적 경험의 산물이다. 흄이나 퍼거슨과 같은 스코틀랜드 학파의 계승자인 리프먼은 하이에크보다 훨씬 이전에, 시민사회의 형성을 보편규칙의 발견 절차에서 비롯된 것으로 만들어 버린다. 이 보편규칙은 개인들의 상호관계를 관리해야 하고 또 동시에 개인들을 **문명화**시키는 데 기여해야 한다. **시민법**의 적용이 개인들의 관계에 작용하는 독단에 대한 단순한 거부만큼이나 보편적인 원리에 따른다는 의미에서 그러하다. 이 문명화 원리는 각자에게 자유의 영역을 확보해 주는데, 이 영역은 한 인간이 다른 인간에게 가하는 임의적 권력 행사를 제한함으로써 생겨난 것이다. 타자를 공격할 가능성의 부정이라고 할 수 있는 법의 발전만이 생산력과 창조력을 해방시켜 주는 것이다.

리프먼에게 있어 새로운 통치성은 본질적으로 **사법적**이다. 새로운 통치성은 그 외연과 절차상에서 사법행정이라는 형태에 종속되지 않는 만큼, 그 내용과 효력상에서도 완전히 사법적인 조작을 수행하는 것이 아니다. 자유주의 전통에 함축되어 있는 국가의 개입과 비개입 사이의 단순한 대립은 법의 수립에 대해 국가가 갖는 실질적 역할을 이해하지 못하게 방해했고 또 적응 가능성을 차단했던 것이다. 국가의 보증과 더불어 관습, 판사의 해석, 입법에 의해 만들어진 모든 규범은 항구적 적응을 통해서 그리고 자유주의 정책으로부터 본질적으로 사법적인 기능을 만들어 내는 개혁을 통해서 진화하는 것이다. 행정권력, 입법권력 혹은 사법에 고유한 권력이 행하는 활동들 간에 본질적인 차이점은 없다. 요컨대 이것들 모두는 상이한 상황에서 그리고 상이한 절차에 따라서, 종종 서로 모순되는 요구사항들과 서로 다른 이해관계를 갖는 개인들의 집단을 판단해야만 하는 것이다. 보편규칙으로서의 법은 특수한 이해관계를 갖는 개인들 사이에서 공정한 의무를 확보하기 위한 것이다. 모든 자유주의적 제도는 이해관계에 대한 판단을 내린다. 하나의 법률을 채택한다는 것은 이해관계들 간의 충돌을 해소하는 것이다. 입법자는 명령하고 강요하는 권위가 아니다. 이해관계를 해소하는 것은 판사다. 그러므로 가장 순수한 모델은 관습법 모델로서, 이 법은 주권의 근대적 이론의 기원이 되는 로마법과 반대되는 것이다.

근본적으로 상호적인 사법행정은 이해관계의 충돌이 항상 일어나는 사회적 세계에서 중요한 위치를 차지한다. 통치방식이 사회통제에 있어 '독단적 방법'으로부터 '상호적 방법'으로 전환되어야 하는 까닭은, 초기 자유주의자들이 금과옥조처럼 떠받들던 이미지에 따르자면, '대연합' 내에서 특수한 이해관계들이 서로 차별화되어 있었기 때문이다. 규범적 조정은 근본적으로 수평적인 논리에 따라 상호 의무의 규정과 존중을 통해 개인들의 요구사항을 양립 가능하게 만들어야 한다. 주권자는 법령에 따라 통치하지 않는다. 주권자는 집단적 목적의 표현도 아니고 '최대 다수의 최대 행복'의 표현도 아니다. 통치의 자유주의적 규칙은 무엇을 행하거나 생각하는 것이 옳은지 결정하기 위해 공권력에 호소하는 것이 아니라 개인들의 사적 행위에 맡기는 것이다. 이것이 국가의 강제력을 제한하는 원리다. 뒤에서 보게 되겠지만, 이는 인민에 의한 인민의 권력과 관련해 어떤 불신을 상정한다.

리프먼에게 핵심은 아마도 경제와 규범체계를 독립적으로 사유할 수 없다는 데 있는 듯하다. 이 둘의 상호관련성은 시민사회 내 이해관계들의 전반적 상호의존성에 대한 고찰에서 비롯된 것이다. 권리의 원리들의 점진적 발견은 이 '대연합'의 산물이자 그 요소인데, 이 '대연합' 내에서 각자는 자신의 이해관계를 만족시키기 위해 타자와 연결되는 것이다.

> 점차 확장되는 시장에서 전문화된 노동을 교환함으로써 상호의존적이 된 인간은 어떤 사회통제 방법을 사법적 토대로서 취한다. 이 방법은 상호적 권리와 의무를 규정하고 판단하며 수정하는 것으로, 법령을 통해 명령되는 것이 아니다.[58]

이 새로운 양식의 통치를 시행하려면 상호의존성의 영역을 확장시켜야 한다. 이 상호의존성의 영역은 점점 더 많은 사람들과 인민들을 상거래와 경쟁의 그물망 속으로 들어가게 하는 것으로, 이 때문에 세계적 수준의 '대연합'은 세계적 분업의 논리적 결과라고 상상할 수도 있을 정도다. 세계정부 혹은 제국을 구성하는 대신, 새로운 시민사회는 세계적 분업을 강화함으로써 상호의존적인 인민들 간에 평화로운 관계를 수립할 것이다. 세계적 분업은 그 자체가 "전 세계에서 관습법의 근본적 원칙이 점차 받아들여지는 것과 연관되어 있다. 서로 다른 집단을 대표하는 모든 의회는 그들 각자의 상황에 따라 이 관습법

58) *Ibid*., p. 385.

을 존중하고 수용하는 것이다".[59]

엘리트의 통치

과도하게 자유주의적인 국가와 사회주의를 구분하게 해주는 것은 무엇인가? 사회주의자들은 근대사회처럼 분화된 사회에서 그들이 경제적 관계의 총체를 제어할 능력을 갖고 있다고 착각했다. 제1차 세계대전과 1917년 러시아혁명의 경험은 그들로 하여금 경제적 관계를 직접적이고 전체적으로 관리할 수 있다고 생각하게 만들었다. 그러나 이해관계의 복잡성과 착종으로 인해 인간은 시회질서를 관리할 수 없다. 요컨대 "관리해야 할 이해관계가 복잡하면 할수록 상부당국이 행사하는 강제력을 통해 관리하기는 더 어려워진다."[60]

그러나 착각해서는 안 된다. 중요한 건 상부당국의 힘의 양을 줄이는 것이 아니다. 상부당국의 유형과 그 권위의 행사 영역을 변화시키는 것이 관건이다. 상부당국은 간접적으로 이해관계를 조종하게 될 관습법을 보증하는 역할에 만족해야 한다. 오직 강력한 국가만이 이 관습법을 준수하도록 만들 수 있는 힘이 있다. 리프먼이 그의 모든 저작에서 주장하듯이, 19세기 동안에 확산되었을 수 있는 허약한 통치력과 관련된 착각을 재검토할 필요가 있다. 신중한 국가, 불필요한 국가에 대한 강력한 자유주의적 확신은 1914년[1차대전 발발]이나 1917년[러시아혁명] 이후로 더 이상 통용되지 않게 된다.

---

59) *Ibid.*, p. 383.
60) *Ibid.*, p. 57.

평화가 확립된 것처럼 보이는 동안 공공선은 사적 거래의 총체 내에 존재했다. 개인의 이해관계를 넘어선 곳에서 이 이해관계를 관리함으로써 그것을 주어진 질서 체계 내에서 유지하는 그런 권력은 필요하지 않았다. 우리가 이제 알고 있듯이 이 모든 것은 이례적인 일장춘몽에 불과했다. 이 꿈은 제1차 세계대전이 발발하자 사라져 버린다.[61]

강력한 국가와 관련한 이러한 논지는 신자유주의자들로 하여금 민주주의, 그리고 특히 '인민주권'이 의미하는 바를 재고하게 만든다. 강력한 국가는 능력을 갖춘 엘리트집단에 의해서만 통치될 수 있다는 것이다. 엘리트집단의 자질은 대중의 미신적이고 성마른 심성과 완전히 반대되는 것이다.

민주주의는 체질적으로 개선되어야 한다. 그래서 민주주의에 의해 권력의 책임을 부여받은 사람들이 자신들을 경제적 이익이나 인민의 욕구를 대변하는 자가 아니라 사익에 반대되는 전체의 이익을 보장하는 자, 선거 공약의 경쟁적 제시를 선동하는 자가 아니라 노동조합의 주장을 조정하는 자라고 생각하게 만들어야 한다. 민주주의는 개인들 간의 경쟁과 집단적 합의가 모든 공통규칙에 의해 존중되도록 하는 임무를 부여받았다. 활발하게 움직이는 소수나 맹신적인 다수가 경쟁의 공정성을 자신들에 유리한 쪽으로 왜곡시키는 것을 막아야 한다. 경쟁의 공정성은 만인의 이익을 위해 엘리트의 선발을 확보해야 한다. 민주주의는 그 새로운 창시자들의 말을 통해 권위자들에 대한 존중, 공동작업에

61) W. Lippmann, *Crépuscule des démocraties?*, Fasquelle, Paris, 1956, p. 18.

참여하는 영예로움을 대중의 뇌리에 각인시켜야 한다.[62)]

이것은 『민주지상주의』[63)]라는 저서에서 루지에가 개진한 정치적 논지와 리프먼이 주장한 엘리트 통치의 입장[64)]이 갖는 공통점이다. 민주주의에 대한 이러한 재정의는 '절차'[65)]라는 하이에크의 개념에서도 재발견된다. 『자유 도시』보다 훨씬 앞서 쓴, 민주주의에서의 여론과 통치의 문제에 관한 글에서 리프먼은 공평무사한 게임의 법칙 체제와 대중이 통치자에게 염원하는 바를 지시하는 인민주권의 시행원리를 조화시키는 것은 불가능하다고 장황하게 검토한 바 있다.

1920년대 리프먼이 자신의 두 주요 저작에서 연구대상으로 삼았던 여론은, 통치자가 특히 전쟁이나 평화와 관련해 긴급히 시행해야 하는 조치에 장애물이 된다. 여론과 국민투표를 통해 인민이 과도한 영향력을 행사하는 것이 민주주의의 태생적 약점이라는 것이다. 민주주의의 이러한 교의는 통치자가 다수의 의견, 최대다수의 이해관계에 따라야 한다고 생각하는 것이며 이는 가장 편안하고 덜 고통스러운 방향으로 나아가는 것이다. 통치자들은 통치하도록 놔둬야 하는 반면 인민에 의한 통치자 임명은 '제퍼슨주의' 노선에 따라 제한해야 한다. 중요한 것은 대중의 변덕스러운 간섭으로부터 행정부를 보호해야 한다

62) L. Rougier, *Les Mystiques économiques*, pp. 18~19.

63) L. Rougier, *La Mystique démocratique* (*ses origines, ses illusions*)(민주지상주의의 기원과 환상), 1929, ré éd. Editions de l'Albatros, Paris, 1983.

64) 다음을 참조할 것. Francis Urbain Clave, "Walter Lippmann et le néolibéralisme de *La Cité libre*"(월터 리프먼과 『자유 도시』의 신자유주의), *Cahiers d'économie politique*, vol. 48, 2005, pp. 79~110.

65) 이 책 8장을 참조할 것.

는 것이다. 대중의 간섭은 민주주의 체제의 약화와 불안정의 원인이니 말이다. 인민은 지도자를 임명할 뿐 매 순간 지도자가 뭘 해야 하는지를 말해서는 안 된다는 것이다. 바로 이것이 국가가 총체적이고 무제한적인 개입을 피할 수 있는 조건이다. 의회주의의 예에서처럼 국가가 사익에 종속되는 것을 방지하는 정치 테크놀로지의 필요성이 여기로부터 생겨난다. '플라톤주의자'를 자처하는 리프먼은 아무튼 수미일관하다[66]는 장점을 갖고 있다.

신자유주의의 전반적 틀은 하이에크가 『노예의 길』의 여세를 몰아 신자유주의 운동을 지휘하기 이전인 1930년대에 구상되었다. 이러한 신자유주의 초기 단계와 1947년 이후의 신자유주의 발전 그리고 몽펠르랭 협회 창설의 관계는 1938년 개입주의의 파행에 대항해 나타난 "고전 자유주의의 급진화나 회귀"[67]로 단순 해석될 수 없다. 특히 하이에크 사유의 전개는 과거 자유주의의 '재확인'으로 파악되어서는 안 된다. 왜냐하면 그의 사유의 전개는 특이한 방식으로 과거 자유방임주의에 대한 비판과 단호하고 엄격한 '교통법규'를 통합하고 있기 때문이다. 자유주의의 재정의가 불러일으킨 문제에 대한 독창적 답변으로 볼 수 있는 하이에크의 사유는 리프먼 학술대회에서 다수 입장과

---

66) 드골에 대한 그의 동경과 우정은, 개별적 이해관계를 넘어선 국가의 구현에 기초하고 있다. 또한 우리는 다른 많은 자유주의자들, 특히 뤼에프에서 아롱을 거쳐 바르로 이어지는 프랑스 자유주의자들이 드골에게서 전형적인 신자유주의 모델을 발견했다는 것에 주목해야 할 것이다. 다음을 참조할 것. F. U. Clave, "Walter Lippmann et le néolibéralisme de *La Cité libre*", *loc. cit.*, p. 91.

67) Alain Laurent은 *Le Libéralisme américain. Histoire d'un détournement*, p. 139 이하에서 이러한 잘못된 해석을 제시하고 있다. 그의 오류는 '반자유주의자들'이 행한 대칭적 해석과 마찬가지로 '자유주의적 개입주의'의 본성에 대한 이해의 부재에서 비롯된 것으로, 이로 인해 그들은 하이에크가 신자유주의를 연장시키고 왜곡시킨 방식을 이해하지 못한 것이다.

소수 입장을 결합시켜 적어도 잠시나마 독일의 질서자유주의와 오스트리아 및 미국 자유주의를 하나의 동일한 유파 안에서 유지해 보려고 안간힘을 쓰게 된다.

7장 · '경제정책'과 '사회정책' 중간에 위치한 질서자유주의

발터 오이켄Walter Eucken, 1891~1950 같은 경제학자들과 프란츠 뵘Franz Böhm, 1895~1977, 한스 그로스만-되르트Hans Großmann-Doerth 같은 법학자들의 친분을 통해 1930년대 프라이부르크 임 브리스가우에서 탄생한 질서자유주의는 신자유주의의 독일적 형태다. 이런 형태는 전후 독일연방공화국에서 맹위를 떨치게 된다. '질서자유주의'ordolibéralisme라는 말은 사회와 시장경제에 기반을 둔, 구성적이고 절차적인 **질서**에 관한 이 이론가들의 공통된 주장에서 기인한다.

정책적 과업으로서의 '질서'(Ordo)

'질서'라는 말 자체는 두 가지 의미로 이해되어야 한다. 첫 번째는 새로운 경제의 '체계'를 분석하는 영역에 속하는, 문자 그대로 **인식론적**이거나 **체계적**인 의미고, 두 번째는 어떤 경제정책을 결정하지 않을 수 없는 **규범적** 의미다. 발터 오이켄은 『국민경제학의 근본문제』*Grundlagen der Nationalökonomie*, 1940 마지막 장에서 이렇게 '경제질서'Wirtschaftsordnung와 '경제의 질서'Ordnung der Wirtschaft를 구별하고자 했다. 첫 번째 개념은 '구성 형식'의 유형학 내에 기입되어 있으며 두 번째 개념은 그가 현대적 삶의 위기의 여러 양상들을 극복할 수 있는 경제질서의 실현과 옹호를 지시하는 한에서, 경쟁의 질서Wettbewerbsordnung를 알기 위한 규범적 효과를 가지고 있다.[1] 두 번째 개념의 관점에서 보면 경쟁의 질서는 자연적 질서와는 거리가 멀고, '조직하는' 혹은 '정돈하는' 정책Ordnungspolitik에 의해 구성되고 조정되어야 하는 것 같다.[2] 이 정책의 본래적 대상은 이 특수한 '경제질서'의 원활한 작동을 보장할 수 있는 유일한 제도적 틀이다. 사실상 적절한 제도적 틀이 없었던 탓에, 가장 좋은 의도를 가졌던 경제정책의 조치들조차도 비효율적일 수밖에 없었다는 것이다.

「정돈의 정치적 문제」Das ordnungspolitische Problem라는 제목의 1948년 논고에서 오이켄은 이 제도적 틀의 결정적 중요성을 강조하기 위해 전후 독일의 예를 취한다. 1947년, 경제권력 분산을 위한 카르텔 해체법이 공표된다. 경제절차에 대한 관리가 중앙정보당국의 수중에 있었음에도 불구하고 이 법들이 창설되었다. 이러한 '경제질서', 즉 계획경제의 틀 내에서 이러한 조치들은 효과가 없었다. 요컨대 시멘트나

1) Rainer Klump, "On the phenomenological roots of german ordnungstheorie : what Walter Eucken owes to Edmund Husserl", in Patricia Commun(dir.), *L'Ordolibéralisme allemand, aux sources de l'économie sociale de marché*, CIRAC/CICC, Cergy-Pontoise, 2003, p. 153.

2) Ordnung이라는 독일어는 적극적 의미로 이해되어야 한다. 요컨대 이는 이미 구성된 그 고유의 일관성을 체계에 부여하는 요소들의 구성이 아니라 정돈하는 활동이며 더 나아가 질서를 정착시키는 활동인 것이다. 우리는 '질서'에는 체계라는 의미를, '정돈'에는 적극적 정책이라는 의미를 부여한다.

강철, 석탄, 피혁과 같은 상품들은 행정적 방법을 통해 분배되었고, 그 결과 경제관리는 근본적으로 변함이 없었다. 그러나 만약 '경제질서'가 이렇지 않았다면, 달리 말해 만약 가격이 조절장치들을 대신했더라면, 독점에 반대하는 이 법은 틀림없이 완전히 다른 결과를 맞이했을 것이다.[3] 그러므로 당시의 정책적 과업은 가격 메커니즘에 기초한 경쟁 질서를 설치하는 것이었고, 이러한 목적을 위해 경쟁경제에 적합한 제도적 틀을 만들어 내는 것이었다.

나치즘과 적대관계에 있는 지식인 그룹에서 탄생한 질서자유주의는 이렇듯 인간의 책임에 호소하는 사회 변화의 교의다. 전체주의적 국가주의의 악습 이후 자유주의적 사회질서를 다시 세우기 위해서는 어떻게 행동해야 할까? 바로 이것이 매우 일찍부터 질서자유주의의 주요 대표자들이 제기했던 문제다. 그들로서는 사회와 역사에 대한 과학적 분석의 토대 위에 시장경제를 재건하는 것이 관건이었다.[4] 하지만 도덕적 측면이 이 분석과 불가분의 관계에 있다. '자유주의적 질서'는 인간의 존엄에 부합하는 정의로운 사회질서를 자발적이고 의식적으로 창조하는 인간의 능력을 증명하기 때문이다. 법치국가Rechtsstaat의 창조는 이 자유주의적 질서의 필요조건이다. 즉 자본주의의 수립과 작동은 미리 정해져 있는 것이 아니라 정책활동과 사법제도에 달려 있다고 말할 수 있을 것이다. 푸코는 이 견해를 당시 지배적이던 견해, 즉 자본주의의 역사에 대한 맑스주의적 견해와 대면시키는 것의 중요성

---

3) W. Eucken, "Das ordnungspolitische Problem", *Ordo: Jahrbuch für die Ordnung von Wirtschaft und Gesellschaft*, J. B. C. Mohr, Fribourg, 1948, vol. 1, p. 65.

4) 다음을 참조할 것. Jean François-Poncet, *La Politique économique de l'Allemagne occidentale*(서독의 경제 정책), Sirey, Paris, 1970, p. 58.

을 정당하게 강조한다.[5] 사법적인 것을, '하부구조'에 해당하는 경제와 상관관계가 있는 관념으로서의 '상부구조'로 환원시키려는 모든 형태를 사실 질서자유주의는 단호히 거부한다. 방금 전의 1948년 논고에서 다음 대목이 특히 이를 증명한다.

> 경제질서를 사회질서, 국가질서, 법질서 그리고 여타 다른 질서들이 그 위에 놓이게 되는 하부구조der Unterbau로 보는 것은 오류다. 현대의 역사는, 이전 시대에는 국가질서나 법질서가 경제질서의 형성에 균등하게 영향력을 행사했다는 것을 너무나 분명하게 알려 준다.

오이켄은 1945년 이후의 독일 상황을 재차 참조하면서 자신의 논지를 명확히 한다. 한편으로는, 독점 권력그룹 탄생의 영향을 받은 경제질서 변형이 국가가 결정을 내리는 데 막대한 영향을 미칠 수 있다. 다른 한편으로는, 국가 자체에 의해 독점의 형성이 조장될 수 있는데, 이는 특히 면허정책, 상업정책, 세금정책 등을 통해 조장된다. 오이켄은 이러한 일들이 최근에도 종종 일어났다고 명시한다.

> 우선 국가가 사적 경제권력의 형성을 조장한 다음 그 사적 경제권력에 부분적으로 의존한다. 이렇듯 경제질서에 대한 다른 질서들의 일방적 의존이 아니라 상호의존, '질서들의 상호의존'Interdependenz der Ordnungen이 있는 것이다.[6]

---

5) M. Foucault, *NBP*, p. 169 sq. [『생명관리정치의 탄생』, 236쪽 이하.]

6) W. Eucken, "Das ordnungspolitische Problem", *loc. cit.*, p. 72.

이 분석은 결정적 귀결을 낳는다. 즉 자본주의의 생성은 당시 광범위하게 퍼져 있던 맑스주의 담론이 단언하는 바와는 반대로, 전적으로 자본 축적이라는 경제논리에 의해서만 결정되는 것은 아니라는 것이다. 맑스주의적 관점에서는 "자본의 논리는 하나뿐이기 때문에 사실상 하나의 자본주의만이 존재한다". 그러나 이미 루지에의 관점이기도 했던 질서자유주의적 관점에서 "자본주의의 역사는 경제제도의 역사일 뿐"이다. 이것이 무슨 뜻이냐 하면, 우리가 아는 자본주의라는 것은 자본축적의 논리를 시사하는 유일한 형상에 속하는 것이 아니라 "경제제도적 형상의 역사적 특이성"에 속한다는 것이다. 이러한 고찰의 정치적 쟁점은 명백하다. 자본주의의 이러한 형태의 난관은 결코 "그저 자본주의"의 난관이 아니다. 경제적이고 정치적인 몇몇 변형에 유리하게 활동한다면 이 난관 앞에 모든 가능성의 장이 열린다는 것이다.[7)]

맹목적 진화의 산물이 아니라 의지의 산물인 시장질서는 그러므로 도덕에 부합하는 제도의 정합적인 전체라는 성질을 띤다. 당시에 오래된 자유무역의 자연주의적 관점과 단절한 사람들이 질서자유주의자들뿐이었던 것은 아니다. 그러나 질서자유주의자들은 특유의 경제구조와 정립된 사회적 구조의 틀 내에서 행사된 생산과 교환의 모든 활동을 제시함으로써 이 단절을 이론적으로 체계화하는 특징이 있다. 고전 정치경제학에 대한 비판은 1948년부터 오이켄에 의해 앞서 인용한 바 있는 논고에서 매우 명확하게 표명된다.

---

7) 이것의 전체적 전개에 대해서는 다음을 참조하라. M. Foucault, *NBP*, pp. 170~171. [『생명관리정치의 탄생』, 237~238쪽.]

고전 정치경제학자들은 분업의 경제적 절차가 난해하고 다양화된 관리감독의 임무를 부과한다는 것을 명확히 인식했다. 이것은 대단히 탁월한 결과인데, 이 결과와 비교해 본다면 이후 시대의 것은 여전히 낙후된 것이었다. 그들은 또한 이 문제가 적절한 경제질서Wirtschaftsordnung에 의해서만 해결될 수 있다고 보았다. 이것은 새롭고도 광범위한 인식이었는데, 이후에는 이 또한 역시나 광범위하게 소멸되었다. 그럼에도 불구하고 그 경제정책은, 그것이 고전경제학자들에 의해 좌우되었던 한에서는, 이 정돈의 문제Ordnungsproblem에 충분히 주의를 기울이지 못했다. 고전경제학자들은 '자연적' 질서 내에서, 즉 경쟁의 가치가 자동적으로 절차를 이끌어 가는 질서 내에서 이 관리 문제의 해결책을 보았다. 그들은 자연적 질서가 저절로 실현된다고 생각했다. 또 사회체는 번성을 위해 "엄격하게 정해진 식이요법"(스미스)을 필요로 하지 않으므로 경제를 정돈하는 한정된 정책Wirtschaftsordnungspolitik도 필요 없다고 생각했다. 그래서 결국 '자유방임' 정책에 이르렀고 그 정책과 더불어 질서의 형식이 경제적 절차의 관리라는 틀 내에서 탄생하게 되는데, 이 탄생은 중대한 손실을 발생시켰다. 자연적 질서의 자기실현에 대한 신뢰가 지나치게 컸던 것이다Das Vertrauen auf die Selbstverwirklichung der natürlichen Ordnung war zu groß.[8)]

뢰프케는 그의 『인간문명』*Civitas humana*에서 이 교의의 정신을 훨씬 더 명료한 방식으로 잘 요약해 낸다. 우리는 거기서 리프먼 학술대회의 반향, 즉 자유방임에 대한 거부를 다시 찾아낼 수 있다.

---

8) W. Eucken, "Das ordnungspolitische Problem", *loc. cit*., p. 80.

아무 일도 하지 않으려 기를 씀으로써 시장경제의 활력과 만족을 발생시킬 수는 없다. 이 경제는 오히려 정교한 구성체이고 문명이 만들어낸 인공물이다. 경제는 대단히 난해한 것이고 또 우리가 도달하고자 끈질기게 노력해야 하는 많은 것들을 전제한다는 의미에서 정치적 민주주의와 공통점을 갖는다. 이것이 바로, 수행해야만 하는 과업들의 방대한 목록과 더불어 실증적이고 엄격한 경제정책의 상세한 프로그램을 구성하는 것이다.[9]

정치적 민주주의가 자연이 아닌 인공물에 속하듯 민주주의 역시 그러하다는, 시장경제와 정치적 민주주의 간의 유사성은 여기서 특히 설득력이 있다.

그는 고전 정치경제학의 자연주의적 환상에 대한 비판에 폭넓게 동의하지만, 현대사회가 겪는 불행을 어떻게 치유해야 하는지에 관해서는 견해차가 있고 심지어 대립하기까지 한다. 두 주요 그룹을 다음과 같이 도식적으로 구별할 수 있을 것이다. 한편으로는 오이켄과 뵘을 위시한 프라이부르크 학파의 정치학자와 법학자 그룹이 있고, 다른 한편으로는 알프레드 뮐러-아르막Alfred Müller-armack이나 뢰프케, 뤼스토우로 대표되는, '사회학'의 영향을 받은 자유주의자 그룹이 있다.[10] 프라이부르크 학파의 창시자들은 **사법-정치적 틀**을 시장경제의 중심 토대와 경제구조의 대상으로 만들었다. 제도상의 '게임의 법칙'이 그

9) W. Röpke, *Civitas humana ou les Questions fondamentales de la Réforme économique et sociale*, trad. P. Bastier, Librairie de Médicis, Paris, 1946, p. 65.
10) 앞선 두 장에서 리프먼 학술대회 토론에서의 그들의 역할을 논의하며 문제 삼은 바 있다. 세 번째 그룹에 대해서는 이번 장의 조금 뒤쪽에서 논의하게 될 것이다.

들의 관심을 독차지한 듯하다. 첫 번째 그룹보다 결코 덜하지 않은 영향력을 정치 책임자들에게 끼친 두 번째 그룹의 창시자들은, 경제활동이 전개되어야 하는 곳에서의 **사회적 틀**을 훨씬 더 강조하게 될 것이다. 바로 이 때문에 뢰프케나 뤼스토우와 같은 경제학자들이 사회적 관심을, 그러나 또한 보다 확고한 종교적이고 도덕적인 관심을 보이는 것이다. 간략히 말하자면, 첫 번째 그룹은 그 자체로 사회발전을 가져온다고 여겨지는 경제성장에 우선권을 부여하는 반면, 두 번째 그룹은 시장절차의 사회해체 효과에 좀 더 주의를 기울이고 따라서 개인들을 공동체 내로 재통합시킬 수 있는 '사회환경'soziale Umwelt 조성 임무를 국가에 부과한다. 첫 번째 그룹은 '경제정책'Wirtschaftspolitik의 원칙을 표명하고 두 번째 그룹은 진정한 '사회정책'Gesellschaftspolitik을 만들어 내려고 시도한다.[11]

경제를 통한 국가의 정당화 그리고 그 '사회적 보완'

질서자유주의는 시장경제를 자유민주주의 국가의 기초로 삼음으로써 서독의 재건정책을 교의적으로 정당화했다. 이 정당화는 그 자체로 두 측면을 갖는데, 하나는 부정적이고 다른 하나는 긍정적이다.

우선 부정적 측면을 살펴보자면, 나치즘에 대한 질서자유주의의 비판은 나치즘을 계획·관리경제의 자연적 귀결 및 그 진실로 간주한

11) 이것은 미셸 세넬라르(Michel Senellart)가 강조하는 바이기도 한데, 그는 푸코 작업의 한계 중 하나를 바로 질서자유주의 담론의 일관성에 대한 과대평가에서 찾는다. M. Senellart, "Michel Foucault : la critique de la Gesellschaftspolitik ordolibérale", in P. Commun(dir.), *L'Ordolibéralisme allemand*(독일 질서자유주의), p. 48.

다. 어떤 '괴물성' 혹은 '이물질'을 구성하는 것이 아니라, 나치즘은 보호경제, 부조경제, 계획경제, 관리경제 등에서 몇몇 요소들을 필연적으로 결합시키는 일종의 불변항을 드러내 주는 것이었다.[12] 뢰프케는 계획경제를 '코만도 경제'Kommandowirtschaft[13]라고 의미심장하게 지칭하기까지 한다! 하지만 이 비판은 더 멀리까지 나아가게 된다. 이 비판은 나치즘에서 국가권력의 무한정적 확장 논리를 발견해 내고 또 개인주의적 부르주아 사회에 끊임없이 제기되던 비판을 도리어 나치즘에 가하기까지 한다. 요컨대 질서자유주의자들에 따르면 전통적으로 있어왔던 유기적 인간관계가 와해되고 개인들이 원자화된 것은 사실 시장경제의 책임이 아니며, 개인들 사이의 공동체적 관계를 파괴하는 결과를 야기한 것은 국가권력의 확장이라는 것이다.[14] 나치즘 비판을 자기 철학의 토대로 삼은 사람이 바로 뢰프케다. 요컨대 질서자유주의의 관점에 따르면 나치즘은 자연과학에 유효한 종류의 합리성을 경제와 사회에 극단적으로 적용한 것일 뿐이다. 이러한 관점에서 경제적 집단주의는 '인간의 과학적 소거'를 경제적·사회적 실천으로까지 확장한 것처럼 보인다. 이 "경제적 나폴레옹주의"는 "군사법정의 비호"[15]하에서만 발전할 수 있다. 왜냐하면 이 경제적 나폴레옹주의는 각 개인에게 복종을 강요하는 계획화를 통해 사회를 전체적으로 제어하려 하기 때문이다. 경제적 집단주의와 국가의 전제적 강제는 연결되어 있다. 시장경제와 개인의 자유가 연결되어 있는 것처럼 말이다. 반대로 시장경제

---

12) M. Foucault, *NBP*, p. 113. [『생명관리정치의 탄생』, 168~170쪽.]
13) P. Commun(dir.), *L'Ordolibéralisme allemand*, p. 196, note 59.
14) M. Foucault, *NBP*, p. 117. [『생명관리정치의 탄생』, 175~176쪽.]
15) W. Röpke, *Civitas humana*, p. 57.

는 모든 '경제적 삶의 정치화'가 갖는 중대 결함이다. 시장경제는 소비자 대신 결정을 내리려 하는 정치권력을 저지한다. 여기서 '자유선택' 원리는 경제적 효율성의 원리로서 나타날 뿐만 아니라, 국가의 모든 강제적 일탈에 대한 해독제로서 나타나기도 한다.

전후 독일 정치제도의 재건이라는 역사적 맥락에서 질서자유주의 교의가 갖는 독창성의 긍정적 측면을 살펴보자면, 질서자유주의는 푸코의 표현에 따르면 국가와 경제 간의 "이중회로"를 작동시켰다. 국가는 자유의 공간이라는 틀을 제공함으로써 이 틀 안에서 개인들이 자신들의 특수한 이익을 추구할 수 있게 했던 반면, 경제의 자유로운 게임은 국가 공법의 규율을 또 다른 의미에서 창조하고 정당화하게 될 것이다. 달리 말하자면 "경제는 국가를 위해 정당성을 생산하며 국가는 이 경제의 보증인"[16]인 것이다. 이러한 의미에서 질서자유주의의 문제는 18세기 자유주의자들이 직면했던 문제가 완전히 역전된 것이다. 요컨대 자기 고유의 정당성을 이미 갖고 있는 기존 국가 내에 경제적 자유를 위한 자리를 마련하는 것이 아니라, 이미 존재하고 있는 경제적 자유의 공간에 입각해 국가를 만들어 내는 것이다.[17] 경제발전과 생활수준의 향상을 통한 국가의 합법화가 갖는 중요성은 독일 정치사 내에, 무엇보다도 특히 제3제국의 악몽과도 같은 경험 내에 확실히 재기입됨으로써만 이해될 수 있다.

푸코에 따르면 이것이야말로 1948년 서독 지도자들이 전면에 내세운 경제적 목표에 관한 광범위하고 지속적인 '합의'를 설명해 주는

16) M. Foucault, *NBP*, p. 86. [『생명관리정치의 탄생』, 129쪽.]
17) *Ibid*., p. 88. [같은 책, 132쪽.]

것이다. 실제로 1948년 4월 영미 점령구역의 독일 경제행정부와 함께 설립되어 특히 오이켄, 뵘, 뮐러-아르막 등의 인물들이 소속되어 있던 과학위원회가 이 행정부에 제출한 보고서는, 경제절차의 지침은 가격 메커니즘을 통해 확보되어야 한다고 주장한다. 며칠 후 '바이존'bizone 경제행정 책임자인 루트비히 에르하르트[18]는 이 원칙을 자기 나름대로 받아들여, 경제를 국가적 강제로부터 해방시켜야 한다고 호소했다. 1948년 6월 이후, 가격자유화는 사실상 화폐개혁과 동시에 진행되게 된다. 이러한 정치적 결정은 무엇보다 재건의 필요성 때문에 전 유럽에 만연해 있던 계획주의적, 개입주의적 분위기를 거스르는 것이었다.

원래는 이러한 방식의 조치들에 회의적이었던 에르하르트가 전향한 데에는 두 사람이 결정적 역할을 했다. 전자는 다름 아닌 오이켄이다. 1947년 이후 그는 「독일경제의 비참」Die deutsche Wirtschaftsnot이라는 의미심장한 제목의 논문을 발표한다. 이 논문에서 그는 계획경제가 어떻게 생산체계를 해체시켰는지 설명하고 또 이러한 상태에 대해서 연합군에 책임이 있다고 지적한다. 그가 보기에 연합군의 정책은 분할, 징발 및 가격과 분배의 통제 같은 나치 정책을 직접적으로 계승한 것이었다. 그렇기 때문에 그는 화폐개혁과 가격 자유화를 동시에 진행시킴으로써 계획경제체제를 붕괴시켜야 한다고 주장하는 것이다. 오이켄이 1947년 내내 행한 설득 작업은 화폐개혁이 신속하게 진행될 수 있었던 이유를 대체적으로 분명히 보여 준다.[19] 에르하르트에게 직접

18) 1951년 아데나워(Konrad Adenauer) 정부의 경제장관에 임명되는 루트비히 에르하르트(Ludwig Erhard)는 '독일경제의 기적'의 아버지로 여겨지고 있다.

19) P. Commun(dir.), *L'Ordolibéralisme allemand*, p. 194. 1948년 6월에 시행된 화폐개혁은 옛 라이히스마르크를 도이치마르크로 대체하고 그 발권은행으로서 도이치렌더방크를 설립

적으로 영향을 미친 두 번째 사상가는 뢰프케다. 12년간의 망명생활을 마치고 1947년 독일로 돌아온 그는 오이켄과 동일한 분석을 행한다. 요컨대 독일경제의 가장 큰 문제는 "희소성의 지표로서의 가격의 기능이 상실"되었다는 것이다.[20] 1948년 4월 에르하르트는 당시 제네바에 거주하던 뢰프케를 방문했으며, 그에 관한 전기들 중 하나에 따르면, 그는 스위스에서 돌아온 후 화폐개혁을 시행하겠다고 결심했다는 것이다.[21]

하지만 합법화의 심급으로서의 경제성장 그 자체는 정확히 어떤 형태로 국가의 정치조직을 재건해야 하느냐는 문제에 대해서는 아무것도 해결해 주지 못한다. 시장의 설립은 헌법 구성의 형태를 결정하는 데에는 충분치 못한 것이다. 경제를 통한 국가의 합법화에 관해 푸코가 제시한 논지를 받아들인다면, 질서자유주의 혹은 최소한 위에서 구분한 두 그룹 중 후자에게 있어서도 마찬가지로 '사회적 임무'를 통해 정치적 권위를 합법화하려는 시도가 있음을 잊지 말아야 한다. 도덕적인 동시에 사회적인 고찰들은 이처럼 이 교의를 분명히 왜곡시키게 될 것이다. 왜냐하면 개인들의 권리와 자유가 무엇인지 말하는 것만이 관건이 아니라, 또한 개인들이 완수해야 하는 의무들의 근간과 그 구체적 환경을 자리매김해야만 하기 때문이다.

전체주의를 야기한 거대한 문명적 위기의 측면 중 하나가 국가 합법성의 위기라는 국면을 취한다는 사실을 뢰프케는 특히 강조한다. 정

한다. 이 화폐개혁은 삼중의 목표를 갖고 있었다. 즉 과잉 구매력을 흡수하기 위한 통화량 감축, 화폐순환 속도의 증대 및 본위화폐의 복원이다(*Ibid.*, pp. 207~208).

20) *Ibid.*, p. 195.

21) *Ibid.*

치적 합법성에 어떤 토대를 부여해야 하는가? 합법적 국가는 물론 법에 복종하는 국가이고, 선택의 자유라는 원칙을 존중하는 국가다. 하지만 이 국가는 **보충성의 원칙**principe de subsidiarité에 따르는 국가이기도 한데, 이 원리는 가톨릭 교리에 의해 옹호되는 것으로서, 말하자면 위계화된 자연적 영역 내에서 개인들이 통합되는 환경을 존중하는 것이다. 정치질서의 기초는 경제학적일 뿐만 아니라 사회학적이기도 하다. '자연스러운 공동체'의 위계라는 관념에 기초한 보충성의 원칙을 존중하는, 연방제 유형으로 탈중심화된 국가를 설립하는 것이 바람직한 이유는, 바로 그러한 제도적 형식만이 안정적이고 안전할 뿐만 아니라 개인들을 교화시키기도 하는 사회적 틀을 제공해 주기 때문이다. 개인에게 타자에 대한 그의 책임감과 책무 그리고 의무—이 의무 없이는 사회적 관계도 없고 진정한 행복도 없다—를 달성하고자 하는 의욕을 부여해 주는 것은 가족, 이웃, 마을 혹은 구역, 지방으로의 이러한 통합인 것이다. 뒤에서 살펴보게 되겠지만 국가의 도덕적이고 사회적인 토대를 확보하기 위해서는 '사회학적' 유형의 특정한 정책이 요청되며, 그렇기 때문에 우리는 여기서 사회와 국가 사이의 '이중회로'에 대해 논의할 수 있는 것이다. 여기서 탈중심화는 국가권력 제한에 대한 자유주의적 교의에 통합된다. 뢰프케는 '위계의 원칙'에 대해 다음과 같이 설명한다.

> 각 개인으로부터 출발해 국가의 중심으로까지 거슬러 올라가 보면, 시원적 권리는 하위 단계에 위치해 있고 각 상위 단계는 바로 아래 단계의 영역을 넘어서는 임무가 생겨났을 때에만 해당 단계를 대신해 보충적으로 작동될 수 있을 뿐이다. 마을과 소도시를 넘어 주에 이르고 결

국 국가의 중심부에까지 이르게 되는, 개인의 단계화가 이렇게 이루어지게 된다. 동시에 이 단계화는 침범할 수 없는 자유의 영역을 갖고 있는 하위 단계에 고유한 권리를 국가와 대립시킴으로써 국가 그 자체를 제한하기도 한다. 그러므로 '위계'를 매우 넓은 의미에서 이해한다면, 정치적 탈중심화의 원칙은 이미 가장 폭넓고도 가장 일반적인 의미에서의 자유주의 프로그램을 함축하고 있는 것이다. 그렇기 때문에 이 프로그램은 그 자체로 건강한 국가에 필수적인 조건들을 이루고 있다. 건강한 국가는 자기 스스로에게 필요한 제한들을 규정하고, 국가의 자유로운 영역들을 존중함으로써 자기 고유의 건강함, 역량 그리고 안정성을 확보한다.[22)]

그러므로 뢰프케가 이 사회적 토대를 '자연적'이라 지칭한 것에 대해 오해해서는 안 된다. 이 형용사는 다만 개인이 자신의 환경 내에서 '건강한 통합'을 이루기 위한 조건의 속성을 지시하기 위한 것일 뿐이다. 19세기 이래 서구사회의 진보는 이 공동체들에서 급증하는 병리학적 해체를 야기했다. 그러므로 국가는 두 가지 목표를 갖는 특정 정책을 통해 여러 사회적 틀에 항구적으로 적응해야 한다. 뢰프케는 그 두 목표가 양립 가능하고 상호 보완적이라 설명한다. 그것들은 시장경제의 사회적 강화 그리고 인접 공동체 내에서의 개인의 통합이다.

---

22) W. Röpke, *Civitas humana*, p. 161. 유럽 재건에서 보충성의 원칙이 어떤 위치를 차지했는지에 대해서는 잘 알려져 있다. 유럽 재건과 질서자유주의의 관계에 관해서는 이 책 11장을 참조하라.

살펴보았듯이 순전히 규범적인 의미에서 '오르도'ordo는 경제적으로 효율적이고 동시에 인간의 도덕적 차원을 존중하는 체제, 즉 "작동 가능하면서도 인간의 품위를 가진 체제"[23)]다. 이 체제는 시장경제체제일 수밖에 없다. 이러한 맥락에서 질서정책Ordnungspolitik은 우선적으로 적절한 경제법 제정을 통해 자유경쟁에 기초한 경제 '절차'와 가격 메커니즘을 통한 경제 주체들의 '계획' 조정이 최적으로 이루어질 수 있는 안정적인 '틀'의 결정을 목표로 설정한다. 결과적으로 질서정책은 소비자 주권과 왜곡되지 않은 자유경쟁을 모든 '경제체제'의 근본원리로 삼는다. 있을 수 있는 다른 경제질서들과 비교해 시장경제가 갖는 경제적이고 도덕적인 우월성의 토대가 되는 것은 무엇일까?

그들에 따르면 시장경제의 우월성은 그것이 재화의 희소성을 극복할 수 있는 유일한 형식(첫 번째 기준 혹은 '작동 능력'의 기준)인 동시에 개인들이 자신들의 의도대로 자신들의 삶을 영위할 수 있는 자유를 내주는 유일한 형식이라는 사실과 연관이 있다. 이 경제질서의 중심 원리는 경쟁의 원리에 다름 아니며 또 그렇기 때문에 이 질서는 다른 어떤 질서보다도 우월하다는 것이다. 프란츠 뵘에 따르면 경쟁체제는 "개인의 자유로운 계획들에 완전한 기회를 주고" 또 법적인 강제나 명

---

23) W. Eucken, *Grundsätze der Wirtschaftspolitik*(경제정책의 원칙), J. C. B. Mohr(Paul Siebeck), Tübingen, 1952(6[e] éd.), p. 239; Laurence Simonin, "Le choix des règles constitutionnelles de la concurrence : ordolibéralisme et théorie contractuelle de l'État"(경쟁규칙의 입헌적 선택: 질서자유주의와 국가의 계약이론), in P. Commun(dir.), *L'Ordolibéralisme allemand*, p. 71에서 재인용.

령 없이도 "수많은 자발적이고 자유로운 계획들과 소비자들의 욕망을 일치시키는 데 성공할 수 있는 유일한 체제"라는 것이다.[24] 앞서 살펴보았듯 이 경쟁원리의 고양은 고전 자유주의와 비교해 중대한 변화를 수반하게 된다. 왜냐하면 시장은 이제 **교환**을 통해 정의되는 것이 아니라 **경쟁**을 통해 정의되기 때문이다. 교환이 등가관계에 따라 작동하는 반면 경쟁은 불평등관계를 내포하고 있다.[25]

그러나 가장 중요한 것은 시장경제를 지배하는 경쟁 논리를 인정함에 따라 결과되는 근본적으로 반자연주의적이고 반숙명론적인 태도다. 요컨대 과거의 자유주의 경제학자들은 국가가 개입하지 말아야 한다고 결론 내렸던 반면 질서자유주의자들은 자유경쟁을 근본적인 정치적 선택으로 만들어 버린다. 왜냐하면 그들에게 경쟁은 자연적 소여가 아니라 '고립적 추상화' 방법을 통해 추출된 '본질'이기 때문이다.[26] 이는 후설이 고안한 '본질적 환원'을 경제학 영역에서 사용한 것이다. 이러한 환원이 목표로 하는 것은 상상력을 통해 어떤 대상을 변조시켜 그것으로부터 분리 불가능한 술어를 따로 떼어냄으로써 우연적인 것으로부터 필연적인 것을 추출하는 것이다. 이렇게 얻어진 불변항은 검토 대상의 본질 혹은 에이도스eidos를 드러낸다. 이 방법에 '본질적'이라는 이름이 붙는 것은 바로 여기로부터 기원한다. 자연적 사실의 관찰에 근거하지 않는 자유주의는 모든 "자연주의적 순박함"[27]

---

24) F. Böhm, "Die Idee des Ordo im Denken Walter Euckens"(발터 오이켄의 사유에서의 질서 개념), *Ordo*, vol. 3, 1950, p. 15; L. Simonin, "Le choix des règles constitutionnelles de la concurrence", *loc. cit.*, p. 71에서 재인용.

25) 이 책 5장을 참조하라.

26) 정확한 독일어 표현은 다음과 같다. "pointiert hervorhebende Abstraktion."

의 태도와 단절하고 법치국가와 시장질서의 사법적 구축으로 유도하는 합리적 논증을 통해 특정 경제체제에 대한 선호를 정당화한다.

사실 질서자유주의 정책은 체제의 결정에 전적으로 달려 있다. 문자 그대로 '경제체제'의 형태로 시장경제를 제도화하는 것이 관건이다. 경제체제 자체는 시장의 형식을 가장 완벽하고 정합적으로 발전시키는 국가의 실정적 헌법을 구성하는 요소다.[28] 프라이부르크의 경제학자들과 법률가들은 다음과 같이 설명한다. 경쟁에 관련된 경제법은 입법자들과 판례들에 의해 수립된 사법체계의 중대한 부분들 중 하나라는 것이다. 발터 오이켄과 루트비히 에르하르트는 이러한 경제체제를 '기초적 결정', 혹은 '근본적 결정'이라 명명하게 될 것이다. 그 원리는 단순하다. 요컨대 "완벽한 경쟁가격 체제의 실현은 모든 경제정책 조치의 기준"이라는 것이다.[29]

경제입법에 관한 이 모든 논고들은 틀림없이 '완벽한 경쟁'이라는 이 논리의 원활한 작동을 확보하는 데 기여했을 것이다. 이 모델의 다양한 요소들은 그 구성원칙konstituierende Prinzipien을 고안하는 과학적 전문가들의 연구에 힘입어 상호 적응하게 된다. 그 이름이 지시하듯 이 원칙들의 기능은 형식적 구조로서의 질서를 구성하는 것이다. 이 원칙은 여섯 가지다. 첫째로 경제정책의 안정성이라는 원칙, 둘째로 화폐의 안정성이라는 원칙, 셋째로 개방시장의 원칙, 넷째로 사유재산의 원칙,

---

27) 푸코가 *NBP*, p. 123[『생명관리정치의 탄생』, 185쪽]에서 강조하여 사용한 후설(Edmund Husserl)의 표현에 따른 것이다.

28) François Bilger, *La Pensée économique libérale dans l'Allemagne contemporaine*(동시대 독일에서 자유경제적 사유), LGDJ, Paris, 1964, 2장 참조.

29) J. François-Poncet, *La Politique économique de l'Allemagne occidentale*, p. 60 참조.

다섯째로 계약의 자유라는 원칙, 마지막으로 경제 주체의 책임이라는 원칙이다.[30)]

'질서화'정책과 '조절'정책

일단 제도적 규칙들이 제정되었다면, 통치가 추진해야 하는 정책을 어떻게 명확히 정의할 수 있을까? 이 정책은 서로 다른 중요성을 가진 이중의 수준에서 행사되어야 한다. 우선 첫 번째 수준에서는 법제를 통한 사회의 견고한 관리 및 구축을 통해 행사되어야 하고, 두 번째 수준에서는 '시장내치'의 세심한 활동을 통해 행사되어야 한다.

독일의 자유주의자들은 국가의 모든 개입에 근본적으로 적대적인 입장과는 거리가 멀다. 대신 그들은 체제가 제안하는 '모델'에 부합하냐는 기준에 따라 좋은 개입과 나쁜 개입을 구별하고자 한다. 시장질서에 '부합하는' 행위와 '부합하지 않는' 행위 간의 질서자유주의적 구분은 벤담의 구분, 즉 어젠다와 논어젠다 간의 구분과 동일시되어서는 안 된다. 판별의 기준은 행위의 결과가 아니라 경쟁질서의 기본이 되는 '게임의 법칙'을 존중하는지의 여부이다. 이 논리는 결과주의적이라기보다는 절차주의적이다.

'틀'과 '절차' 간의 근본적 구별은 정치의 두 수준을 구별하는, 즉 '질서화'정책과 '조절'정책을 구별하는 기초가 된다. 말하자면 부합하

---

30) Sylvain Broyer, "Ordnungstheorie et ordolibéralisme : les leçons de la tradition. Du caméralisme à l'ordolibéralisme : ruptures et continuités?", in P. Commun(dir.), *L'Ordolibéralisme allemand*, p. 98, note 73.

는 행위는 '틀'에 속할 수 있고 이러한 경우에 이 행위들은 '질서화' 혹은 '정비'하는 정책을 정의한다. 하지만 이 행위들은 '절차'에도 속할 수 있고 따라서 '조절'하는 정책에 해당될 수 있다. 오이켄에 따르면 '틀'은 인류 역사의 산물이며, 따라서 국가는 적극적 '질서화'정책을 통해 그것을 계속 범례화할 수 있다. 또 활동의 '절차'는 개인적 활동, 이를테면 시장경제에서의 경쟁규칙을 통해 배타적이고 엄격하게 규제되어야 하는, 시장에서의 사적 동기부여initiative에 속한다.

'질서화'정책은 자유가격 체계를 기초로 작동하는 경쟁질서의 사법적 환경 창조를 그 목표로 한다. 오이켄의 표현을 다시 취한다면, 개인에게 부과되고 시장에서 벗어나며 규칙적 · 자발적으로 작동 가능한 가격 메커니즘과 같은 경제적 삶의 틀을 구성하기 위한, 전체적인 '소여'들을 만드는 것이 바람직하다. 통치가 개입해야만 하는 시장의 존재조건을 구성하는 것이 바로 이 소여들이며, 이는 사회 · 경제적 구성의 소여와 물질적 소여의 두 유형으로 나뉠 수 있다. 전자는 개별 경제 주체들에게 부과되어야 하는 게임의 규칙들이다. 세계 자유무역이 그 한 예다. 정신에 가해지는 작용과 심리학적 조정(에르하르트 치하에서 "Seelen Massage"[31]라 불리던 것) 역시 이에 포함되어야 한다. 물질적 소여는 한편으로는 하부구조(시설), 다른 한편으로는 인적 자원(통계적이고 문화적이며 도덕적이고 교육적인)을 포함한다. 국가는 세제 및 사회체계에 작용을 가함으로써 개인의 저축을 장려할 수 있는 것처럼, 고등교육과 연구를 장려함으로써 기술에도 역시 관여할 수 있다. 후에 뢰프케는 '자유주의적 개입주의'의 전형인 이 관리정책이 다음과 같

31) 문학적으로는 "영혼의 마사지"!

은 것, 즉 "어떤 시합이 그 틀과 게임의 규칙, 그리고 게임의 규칙을 통한 공평한 감시장치를 필요로 하는 것만큼이나 경쟁 역시 그것들을 필요로 하는데, 그 경쟁이 야만스러운 난투극으로 악화되지 않도록 하기 위해 그것들을 경쟁에 보증해 주는 제도들과 조치들"에 의거한다고 단언하게 된다. "사실 그 작동에 있어서 진정하고 정의로우며 공정하고 유연한 경쟁의 질서화는 잘 짜인 도덕·사법적 틀 없이는, 그리고 경쟁이 생산성의 진정한 경쟁으로서 그 효과를 발생시킬 수 있도록 하는 상황에 대한 항구적인 감시 없이는 존재할 수 없다."[32)]

이 질서화정책이 효과적일수록 절차의 조절정책은 덜 중요해질 것이다.[33)] 사실 '조절'정책은 현행의 구조들을, 그것들이 경제질서 쪽으로 변화하도록 하기 위해, 혹은 모든 일탈에 반하는 이 질서에 대한 그것들의 부합을 보증하기 위해 그 구조들을 '조절하는 것'을 그 기능으로 삼는다. 그러므로 조절정책은 경쟁논리에 대한 거부와는 거리가 멀고, 오히려 진정한 시장내치의 실행, 이를테면 담합과의 전쟁 따위를 실행함으로써 자유시장에 대한 모든 장애물들을 제거하는 것을 그 임무로 한다. 그러므로 경기대책은 금지되지 않았으며, 가격안정의 규범 및 인플레이션을 조절·통제하는 규범, 그리고 가격의 자유로운 결정을 훼손하지 않는 규범 등 체제의 최상위 규칙에 따라야 한다. 구매력 유지나 완전고용 유지 혹은 무역수지 균형은 '체제의 구성원리'에 필연적으로 따르는 일차적 목표가 될 수 없는 것이다.

32) W. Röpke, *Civitas humana*, p. 66.

33) 프랑수아-퐁세가 썼듯이 "질서화정책이 적극적이고 현명할수록 조절정책은 드러나지 말아야 한다." J. François-Poncet, *La Politique économique de l'Allemagne occidentale*, p. 61.

독일연방은행 설립에 영향을 미친 1957년 법은 이러한 방향 설정의 완벽한 예다. 왜냐하면 이 법이 다음과 같은 것들을 분명히 말하기 때문이다. 즉 중앙은행은 독립적이고 이 법은 정부의 지시에 따르지 않으며 이 법의 본질적 임무는 통화를 보전하는 것이라고 말이다. 그러므로 중앙은행은 '절차'에 대한 개입을 거부해야 하며, 특히 완전고용 실현을 위해 지나친 금리인하를 단행하는 방임주의적 통화정책에 의한 개입을 받아들이지 말아야 한다. 케인스주의적 유형의 강력한 정책은 질서자유주의적 원칙들과 법적으로 양립 불가능하다. 사실 이 정책은 구조조정 정책이 임금과 가격의 유연성을 목표로 하는 것과는 반대로, 인플레이션을 조장하고 시장을 경직시킨다. 계획경제가 동원하는 모든 도구, 즉 가격결정이나 일정한 시장영역의 지탱, 체계적인 고용창출, 공공투자 등을 일반적으로 금지하게 될 것이다. 조절정책은 경제체제의 법에 종속되어 있을 뿐만 아니라, 이 정책은 몇몇 특수원칙에 의해 지배되고, 명확하게 '조절장치'regulierende Prinzipien, 즉 담합 감시기관의 창설, 직접세 및 누진세 정책, 경제 주체에게 부여된 계획의 자유가 야기시킬 수 있는 바람직하지 않은 효과들에 대한 감시, 그리고 노동시장에 대한 특별한 감시 등으로 정의된다.[34] 요약하면 이렇다. 질서화정책은 경제체제의 원칙들을 실현시키기 위해 '틀'이나 시장의 존재 조건에 직접적으로 개입하지만, 조절정책은 '절차' 자체에 직접적으로 개입하는 것이 아니라 자유로운 경쟁게임의 모든 장애물들을 제거하고, 따라서 '절차'를 촉진시키는 경계와 감시를 통해 개입한다.

---

34) S. Broyer, "Ordnungsteorie et ordolibéralisme : les leçons de la tradition…", *loc. cit.*

소비자로서의 시민과 '사법(私法) 사회'

질서자유주의는 일정 유형의 사회적 관계 즉 각자의 삶에 완벽한 주권을 갖는 개인들 간의 자유롭고도 공정한 경쟁의 토대 위에 사회 질서와 정치 질서를 세우려 한다. 경쟁의 모든 왜곡은 개인에 대한 국가 혹은 사적 이해집단의 비합법적 지배를 의미하는 것이다. 경쟁의 왜곡은 폭정 및 착취와 동일시될 수 있다.

질서자유주의에서 중심 문제는 바로 권력의 문제다. 요컨대 각 개인이 자신의 삶에 대해 갖고 있는 권리의 권력이라는 문제—이러한 관점에서 사적 소유권은 독립의 수단으로 이해된다—인 동시에, 반경쟁적 실천을 통해 개인들의 권리를 침해할 수 있는 모든 이해집단의 비합법적 권력이라는 문제인 것이다. 뢰프케의 경우에서와 같이 종종 너무 낡아 빠지기도 한 사회적 이상은 그 누구도 시장에 대해 배타적이고도 독단적인 권력을 행사할 수 없는, 소규모 기업가의 사회를 의미하는 동시에, 각자의 개인적 선택권을 일상적으로 행사하는 소비자들의 민주주의를 의미한다. 가장 완벽한 정치질서는 시장에서뿐만 아니라 정치에서도 결정권을 갖는 다수의 개인적 주권자에게 만족을 가져다주는 질서인 것으로 보인다. 그렇기 때문에 에르하르트는 "소비의 자유와 생산의 자유는 시민의 정신 내에서의 침범 불가능한 기본권들"이라고 강조했던 것이다.[35]

소비자의 이러한 정치적 지위 향상은 결코 하찮지 않고 경쟁을 구성하는 원리와 직접적으로 연결된다. 물론 개인들은 모두 경제행위를

---

35) L. Erhard, *La Prospérité pour tous*, Plon, Paris, 1959, p. 7.

통해 연결되어 있는데, 그들은 생산자인 동시에 소비자로서 이 경제 행위에 참여하는 것이다. 이 양자 간의 차이점은 생산자로서의 개인이 사회의 수요를 만족시키고자 하는 반면 — 그러므로 이들은 사회의 수요에 대한 일종의 '하인'과 같다 —, 소비자로서의 개인은 '명령'하는 자의 위치에 있다는 것이다. 질서자유주의자들의 논지에 따르면 소비자들에게는 생산자에게 없는 '공동의 구성적 이해관계'가 있다. 사실 생산자로서의 개인들의 이해관계는 보호주의 유형의 이해관계인데, 왜냐하면 그들은 모든 사람들에게 일률적으로 유효한 규칙이 아니라, '특권'처럼 개인들이나 특정 단체를 위한 특별 대우를 얻어 내려 하기 때문이다. 반면 소비자로서의 개인들의 이해관계는, 그들이 서로 다른 시장에 몰두하고 있다 하더라도, 합의에 따르는 공통적인 것이다. 요컨대 모든 소비자들은 소비자로서 경쟁절차와 경쟁규칙의 존중에 있어 동일한 이해관계를 갖는다. 이러한 관점에서, 경쟁질서의 '경제체제'는 유권자로서의 소비자와 국가 간의 일종의 계약에 속하는 것으로 드러나는데, 왜냐하면 이러한 경제체제는 소비자 주권에 전념함으로써 전반적 이해관계에 전념하기 때문이다.[36)]

국가는 우선 타인들을 희생시키는 특정 이해관계에 부여된 특권 혹은 그 이해관계의 보호와 같은 모든 것을 제거함으로써 경쟁게임 내에서의 기회균등을 존중하는 일부터 해야 한다.[37)] 여타 자유주의 경향에서도 다시 발견되는 이 교의의 주요 논지는 다음과 같다. 자본주의

36) 이러한 논의의 전개에 관해서는 다음을 참조할 것. L. Simonin, "Le choix des règles constitutionnelles de la concurrence", *loc. cit.*, p. 70.

37) 다음을 참조할 것. Viktor Vanberg, "L'école de Fribourg", in Philippe Nemo et Jean Petitot, *Histoire du libéralisme en Europe*, PUF, Paris, 2006, p. 928 sq.

의 주요 귀결 중 하나인 과도한 기업집중과 산업의 카르텔화는 내인적 본성이 아니라, 몇몇 거대한 사적 이해관계의 통제하에 있는 국가에 의해 추진된 특권정책과 보호정책에서 비롯된다는 것이다. 그렇기 때문에 모든 압력집단에 저항할 수 있고 최소국가라는 '맨체스터주의적' 도그마로부터 벗어난 '강력한 국가'가 필요한 것이다.

에르하르트는 그의 저서 『만인을 위한 번영』에서 이 교의의 정신을 아주 잘 개괄한 바 있다.[38] 국가는 다음과 같은 핵심적 역할을 담당해야 한다. 요컨대 국가는 '시민의 기본권'이라 간주된, 경쟁과 통화안정에 대한 최고의 보호자인 것이다. 권리와 기회의 균등 그리고 '안정된 환경'—이것들이 없다면 경쟁은 왜곡될 것이다—을 누릴 수 있는 기본권은 공적 개입을 합법화하고 그 방향을 설정해 준다는 것이다. 에르하르트가 보기에, 정책은 그 어떤 특정 집단에도 특권을 부여하지 않는 일반 규칙에 그쳐야 한다. 그렇지 않으면 경제의 총체 내에서의 소득할당이나 자원분배에 심각한 왜곡을 불러일으킬 수 있기 때문이다. 경제는 그 여러 부분들이 서로 긴밀하게 연결되어 있는 전체인 것이다. 요컨대 "특수한 이해관계 및 특정 집단에 대한 지원은 금지되어야 한다. 설령 모든 경제현상들이 서로 의존하고 있다 할지라도 말이다. 모든 특별조치는, 서로 완전히 다른 것으로 보일 수 있는 여러 영역들에서, 일어날 것이라고는 전혀 상상할 수 없었던 그러한 파급력을 갖는다."[39]

하지만 경쟁질서를 위한 '체제적 선호'에 대한 가장 성공적이고도

38) L. Erhard, *La Prospérité pour tous*, op. cit.
39) *Ibid*., p.85.

독창적인 이론적 정당화를, 이제는 고전이 된 뵘의 시론, 「사법私法과 시장경제의 사회」에서 찾을 수 있다.[40] 이 저자는 권리의 측면에서 개인은 국가와 직접적으로 대립한다는 법률가들의 선입견을 공격한다. 그는 프랑스 혁명이 사회로부터 개인을 해방시킨 것이 아니라 사실은 개인을 "사회 안에 버려 뒀다"고 주장한다. 이 사회는 특권적 봉건사회로부터 '순전히 사법私法적인 사회'in eine reine Privatrechtsgesellschaft로 변모한 사회인 것이다.[41] 그는 '사법 사회'를 다음과 같이 이해해야 한다고 명시한다. 요컨대 "하지만 사법 사회는 서로 아무 관련 없는 개인들의 단순한 이웃관계가 결코 아니라, 반대로 단일한 질서einheitlichen Ordnung를, 솔직히 말하자면 법질서Rechtsordnung를 따르는 다수의 인간들인 것이다." 이 사법私法 질서는 사회의 모든 구성원들이 서로 계약을 체결하고 재화와 자격을 획득하며 서로 협력하거나 용역을 교환하는 등의 일을 할 때 모두가 평등하게 따라야 하는 규범을 수립할 뿐만 아니라, 무엇보다도 그 관할권하에 있는 모든 사람들에게 매우 광범위한 행동의 자유를 부여하고, 또 계획을 수립하고 자기 실존을 자신의 미래와 연관시켜 이끌 수 있도록 하는 권한을 부여하며, '자연의 소여'가 아니라 '사회적 시민권'인, 그리고 '자연적 권력'이 아니라 '사회적 허용'인, 사법私法 사회 내에서의 지위를 부여하는 것이다. 그러므로 권리의 실제는 개인이 국가와 직접적으로 대립하는 데 있는 것이 아니라 "사법 사회라는 매개를 통해" 국가와 연결된다는 데 있다는 것이다.[42]

---

40) F. Böhm, "Privatrechtsgesellschaft und Marktwirtschaft"(사법사회와 시장경제), *Ordo: Jahrbuch für die Ordnung von Wirtschaft und Gesellschaft*, vol. 17, 1966, pp. 75~151.

41) *Ibid.*, pp. 84~85.

42) *Ibid.*, p. 85.

'시민사회'를 국가에 종속시키려는 독일의 사유 경향에 대립하여, 시민사회를 복권시키려는 한 방식이 여기에 있음은 이론의 여지가 없다.[43] 이 점은 시장경제를 관리하는 체계가 작동하려면 사법私法 사회가 존재해야 한다는 전제를 강조해야 한다는 점에서 더욱 중요하다.[44] 이러한 조건하에서 정부의 임무는 "환경으로서의 질서를 수립하고 여기에 신경을 쓰며 이를 준수하는 데" 그치는 것이다.[45] 가장 주목할 만한 점은, 뵘이 '일반의지'와 '특수의지' 간의 루소적 구분을 자기 방식대로 곡해해 전유하는 데 주저하지 않는다는 것이다.[46] 국가는 자신의 임무를 이행함으로써 공평무사하게 작용하고 또 '일반의지'가 상이한 특수의지들을 희생시키지 않는다는 것을 보장한다. 한편으로, 직업적 이해관계를 기반으로 조직된 모든 압력단체는 사법私法적 규범이 갖는 일반성을 희생시켜 특수한 이해관계를 우선시함으로써 국가의 체제적 직무를 약화시키려고 하고, 다른 한편으로 경쟁질서를 수립하고 그것을 유지시키는 사회 전 구성원의 일반적 이해관계는 사법을 통해 규제를 행하는 것이다. 이러한 관점에서 '일반의지'는 사법의 규범이 갖는 일반성을 보호하려는 의지이고, '특수의지'는 여러 이해집단들이 법으로부터 면책을 얻어 내거나 혹은 자신들에게 유리한 특정 법률을 얻어 내려는 '직업적 의지'다. 루소에게서 일반의지는 인민이 자기 자신과 맺는 관계로서의 공법의 기초를 구성하는 반면, 뵘에게서 일반의

---

43) 이는 헤겔이 『법철학 원리』(*Grundlinien der Philosophie des Rechts*)에서 시민사회를 국가의 진정한 토대로 삼은 방식일 뿐이다.

44) F. Böhm, "Privatrechtsgesellschaft und Marktwirtschaft", op. cit., p. 98.

45) *Ibid*., p. 138.

46) *Ibid*., 특히 pp. 140~141.

지는 사법의 수립과 유지를 목표로 삼는다. 그렇기 때문에 통치는 사법적 규범의 수호자가 됨으로써 '일반의지'의 수호자가 되는 것이다.[47]

'사회적 시장경제': '사회적인 것'의 양의성

질서자유주의자들에게 '사회적'이라는 말은 경쟁이라는 인간관계 유형에 기초한 사회형태, 즉 숙고된 사회정책Gesellschaftspolitik 활동을 통해 구축하고 보호해야 할 사회형태를 가리킨다. 사회정책이라는 용어는 뤼스토우와 뮐러-아르막이 만들어 낸 용어다. 숙고된 정책의 대상, 즉 선택의 주권을 가진 개인들로 구성된 이러한 유형의 사회는 우리가 방금 위에서 살펴본 것처럼 법치국가의 궁극적 토대이기도 하다.

그러나 이 용어는 보다 고전적인 의미에서 시장의 경제적 절차가 가져다주는 유익한 **결과**에 대한 일정한 믿음, 에르하르트가 인용한 책 제목인 『만인을 위한 번영』이 잘 설명하고 있는 믿음을 지시하고 있기도 하다. '사회적 시장경제'라는 표현의 전도사였던 뮐러-아르막[48]은 이렇게 시장경제가 소위 '사회적'이라고 설명했는데 그 이유는 시장경

47) 이 책 9장에서는 통치의 임무에 대한 이러한 경계 확정으로부터 하이에크가 이끌어 낸 모든 부분을 다룰 것이다.

48) 알프레드 뮐러-아르막은 루트비히 에르하르트 곁에서 경제정책 수립에 가장 깊숙이 개입한 독일의 질서자유주의 경제학자였다. 그는 또한 유럽연합의 구축 절차에서 독일의 입장을 고취시키는 데 가장 많이 기여한 사람 중 하나였다. 경제학 교수이자 재무부 책임관리자로서 그는 이론과 실천을 결부시킨다. 그는 1946년 『계획경제와 시장경제』(*Wirtschaftslenkung und Marktwirtschaft*)라는 제목의 저작에서 '사회적 시장경제'라는 표현을 처음 사용한 사람이다. 쾰른대학 교수였던 그는 무엇보다도 1957년 로마조약 협상자 중 한 사람이었고 로마조약의 이중 승인을 확고히 한 협상을 이끌어 낸 사람이었다. 그는 로마조약 이후 1958년부터 유럽연합 관련 국무차관이 되고 유럽연합 구축과 관련된 다양한 협상에서 독일 대표를 아주 빈번히 역임했다.

제가 소비자의 선택에 따르기 때문이고, 또 시장경제가 기업과 임금노동자로 하여금 생산성을 향상하도록 압력을 가함으로써 소비를 통한 소비의 민주화를 실현했기 때문이라는 것이다. "소비로의 이와 같은 방향설정은 사실 시장경제가 가져다주는 사회적 보상에 상당"한다. 뮐러-아르막은 "경쟁체제에 의해 보장되고 촉발된 생산성 향상은 사회진보의 원천으로 작용하기까지 한다"고 부언한다.[49]

독일 사회주의자들은 결국 이에 동의하게 되지만 그 이전에는 시장경제가 사회적일 수 없다는 이유로 또 시장경제가 사회적 연대와 협동에 기초한 모든 경제와 원칙적으로 모순된다는 이유로 사회적 시장경제 개념을 거부했다. 뮐러-아르막은 두 가지 논지로 이에 응수했다.

① 시장경제체제는 경제적 복지와 안전을 확보하는 데 있어 다른 어떤 형태의 경제보다도 탁월하다. "시장경제체제는 시장규칙과 근대산업대중사회의 사회적 필요를 통합하려는 노력"이다.[50]

② **사회적** 시장경제는 **자유주의** 시장경제와 대립된다. 시장경제는 사회가 원하는 것, 그러므로 거역할 수 없는 집단적 선택이다. 시장 질서는 사회가 설정한 목표에 의해 결정되는 '인위적 질서'다. 그것은 조정할 필요가 있는 사회적 기계다. 시장경제는 모든 법이 시장의 규칙에 복종한다는 조건하에서 유용한 결과를 산출해 내야 하는 인공물,

49) Hans Tietmeyer, *Economie sociale de marché et stabilité monétaire*(사회적 시장경제와 통화 안정성), Economica und Bundesbank, Frankfurt, 1999, p. 6에서 인용. 하이에크와 뢰프케가 가입한 몽펠르랭 협회에 뮐러-아르막이 가입하기 1년 전에 이 표현을 만들어 냈다는 데 주목할 필요가 있다(뮐러-아르막은 이 협회의 최초 10인 가운데 한 사람이 될 것이다).

50) A. Müller-Armack, *Auf dem Weg nach Europa. Erinnerungen und Ausblicke*, Rainer Wunderlich, C. E. Poeschel, Tübingen und Stuttgart, 1971; H. Tietmeyer, *Economie sociale de marché et stabilité monétaire*, p. 207에서 재인용.

기술적 수단이다.

'사회적'이라는 말의 의미는 그러므로 양의적이다. 요컨대 그것은 때로는 정책 활동을 통해 구축된 현실을 지시하기도 하고, 또 때로는 완벽한 경쟁체제가 가져다주는 사회적 이익에 대한 믿음의 산물이기도 하다. 뮐러-아르막은 사회적 시장경제에 문화정책, 교육, 과학정책을 포함시킨다. 인적 자본에 대한 투자, 도시계획, 자연보호정책이 이 사회관리정책의 속성을 갖고 있다.

질서자유주의적 의미에서 '사회적 시장경제'는 복지국가 혹은 사회적 국가와 정반대되는 표현이다. '만인을 위한 번영'은 시장경제가 독자적으로 유발시킨 결과인 반면 사회적 국가가 지불하는, 필요악이지만 일시적이어야 하고 최대한으로 제한해야 하는 모든 사회보장과 수당은 경제 주체의 사기를 저하시킬 위험이 있다는 것이다. 개인의 책임의식과 다양한 형태의 자선만이 빈곤문제를 해결하는 유일하게 진정한 해결책이라는 것이다.

질서자유주의자들이 제2차 세계대전 종전부터 독일의 정치권력에 지대한 영향을 끼쳤음에도 불구하고, 비스마르크에서 시작하는 사회보장제도를 소거시키지 못했고 또 사회보장제도의 발전을 자신들이 원했던 대로 막지 못했다. 게다가 그들은 전후 독일 노동조합과의 일종의 타협이었던 공동경영에 적응해야만 했다. 하지만 이러한 사회적 개입주의와 질서자유주의를 동일시하는 것은 완전한 오해다.[51) 질서자유주의의 교의에 따르면 '사회정책'은 노동자를 최소한으로 보호하는 법제에 그쳐야 하고 '시장게임'에 만인이 계속해서 참여할 수 있

---

51) 이 점에 관해서는 유럽연합 구축에 할애된 이 책 11장을 참조하라.

게 하기 위해 세제를 통한 최소한의 재분배에 그쳐야 한다. 그러므로 사회정책은 배제에 반대하는 투쟁에 국한되었던 것이다. 또 이 주제는 자선과 관련된 그리스도교 교의와 '개인에의 책임전가'를 통해 만인을 시장에 통합시키려고 하는 신자유주의 철학의 만남을 허용했다. '자유주의적 개입주의'의 임무는 개인들에게 안정적이고 안전한 생활환경을 보장하는 것이기도 했다고 뢰프케는 강조했다. 이것이 상정하는 것은 '보존적 개입주의'가 아니라 적응적 개입이며 이 적응적 개입만이 경제적·기술적 변화의 혹독함으로부터 최약자들을 보호할 능력이 있다는 것이다.

사회진보는 '저축'을 통한, 그리고 노동으로부터 획득되는 개인재산의 창출을 통한 개인의 책임감 고무에 토대를 둔 '서민자본주의'의 구축과정을 거치게 된다. 에르하르트는 다음과 같이 분명히 설명한다. "자유주의적이라는 말과 사회적이라는 말은 서로 겹쳐진다. […] 경제가 자유로울수록 그만큼 더 사회적이 되고 국가경제에서 이윤이 그만큼 증가한다."[52] 사회진보의 원천은 자유경쟁이며 "만인을 위한 복지와 경쟁에 의한 복지"는 동의어다.[53] 그러므로 사회정책과 관련해 만인의 보호라는 무분별한 원칙을 거부해야 한다. 윤리적 가치는 경쟁 안에 있는 것이지 "모든 사람이 자기 이웃의 주머니에 손을 넣고 있는" 복지국가의 전면화된 보호체제 내에 있지 않다는 것이다.[54]

---

52) 다음에서 재인용. H. Tietmeyer, *Economie sociale de marché et stabilité monétaire*, p. 6.
53) L. Erhard, *La Prospérité pour tous*, p. 3.
54) *Ibid*., p. 133.

질서자유주의의 '사회에 대한 정책'

앞서 살펴본 것처럼 질서자유주의 교의의 주요 양상 중 하나는 인간 현실의 모든 수준으로서의 모든 제도들이 **상호의존**한다고 단언한다는 것이다. 정치질서, 사법적 토대, 가치관, 사고방식 등은 포괄적 질서에 속하며 경제절차에 영향을 미치는 효과다. 이 정책의 목적들은 사회와 생활환경이 시장의 원활한 작동에 부합할 수 있도록 하기 위해 그것들에 가하는 행위를 논리적으로 포함하게 된다. 이 교의는 그러므로 고전 자유주의에 존재하는 그런 분리, 즉 국가와 경제 그리고 사회의 분리를 축소하도록 유도한다. 이 교의는 인류의 모든 차원들이 '경제 기계'가 기능하는 데 필수적인 부속품들과 유사하다고 간주함으로써 그 결과 경계들을 허물어 버린다(뮐러-아르막). 시장경제는 시장경제에 필요한 존재방식과 가치관 그리고 욕망을 마련해 주는 사회에 의거함으로써만 작동할 수 있다. 법만으로는 충분치 않다. 관습이 필요한 것이다. 만약 우리가 이 경제를 정합성을 갖는 어떤 총괄적 실체로서 간주하고자 한다면, '사회적 시장경제'라는 표현의 가장 심층적인 의미가 아마도 거기에 있을 것이다.[55]

질서자유주의는 개인들 간의 관계라는 일정한 관념에 입각해 사회를 이해한다. 경쟁은 사회관계와 관련해서는 **규범**이다. 경쟁은 자유와 어깨를 나란히 한다. 경쟁 없이는 자유도 없으며, 자유 없이는 경쟁

---

55) 우리는 이 점과 관련해 푸코가 『생명관리정치의 탄생』(*Naissance de la biopolitique*, p. 150 [216~218쪽])에서 행한 해석을 참조할 것이다. M. Senellart의 논문, "Michel Foucault : la critique de la *Gesellschaftspolitik*", in P. Commun(dir.), *L'Ordolibéralisme allemand*, pp. 45~48 또한 참조할 것.

도 없다. 경쟁은 개인이 스스로를 독자적이고 자유로우며 자신의 행동에 책임질 수 있는 존재로 단언할 수 있게 해주기 때문에, 경쟁은 경제적 효율성에 가장 적합할 뿐만 아니라 동시에 우리가 인간에게 기대할 수 있는 도덕적 요청에 가장 적합한 개인적 관계방식인 것이다.

만약 경쟁이, 판단하고 선택할 능력을 행사할 수 있는 개인들과 관계된다면 이 경쟁은 공정하다. 이러한 능력은 사법구조에 달려 있지만 사회구조에 달려 있기도 하다. 바로 여기로부터 '사회정책'이라는 관념이 도출된다. 그리고 이 관념은 질서자유주의 교의를 체제와 관련지어 생각하는 자들에게 보충물이 되는 것이다. 그러므로 모든 혼동을 막기 위해서는 언제나 Gesellschaftspolitik을 '사회정책'politique sociale 이 아닌 '사회에 대한 정책'politique de société으로 번역하도록 주의해야 한다.[56] 즉 여기서 2격 목적어는, 그것이 사회가 통치 행위의 대상이며 목표라는 사실을 의미하기 때문에, 그리고 이 행위가 가장 높은 소득의 가장 낮은 소득으로의 어떤 이전을 제안하는 것이 결코 아니기 때문에 본질적 기능을 가진다. 바로 이것이 미셸 푸코가 중농주의자들의 '경제적 통치'와는 대조적으로 여기서 '사회에 대한 통치'gouvernement de société라고 말할 완벽한 근거가 있는 이유다.[57]

사회에 대한 정책의 이러한 특수성을 가장 이론화한 사람들 중 한 명은 단연 뢰프케다. 그가 수많은 저서에서 쓴 바에 따르면, 사회주의의 치명적인 독으로부터 시장경제를 보호하기 위해서는 역사적 자본주의를, 다시 말해 시장경제질서의 원칙을 좌우하는 구체적 형상을 비

---

56) [옮긴이] 『생명관리정치의 탄생』 우리말 역본에서는 일관되게 '사회정책'으로 번역되어 있다.
57) M. Foucault, *NBP*, p. 151. [『생명관리정치의 탄생』, 219쪽.] 강조는 인용자.

판하는 것이 중요하다.[58] 시장경제는 가장 훌륭한 경제체제로서 지속되며, 우리가 앞서 살펴본 것처럼 진정으로 자유주의적인 국가의 유일한 기반이다. 시장경제는 "국가의 독점주의와 비합리적 침해로 인해 왜곡되고 훼손되었다".[59] 그 결과 현행의 자본주의 형태는 "시장경제가 훼손되고 왜곡된 형태"인 것이다.[60] 아직까지도 '제3의 길'이라 불리는 '경제적 휴머니즘'은 **사회학적 자유주의**soziologische Liberalismus에 기반하고 있다. "오직 경제적이기만 했던 과거 자유주의에 대항하고자 만들어졌던 무기들은 이 사회학적 자유주의 앞에서 날이 무뎌진다."[61] 뢰프케는 과거의 자유주의가 사회를 무시했거나 사회가 시장질서에 자연스레 적응한다고 상정했었음을 인정한다. 그것은 계몽주의의 낙관적 합리주의가 사회관계와 그 형식들의 다양성, 그리고 '자연적' 환경 속에서 꽃을 피웠었음에도 불구하고 그것들을 무시했기 때문에 발생한 옳지 못한 경거망동이다. 그러므로 경쟁체제의 작동에 필요한 사회적 조건들을 정의하고 그것들을 규합하기 위해 시도해야 하는 개혁을 고려하는 것이 바람직하다는 것이다. 이는 사회주의와 독점자본주의 즉 명령, 전제주의, 의존을 조장하는 두 유형의 경제체제와는 상이한 '구축적 자유주의'와 '경제적 휴머니즘'의 길인 '제3의 길'의 특징이 될 것이다.

뢰프케의 저작에서 제기되는 문제는 그러므로 다음과 같다. 즉 어떤 사회의 소비자가 자신을 가장 잘 만족시키는 재화와 용역을 완전히

58) 다음을 참조하라. W. Röpke, *Civitas humana*, p. 26.

59) *Ibid*., p. 37.

60) *Ibid*., p. 65.

61) *Ibid*., p. 43.

독립적으로 선택할 권리를 전적으로 그리고 계속적으로 행사할 수 있으려면 그 사회는 어떤 종류의 것이어야 할까?

매우 단호한 도덕적 차원으로 인해 프라이부르크 학파 창시자들의 더욱 긴밀한 사법적 입헌주의와 구별되는 이 '제3의 길'은 단순한 경제적 무절제보다 훨씬 더 광대한 도전에 응해야 한다. 이 길은 '우리 사회의 총체적 위기'에 대한 구제책을 가지고 있어야 한다. 바로 이러한 점이 이 '구조에 대한 정책'[62]이 '사회에 대한 정책'으로 보다 철저하게 규정되어야 하는 이유를 설명하는 것이다. 다시 말해, '구조에 대한 정책'은 물론 사회주의와는 완전히 다른 의미에서 사회를 철저하게 변화시키는 것을 목표로 삼는 정책이어야 함을 잘 설명하고 있다. 그 결정적인 표현이 『인간문명』에 나와 있다. "하지만 시장경제 그 자체는 쇄신된 토대에 기반한, 사회에 대한 정책을 통해서만 지속될 수 있다."[63] 책임 있고 사려 깊은 선택을 할 수 있는 개인들을 만들어 내려는 이 정책은 정치기관들을 분권화시키고 도시의 혼잡을 완화시키며 사회구조의 계급적이고 인종차별적인 측면을 철폐하고 경제와 사회의 독점을 막으려 노력해야 한다. 뢰프케가 즐겨 사용한 표현에 따르자면, 한마디로 "인간적 경제"를 만들려고 해야 하는 것이다. 뢰프케는 중소 농업 경영과 수공업 기업이 뒤섞여 있는 스위스 베른 지역 마을들에서 그 예를 발견한다.

하지만 이 사회적 자유주의의 고풍스럽고 향수를 불러일으키는

---

62) *Ibid*., p. 69.

63) 우리는 앞서 언급한 이유 때문에 Gesellschaftspolitik의 번역어를 '사회정책'이 아닌 '사회에 대한 정책'으로 수정했다. 독일어 구문은 다음과 같다. "Die Marktwirtschaft selbst ist aber nur zu halten bei einer widergelagerten Gesellschaftspolitik."

양상으로 인해, 모든 신자유주의자들에게 근본적인 다음의 문제에 대처하는 것이 중요하다는 사실이 은폐되어서는 안 된다. 요컨대 어떻게 시장경제를 회복시킬 것이며 어떻게 상업적이고 도시적인 자본주의 문명의 비대한 발달의 맥락에서 개인의 온전한 주권을 계속 생각할 수 있을까? 개인 간 상호작용의 '자연적 질서' 그리고 숙고된 협의, 특히 국가 행정기구 내에서뿐만 아니라 근대적 생산체제에서의 협의에 근거한 '조직'을 구분해야 하는 문제가 하이에크에게 제기되었다.[64] 어떠한 한도 내에서 우리는 여전히 자유로운 개인 즉 소비자와 생산자를 시장의 경제적 질서의 준거가 되는 실체로 만들 수 있을까? 뢰프케의 공적은 이 문제를 회피하지 않았다는 데 있다. 만약 자본주의 거대조직과 사회주의의 '개미사회'를 피하고 싶다면 개인들에게 그들의 독립과 존엄의 토대를 제공하는 사회구조를 만들어야 한다.

푸코는 이 '사회에 대한 정책'의 애매함을 제대로 간파했다.[65] 사회에 대한 정책은 사회가 시장논리(경제와 사회의 이질성 원칙)에 의해 전적으로 지배되게 만들어서는 안 되고, 개인으로 하여금 경쟁질서(경제와 사회의 동질성 원칙)를 실현시켜 주는 소기업micro-entreprises과 스스로를 동일시하도록 만들어야 한다. "시장경제와 비상업적 사회는 상호보완적으로 완성된다. 그것들은 비어 있는 공간과 틀로서, 또 사진기의 렌즈에서 조화를 이루는 볼록렌즈와 오목렌즈로서 서로를 포함한다."[66]

64) 이 책 9장을 참조하라.

65) M. Foucault, *NBP*, pp. 246~247. [『생명관리정치의 탄생』, 334~335쪽.]

66) W. Röpke, *Civitas Humana*, p. 74. 틀과 홈, 둑과 구멍이라는 이 이미지는 묻어 들어 있음(embeddedness)이라는 폴라니의 주제계를 환기시키지 않을 수 없다. 자본주의 문명의 위기라는 동일한 징후들로부터, 뢰프케와 폴라니는 서로 정반대되는 정치적 귀결을 이끌어 낸다.

이 점은 주의 깊게 검토할 만한 가치가 있다. 시장경제를 관리해야 하고 시장경제를 그것이 자라난 토양인 '인류사회학적 틀' 내에 확고히 위치시키되 또한 시장경제는 인류사회학적 틀과 구별되어야 한다는 것을 잊지 말아야 한다는 것이다.

> 시장경제가 전부는 아니다. 건강하고 활기찬 사회에는 반드시 경제가 있어야 하고, 또 그것은 순수하고 명확한 자리를 갖지만, 만일 이 시장경제영역 부근에 다른 영역들, 즉 개인적 보존의 영역, 국가경제의 영역, 계획주의의 영역, 헌신의 영역 및 단순하고도 비상업적 인간성의 영역과 같은 것들이 존재하지 않으면 경제는 부패의 씨앗으로 사회의 다른 모든 분야들을 악화시키고 오염시킨다.[67]

시장은 시장경제의 논리에서 벗어난 영역들에서 자신의 한계들에 직면해야 한다. 사회적 존재에게는 자가생산, 가정생활, 공적 영역이 필수적이다.[68] 사회적 영역들의 복수성에 대한 이러한 요청은 효율성이나 정의에 대한 관심에 속하지 않는다. 그 요청은 인간의 복수적 본성, '과거의 경제적 자유주의'가 이해하지 못했던 본성과 관련된다. 사회적 관계는 시장경제적 관계로 환원될 수 없다.

---

67) *Ibid.*, p. 72.

68) *La Crise de notre temps*, Payot, Paris, 1962에서 뢰프케는 이와 동일한 의미에서 다음과 같이 쓰고 있다. "시장 원리 역시 일정한 한계를 가정하고 있다. 그리고 만일 민주주의가 과도한 전제주의로 빠지지 않게 하기 위해 국가의 영향력으로부터 벗어나는 영역들을 확보하도록 해야 한다면, 시장경제 또한 용납할 수 없게 될 위험이 있는 시장법칙하에 종속되지 않는 영역을 확보해야만 한다. 우리는 이 영역을 자기보존의 영역, 지극히 단순하고 평범한 생활조건들의 영역, 국가와 개입경제의 영역으로 이해한다."(p. 136)

우리는 시장경제가 단지 사회생활의 구체적인 한 부분을 이루고 있을 뿐임을 잊고 말았다. 훨씬 더 넓은 영역이 이 구체적 영역을 에워싸며 지탱하고 있는데도 말이다. 즉 그러한 외부적 장에서 사람들은 경쟁자도 생산자도 상인도 소비자도 아니고 개발사회의 일원이나 주주도 아니며 예금자도 아니다. 사람들은 빵으로만 사는 것이 아니며 가족과 이웃의 일원으로서, 신앙생활과 직장생활의 동료로서, 공화국의 시민으로서, 구석구석의 살과 피로서, 언제나 인간적인 그들의 생각과 감정으로 정의, 명예, 상부상조, 보편적 이익, 평화, 선행, 아름다움 그리고 자연의 평화를 지향하며 사는 것이다. 우리가 앞서 살펴본 것처럼 시장경제는 한정적 조직일 뿐이다. 시장경제가 절대적으로 필요한 곳은, 시장경제의 왜곡되지 않은 진정한 자기 자리가 있는 그 좁은 내부다. 시장경제가 자기 안에만 갇히면 시장경제는 위험해지고 유지될 수 없다. 왜냐하면 시장경제는 이 조직을, 그리고 그들에게 추악한 것이 될 시장경제를 조만간 동시에 거부하게 될 인간을 전적으로 반지언적인 존재로 환원시켰기 때문이다.[69]

곧장 사회주의로 귀결된 서구의 심각한 사회 · 도덕적 위기의 주된 이유는 결국 사회적 틀이 충분히 견고하지 못했다는 사실에서 기인한다. 제대로 작동하지 않았던 것은 시장경제가 아니라 느슨해진 관리구조 때문이라는 것이다. 뢰프케는 이 사회적 위기를, 시장을 '저지'해야 했던 둑의 붕괴로 이해한다. 즉 "과거 자유주의 경제를 폐허로 만드는 동시에 자유주의의 모든 사회체제를 폐허로 만든 것은 바로 이 노후한

69) W. Röpke, *Civitas humana*, pp. 71~72.

둑이다."

그렇다면 대책은 무엇일까? 만약 시장경제가 움푹 파인 홈과 같은 것이라면 그 둑을 재보강하고 "인류사회학적 틀의 더 나은 내구성을 목표로 하는"[70] 정책을 추구하는 것이 바람직할 것이다.

이 '사회학적 프로그램'은 여러 길을 포함한다. 공통의 목표, 즉 작은 가족단위의 사회, 거주와 생산의 사회, 그리고 독립과 서로에 대한 경쟁의 사회를 지향하는 분권화와 탈프롤레타리아화, 그리고 도시집중 방지 등의 길이 그것이다. 각자는 자신의 독립과 존엄성을 보장하는 노동의 체계 속에 직업적으로 삽입되어야 한다. 한마디로 말하면 각자는 소기업이 제공하는 보장을 향유해야 하고, 더 나아가 **각자는 각자가 작은 기업으로 기능해야 한다**. 우리는 푸코가 강조한 이 양의성을 확인할 수 있다. 즉 시장을 외부에서 경계를 긋는, 시장의 **바깥으로** 기능한다고 여겨지는 것은, 독립된 다수의 단위로 구성된 원자론적 시장**모델**에 입각해 분명히 사유된다는 그 양의성을 확인할 수 있는 것이다.

프롤레타리아화에 대한 대책으로서의 소기업

사회주의의 주된 요인인 프롤레타리아화에 대해 뢰프케가 행한 비판을 더 자세히 검토해 보자. 산업사회는 도시로의 이주를 야기했고 또 임금노동자의 거대한 무리가 전례 없는 규모로 유랑하도록 만들었다. 요컨대 "이는 병리적 상태로, 역사상 이러한 규모로 이런 상태가 있었

70) *Ibid*., p.74.

던 적은 결코 없었다"는 것이다.[71] 오귀스트 콩트 이래의 사회학에서 별로 부각되지 않았던 강조점들을 재발견하면서 뢰프케는 다음과 같이 주장한다. 대규모 집중경영으로 인한 농업 및 수공업의 파괴와 관련되어 있는 프롤레타리아의 유랑은, "독립도 없고 재산도 없으며 산업과 상업의 엄청난 착취하에 빠져 있는 도시 노동자"[72] 즉 안전과 안정을 잃은 수백만 노동자의 생존에 거대한 구멍과 같은 것을 만들어 놓았다고 말이다. 프롤레타리아화가 야기한 구멍 때문에, 프롤레타리아화는 생존의 자율성 상실 및 사회적 고립으로 분석된다.

> 프롤레타리아화는 인간이 사회학적으로나 인류학적으로나 위험한 상황에 빠졌음을 의미한다. 이러한 상황은 재산의 결여, 모든 자연적 본성(가족관계 및 이웃관계 포함)의 결여, 경제적 의존, 이주, 병영 같은 대중의 주거지, 노동의 군대화, 자연으로부터의 소외, 생산활동의 기계화로 특징지어지며, 한마디로 전반적인 탈생명화이고 탈개인화다.[73]

사회정책은 "프롤레타리아를 탈프롤레타리아화하고 또 그들을 진실되고 고귀한 의미에서의 부르주아 즉 시민으로 만듦으로써 다시 말해 '문명'의 진정한 구성원으로 만듦으로써, 그들과 부르주아 사회 간의 격차를 좁히는 것"[74]을 중시해야 한다. 리프먼 학술대회 당시

---

71) *Ibid.*, p. 228.

72) *Ibid.*, p. 229.

73) *Ibid.*, p. 230.

74) *Ibid.*, p. 167. '부르주아'와 '시민'을 동시에 의미하는 Bürger라는 독일어 단어의 양의성을 뢰프케가 의도적으로 사용한다는 데 주목할 필요가 있다. 이는 정치와 경제 간의 구분을 모호하게 하려는 신자유주의의 경향을 여실히 보여 준다.

에 이미 뤼스토우가 그 영역을 보여 준 바 있는 이 통합정책은 상호인식 관계가 수립될 수 있는 소도시 혹은 마을의 틀 내에서 가족적 소규모 경영 및 부동산 분배의 발전을 거치게 된다. 그러므로 통합정책은 사회적 국가와 대립된다. 사회적 국가는 인간을 집단적 보조금에 의존하게 만듦으로써 그들을 더욱 위축시킬 뿐이다. 이러한 상황을 특징짓는 프롤레타리아의 이주와 모든 개인재산의 상실은 복지국가하에서의 새로운 노예상태로 이끌 수 있다는 데 커다란 위험이 있다. 요컨대 "프롤레타리아화가 확대되면 될수록 국가를 통해 자신들의 필요와 경제적 안전을 보장받으려는 이주민들의 욕구는 더욱 격렬해지고 여타 개인적 책임은 더더욱 사라지게 된다"[75]는 것이다. 산업자본주의로 인해 헐벗은 대중을 탈프롤레타리아화하는 것은 그들을 사회보장의 수혜자로 만드는 것이 아니라 그들을 부동산 소유자, 예금자, 독립생산자로 만드는 것이다. 뢰프케가 보기에 부동산이야말로 개인들이 어떤 환경에 재정착시키고 그들이 갈구하는 안전을 가져다주며 그들에게 노동의 동기부여를 해주는 유일한 수단이다. 요컨대 "우리의 의무는 농민과 장인 그리고 소상공인, 한마디로 생산 자산과 거주 자산을 갖는 독립된 개인들의 수를 전력을 다해 유지시키고 확대시키는 것이다."[76] 시장경제는 "인간적 기반" 그리고 "각자의 노동과 생활의 유형에 따라 생존에 확고히 뿌리내린 인간들"을 필요로 한다.[77]

가족을 위한 생산의 이상화는, 사회개혁의 핵심으로 간주되는 개

75) *Ibid.*, p. 231.
76) *Ibid.*, p. 257.
77) W. Röpke, *La Crise de notre temps*, p. 198.

인의 재산권 회복 정책에 영향을 줬던 반면, 모든 임금노동자들이 실질적으로 소규모 기업가가 될 것이라 생각할 여지는 주지 않는다. 여기서 문제가 되는 것은 차라리 어떤 **사회모델**로서, 모든 사람은 자기 집 소유와 자기 뒤뜰의 경작을 통해 이 모델에 접근하고 또 그 도덕적·물질적 혜택을 평가할 수 있다는 것이다. 뢰프케는 이렇게 부르짖는다. "우리는 채소를 심어 둔 뒤뜰이 기적을 일으킬 것이라 확신하기까지 한다."[78] 뒤뜰과 더불어 그리고 이 뒤뜰을 통해 실현될 수 있는 자립생산을 통해, 임금노동자는 기업가가 전체 생산 절차에 책임을 갖고 있는 것과 마찬가지로 자기 자신의 주인이 될 것이다. 시장경제에 필수적인 조심성, 신중함, 책임감의 미덕을 개인들이 다시 발견하는 것은 소유권자이자 가족을 위한 생산자가 됨으로써이다. 시장경제는 독립적이고 용감하며 정직하고 근면하며 굳건한 사람들을 사회구조로부터 공급받아야 한다. 이러한 사람들이 없다면 시장경제는 이기적 쾌락주의로 타락할 수밖에 없다. 뢰프케가 "정치경제학의 농업적 핵심"[79]이라고 의미심장하게 명명한 바 있는 것을 구성하고 있는 것은 바로 이 소기업의 도덕적 차원이다. 시장에서 건강하고 공정한 경쟁이 행해질 수 있는 것은, 그리고 사회적 균형이 회복될 수 있는 것은 오로지 '정직함의 규약', 노동윤리, 자유에 대한 관심이 각 개인에게 충분히 뿌리내렸을 경우뿐이다. 한마디로 개인들이 스스로를 '지탱할' 수 있게 하는 도덕적 '방파제'가 시장경제를 '지탱시킬' 수 있게 하는 것이다. 이러한 방파제는 사회 전반의 수준에서 기업모델의 실질적 일반화에 의거한

78) *Ibid.*, p. 152.

79) W. Röpke, *Civitas humana*, p. 290.

다. 중소기업은 자본주의가 야기한 타락에 맞서는 방패다. 이는 자연적 공동체가 연방주의적인 보충성의 원리 안에서 국가권력의 한계를 설정하는 것과 같다.

'제3의 길'

뢰프케의 신자유주의는 "자유로운 인간들의 경제체제"[80]를 목표로 하는 사회계획이다. 그에 따르면 인간은 소유자이고 가족, 기업, 지역과 같은 자연스러운 공동체의 일원일 때만 자유로울 수 있다. 가족, 친구, 동료 등과 같은 측근들의 연대를 신뢰할 수 있고 전면화된 경쟁에 맞설 수 있는 역량을 갖춘 공동체의 일원일 때 비로소 자유로울 수 있다는 것이다. 이 '제3의 길'은 방임의 '사회적 다원주의'와 요람에서 무덤까지[81] 개인을 돌보는 사회적 국가 중간에 위치한다. 이 제3의 길은 '개인의 사회적 책임감 고취'라는 관념에 기초하고 있는 것이 틀림없다. 요컨대 "국가가 우리를 돌보면 돌볼수록 우리 스스로의 힘으로 활동하려는 마음은 줄어든다."[82] 그러므로 부동산과 기업은 경제적 의지의 자율성의 사회적 근간이다. 요컨대 "부채가 없고 충분히 넓은 소유지를 갖고 있는 농민은 이 세상에서 가장 자유로운 인간이다."[83]

이 제3의 길은 여러 얼굴을 갖고 있다. 우리는 여기서 절충주의적 정식, 즉 자유주의와 계획주의 사이에 있는 중도의 길만을 파악할 수

---

80) W. Röpke, *La Crise de notre temps*, p. 201.
81) *Ibid.*, p. 183.
82) *Ibid.*
83) *Ibid.*, p. 227.

있을 뿐이다. 뢰프케는 2차 세계대전 전에 쓴 몇몇 글[84]에서 맹신자들의 '총괄적 해결책' 간의 대립을 다음과 같이 거부함으로써 바로 이런 생각의 여지를 주었다.

> 실제 중요한 것은 자유주의의 많고 적은 정도에 관한 문제이지 단도직입적인 긍정과 부정의 문제가 아니다. 총체적 자유주의는 불가능하고 총체적 개입주의는 자신을 소거해 버리고 순수한 공산주의가 되는데 왜 자유주의와 개입주의가 서로 마주보고 싸우는 양태로 배열돼야 하는가?[85]

하지만 다른 곳에서 제3의 길과 관련된 뢰프케의 주장은 훨씬 더 야심적이다. 제3의 길은 우리 시대의 중대한 위기를 극복하기 위해 반드시 필요한 철저한 사회개혁을 목표로 하는 사회학적이고 '구축적'인 자유주의를 정의한다. 그는 사회에 대한 정책을 이렇게 정의한다.

> 경제적 자유의 회복, 노동과 생활의 인본주의화, 그리고 프롤레타리아화와 익명화, 사회적 관리 부재, 대중의 형성, 비정상적 발달, 특권 등의 소거, 자본주의의 병리학적 퇴행 등의 소거를 일제히 추구하는 정책. 이러한 정책은 경제와 사회의 단순한 개혁 이상의 것이다. […] 우리 시대의 모든 경제적 무질서는 우리 사회의 총체적 위기와 관련된 피상적

84) 예를 들어 다음과 같다. W. Röpke, *Explication économique du monde moderne*(근대 세계의 경제적 설명), Librairie de Médicis, Paris, 1940, p. 281.

85) *Ibid*., p. 282.

징후들에 불과하다. 그리고 바로 이러한 방식으로 이 위기를 관리하고 치료해야 한다. 효율적이고 지속적인 경제개혁은 또한 동시에 **전면적 사회개혁**이 되어야 한다.[86]

아마도 '기업가정신'과 '개인에의 책임전가', '경쟁 윤리'가 갖는 도덕적 양상에 대한 강조를 통해 뢰프케의 사회학적 자유주의는 기업을 개인의 선택의 자율성에 실행력을 부과하는 일종의 보편적 형식으로 만들기 위해 행해진 모든 노력을 아주 명확하게 해명하고 있다.

아마도 농민의 삶이 수반하는 덕에 대한 예찬은 다소 낡은 낭만주의와 생기론 때문에 오늘날 웃음거리가 될 수도 있다. 하지만 뢰프케가 신자유주의 통치성에 본질적으로 기여한 바는 다른 곳에 있다. 요컨대 그는 개인에 대한 통치적 개입정책의 방향을 수정하여 개인이 자신의 사유재산, 가족, 가정, 보험, 은퇴 등과의 관계에서 자기 자신을 조직할 수 있게 만듦으로써 그 결과 이러한 개인의 삶이 개인을 "일종의 항구적 기업, 다수의 기업"[87]으로 만들어 버렸다는 것이다. 여기서 기업 모델의 보편성 제고가 로크로부터 얼마나 멀어지는지를 강조할 필요가 있다. 앞서 살펴보았듯이[88] 로크에게 확장된 '소유권' 개념의 의미는 노동을 통해 실현된 자기 자신의 소유권의 확장으로서의 외적 재화의 소유권을 정당화하는 기능을 담당했다. 현대의 어떤 신자유주의자들에게는 외적 재화와의 관계뿐 아니라 자기와 자기의 관계도 여타

86) *Ibid*., pp. 284~285.
87) M. Foucault, *NBP*, p. 247. [『생명관리정치의 탄생』, 335쪽.]
88) 이 책 3장을 참조하라.

의 다른 생산 단위들과 경쟁 관계에 있는 생산단위로서의 기업논리를 모델로 삼아야 한다고 생각한다. 달리 말해서 노동의 결과가 인간에게 인간의 연장延長으로서 첨가되는 것이 아니라 개인의 자기통치가 기업의 작동 방식을 내면화해야 하는 것이다. 노동의 결과와 같이, 내부에 의해 취해진 외부가 아니라 외부 즉 기업이 자기와 자기의 관계라는 내부에 재구성의 규범을 부과하는 것이다.

결국 교의 전체의 정합성이 문제를 유발시키기는 하지만 독일 질서자유주의의 두 분파가 현대의 신자유주의에 물려준 유산은 두 가지 측면에서 본질적인 것으로 존속하고 있다. 먼저 경쟁을 '정돈정책'을 선도할 규범 수준으로 고양시킨 것이 그 첫 번째 측면이다. 요컨대 오이켄의 인식론이 몇몇 전문가 서클을 제외하고는 광범위하게 잊혀지기는 했지만 그래도 그의 '경제체제'의 원리들은 경제정책이 행하는 여러 조치들을 평가하는 데 지속적으로 동원되고 있다. 비록 형식적 중언부언이 될 때도 종종 있지만 말이다. 둘째로 정책적 활동에 대단히 특수한 대상을 부여한 것이 그 두 번째 측면이다. 다시 말해 가장 섬세한 골격을 포함하는 '사회'라는 대상, 그러므로 자기통치와 품행에 대한 통치의 중심부로서의 개인이라는 특수한 대상을 부여했다는 측면이 그것이다. 가장 성공한 형태의 '사회에 대한 정책'이 권장하는 기업논리의 보편화가 갖는 가장 심층적인 의미는 바로 여기에 있는 것이다.

8장 · 기업가적 인간

신자유주의의 주안점을 제도와 개인 행위 간 관계 속에서 이해하지 못한다면 우리는 신자유주의의 독창성을 파악하지 못할 것이다. 사실 경제 중심 품행의 극대화와 보편적 평형의 절대적 조건을 더 이상 자연스러운 것으로 간주하지 않는 순간부터, 이러한 품행에 영향을 주는 요소들과 그 품행이 완벽의 상태에는 도달하지 못하더라도 일정 정도의 효율성에 다다르는 방식을 설명할 필요가 있게 된다. 신자유주의 창시자들 간의 차이점이 이 문제에 대해 제시된 해결책에 부분적으로 속한다. '신자유주의 르네상스'의 대표자들인 루지에와 리프먼 그리고 독일 질서자유주의자들이 정부개입의 필요성을 강조한 만큼이나 폰 미제스는 제도들의 기능을 개입주의라는 말로 정의하는 것을 받아들이지 않았다. 폰 미제스는 '자유방임' 원칙을 강력하게 고수한다. "반간섭[자유방임]주의 유형의 사회 조직인 시장경제에는 개인들이 처벌의 위협에 제약받지 않은 채 여러 행동양식을 자유롭게 선택할 수 있는 영역이 있다."[1] 이러한 문구들로 볼 때 우리는 폰 미제스와 함께 (1938년 뤼스토우에게 보았던 것처럼) 자유방임을 보편적 번영의 원천으로 보는 가장 교조적인 자유방임주의로 다시 돌아가는 것 같다.

[그러나] 이런 지적 사조가 그 어떤 새로운 것도 제시하지 못하고, 교조적 자유주의로 회귀할 뿐이라고 결론짓는 것은 너무 성급할 것이다. 이는 무엇보다도 경쟁을, 그리고 사회의 보편 형식으로서의 기업을 중시하는 데 내재하는 논거상에서의 중대한 변화를 무시하는 처사가 될 것이다. 확실히 고전 자유주의와의 공통점은 여전히 시장의 이름으로 국가의 제한을 정당화하도록 요청한다는 데 있다. 경제적 기계의 효율성에서 그리고 시장 절차의 추구에서 경제적 자유가 갖는 역할을 강조하면서 말이다. 바로 여기서부터 폰 미제스나 하이에크가 옛 맨체스터학파 자유주의의 '돌아온 유령'이라고 생각하게 만드는 어떤 오해가 생겨나게 된 것이다.

'오스트로-아메리칸'[2] 방식에서 오해의 소지가 있는 것이 바로 그들의 다소 과도한 '주관주의'[3]다. 이 주관주의 때문에 폰 미제스의 제자들 중 몇몇, 이를테면 머리 로스바드는 '무정부주의적 자본주의'로까지 나아간다. 국가라는 실체에 부여된 모든 정당성을 전면 거부하기까지 하는 것이다. 국가라는 실체를 신자유주의의 구성주의적 영감

1) L. von Mises, *L'Action humaine. Traité d'économie*, PUF, Paris, 1985, p. 297. [『인간행동 II』, 민경국·박종운 옮김, 지만지, 2011, 564쪽, 15장 6절. 이 책에서는 laisser-faire를 '반간섭'으로, intervention을 '간섭'으로 번역한다.]

2) 근대 오스트리아 학파와 연관된 사람으로 미국으로 이주했거나 미국인으로 살고 있던 사람을 지칭한다. 그들 가운데 이론적·이데올로기적으로 중요한 인물은 폰 미제스와 하이에크다. 이 두 사람의 이론 외에도 특히 이즈리얼 커즈너(Israël Kirzner)가 만들어 낸 학설의 전개를 강조하고자 한다.

3) *The Counter-Revolution of Science*(The Free Press, New York, 1955)에서 하이에크는, 지난 수백 년간 경제이론에서 중요한 발전은 주관주의의 수미일관한 적용상의 진일보였다고 말하며(p. 31), 자신의 스승이라 생각하는 폰 미제스에게 그 점과 관련해 특별히 경의를 표한다.

과 무관한 것으로 분류하는 이 방향설정에서, 매우 '고전적인 것'으로 남아 있는 것을 무시하지 말고 이 저자들의 사상이 애초에 기여한 바를 끌어내는 것이 중요하다. 그들이 기여한 바는 두 유형의 절차, 즉 파괴의 절차와 구축의 절차 간 대립에 의해 전적으로 체계화된다. 폰 미제스가 '파괴주의'라 부른 이 파괴 절차의 주동자는 **국가**다. 이 파괴 절차는 전체주의와 경제적 퇴보로 귀결되는 국가간섭의 역효과를 발생시키는 연쇄에 근거한다. 자본주의에 해당하는 구축 절차의 주동자는 **기업가**, 즉 모든 잠재적 경제 주체다.

오스트로-아메리칸 저자들은 개인의 활동과 시장의 절차를 강조하면서 우선 평형을 추구하는 경제 기계를 사실주의적으로 기술하려 한다. 도덕주의적이거나 파괴적인 정치·사회적 개입들로 그 기술記述을 방해받지만 않는다면 말이다. 둘째로 그들은 전면적 경쟁 속에서 어떻게 인간의 특정한 차원, 즉 '기업가정신'entrepreneurship[4]이 구축되는지 제시하는 것을 목표로 삼는다. 이 기업가정신은 자본주의 질서에 가장 필수적인, 잠재적으로 보편적인 품행의 원리다. 그 결과 토마스 렘케Thomas Lemke가 푸코에 대한 그의 주석에서 아주 적절하게 말하듯이, 신자유주의는 "이미 존재한다고 상정된 사회적 실재를 만들어 내려 하는 정치적 기획"[5]으로서 등장한다. 이 인간-기업의 인류학적 차원이야말로 질서자유주의의 사회학적 차원과 구분되는 오스트로-아메리칸 사조의 주요 기여인 것이다.

---

4) 이 용어는 프랑스어로 'entrepreneurialité'로 번역된다.

5) T. Lemke, "The birth of bio-politics: Michel Foucault's lecture at the College de France on neo-liberal governmentality", *Economy and Society*, vol. 30, no. 2, 2001, p. 203.

시장의 조건을 창조하고 기업가적 주체를 생산하는, 신자유주의가 장려한 전략적 노선에 대해서는, 신고전주의 경제학보다는 이 인류학적 차원으로부터 영향을 받은 바가 더 많다. 신고전주의 프로그램에서 경쟁은 항상 일정 상태를 지시하고 있고 또 이러한 의미에서 역동성보다는 정태성의 속성을 더 갖고 있다. 더 정확히 말해서, 경쟁은 시장이 처해 있는 다양한 상황을 판단 가능하게 해주는 규준임과 동시에 경제 주체의 합리적 행위가 이상적으로 균형을 갖게 되는 틀이기도 하다. 순수하고 완전한 경쟁의 조건에 상응하지 않는 모든 환경은 경제 주체들 간에 예정된 조화를 실현할 수 없게 하는 비정상적 상태로 간주된다. 그러므로 신고전주의 이론은 선험적으로 '정상'으로 제시된 경쟁환경으로의 '회귀'를 종용하게 된다. 신고전주의 프로그램이 자유시장 담론에 강력한 학문적 뒷받침을, 특히 세계금융의 '효율적 시장'이라는 형태로 부여한 것이 사실이긴 하지만, 신자유주의 합리성이 절대적으로 혹은 주로 발라스-파레토 일반균형에 근거하고 있다는 생각은 오류다. 이름만 신고전주의 버전과 닮았을 뿐, 신자유주의적 경쟁지상주의 특유의 토대를 이루는 것은 경쟁에 관한 완전히 다른 개념인 것이다. 폰 미제스나 하이에크 같은 오스트리아인들이 실현한 거대한 진일보는 시장에서의 경쟁을 적절한 정보수집 절차로, 또 새로운 이윤창출 기회의 발견에서 다른 사람들을 추월해 앞서가려는 주체의 특정한 품행 양식으로 간주했다는 데 있다. 달리 말해 고전 자유주의의 사유에 이미 존재하던 상당수의 양상들(자기 운명을 개선하고 자기 미래를 보다 낫게 만들려는 등의 욕망)을 인간행동에 대한 정합적 이론 내에서 첨예화하고 체계화함으로써, 오스트리아학파의 교의는 어떤 투쟁적 차원 즉 경쟁과 대립의 차원을 특권화한다. 바로 이 경제 주체들 간의 투쟁에 입각해야만, 형식적 조건에 의해 규정되는 균형의 형성이 아닌 경제생활 자체를 기술할 수 있다. 이 경제생활에서의 실제 행위자는 기업가이고, 상이한 수준에서 각자에게 생기를 불어넣는 기업가정신이 그의 원동력이며, 그리고 경제생활의 유일한 장애물은 자유로운 경쟁을 막거나 소거하려 할 때의 국가다.

사유방식에서의 이러한 혁명은 많은 연구들에, 그 중에서도 혁신 및 정보와 관련된, 확장일로에 있는 연구들에 영향을 미쳤다. 그러나 이 혁명은 특히 재화와 용역의 단일시장을 훨씬 넘어서는 정책을 요구하고, 또 인간행동의 총체와 관련된다. 경제환경을 순수하고 완벽한 경쟁의 규준에 근접시키는 경제환경 구축이 전형적인 신자유주의 정책이라는 점은 사람들도 대체로 잘 유념하고 있다. 그러나 아마도 더 은폐되어 있거나 즉각적으로 잘 지각되지는 않지만, 경쟁의 차원을 행위에 도입하고 그것을 회복시키며 지탱하려 하는, 더 근본적으로는 주체를, 이윤창출의 기회를 파악할 줄 알고 항구적 경쟁 절차에 참여할 준비가 되어 있는 기업가로 만들려는 또 다른 동향이 있다는 사실은 망각하고 있다. 이 동향에 대한 가장 강한 해석은 특히 경영 분야에서 발견된다.

개입주의 비판

리프먼 학술대회 당시 폰 미제스는 국가개입에 대한 모든 재정당화를 격렬히 비난해서, 다른 참가자들이 보기에는 그 자리에 어울리지 않는 구식 자유주의자로 비춰질 정도였던 사람들 중 하나였다는 걸 상기해 보자. 사실 그는 사회주의를 질색하는 만큼이나 국가개입을 견딜 수 없어했다.[6] 게다가 그가 보기에 국가개입은 사회주의의 맹아에 다름 아니었다. 국가의 간섭은 시장경제를 파괴할 수 있고 또 시장을 통해 전달되는 정보를 혼탁하게 만듦으로써 번영을 망칠 수 있다. 가격은 개별 계획을 일정 시간 동안 이끌어 가고 또 그들 행동을 조정 가능하게 한다. 가격이나 화폐를 조작하는 것은 특히 소비자의 욕망을 인식하는 데 장애가 되고 또 기업들이 시의적절하게 이 욕망에 대응하지 못하도록 방해한다. 기업의 적응을 방해한 결과 나타나는 이 부정적 효과들은 점점 더 해로운 절차를 작동시킨다. 국가가 개입하면 할수록 혼란스러워지고, 이 혼란을 없애려고 국가가 더 강력히 개입하면 결국 전체주의적 사회주의가 수립된다. 이 연쇄반응은 인민주권과 사회정의라는 신화에 기반한 무제한적 이데올로기에 의해 조장된다.

이러한 관점에서는 자유시장과 국가통제 중간에 제3의 길은 있을 수 없다. 폰 미제스에 따르면 개입은 본래 시장경제에 대한 족쇄다. 그렇기 때문에 그는 질서자유주의자들 즉 "'제3의 길'이라는 해결책을 찾으려는 개입주의자들"[7]을 가차 없이 비판한다. 폰 미제스는 과격함을 무릅쓰고, 질서자유주의 이론가들에게서 독재의 무의식적 앞잡이의 면모를 찾아낸다. 그에 따르면 이 이론가들은 생산물 선택에서 소비자가 갖는 주권이 아니라 통치의 절대적인 경제적 전제주의의 상태에 이르게 된다는 것을, 그리고 이러한 점에서 그들은 "힌덴부르크 모델의 독일식 사회주의"[8]의 적통임을 자각하지 못했다는 것이다. 통치는 개입함 없이 사회적 협동의 환경을 확보하는 것으로 그쳐야 한다는 것이다. "통제는 나누어질 수 없다." 요컨대 통제는 전적으로 사적

---

6) Stéphane Longuet, *Hayek et l'Ecole autrichienne*, Nathan, Paris, 1998.

7) L. von Mises, *L'Action humaine*, p.858. [『인간행동 III』, 1663쪽, 36장, 3절.]

인 것과 전적으로 국가적인 것으로 나뉠 수 없고, 국가의 독재와 소비자 주권으로 나뉠 수 없다는 것이다. 국가적 전체주의와 "소비자 민주주의"[9]라 규정된 시장 사이에 중간지대는 없다는 것이다. 모든 개입을 금지하는 이러한 급진적 입장은 자기훈련 절차와 그 반대 절차 간의 구분, 즉 빈민을 만들어 내는 최악의 국가 절차와, 창조적 기업가를 만들어 내는 시장 절차 간의 구분에 그 토대를 두고 있다.

완전한 소비자 민주주의를 동요시키고 전체주의적 독재의 길을 여는 것은 이해관계라는 유일한 원칙과 다른 원칙, 시장절차와 이질적인 다른 윤리적 원칙들이 난입하기 때문이라는 것이다.

> 개인의 직관과 신의 섭리를 통해 그 내용을 정확하게 파악했다고 선언되었던 소위 자연법과 영원불변의 도덕률의 관점에서 이윤이 인정되어야 할지 또는 비난받아야 할지의 문제에 대해서도 경제학은 관심이 없다. 경제학은 단순히 기업가의 이윤과 손실이 시장경제의 본질적 현상이라는 사실만을 확립할 뿐이다.[10]

---

8) *Ibid*., p. 761. [같은 책, 1408쪽, 27장, 3절.] 폰 미제스는 이렇게 덧붙인다. "간섭[개입]주의의 가장 최근의 변종인 독일의 '사회적 시장경제'(soziale Marktwirtschaft) 지지자들은 그들이 시장경제를 가장 가능성 있고 가장 바람직스러운 사회경제조직이라 생각하고 있다는 점, 그리고 정부가 전권을 행사하는 사회주의에는 반대한다는 점을 강조하고 있다. 그러나 물론 이러한 중도 정책의 옹호자들은 또한 자유무역주의나 반간섭[자유방임]주의적 자유주의도 거부한다고 힘차게 말한다. 그들이 말하길, 경제적 힘들의 자유로운 역할 수행이 '사회적으로' 소망스럽지 않게 보이는 상황에 이르렀다고 판단되면 언제 어디서나 국가가 시장현상에 간섭[개입]하는 것이 필요하다. 이 주장을 하면서 그들은, 모든 경우에 일정한 경제현상이 '사회적' 관점에서 비난받을 만한 것인가, 그리고 시장의 상태가 정부의 특별한 간섭[개입] 행동을 필요로 하는가에 대해 결정하도록 임무를 부여받은 것이 정부라는 점을 당연시하고 있다." [같은 책, 1407~1408쪽, 27장, 3절.]

9) *Ibid*., p. 856. [같은 책, 1577쪽, 33장, 2절.]

10) *Ibid*., p. 315. [『인간행동 II』, 595쪽, 15장, 9절.]

지식인들의 가치판단 관련해서도 사정은 마찬가지다. 경제논리와 이질적인 이러한 판단은 절대적 소비자 민주주의를 존중하지 않으며 그러므로 시장기능을 존중하지 않는다.

> 도덕주의자들과 설교자들이 이윤에 대해서 하는 비판은 초점을 잃고 있다. 소비자들 — 보통 인간인 사람들 — 이 성경보다는 술을, 진지한 내용의 책보다는 탐정소설을 선호한다는 것, 그리고 정부가 버터보다 대포를 선호한다는 것은 기업가들의 잘못이 아니다. 기업가들이 '나쁜' 물건을 판매할 때 '좋은' 물건을 판매하는 것보다 더 큰 이윤을 얻는 것도 아니다. 기업가가 소비자들이 가장 강렬히 원하는 것들을 제공하는 데 성공적일수록 기업가적 이윤이 더 커지는 것이다.[11]

권위 행사는 권위 자체의 강화를 요청한다. 국가는 개입 실패에 직면하면 늘 개인의 자유를 훨씬 강하게 문제 삼으면서 권위적 행위를 더욱 심화시킨다.

> 정부의 간섭[개입]은 언제나 폭력적 행동 또는 그러한 행동을 하겠다는 위협을 의미한다는 점을 기억하는 것이 중요하다. […] 정부란 막판에는 무장 인력과 경찰, 헌병, 군인, 교도관 그리고 교수형 집행자들의 고용에 의존한다. 정부의 핵심적인 기능은 체벌, 사형, 투옥 등으로 그 법령을 집행하는 것이다. 더 많은 정부의 간섭[개입]을 요구하는 자들은 결국 더 많은 강제와 더 적은 자유를 요구하고 있는 것이다.[12]

---

11) *Ibid.*, p. 316. [같은 책, 598쪽, 15장, 9절.]

개입에 대한 이 단호한 비난은 찬탈에 대한 고발에 기초한다. 국가는 개인들에게 좋은 것이 무엇인지를 그들보다 더 잘 안다고 주장한다. 그런데 하이에크도 그렇지만 폰 미제스가 보기에 시장경제를 특수하고 우월하게 만드는 것은 개인이 자기 행동의 목적을 독자적으로 결정한다는 데 있다. 오직 개인만이 자기에게 좋은 것이 무엇인지를 알 수 있기 때문이다.

> 시장경제에서 개인은 사유재산과 시장의 범위 내에서 자유로이 행동한다. 그의 선택들은 최종적이다. 그의 동료들에게는 그의 행동들이, 그들이 행동할 때 반드시 고려해야 하는 여건이기 때문이다. 모든 개인의 자율적 행동의 조화는 시장의 가동에 의해 성취된다. 사회는 개인에게 무엇을 하고 무엇을 하지 말아야 하는가를 말하지 않는다. 특별한 명령이나 규제로 협동을 강요할 필요가 없다. 협동하지 않으면 스스로가 벌을 받기 때문이다. 사회가 생산적 노력을 필요로 하는 것에 맞추는 것과 개인 자신이 관심을 가지고 있는 것을 추구하는 것은 상충되지 않는다. 결과적으로 그러한 충돌을 해결하기 위해 어떠한 기관도 필요하지 않다. 이 체제는, 특별한 명령이나 규제를 공포하고 이에 따르지 않는 자를 처벌하는 당국의 간섭[개입] 없이도 작동하며 그 과제를 성취한다.[13]

자유시장의 덕목들 그리고 자본주의 경제의 작동에서 개인의 이

12) *Ibid*., pp. 756~757. [『인간행동 III』, 1399~1400쪽, 27장, 2절.]
13) *Ibid*., p. 762. [같은 책, 1410~1411쪽, 27장, 4절.]

해관계가 갖는 역할에 대한 이보다 더 노골적인 찬양은 아마도 발견할 수는 없을 것이다. 그렇다면 우리는 스미스로, 심지어는 맨더빌로 돌아가게 되는 것인가?

시장에 대한 새로운 개념

오스트로-아메리칸 이론가들의 사유가 시장의 역할에 중요성을 부여한다면 그것은 그들이 시장을 **주관적 절차**로 보기 때문이다. 관건이 되는 **시장**이라는 말은 전통적 자유주의 사유에서와 동일하지만 그것이 지시하는 **개념**은 변했다. 그것은 이제 애덤 스미스의 개념도 아니고 신고전주의의 개념도 아니다. 그것은 주체들을 서로에게 적응케 함으로써 변형시키는 발견과 학습의 절차인 것이다. 이 조정은 정태적이지도 않고 서로 비슷한 사람들을 연결시키지도 않는다. 이 조정은 늘 변화무쌍한 현실을 만들어 내고 또 주체들이 변화할 수 있는 환경, 주체들을 변화시키기까지 하는 환경에 영향을 주는 운동을 만들어 낸다. 시장 절차가 일단 설정되면 다른 어떤 개입도 불필요해지는 행동의 틀을 구축하게 된다. 이 불필요한 개입들은 경제 파괴의 원천이 되는 족쇄일 수밖에 없다는 것이다. 그러나 시장은 상품들이 자유롭게 순환하는 자연적 '환경'이기를 중단한다. 시장은 자연법과 신비로운 균형의 원리가 지배하는, 단번에 결정적으로 주어진 '환경'이 아니다. 시장은 심리학적 충동과 특수한 능력을 이용하는 규칙화된 절차다. 시장은 자기 조절적 절차, 다시 말해 완벽한 균형에 도달하는 절차라기보다는 일정 시간 동안 자기 자신을 산출해 낼 수 있는 자기창조적 절차라 할 수 있다. 시장이 외부의 조절권력을 필요로 하지 않는다면 그것은 시장 고유의 역학이 존재하기 때문이다. 시장이 일단 정착되면, 제각기 해악적 마찰력을 구성하는 국가의 윤리적 족쇄들에 의해 제동이 걸리거나 변질되지 않는 한, 자기추진적인 완벽한 항구적 운동을 지속할 수 있다는 것이다.

그러므로 시장은 경제 주체의 자기양성 절차, 개인이 처신하는 법을 배우는 자기교육, 자기규율의 절차로 이해되는 것이다. 시장 절차가 시장 고유의 주체를 만들어 낸다. 시장의 절차는 **자기구축적**이다.

폰 미제스는 인간을 능동적 주체, 즉 호모 아겐스Homo agens(행동하는 인간)로 보려 했다. 최초의 동기는 복지 향상에 대한 일종의 모호한 열망, 자신의 처지를 개선하기 위해 행위하려는 충동이다. 엄밀히 말해 폰 미제스는 인간의 행동을, 극대화의 계산으로 정의하는 것이 아니라 처지의 개선이라는 목적에 맞는 수단들을 동원하도록 인간을 닦달하는 최소한의 합리성으로 정의한다. 인간의 행동은 목적을 갖는다. 바로 이것이 폰 미제스의 출발점이다. 그리고 중요한 것은 최초의 이론가들이 시장질서에 대해 상정했듯, 인간은 이 목표를 달성하려는 충동에 입각해 우연히 자신이 **잉여적으로** 소유하고 있던 것 — 처치 곤란한 토끼 가죽이나 낡은 물고기 — 을 교환하는 게 아니라는 것이다. 그는 **기업을 기획하고** 기획하면서 **배우게** 된다는 것이다. 그는 개인적인 행동 계획을 수립하고 그 기업에 투신하며 목표들을 채택하고 그것을 실현하기 위한 수단들을 마련한다. 폰 미제스의 제자이고 그의 이론을 계승한 이즈리얼 커즈너가 말하듯, 인간은 자신의 에너지의 방향을 결정하는 고유한 열망에 따라 '목적과 수단의 체계'를 구축한다는 것이다. 이 신자유주의가 참조하는 존재는 우선적이고 본질적으로 운용 가능한 데이터들에 입각해 계산하는 교환인이 아니다. 그것은 하나의 목표를 채택하고 그것을 실현하려는 기업가인 것이다. 폰 미제스는 이를 이렇게 표현했다. "살아 있는 실제 경제에서 모든 행위주체는 언제나 기업가다."[14]

오스트로-아메리칸들의 이러한 사유 경향을 가지고 신자유주의 통치성의 문제계를 완전히 파악했다고 생각할 수도 있는데, 결코 그렇지 않다. 모든 것은 마치 기업가적 주체를 구축하는 모든 책임을 오직 시장의 절차에 맡기듯 진행된다.

인간 행위를 제한하는 임무를 사회체제에 위임하는 독일의 질서 자유주의자들과 달리 오스트로-아메리칸들은 '주관주의'의 길, 다시 말해서 주체의 자기통치의 길을 차용한다. 인간은 처신하는 법을 '자연'을 통해 알 수 있는 것이 아니라, 교육 과정을 구성하는 시장 덕에 알게 된다는 것이다. 개인은 자기 자신을 더욱 빈번하게 시장에 위치시킴으로써 스스로 합리적으로 행동하는 법을 배울 수 있다는 것이다. 신자유주의 통치성에 속하는 행동 유형, 요컨대 항구적이고 점진적인 학습을 가능하게 해주는 시장환경 창조의 윤곽이 잡히게 된다. 그러나 이번에는 이것이 '음각적' 형태로 나타난다. 경쟁 환경에서의 선택과 관련된 이 학문은 사실 개인이 시장에서 자신을 통치하는 방식과 관련된 이론이다.

경제는 극대화 계산이라기보다는 선택과 관련된 문제다. 보다 정확히 말하면 극대화 계산은 선택의 문제를 완전히 포괄할 수 없는 행동의 한 계기나 차원에 불과하다는 것이다. 실제로 계산은 데이터들을

---

14) 다음에서 재인용. I. Kirzner, *The Meaning of Market Process. Essays in the Development of Modern Austrian Economics*, Routledge, London, 1992, p. 30.

전제하고 일반 균형 학설의 경우가 그렇듯 데이터들에 의해 결정되는 것으로 보일 수 있다. 선택은 훨씬 더 역동적이며, 창조성과 비결정성을 내포하고 있다. 선택은 경제적 품행에서 가장 인간적인 요소다. 커즈너의 말마따나 기계는 계산 능력이 있지만 선택 능력은 없다. 경제학은 선택의 이론이라는 것이다.[15] 경제는 우선 가장 유리한 거래를 추구하며 자신의 목표와 수단의 구축, 요컨대 자신의 계획에 상응하는 최적의 상품을 추구하는 새로운 능동적 주권자인 소비자의 선택이라는 것이다. 폰 미제스와 커즈너가 주장했던 주관주의가 "시장가격이론을 인간 선택 일반 이론으로 바꾸었던"[16] 것이다.

이 점은 중요하다. 폰 미제스의 대표작이 『인간행동』인데, 이 제목을 최대한 진지하게 고찰할 필요가 있다. 호모 에코노미쿠스를 더 넓은 토대에 근거해 재정의하는 것이다. 그 토대에서 관건이 되는 바는 다음과 같다.

> 선택과 선호에 관한 일반 이론은 […] 인간의 노력, 그리고 상품과 물질적 후생의 개선을 위해 행하는 인간의 투쟁을 단순히 '경제적 측면'에서 본 이론 이상의 것이었다. 선택과 선호의 일반 이론은 **모든 종류의 인간행동을 다루는 학문이다**. 선택하는 것이 모든 인간의 결정을 좌우한다. 사람들은 선택을 할 때 단지 여러 가지 물질적인 것들과 서비스만을 선택하는 것이 아니다. 모든 인간의 가치는 선택 대안 앞에 놓인다.

15) *Ibid*., p. 123. 라이오넬 로빈스의 유명한 정의("경제학은 상호배타적으로 사용되는 목적과 희소수단 간의 관계인 인간행동에 관한 연구다")는 이 점과 관련해서 오스트리아 경제학자들의 영향을 받았다고 커즈너는 말한다.

16) L. von Mises, *L'Action humaine*, p. 3. [『인간행동 I』, 6쪽, 서론, 1절.]

모든 목적과 수단은, 그것이 물질적인 것이든 관념적인 것이든, 고상한 것이든 생활필수품이든, 기품 있는 것이든 천한 것이든, 한 줄로 정렬되어 있고, 어느 하나를 선택하고 다른 것을 제쳐 두는 결정에 따르게 되어 있다. 인간이 지향하고 싶거나 회피하고 싶은 어떤 것도 등급 분류나 선호의 고유한 척도에 따라 정렬되지 않는 것은 없다. 현대 가치 이론은 과학의 지평선을 넓혔고, 경제 연구의 영역을 확대시켰다. 고전학파의 정치경제학에서 벗어나 인간의 행동에 관한 일반 이론, 즉 인간행동학이 탄생했다. 경제적 문제들, 혹은 교환학적 문제들은 더 일반적인 과학 속으로 편입되었고, 이제는 더 이상 끊길 수 없는 연관성을 갖게 되었다. 경제학 고유의 문제들을 다루기 위해서도 선택이라는 행동들로부터 시작하지 않을 수 없었다. 경제학은 여태까지는 가장 정교하게 다듬어진 분야였지만, 이제 보다 일반적 학문인 인간행동학의 한 부분이 되었다.[17]

시장과 지식

소비자 민주주의가 아니면 국가 독재가 있을 뿐, 그 중간은 없다. 윤리적이거나 미학적인 원리는 시장 영역에서 무효하다고 우리는 말한 바 있다. 다른 모든 행동의 동기를 배제한 상태에서 이해관계의 절대적 우위가 없다면 시장경제는 존재할 수 없다.

각자에게 무슨 일을 하고 그것을 그가 어떻게 수행해야 하는가를 말해

17) *Ibid.*, pp. 3~4. [같은 책, 7~8쪽, 서론, 1절.]

주는 정부의 구체적인 명령 없이도 시장경제가 잘 작동하는 유일한 이유는, 이 체제가 어느 누구에게도 그 자신의 이해관계에 가장 잘 봉사하는 일 처리 노선에서 벗어나게 요구하지 않기 때문이다. 각 개인의 행동을 사회의 전체 생산 체계 안으로 통합하는 것은 그 자신의 목적 추구다. 자신의 '취득 욕구'에 탐닉함으로써 행동하는 사람 각각은 생산 활동을 가능한 한 최상으로 배치하는 데 자기 몫의 기여를 하는 것이다. 그리하여 사유재산의 영역 안에서, 그리고 폭력이나 사기에 의한 침해로부터 사유재산을 보호하기 위한 법률의 영역 안에서, 개인의 이해관계와 사회의 이해관계 사이에는 아무런 적대가 없다.[18]

통치권력 제한의 근거는 '자연권'에 있는 것도 아니고, 궁극적으로는 자유로운 사적 동기에 의해 결과되는 번영에 있는 것도 아니다. 그 근거는 경제기계의 작동 조건에 있다. 물론 가능한 절충안들이 있긴 하지만, 핵심은 가장 완벽한 개인적 자유가 시장이 기능할 수 있는 조건이라는 개념에 근거하고 있다. 윤리적이기보다는 기능 중심의 추론이다. 즉 시장 메커니즘의 기능 조건은 각자가 파악한 정보들에 따라 선택할 수 있는 자유라는 것이다. 시장은 독자적으로 작동하는 도구들 중 하나이기도 한데, 왜냐하면 분산된 지식을 최적의 방법으로 사용함으로써 전문화된 노동을 조직하기 때문이다.

지식에 대한 하이에크의 이론은 이 점에서 특히 중요한 의미를 갖는다.[19] 하이에크와 폰 미제스는 개인이 모든 것을 알고 있는 행위자가 아니라는 생각을 공유한다. 개인은 아마도 합리적이지만, 폰 미제스가

18) *Ibid*., p. 763. [『인간행동 III』, 1412~1413쪽, 27장, 4절.]

파악했듯 무지하기 짝이 없기도 하다. 개인이 생각 없이 따를 수 있는 규칙들이 있는 것도 그 때문이다. 개인이 아는 것은 그가 규칙을 통해 아는 것이고 행동 규범을 통해 아는 것이며 문명을 점진적으로 발전시킨 지각 구조를 통해 아는 것이라는 것이다.[20)]

이 지식의 문제는 경제이론과 관련해 지엽적인 문제가 아니라 핵심 문제다. 이 문제가 오래도록 무시되어 온 것은 분업 분석 때문으로, 전문화된 직무의 조정과 자원 배분이 전형적인 경제적 주제로 여겨져 왔다. 그런데 하이에크에 따르면, '지식의 분업'이라는 문제야말로 "경제뿐 아니라 사회과학의 주요 문제"[21)]다. 분업을 통해 구조화된 사회에서는 그 누구도 모든 것을 알지 못한다. 정보는 구조적으로 분산되어 있다. 하지만 일차적 반응이 정보의 '중앙집중화'를 원하는 데 비해, ('사회주의적 예측'의 우월성을 찬양하는 이론가들이 제시하는 것과 같은) 사회주의의 시도는, 폰 미제스에 이어 하이에크의 주장에 따르면, 지식의 극복할 수 없는 분산 때문에 실패하고 말 것이다.

여기서는 과학적 지식이 문제가 아니다. '지식'에 관한 최초의 이론을 만들어 낸 하이에크가 보기에 그것은, 시장에서 곧바로 사용할 수 있는 어떤 특정 유형의 지식, 즉 시공간적 상황과 관련된 지식이고,

---

19) 이 이론은 요컨대 두 주요 텍스트, 즉 "Economics knowledge"라는 제목이 붙은 1935년의 텍스트와 "The use of knowledge in society"라는 제목이 붙은 1945년의 텍스트에 포함되어 있으며 둘 다 다음에 재수록되었다. F. Hayek, *Individualism and Economic Order*, University of Chicago Press, 1948. [『개인주의와 경제질서』, 박상수 옮김, 자유기업원, 2016.]

20) *Ibid.*, p. 88. [같은 책, 131쪽.] 하이에크는 앨프리드 화이트헤드(Alfred North Whitehead)를 인용한다. 화이트헤드에 따르면 "문명에 대한 생각 없이 우리가 수행할 수 있는 작업의 숫자를 증대시킴으로써 문명은 진보한다"(*Ibid.*, p. 88).

21) *Ibid.*, p. 50. [같은 책, 76~77쪽.]

이유가 아닌 수량과 관련된 지식이며, 개인이 실천 없이도 획득할 수 있는 지식, 경쟁에서 타인들을 압도하기 위해 개인이 사용할 수 있고 또 그 가치를 오직 개인만이 독자적으로 파악 가능한 지식인 것이다. 너무나 자주 무시되고 등한시되는 이 특수하고 분산된 지식은 학자들과 행정관들의 지식과 동등한 가치를 갖는다. 이러한 의미에서, 하이에크가 증권 중개인 혹은 부동산 중개인에게 기술자나 연구자, 교사보다 더 높은 지위를 부여하는 것은 이상한 일이 아니다. 이 후자 범주의 사람들까지를 포함한 모든 사람들이, 시장에서 이윤의 가능성이 실제로 실현되도록 함으로써 이득을 보는 것이다.

이 개인적이고 특수한 지식들은 가장 중요한 것들 중 하나로, 집계된 통계 데이터들보다는 어쨌든 더 효과적이다. 시장에서 적응해야 하는 모든 작고 지속적인 변화의 실현이 이 지식들 덕에 가능하기 때문이다. 따라서 각자 자신이 갖고 있는 정보들을 가지고 행동할 수 있도록 하는 결정들의 탈중심화가 중요하다는 것이다. 경제 절차에 대한 '의식적 통제'를 주장하는 것은 무용할 뿐 아니라 위험하다. 즉 시장의 우월성은 이러한 종류의 모든 통제를 필요로 하지 않음과 관련된다. 반면 각자 소유하는 지식의 단편들을 보충하려면 정보들의 소통을 용이하게 해야 한다. 가격은 정보 소통의 한 수단이며, 이를 통해 개인들은 그들의 행동을 조정할 수 있게 된다는 것이다. 시장경제는 중앙집권화된 통제 없이도 지낼 수 있게 해주는 정보경제다. 오직 개인의 동기만이 그 개인들로 하여금, 다른 그 누구의 지시 없이도, 그들이 해야 할 일을 수행하게 한다. 개인들은 오직 자신들만이 갖고 있거나 추구하는 지식을 사용해서 그 일을 한다는 것이다.

시장은 이러한 정보를 결집시키고 가격을 통해 타인들과 소통할 수 있게 하는 사회 메커니즘이다. 경제 문제는 그러므로 일반 균형의 문제가 아니다. 그것은 어떻게 개인들이 그들이 가진 단편적 정보들에서 가장 좋은 해결책을 끌어내는지를 아는 문제라는 것이다.

자기통치 양식으로서의 기업가정신

시장경제에 대한 이러한 옹호를 이해하려면, 이 옹호를 필연적으로 수반하는 전제를 이 옹호와 연결시켜야 한다. 그 전제란 다음과 같다. 오직 개인만이 자신이 갖고 있는 정보에 입각해 계산할 수 있으므로 개입은 전혀 필요치 않다. 계획경제에 대한 주장들을 사전에 파기시킨 것이 바로 이 인간행동에 관한 전제인 것이다. 인간행동에 관한 일반 이론 즉 '행동학' 위에 경제학을 세우려는 폰 미제스의 노력이 갖는 중요성이 바로 여기에 있다.

표준적인 신고전파 경제학은 국가의 교정적 개입 가능성을 열어 놓고 있었다. 사실 한계효용론자들은 (데이터들의 완벽한 인식에 관한) 비합리적 가설을 기초 삼아 균형모델을 구축함으로써 그 자신들의 비합리주의 자체를 통해 순수하고 완벽한 시장의 비합리성을 보여 주었을 뿐이다. 현실 경제의 작동을 이해하는 데 별반 도움이 되지 않는 이론적 결과는 일반균형만큼이나 의심스러운 것이지만, 오스트로-아메리칸 이론가들이 주장하는 주관주의 덕에 값비싼 정치적 대가를 치르지 않을 수 있다. 여기서 문제는 오히려, 주체가 실제 어떻게 행동하는지, 주체가 시장이라는 환경에 있을 때 어떻게 처신하는지 이해하는 것이다. 바로 이 작동방식에 입각했을 때, 자기통치의 방식이라는 문제가 제기될 수 있을 것이다.

이러한 자기통치는 기업가정신entrepreneurship이라는 이름을 갖고 있다. 이 차원은 표준 경제이론의 계산하고 극대화하는 능력보다도 우월한 것이다. 모든 개인은 자기 안에 기업가적인 어떤 것을 갖고 있고, 시장경제는 인간의 이 '기업가정신'을 해방하고 자극하는 특징이 있다. 커즈너는 이 근본적 차원을 이렇게 규정한다. "참여자들의 경제적 행동이 갖는 기업가적 요소는 […] 사전에 지각되지 않았던 상황 변화에 대한 그들의 용의주도함에 있다. 이를 통해 그들은 그 이전보다 더 이익이 되는 교환을 할 수 있게 되는 것이다."[22]

순수한 시장정신은 초기 자금을 결코 필요로 하지 않는다. 왜냐하면 어떤 상품을 그 구입가격보다 훨씬 더 비싸게 팔 수 있는 가능성을 획책하는 것이 문제이기 때문이다. 요컨대, "그 결과 **우리 모두는 잠재적 기업가**가 된다. 왜냐하면 순수한 기업가의 역할은 유효자산 형태의 상당한 초기 자산을 결코 전제로 하지 않기 때문이다."[23] 기업가는 자본가도 아니고 생산자도 아니다. 그는 부단히 생산조건을 조정하고 발전의 원동력을 구성하는 슘페터적 창조자도 아니다. 그는 상업 정신을 부여받은 존재로서, 다른 사람에게는 없지만 자신에게는 있는 정보의 도움으로 얻어 낼 수 있는, 자기 앞에 있는 모든 이익 획득의 기회를 탐색하는 자이다. 그는 오직 상품 순환 내에의 그의 특정한 개입을 통해서만 규정된다.

커즈너와 마찬가지로 폰 미제스에게서도 기업가정신은 단순히

---

22) I. Kirzner, *Concurrence et esprit d'entreprise*, Economica, Paris, 2005, p. 12. [커즈너, 『경쟁과 기업가정신』, 자유기업센터, 1997.]

23) *Ibid*., p. 12. 강조는 인용자.

'경제화하는' 행동에 그치지 않는다. 그것은 이익의 극대화를 추구하는 행동만이 아닌 것이다. 마찬가지로 기업가정신은 '적절한 기회'를 발견하고 탐지하는 활동의 '경제 외적' 차원을 포함한다. 행동의 자유는 자신의 능력을 통해 배우고 교정하며 적응하는 경험의 가능성이다. 시장은 **자기학습 절차**다.

폰 미제스에게서 기업가는 생산요소와 생산물 간의 가격 격차를 이용해 자신의 운명을 개선하고자 활동하는 사람이다. 그가 발휘하는 정신은 리스크와 예측을 결합하는 투기의 정신이다.

> 행동하는 모든 사람과 마찬가지로 기업가는 항상 투기자다. 그는 미래의 불확실한 조건을 다룬다. 그의 성공 또는 실패는, 불확실한 사건에 대한 예측이 정확한가에 달려 있다. [...] 기업가적 이윤이 나올 유일한 원천은 미래의 소비자들의 수요를 다른 사람들보다 더 잘 예측할 수 있는 능력이기 때문이다.[24)]

어떻게 주어지는지는 알 수 없지만 아무튼 자기에게 주어진 일련의 목적들을 달성하기 위해 자신의 수단들을 극대화해야 하는 상황에 늘 처해 있다고 스스로 생각하는 인간을 가정하는 라이오넬 로빈스와 달리, 자기 운명을 개선하려 하는, 폰 미제스와 커즈너의 호모 아겐스Homo agens는, 자기가 선택해야 하는 '목적과 수단의 체계'를 구축해야 한다. 그는 수동적인 이윤의 극대화를 추구하는 사람이 아니라, 자기가 용의주도alertness하게 발견하고 또 발굴해 낼 수 있는 이윤 창출이

24) L. von Mises, *L'Action humaine*, p. 307. [『인간행동 II』, 582쪽, 15장, 8절.]

가능한 환경을 건설하는 사람이다. 인간은 능동적이고 창조적이며 건설적인 주체이기 때문에, 자본주의 경제의 역동성에 필수적인 이러한 용의주도함과 상업 정신을 파괴할 위험을 무릅쓰면서까지 그의 선택에 개입해서는 안 된다. 정보습득 방법을 배우는 것은 경쟁의 세계에서 사활이 걸린 역량이 된다고 이 저자들은 쓰고 있다. 미래에 대한 지식을 얻을 수는 없다 해도, 행동에 도움 되는 정보는 경쟁적이고 기업적인 절차를 통해 얻을 수 있다는 것이다.

기업가정신의 순수한 차원 즉 상업 기회에 대한 용의주도함은 **자기가 자기와 맺는 관계**이며, 이 관계는 개입에 대한 비판에서 원칙이 된다. 우리 모두는 기업가이거나, 기업가 되는 법을 배우고, 우리 자신을 기업가처럼 통치하기 위해 오로지 시장게임을 통해 우리 자신을 형성한다는 것이다. 이는 다음과 같은 의미이기도 하다. 만일 시장이 기업가를 위한 자유로운 공간으로 간주된다면 모든 인간관계는 기업가적 차원에 의해 영향을 받을 수 있고, 이 기업가적 차원이 인간을 구성하게 된다는 것이다.[25)]

시장의 조정은 개인적 계획들의 상호발견을 그 원리로 삼는다. 시장절차는, 고립된 무지한 사람들이 상호작용을 통해 조금씩 그들 각각의 상황을 개선할 수 있는 기회를 발견하는 시나리오와 유사하다. 만일 모든 사람들이 모든 것을 알고 있다면, 즉각적 조정이 있게 될 것이고 모든 것이 멈추게 될 것이다.[26)] 시장은 지속적 학습과 항구적 적응의 절차이다.

이 절차에서 중요한 것은 이 절차를 통한 무지의 축소다. 계획자

---

25) I. Kirzner, *Concurrence et esprit d'entreprise*, p. 12.

의 총체적 지식뿐만 아니라 일반균형의 전체적 지식에 반대되는 것은 바로 발견을 통한 학습learning by discovery이다. 기업가는 항상 최적의 선택을 내리지 못하는데, 왜냐하면 그들은 타인의 결정에 무지하기 때문이다. 하지만 그들은 상업적 대결을 통해 그리고 경쟁게임 자체를 통해 타인이 세우는 계획의 본질을 습득할 수 있다. 사거나 팔 기회를 발견하는 것은, 이 기회에 방해가 될 수도 있는 라이벌 기업을 발견하는 것이다. 그러므로 그것은 또한 자신의 수요 혹은 공급을 경쟁에 적응시키는 것이다. 시장은 정확히 그 내재적으로 경쟁적인 속성에 의해 규정된다. 모든 참가자는 리더가 되기 위해 그리고 계속 그 자리에 머물러 있기 위해 부단한 투쟁에서 타인을 넘어서려고 한다. 이 투쟁은 전염력을 갖고 있다. 사람들은 가장 뛰어난 사람을 모방하고 항상 더욱 용의주도해지며 점진적으로 **기업가정신**을 갖게 된다. 모든 최신 설득 기술을 통해 판매하려는 기업가는 소비자들에게 가장 긍정적인 효과를 미친다는 것이다. 소비자들에게 구매 가능성을 일깨워 줌으로써, 기업가의 노력은 적어도 "부분적으로는 소비자들이 갖고 있지 않았던 기업가정신을 그들에게 마련해 주고자" 한다.[27]

우리는 여기서 혁신이 야기하는 불균형을 단언한 슘페터와 멀어지게 된다. 경쟁 그리고 경쟁을 통한 학습은 정보의 순환을 통한 수요와 공급의 균형화 효과를 갖는다.[28]

---

26) 이즈리얼 커즈너는 『경쟁과 기업가정신』에서 표준적 이론이 얼마나 미제스적 접근방식과 차이가 나는지를 강조한다. 즉 미제스적 접근방식은 시장절차가 아니라 시장균형에 몰두하고 있다는 점에서, 또 이 접근방식은 시장의 실제 절차를 연구하기보다는 가설적 균형상태를 선호함으로써 기업가적 발견의 연속으로 이루어진 경쟁절차 내에서의 기업가의 역할을 무시했다는 점에서 차이가 있다.

27) *Ibid.*, p. 117.

경제적 불균형은 시장의 잠재적 참여자들이 처해 있는 상호 무지에서 기인한다. 시장의 잠재적 참여자들은 상호 이득의 기회를 즉각적으로 발견하지는 못한다. 하지만 그들은 이러저러한 순간에 그 기회를 발견하는 것이다. 그들은 이러한 기회를 모르고 있으나 그것을 발견할 준비가 되어 있는 것이다. 시장 절차는 이러한 무지상태로부터 벗어나게 해주는 발견의 연속이다. 이 발견 절차는 균형화의 절차다. 이 절차의 끝에 더 이상 무지의 잔여물이 남아 있지 않을 때, 새로운 균형상태가 나타난다는 것이다. 물론 이는 가설적 상황인데, 왜냐하면 여러 기회들을 조정하는 모든 형태의 교환행위가 부단히 일어나기 때문이다. 요컨대 "상호 발견을 조장하고 무지를 소거하기 위한 힘들은 항상 작동하고 있다."[29]

시장의 발견 절차는, 지식과 무지로 이해되는 개념 자체를 변화시킨다. 우리가 모르는 것의 발견은, 지금 우리가 모르는 것을 우리가 미리 알고 있다고 가정하는, 심사숙고된 지식 탐구와 혼동되어서는 안된다. 우리가 시장에서 경험할 수 있는 발견은 우리가 무지하다는 것을 우리가 모른다는 사실, 우리가 무지하다는 데 우리가 무지하다는 사실에 기초한다. 시의적절한 발견이 이처럼 자기 자신의 무지를 모르는 상태와 연관되어 있다면, 우리는 스스로 무지하다는 사실에 무지한 계획자들이 찾을 수 없는 어려움을 더 잘 찾을 수 있는 것이다. 시장분석의 출발점은 바로 자기 자신의 무지함에 대한 무지이다. 놀람, 즉 우연한 발견은 가장 '기민한' 사람들, 다시 말해 '기업가'의 반응을 촉발

28) 이 모든 점들과 관련해서 다음을 참조할 것. I. Kirzner, *The Meaning of Market Process*.
29) *Ibid*., p. 45.

시킨다. 만일 우리가 우연히 산책 중에 다른 곳에서는 2달러에 팔리는 과일을 1달러에 파는 상인을 발견한다면, 우리를 기민하게 하는 기업가정신은 우리로 하여금 더 비싼 것을 외면하게 할 것이다. 시장의 주체는 발견의 경험에 연루되어 있으며, 이 경험에서 그가 최초로 발견하는 것은 자신의 무지를 모르고 있었다는 사실이다.

앞서 살펴본바, 커즈너는 하이에크 정보이론과, 시장경제 옹호 논지를 쇄신하는 폰 미제스의 기업가 이론을 종합했다. 시장은 그 근본적 구성요소 중 하나로 개인의 자유를 필요로 한다.[30] 이 개인의 자유는 그의 고유한 선호체계를 규정하는 데 있다기보다는 그에게 고유한 기업가적 발견을 행하는 데 있다. "자유로운 개인은 무엇을 볼지 결정할 자유를 갖고 있다."[31] 목표 없는 자유는 아무것도 아니다. 자유는 구체적 목표를 부여할 수 있게 해주는 그 유일한 체계를 통해 비로소 가치를 갖게 된다. 그 구체적 목표란 바로 이윤창출의 기회다! 자본주의의 장점은 자기가 뭘 원하는지를 사전에 잘 알고 있는 교환자들 간의 자유로운 계약에 있는 것이 아니다. 자본주의는 '경쟁적이고 기업가적인' 발견 절차에 그 원동력이 있다는 것이다.

새로운 대중기업가의 양성

폰 미제스는 인간정신의 본성에 대한 자발적 의식이 존재하지 않는다고 생각하며, 하이에크는 인간이 복종하는 규칙들에 대한 의식도 인

30) *Ibid.*, p. 52.
31) *Ibid.*, p. 53.

간에게 없다고 생각한다. 그러므로 인간의 활동은 항시 어떤 불투명한 상태에서 전개된다는 것이다. 아마 이 점이 하이에크의 가장 탁월한 자질 중 하나이면서 가장 안 알려진 점들 중 하나이기도 할 것이다. 그것이 증거하는 실제적 합리성, 즉 수단을 목표에 효율적으로 맞추는 합리성은 인간 행위에 대한 성찰을 적절한 행동의 조건으로 삼는 모든 합리주의를 배격한다. 이러한 무의식 상태는 또한 선동적인 합리주의자들이 이용한 약점이기도 했는데, 이들은 자신들이 보기에 무정부 상태와 불의의 원천인 시장의 조정을 경제의 합리적 통제로 대체하려는 의도를 갖고 있었다. 만인이 시장의 주체가 될 수 있게 하는 것은 자본주의를 비판하는 자들과의 투쟁을 전제로 한다. 이데올로기는 개인적 행동의 방향설정에 심대한 영향을 끼치기 때문에 지식인들에게 할애된 이러한 논쟁은 필수불가결한 것이다. 폰 미제스와 하이에크 그리고 그들의 계승자들은 이 점을 아주 일찍 간파했다. 그의 중요한 비판적 저서 『사회주의』에서 폰 미제스는 자본주의와 사회주의 간 '이념투쟁'보다 중요한 것은 없다고 주장한다.[32] 사유하지 않는 대중들은 그들이 찬동하는 것 이상으로 고도의 복지를 사회주의가 보장할 것이라고 믿기 때문에 그렇다는 것이다.[33]

32) L. von Mises, *Socialisme*, Librairie de Médicis, Paris, 1938, p. 507. [『사회주의 II』, 박종운 옮김, 지만지, 2015, 972쪽, 35장, 3절. 이 책에서는 battle of ideas를 '사상전'으로 번역하고 있다.]

33) 폰 미제스는 이렇게 쓴다. "대중이 [냉철한—이 책 옮긴이] 사유를 하지 못한다는 것은 옳다. 그러나 바로 이런 이유에서 그들은 사유하는 사람들을 따른다. 인류의 지적 지도력은 스스로 사유하는 극소수 사람들에게 있다. 맨 처음에 그 극소수 사람들은 다른 사람들이 사유했던 것을 파악하고 이해할 수 있는 사람들의 모임에 영향을 끼친다. 이러한 매개물들을 통해서 그들의 사상은 대중에게 도달하고, 거기서 스스로를 그 시대의 여론으로 응축시킨다. 사회주의는 우리 시대의 지배적 사상이 되지 못했는데, 그 이유는 대중이 먼저 생산수단의 사회주의화 사상을 생각해 냈기 때문이고, 그런 뒤 그것을 지적으로 더 높은 계급에 전달했기 때문이다. 심지

폰 미제스는 경제정책에 대한 경제학의 가능하고 바람직한 영향력을 공공연히 주장한다. 자유주의 정책은 다만 경제학을 적용시킬 뿐이라는 것이다. 게다가 경제학은 자본주의의 발전을 가로막는 상당수의 빗장을 부숴 버리는 데 성공했다는 것이다.

> 낡은 법률, 관습, 그리고 기술의 진보에 대한 편견으로 이루어진 장애물을 제거하고, 아울러 길드(동업조합)의 구속, 정부의 감독, 여러 종류의 사회적 압력으로부터 개혁가나 혁신가의 천재성을 해방시켰던 것이야말로 바로 고전파 경제학자들의 사상이었다. 정복자나 착취자들의 위세를 줄이고 사업 활동으로부터 도출되었던 사회적 편익을 입증해 낸 사람들도 고전파 경제학자들이었다. 만약 경제학자들이 자본주의 이전 시대의 사고방식을 철저하게 제거하지 않았다면, 현대의 위대한 발명들 중 어떤 것도 사용될 수 없었을 것이다. 보통 '산업혁명'이라고 불리는 것도 경제학자의 학설이 초래했던 이데올로기 혁명의 소산이다.[34]

이제 폰 미제스와 하이에크가 시장의 충만한 자유에 반대하는 새로운 위험들과 싸우기 위해, 다양한 형태의 국가개입주의를 비판하기 위해 사용하려고 시도하는 것이 바로 이것이다.[35] 조지 스티글러George

---

어 낭만주의와 역사주의 법학파가 생각했듯이, '사람들의 영혼'에 의해서 출현했던, 유물론적 역사관도 감히 그런 주장을 하지 못했다. 대중의 마음은 대대적 범죄, 황폐화 그리고 파괴 외에는 아무 사상도 만들어 내지 못했다." *Ibid*., p. 510. [같은 책, 973~974쪽, 35장, 3절.]

34) L. von Mises, *L'Action humaine*, p. 9. [『인간행동 I』, 18쪽, 서론, 3절.]

35) 이렇게 행동학은 새로운 자유주의 정책의 이론의 근간으로 의식적으로 사용되게 된다.

Stigler 및 밀턴 프리드먼Milton Friedman과 더불어 우리는 그들이 유명한 경제학자일 뿐만 아니라 가공할 만한 '이데올로기적 기업가'라는 것을 알 수 있다. 그들은 국가의 개혁적 개입주의에 이러저러한 방식으로 굴복한 모든 자들에 대항해, 자유기업적 자본주의를 위해 가장 끈덕지고 공개적인 방식으로 투쟁한다는 것을 공공연하게 주장한 이데올로기적 기업가였다는 것을 알 수 있다. 이들 경제학자들은 이데올로기적 투쟁의 이론을 만들어 내기까지 한다. 요컨대 폰 미제스가 즐겨 말하듯 대중들이 사유하지 않는다면, 전체주의의 싹이라 할 수 있는 모든 형태의 진보주의와 사회개혁에 정면으로 맞서 싸워야 하는 것은 소수 지식인 서클의 소관이라는 것이다. 미국의 신자유주의자들이 그들의 이념을 미디어에 보급하는 데, 그리고 미국의 학교와 대학에서 경제학을 가르치는 데 극도의 주의를 기울이는 것은 바로 여기로부터 기인한다.[36] 만약 시장이 학습의 절차라면 그리고 학습한다는 사실이 시장에 대한 주관적 절차의 핵심 요소라면 경제학자들에 의해 수행된 교육이라는 작업은 이 주체의 자기형성 작업을 가속화하는 데 기여할 수 있고 또 기여해야만 한다는 것이다. 기업문화와 기업정신은 학교에서부터 학습되는 것이며, 그 어떤 다른 경제체제보다도 자본주의가 우월하다는 것 역시 학습되는 것이다. 이데올로기적 투쟁은 자본주의 기계의 원활한 작동을 위한 일부를 이루고 있다.

---

36) 신자유주의 경제학자들의 주요한 공적 결집 가운데 하나가 바로 1961년에 고등학교 경제교육 프로그램 수립을 담당한 전담부서의 보고서에 대한 가차 없는 비판이었다. 그들의 취향에서 볼 때 이 보고서는 지나치게 기술적(記述的)이었고 또 자본주의 경제에 대해 거의 긍정적이지 않았다. L. von Mises, "The objectives of economic education", Memorandom for Foundation for Economic Education, in *Economic Freedom and Interventionism*, *The Foundation for Economic Education*, New York, 1990, p. 167.

기업가적 인간의 보편성

기업가정신의 가치고양과 이 능력이 상업적 환경에서만 형성될 수 있다는 관념은 신자유주의 합리성에 준거한 주체의 재정의에서 주목할 만한 부분들이다. 폰 미제스와 함께 이 주제에 순수한 변화가 일어난다. 모든 주체 내에 존재하는 기업가적 **능력**이나 그들 생활의 다양한 국면에서 기업가가 될 수 있는 능력, 덧붙여서 삶의 기업가가 되는 것도 물론 더 이상 문제가 되지 않지만, 경제적 상황에서의 기업가 특유의 작용 역시 더 이상 문제가 되지 않는다. 결국 각자가 가장 '기업적'enterprising일 수 있도록 하는 것이 문제인 것이다.

이 총칭적 주장, 인류학적 속성에 대한 이 주장은 경제적 인간의 형상을 약간 다시 그린다. 즉 그 주장은 인간의 형상을 횡단하면서 그것에 예전보다 한층 더 역동적이고 활기찬 모습을 부여한다. 기업가 역할에 부여된 중요성은 새로운 것이 아니다. 18세기 때부터 기획하는 인간projector은 이미 몇몇 사람들, 그 중에서도 진정한 근대적 영웅이라 할 수 있는 대니얼 디포Daniel Defoe와 같은 사람에게서 이미 출현한다. 기업가 특유의 경제적 기능을 주장했던 리샤르 캉티용Richard Cantillon 이후 특히 장-바티스트 세Jean-Baptiste Say는 스스로를 애덤 스미스와 차별화하려 하면서 그가 보기에는 지나치게 동질적인 노동 개념을 세 직능으로 분할한다. 그 세 가지 직능이란 지식을 생산하는 학자의 직능, 새로운 유용성을 창출하기 위해 지식을 이용하는 기업가의 직능, 그리고 생산활동을 수행하는 노동자의 직능이다.[37] 기업가는 지식과 수행 간 중재자다. 즉 "기업가는 인류의 가장 탁월한 능력과 가장 보잘것없는 능력을 이용한다. 그는 학자의 지도를 받아들이고 그것을 다시 노동자에게 전달한다."[38] 지식을 적용시키는 기업가는 중대한 역할을 담당한다. 기업의 성공, 전반화하자면 나라의 번영이 오로지 그에게 달려 있다. 제일 뛰어난 학자들이 프랑스에 있음에도 불구하고 영국은 기업가들의 재능과 노동자들의 솜씨로 산업 계획상에서 프랑스를 추월한다.[39] 이 직능은 어떤 면에서 그토록 중요한 것일까?

> 산업에서 기업가는 생산의 주된 동인agent이다. 다른 활동들도 물론 제품을 만들어 내는 데 필수적이지만, 그것들을 실행하고 그것들에게 유용한 활력을 주며 그것들에서 가치를 이끌어 내는 것은 기업가다. 필요한 것을 판단하고 특히 그것들을 충족시킬 수단을 판단하는 것이 바로 기업가이며 그 목표와 수단들을 비교하는 것도 기업가다. 그의 가장 중요한 자질은 판단이다.[40]

올바른 판단을 내리려면 경험을 통해서만 배울 수 있는 실천의 기술 또한 필요하며, 진로를 택할 수 있는 진정한 수장이 되는 탁월함 외에도 현명한 용기와 끈질긴 인내를 갖춰야 한다.[41] 그러나 사업의 불확실성 속에서는 필요한 이 자질들이 인구 사이에 고르게 분포되지 않는다. 이 자질들은 그들의 이익을 달성하고 또 정당화하는 기업가들의

37) Cf. J.-B. Say, *Traité d'économie politique*(정치경제학 개론), Guillaumin, Paris, 1841(6e éd.), liv. I, chap. vi, p. 78 sq. *Cours complet d'économie politique pratique*(실용 정치경제학 전 강의), Guillaumin, Paris, 1848, Ire partie, chap. vi, p. 93 sq.

38) J.-B. Say, *Cours complet d'économie politique pratique*, p. 94.

39) J.-B. Say, *Traité d'économie politique*, p. 82.

40) J.-B. Say, *Cours complet d'économie politique pratique*, p. 97.

41) *Ibid*., chap. xii.

모든 장점을 이룬다. 바로 여기서 산업혁명을 동반하게 될 기업가들의 위대한 전설이 시작되며 생시몽주의자들은 프랑스에서 이 전설의 전파에 크게 기여했다.[42)]

기업가에 대한 이론적 가치고양은 이후 슘페터와 그의 『경제발전의 이론』*Theorie der wirtschaftlichen Entwicklung*(1911)과 함께 새로운 도약을 경험하게 될 것이다.[43)] 이 오스트리아 경제학자가 보기에 이론이 고려해야 할 근본적인 것은 역사적 상태의 변화다. 이 역사적 상태의 변화는 그 회로가 전적으로 반복적인 것처럼 추론할 수 없게 만든다. 달리 말하자면 운동보다 부동성을 특권화하고 불균형보다 균형을 특권화하는 경제학은 본질을 빗나가고 있다는 것이다. 경제적 변화는 새로운 생산적이고 기술적이며 상업적인 조합과 연관된 단절의 결과이고, 새로운 제품의 생산에서부터 새로운 행동과 새로운 원료의 사용 그리고 상이한 조직 방식의 배치에 초점을 맞춤으로써 새로운 시장을 개척함에 이르기까지 여러 종류의 혁신과 연관된 단절의 결과다.

불연속을 중시하는 이 역동적 관점은 개념들의 재정의를 불가피하게 만들었다. 요컨대 기업가는 이 새로운 조합들의 실현 장소이며 그 실행을 자기 역할로 삼는 능동적이고 창조적인 인물이다. 본래 슘페터주의적 기업가는 전통적 방법의 사용에 만족하는 판에 박힌 인물에 맞서는 혁신가다.[44)] 그의 직능은 '경제적 상황'의 끊임없는 단절을

---

42) 다음을 참조하라. Dimitri Uzunidis, *La Légende de l'entrepreneur. Le capital social, ou comment vient l'esprit d'entreprise*(기업가의 전설: 사회적 자본 혹은 기업가정신은 어떻게 오는가), Syros, Paris, 1999.

43) J. A. Schumpeter, *Théorie de l'évolution économique*, Dalloz, Paris, 1999. [『경제발전의 이론』, 박영호 옮김, 지만지, 2012.]

44) *Ibid.*, p. 106. [같은 책, 198쪽, 제2장, III.]

통해 작용하는 경제적 변화를 설명하는 데 있어 핵심적이다.

하지만 슘페터에게서는 모든 사람이 아니라 오직 '지도자'Führer만이 기업가일 수 있다. 그래도 여전히 지도자의 임무는 지배하는 것이 아니라 그 상황 안에 잠재적 상태로 존재하는 가능성을 실현시키는 것이다.[45] 기업가는 의지와 권한을 갖고 시류 거스르기를 겁내지 않는 수장이다.[46] 그는 사물들의 통상적 흐름을 만들어 내고 흐트러뜨리며 부순다. 그는 '플루스 울트라'의 인간['더 멀리 나아가는' 인간]이며 '창조적 파괴'[47]의 인간이다. 그는 쾌락주의적으로 계산하는 개인이 아니라 싸워 이기기를 좋아하는 싸움꾼이자 경쟁자다. 그의 재정적 성공은 창조자로서의 성공을 방증할 뿐이다. 경제행위는 스포츠로 이해되어야 하며 무정하고 영원한 권투시합으로 이해되어야 한다는 것이다.[48] 혁신은 경쟁과 분리 불가능하며 경쟁의 주된 형식이다. 경쟁은 오직 가격상에서만 나타나는 것이 아니라 무엇보다도 구조와 전략, 행동 그리고 제품들에서 나타나기 때문이라는 것이다.

슘페터는 신자유주의의 투사가 결코 아니다. 30년쯤 뒤에 쓰여진 작품인 『자본주의, 사회주의, 민주주의』에서 그는 답보상태로 귀결되는 "기업가 직능의 황혼"[49]을 예언함으로써 자신의 비관론을 증명한

---

45) *Ibid.*, p. 125. [같은 책, 221쪽, 제2장, III.]

46) *Ibid.*, p. 126. [같은 책, 222쪽, 제2장, III.]

47) 다음 저서의 제7장 제목. J. A. Schumpeter, *Capitalisme, socialisme et démocratie*, Payot, Paris, 1990. [『자본주의 사회주의 민주주의』, 이종인 옮김, 북길드, 2016.]

48) J. A. Schumpeter, *Théorie de l'évolution économique*, p. 135. [『경제발전의 이론』, 247쪽, 제2장, III.]

49) J. A. Schumpeter, *Capitalisme, socialisme et démocratie*, p. 179. [『자본주의 사회주의 민주주의』, 188쪽, 12장, 1절.]

다. 혁신은 진부해지고 더 이상 단절을 선동하지 않는다. 그것은 관료화되고 자동화된다. 더 일반적으로 말하자면, 여태 자본주의를 보호해 왔던 사회적이고 정치적인 환경을 더 이상 활용하지 못하는 자본주의는 위협받는다는 것이다.

이러한 비관주의와 달리 신슘페터주의는 석유파동 및 자본주의 작동의 새로운 규범으로 인해 1970~80년대에 확산됐다. 슘페터가 묘사한 혁신가로서의 기업가라는 인물에 대한 참조는 경영의 정석을 이루는 요소들 중 하나가 됨으로써 명백히 옹호적인 성향을 갖게 된다. 더욱 중요한 것은, 이 신슘페터주의가 '기업가적 사회'의 구상에 기여하게 된다는 점이다. 경영의 대가 피터 드러커는 새로운 기업가 사회의 도래를 선언하고 사회 전역에 기업가정신을 확산시키려 함으로써 이 영웅적 인물을 복권시킨다.[50] 경영은 진보의 진정한 원천이 되고, 경제를 재가동시킬 새로운 기술적 물결이 될 것이다. 드러커에 따르면 '슘페터적' 대혁신은 컴퓨터보다도 경영에 있다. 요컨대 "그리고 태도의, 가치관의, 무엇보다 행동상의 그 커다란 변화를 초래한 수단 또한 하나의 '기술'이다. 그것이 바로 경영학 또는 경영management이라고 불리는 기술이다. 미국에서 기업가적 경제의 출현을 가능케 한 것은 경영을 새롭게 적용한 결과다."[51] 이 기업가 사회는 그 '적응성'과 그 작동 규범 및 항구적 변화로 특징지어진다. 요컨대 "기업가는 언제나 변

50) P. Drucker, *Les Entrepreneurs*, Hachette, Paris, 1985. [『미래사회를 이끌어가는 기업가정신』, 이재규 옮김, 한국경제신문, 2004.] 피터 드러커는 슘페터의 낭만적 관점을 완전히 공유하고 있지 않다. 기업가라는 것은 하나의 직업이고 하나의 규율을 전제로 한다.

51) *Ibid*., p. 41. [같은 책, 26쪽, 서문, 5절.]

화를 탐색하고, 그것에 대응하고, 그것을 하나의 기회로 활용한다."[52] 드러커가 정의하듯 기업가의 이 새로운 경영은 모든 집단적 행동의 영역, 그 중에서도 특히 공공 서비스 영역에서 혁신을 조직의 보편적 원리로 만듦으로써 기업가정신을 확산시키고 체계화하려 한다. 모든 문제는 '경영 정신'과 '경영 태도'에서 해결 가능하다는 것이다. 모든 노동자들은 그들의 직능을 살펴야 하고 또 경영자의 눈으로 기업 내의 활동에 참여해야 하는 것이다.

혁신가이자 기회의 활용자인 기업가로서의 개인이라는 개념은 따라서 여러 사유 노선의 귀결점, 그 중에서도 폰 미제스의 '행동학' 및 보편적으로 실용적인 유효성을 주장하는 경영 모델 확산의 귀결점이다. 이러한 신자유주의적 담론의 차원은 여러 형태로 나타난다. 이 다양한 형태에 대해서는 이 책의 마지막 부분에서 재검토할 것이다. 교육과 언론은 이 총체적인 새로운 인간 모델의 확산에서 결정적인 역할을 담당하도록 요청된다. 이러한 의미에서 거대한 국제조직 및 정부간 조직은 약 이삼십 년 뒤 강력한 지원의 역할을 담당하게 된다. 경제협력개발기구(OECD)와 유럽연합이 이 보편적 기업가-개인에 대한 이 담론의 형성 장소를 분명히 지시하고 있지는 않으나, 예를 들면 '기업정신'의 교육을 서구 국가의 교육체제에서 최우선으로 설정하는 이 기업가적 개인에 관한 담론의 강력한 중개자의 역할을 담당함을 확증하는 것은 흥미롭지 않을 수 없다. 각자가 자기 자신에 의한 자기 자신의 기업가가 돼야 한다는 것, 이것이 오스트로-아메리칸 학파와 그들의 신슘페터주의 경영담론이 경제적 인간이라는 형상에 가한 중대한 변

52) *Ibid.*, p. 53. [같은 책, 44쪽, 1장, 2절.]

혁이다. 물론 오늘날 신자유주의 통치성의 형태들과 관련해 볼 때 이 학파의 중대한 한계는 국가에 대한 혐오에 있는 듯하다. 바로 이 국가 혐오 때문에 이 학파는 너무 빈번하게 통치 행위를 강제를 통한 의지의 부과로 축소시켰다. 이런 태도로 인해 이 학파는 국가의 통치가 어떻게 개별 주체의 자기통치를 방해하거나 장애물이 되지 않고 그것과 긍정적으로 접합되는지를 이해할 수 없게 되었다. 그러나 여기서 멈춘다면 우리는 하이에크의 독창성을 이해하지 못하게 될 것이다. 하이에크의 독창성은 시장의 권리와 사적 권리를 존중하도록 만드는 것이 문제일 때 국가는 강제력에 호소해야 함을 공개적으로 정당화시켜 줬다는 데 있다.

9장 · 사적 권리를 보호하는 강력한 국가

자유주의의 '쇄신'에서 리프먼 학술대회가 담당했던 결정적 역할에 대해 하이에크는 종종 회고적으로 평가절하하는 경향이 있다. 이러한 경향은 「경제적 자유라는 이상의 전파」라는 제목의 1951년 논고에 사후에 덧붙여진 주석 때문에 더욱 놀라운 것으로 보인다. 질서자유주의의 '독일 그룹'(오이켄, 뢰프케)을 소개하면서 하이에크는 이렇게 쓴다.

> 이 논고의 원래 판본에서 나는 자유주의 부흥을 약속하는 서막을 잊어버리는 돌이킬 수 없는 실수를 저질렀다. 이 서막은, 1939년에 전쟁이 발발하면서 갑자기 중단되었음에도 불구하고 전후 국제적인 수준에서 되살아난 노력의 기초를 형성했던 여러 개인적 교류를 가능하게 해주었다. 1937년에 월터 리프먼은 『좋은 사회』*The Good Society*에서 고전 자유주의의 근본적 이상들을 탁월하게 **재천명**하여 공표함으로써 자유주의자들을 매혹시키고 고무시켰다.[1]

실제로는 자유주의의 진정한 '수정'이고자 했던 소위 이 '재천명'

이 어떠한 것이었는지는 앞에서 살펴본 바 있다.[2] 이 주석이 포함하는 고백은 자유주의와 신자유주의 간의 모든 불연속성을 부정하려는 의지를 여실히 보여 준다. 하지만 리프먼 학술대회의 기여를 하이에크가 단순히 무시했다고 결론짓는 것은 잘못일 것이다. 실제로 하이에크는 1938년 8월 시작된 비판의 연장선상에서 옛 맨체스터주의적 자유주의로부터 스스로를 구분하기 위해 항상 고심하게 될 것이다.[3]

그렇기 때문에 '쇄신된' 자유주의는 국가개입 그 자체를 원칙적으로 비판하기보다는, '개입 혹은 비개입'의 양자택일을, **국가개입의 본성은 무엇이어야 하는지** 파악하는 문제로 변화시켰다는 데서 그 독창성을 찾을 수 있다. 더 정확히 말하자면, 문제는 합법적 개입과 비합법적 개입을 구분하는 데 있는 것이다. 바로 이것을 하이에크는 『노예의 길』에서 매우 명시적으로 말한다. 즉 "국가가 '행동'하거나 '개입'해야 할지 하지 말아야 할지 여부에 대한 질문은 **완전히 잘못된 대안을 제시하고 있으며, 자유방임**이라는 용어는 자유의 정책이 기초하는 원칙들에 대해 지극히 애매하고 우리를 오도하는 방식으로 묘사하고 있다."[4] 요컨대 "중요한 것은 통치 행위의 규모보다 통치 행위의 속성이다."[5] 이 빈번히 반복되는 표명들은 다음과 같은 사실을 입증한다. 즉 리프먼

---

1) F. Hayek, "La transmission des idéaux de la liberté économique"(경제적 자유라는 이상의 전파), in *Essais de philosophie, de science politique et d'économie*, trans. C. Piton, Les Belles Lettres, Paris, 2007, p. 300, 주 3. [*Studies in Philosophy, Politics and Economics*, Routledge & Paul, 1967, p. 199, n. 3.] 강조는 인용자.

2) 이 책 6장을 참조하라.

3) 특히 다음을 참조하라. *La Route de la servitude*, PUF, Paris, 2002, p. 33. [프리드리히 하이에크, 『노예의 길』, 김이석 옮김, 자유기업원, 2018, 78쪽.]

4) *Ibid.*, p. 64. [같은 책, 134쪽.] 강조는 인용자.

학술대회에서 시작된, '옛 자유주의'의 결함에 대한 몇몇 비판은 전후 '자유주의 부흥'의 주역이 된 인물[하이에크]이 꽤 폭넓고도 지속적으로 공유한 것이다.

방임도 아니고… '사회적 목표'도 아닌 것

하지만 낡은 자유주의에 대한 비판에서 이러한 유사성을 호도해서는 안 된다. 사실 이 유사성은 국가가 행해야 하는 개입의 속성과 그 정당성의 기준과 관련한 관점의 완전한 일치를 결코 내포하고 있지 않다. 상존하는 불일치가 있다는 가장 명확한 증거는 얼핏 보기에 단순한 용어상의 논쟁에 속하는 듯 보이는 것을 통해 표명된다. 문제가 되는 것은 '사회적'이라는 사소한 말의 의미이다. 1957년 출간된 한 논문「사회적이라는 말이 의미하는 바는 무엇인가?」[6]에서 하이에크는 어떤 점에서 이 사회적이라는 말 하나가 독일 질서자유주의와 자신과의 되돌릴 수 없는 의견 대립을 구체화하고 있는지를 해명한다. 하이에크가 보기에 독일 질서자유주의의 오류는 시장 질서와 정의라는 '도덕적' 요청을 계속 혼동한다는 데 있다는 것이다. 사실 '사회적 정의'[7]에 대

5) F. Hayek, *La Constitution de la liberté*, Litec, Paris, 1994, p. 223. [『자유헌정론 II』, 김균 옮김, 자유기업센터, 1997, 47쪽, 15장, 1절. 이 책에서 government는 '정부'로 되어 있다.] 동일한 의미에서, *Ibid*., p. 231[같은 책, 60쪽, 15장, 7절] 및 *Droit, législation et liberté*, vol. 1, PUF, Paris, 1980, p. 73[『법, 입법 그리고 자유』, 민경국·서병훈·박종운 옮김, 자유기업원, 2018, 110~111쪽, 3장, 4절].

6) 원제는 다음과 같다. "What is 'social'?—What does it mean?", in *Essais de philosophie, de science politique et d'économie*, pp. 353~366. [다음에 재수록. *Studies in Philosophy, Politics and Economics*, chapter. 17.]

7) 혹은 적어도 통치의 '사회적 목표'를 부여하려는 의지(이 책 7장을 참조할 것).

한 일정한 고심이 애초부터 '사회적 시장경제'를 주창하는 사람들을 자극했었다. 요컨대 이 사회적 정의라는 지향점으로 인해 실제로 '사회적'이라는 말이 애매함으로 가득 차게 되었다는 것을 알 수 있었다.[8]

그렇기 때문에 하이에크는 누차 반복해서 설명한다. 1957년 논문 외에 다른 두 텍스트에서도 그는 정확히 동일한 방향을 취하고 있다. 첫째로 「여러 종류의 합리주의」(1964)라는 제목의 강연은 "우리 시대에 가장 기만적이고 해악적인 어휘들 가운데 하나"인 '사회적'이라는 말에 대해 동일한 본질적 비판을 반복한다. 왜냐하면 "'사회적'이라는 말은 이 말과 결합된 다른 말들이 구체적 의미를 갖지 못하게 하기 때문이라는 것이다(독일어 표현 soziale Marktwirtschaft[주로 '사회적 시장경제'로 번역된다] 혹은 sozialer Rechtsstaat[주로 '사회적 법치국가'로 번역된다]에서와 같이)." 요컨대, "나는 '사회적'이라는 말에 반대하는 입장을 취해야 한다고 느꼈고 또 특히 사회적 정의 개념이 전혀 의미가 없다는 것, 그리고 사회적이라는 말이, 명철한 관념을 갖고 있는 사람들이 피해야 할 기만적 환상을 만들어 낸다는 것을 증명해야겠다는 생각이 들었다."[9] 둘째로 『법, 입법 그리고 자유』(1973) 2권에서 '사회적'이라는 말에 할애된 논지 개진에서 그는 동일한 비판을 가하고 있다. 즉 "'사회적 정의'뿐만 아니라 '사회적 민주주의', '사회적 시장경제', 혹은 '사회적 법치국가'(혹은 사회적 법주권, 독일어로 sozialer Rechtsstaat)라는 표현은 '사회적'이라는 형용사를 정의, 민주주의, 시장경제 혹은 법치국가라는 완전히 분명한 표현에 추가시킴으로써 원하는 것이면 어떤 의미

8) 이 책 7장을 참조할 것.

9) *Ibid.*, p. 141. [*Studies in Philosophy, Politics and Economics*, p. 83.]

이든 거의 모든 의미를 가질 수 있게 된 표현이다."[10)]

이제 우리는 통치적 개입의 정당성이라는 까다로운 문제에 대한 하이에크의 입장이 이렇게 완전히 부정적으로 한정된 범주 내에 위치되어야 하는 이유를 보다 잘 이해할 수 있다. 한편으로 그것은 맨체스터의 자유주의가 갖는 불충분성에 대한 비판이다. 맨체스터의 자유주의는 일정 유형의 개입을 정당화시키는 역할을 했다는 것이다. 마치 '법률적 틀'의 본질적 역할을 통한 개입이 적절한 시장의 작동에 필수불가결한 것처럼 여겨지게 만들었다는 것이다. 다른 한편 그것은 통치에 '사회적' 목표를 부여하는 것의 원리적 거부다. 왜냐하면 이러한 사회적 목표들은 근본적으로, 실정적으로 규정된 집단적 목표 쪽으로 사회를 의식적으로 이끌어 나갈 수 있다는 인위적 사회 개념을 내포할 수밖에 없기 때문이다.[11)]

결국 문제는 시장 질서—하이에크에 따르면 시장 질서는 사회의 정합성을 기초한다—가 인위적 질서(특히 독일 신자유주의에 대한 반대. 인위적 질서는 독일 신자유주의의 핵심 논지들 가운데 하나다)임을 용인하지 않고 어떻게 일정 유형의 통치적 개입(방임에 대한 반대)을 정당화시킬 수 있는지를 아는 것이다. 이 문제에 대한 답변은 법률적 틀 자

---

10) F. Hayek, *Droit, législation et liberté*, vol. 2, PUF, Paris, 1981, p. 96. [『법, 입법 그리고 자유』, 367쪽, 9장, 7절.] 인용된 문장에 뒤따르는 주석을 옮겨 적을 필요가 있다. "독일(최근에는 영국)의 몇몇 내 친구들은 이 용어를 사용하여, 내가 지지하는 종류의 사회질서를 보다 광범위한 사회구성원들에게 매력적으로 만드는 데 성공하기는 했지만, 그러나 이러한 사용을 나는 유감스럽게 생각한다."(p. 207)[같은 책, 488쪽] 잘 생각해 보면, 독일 신자유주의자들이 사용하는 '사회적'이라는 말의 용례가 정당화될 수 있는 유일한 경우는 이 말이 하이에크 자신의 교의를 '시대정신'과 부합시켰을 때뿐이다.

11) 결국 하이에크는 적절한 행동과 부적절한 행동 간에 뢰프케가 행한 구분의 실제적 변별성에 대해 매우 유보적인 태도를 보인다. *Ibid.*

체의 위상에 대한 해명을 함축하고 있으며(법률적 틀은 인공적 질서에 속할까? 아니면 반대로 '자연성'의 특정 형식에 속할까?) 더 광범위하게는 하이에크가 반대하는 모든 인위적 사회 개념을 대체하는 대안적 사회 개념의 모색을 함축하고 있다.

'시장의 자생적 질서' 혹은 '카탈락시'(Catallaxie)

하이에크 사유의 구상에서 전환점을 드러내는 논고, 즉 「인간 의도의 결과가 아닌 인간 행위의 결과」[12]라는 제목이 붙은 거의 알려지지 않은 논고에서 하이에크는 세 범주의 현상을 세심하게 삼분함으로써 '자연'과 '계약' 사이의 고전적 대립을 복잡하게 만들어 버린다. 사실 고전적 대립은 그리스 소피스트들에 의한 구별, 즉 phusei인 것과 thesei 혹은 nomô인 것 간의 구별을 계승한 것인데, 이러한 대립의 중대한 결함은 그것이 인간 **행위**의 결과인 바와 인간 **행위**와 무관한 것 간의 구별을 의미할 수 있는 것과 마찬가지로 인간 **의지**의 결과인 바와 인간 **의지**와 무관한 것의 구별을 의미할 수도 있다는 데에 있다. 바로 여기에 혼란의 근원이 있다고 하이에크는 강조한다. 즉 인간 의지와 무관한 것이 반드시 인간 행위와도 무관하지는 않으며, 인간 행위의 어떤 결과들은 질서나 규칙성의 한 방식을 출현시키기는 하지만 그 자체가 의도된 것은 아닐 수도 있다는 것이다.

12) 원래 제목인 "The results of human action but not of human design"은 *An Essay on the History of Civil Society*에서 인용한 퍼거슨의 문구를 재연한 것이다(앞의 제2장을 참조하라). F. Hayek, *Essais de philosophie, de science politique et d'économie*, pp. 159~172. [*Studies in Philosophy, Politics and Economics*, chapter. 6.]

따라서 **인위적인** 것(인간 의지로부터 직접적으로 발생한 것)과 **자연적인** 것(인간 행동과 무관한 것) 사이에 '중간적 범주'를 도입하는 것이 바람직하다. 그러니까 완전히 인간 행동으로부터 결과되지만 그 어떤 의도와도 무관한 모든 구조들과 일치하는 부류의 현상들의 범주 말이다. 이렇게 삼분하는, 앞으로 나올 체계화에서 우리는 taxis라는 그리스어를 보게 될 텐데, 이 단어는 분명하게 확립된 의도에 따라 인간이 설정한 질서를 가리키며, 매우 자주 어떤 계획을 이용한다(우리는 이것을 '만들어진 질서' 혹은 계속해서 '인위적 질서'라 부를 텐데, 이는 하이에크가 자주 '조직'이라는 단어로 명명하는 바이기도 하다. 그것은 주거나 제도 혹은 규정집이 될 수도 있을 것이다). 우리는 또 kosmos라는 그리스어도 보게 될 텐데, 이 단어는 인간 의지와 무관한 질서를 가리키며 이 질서는 자기 안에서 그 고유한 운동 법칙을 발견한다(우리는 그것을 '자연적 질서' 혹은 '성숙한 질서', 즉 어떤 유기체, 이를테면 자연적 질서와 같은 것으로 부르게 될 것이다). 마지막으로 하이에크가 '자생적 질서'spontaneous order라 부른 세 번째 유형의 질서는 인위적인 것과 자연적인 것 간의 양자택일을 피하고 인간의 의도에서는 기인하지 않지만 인간의 행동에서 기인하는 모든 현상들을 재규합한다. 이 삼분법이 실현한 개념적 이점은 문자 그대로 결정적이다. 왜냐하면 그것은 시장을 구성하는 특수한 질서를 사유 가능케 해주기 때문이다. 즉 시장 질서는 결코 인위적 질서가 아니라 확실히 자생적 질서라는 것이다.

하이에크의 사유에서 핵심적인 이 논지는 여러 양상을 포함한다. 첫 번째는 시장 질서와 '경제'를 혼동하지 말아야 한다는 것이다. 엄밀한 의미에서의 '경제'(이를테면 가정, 농장, 기업)는 동일한 목표 혹은 '목표들의 단일한 질서'에 도움 되는 몇몇 자원들의 어떤 확고한 '조직' 혹은 '배열', 말하자면 taxis에 속하는 그런 것이다.[13] 반면 경제와 구별되는 시장질서는 모든 특정 목표로부터 자유롭고 "일치하지 않을 뿐 아니라 대립되기까지 하는 수많은 개인적 목표들을 추구하는 데에 이용될 수" 있다. 요컨대 그것은 공공의 목표에 의거하는 것이 아니라 "참여자들 상호 간의 이윤을 위한 상호성, 즉 서로 다른 목표들 간의 조정에 의거한다".[14]

두 번째 양상은 다음과 같다. 즉 형식적 규칙들, 바로 그 규칙들의 보편성 때문에 유효한 형식적 규칙들에 의해 시장질서의 정합성이 가능해진다는 사실이다. 특정한 목적에서 유래된 모든 규칙은 여기서 재앙적인데, 왜냐하면 이러저러한 행동 혹은 품행(다른 그 무엇도 아닌 바로 이 목적과 부합하는 품행)을 규정함으로써 그 규칙은 원칙상 모든 특정한 목적과 무관한 질서의 작용을 교란시킬 뿐이기 때문이다. 그러므로 이러한 규칙으로는 사람들이 해야 하는 바를 확정할 수 없고 단지 그들이 하지 말아야 할 바를 확정할 수 있을 따름이다. 그 규칙은 "단지 각자의 보호된 영역에 대한 침해 금지"[15]로 구성된다. 하이에크는 특수한 실정적 규정들(여전히 **명령**[16]이라 불리고 있는)과 이 규칙들을 구별하기 위해 이런 규칙들을 **법**이라 불렀다. 그 결과 시장질서는

---

13) *Ibid*., p. 252. [*Ibid*., p. 44.] 다음도 참조할 것. *Droit, législation et liberté*, vol. 2, pp. 129~130. [『법, 입법 그리고 자유』, 404~406쪽.]

14) F. Hayek, *Essais de philosophie, de science politique et d'économie*, p. 251. [*Studies in Philosophy, Politics and Economics*, p. 163.]

15) *Ibid*., p. 253. [*Ibid*., p. 165.] 다음도 참조할 것. *Droit, législation et liberté*, vol. 2, p. 148. [『법, 입법 그리고 자유』, 426쪽.]

16) loi(law)와 commandement(command)의 구별에 대해서는 다음을 볼 것. Hayek, *La Constitution de la liberté*, pp. 148~149. [『자유헌정론 I』, 254~256쪽.]

téléocratie(하나 혹은 다수의 목표에 의한 지배)가 아닌 nomocratie(법에 의한 지배)로 특징지어질 수 있게 된다.[17)]

세 번째 양상은 사회 그 자체가 자생적 질서로서 이해될 수 있다는 것이다. 물론 사회는, 설령 우리가 사회에서 자생적 질서(시장, 화폐)와 구성된 질서 혹은 조직(가족, 기업, 정부 그 자체인 공공기관)을 동시에 발견할 수 있다 하더라도, 시장질서로 환원될 수는 없다. 그럼에도 사회라는 전체 질서에서 시장질서가 중요한 위치를 점한다는 사실에는 변함이 없다. 무엇보다 부족이나 씨족, 종족 등의 협소한 조직을 넘어서서 사회가 확장되고, 그래서 하이에크가 '거대 사회' 혹은 '열린 사회'라 부르는 것까지 나타나게 되는 것은 이 역사의 흐름 속에서 시장질서가 확장되었기 때문이라는 의미에서 그러하다는 것이다.[18)] 두 번째로는 "거대 사회 전체를 지탱하는 유일한 관계들이 순전히 경제적"이기 때문이라는 것이다. 실제로 설령 이 사회의 전체 구조 내에 경제적 관계들과 다른 관계들이 확실히 존재한다 하더라도 "상충되는 기획들 간의 조정을 가능하게 하는 것은 시장질서"이며 이것은 이 기획들이 경제적이지 않은 목표들을 추구한다 해도 마찬가지라는 것이다.[19)] 하이에크의 입장의 이러한 양상은 충분히 강조되지 못했다. 즉 시장질서는 '경제'가 아니라 '경제적 관계'(이 경제적 관계들 내에서 사용 가능한 모든 수단의 할당을 수행하는 것이 바로 상이한 기획들 간의 경쟁이다)로 구성

---

17) F. Hayek, *Essais de philosophie, de science politique et d'économie*, p. 251. [*Studies in Philosophy, Politics and Economics*, p. 163.]

18) *Ibid*. 이런 식으로 하이에크는 퍼거슨의 위대한 구상들 중 하나, 즉 역사적 진보의 동력으로서의 '시민사회'라는 구상을 되살린 것이다('시장질서' 개념이 '시민사회' 개념과 정확히 일치하지는 않음을 함축한다). 그것이 '보수주의'의 모든 형식과 구분되는 것도 별로 놀랄 일이 아니다.

19) F. Hayek, *Droit, législation et liberté*, vol. 2, p. 135. [『법, 입법 그리고 자유』, 411~412쪽.]

되어 있으며 **사회적 관계의 토대**에 위치하고 있는 것이 바로 이 경제적 관계라는 것이다.[20]

자생적 질서로서의 시장질서라는 이러한 관념은, 역시나 하이에크 사유의 핵심적 논지, 즉 '지식의 분산'이라는 논지와 긴밀히 연결되어 있다. 아주 일찍부터 공들여 고안된 이 관념[21]은 스미스의 '분업' 개념과 유비관계에 있다. 각 개인은 제한적이고 단편적인 지식(실질적 정보로 구성된, 그리고 합리적 지식보다는 전문지식으로 더 많이 구성된 지식) 밖에는 소유할 수 없고, 그러므로 그 누구도 사회를 구성하는 무수한 개인들 사이에 흩어져 있는 지식 전체를 갑자기 손에 넣었다고 주장할 수 없다는 것이다. 하지만 시장 메커니즘 덕분에, 분산된 파편들의 조합은 사회적 수준에서의 결과들을 산출한다. 의식적 관리를 통해 그런 결과들을 의도적으로 끌어낼 수는 없을 것이다. 이는 시장질서 내에서 가격이 정보 전달의 매개자 역할을 담당하는 한에서만 가능하다.[22]

이러한 견해는 경제적 교리의 측면에서 일반균형이론(발라스)에 단호히 반대한다. 일반균형이론은 자신들의 결정을 정당화할 수 있는 모든 데이터들을 완벽히 알고 있는 행위주체들을 전제하는 반면 하이에크의 개념은 시장 때문에 경제 주체가 처하게 되는 불확실한 상황을 강조한다.[23] 여기서도 여전히 하이에크는 독창적인 방식으로 스미스 자유주의에서의 중심 개념들 중 하나와 관계를 재설정한다. 이미 살펴

---

20) 이렇게 하이에크는 고전 자유주의를 넘어선다. 고전 자유주의의 초기 대표자(스미스, 퍼거슨)는 경제적 관계만을 사회적 관계의 토대로 보는 것을 늘 거부했다. 『법, 입법 그리고 자유』(10장, p. 212, 주 12[우리말역은 주 13])에서는 이러한 논지에 근거해 드트라시(Antoine Destutt de Tracy)의 주장, "상업은 사회 전체다"(Commerce is the whole of Society)를 인용한다.

21) 이 점에 관해서는 다음 장에서 재론할 것이다.

22) *Ibid*., p. 141. [『법, 입법 그리고 자유』, 418쪽.]

본 것처럼 '보이지 않는 손'의 은유는 무엇보다 경제절차 총체화의 본질적 불가능성을, 다시 말해 어떤 종류의 유익한 불가지성을 의미하기 때문이다.[24)]

하이에크는 시장질서에 대한 그의 이해를 '카탈락시'catallaxie라는 단어로 축약하고자 한다.

> 나는 '경제학'이라는 용어의 대체어로 종종 제안되곤 하는 'catallactics'라는 용어와 비슷하게 해서, 시장의 이 자생적 질서를 **카탈락시**catallaxy라 부를 것을 제안한다. **카탈락시**는 고대 그리스어 동사 katallattein에서 유래하는데, 이 katallattein은 의미심장하게도 '물물교환하기'와 '맞바꾸기'뿐 아니라 '공동체로 받아들이기'와 '적을 친구로 만들기'를 의미하기도 한다.[25)]

여기서는 이 그리스어 동사의 이중적 의미에 주목해야 한다. 이 이중의 의미는 다음과 같은 것을 이해할 수 있게 해준다. 즉 교환은 그것이 서로 다른 개인들의 행동을 서로에게 맞춤으로써 질서를 만들어낸다는 점에서 사회적 관계의 원리라는 것을 말한다.

하이에크는 자생적 질서라는 이 개념을 18세기 스코틀랜드의 위대한 철학과 다시 연결시킨다. 퍼거슨, 스미스 그리고 흄 같은 사람들

---

23) 시장의 자생적 질서와 지식의 분할 간의 관계에 대해서, 우리는 G. Dostaler, *Le Libéralisme de Hayek*, La Découverte, Paris, 2001, pp. 31~32 및 pp. 50~51에서 제기된 바 있는 명확하고 상세한 설명에 의거할 것이다. 이 책 8장 또한 참조할 것.

24) M. Foucault, *NBP*, p. 285. [『생명관리정치의 탄생』, 390~391쪽.]

25) F. Hayek, *Essais de philosophie, de science politique et d'économie*, pp. 252~253. [*Studies in Philosophy, Politics and Economics*, p. 164.]

때문에 자생적 질서 개념이 유명해졌던 것이다. 1965년 논고 「합리성의 범주들」Des sortes de rationalisme에서 그는 서로 다른 두 합리성, 즉 '순진한 합리주의'와 '비판적 합리주의'를 대립시킨다. 첫 번째로 베이컨, 데카르트 그리고 홉스의 합리주의는 모든 인간적 제도가 "의식적 이성의 결연한 창조"라고 주장한다. 이성의 힘의 한계에 대해 무지한 이 첫 번째 합리주의에는 '구성주의'[26]라는 이름이 어울린다. 두 번째 합리주의는 반대로 한계에 대한 의식을 통해 규정되며, 이 한계의 의식이야말로 의식적 심사숙고로부터 결과될 수 없는 질서들에 자리를 마련해 줄 수 있게 하는 것이다.

'자유가 보장된 영역'과 개인들의 권리

자생적 질서는 '목적의 지배'가 아닌 '법의 지배'로 특징지어져야 한다는 것을 살펴보았다. 하이에크가 권리에 부여한 자리를 이해하기 위해 '법'nomos 개념을 짧게 재검토해 보는 것이 좋을 듯하다. 사실 이 말은 모든 특수한 상황이나 이러저러한 특수한 목표의 추구와는 별개로 모든 개인에게 부과되는 비인격적이고 추상적인 규칙들만을 엄밀한 의미에서 지시할 뿐이다.[27] 이러한 형식적 품행 규칙들로부터 **사법**私法과 **형법**의 근간이 구축된다. 이 규칙들을 **공법**의 규칙들과 동일시하는 것은 가장 치명적인 혼동이다. 공법의 규칙들은 **품행**의 규칙이 아니라

---

26) *Ibid*., p. 143. [p. 85.]

27) F. Hayek, *Droit, législation et liberté*, vol. 2, p. 42. [『법, 입법 그리고 자유』, 308~309쪽.] '추상적'이라는 말은 "규칙이 미래의 정해지지 않은 여러 심급들에 적용되어야 한다"는 것으로 이해되어야 한다.

조직의 규칙이다. 이러한 규칙은 국가조직을 규정하고 또 어떤 당국에 '특수한 목적들에 따라' 이러저러한 방식으로 행동할 수 있는 권한을 부여하는 것을 그 기능으로 삼는다. 하이에크는 다음과 같이 지적한다. 즉 지난 세기 동안 공법이 사법으로 점차 침투함으로써 그 결과 원래 만인에게 적용 가능한 품행 규칙만을 지시했던 '법'이라는 용어가 "모든 조직규칙 또는 헌법에 따라 설립된 입법부가 승인한 모든 특수한 명령까지도" 지시하기에 이르렀다는 것이다.[28]

자유주의는 이러한 변화에 대립할 수밖에 없다. 요컨대 자유주의가 촉진하려고 하는 질서는, 하이에크가 자기 나름대로 다시 취한 바 있는 독일 질서자유주의자 뵘의 강한 표현에 따르자면 사실상 '사법私法 사회'Privatrechtsgesellschaft라 규정될 수 있다.[29] 모든 조직 규칙은 하나의 목표에 따라야 하는 반면 품행 규칙의 본질은 그 어떤 목표와도 무관하기 때문에 이 두 규칙의 명목적 구별에 신중해야 한다는 것이다. 그리고 그리스인들이 노모스와 테시스를 적절히 구분했었다는 점을 환기하고자 한다. 요컨대 사법만이 노모스이고 공법은 테시스인데, 이것이 의미하는 바는 이렇다. 공법은 '제정'되거나 '구축'되며 이러한 의미에서 '인위적'이거나 '인공적'인 질서를 구성하는 반면 사법은 본질적으로 '자생적' 질서다. 시장의 자생적 질서 형성을 가능케 하는 것은 오직 품행 규칙들뿐이며, 그것들은 소수의 자의적 의지로부터가 아니라 장기간에 걸쳐 이루어지는 선택의 자생적 절차로부터 비롯된다.

---

28) F. Hayek, *Essais de philosophie, de science politique et d'économie*, pp. 258~259. [*Studies in Philosophy, Politics and Economics*, p. 169.]

29) *Ibid*., p. 258. 다음도 참조하라. F. Hayek, *Droit, législation et liberté*, vol. 2, p. 37. [『법, 입법 그리고 자유』, 297쪽.] 이 개념에 관해서는 이 책 7장을 참조하라.

바로 이러한 점에서 하이에크가 다윈 진화론으로부터 밀접한 영향을 받았다고 하는 것이고, 또 하이에크와 관련해 '문화적 진화론'이라고 했던 것도 일리가 있다. 하이에크가 이해한 바에 따르자면, 진화 개념은 "예측할 수 없는 사태, 예상할 수 없는 우연적 상황에 대한 끊임없는 적응과정"을 지시한다.[30] 생물학적 진화와 인간 사회 단계에서의 법규의 진화 간의 유비를 정당화시켜 주는 것이 바로 이러한 관념이다. 자연선택 메커니즘이 자기 환경에 가장 잘 적응한 종의 생존과 그렇지 못한 종의 멸종을 보증하듯, '올바른 품행' 규칙(혹은 사법私法의 규칙)의 무의식적 선택은 때로 적대적이기도 한 환경에 사회가 적응할 수 있도록 도와준다는 것이다. '시도와 실패'를 통한 규칙의 선택 절차는 '수렴적 진화'의 논리에 따라 가장 효율적인 규칙들을 가장 폭넓게 확산시켜 주며, 그러므로 어떤 사회가 다른 사회를 의식적으로 모방한다고 상정할 필요는 없다는 것이다.[31]

다윈에 대한 참조가 적절한지 여부와는 상관없이 문제가 되는 것은, 올바른 품행 규칙의 선택이 사회진보의 원동력이라는 관념이다. 사실상 바로 이 길을 통해 인류는 초기 부족사회로부터 벗어나고 본능, 근친, 직접적 협동에 기반한 질서를 극복함으로써 '거대 사회'의 관계를 형성하기에 이르렀다는 것이다. 핵심은 이 진보가 유달리 뛰어난 입법가의 의식적 창조에서 비롯되지 않았다는 것이다. 요컨대 사법私法의 규칙(특히 상법의 규칙)은 판관들에 의해 규약화되기 훨씬 이전

30) F. Hayek, *La Présomption fatale: les erreurs du socialisme*, PUF, Paris, 1993, p. 38; G. Dostaler, *Le Libéralisme de Hayek*, p.86 재인용. [『치명적 자만』, 신중섭 옮김, 자유기업원, 2016, 60쪽.]

31) F. Hayek, *Droit, législation et liberté*, vol. 2, p. 48. [『법, 입법 그리고 자유』, 311쪽.]

부터 전통과 관습에 혼합되어 있었으며, 결국 판관들에 의해 **만들어진** 것이 결코 아니라 **발견됐을** 뿐이다. 게다가 이는 이러한 규칙들을 '만들어진' 규칙들thesis과 구분하는 것을 충분히 정당화시켜 주는 것이기도 하다. 하이에크가 명확하게 지적하듯이, "법에다가 '실정'positif이라는 수식어를 붙이는 용법은, 고안된 것이 아니라 자연스럽게 만들어진 것 즉 phusei와는 반대로 인간 의지가 고의로 만들어 낸 어떤 것을 지칭하는 그리스어 표현 thesei를 번역한 라틴어 positus(제기된 것) 혹은 positivus로부터 나온 것이다."[32] 그렇기 때문에 하이에크는 모든 법실증주의 전통에 직접적으로 반대하는 것이다. 특히 두 사람의 저자가 표적이 된다. 우선 홉스가 있다. 라틴어 격언 "법을 만드는 것은 진리가 아니라 권위다"non veritas sed auctoritas facit legem[33]를 자기화하면서 홉스는 법을 "입법권을 가진 자의 명령"[34]이라 규정한다. 홉스에게는 군주만이 입법자다. 하이에크가 비난했던 법과 명령의 혼동을 이보다 더 잘 설명할 수는 없을 것이다. 다음으로는 벤담이 있다. 모든 영국법이 두 부문으로 나뉜다면 **입법자가 제정한** 법만이 **실제적** 법(성문법)이라는 이름으로 지칭될 수 있다. "또 다른 부문에 의해 만들어졌다고 가정되는 장치들은 [...] 비현실적인, 실제로는 존재하지 않는, 가상적인, 허구적인, 순수하지 않은 **재판관에 의해 만들어진** 법이라는 이름으

32) *Ibid*., p. 53. [같은 책, 317쪽.] 다음도 참조하라. F. Hayek, *Essais de philosophie, de science politique et d'économie*, p. 169, note 21. [*Studies in Philosophy, Politics and Economics*, p. 103, n. 21.]

33) T. Hobbes, *Léviathan*, 1951, 26장 'Ce n'est pas la vérité mais l'autorité qui fait la loi'; F. Hayek, *Droit, législation et liberté*, p. 53에서 재인용. [『법, 입법 그리고 자유』, 318쪽.]

34) T. Hobbes, *Dialogue on the Common Laws*, 1681; F. Hayek, *Droit, législation et liberté*, p. 54 재인용. [『법, 입법 그리고 자유』, 318쪽.]

로 특징지어지는 것들이다. 영국 정부 아래에서 이러한 법부문은 보통법common law과 불문법unwritten law이라는 무표정하고 특징이 없는 부적합한 이름으로 불리고 있다."[35] 판관이 '만든' 법은 'common law' 혹은 불문법인데, 벤담은 이것이 엄밀한 의미에서의 법 즉 "입법자의 명령의지"가 아니라는 이유로 이를 비난하는 데 전념한다.[36] 하이에크가 보기에 존 오스틴John Austin과 한스 켈젠Hans Kelsen은 입법에 대한 법의 선행성을 강조하는 자유주의 전통에 대립하는, 법을 입법자의 의지로 환원시키는 지적 전통의 연장일 뿐이다.

하지만 입법이나 체계적 국가보다 법이 선행한다는 인식은 결코 자연법 학설에 대한 찬동을 의미하는 것은 결코 아니다. 하이에크는 실증주의와 자연주의의 양자택일로부터 벗어난다. 요컨대 법의 규칙들은 '자연적' 합리성(자연법주의)으로부터 추상적으로 연역된 것도 아니고 숙고된 계획의 산물도 아니다. 법의 규칙들은 "인류의 실천적 경험의 산물"[37]로서, 다시 말해 "성장 절차의 예상치 못한 결과"[38]라는 것이다. 그러므로 로크를 따라 이성의 명령이라는 형태로 신이 피조물에게 명령한 '자연법'을 내세우는 것은 하이에크에게는 문제가 되지 않는다.[39] '자연법칙'을 말하고 싶은 거라면 흄식으로 이해된 것이어

---

35) *Ibid*. 재인용. 강조는 인용자.

36) *Ibid*., p. 197, note 35 재인용. [『법, 입법 그리고 자유』, 479쪽, 각주 36.] "The primitive sense of the word law, and the ordinary meaning of the word, is … the will of command of a legislator."

37) F. Hayek, *Essais de philosophie, de science politique et d'économie*, p. 180. [*Studies in Philosophy, Politics and Economics*, p. 111.]

38) *Ibid*., p. 167. [p. 101.]

39) *Ibid*., pp. 162~163, n. 7. [p. 98, n. 7.]

야 한다. 말하자면 이성은 법의 규칙을 만들어 낼 역량이 전혀 없기 때문에 법의 규칙은 이성으로부터 귀결된 것이 아닌 것이다. 이 규칙들이 '인위적'(선천적이지 않기 때문에)이라 말할 수는 있어도 '임의적'이라 말할 수는 없다. 왜냐하면 이 규칙들은 언어와 화폐처럼 그것을 위반했을 때의 불편한 경험으로부터 출발해 점차적으로 고안된 것이기 때문이라는 것이다.[40] 이 규칙들은 모두 세 가지 기본법으로 환원된다. "소유권의 안정성, 합의에 의한 소유권 이전, 그리고 그 약속의 이행"[41]이 그것이다. 다시 말해 이는 모든 사법私法 체계의 핵심 내용으로서, "계약의 자유, 소유권의 불가침성 그리고 타인에게 가한 침해에 대한 보상"[42]이다.

올바른 품행 규칙의 근본적 핵심의 확인은 고전 자유주의의 주요 경향에 의해 제기된 바 있던, 자유와 개인의 권리에 관한 문제를 재정교화하는 쪽으로 이어질 수밖에 없다. 사실상 이 규칙들이야말로 점진적으로 구체화되면서 시장의 자생적 질서의 구성과 더불어 개인적 자유의 '영역' 확장을 가능하게 했다. 이 영역은, 개인이 규칙들의 형식적 틀 내에서 행위하는 한, 자기 마음대로 할 수 있는 '사적 결정의 영역'과 일치한다. 이는 자유가 왜 자연적 소여나 이성의 고안물이 아니라, 지난한 문화적 진화의 결과인지를 말해 주고 있다는 것이다. 요컨대 "자유가 자연상태가 아니라 문명이 만들어 낸 인공물이라 해도, 어

---

40) *Ibid*., p. 183. [p. 113.]

41) *Ibid*. 다음도 참조하라. F. Hayek, *La Constitution de la liberté*, p. 157. [『자유헌정론 I』, 268쪽, 각주 17.]

42) F. Hayek, *Droit, législation et liberté*, vol. 2, p. 48. [『법, 입법 그리고 자유』, 311쪽.]

떤 설계에 의해 만들어진 것은 아니다."[43] 다시 한번 자연주의와 의지주의 모두에 등을 돌리게 된다. 자유는 '원하는 대로 할 수 있는 권한'이 아니다. 자유는 관습과 전통에 의해 확산되는 도덕적 규칙의 존재와 분리 불가능하다. 이 관습과 전통은 그것이 갖는 그 보편성 자체 때문에 모든 개인으로 하여금 타자에 대한 그 어떤 속박도 행사할 수 없게 금지하는 것이다. 결과적으로 하이에크가 받아들일 수 있는 자유의 유일한 규정은 '부정적'이다. 요컨대 자유는 "특정 장애 즉 타인에 의한 강제의 부재"다.[44] 통치의 선택이나 법제의 구상에 인간이 참여하는 것으로 이해되는 '정치적 자유' 혹은 철학자들이 그토록 찬양했던 '내적 자유'(정념의 노예상태에 대립되는 자기 지배)[45]를 문제 삼는, 자유에 대한 모든 다른 규정들은 기만적인 것이다. 자유의 반대로서의 강제에 대해 하이에크는 이렇게 규정한다. "'강제'란 어떤 사람의 주위환경, 또는 사정이 타인에 의해 통제되는 것을 뜻하는데, 이때 그는 더 큰 해악을 피하기 위해서 그 자신의 일관된 계획이 아니라 다른 사람의 목적에 봉사하기 위하여 행동하도록 강요된다."[46]

한 명 혹은 여러 명의 타자의 목적을 한 개인에게 부과한다는, 강제에 대한 이러한 규정은 하이에크를 존 스튜어트 밀의 연장선상에 놓는 것 같다. 행위자에게만 영향을 미치는 행동들과 타자의 이해관계에 영향을 미치는 행동들 간의 구분(이 구분이 밀에게 어떤 중요성을 갖는지

43) F. Hayek, *La Constitution de la liberté*, p. 53. [『자유헌정론 I』, 98쪽.]
44) *Ibid.*, p. 19. [같은 책, 45쪽.]
45) *Ibid.*, pp. 13~16. [같은 책, 34~41쪽.] 하이에크는 '자유의지'(freedom of will)라는 철학적 개념을 둘러싼 사유의 혼란을 비난한다.
46) *Ibid.*, p. 21. [같은 책, 47~48쪽.]

는 잘 알려져 있다)이 그 자체로는 『자유헌정론』의 저자에게 거의 실효적이지 않은 듯하다.[47] 게다가 하이에크는 밀이 『자유론』 3장에서 행한 바 있는 '관습의 전제주의'에 대한 격렬한 공격이 지나치다고 평가하기도 한다. 요컨대 '도덕적 강제'에 대한 밀의 비판에서 밀은 "자유를 지나치게 옹호한 것 같다". 왜냐하면 여론의 압력은 '강제'와 동일시될 수 없기 때문이다.[48] 타자의 목적들을 위해 사람을 도구화하는 강제에 대한 엄밀한 규정만이 "보호된 영역의 경계를 드러낼" 수 있는 것으로 보인다. "법으로서의 규칙"이 개인을 타자가 행사하는 강제로부터 보호하는 기능을 갖는다는 조건하에서, 자유의 체계에서 "개인의 자유영역은 일반법에 의해 명시적으로 제한되지 않는 모든 행위를 포함"한다고 주장될 수 있을 것이다.[49] 바로 이러한 경계확정을 행했다는 조건하에서 개인적 권리의 기초를 기대할 수 있다는 것이다. 사실 하이에크의 독창성은 이러한 권리를 신이 명령한 자연법(로크)이 아닌 올바른 품행 규칙 그 자체에 결부시켰다는 데 있다. 요컨대 "'권리'라는 명사에 들어 있는 의미로 보면 **정의로운 행동[품행]의 규칙들 각각은 개인들의 해당 권리를 창출한다.**" 그 결과, 이 규칙들이 "개인적 영역을 경계확정"해 주기 때문에 "개인은 이 영역에 대한 권리를 갖게 되는 것이다".[50]

여기서 우리는 일반 규칙들에 의해 보장되는 '따로 떼어놓은 영

---

47) *Ibid*., p. 145. [같은 책, 246~247쪽.]
48) *Ibid*., p. 146. [같은 책, 249쪽.]
49) *Ibid*., p. 215. [『자유헌정론 II』, 38쪽.]
50) F. Hayek, *Droit, législation et liberté*, vol. 2, p. 121. [『법, 입법 그리고 자유』, 396~397쪽.] 강조는 인용자.

역' 혹은 '사적 영역'에 대한 선행적 인정에 모든 것이 달려 있음을 볼 수 있다. 요컨대, "어느 사람의 기대의 '정당성' 혹은 개인의 '권리'는 그러한 사적 영역을 인정한 결과다."[51] 또한 강제를 '개인적 권리의 침해'로 규정하는 것은 이 인정이 승인될 때에만 적절한데, 왜냐하면 사적 영역에 관한 실질적 인정은 이 영역을 경계확정하는 규칙들이 부여한 권리들에 대한 인정과 마찬가지기 때문이다. 그러므로 일반 규칙들은 무엇보다도 보호되는 영역들을 구성하는 규칙이고, 보호된 영역들의 구성 규칙들이 그 자체로 각 개인들에게 보장하는 권리의 외연은 각자의 보호된 영역의 외연과 엄밀하게 비례적이다. 이 외연을 한 개인에게 귀속되는 물질적 재화의 외연으로 한정하는 것은 오류다.

> 이 영역이 전적으로, 혹은 주로 물질적인 것으로만 이루어져 있다고 생각해서는 안 된다. 비록 우리 환경에 속하는 물질적 대상들을 내 것과 타인의 것으로 분할하는 것이 그 영역을 규정하는 준칙의 주요 목적이기는 하지만, 그것들은 또한 우리에게 다른 많은 '권리들', 사물의 특정한 이용의 보장, 혹은 단순히 우리 행위에 대한 개입으로부터의 보호와 같은 권리들을 보장해 준다.[52]

더 폭넓게 말하자면 '소유권' 개념에 보다 확장된 의미가 부여되는데, 이는 로크가 이미 『통치론』에서 '소유권'이라는 총칭적 명칭을 부여한 바 있는 것의 의미와 동일하다.

---

51) F. Hayek, *La Constitution de la liberté*, p. 139. [『자유헌정론』, 238쪽.]
52) *Ibid.*, p. 140. [같은 책, 239쪽.]

존 로크의 시대 이래로, 이 보호 영역을 '소유권'(로크 자신이 "삶, 자유 그리고 인간의 소유"라 규정한 바 있다)이라 부르는 것이 관습이 되었다. 그럼에도 불구하고 이 말은 보호 영역에 대한 지나치게 협소하고 순전히 물질적인 발상을 시사하는데, 이 보호 영역은 물질적 재화뿐 아니라 타자에 대한 다양한 방책들 및 특정 의도들 또한 포함한다. 그래도 만일 소유권 개념이 이 확장된 의미로 (로크와 더불어) 해석된다면, 법의 규칙이라는 의미에서의 법은 소유권 제도와 분리될 수 없다.[53]

그럼에도 불구하고, 하이에크가 이렇게 로크의 '소유권' 개념을 재발견했다면, 그것은 이 개념을 '무의식적 발전'으로부터 유래된 일반 규칙으로서의 법이라는 하이에크 고유의 관념으로 환원시킴으로써, 그러므로 이 개념을 그 자연법주의적 기초로부터 분리시킴으로써 가능했던 것임에 유념해야 한다.

'통치활동의 합법적 영역'과 법치국가의 규칙

보호 영역의 윤곽은 그 자체로 국가개입의 한계를 소묘하는 듯하다. 요컨대 보호 영역 내에서의 국가의 모든 개입은 개인의 권리에 대한 자의적 침해가 된다. 그래서 이를 통해 합법적 개입과 비합법적 개입을 구분 가능하게 해주는 기준을 갖게 된다는 것이다. 하이에크에게 우선 문제는 **합법성**이지 **효율성**이 아니다. 사실 이 점은 강조될 필요가 있다.

---

53) F. Hayek, *Essais de philosophie, de science politique et d'économie*, p. 257. [*Studies in Philosophy, Politics and Economics*, p. 167.]

통치의 실제적 비효율성 혹은 통치적 개입의 유해한 효과에 관한 논거는 하이에크가 보기에 "자유의 체제와 양립할 수 있는 조치와 그렇지 못한 조치 간의 구분"[54]을 모호하게 만드는 경향이 있는 듯하다.

존 스튜어트 밀의 절차와 하이에크의 절차 간에 존재하는 간극을 헤아려 보는 데는 『자유론』 5장에서 존 스튜어트 밀이 통치 행위의 한계를 결정하려는 방식을 상기하는 것으로 충분하다. 존 스튜어트 밀은 자유무역의 교의를 개인의 자유라는 원리로부터 끌어내지 않는다. 요컨대 무역에 부과되는 제약은 분명히 강제이지만 "이 제약이 규탄받아야 하는 이유는 단지 이 제약이 기대되는 결과를 진정으로 끌어내지 못하기 때문"이지 사회가 강제권을 결코 가질 수 없기 때문이 아니라는 것이다.[55] 하이에크는 이 문제와 관련해 존 스튜어트 밀의 관점의 불충분성을 의식하고 있었다. 『자유헌정론』 15장의 주 2에서 하이에크는 경제학자들은 모든 것을 기회의 관점에서 사유하는 습관이 있기 때문에 "그들이 보다 일반적인 기준들을 보지 못했다는 것은 놀라운 일이 아니"라고 적어 넣고 있다. 그리고 바로 뒤이어 존 스튜어트 밀에 대한 언급이 있다. 즉 "존 스튜어트 밀은 '권력의 개입을 일반적으로 판단할 수 있게 해주는 공인된 원리가 실제로 존재하지 않는다는 것을 인정함으로써'(*On Liberty*, 1946, p. 8) 모든 것이 편의상의 문제라는 느낌을 이미 주었다."[56] 하이에크가 말하고자 하는 바는 바로 이러한 합법성의 일반원리이다.

---

54) F. Hayek, *La Constitution de la liberté*, p. 222. [『자유헌정론 II』, 47쪽, 15장, 1절.]
55) J. S. Mill, *De la liberté*, Gallimard, Paris, 2005, p. 209.
56) F. Hayek, *La Constitution de la liberté*, p. 484. [『자유헌정론 II』, 46쪽. 첫번째 인용문 앞의 실제 표현은 "자신들의 편의를 위해 정책수단들을 고찰하는 것이 경제학자들의 주요 임무이기 때문에"다.]

이 원리에 접근하기 위해서는 우선 개인에게 할애된 행동영역의 구축이 전적으로 그리고 절대적으로 적절한 품행의 일반 규칙들의 존재로부터 결과된다는 점을 이해할 필요가 있다. 결과적으로 이 규칙들에 대한 재문제화는 개인의 자유 자체를 위협할 뿐이다. 그렇기 때문에 국가의 개입은 그것이 아무리 좋은 의도를 가지고 있다 할지라도 일반 규칙의 존중을 벗어날 수 없다고 상정해야 한다. 달리 말해 국가는 모든 사적 개인에게 유효한 규칙을 스스로에게도 적용해야 한다는 것이다. 우리는 이제 하이에크가 다시 취한 프란츠 뵘의 정식에 따라 자유주의적 질서가 '사법私法 사회'를 형성한다는 명제를 어떻게 이해해야 하는지를 알 수 있다. 요컨대 사법의 규칙들은 보편적으로 우선시되어야 하며, 시장의 자생적 질서가 아닌 국가에 속하는 '조직들'에서도 마찬가지로 사법의 규칙들은 우선시되어야 한다는 것이다. 사회 **전체**the whole of society[57]는 '경제관계'에 의거해야 한다(왜냐하면 경제관계는 사법에 의해 구조화되기 때문에)는 관념의 법률적 결과와 같은 것이 어떤 의미에서는 여기에 있다고 할 수 있다. 하이에크가 보기에 **국가가 사법의 일반 규칙을 스스로에게 적용하는 이 원리**로 인해 역사적으로 독일에서는 '법치국가'Rechtsstaat라는 명칭이 수용되었던 것이다. 여기로부터 "법치국가는 자유의 체제와 양립할 수 있는 조치와 그렇지 못한 조치를 구분할 수 있게 해주는 기준"이라는 논지가 결과된다.[58]

『자유헌정론』이 이후의 자유주의 운동에 결정적 중요성을 갖는다고 강조하는 이 '독일 법치국가의 전통'은 어디로부터 기원하는 것

---

57) 앞의 각주 20을 참조할 것.

58) *Ibid*., p. 223. [같은 책, 47쪽.]

일까? 하이에크의 말을 믿는다면 이 전통은 칸트의 법철학이 끼친 영향에서 대부분의 이론적 영감을 얻고 있다. 칸트 자신이 도덕성과 법을 연관시키고 있는 연역적 질서를 전복시키면서 하이에크는 유명한 '정언명령'[59]을 "절대적인 법의 우선성이라는 관념의 토대가 되는 관념을 윤리의 모든 영역으로 확장시킨 것"[60]으로 해석한다. 이 역전은 1963년 『데이비드 흄의 법철학과 정치철학』*La philosophie juridique et politique de David Hume*에 할애된 강연문에서 가장 명확하게 표현된다.

> 사람들은 종종 칸트가 공적인 일에 자신의 정언명령이라는 도덕적 개념을 적용함으로써 법치국가 이론을 전개했다고 상정한다. 하지만 아마도 그 정반대의 일이 일어난 듯하다. 다시 말해 칸트는 자신이 적용할 준비가 되어 있다고 생각하는 법치국가(법의 지배) 개념을 도덕에 적용함으로써 정언명령 이론을 전개했다.[61]

여기서 '법치국가'라는 독일식 표현과 '법의 지배'라는 영국식 표현 사이에 가정되는 등가관계를 통해 하이에크는 동일한 강연문에서

59) "오직 그것을 통해 너 자신이 욕망할 수 있음과 동시에 그것이 보편법칙이 되는 그러한 정언에 따라서만 행동하라." E. Kant, *Fondation de la métaphysique des moeurs*, trad. Alain Renaut, Flammarion, 1994, p. 97.

60) F. Hayek, *Essais de philosophie, de science politique et d'économie*, p. 188. [*Studies in Philosophy, Politics and Economics*, p. 117.] 물론, 체계의 구축에서 권리의 교의가 덕의 교의에 선행한다. 하지만 이 두 교의는 『도덕 형이상학의 기초』에 선행한다. 도덕성의 지고한 원리를 가장 순수한 상태에서 끌어내는 것이 이 책의 소관이다.

61) *Ibid.*, p. 189. [p. 117.] 순수한 도덕성의 '적용'의 문제가 명백히 칸트주의 내에서 미묘한 문제임이 사실이지만, 칸트가 법을 도덕에 적용시켜 정언명령 개념에 도달하고자 했다는 단언은 결코 정당화될 수 없다.

"칸트가 이 주제와 관련해 논의해야 했던 것은 직접적으로 흄으로부터 파생하는 것 같다"[62]고 단언함으로써 더 멀리까지 나아갈 수 있었다.

이 문제의 이론적이고 정치적인 관건을 파악하기 위해서는 푸코를 따라[63] 법치국가의 규범이 독일에서 이중적 대립, 요컨대 한편으로는 전제주의와의 대립, 다른 한편으로는 내치국가Polizeistaat와의 대립에 입각해 구축되었다는 것을 상기할 필요가 있다. 즉 전제국가와 내치국가 개념은 서로 겹쳐지지 않는다. 전제주의는 군주의 의지를 공권력의 명령에 따라야 하는 만인에 부과되는 의무의 원리로 삼는다. 내치국가의 특징은 공권력의 일반적이고 항구적인 규정들('법률'이라 불릴 수 있는 것)과 이 동일한 공권력의 특수한 경제적 행위(권리상 '규칙'의 수준에 속하는 것)를 구분하지 않는다는 데 있다. 이로부터 법치국가에 대한 이중적 정의가 결과된다. 요컨대 첫째로, 법치국가는 공권력의 행위를 사전에 제한하는 법률을 통해 공권력을 관리하고 그 결과 군주의 의지가 아닌 법률의 형태가 의무의 원리를 구성한다. 둘째로, 법치국가는 보편적 실효성으로 인해 유효한 법률과 특수한 결정 혹은 행정적 조치를 원칙적으로 구분한다.[64] 조금 뒤늦은 시기인 19세기 후반에

62) *Ibid*., p. 188. [pp. 116~117.] 여기서도 우리는 여전히 이와 같은 '파생'의 가능성에 대해 이의를 제기할 수밖에 없다. 요컨대, 흄에게 있어 '자연법'은 점진적 경험의 결실인 반면, 칸트에게 있어 '도덕법칙'은 전적으로 선험적이며 그 자체로 모든 경험으로부터 벗어나 있다. 그러므로 이것은 이 법칙의 순전히 형식적인 성격을 증명해 준다(이것은 흄이 설명한 바 있는 소유권의 안정성, 합의에 의한 소유권 이전 그리고 그 약속의 이행이라는 세 가지 법칙에 한정된 내용과 대조를 이룬다).

63) M. Foucault, *NBP*, pp. 173~174. [『생명관리권력의 탄생』, 244~245쪽.]

64) *Ibid*., pp. 174~175. [같은 책, 246쪽.] 푸코는 여기서 벨커(Karl Theodor Welcker)의 선구적인 다음의 저작을 참조한다. *Les Derniers Principes du droit, de l'État et de la punition*[원저: *Die letzten Gründe von Recht, Staat und Strafe*, Heyer, 1813].

법치국가 개념의 고안이 중심문제로서 '행정법원'의 문제를 출현시키는 방향으로 심화되었다. 사실 이 숙고된 고안을 따라가 보면 법치국가는 법의 일반적 틀로 그 행위를 제한하는 특징만을 갖는 것이 아니다. 국가는 각 시민에게 공권력에 대항하는 법률적 청원의 길을 제공한다. 이러한 청원의 길을 마련해 주는 것은 시민과 공권력 간의 관계를 중재하는 임무를 띤 사법적 심급의 존재를 내포하고 있다. 19세기 내내 독일에서는 이 법원의 위상에 관해 논쟁이 집중된다.[65]

모든 사적 개인들처럼 국가도 동일한 규칙에 따르기 때문에, 모든 사적 개인처럼 국가는 모든 시민에 의해 법정에 기소될 수 있어야 한다는 관념을 염두에 두고 하이에크는 법치국가 개념에 **모든 입법을 위한 규칙**이라는 역할을 담당하게 함으로써 법치국가 개념을 전례 없이 확장시킨다. 『자유헌정론』의 한 구절은 이 점을 지극히 명시적으로 표현하고 있다.

> 법치가 모든 입법에 대한 제한이라는 사실로부터 그 자체가 입법가가 통과시킨 법과 동일한 의미의 법일 수 없다는 사실이 드러난다. [⋯] 법치the rule of law는 법률준칙a rule of law이 아니라 법이 어떠해야 하는가와 관련된 준칙, 초법적meta-legal 원칙, 혹은 정치적 이상인 것이다.[66]

그래서 항시 세심하게 위계화되는 세 개의 구별되는 수준이 획득

65) 이 논쟁에 관해서는 다음을 보라. F. Hayek, *La Constitution de la liberté*, pp. 201~204. [『자유헌정론 I』, 355~359쪽.] 또한 다음을 참조하라. M. Foucault, *NBP*, pp. 175~176. [『생명관리정치의 탄생』, 246~248쪽.]

66) F. Hayek, *La Constitution de la liberté*, p. 206. [『자유헌정론 II』, 20쪽.]

된다. 첫째로 메타-법률적 수준인데, 이것은 법치국가의 규칙의 수준이다. 둘째로 구체적 **법률**의 수준이 있는데 이는 **새로운 보편적 품행 규칙**의 한정을 의미하는 입법의 수준이다. 셋째로 **통치**의 수준이 있는데 이는 **특수한** 법령과 규칙을 공표하는 수준이다. 우리는 이 위계화에서 법치국가의 규칙이 모든 일반 규칙 혹은 법률의 고안을 주재하는 규칙임을 알 수 있다. 이 원칙의 진정한 유효범위를 이해하는 것이 중요하다. 요컨대 법치국가의 규칙은 "입법자의 권력을 포함한 모든 정부의 권력을 제한"하는 것이다.[67] 왜냐하면 이 제한 기능은 정부를 단순한 적법성의 요청으로 환원하지 못하게 하기 때문이다. 요컨대 정부의 행위가 기존의 법률에 부합하는 것만으로는 정부가 행동할 수 있는 권한의 제한이 확보될 수 없기 때문이다(실제로 법률은 정부에게 자신이 의도하는 바대로 행위할 수 있는 권한을 부여할 수 있다). 법치국가의 규칙이 요구하는 것은 기존의 모든 법률이 "특정한 원칙에 부합하는 것"이다.[68]

결과적으로 '형식적 법치국가'formelle Rechtsstaat와 '구체적 법치국가'materieller Rechtsstaat는 구별되어야 한다. 요컨대 하이에크가 이해하고 있는 법치국가는 '구체적 법치국가'이고 이곳에서 국가의 강제행위는 적절한 품행의 획일화된 규칙을 적용하는 데에만 엄격히 사용되어야 한다. 반면 '형식적 법치국가'는 적법성만을 요구한다. 다시 말해 "국가의 모든 행위가 입법을 통해 허용되는 것, 또 이 법률이 적절한 품행의 일반 규칙으로 이루어진 것인지 아닌지만을 요구한다."[69] 이를 통해

67) *Ibid*., p. 205. [같은 책, 18~19쪽.]

68) *Ibid*. [같은 책, 20쪽.]

69) F. Hayek, *Essais de philosophie, de science politique d'économie*, p. 197. p. 254.

입법이 갖는 전적으로 인공주의적인 관념에 대한 벤담의 비판이 충만한 의미를 갖게 된다. 개인에게 인정된 권리를 포함한 모든 것이 입법자의 '공장'으로부터 비롯된다고 주장하는 것은 이론적으로 "입법권의 전지전능함"을 인정하는 것이다.[70] 이와는 반대로 개인의 권리신장이 사법 규칙의 고안과 어깨를 나란히 한다고 인정하는 것은 이 사법 규칙을, 입법권력 자체가 그것이 행사될 때 부합해야 하는 모델로 만드는 것이며, 그러므로 입법권에 대하여 넘어설 수 없는 한계를 사전에 설정하는 것이다.

그러면 더 정확히 말해 모든 법률이 법치국가의 메타-법률적 규칙에 부합하기 위해 충족시켜야 할 조건은 무엇인가? 하이에크는 '진정한 법률의 세 가지 속성', 다시 말해 위에서 특징을 살펴본 바 있는 '실체적' 혹은 '구체적' 의미에서의 법률이 갖는 세 가지 속성을 열거한다. 이 규칙들의 첫 번째 속성은 물론 그 보편성이다. 즉 이 규칙들은 "특정한 개인, 장소 혹은 대상"을 참조해서는 안 되며 "항상 미래지향적이어야 하고 소급적용되어서는 안 된다".[71] 이는, 진정한 법률은 어떤 특수한 목표를 지향해서는 안 된다는 것을 함의하고 있다. 그 목표가 얼핏 보기에 아무리 바람직한 것으로 보인다 할지라도 그것을 지향해서는 안 된다는 것이다. 이 규칙들의 두 번째 속성은 이 규칙들이 "알려진 것이고 확실해야"[72] 한다는 데 있다. 하이에크가 이 조건을 특별히 강조하는 것은, 법률의 확실성과 그 결정의 예측 가능성은 자생적

---

70) F. Hayek, *Droit, législation et liberté*, vol. 2, p. 63. [『법, 입법 그리고 자유』, 329쪽.]

71) F. Hayek, *La Constitution de la liberté*, p. 208. [『자유헌정론 II』, 25쪽.]

72) *Ibid*. [같은 곳.]

질서를 이용해 불확실한 맥락 속에서 행위할 수밖에 없는 개인에게 최소한의 안정성을 보장하기 때문이다. 이 최소한의 안정성이 없다면 개인은 자신의 계획을 수행하는 데 가장 큰 곤란에 빠지고 말 것이다. "중요한 질문은 개인이 국가의 행동을 예측할 수 있느냐의 여부이며, 개인이 자신의 계획을 형성하는 데 이 지식(국가의 예측된 행동에 대한 지식)을 하나의 주어진 여건으로 보고 활용할 수 있느냐 여부이다."[73] 진정한 법률이 갖는 마지막 세 번째 속성은 평등성이다. 이것이 의미하는 바는 "모든 법은 만인에게 평등한 방식으로 적용되어야 한다"는 것이다.[74] 이 마지막 요구사항은 "예측 가능한 방식으로 특정한 사람들을 이롭게 하거나 해를 끼치는 것과는 양립할 수 없"다는 것이다.[75] 결과적으로 이 요청은 국가가 "만인들처럼 동일한 법률에 따르고 있으며 모든 사적인 개인과 마찬가지 방식으로 행위상에서 제한을 받는다"[76]는 것을 함축한다.

법률의 세 가지 속성(보편성, 확실성, 평등성) 가운데 분명히 세 번째 속성이 하이에크의 생각에 **법치국가의 이상은 사법私法 사회의 이상과 일체가 된다는 것**을 가장 잘 해명하고 있다. 고전적 자유주의 유파가 공표한 정치적 권위의 통제 원리를 신자유주의적 사유가 넘어서고 있는 것은 바로 이 점에서다. 흄은 정부의 기관들이 따라야 하는 "보편적이고 평등한" 법률을, 권력기관이 절대적이 되지 않게 막는 제한의 원리로 만들었다.[77] 하지만 흄은 입법부가 제정한 법률이 사법私法 규칙의

73) F. Hayek, *La Route de la servitude*, p. 64. [『노예의 길』, 134쪽.]
74) F. Hayek, *La Constitution de la liberté*, p. 209. [『자유헌정론 II』, 27쪽.]
75) *Ibid.*, p. 210. [같은 책, 28쪽.]
76) *Ibid.* [같은 책, 29쪽.]

모델에 따라야 한다고는 결코 주장하지 않고 있고, 더욱이 이 법률을 '자연법'(재산의 안정성, 합의된 소유권 이전, 약속 이행의 의무)에 상당하는 사법 규칙과 동일시하지 않는다. 로크에게도 동일한 지적을 할 수 있다. 『법, 입법 그리고 자유』의 한 각주[78]에서는 『통치론』 142절 초반부가 찬양조로 인용되고 있다. 로크의 설명에 따르면 입법부는 "특수한 사례에 따라 변하지 않는 공표된 안정된 법률promulgated established Laws에 따라 통치해야 한다. 입법부는 부자나 빈자 모두에게, 궁정에서 총애를 받는 자나 쟁기질하는 농민 모두에게 단일하게 적용되는 규칙만을 가지고 있어야 한다".[79] 여기서도 역시 로크의 논지는 '사법私法 사회의 이상' 소묘와는 하등 관계가 없고 입법권력의 제한이라는 문제계에 속한다는 것을 강조할 필요가 있다. 법률을 제정하는 권력을 확정성과 평등성의 형식적 규칙에 따르게 하는 것은 하나의 사실이고, 이 법률이 '실체'상에서 사법의 규칙에 따르게 하는 것은 또 다른 하나의 사실이다. 하이에크가 주장하듯이 말이다. 로크에게 평등성이 절대적으로 요청되는 경우는 오직 사회적 상황(부자와 빈자, 궁정인과 농민)에 의해 정의되는 개인들에게 법률을 적용하는 경우만이라는 것이 이 점을 충분히 시사한다고 할 수 있다.

국가라는 '개인[인격]'으로까지 사법私法이 확장된다는 사실에서 어떤 결론을 끌어내야 할까? 아마도 하이에크가 가장 중요하다고 생각한 첫 번째 결과는 법치국가에서 "정치권력은 공표된 어떤 규칙에

77) D. Hume, *Essais moraux, politique et littéraires*, Vrin, Paris, 1999, p. 100.
78) F. Hayek, *Droit, législation et liberté*의 p. 201, 주 60이 관건이다. [『법, 입법 그리고 자유』, 8장, 각주 61.]
79) J. Locke, *Second Traité du gouvernement*, p. 104. 이 책 3장을 참조할 것.

대한 위반을 처벌하기 위해서만 개인의 사적이고 보호된 영역에 개입할 수 있다"는 것이다.[80] 이것이 의미하는 바는 행정부는 개인에게 '명령'이나 '지령'을 내려서는 안 되고(다시 말해서 한정된 목표와 관련된 특수한 명령을 내려서는 안 된다는 점을 상기할 필요가 있다), 만인에게 유효한 적절한 품행 규칙이 지켜지고 있는지만을 감시해야 한다는 것이다. 그리고 모든 개인의 사적 영역을 보호하는 이 임무가 바로 어떤 개인이 규칙을 위반한 경우 행정부로 하여금 이 개인의 사적 영역에 개입해 이 개인에게 형벌을 내릴 수 있게 해준다는 것이다. 그러나 재량권의 문제는 정부 당국이 국민들의 사적 영역을 침해하는 경우에만 우리에게 적합한 것이 된다. 또한 사실상 법치의 원칙은 행정부가 이러한 측면에서는 재량권을 갖지 말아야 한다는 것을 의미한다.[81] 그 반대는 개인과 그의 재산[소유권]을 정부가 마음대로 처분할 수 있는 단순한 수단으로 간주하는 것이다. 그렇기 때문에 정부가 행위상에서 일반 규칙들의 범주를 존중하는지 아니면 그 범주를 자의적으로 넘어섰는지를 결정할 수 있는 권한을 가진 독자적인 법원에 개인이 항시 호소할 수 있는 가능성이 부여되어야 하는 것이다(이를 통해 우리는 행정법원의 위상이라는 문제와 다시 만난다). 이번에도 여전히 중요한 점은 "정부의 모든 강제력이, 개인으로 하여금 일정한 확신을 가지고 자신의 계획을 세울 수 있도록 하고 가능한 한 인간적 불확실성을 줄여 주는 영구적인 법률적 틀에 의해 분명하게 결정되어야 한다"는 점이다.[82]

---

80) F. Hayek, *La Constitution de la liberté*, p. 206. [『자유헌정론 II』, 18쪽.]
81) *Ibid.*, p. 213. [같은 책, 34쪽.]
82) *Ibid.*, p. 223. [같은 책, 47쪽.]

여기서 관건은 **시장질서의 효율성 보존**이다. 왜냐하면 신뢰의 결정적 요소는 국가가 보편 규칙을 존중받게 만들 능력이 있다는 것을, 그리고 동시에 국가 자체가 이 보편 규칙을 존중한다는 것을 개인이 신뢰할 수 있어야 한다는 사실에 있다. 요컨대 법률적 틀이 제공하는 안정성은 시장 질서 같은 자생적 질서 내에서 개인이 처한 상황에 내재하는 불안정성을 보완해야 한다. 이는 품행 규칙의 위반을 처벌하는 것이 문제일 경우 국가의 강제력이 갖는 중요성을 말해 준다. 요컨대 경제 주체의 안전을 보장하는 것은 국가가 소유하고 있는 강제력의 독점적 사용을 진정으로 정당화시켜 준다. 이는 국가가 "강제에 대해서만 독점권을 가져야 하고 그 이외의 다른 모든 면에서는 여타의 모든 이들과 동일한 조건에서 기능"[83] 한다는 것을 함축한다(이것이 하이에크가 재해석한 평등 조건이다).

통치권력을 법치국가의 원칙에 필연적으로 복종시킨 두 번째 결과는 이번에는 긍정적인 성질을 띤다. 이 원칙이 정부의 **강제적** 행위에 대한 제한만을 구성하고 있기 때문에 일대의 활동 영역, 즉 **비강제적** 영역이 국가에 위임되기 때문이다. 하이에크가 이해하고 있는 자유주의는 "**정부의 강제력**과 **정부에 의한 서비스 제공** 간의 분명한 구분을 필요로 한다. 정부의 강제력 행사에서 정부의 활동은 적절한 품행 규칙의 적용에 국한되며 그 가운데서 모든 임의적인 것은 배제된다. 정부에 의한 서비스 제공을 위해서는 운용 가능한 자원만을 활용할 수 있다. 강제력이나 독점권은 없지만, 자원은 폭넓게 활용할 수 있다."[84] 문제는 '순수 서비스' 활동에 대한 재원 충당이 세금 공제의 형태로 강제

83) *Ibid*., p. 224. [같은 책, 48쪽.]

력을 개입시킨다는 점이다.[85] 이러한 서비스 활동의 강제적 양상은 어떤 서비스를 공급하는 독점권을 가로채지 않는다는 조건하에서만 정당화될 수 있다. 그렇지 않으면 이는 필연적으로 독과점 형성으로 귀결된다(독과점은 앞서 환기한 바 있는 평등권의 침해를 의미하게 될 것이다). 왜냐하면 "이의 제기의 대상은 국영기업 그 자체가 아니라 국가의 독점"[86]이기 때문이다. 합법적으로 국가의 소관일 수 있는 모든 서비스 활동 가운데서 가장 중요한 것은 "개인들의 의사결정에 유리한 틀을 제공하려는 노력의 일환이다". 요컨대 효율적인 통화체제의 설정 및 유지, 도량형 규정, 통계기관을 통한 정보의 운용, 이러저러한 형태의 교육 조직 등이 그것이다.[87] 여기에 "명백히 바람직하지만 개개의 수익자들에게 대가를 청구하는 일이 불가능하거나 어렵기 때문에 경쟁적 기업이 제공할 수 없는 모든 서비스들"을 부가할 필요가 있다. 이러한 서비스에는 "대부분의 공공보건 및 의료서비스, 도로의 건설과 유지, 도시 거주자들을 위해 시에서 제공하는 위락시설 등이 포함된다".[88]

하지만 역으로 이것들은 법치국가의 규칙이 원칙적으로 배제하는 조치들이다. 이 조치들의 실행은 사람들 간의 자의적 차별을 내포한다. 왜냐하면 이 조치들은 무차별적이고 획일적으로 만인에게 효력

84) F. Hayek, *Essais de philosophie, de science politique et d'économie*, p. 254. [*Studies in Philosophy, Politics and Economics*, pp. 165~166.] 강조는 인용자.

85) F. Hayek, *La Constitution de la liberté*, p. 223. [『자유헌정론』, 48쪽.]

86) *Ibid*., p. 225. [같은 책, 51쪽.]

87) *Ibid*., p. 224. [같은 책, 49쪽.]

88) *Ibid*. [같은 곳.] 하이에크는 바로 뒤에서 공공사업에 관한 애덤 스미스의 유명한 성찰을 참조한다. "거대사회에 가장 이로운 것이지만, 그 특성상 이윤을 각 개인이나 소수의 개인들에게 되돌려줄 수 없는 공적 활동들.…"

을 갖는 일반 규칙들을 적용하는 데 그치지 않고 특정한 사람들을 위한 특정한 결과를 얻어 내려 하기 때문이다. 여기서 특히 표적이 되는 것은 "다양한 직종과 직업, 판매조건 및 생산량, 혹은 판매량에 대한 접근을 통제하기 위한 정책들"이다.[89] 가격과 생산량의 통제는 필연적으로 임의적이고 자의적일 수밖에 없고 (가격이 정보 전달자의 역할을 하는 것을 방해함으로써) 시장이 제대로 작동하지 못하도록 방해하기 때문에 금지되어야 한다는 것이다. 이와 같이 동일한 근본적 이유 때문에 '카탈락시'의 작용으로부터 결과되는 물질적 상황의 불가피한 차이를 축소시키려는 모든 정부 개입을 배제해야 한다는 것이다. 적절한 소득분배(이것은 일반적으로 '사회적 정의' 또는 '분배적 정의'라는 표현으로 지시된다)와 관련된 목표의 추구는 그러므로 법치국가의 규칙과 형식적으로 모순된다. 사실 '정의로운' 보상 혹은 분배는 '공통의 목표'라는 체계('목적의 지배') 내에서만 의미를 갖는다. 반면에 시장의 자생적 질서 내에서는 이런 종류의 목표가 결코 우선시될 수 없다. 그래서 소득의 '분배'는 여기서 "정의롭지도" "부당하지도" 않다.[90] 결국 "정의로운 분배를 보장하려는 모든 시도는 따라서 자생적 시장 질서를 조직적 질서로 혹은 달리 말하면 전체주의적 질서로 변환시키는 쪽으로 유도될 수밖에 없다"는 것이다.[91] 분배적 정의가 국가의 권한에 속한다는 관념은

---

89) *Ibid.*, p. 227. [같은 책, 54쪽.]

90) 이 질서를 내적으로 정의롭다고 간주하는 자유지상주의자들과는 달리 하이에크는 숙고된 행위를 암시하지 않는 장점을 가진 '분산'이라는 용어를 선호함으로써 자생적 질서에 적용된 '분배'라는 말의 적절성마저도 비판하고 있다는 점을 추가로 지적하고자 한다. *Essais de philosophie, de science politique et d'économie*, p. 261. [*Studies in Philosophy, Politics and Economics*, p. 171.]

91) *Ibid.*, p. 261. [p. 171.]

원론적으로 비판받게 된다. "국가가 교환적 정의에 기초하면 분배적 정의의 추구를 배제한다."[92] 반면에 통치가 시장에서 생계를 마련할 수 없는 모든 사람들을 극도의 빈곤으로부터 확실히 보호하려고 "보장된 최저소득 혹은 그 누구도 그 밑으로 떨어져서는 안 되는 최저 수입 수준의 형태로" "시장 밖에서" 노력한다는 사실은 그 자체로서 "자유의 제한이나 법의 지배원칙과의 갈등"을 내포하는 경향이 있지는 않다. 문제가 되는 것은 제공된 서비스에 대한 보수가 정부 당국에 의해 정해진다는 사실에 있다.[93]

이제 우리는 하이에크 버전의 신자유주의가 정부 개입을 배제하기는커녕 요청하기까지 한다는 사실을 알 수 있다. 왜냐하면 여기서 우선시되는 '경제 게임의 규칙'으로서의 법률 개념은 푸코가 "게임의 규칙이라는 틀 내에서 중재자의 역할을 수행해야 할 **사법적 개입**"에 대해서까지 논의하면서 '사법적 요구의 증가'라 명명한 바를 필연적으로 결정하게 되어 있기 때문이다.[94] 고전 자유주의의 사유에서 사법적인 것의 위상과 관련해 발생한 모든 변화를 평가해 볼 필요가 있다. 18세기에 법률의 우선성이 "사법적인 것 혹은 판례적인 것의 상당한 축소"를 내포하지 않았던 것은 아니다. 요컨대 사법적인 것은 원칙적으로 법률의 순수하고 단순한 적용으로 귀결된다. 로크의 『통치론』이 입법권력, 행정권력, 연방권력을 논하면서도 사법권력은 논하지 않은 것은 대체로 이런 이유 때문이다.[95] 하지만 이제 법률이 "각각의 개인들이

---

92) F. Hayek, *La Constitution de la liberté*, p. 232. [『자유헌정론 II』, 61쪽.] 아리스토텔레스 이래로 '교환적 정의'는 교환에 있어서의 정의를 가리킨다.

93) F. Hayek, *Droit, législation et liberté*, p. 105. [『법, 입법 그리고 자유』, 377쪽.]

94) M. Foucault, *NBP*, p. 180. [『생명관리정치의 탄생』, 255~256쪽.] 강조는 인용자.

주인으로서 있는 게임을 위한 게임 규칙이어야만 할 때" 사법적인 것은 "새로운 독자성과 중요성을 획득하게 된다".[96] 왜냐하면 이 '카탈락시 게임'에서 진정한 경제 주체는 기업 자체이기 때문이다. 형식적 규칙의 틀 내에서 기업이 의도하는 대로 게임을 하도록 권장하면 할수록 기업은 더욱 자유롭게 자신을 위해 자신의 목표를 설정할 수 있다. 어떤 강요된 공통의 목표 없이 기업 자체가 (하이에크가 이 말에 부여하는 기술技術적 의미에서) 하나의 '조직'을 구성한다고 이해되기 때문이다. 그래서 경제 주체 간 갈등과 분쟁이 증가하면 할수록 사법적 심급에 대한 중재 요청이 증가하게 된다는 것이다. 혹은 달리 말해서 행정 활동이 후퇴하면 할수록 사법적 활동은 개입의 장 내에서 입지를 강화하게 된다는 것이다.

사법적인 것의 이러한 독자화는 결코 우연한 현상이 아니다. 이 독자화는 고전 자유주의와 관련된 다른 차이와 더불어 체계화된다. 마지막으로 세 가지 주요 차이를 열거할 수 있을 것이다. 첫 번째 차이는 시장게임에 내재하는 경제관계를 '사회 전반'의 토대로 만드는 데 있다. 두 번째 차이는 이 질서를 구성하는 법률적 골격으로부터 자연법과 심사숙고한 창조 간의 양자택일을 피할 수 있게 해주는 데 있다. 요컨대 사법私法적 규칙은 사법私法 및 형법 규칙(특히 상법 규칙)과 동일시된다. 사법私法 및 형법 규칙은 선별의 무의식적 절차로부터 결과된다. 이 두 번째 변화는 '사법私法 사회'의 이상을 음각적으로 이미 소묘할 수 있게 해준다. 이것들 중 그 무엇도 고전 자유주의의 이상이라

95) 이 책 3장을 참조하라.
96) M. Foucault, *NBP*.

고 말할 수 없다. 세 번째 차이는 앞선 두 차이를 완결하고 이 교의의 결말을 보여 준다. 요컨대 국가는 자기 자신에게 사법私法 규칙을 적용해야 한다는 것이다. 이는 국가가 자신을 다른 모든 사적 개인과 동일하다고 생각해야 할 뿐만 아니라 또 이 동일한 사법私法의 논리에 충실한 법률을 공표하는 자신의 입법행위를 받아들여야 한다는 것이다. 이것은 고전 자유주의의 단순한 '재천명'과는 대단히 거리가 멀다고 할 수 있다.

민주주의보다도 강한 국가

결국 하이에크는 우리가 너무나 자주 신자유주의의 귀결로 여기곤 하는 '자유방임의 복권'으로부터 아주 멀어진다. 게다가 그는 자유방임의 교의를 그가 원용하는 '영국 고전 경제학자들'의 주장과는 사실상 무관한 것으로 여긴다.

> 사실 그들의 주장은 **합리주의적 자유방임주의의 논리적 귀결**과는 달리 결코 반국가적이지도 무정부주의적이지도 않았다. 그것은 국가의 적절한 기능과 국가 행위의 한계를 동시에 고려한 주장이었다.[97]

그러니 로버트 노직이 옹호하는 '최소국가론'의 자유지상주의적 구상에 하이에크가 동의한다는 건 있을 수 없는 일이다. '최소국가론'에 따르면 경쟁 절차에 따라 힘을 독점하기에 이른 안전 관리 기구

---

97) F. Hayek, *La Constitution de la liberté*, p. 59. [『자유헌정론 I』, 111쪽.] 강조는 인용자.

는 국가의 일을 완벽하게 처리한다. 또 다른 급진적 입장은 말할 것도 없다. 고전 자유주의가 국가에 부여한 모든 기능(군대, 경찰, 사법, 교육)의 민영화에 동의하는 무정부주의적 자본주의(데이비드 프리드먼David Friedman)의 입장 말이다.

그렇지만 그가 고전 자유주의와 자신과의 관계를 표명하는 바와 반대로 하이에크는 단순히 이러한 경향의 주장에 생명력을 회복시키기만 하는 '계승자'가 아니다. 개인의 권리에 대한 그의 주장으로 인해 그는 결코 로크의 계승자가 될 수 없으며, 더욱이 독일 질서자유주의로부터 그가 받아들인 구성주의로 인해 벤담의 계승자로도 결코 간주될 수 없다. 정치권력 기능의 핵심문제와 관련해 그와 로크를 분리하는 것은 사소한 몇 가지 조정들과는 무관하다. 사실 문제는 바로 자유민주주의의 근본적 재검토다. 이 단절을 확인하기 위해서는, 로크로 하여금 '제한 정부'limited gouvernment('공동선', 지상권으로서의 입법권, 인민 과반수의 동의)를 규정하게 해주었던 세 가지 개념을 다시 취하는 것으로 충분하다. 첫 번째로, 앞서 살펴보았듯이 로크는 실정적으로 정의된 '공동선' 혹은 '인민의 선'을 목표로 삼으며, 이 목표를 향해 모든 정부활동이 정리돼야 한다고 한다. 그러나 하이에크의 경우, '공동선' 개념에 실정적으로 부여 가능한 모든 내용을 소거해 버린다. 즉 하나의 '목표'에 해당하지 않기 때문에 '공동선'은 '적절한 품행의 규칙'을 통해 가능해지는 '전체의 추상적 질서'로 환원된다. 이는 아주 정확히 말해서 '공동선'을 단순한 '수단'으로 만들어 버리는 것이다. 왜냐하면 이 추상적 질서는 오직 "개인들의 지극히 다양한 의도들의 추구를 수월하게 해주는 수단인 한"에서만 유효한 것이기 때문이다.[98]

두 번째로, 이것 역시 앞서 살펴보았지만, 로크는 입법권을 통치의

'지상권'으로 생각했는데, 이는 강한 의미로 이해해야 한다. 즉 법을 제정하는 것은 진정으로 통치의 소관이며, 이는 '관습'의 변화들을 승인하는 것으로 환원될 수 없다. 한편 하이에크는 통치와 입법의 혼동, 즉 법령 및 특수한 규칙을 만들어 내는 일과 법률 혹은 '품행의 일반 규칙'을 인준하는 일 간의 혼동을 끊임없이 비난하고 있다. 그렇게 해서 그는 이 두 기능을 서로 다른 두 의회에 귀속시키기까지 한다. 즉 통치의회에는 행정권을, 그리고 입법의회에는 새로운 일반 규칙의 결정권을 귀속시키는 것이다. 이 입법의회는 모든 민주적 통제로부터 벗어난다. 이를테면 고대 그리스의 입법 위원회 회원들은 최소 45세 이상의 중장년 남성들이었고 40대 이상의 선거인들에 의해 선출된다. "끊임없는 남용으로 더럽혀진" '민주주의'라는 말의 사용을 피하기 위해 하이에크는 '디마키'demarchy라는 용어를 만들어 낸다.[99]

세 번째는 여기서 문제의 본질을 진정으로 건드린다. 로크는 인민들 과반수의 동의를 정치조직의 모든 구성원이 따라야 하는 규칙으로 삼는다. 그는 "입법부가 그들에게 맡겨진 임무와 모순되게 행동한다는 것을 인민이 알아차렸을 때, 인민에게는 입법부를 교체하거나 탄핵할 지상권이 언제나 남아 있다"는 말을 옹호하기까지 한다.[100] 로크와 달리 하이에크는 모든 구성원을 강제할 수 있는 절대권력을 인민 다수에게 부여하기를 거부한다. 그가 보기에 다수결에 의한 규칙은 제한되지 않

---

98) F. Hayek, *Droit, législation et liberté*, vol. 2, p. 6. [『법, 입법 그리고 자유』, 262쪽.]

99) *Ibid.*, vol. 3, p. 48. [같은 책, 546쪽.] '민주주의'가 다수가 소수에게 행사하는 강제로 인해 퇴화될 수 있는 반면에, '디마키'는 다수가 일반 규칙을 따르는 조건하에서만 최대 다수의 의지에 강제권을 부여한다.

100) J. Locke, *Second Traité du gouvernement*, p. 108. 이 책 3장을 참조하라.

으며 제한될 수도 없다는 것이 '인민주권' 개념의 내용을 형성하는 듯하다는 것이다.[101] 그런데 이 개념은 항상 '전체주의적 민주주의'로 타락할 수 있는 '무제한적 민주주의'를 정당화하는 기능을 갖는다는 것이다. 이것이 의미하는 바는, 민주주의는 목표가 아니라, 지도자 선택 방법으로서의 가치만을 갖는 수단에 지나지 않는다는 것이다. 또 하이에크는 정확히 1981년에 피노체트 독재 치하의 한 칠레 신문에서 "내가 개인적으로 선호하는 것은 모든 자유주의가 부재한 민주적 통치보다는 차라리 자유주의적 독재다"[102]라고 언명했을 때와 같은 솔직함을 장점으로 가지고 있었다. '인민주권'과 '무제한적 민주주의'에 대한 이러한 비판은, 사법私法(소유권 및 상법)의 규칙을 '집단적 의지'가 행사하는 모든 종류의 통제로부터 해방시켜야 한다는 근본적 고민에 상응하는 것이다. '사법 사회'의 이상이 함축하는 바를 상기하고자 한다면 이보다 더 논리적인 것은 없다. 원론적으로 사법의 규칙에 자신의 행동을 맞추려는 국가는 이 규범의 가치에 관해 공개적으로 논의할 수 없다. 더군다나 이러한 논의에 종지부를 찍기 위해 국가가 인민의 의지에 호소하는 것은 용납될 수 없다.

신자유주의의 고안에 하이에크 자신이 기여한 바를 어떻게 평가할 수 있을까? 그의 지적·정치적 영향은 의심의 여지 없이 몽펠르랭

101) F. Hayek, *La Constitution de la liberté*, p. 104. [『자유헌정론 I』, 183쪽.]

102) Stéphane Longuet, *Hayek et l'Ecole autrichienne*, Nathan, Paris, 1998, p. 175에서 인용. 하이에크 연구소에서 출간된 바 있는, 1981년 4월에 『메르쿠리오』(*El Mercurio*)라는 일간지에 실린 그의 인터뷰의 영문 텍스트는 정확히 다음과 같다. "As you will understand, it is possible for a dictator to govern in a liberal way. And it is also possible for a democracy to govern with a total lack of liberalism. Personally I prefer a liberal dictator to democratic government lacking liberalism."

협회의 창립(1947)부터 결정적이었다. 『자유헌정론』 제3부에서 표명된 수많은 정치적 주장들, 특히 노동조합이 행사하는 '압력'에 맞붙어 싸우자는 주장들은 대처와 레이건의 프로그램에 직접적으로 영향을 주었다.[103] 하지만 직접적인 정치적 영향력을 기준으로 삼지 않고 신자유주의적 **합리성**(푸코가 말하는 의미에서)의 정착에 그가 기여한 바를 기준으로 삼는다면 여전히 그를 재평가해야 할 일이 남아 있다. 이미 시원적 토대(루지에와 리프먼이 법률적 규칙의 중요성과 '강력한 자유주의 국가'의 필요성을 강조하면서 정착시킨 바 있는 이 시원적 토대)에 속하는 여러 주제들을 전례 없이 확장시킨 하이에크에게 사람들은 확실히 빚을 지고 있다. 특히 뵘이 개진했던 관념, 즉 이 법의 적용을 통치에까지 분명히 요구할 정도로 사법私法을 보호하는 통치라는 관념을 심화시켰다는 점에서 말이다. 마지막으로 경제이론의 질서 내에서 '지식 분할' 개념을 고안했다는 점에서도 그에게 빚을 지고 있다. 그러나 **시장질서의 구축**이라는 결정적 질문과 관련해 신자유주의적 실천상에서 우세한 경향을 보이는 것은 하이에크의 문화적 진화론과는 거리가 먼 구성주의적 절차임을 인정해야 할 것이다.

103) 마거릿 대처는 1981년 1월 5일에 하원에서 이렇게 선언했다. "저는 하이에크 교수의 열렬한 찬미자입니다. 존경하는 의원님들도 『자유헌정론』이나 세 권짜리 『법, 입법 그리고 자유』 같은 그 분의 책을 몇 권 읽어 보셨을 것입니다."(G. Dostaler, *Le Libéralisme de Hayek*, p. 24)

III부 · 새로운 합리성

10장 · 거대한 전환

서구에서 1980년대는 '보수적'인 동시에 '신자유주의적'이라 평가받은 정책의 승리가 두드러지는 시기다. 레이건과 대처의 이름은 사회민주주의의 '복지주의'와의 단절을 상징하고 또 급증하는 인플레이션, 이익 감소 및 성장 지연을 극복할 수 있으리라 기대되는 새로운 정책의 시행을 상징한다. 이러한 서구 신우파의 종종 단순화되는 슬로건들은 잘 알려져 있다. 즉 사회는 너무 많은 세금을 부과받고 있고 너무 많은 규제를 받고 있으며 노동조합, 사익 집단 및 공무원들의 복합적 압력에 굴복하고 있다는 것이다. 보수적이고 신자유주의적인 정책은 무엇보다도 소위 '포드주의적'인 자본 축적 체제의 경제적이고 사회적인 위기에 대한 정치적 대응을 구성하는 것으로 보였다. 보수주의적 통치는 케인스주의의 거시경제적 규제, 기업의 공적 소유, 누진세 제도, 사회보장, 엄격한 규제를 통한 민간 영역 — 특히 노동권 및 노동 대표권 관련 영역 — 의 관리에 대해 근본적으로 문제를 제기했다. 성장을 유지하고 완전고용을 실현하려는 수요정책은 인플레이션을 우선적 문제로 간주하는 이러한 통치의 주된 표적이 되었다.[1)]

신자유주의 정책의 본질을 이해하기 위해, 그리고 자유주의를 이론적으로 개선하기 위한 노력과 이 정책이 맺는 관계를 명확화하기 위해 이 정책을 특정한 역사적 상황 내에 자리매김하는 것으로 충분한가? 이 정책이 수십 년간 지속되었다는 사실을 어떻게 설명할 것인가? 무엇보다 이 정책들 중 몇몇이 '신우파'[2] 뿐 아니라 '신좌파'에 의해서도 추진되었다는 사실을 어떻게 해명할 것인가?

사실상 이 새로운 형태의 정책들은 옛날의 '순수한' 자본주의와 전통적 자유주의의 단순한 회복보다 또 다른 의미에서 더욱 중요한 변화와 관련이 있다. 이 정책들의 주된 특징은, 그것들이 통치권력 행사 방식 및 자본주의 작동 방식의 변화의 맥락에서 이론적 참조자료를 근본적으로 변경시킨다는 것이다. 이 정책들은 자본주의의 세계화 및 금융화와 연관된 정치적·사회적 합리성의 특정 형태에 대한 종속을 보여 준다. 한마디로 말해서, 정책과 행동을 새로운 방향으로 지속적으로 방향전환하고 통합할 수 있는 새로운 규범적 논리의 전반적 실행을 통해서만 '거대한 전환'이 있을 수 있는 것이다. 앤드류 갬블은 "자유 경제, 강한 국가"라는 표어로 이 새로운 경향을 요약한다. 이 표현은, 우

1) 이 정책들에 대한 총체적 시각을 갖기 위해서는 1979년의 영국 보수당의 선언—여기에 기반해서 대처는 수상으로 선출된다—을 고려하는 것으로 충분할 것이다. 대처의 프로그램은 인플레이션 통제, 노조 권한의 약화, 노동 및 치부 의지의 부활, 의회와 법의 강화, 보다 효율적인 사회서비스 정책을 통한 가족 생활의 보조, 국방력 강화를 계획했다. 다음을 참조할 것. A. Gamble, *The Free Economy and the Strong State. The Politics of Thatcherism*, Duke University Press, Durham, 1988.

2) '신우파'(nouvelle droite)라는 표현은 영어 표현 new right의 번역어다. 이 말은 1980년대 이래의 신자유주의적이고 보수적인 담론을 유포한 정치진영, 단체 및 언론매체를 지칭한다. 그러므로 ['new right'의 번역어로서의] 'nouvelle droite'라는 표현과, 프랑스에서 'nouvelle droite'라는 이름으로 불리는 것 사이에는 그 어떤 유연관계도 없다고 생각해야 한다.

리가 국가의 단순한 후퇴에 직면해 있는 것이 아니라 새로운 토대와 새로운 방식 그리고 새로운 목표를 갖는 국가의 정치적 재편성에 직면해 있다는 점을 부각시켜 준다는 장점이 있다. 이 표어가 정확히 말하고자 하는 바는 무엇인가? 여기서 보수파가 이 표어에 부여하고 싶어 하는 바를 자연스럽게 발견할 수 있다. 그것은 외부의 적에 대한 국방비 지출, 내부의 적에 대한 내치, 더 전반적으로는 인구통제의 역할 증대 그리고 무엇보다도 확고한 권위, 제도 그리고 특히 '가족'과 같은 전통적 가치를 회복하려는 의지인 것이다. 하지만 상당히 고전적으로 보수적인, 기성 질서를 방어하는 노선을 넘어서는 무엇이 있다.

바로 이 점에 대한 몰이해가 지속적으로 있어 왔다. 몇몇 저자들은 신우파와 신좌파에 의해 추진된 경제적·정치적 정책에서 '시장의 회귀'만을 발견하려고 한다. 이 저자들은, 시장이 잘 작동하려면 세금을 감면하고, 공공 지출—여기에는 헌법적 규칙을 통해 공공 지출의 전개를 감독하는 것도 포함된다—을 줄이며, 공기업을 민영화시키고, 사회보장을 축소시키며, 리스크에 직면해서는 '개인적인 해결책'을 특권화하고, 인플레이션을 감소시키기 위해 통화량 증가를 통제하고, 강력하면서도 안정적인 화폐를 보유하며, 시장 특히 노동시장의 규제를 완화해야 한다는 관념에 이러한 유형의 정책들이 항상 기초하고 있음을 당연히 환기시킨다. 사실상 '사회민주주의적 타협'이 국가개입주의와 동의어라면, '신자유주의적 타협'은 자유시장과 동의어였다. 잘 감지되지 않은 채 남아 있던 것은 이 새로운 정책의 **규율적** 속성으로, 이 속성은 정부에 사법적·화폐적·행동적 규칙을 세심하게 보호하는 역할을 부여해 주고, 거대 독점 기업과의 비공식적 공모라는 틀 내에서 경쟁규칙을 감시하는 공식적 기능을 부여해 주며, 또 아마도 시장환경을 창조하고 시장논리에 적응한 개인들을 양성하는 목표를 부여해 주는 것 같다. 달리 말하면, 오직 자유방임 이데올로기에만 관심이 집중됨으로써 정부들이 장려하거나 혹은 직접적으로 정착시킨 실천들이 제대로 점검되지 않았다. 결과적으로, 전형적인 '반자유주의' 비판 내에서 역설적이게도 등한시된 것은 바로 신자유주의 정책의 **전략적 차원**인데, 왜냐하면 이 차원은 애초부터 줄곧 감지되지 않은 채 남아 있던 총체적 합리성에 속하는 것이었기 때문이다.

'전략'이란 말을 정확히 어떻게 이해해야 할까? 가장 통속적인 의미에서 이 말은 "특정 목표에 도달하기 위해 사용되는 수단"[3)]을 지칭한다. 1970~80년대의 전환 시기에, 명확히 확정된 몇몇 목표(사회적 국가의 해체, 공기업 민영화 등)를 최단 기간 내에 달성하기 위해 일련의 수단들이 동원되었다는 것은 부인할 수 없는 사실이다. 그러므로 이러한 의미에서의 '신자유주의적 전략'에 대해 논하는 것은 전적으로 정당하다. 요컨대, 이 말은 새로운 정치적 환경을 창설하고 경제의 작동 규칙을 변화시키며 자신의 목표를 부과하기 위해 사회관계를 변형시키려 하는 권력의 담론들, 실천들, 장치들의 총체로 이해될 수 있을 것이다. 하지만 그것이 아무리 정당하다 할지라도 '전략'이라는 말의 사용은 기업, 경제, 국가 사이에서 전면화된 경쟁의 목표가 그 자체로 오랜 기간에 걸쳐 성숙된 기도에 입각해 고안되었다고 생각하게 만들 수 있다. 마치 이 목표가 애초의 목표를 위해 사용된 수단들만큼이나 합

3) Hubert Dreyfus et Paul Rabinow, *Michel Foucault. Un parcours philosophique*, Gallimard, Paris, 1984, pp. 318~319. [허버트 드레이퍼스·폴 라비노우, 『미셸 푸코: 구조주의와 해석학을 넘어서』, 서우석 옮김, 나남, 1990, 317쪽.]

리적이고 적절히 행해진 선택의 대상이기라도 하듯 말이다. 그 결과 이 전환을 '음모'로 속단하는 사람들이 있었는데 특히 좌파 진영 사람들이 그랬다. 경쟁을 통한 새로운 규제라는 목표는, 복지국가에 대한 투쟁 즉 종종 서로 다른 동기를 가진 지식인 모임이나 직능단체, 사회적이고 정치적인 세력들이 잇달아 혹은 동시적으로 결부되어 있던 투쟁에 앞서 존재했던 것으로 보이지 않는다. 이 전환은 전 세계적 범위에서의 새로운 규제방식을 아직 그 누구도 생각하지 않고 있을 때 일정한 압력하에서 시작됐다. 우리의 논지는 다음과 같다. 이 목표는 이와 같은 대결의 과정에서 구축되었고, 또 이 목표는 이 대결의 논리 자체 때문에 서로 아주 많이 다른 여러 세력들에 부과된 것이었으며, 이 시기부터 이 목표는 그때까지 상대적으로 분산되어 있던 세력들에게 집결지를 제공함으로써 촉매제 역할을 담당했던 것이다. 이미 시작된 대결의 조건들로부터 출발해 이 출현을 설명하기 위해서는 '전략'이라는 말의 다른 의미 즉 어떤 전략가의 의지나 어떤 주체의 의도로부터 그 출현의 유래를 찾지 않는 의미에 의거해야 한다. '주체 없는 전략' 혹은 '전략가 없는 전략'이라는 착상은 푸코가 고안해 낸 것이다. 1830년대 노동계급의 교화라는 전략적 목표를 예로 취해 보면, 푸코는 이 목표가 그 교화 작업의 동인으로서 부르주아를 생산해 낸 것이지, 사전에 구축된 주체로서의 부르주아 계급이 이미 고안된 이데올로기에 입각해 이 목표를 만들어 낸 것이 아니라고 주장한다.[4] 여기서 생각해 봐야 할 것은 어떤 '실천의 논리'다. 우선, 종종 불명료한 실천들이 존재하는데, 이 실천은 권력의 기술(그 중 가장 앞에 있는 것은 규율 기

4) "Le jeu de Michel Foucault", *Dits et Ecrits II, 1976-1988*, pp. 306~307.

술이다)을 사용하고, 이 모든 기술의 배가와 일반화는 그 누구도 "전략적 목표로 향한 밀어붙임"[5]의 원동력이 되게 하지 않으면서 차츰차츰 총체적 지휘권을 각인한다. 사회세력들 간의 일정한 관계 그리고 일정한 경제환경에 입각해 새로운 세계적 규범으로서 경쟁이 구축되는 방식은 어떤 '참모'에 의해 모의되는 것과 같은 방식으로 '선택'된 것이 아니라는 것은 두말할 나위가 없을 것이다. 신자유주의적 정책의 전략적 차원을 드러낸다는 것은 그러므로 어떤 면에서 신자유주의 정책이 어떤 수단의 선택('전략'이라는 말의 첫 번째 의미)에 속하는지를 드러내는 것일 뿐만 아니라 이 모든 수단들에 전체적 일관성을 부여할 수 있게 한, 전면화된 경쟁이라는 목표의 전략적 성격('전략'이라는 말의 두 번째 의미)을 드러내는 것이기도 하다.

우리는 이 장에서 순차적으로 다음과 같은 네 가지 점을 검토하고자 한다. 첫 번째는 **상호지지 관계**와 관련된다. 이 관계를 통해 신자유주의 정책과 자본주의의 변환은 우리가 '거대한 전환'이라 명명한 바를 발생시키는 데 있어서 서로 어깨를 나란히 했다. 하지만 이 전환은 자본주의의 위기에만 기인하는 것도 아니고 갑자기 도래한 것도 아니다. 이 전환은 **이데올로기 투쟁** 뒤에 오고 또 그것을 수반한다. 이 투쟁은 특히 여러 에세이스트와 정치인들이 복지국가에 대해서 체계적이고 지속적으로 행한 비판 속에 있다. 이와 같은 공격은 여러 정부들의 활동에 직접적으로 영향을 주었고 또 새로운 규범이 마침내 출현했을 때 이 규범을 정당화하는 데 크게 기여했다. 이것이 두 번째로 지적하

5) H. Dreyfus et P. Rabinow, *Michel Foucault*, pp. 268~269. [『미셸 푸코: 구조주의와 해석학을 넘어서』, 271쪽.]

고자 하는 점이다. 그러나 정신의 개조로는 충분치 않고, 행동의 변화를 성취해 내야 했다. 이 행동의 변화는 주로 **규율** 기술과 장치의 일이었다. 다시 말해 경제적인 동시에 사회적인 억압체계의 소관이었던 것이다. 그리고 이 억압체계의 기능은 개인으로 하여금 경쟁의 압력하에서 극대화 계산의 원리와 자본가치평가 논리에 따라 자기 자신을 통치하도록 의무화하는 것이었다. 이것이 세 번째로 지적하고자 하는 점이다. 이와 같은 규율체계 및 이 규율체계의 제도적 법규화의 점진적 확장은 결국 보편적 **합리성**의 정착으로 귀결된다. 이 보편적 합리성은 일종의 새로운 명증성의 체제이며 인간 품행을 이해할 수 있게 해주는 유일한 틀로서 모든 진영의 통치자들에게 필수불가결한 것으로 부과된다.

경쟁을 통한 새로운 조절[6]

'거대한 전환'의 의미를 제대로 파악하지 못하는 두 방식이 있다. 첫 번째는 '거대한 전환'의 의미를 자본주의 체제에 내재하는 경제적 변환으로부터만 도출하려는 방식이다. 그래서 사람들은 위기 상황에 **대응하고 적응하는** 차원을 인위적으로 따로 떼어 놓는다. 두 번째는 '신자유주의 혁명'에서, 숙고되고 협의에 기초한 적용을 보는 방식이다. 이때 대체로 밀턴 프리드먼이 말하는 버전의 숙고되고 협의에 기초한 적용

6) 이번 절에서는 엘-무후브 무후드(El-Mouhoub Mouhoud)와 도미니크 플리옹(Dominique Plihon)이 '맑스의 문제'(Question Marx)라는 세미나에서 행한 분석의 일부를 살펴본다. 출판을 계기로 본서 저자들이 무후드의 도움을 받아 이 분석을 완전히 재검토했다.

이 특권화된다.[7] 그래서 이데올로기적 **보복**의 차원이 과대평가되었다. 실제로 경쟁을 세계적 규범으로 설정하는 것은 정치적 기획과 내적 역학과의 **접속**, 요컨대 기술적이고 상업적이며 생산적인 총체와의 접속을 통해 이루어졌다. 이번 절과 다음 절에서 우리는 이 역학의 주요 특질을 해명해 보고자 한다. 두 번째 차원에 대한 구체적 점검은 이데올로기와 규율에 할애된 다음 절들에서 다루도록 하겠다.

나중에는 여러 나라 정부들이 따라 했고 IMF나 세계은행 같은 대규모 국제기구가 그 바통을 이어받게 되는 이 대처와 레이건의 정치 프로그램은, '관리 불가능'하다 판단된 어떤 상황에 대한 일련의 **대응**으로 애초에는 등장한다. 이와 같은 반응적 차원은 『민주주의의 위기』*The Crisis of Democracy*라는 제목의 삼각(삼극)위원회[8] 보고서에서 자명하게 드러난다. 이 보고서는 자본주의 국가의 많은 지도자들이 공유하고 있는 민주주의의 '통치불가능성'과 관련된 의식을 증명한다.[9] 1975년 진단의 정식화를 요청받은 전문가들이 인정한 바에 따르면, 정치적이고 사회적인 삶에 피통치자들이 지나치게 몰두하기 때문에 통치자들이 통치를 할 수 없게 되었다는 것이다. 토크빌이나 존 스튜어트 밀이

---

7) 이러한 양상은 나오미 클라인(Naomi Klein)의 최근 작업, *La Stratégie du choc. La montée d'un capitalisme du désastre*, trad. Lori Saint-Martin et Paul Gagné, Leméac/Actes Sud, Arles, 2008[*The Shock Doctrine: The Rise of Disaster Capitalism*, 2007. 『자본주의는 어떻게 재난을 먹고 괴물이 되는가』, 김소희 옮김, 모비딕북스, 2021]에서 한쪽으로 매우 치우쳐 강조된다.

8) 삼각위원회는 1973년에 데이비드 록펠러(David Rockefeller)가 설립했다. 삼각위원회 헌장이 지적하고 있듯이, 삼각위원회는 '탁월한 시민' 200명을 결집하는데, 즉 '삼각'(tiade; 미국, 유럽, 일본) 출신이면서 '공동 행동을 위한 실천적 주장의 개진'에 열중하는, 세계적 정치·경제 엘리트 중 엄선된 멤버들을 결집하는 것이다.

9) M. Crozier, S. Huntington, J. Watanuki, *The Crisis of Democracy : Report on the Governability of Democracies to the Trilateral Commission*, New York University Press, New York, 1975.

근대인들의 무관심을 한탄했던 것과는 정반대로, 미셸 크로지에Michel Crozier, 새뮤얼 헌팅턴Sumuel Huntington과 조지 와타누키Joji Watanuki는 1960년대에 일어난 민주주의의 과잉을 한탄했다. 그들이 보기에 가장 빈곤하고 가장 주변부적인 계급들의 적극적인 정치참여 욕망과 평등성의 주장 대두는 한탄스러운 것이었다. 그들이 보기에 정치적 민주주의는 "어떤 개인들과 어떤 단체들의 일정 정도의 무관심과 비참여"[10]가 있어야만 정상적으로 기능할 수 있는 것이었다. 그들은 최초의 신자유주의 이론가들의 고전적 주제들로 되돌아가 다음과 같이 주장하기에 이른다. "정치적 민주주의의 무한한 확장을 바람직한 정도로 제한해야 한다"[11]는 점을 인정해야 한다고 말이다.

이렇게 '주장을 제한'해야 한다는 요청은 그 나름의 방식으로 과거의 포드주의적 규범에 위기가 닥치기 시작했음을 의미한다. 포드주의적 규범은 (물가와 생산성 향상을 연동시키는 까닭에) 실질임금의 정기적 인상에 유리한 부가가치 공유의 규칙을 테일러주의와 긴밀히 연결시켰다. 생산과 대중의 소비의 연동은 게다가 임금과 이윤 간의 일정한 거시경제적 '연동'을 보장하는 성장모델의 상대적으로 자기중심적[12]인 특징에 의거하고 있었다. 상품들의 약소한 차별화, 가격에 대한 수요의 높은 탄력성,[13] 소득 향상 등과 같은 수요의 특질들은 소비재와 설비재 상에서 가구가 필요로 하는 것의 점진적 만족과 일치한다.

---

10) *Ibid*., p. 114.

11) *Ibid*., p. 115. 다음에서 인용. Serge Halimi, *Le Grand Bond en arrière*, Fayard, Paris, 2004, p. 249.

12) 국민국가의 영토적 토대를 중심으로 한 거시경제학적 순환을 정의하게 해주는 용어이다.

13) 경제언어에서 수요의 가격탄력성은 가격변동에 대한 수요의 민감성을 지칭한다.

또한 생산성 향상을 통해 확보되는 소득의 지속적 증가는 대량생산을 주로 국내시장에 유통 가능하게 해준다. 국제적 경쟁에 거의 노출되지 않은 산업영역은 성장동력 역할을 하고 있었다. 생산활동체제는 대단히 발전된 분업, 증대되고 있었지만 경직되어 있던 자동화, 생산과 소비의 긴 주기에 의존하고 있었다. 이것들은 국내 혹은 심지어는 국제적인 토대 위에 선 규모의 경제를 획득 가능하게 해주었다. 이 토대는 이미 조립 부문의 아시아 국가로의 대대적 이전과 연관되어 있었다. 우리는 이러한 조건들이 정치적이고 사회적인 면에서 어느 정도까지 자본의 가치상승과 실질임금의 증가를 연동시키는 조정을 가능하게 했다는 점(이것을 사람들은 '사회민주주의적 타협'이라 부를 수 있었다)을 이해할 필요가 있다.

하지만 1960년대 말부터 포드주의적인 '탁월한' 성장모델은 내적 한계에 봉착한다. 기업들은 현격한 이윤율 감소를 겪게 된다.[14] '수익성'의 이러한 하락은 생산성 향상의 둔화, 사회 세력들과 임금노동자들의 투쟁역량(이것이 '68년'의 역사적 특징이다)의 관계, 그리고 1973년과 1979년 두 차례에 걸친 석유파동에 의해 증폭된 강력한 인플레이션으로 설명할 수 있다. 그래서 스태그플레이션은 케인스주의의 '경기조정'기술에 사망선고를 내리는 것처럼 보인다. 케인스주의의 이러한 경기조정기술은 인플레이션과 경기침체 간의 조정을 상정했다. 두 현상, 즉 높은 인플레이션율과 높은 실업률의 공존은 경제정책 도구들에 대한 신뢰를 실추시키는 것 같았다. 특히 수요의 수준과 활동의 수준,

14) 다음을 참조할 것. Gérard Duménil et Daniel Lévy, *Crise et sortie de crise, ordre et désordres néolibéraux*(위기와 위기 탈출: 신자유주의의 질서와 무질서), PUF, Paris, 2000.

그러므로 고용의 수준에서의 공공지출의 효력에 대한 신뢰를 실추시켰다.

제2차 세계대전 이후 발생한 국제 시스템의 와해는 동시에 이 위기의 추가적 요인이 되었다. 1973년부터 시작된 통화가치의 전격적 변동은 시장이 경제정책에 더 큰 영향력을 끼칠 수 있도록 길을 열어주었다. 그리고 새로운 맥락 내에서의 점진적인 경제개방은 '생산-소득-수요'라는 자기중심적 순환의 토대를 무너뜨렸다.

새로운 통화주의 정책은 스태그플레이션과 임금노동자들의 조직들이 행사하는 압력이 만들어 내는 주요한 두 문제에 대응하려고 노력한다. 문제가 되었던 것은 임금과 물가의 연동을 끊음으로써 두 차례의 석유파동으로 인해 임금노동자들의 구매력에 야기된 공백을 기업들에게 유리하도록 전이하는 것이었다. 경제정책 전환에서의 두 축은 1970년대 말 천정부지로 치솟는 인플레이션과의 싸움과 이윤회복이었다. 심각한 경기침체와 실업증가라는 대가를 치르면서 행해진 갑작스러운 이자율 인상은 노조의 힘에 대한 일련의 공세를 신속하게 개시하고 또 사회적 지출과 세금을 삭감하며 규제완화를 조장할 수 있게 해주었다. 좌파정부들조차도 1980년대 초반에 이와 같은 통화정책을 전향적으로 채택한다. 프랑스의 경우가 이 점을 모범적으로 보여 주고 있듯이 말이다.[15)]

이러한 이자율 인상은 또 다른 '탁월한 순환'을 통해 1982년 라틴아메리카 국가들, 그 중에서도 특히 멕시코 같은 나라의 부채 위기로 귀착된다. 이것은 IMF가 상환 조건 협상의 대가로 심도 있는 개혁을

---

15) 1983년부터 들로르(Jacques Delors) 정부는 긴축으로 전환한다.

전제로 한 구조조정안을 강제하는 기회가 되었다. 1979년 미국의 금리가 두 배로 오르자 그 내적 · 외적 결과로서 채무자들에 대한 채권자들의 권력이 회복된다. 채무자들은 실질적으로 더 많은 보상報償을 요구받았고, 그들에게 아주 불리한 정치 · 사회적 상황이 더해졌다.[16] 통화 및 예산과 관련된 이러한 규율은 OECD 국가 전체, 그리고 세계은행의 차관과 IMF의 지원에 의존하는 남반부 국가들에서 인플레이션 방지 정책의 새로운 규범이 된다.

새로운 방향설정은 경제적 장치와 메커니즘에서 이렇게 점진적으로 구체화된다. 이 경제 장치와 경제 메커니즘은 상이한 여러 국가의 자본주의들 간의 '게임의 규칙'을 심층적으로 변화시켰을 뿐만 아니라 이들 각 국가의 공간 내부에 있는 사회계급들 간의 게임의 규칙 또한 심층적으로 변화시켰다. 시행된 조치들 중 가장 잘 알려진 것들은 (대부분 헐값에 매각되는) 공기업 **민영화**의 대대적 유행과 전면적인 경제 **규제완화** 운동이다. 이러한 방향설정의 핵심 이념은 다음과 같다. 사적 경제 주체 — 이들은 사업의 실태에 대해 최상의 지식을 활용하고 있고, 그들 자신의 이해관계를 가장 잘 알고 있다는 것이다 — 에게 부여되는 자유는 직접적 개입이나 공적 규제보다 항시 훨씬 더 효율적이라는 것이다. 케인스주의적이고 포드주의적인 경제질서는 기업들 간 경쟁과 자본주의 경제체제들 간 경쟁이 환율과 무역정책, 소득분배 등과 관련해 확정된 공통의 고정 규칙에 의해 관리되어야 한다는 관념에 의거했던 반면, 새로운 신자유주의 규범은 1980년대 말에 경쟁을

16) 다음을 참조할 것. Dominique Plihon, *Le Nouveau Capitalisme*, La Découverte, 'Repères', Paris, 2003. [플리옹, 『신자본주의』, 서익진 옮김, 경남대학교출판부, 2006.]

최상의 보편적 통치규칙으로 정립했다.

이러한 규칙체계는 **세계적 규율체계**라 명명될 수 있는 바를 규정했다. 뒤쪽에서 설명하겠지만 이러한 규율체계는 통화주의 교의에 따르는 통치들에 의해 1970년대에 고안된 규율 장치들의 실험절차의 귀결을 대표한다. 존 윌리엄슨John Williamson이 '워싱턴 합의'Washington consensus라 부른 것에 이러한 체계 고안의 가장 간결한 정식화가 존재한다. 이 합의는 국제금융공동체 내에서, 모든 국가들이 차관이나 원조를 얻어 내기 위해 따라야 하는 규정들의 총체로 제정되었다.[17)]

국제기구들은 이러한 규범의 보급에 대단히 적극적인 역할을 담당했다. 1980년대에 IMF와 세계은행은 최강대국들의 통치가 새로운 통치합리성 쪽으로 이동하면서 자신들의 임무의 방향이 급격히 변화하는 것을 목격했다. 가장 허약한 대부분의 경제체제들은 이 기구들의 규정들에 따를 수밖에 없었다. 열강들의 원조를 받거나 적어도 그들의 '지지'를 얻어 내어, 채권자들과 국제 투자자들에게 자신들의 이미지를 향상시키기 위해서 말이다. 하버드의 경제학자인 대니 로드릭Dani Rodrick은 세계은행과 많은 일을 함께 했는데, 이 점과 관련해 그것이 하나의 "노련한 마케팅 전략"이었다고 주저 없이 말한다. "위기로부터 경제를 구하기 위해 겪어야만 하는 과정인 구조조정은 마치 상품처럼 팔렸다. 각국 정부들은 구조조정이라는 패키지 상품을 구입했다."[18)] 조지프 스티글리츠Joseph Stiglitz가 잘 보여 주듯이 실제로 구조조

---

17) 새로운 세계 규범을 구성하는 열 가지 규정 중에는 다음과 같은 것들이 있다. 예산규율과 재정규율(예산 균형에 대한 존중과 의무과세 그리고 과세율 인하), 관세장벽 철폐, 경쟁력 있는 환율 설정을 동반한 무역 자유화, 외국자본 이동에 대한 개방, 경제 민영화, 규제완화와 경쟁시장 설정, 재산권 중에서도 특히 국제적으로 독점되는 지적소유권에 대한 권리의 보호 등이다.

정의 결과는 대체로 매우 파괴적이었다. 이 '충격요법'들은 지나치게 높은 금리로 성장을 질식시켜 버렸고 선진국들과의 경쟁에 국내 생산을 대책 없이 노출시킴으로써 그것을 파괴했다. 이 충격요법은 또한 종종 불평등을 심화시켰고 빈곤을 악화시켰으며 경제적이고 사회적인 불안정을 가중시켰고 이런 식으로 '개방된' 경제체제를 자본이동의 불안정성 속으로 몰아넣었다. IMF와 세계은행의 개입 목적은 경쟁국가라는 정치적 틀, 즉 모든 활동이 경쟁을 국가경제의 법칙으로 만드는 경향이 있는 그러한 국가의 틀을 부과하는 것이었다. 그 경쟁이 외국 생산자들의 경쟁이든 국내 생산자들의 경쟁이든 간에 말이다.

보다 일반적으로 북반부 국가들의 정부뿐 아니라 남반부 국가들의 정부들이 추구한 정책들은 세계적 수준에서의 시장 점유율을 높임으로써 국내 문제들을 해결하려고 했다. 수출, 해외 시장 공략, 그리고 저축 유도와 같은 경쟁이 만들어 내는 과도한 경쟁의 맥락은 제도적이고 사회적인 체계의 항구적 '개혁'으로 귀결되었다. 이러한 개혁은 인구에 반드시 필요한 것으로서 제시되었다. 경제정책과 사회정책 모두 세계화에 대한 이러한 '적응'을 주요한 차원으로 포함시켰다. 기업들의 적응성을 배가시키려 하고 자본소득과 최고의 특혜자들 그룹에 부과되는 세제 압박을 감소시키려고 모색하고 노동자를 규율화하고 노동비용을 낮추며 생산성은 증가시키려 하면서 말이다.

자본 가치증식에 최적인 세제적이고 사회적인 환경을 만들어 냄

18) 다음에서 인용했다. N. Klein, *La Stratégie du choc*, p. 202. [『자본주의는 어떻게 재난을 먹고 괴물이 되는가』, 216쪽.] 말이 났으니 하는 말이지만, 여기에 '전략'(stratégie)이라는 말의 첫 번째 의미, 즉 미리 정해진 목표에 도달할 수 있도록 해주는 수단들의 선택이라는 의미에 대한 제법 그럴싸한 설명이 있다.

으로써 더 많은 해외투자를 이끌어 내려 하는 여러 국가 자체가 이러한 과도한 경쟁의 핵심 요소가 되었다. 그러므로 국가들은 새로운 강압에 국가를 예속시키는 그러한 질서의 창조에 폭넓게 기여했다. 그리고 이 새로운 강압은 국가들로 하여금 임금상승과 공공지출을 억제하고 너무 많은 비용이 든다고 판단되는 '기득권'을 축소하며 사적 보험의 논리를 벗어나는 연대의 메커니즘을 약화시키도록 유도한다. 세계적 경쟁의 주체이자 대상이고 또 금융 자본주의의 구축자이자 보조자인 이 국가들은 점차로 매우 광범위하게 자신들에게서 벗어나는 세계화라는 역학의 철칙에 예속되게 된다. 이렇게 정부와 (금융 및 무역 분야의) 국제기구 지도자들은 세계화가 하나의 숙명이라고 주장할 수 있다. '숙명'이라 주장되는 것을 만들어 내기 위해 지속적으로 작업을 가하며 말이다.

금융 자본주의의 비상

신자유주의 규범의 세계적 수준의 확산은 금융 자유화와 기술의 세계화에서 특권적 매개수단을 발견하게 된다. 자본단일시장은 일련의 법제개혁을 통해 수립되었는데, 그 중 가장 중요한 것들이 환거래 완전자유화, 금융분야 민영화, 금융시장 장벽철폐 그리고 지역적 수준에서는 유럽 단일통화 창조가 있다. 금융의 이러한 **정책적** 자유화는 국제투자가 유치로 충족될 공공부채 자금조달의 필요성에 바탕을 두고 있다. 이 정책적 자유화는, 기업과 가계 그리고 채무국들과 관련된 신용관리보다 금융주체들 간 경쟁을 우선시함으로써 이론적 측면에서 정당화된다.[19] 정책적 자유화는 교조적 통화주의의 엄격한 규준을 포기한 미국의 점진적 통화정책 수정을 통해 촉진되었다.

세계 금융은 20년 가까운 세월 동안 주목할 만한 신장세를 보였다. 1980년대부터의 거래규모는, 금융시장이 세계경제의 만성화된 불안정성을 심화시키면서 생산영역 및 무역과 관련해 독자성을 획득하게 되었다는 것을 보여 준다.[20] 금융에 의한 '세계화'가 시작된 이래로 대부분의 나라들은 자본을 소유한 자들의 이익에 반하는 조치를 취하지 못하는 상태에 있다. 그래서 그들은 투기 거품이 형성되는 것도, 그것이 폭발하는 것도 막지 못했다. 게다가 그 나라들은 2000년부터 미국과 마찬가지로 고전 통화주의로부터 멀어진 통화정책을 통해 그러한 거품 형성에 기여하기까지 했다. 세계 통화시장 단일화는 회계 기준 동질화와 수익성 요구 획일화, 독과점 전략 모방, 인수와 합병 그리고 업무 구조조정의 거센 물결을 수반한다.

포드주의적 자본주의에서 금융 자본주의로의 이행 역시 마찬가지로 기업 통제 규칙들의 현격한 변화로 특징지어진다. 공공 분야가 민영화되면서, 즉 기업의 소유구조 내에서 기관 투자가들의 영향력이 증대되고 외국자본이 증가하면서 나타나는 자본주의의 주된 변화 중 하나는 기업들이 추구하는 목표가 주주들의 압력하에 들어가게 되었다는 것이다. 실제로 기업주들의 금융권력은 경영자들로 하여금, 배당금이 증가하고 주가가 오르도록 임금노동자들에게 부단히 압력을 행사하게 하기에 이른다. 이러한 논리에 따르면 '주주가치의 창출', 다시

---

19) 다음을 참조하라. D. Plihon, "L'Etat et les marchés financiers"(국가와 금융시장), *Les Cahiers Français*, n°277, 1996.

20) 다음을 참조하라. François Chesnais, *La Mondialisation financière. Genèse, coût et enjeux*(금융 세계화: 유래, 비용 그리고 쟁점), Syros, Paris, 1997.

말해 주주를 위한 가치의 생산을 결정짓는 주식시장 같은 곳에서 그러한 가치를 생산하는 것이 경영진들이 경영을 하는 데 있어 주된 기준이 된다. 기업의 행동은 주주가치 창출이 경영의 주된 기준이 된 것으로부터 깊은 영향을 받게 될 것이다. 기업들은 금융의 이러한 '가치창출'을 증대시키기 위한 모든 수단을 발전시키게 될 것이다. 즉 인수합병, 핵심사업의 구조조정, 생산의 일정 부문 외주화 그리고 기업 규모 축소다.[21] 기업 지배 구조corporate governance는 기업 경영에 대한 주주들의 통제의지와 직접적으로 연관되어 있다. 오로지 주가지수 변동에 의해서만 결정되는, 소위 '지수적' 통제는 경영자들이 설정하는 목표들의 자율성 축소를 목표로 삼는다. 왜냐하면 경영자들의 목표들이 주주들의 이해관계와 다르거나 심지어는 상반된다고까지 상정되기 때문이다. 이러한 통제실천의 주된 효과는 주가 상승을 주주들과 경영진 공동의 목표로 만든 것이다. 금융시장은 이렇게 경영진에서부터 말단 임금노동자들에 이르는 모든 기업의 행위자들을 **규율화하는 동인**으로 구성되게 되었다. 모두가 설명 책임accountability, rendre des comptes의 원칙에 따라야 하고 얻어진 결과에 따라 평가되어야 한다.

금융 자본주의의 강화는 또 다른 중대한 결과를, 첫 번째로 사회적인 결과를 발생시키게 되었다. 경제의 금융화와 더불어 소득과 자산의 집중이 가속화되었던 것이다. 임금 디플레이션은 자본을 가진 자들의 권력이 증대된 것으로 해석될 수 있다. 권력의 증대로 그들은 가치의 현저한 증가를 얻어 낼 수 있었다. 금융 생산성에 대한 그들의 기준을 전 생산영역에 강요함으로써, 그리고 노동력을 세계적 규모의 경쟁

21) D. Plihon, *Le Nouveau Capitalisme*, p. 67 이하.

에 내맡김으로써 말이다. 임금 디플레이션은 수많은 임금노동자들을 빚으로 내몰았다. 그리고 그들의 빚은 연방준비은행의 통화정책적 행동에 의한 2000년 대폭락 이후 더욱더 불어났다. 임금노동자들은 상대적 빈곤화(많은 경우 절대적 빈곤화)로 인해 이렇게 금융권력에 예속되었다.

두 번째 [중대한 결과]는, 심각한 타격을 받은 주체와 자기 자신의 관계이다. 매력적인 세금제도와 당국의 장려 덕분에 수많은 중산층 가구와 상류층 가구의 금융자산과 부동산이 1990년대 이후로 엄청나게 증가했다. 서양의 인구는 수많은 소자본가들로 이루어져 있다고 하는, 대처주의의 환상으로부터는 멀어졌지만, 그럼에도 불구하고 금융 자본의 논리는 주체에 대한 무시할 수 없는 효과를 가져왔다. 각 주체는 그의 실존 전 영역에서 자기 자신을, 가치증식되어야 할 자본의 소유자로서 이해하고 또 그렇게 행동하게 된 것이다. 요컨대 대학 유상교육이나 퇴직을 위한 개인적인 저축 마련, 주거지 구입, 장기 주식투자 등은 바로 이러한 '개인적 삶의 자본화' 양상들인 것이다. 이러한 '개인적 삶의 자본화'가 임금노동자들 사이에서 그 입지를 굳히면서 연대의 논리들을 좀 더 침식시키게 되었다.[22)]

상당수의 분석가들이 당시 주장했던 것과는 반대로, 금융 자본주의의 도래 때문에 19세기의 조직화된 자본주의로부터 '탈조직화된 자본주의'로 넘어간 것이 아니다.[23)] 주체성의 차원에 이르기까지 전면화

---

22) 이와 같은 점에 대해서는 다음을 참조할 것. R. Martin, *The Financialization of Daily Life*, Temple University Press, Philadelphia, 2002. 우리가 '금융주체화'라고 부르는 것에 대해서는 뒤에 오는 13장을 참조하라.

23) Scott Lasch & John Urry, *The End of Organized Capitalism*, Polity Press, Cambridge, 1987.

된 경쟁의 활용이라는 원동력을 갖는 새로운 토대 위에서 자본주의가 재조직되었다고 말하는 편이 나을 것이다. 자본주의는 그 어떤 규제 방식에도 관심을 두지 않는다고 생각할 여지를 주는 '규제완화'라는 표현으로 우리가 부르기를 좋아하는 것은 사실상 경제활동, 사회적 관계, 행실, 주체성을 새롭게 **질서화**하는 것이다.

금융이 지배하는 새로운 축적체제를 설정함에 있어 국가 및 국제 경제기구들의 역할만큼 이러한 새로운 질서화를 잘 보여 주는 것도 없다. 국가의 쇠퇴하는 힘과 대비되는 금융 자본의 힘을 한탄하는 것에는 사실 어떤 잘못된 순진함이 존재한다. 이 새로운 자본주의는 전면화된 경쟁원리가 지배하는 세계금융의 **정책적** 구축과 심층적으로 연관되어 있다. 그렇기 때문에 금융의 '시장화'marketization는 신자유주의 합리성의 산물이다. 그러므로 신자유주의와 금융 자본주의를 단순하게 동일시함으로써 결과와 원인을 혼동해서는 안 된다.

물론 모든 것이 국가의 손에서 나오는 것은 아니다. 금융시장 자유화의 애초의 목표 중 하나가 공공적자를 메울 자금조달의 점증하는 필요성을 촉진하는 데 있었다면, 금융의 세계적 확장은 애초에는 예정에 없던 금융상품, 실천과 기술상에서의 수많은 혁신의 결과이기도 하다.

그래도 1980년대에 기업과 가계의 은행 융자를 더 행정적으로 관리하는 대신, 자유화와 민영화라는 개혁을 통해 시장금융을 구축한 것이 바로 국가였다. 1930년대부터 1970년대까지의 금융체제는 그것을 **경쟁효과로부터 보호**하려 했던 규칙들에 의해 관리되었다는 점을 상기하도록 하자. 1980년대부터 금융체제가 지속적으로 따르게 될 규칙들은 급진적으로 방향을 전환한다. 왜냐하면 이 규칙들은 국제적인 차원에서의 모든 금융 주체들 간의 **전면적 경쟁을 법규화**하고자 하기 때문이다.[24] 프랑스는 이러한 변화의 적절한 한 예를 제공한다. 프랑스 정부는 금융기관의 행정적 관리, 요컨대 감독의 폐지, 외환관리통제의 해제, 은행 및 금융기관의 민영화 등과 같은 행정적 관리들을 끝내고자 했다. 이러한 조치들은 거대한 단일자본시장의 창립을 가능케 했고 은행, 보험 자문활동을 겸비한 종합기업의 발전을 촉진했다. 마찬가지로 1990년대 초 증가일로에 있던 공공부채의 관리는 국제투자자들에게 도움을 청하기 위해 심도 있게 변화되었다. 그 결과 이러한 수단을 통해 국가는 세계화된 금융계의 비상에 폭넓게 그리고 직접적으로 기여했다. 자기가 한 행동의 대가로 오는 일종의 '충격'으로 인해 국가는 신속히 새로운 국제금융정세에 적응할 것을 명령받았다. 세금을 통한 채권자로의 소득 이전이 증가하면 할수록, 공무원 수를 줄이고 그들의 보수를 삭감하는 것이 더욱더 문제가 되었고, 주요 공공 분야 전체를 더욱더 민간분야로 이전시켜야 했다. 개인 저축의 장려와 마찬가지로 민영화는 결국 엄청난 권력을 은행가와 보험업자에게 부여하게 되었다.

다른 금융시장들(특히 가장 강력한, 런던과 뉴욕의 금융시장)에서의 경쟁에 맞서도록 하기 위해 각 정부 당국은 시장의 규모 확장과 장벽 철폐, 그리고 파생상품 시장의 개발을 체계적으로 장려했다. 1990년대 미국에서 우리는 이렇게, 글래스-스티걸 법Glass-Steagall Act(공식명칭:

---

24) 도미니크 플리옹과 수베랑(Jézabel Couppey-Soubeyran), 그리고 사이단(Dhafer Saïdane)이 쓰는 것처럼, "그때부터 규제의 목표는 은행의 활동이 경쟁을 면하게 해주는 것이 아니라 오히려 활동의 법적이고 정당한 조건을 창조하는 것이다(level playing field, 공평한 경쟁의 장)". D. Plihon, J. Couppey-Soubeyran et D. Saïdane, *Les Banques, acteurs de la globalisation financière*(은행, 금융 세계화의 추세), La Documentation française, Paris, 2006, p. 113.

1933년 은행법Banking Act of 1933)이 철폐됨에 따라 상업은행과 투자은행의 분리가 종말을 맞이하는 것을 목격했고 또 다기능 거대종합기업(원스톱 쇼핑)들이 우후죽순 생겨나는 것을 목격했다. 미국에서 1970년대에 (프랑스에서는 1988년에) 개시된 신용채권 예탁은 대부분의 나라들에서 사법적 틀의 덕을 보았다.[25] 요컨대 다른 영역에서도, 금융 자본의 권력과 기업관리 간의 관계를 구축하는 것 역시 국가의 소관이다. 국가는 기업 지배구조의 규범에 사법적 틀,[26] 즉 주주들에게 권리를 부여하고 주식 가치 증대에 기초해 경영진들에게 보수를 주는 체계를 설정하는 사법적 틀을 제공했다(스톡옵션).[27]

정부에 의한 금융시장의 이러한 정책적 구축을 IMF와 세계은행의 활동이 어김없이 인계받았다. 공공정책은 '기관투자자'들이 주주가치 최대화라는 규범을 창시하고 또 점점 더 큰 규모로 소득 유출을 착복하도록, 또 그들이 연기금을 이용해 무제한적으로 투기하도록 강력하고 적극적으로 협력했다. 금융기관들이 새로운 경제장치의 중심에 위치하게 된 이후로 금융기관의 집중은 가계저축과 기업저축의 대대적인 흡수를 가능케 하는데, 그것은 금융기관에게 모든 경제영역과 사회영역에서의 증대된 힘을 동시에 제공한다. 그러므로 우리가 금융 '자유화'라 부르는 것, 즉 국제금융시장의 구축은, 흩어져 있고 전면적이며 통제 불가능한, 그런 힘을 가진 '피조물'을 탄생시킨 것이다.

국가들의 이러한 적극적 역할은 역설적이게도 2000년대 중반 신

25) *Ibid*., pp. 18~19.
26) 프랑스에서는 2011년 5월의 '새로운 경제규제에 대한 법'과 같은 것이 있다.
27) 우리는 금융 자본주의에 호의적인 이러한 조치들이 정치 및 경제 엘리트들 사이에서 합의를 얻어 냈다는 것을 기억한다. 프랑스에서 이러한 조치들을 시행한 것은 좌파 정부이다.

용기관들의 일탈을 조장하지 않았다면 있을 수 없었을 것이다. 실제로 '다기능' 신용기관들 간 경쟁이 심화되는 바람에 그들은 자체 수익성 유지를 위해 점점 더 큰 리스크를 감수할 수밖에 없었다.[28] 국가가 이러한 금융체계의 최고 보증인으로 있어 주지 않았다면 이러한 리스크 감수는 불가능했을 것이다. 1990년대 미국의 저축은행 구제는 '대마불사'too big to fail 원칙에 따라 대형은행들의 몰락에 국가가 결코 무관심할 수 없음을 보여 주었다. 사실 신자유주의 정부는 오래전부터 최종 대부자 역할을 수행했다. 미국에서 이뤄졌던, 은행으로부터의 채권 매입과 그 채권의 금융증권화securitization 실태가 충분히 보여 주듯이 말이다.[29] 따라서 2007년 위기가 시작된 이후로 정부들이 금융기관과 보험회사를 '구제'하는 개입을 확대한 것도 놀랄 일이 아니다. 요컨대 이러한 개입은 '리스크의 국영화와 이익의 민영화'라는 원칙을 매우 큰 규모로 입증해 보여 주는 것에 다름 아니다. 예를 들어 영국의 고든 브라운Gordon Brown 정부는 영국 금융체계의 거의 50%를 국영화했고 미국 정부는 월스트리트 은행들의 총액 수십 수백억 달러의 유상증자에 참여했다. 몇몇 분석가들이 주장했던 것과는 반대로, 여기서 문제가 되는 것은 분명 '사회주의'도 아니고 새로운 '10월 혁명'은 더더욱 아니다. 문제는 신자유주의 국가가 담당하는 적극적 역할의 억압적이고 강압

28) 금융위기의 메커니즘에 대해서는 폴 조리옹(Paul Jorion)의 *Vers la crise du capitalisme américan*(미국 자본주의의 위기를 향해), La Découverte, Paris, 2007과 프레데릭 로르동(Frédéric Lordon)의 *Jusqu'à quand? Pour en finir avec les crises financières*(언제까지? 금융위기를 끝내려면), Raisons d'agir, Paris, 2008을 참조할 것.

29) 담보대출은 이렇게 미국에서, 주택 융자를 맡은 두 공공 기관, 패니메이(Federal National Mortage Association, FNMA : Fannie Mae, 연방저당공사)와 프레디맥(Federal Home Loan Mortage Corporation, FHLMC : Freddie Mac, 연방주택대출저당공사)에 의해 다량으로 보증되었다.

적인 확장인 것이다. 금융 자본주의의 구축자이자 매개자 그리고 파트너이기도 한 신자유주의 국가는 실제로 위기를 이용해 최종 금융기관이 됨으로써 진일보한 것이었다. 이것은 분명한 사실이어서, 이와 같은 '구제'는 잠정적으로 신자유주의 국가를, 주식을 저점 매수해 고점 매도하려는 일종의 증권국가로 만든다. '국가의 후퇴' 이후 '국가의 회귀'가 목격된다는 이러한 관념은 그러므로 진지한 문제로 다뤄져야 한다.

이데올로기(1): '자유 자본주의'

이러한 환상이 그토록 일상적인 것은 1960년대와 1970년대 이후 한편으로는 공공정책과 국가에 반하는 이데올로기적 투쟁, 또 다른 한편으로는 가장 자유로운 자본주의에 대한 무조건적 옹호라는 이중의 양상을 취하고 있는 의식개혁이라는 효과적 전략과 상당 부분 관계가 있다. 이 상투구 전체는 '국가 불간섭'의 필요성과 탁월한 '시장 효율성'이라는 주제를 대대적으로 미화하고 과장했다. 그래서 1980년대 말 우리는, 가장 적극적으로 시장을 **구축하려 했던** 신자유주의 정책에도 불구하고 자기조절적 시장 신화가 회귀했다고 생각할 수 있었다.

이러한 정책적·이데올로기적 승리를 확보하기 위해 수많은 작업이 수행되었다. 몇몇 저자들은 **이데올로기적 투쟁**의 고도로 의식화된 전략을 전개시켰다. 하이에크, 폰 미제스, 스티글러 혹은 프리드먼은 그들의 저서와 발언의 상당 부분을 차지하고 있는 교육과 선전이라는 주제를 정말로 중요하게 생각했다. 이 저자들은 심지어 자신들의 논지에 대중적 형식을 부여하고자 했다. 자신들의 논지가 직접 여론에 영향을 주지는 않을지라도, 적어도 그 여론을 만들어 내는 자들에게 영향을 주기를 원했기 때문이다. 그들의 이러한 노력은 하이에크의 『노예의 길』의 전 세계적 성공이 보여 주듯 아주 일찍부터 행해졌다. 이로 인해 일련의 두뇌집단들도 구축된다. 그 중 가장 유명한 것은 1947년 스위스 브베Vevey에서 하이에크와 뢰프케가 설립한 몽펠르랭 협회인데, 이 협회는 각국의 행동파 연합과 단체들을 아우르는 방대한 총체의 '선두조직'이었다. 그래서 역사 기록은 '시장 복음주의자들'의 두뇌집단이 경제계에 의존하는 신문들에 의거해 주요 우파정당들을 공격할 수 있게 한 방식을 기술하고 있고, 또 시장과 세계화라는 '현대적 관념'이 사회민주주의를 필두로 하는, 자신과 직접적으로 대립되는 이데올로기 체계를 어떻게 점차적으로 밀어내고 쇠퇴시켰는지를 기술하고 있다.

이러한 사태의 양상은 역사적 관점에서 당연히 중요한 부분이다. 이러한 상투구는 동일한 논지의 고착과 반복을 통해 결국 도처에 부과되게 되었다. 특히 언론, 학계 그리고 정치계에서 말이다. 밀턴 프리드먼은 미국에서 엄청난 양의 기사, 저서 그리고 텔레비전 출현을 통해 자본주의 복권에 매우 중요한 역할을 한 인물이다. 프리드먼은 그의 시대에 『타임』지(1969년) 표지를 장식한 유일한 경제학자였다. 자본주의를 옹호하는 이러한 관념을 전파하는 것의 중요성을 완벽하게 간파하고 있던 프리드먼은 법제가 대체로 20~30년 전의 여론 동향을 따라갈 뿐이라고 지적했다.[30] 1880년대에 방임에 반대하는 여론의 돌변은 그래서 20세기 초에 와서야 정책 내에서 표출되었다는 것이다. 프리드

30) 프리드먼의 다음 강연을 참조할 것. "The invisible hand in economics and politics", Institute of Southeast Asian Studies, 1981.

먼에 따르면, 케인스주의적 규제정책, 즉 빈곤퇴치와 소득재분배의 실패 때문에, 그리고 소련식 경제모델에 대한 점증하는 혐오감으로 인해 1960~70년대 즈음에는 경쟁적 자본주의에 찬성하는 새로운 변화가 일어났다. 프리드먼의 관점에서, 미국 전역에 확산되고 또 미국을 넘어 대다수 서구 국가들로 확산된 1978년 캘리포니아 납세자 반란은 공공지출과 세금을 절감하고자 하는 인민들의 새로운 열망의 증거였다. 입법 및 정책에 대한 여론의 이러한 순환과 지연 효과를 잘 인식하고 있던 프리드먼은 1981년 정부의 조치에서 표현될 중대한 전환점이 문제라고 말했는데, 그가 제대로 보고 있었던 것이다.

각 나라들은, 공공업무와 '복지국가'의 고비용 악습을 격렬하게 규탄하면서 시장의 회귀와 미국의 보수 혁명을 찬양하는 프리드먼의 베스트셀러들을 제각기 인정했다. 새로운 자명성을 동반하는 이 거대한 물결은, 모든 인민의 동의는 아닐지라도 적어도 공적 발언권을 가진 '엘리트들'의 동의를 끌어냈으며 이 거대한 물결에 여전히 격렬히 반대하는 자들에게 '구태의연'하다는 낙인을 찍도록 만들었다.[31]

그러나 잊지 말아야 할 것은, 이것이 신자유주의의 헤게모니를 확보해 준 유일한 힘이 아니었다는 사실이다. 신자유주의 사상은 좌파 이론의 약화와 자본주의에 대한 모든 대안의 붕괴로 인해 대두되었던 것이다. 신자유주의 사상은 오일쇼크에 의해 세계 경제가 타격을 입었을 때 자본주의 경제를 규제하는 과거 방식의 위기라는 맥락 속에서

---

31) 예를 들어 미국에서는 George Gilder의 *Wealth and Poverty*, Bantam Books, New York, 1981, 그리고 프랑스에서는 Henri Lepage의 *Demain le capitalisme*, Hachette, 'Pluriel', Paris, 1978이 있다.

특히 그 존재를 뚜렷이 부각시켰던 것이다. 1930년대와는 달리 포드주의적 자본주의의 위기가 **더 적은 자본주의**가 아니라 **더 많은 자본주의**에 유리한 길로 나아가게 되었던 것은 이것으로 설명될 수 있다. 이러한 이데올로기 전쟁의 주된 주제는 모든 낭비의 원천과 번영의 걸림돌로서의 국가에 대한 비판이었다.

신자유주의 이데올로기의 성공은 무엇보다 국가에 대한 아주 오래된 비판에 부여된 이 새로운 신뢰에 의해 가능하게 되었다. 19세기 이후로, 국가는 가장 신랄한 비판을 불러일으켰다. 이 점과 관련해 스펜서에 앞서 프레데릭 바스티아Frédéric Bastiat는, 그의 『경제적 조화』*Harmonies économiques*에서 두각을 나타냈다. 공공 서비스는 무책임, 무능력, 불공평, 횡령 그리고 무기력을 내포하고 있다고 바스티아는 기술한다. 즉 "관료주의 영역에 속한 모든 것은 경쟁이라는 필수불가결한 자극제가 거의 결여된 답보 상태에 있다"[32]는 것이다. 그러므로 새로운 어휘를 통해 쇄신된 적이 거의 없는 주제들이 여지없이 재사용되게 된다. 요컨대 국가는 비용이 너무 많이 들며, 경제라는 허약한 기계들을 고장 내고, 주체들의 생산 의욕을 '감퇴시킨다'는 것이다. '국가의 비용'과 과도한 조세 부담은 30년 전부터 세제 측면에서 첫 번째 전환을 정당화하기 위해 끊임없이 논의되어 왔다. 또 다른 비판들이 관료주의의 낭비라는 관념을 강조하면서 추가되었다. 국가지출 과다라는 특성, 지탱하기 어려울 정도로 누적된 부채 규모, 과도한 세제의 억제 효과, 자본소득에 가해지는 세금 부담으로 인해 '경쟁력 없는' 상태에

32) F. Bastiat, *Œuvres économique*, textes présentés par Florin Aftalion, PUF, 'Livre Echange', Paris, 1983, p. 207.

다다른 국내영역으로부터 자본가와 기업이 도피하는 것 등이 바로 그러한 비판들이다. 프리드먼은 거의 과세되지 않는 사회를 꿈꿨다.

> 나라면 이렇게 정의하겠다. 모든 공동체의 지출을 포함한 공공지출이 국내 생산의 10~15%를 초과하지 않는 사회가 '자유주의' 사회다. 우리 사회는 아직 그 정도 지출을 하는 사회와는 무척 거리가 멀다. 물론 사유재산의 보호 정도, 자유로운 시장의 존재, 계약의 존중 같은 다른 기준들도 분명 존재한다. 그러나 결국 이 모든 것들은 국가의 총체적 부담이라는 척도에 의해 평가된다. 19세기 말 빅토리아 여왕 재임 시기 최전성기였던 영국의 지출 총액은 10%였다. 식민지배의 황금기에 홍콩은 15% 이하였다. 모든 경험적 역사적 자료에서 보듯 10~15%가 최적의 규모다. 오늘날 유럽 정부들은 그보다 평균적으로 4배 더, 그리고 우리 미국에서는 단지 3배 더 산정되어 있다.[33]

이 논거는 경제 주체들의 자원을 박탈하고 동기를 파괴함으로써 그들의 활동에 해를 끼치는 과도한 부의 선취를 삼가야 한다는 '간소한 통치'라는 아주 오래된 주제와 무관하지 않다. 관료주의의 비효율성, 즉 폰 미제스와 하이에크가 보기에 본질적으로 계획경제에서의 계측 불가능성과 여러 대안적 해결책 사이의 가능한 모든 중재의 부재에서 기인하는 관료주의의 비효율성에 대한 그들의 1930년대의 분석에 의해 이 논거는 더욱 확고해졌다. '관료주의'와 '전능한 국가'에 반해

---

33) "Milton Friedman : le triomphe du libéralisme"(자유주의의 승리), Entretien avec Henri Lepage, *Politique internationale*, n° 100, été 2003.

고안된 이 논거들은 그것들이 표명되었을 때에는 시대에 역행하는 논지였지만 50년 후에는 언론에서 대대적인 성공을 거두게 된다. 우파진영과는 무관하게 소련의 붕괴는 모든 중앙집권적 경제의 실패를 생생하게 증명하는 듯했다. 결국 폰 미제스와 하이에크는 주저 없이 스탈린주의 식의 관료제하고 그와는 다른 유형의 경제 개입을 혼동했다. 그리고 이러한 혼동은 새로운 편견에서 일상적인 것이 되어 버렸다. 케인스주의 규제의 실패, 대중교육이 봉착한 난관, 과세 부담, 사회 보장을 위한 공공재정 적자, 빈곤을 퇴치하거나 불평등을 줄이는 것에 대한 사회주의 국가의 상대적 무능력, 이 모든 것들은 제2차 세계대전 후에 주요 사회 세력들 간의 타협을 확보했던 제도적 형식들을 수정하려는 구실이었다. 더욱이 절대적인 계약의 자유와 사유재산의 무조건적 보호라는 이름으로, 19세기 말 이후의 모든 사회개혁에 이의가 제기되었다. '거대한 전환'이라는 폴라니주의의 논지를 비난하는 1980년대는 이데올로기적 측면에서 '스펜서주의'의 시대로 특징지어진다.

물론 조금 다른 내용들을 포함하고 있지만, 하이에크가 『노예의 길』에서 사용했던 방법과 같은 방식으로 모든 것들은 혼동되고 있었다. 굴락Goulag과 조세는 사실상 전체주의라는 동일한 연속체의 두 요소일 뿐이었다. 예를 들면 프랑스에서 '신철학자들'과 '신경제학자들'은 동시에 거대한 리바이어던에 대한 동일한 고발에 참여했다. 게다가 우리는 사회비판의 대대적 전환을 목격한 것이다. 다시 말해 1970년대까지 실업, 사회적 불평등, 인플레이션, 소외와 같은 모든 '사회적 병'은 자본주의와 관련이 있었던 반면 1980년대부터는 철저하게 국가 탓으로 여겨졌다. 자본주의는 더 이상 문제가 아니다. 이제 자본주의는 보편적 해결책이 되었다. 이것이 1960년대부터 프리드먼의 저작들이

던져 주는 메시지였다.[34)]

공적 개입은 1920년대부터 정당화되었으며 세계대전 이후 확장되었는데 실제로 이러한 공적 개입은 '시장 실패'market failure를 구실로 행해졌다. 프리드먼은 『선택할 자유』라는 저서에서 이러한 비판의 역전을 완벽하게 다음과 같이 요약하고 있다.

> 정부란 우리가 그 기구를 통해서 '시장의 실패' 결점을 보상받도록 노력할 수 있고, 동시에 우리가 보존하고 있는 자원을 보다 효율적으로 이용하여 국민이 그 대가를 기꺼이 지불할 만큼의 청결한 공기와 물, 그리고 토지를 얻을 수 있도록 하는 하나의 수단인 것이다. 그러나 불행하게도 시장의 실패를 낳게 하는 바로 그 요인들이 정부로 하여금 만족스런 해결책을 구하는 일을 어렵게 만들고 있다. 일반적으로 이야기해서 누가 해를 입고 있으며 누가 득을 보고 있는가를 정부가 식별하는 일이 그것을 시장에 맡기는 것보다 더 어려운 일이다. 정부가 직접 개개인에게 돌아간 이해득실을 평가한다는 것은 결코 쉽지 않은 일이다. 시장의 실패를 교정하기 위해 정부를 이용하는 일들은 흔히 시장의 실패를 정부의 실패로 바꾸어 놓을 뿐이다.[35)]

로널드 레이건은 "정부는 해결책이 아니다. 정부가 바로 문제다"라는 구호를 슬로건으로 삼았다.[36)]

---

34) 다음을 참조하라. M. Friedman, *Capitalisme et libertés*, Robert Laffont, Paris, 1971(1962). [『자본주의와 자유』, 심준보·변동열 옮김, 청어람미디어, 2007.]

35) M. Friedman, *La liberté du choix*, trad. Guy Casaril, Belfond, Paris, 1980, p. 204. [『선택할 자유』, 민병균 옮김, 자유기업센터, 2011, 276쪽.]

이데올로기(2): '복지국가'와 개인들의 사기저하

수많은 논문과 보고서, 시론, 기사는 국가에 들어가는 비용과 국가가 발생시키는 이익 간의 대차대조표를 작성하여 다음과 같이 가차 없이 결론짓는다. 실업수당과 최저소득은 실업에 대한 책임이 있고, 의료지출을 국가가 담당하는 것은 적자를 더 악화시키고 과도한 비용증가를 야기시키며, 무상교육은 학생들을 태만과 방황으로 내몰고, 소득재분배 정책은 불평등을 축소시키기는커녕 노력의 의지를 저하시키며, 도시정책은 사회적 격리에 제동을 걸기보다는 지방세를 더욱더 무겁게 부과하는 결과를 초래했다. 요컨대 중요한 것은 시장질서에 대한 국가간섭이 갖는 유용성에 대한 결정적 문제를 도처에서 제기하는 것, 그리고 대개의 경우 국가가 가져온 '해결책'이 문제를 해결하기보다는 오히려 더 많은 문제를 만들어 내고 있다는 것을 보여 주는 것이었다.[37]

그러나 복지국가의 비용 문제는 회계의 차원에만 그치지 않는다. 다수의 논쟁가들에 따르면, 사실 공적 활동이 가장 부정적 효과를 발생시킬 수 있는 영역이 바로 사기士氣의 영역이라는 것이다. 더 정확히 말해 '복지국가' 정책에 특히 많은 비용이 들게 된 이유는, 이 정책이 인민들 사이에 사기저하를 야기할 위험이 있기 때문이다. 신자유주의의 장황한 주제는 다음과 같이 주장하는 데 있다. 요컨대 관료주의적

---

36) 다른 논지들이 공적 개입에 대한 이러한 문제제기를 뒷받침하게 된다. 소위 공공선택론(Public Choice)이라 불리는 미국 경제학파는, 공적 활동에 개인의 경제적 계측 논리를 적용시키면서 더 정교한 관점을 전개한다. 우리는 이 이론을 13장에서 검토할 것이다.

37) 프랑스에서 작성된 주요 자료들 중 하나인 다음을 참조하라. Henri Lepage, *Demain le capitalisme*(내일의 자본주의), chap. VI. 'L'Etat-providence démystifié'(탈신비화된 복지국가).

국가는 시민사회의 여러 미덕들, 정직성, 성실한 노동의 의미, 개인의 노력, 시민성 그리고 애국심을 파괴한다는 것이다. 시장이 '이윤에 대한 욕망'을 통해 시민사회를 파괴하는 것이 아니다.[38)] 시민사회의 이러한 덕들 없이는 시장이 작동할 수 없기 때문이다. 개인의 사기의 원동력을 갉아먹는 것은 국가다. 앨버트 허시먼Albert O. Hirschman이 보여 주었듯이 이러한 논지는 새로운 것이 아니었다. 이러한 논지는 '반동적 수사'를 구성하는 세 개의 근본 도식들 중 하나를 이루고 있는데, 그는 이 논지를 '역효과'라 부른다. 즉 보호적이고 재분배적인 정책을 통해 다수의 행복을 추구하는 것은 반드시 그들의 불행을 초래한다는 것이다.[39)] 바로 이것이 머리Charles Murray의 『토대상실』*Losing Ground*이라는 저서에서 널리 유포된 논지였다. 이 저서는 레이건 시대의 절정기에 출판되었다.[40)] 자비에 입각한 빈곤과의 투쟁은 실패했는데, 왜냐하면 이 투쟁은 다수의 이민세대들이 했던 것과는 달리, 가난한 자들이 향상을 추구하지 못하게 막아 버렸기 때문이라는 것이다. 가치 폄하된 계층에 개인을 가두는 것, 자기 자신에 대한 존엄과 존중의 상실, 빈곤계급의 동질화, 바로 이것들이 사회복지의 예상치 못한 결과들 중 일부였다는 것이다. 이러한 신자유주의의 논지는 머리에게는 하나의 해결책일 따름이다. 요컨대 그 해결책은 복지국가Welfare State의 폐지, 가족 및 이웃의 연대성 회복이다. 이와 같은 연대성 회복은 개인이 체면을 구기지 않을 수 있도록 책임을 지게 만들고 위상과 자존심을 되찾게 만든다는

38) 이 점에 대해서는 이 책 1장과 2장을 참조하여 퍼거슨이 행한 비판을 상기할 수 있다.

39) A. O. Hirschman, *Deux siècles de rhétorique réactionnaire*(반동적 수사의 두 세기), Fayard, Paris, 1995.

40) C. Murray, *Losing Ground. American Social Policy*, Basic Books, New York, 1984.

것이다.

사회보장제도의 과도하게 자비로운 위험 보장이 야기한 '사회복지 의존상태'에 대한 비판은 신자유주의적 담론에 항상 등장하는 비판들 중 하나다. 신자유주의 개혁자들은 효율성과 비용에 대한 이 논지를 이용했을 뿐만 아니라 시장의 해결책 혹은 시장으로부터 영향을 받은 해결책이 갖는 사기 측면에서의 우월성을 내세운다.

신자유주의자들의 이러한 비판은 개인과 리스크의 관계에 근거한 하나의 가설에 의존하고 있다. '복지국가'는 연대의 메커니즘을 통해 인구의 복지를 향상시킴으로써 개인들을 무책임하게 만들었고 또 그들이 직업을 찾고 공부하며 자녀를 부양하고 건강에 해로운 활동으로 인해 발생하는 질병에 대비하는 것을 단념하게 만들었다는 것이다. 그러므로 여기에 대한 해결책은 모든 영역과 모든 수준에서, 하지만 우선적으로 개인의 행실이라는 미시경제적 수준에서 개인적인 경제적 계산의 메커니즘을 작동시키는 데 있다. 이것은 행동의 도덕화와 사회체계의 보다 더 많은 효율성이라는 이중적 효과를 발휘하게 된다는 것이다. 바로 이렇게 해서, 미국에서 부양자녀가 있는 가족에 대한 사회복지 지원은 1970년대에 복지국가의 해악적 효과의 상징이 되어버렸다. 이와 같은 사회복지 지원이 가족관계의 해체, 사회복지 지원을 받는 가족의 증가, 그리고 아이와 어머니를 위한 복지수당을 받는 여성들welfare mothers의 노동에 대한 사기저하를 조장했다는 것이다. 게리 스탠리 베커의 『가족론』에 나오는, 젊은 미혼모에 대한 손익계산에 기초한 아카데믹한 방식의 설명이 이것의 확실한 증거가 된다.[41] '복지국

41) G. S. Becker, *A Treatise on Family*, Harvard University Press, Cambridge, 1981.

가'는 경제 주체가 노동보다 여가를 선호하도록 자극하는 역효과를 발생시킨다는 것이다. 지긋지긋하게 반복되는 이러한 주장은 개인에게 확보된 안전과 책임감의 상실, 부모 의무의 포기, 노력의 보람과 노동에 대한 사랑의 소멸을 서로 연관시키고 있다. 한마디로 말해 사회보장은 자본주의가 기능하는 데 반드시 필요한 가치들을 파괴한다는 것이다.[42)]

레이건 집권기에 출간되어 베스트셀러가 된 『부와 빈곤』*Wealth and Poverty*에서 미국의 에세이스트 조지 길더George Gilder는 가치와 자본주의의 관계를 가장 설득력 있게 주장한 사람이었던 것 같다.[43)] 그가 보기에 미래는, 월터 리프먼이 『좋은 사회』*The Good Society*에서 선언한 바 있는 그러한 자본주의에 대한 신뢰에 달려 있다는 것이다.

> 인간에 대한, 그리고 미래에 대한 믿음, 점점 늘어날 기부에 대한 믿음, 무역의 상호적 이익에 대한 믿음, 신의 섭리에 대한 믿음은 모두 자본주의의 성공에 반드시 필요한 것들이다. 이 모든 믿음은 노동에 대한 열의를 진작시키기 위해, 타락한 세계에 불가피하게 수반되는 실패와 낙심에 대항하는 기업가정신을 진작시키는 데 필요한 것이다. 이러한 믿음은 신뢰성과 연대성이 종종 기만당하는 경제체제 내에서 이 신뢰성과 연대성을 고취하기 위해서 필요하고, 연기처럼 사라질 수도 있는 리스크가 있는 미래의 이름으로 즉각적 쾌락의 포기를 종용하기 위해,

---

42) 이러한 논거들 중의 한 예를 다음에서 찾아볼 수 있다. Philippe Benéton, *Le Fléau du bien. Essai sur les politiques sociales occidentales*, Robert Laffront, Paris, 1983, p. 287.

43) G. Gilder, *Richesse et pauvreté*, trad. Pierre-Emmanuel Dauzat, Albin Michel, Paris, 1981.

또 결국에는 다른 사람들이 게임 참여를 거부할 경우 이윤이 사라져 버리는 이 세계에서 리스크를 감수하는 취미goût와 솔선수범을 고취하는 데 이 믿음은 필요한 것이다.[44]

부가 이러한 덕들에 기초하고 있는 반면 빈곤은, 노동과 부를 이중으로 포기하게 만드는 정책에 의해 조장된다는 것이다. "그러므로 사회적 지원과 여타의 보조금은 노동에 해악적일 수밖에 없다. 빈자들은 여가를 선택하게 되는데, 그것은 그들의 도덕적 우둔함 때문이 아니라, 그렇게 태만하게 지낼 수 있는 비용을 지불받았기 때문이다."[45] 그리고 가난한 자들에게 주기 위해 부자로부터 가져가는 것도 마찬가지로 세제를 통해 부자들로 하여금 부유해지기를 단념하게 만든다는 것이다. 요컨대 "누진세는 이 체계를 위협하고 부자들이 그들의 돈을 위태롭게 만들 수 있는 주된 위험이다."[46]

이러한 상황에서 내려야 할 해결책은 명백하다. 요컨대 부자로부터 가난한 자로의 소득 이전을 감소시키는 것이다. 빈곤 극복에 효과적일 수 있는 유일한 투쟁은 전통으로 되돌아가는 것이다. "노동과 가족 그리고 신앙은 빈곤에 대한 **유일한** 해결책이다."[47] 이 세 수단은 서로 연결되어 있다. 왜냐하면 가족이 노력과 믿음의 의미를 전승하기 때문이다. 일부일처제, 신에 대한 믿음, 기업가정신은, 가족과 용기 그리고 노동을 파괴하는 사회복지 지원이 청산되었을 때의 번영을 위한

44) *Ibid.*, pp. 85~86.
45) *Ibid.*, p. 81.
46) *Ibid.*, p. 72.
47) *Ibid.*, p. 81. 강조는 원저자.

삼대 지주다.

밀턴 프리드먼과 그의 처 로즈 프리드먼은 "[그들이] 보기에, 지난 수십 년 동안 일어난 국가 확장과, 같은 시기 발생한 범죄 증가는 동일한 변화의 두 측면을 이루고 있다"[48]고 생각함으로써 동일한 방향으로 나아가고 있다. 요컨대 국가의 개입은 개인이 "환경의 산물, 그러므로 자기 행동에 대한 책임자로 간주될 수 없는 자"라는 생각에 근거하고 있다는 것이다. 이와 같은 표상을 전복시키고 또 반대로 개인을 전적인 책임자로 간주해야 할 필요가 있다는 것이다. 개인에게 책임을 지우는 것, 그것은 가족에게 책임을 지우는 것이다.[49] 이것은 학부모들에게, 학교를 선택할 자유와 교육비를 부분적으로 조달할 자유를 남겨두는 다른 목표들 중 하나가 될 것이다. 만약 치부致富가 최고의 가치가 되어야 한다면 그 이유는 이 치부가 노동자들로 하여금 그들의 노력과 역량을 제고하도록 종용하는 데 가장 효율적인 수단으로 간주되기 때문이며, 또한 노동자들의 주택 혹은 기업의 사적 소유가 개인적 책임의 조건으로 간주되기 때문이다. 바로 그렇기 때문에 '소유권자들의 민주주의'와 '대중 자본주의'를 조장하기 위해서는 사회주택단지를 매각해야 하며, 마찬가지로 민영화를 통해 기업경영을, 자기 자신의 재산 운용에 이해타산적인 주주들에게 맡겨야 한다는 것이다. 더 총체적으로 말한다면 고객을 여러 사업자들을 평가하는 위치에 놓음으로써, 고객으로 하여금 기업과 그 직원들이 이를 더 잘 수행할 수 있도록 하기

48) Milton et Rose Friedman, *La Tyrannie du statu quo*(현상의 횡포), trad. Patrice Hoffmann, Lattès, Paris, 1984, p. 211.

49) *Ibid*., p. 214 et p. 215.

위한 압력을 가하게 해야 할 필요가 있다는 것이다. 이렇게 소비자에 의해 도입된 경쟁은 기업의 봉급노동자들의 '책임화', 그러므로 수행 능력의 주된 지렛대다.

개인적이고 집단적인 삶에 내재하는 '리스크'를 중요시하는 새로운 담론은 사회국가의 장치들이 창조성과 혁신, 그리고 자기실현에 심각한 해를 끼친다고 사람들을 설득하려 든다. 만약 각자가 자기 운명에 대한 유일한 책임자라면 사회는 각자에게 아무것도 해줄 필요가 없을 것이다. 반대로 개인은 자기 삶의 조건에 대한 자격이 있음을 늘 증명해 보여야 한다. 인생은 위험한 실천을 엄격히 삼가도록 요청하는 항구적 리스크 관리, 요컨대 항구적 자기통제이고 금욕주의와 융통성을 혼합하는 자기행실의 조절이라는 것이다. 리스크 사회의 표어는 '자기조절'이다. 이 '리스크 사회'는 사적 보장과 사보험에 관한 가장 다양한 명제들을 동반하는 이 자명한 사실들 가운데 하나가 되어 버렸다. 집 안의 경보장치에서부터 퇴직생활을 위한 투자에 이르기까지, 개인적인 안전과 관련된 방대한 시장이 집단적이고 의무적인 보험장치들의 약화에 비례하여 발전하게 되었다. 그리고 안전시장의 이러한 발전은 고리효과effet de boucle를 통해 리스크에 대한 감각과 개별적으로 자기 자신을 보호해야 할 필요성을 강화한다. 이와 같은 리스크의 문제계의 일종의 확장을 통해 여러 활동들이 사적 보장수단으로 재해석되게 된다. 교육과 직업훈련의 경우가 그 예인데, 이것들은 실업으로부터 보호하고 '취직능력'을 강화하는 방패로 간주되었다.

이 새로운 도덕을 이해하기 위해서는 미국 경제학자들이 1960년대 이후로 시행하겠다고 주장한 '혁명'을 염두에 둘 필요가 있다. 사적이고 공적인 행동의 모든 영역에 적용된 경제합리성은 정치·사회·경제를 분할하는 선들을 용해시킬 수 있게 한다. 총체적인 경제합리성은 모든 개인의 결정의 토대에 있어야 하고 또 모든 품행의 이해가능성을 확보해 줘야 하며 이 경제합리성이 유일하게 국가 행위를 구조화하고 정당화해야 한다는 것이다.[50)]

바로 이것이 소위 '새로운' 경제학자들이 현시하는 바이고 이들은 표준화된 이론으로부터 새로운 대상으로 분석의 장을 확대하려 했다. 여기서는 오스트로-아메리칸 이론의 경우와는 달리, 기업가정신 이론을 통해 경제학에 새로운 토대를 부여하는 그런 것이 문제가 아니다. 그들에게 문제가 되는 것은 경제분석의 전통적 영역으로부터 벗어나 인간의 행실 전반에 손익 분석을 일반화시키는 것이다. 그것만 해도 대단한 것이다. 이 새로운 경향들 간에는 분명 많은 교류지점들이 존재하지만 그래도 그 논리들은 여전히 이질적이다. 폰 미제스 자신은 인간의 선택에 관한 총체적 학문을 꿈꿨으며, 그러한 학문을 고안해내기 위해서는 경제학의 개념과 방법을 재창설해야 한다고 생각했다. 그래서 그는 인간행동학이 연구하는, 수단-목적 체계의 창조라는 일반적인 인간활동과, (카탈락시에 속하는) 특수한 상업과 화폐의 경제를 구분하려 시도했다.

---

50) 게리 스탠리 베커(G. S. Becker)에게 인간의 모든 활동은 경제적이다. 그는 자신의 책, *The Economic Approach to Human Behavior*, University of Chicago Press, 1976, p. 14에서 "경제적 접근은, 인간의 모든 행동을 이해하기 위한 어떤 가치 있는 통합체계를 제공한다"고 쓰고 있다. 이는 인간행동의 모든 양상들을 가격으로 표현 가능하다는 것을 뜻한다(p. 6 참조). 그는 미국 노동시장에서의 차별 현상들을 다루고 있는 *The Economics of Discrimination*(차별의 경제, 1957)이라는 논문으로 연구를 시작했다. 1964년에는 인적 자본에 대한 책을 통해 교육의 효과를 분석함으로써(*Human Capital: A Theoretical and Empirical Analysis with Special Reference to Education*) 연구를 계속했으며, *Economic Theory*(1971)와 *Economic Approach to Human Behavior*(1976)에서 그의 방법론을 이론화했다.

규격화된 경제학을 신봉하는 미국 경제학자들은 경제분석의 가장 전통적인 도구들이 가장 널리 확장될 수 있다는 것을 밝혀 보려 했다. 그리고 이를 통해 패러다임 혁명을 거치지 않고 이렇게 낡은 극대화 계측 도구를 보존할 수 있다는 것을 보여 주려 했다. 가족, 결혼, 범죄, 교육, 실업뿐 아니라 집단행동, 정책결정, 입법 등도 경제적 추론의 대상이 된다는 것이다. 바로 이런 식으로 게리 베커는 새로운 가족이론을 정식화한다. 게리 베커는 가족을, 일정 규모의 화폐 및 시간 자원을 가지고 다양한 속성을 갖는 '재화', 요컨대 역량, 건강, 자신감, 그리고 자녀, 명성, 욕구, 감각적 쾌락 등과 같은 다른 '상품들'을 생산하는 데 이용하는 기업으로 간주한다.[51]

게리 베커가 취하는 방식의 토대는, 개인이 단순한 소비자가 아닌 생산자로 간주되어야 할 정도로, 경제분석에서 사용된 유용성의 기능을 확장하는 데 있다. 생산자로서의 개인은 시장에서 구입한 재화와 용역, 그리고 개인의 시간을 사용함으로써, 또 가치를 갖고 있으며 은폐되어 있지만 계산 가능한 가격을 갖는 또 다른 '인풋'input을 이용함으로써 자신을 만족시킬 상품을 생산한다는 것이다. 요컨대 모든 재화는 다양한 자원, 요컨대 돈, 시간, 인적 자본, 그리고 심지어는 '사회적 자본'[52]과 동일시되는 사회 관계를 동원하는 개인이 '생산한 것'이라고 상정함으로써 '여러 생산기능들' 가운데서 선택하는 것이 문제인 것이다. 이것은 명백히 '인풋'의 검증이라는 문제를 발생시킴과 동시

51) G. S. Becker, *A Treatise on Family*, p. 24.

52) Gary Becker et Kevin M. Murphy, *Social Economics. Market Behavior in a Social Environment*, Harvard University Press, Cambridge, 2000에서 그가 했듯이 말이다.

에 계산에 들어가고 결정으로 귀결되는 비화폐적인 모든 양상들에 대한 양화quantification의 문제 또한 발생시킨다.

고전적으로 한정된 경제학 영역의 외부에 있는 영역들에 대한 이 재포착에서 본질적인 것은, 신자유주의적 인간에 대한 인류학에 이론적 정합성을 부여하는 것, 아니 오히려 재부여하는 것이다. 이는 게리 베커의 말처럼 공평무사한 과학적 목적을 수행하려는 의도에서뿐만 아니라 사회에 대한 신자유주의적 통치성에 반드시 필요한 담론적 거점을 제공하기 위해서다. 자본으로서의 인간 — '인적 자본'이라는 개념의 의미가 바로 이것이다 — 이라는 이러한 생각만으로는, 그것이 아무리 영향력 있을 수 있었다 해도, 오늘날 우리가 확증할 수 있는 대중의 주체성 변화를 발생시킬 수는 없었다. 이러한 주체성의 변화가 있기 위해서는 인간 주체들의 품행을 지속적으로 만들어 낸 다수적이고 다양하며 동시적이거나 계기적인 장치들의 설치를 통해 자본으로서의 인간이라는 착상이 물질적으로 구체화될 필요가 있었던 것이다.

규율(1): 규율의 새로운 체계

통치성이라는 개념 자체는, 자유로운 선택을 한다고 상정된 개인들의 행위에 가해지는 행위로서, 시장사회에 고유한 통치기술로서의 규율을 재정의할 수 있게 해주는 것이다. 여기에 규율이라는 단어가 등장한다는 사실이 놀라울 수도 있을 것이다. 규율이라는 말은, 『감시와 처벌』에서 푸코가 그것을 공간분배의 기술과 분류의 기술 그리고 개인의 신체를 조련하는 기술에 적용했을 때에 의미했던 바에 비추어 볼 때, 적어도 외관상으로는 어떤 종류의 변화를 내포한다. 푸코에게서 규율의 모델은 벤담의 판옵티콘이었다. 그렇지만 푸코의 성찰은, 몇몇 주석가들이 주장했던 것처럼 '규율'discipline, '정상화'normalization, '통제'contrôle를 서로 대립시키기보다는, 오히려 '다양한 품행의 인도'라는 새로운 형태의 근간을 더 잘 드러내 주었다. 이러한 새로운 형태의 인도는 죄수를 감금하는 것에서부터 시장에서 판매되는 상품의 품질을 감시하는 것에 이르기까지, 다뤄야 할 사례에 따라 다양화될 수 있다.[53] 만약 "통치한다는 것이 타자들의 있을 수 있는 행위의 영역을 구조화하는 것"이라면, 규율은 아마도 더 넓은 방식으로 재정의될 수 있을 것이다. 개인이 처한 위치에 따라 다른 행위의 영역을 구조화하는 기술의 총체로서 말이다.[54]

규율의 고전시대부터 권력은, 그러므로 신체에 대한 순수한 예속을 통해서만은 행사될 수 없고 개인의 욕망을 수반해야만 하며, 벤담이 '영향력'이라 부른 것의 모든 원동력이 작동하게 함으로써 그 욕망의 방향을 결정해야 한다. 이는 개인들의 상상적 예측에 작용을 가하기 위해, 즉 (보상을 통해) 개인들의 욕망을 강화시키고 (처벌을 통해) 그들의 욕망을 약화시키며 (대상을 대체함으로써) 그들의 욕망의 방향을 바꾸기 위해, 권력이 개인의 계산에 침투하고 또한 그 계산의 성질을 띠기도 한다고 상정하는 것이다.

품행을 간접적으로 관리하는 것이 관건인 이러한 논리는 '선택의

53) 이것은 다음과 같은 문구에 부여해야 하는 의미다. "일망감시체제는 자유주의적 통치의 정식 그 자체다."(Le Panoptique, c'est la fomule même d'un gouvernement libéral) M. Foucault, *NBP*. [『생명관리정치의 탄생』, 107쪽.]

54) M. Foucault, "Le sujet et le pouvoir", *Dits et Ecrits II, 1976-1988*, p. 1056 이하. [「주체와 권력」, 『미셸 푸코: 구조주의와 해석학을 넘어서』, 313쪽. 이 번역본에서는 '통치'(gouvernement)를 일관되게 '지배'로 번역하고 있다는 점을 참고해 독서해야 한다.]

자유'를 향상시키고자 하는 신자유주의적 전략들의 영역이다. 그러나 필연적으로 그 전략에 속하는 규범의 측면이 늘 가시적인 것은 아니다. 요컨대 '선택의 자유'는 사실 사법적·제도적·규제적·건축적·관계적 틀 내에서의 극대화를 지향하는 품행, 즉 개인이 의무적으로 자신의 사리私利를 위해 선택해야만 하는 것을 '완전히 자유롭게' 선택할 수 있도록 구성되어야 하는 품행에 복종할 의무와 바로 동일시되는 것이다. 벤담에 따르면, 권력기술의 모든 비밀은 그러므로 개인들이 마치 의무인 양 자신들의 이익을 좇게 만드는 것, 또 그들의 의무를 좇는 것이 그들에게 이익인 것처럼 여기게 만드는 것이다.

신자유주의적 규율의 세 측면은 구별되어야 한다. 경제적 주체의 자유는 무엇보다 계약의 안전과 안정적인 틀의 정착을 상정한다. 신자유주의적 규율은 정해진 규칙들을 통해 안정시켜야 할 행위영역의 확장으로 이끈다. 법률뿐 아니라 예산과 통화하고도 관련되는 틀의 구축을 통해 경제 주체들이 금융정책의 변동들을 예측하지 못하도록 막아야 한다. 다시 말해 이 변동들을 예측 가능한 대상들로 삼지 못하게 해야 한다. 이것은 결국 개인의 계산이 안정적인 시장질서에 근거할 수 있어야 한다는 것을 의미하며, 이러한 틀 자체를 계측의 대상으로 삼지 못하게 한다는 것이다.

신자유주의의 전략[55]은 그러므로 가능한 한 많은 시장 상황을 창조하는 데 있다. 다시 말해 다양한 방법(민영화, 공공 서비스의 경쟁화, 학교나 병원의 '시장화', 사적 부채를 통한 지불능력 확보)으로 '선택의 의무'

---

55) 여기서의 '전략'(stratégie)이라는 단어는 이 단어의 첫 번째 의미로 이해되어야 한다. ('전략'의 두 가지 의미를 구별하는 것에 대해서는 앞의 414쪽 이하를 참조할 것.)

를 조직화하는 데 있는 것이다. 이는 개인들로 하여금 시장의 상황을 그들에게 부과되는 '현실'로서, 다시 말해 유일한 '게임의 규칙'으로서 받아들이도록 하기 위한 것이다. 그래서 이 개인들이 '게임에서' 지고 싶지 않다면, 또 자본축적이 삶의 보편법칙인 듯한 세계에서 자신들의 사적 자본의 가치증식을 원한다면, 개인의 손익을 계산해야 할 필요성을 받아들이도록 하기 위한 것이다.

시장경제적인 상황 혹은 거의 시장경제적인 상황이 완벽하게 실현 가능하지는 않은 곳에서 개인들의 선택과 품행을 인도하기 위해, 마침내 보상과 처벌의 장치, 그리고 유인과 '역유인'의 체계가 시장에 대한 제재를 대체하기에 이른다.[56] 품행의 통제와 평가의 체계가 구성됐을 때 품행의 측정은 보상의 획득과 처벌의 모면을 결정하는 조건이 된다. 규율적 양식의 평가 테크놀로지의 확장은, 계산적 개인이 자유로운 선택을 한다고 상정되면 **될수록** 그 개인은 그의 근본적인 기회주의를 없애기 위해, 그의 이익과 그를 고용한 조직의 이익이 서로 합치될 수 있도록 하기 위해 **더 많이** 감시되고 평가되어야 한다는 사실에 근거하고 있다.

밀턴 프리드먼은 이 새로운 규율 형식의 대표 사상가들 가운데 한 명이다. 자유시장과 자유기업이라는 이념을 대중에 확산시키는 데 그가 담당한 역할을 앞서 이야기한 바 있다. 대중에게는 하이에크보다 더 많이 알려져 있고 아마도 미국의 위정자들에게도 하이에크보다 더

56) 같은 방법으로, 그러나 대단히 다른 맥락에서 벤담은, 한편으로는 시장에서의 자발적 활동들을 규범화하는 구조화와, 다른 한편으로는 시장교환의 장에서만 일하는 데에 실패한 자들을 교육하거나 재교육하기 위해 마련된 기관들에서의, 품행들에 대한 보다 더 교묘하게 구성된 감시를 구분한다.

많은 영향을 준 그는, 시카고 학파의 우두머리이자 통화주의의 창시자로서 노벨 경제학상을 통해 인정받은 학자이자 경제자유의 효용에 대한 인기 있는 선전자이기도 했다.

밀턴 프리드먼은 통화주의 원리를, 1930년대에 신자유주의자들이 생각했던 것과 같은 형식적인 규칙의, 엄밀하게 경제적인 측면에서의 등가물로 만든 것 때문에 유명해졌다. 이 특별한 원리는 다음과 같이 표현될 수 있다. 즉 경제 주체들은 시장에서 자신들의 행위를 잘 조직하기 위해, 그들의 교역을 주재하는 간단하고 안정적인 규칙들을 사전에 미리 알아야 한다는 것이다. 법적 측면에서 진실인 것은 경제정책의 측면에서 더더욱 진실이어야 한다. 이 경제정책들은, 자동적이어야 하고 안정적이어야 하며 사전에 완벽히 알 수 있는 것이어야 한다.[57] 통화는, 경제 주체들이 그들의 활동을 전개하는 데 필수불가결한 이러한 안정성을 그 특징으로 갖는다. 그렇지만 이 안정적 틀을 고정시킨다는 것은 경제 주체들이 그들의 품행을 이 틀에 맞추고 변형시켜야 한다는 것을 의미한다. 모든 프리드먼식의 개입주의는 **시장의 압력**을 설정하고 개인들에게 이에 적응하도록 강요하는 데 그 목적이 있다. 달리 말해 개인들을, 그들에게 '선택의 자유'를 강제하는 상황 속에 두는 것, 즉 그들에게 자신들의 계측 능력을 실질적으로 현시하도록 강제하고 '책임 있는' 개인으로서 스스로를 통치하도록 강제하는 상황 속에 두는 것이 관건이라는 것이다. 이러한 특수한 개입주의는 과거의

57) Bernard Élie, "Milton Friedman et les politiques économiques"(밀턴 프리드먼과 경제정책), in M. Lavoie et M. Seccareccia(dir.), *Milton Friedman et son oeuvre*(밀턴 프리드먼과 그의 저작), Presses de l'Université de Montréal, coll. 'Politique et Économie', Montréal, 1993, p. 55.

여러 관리도구들(적극적 재정지출, 소득정책, 가격과 환율의 통제)을 포기하고 몇몇 주요 지표와 한정된 목표, 요컨대 인플레이션율과 통화총량 증가율, 재정적자와 국가부채 등의 것들에 집중하여 경제 주체로 하여금 모델이 그들에게 요구하는 대로 처신하도록 강제하는 규제체제 속에 그들을 가둬 두려 한다.

적극적 통화정책이 효율적이지 않다는 원리에 근거한 밀턴 프리드먼의 통화이론에 따라 미국의 경제학자들은 1970년대에, 거시경제 조절정책들이 경제 주체들의 학습된 행동들 때문에 효력을 상실할 수밖에 없었다는 생각을 전개한다. 금리 인하나 재정적 경기부양책을 사용한 경기부양 의지는, 그것들을 사용하면 할수록 점점 더 성공으로부터 멀어지게 되는데, 왜냐하면 경제 주체들은 그러한 방법들이 주장된 만큼의 실질적 효과를 갖지 못한다는 것을 '학습하기' 때문이라는 것이다. '합리적 예측 이론'은 의도되지 않은 효과들을 통한 설명의 특수한 한 사례다. 정책적 의도들은 실망스러운 결과들을 보여 주었다. 이 정책들의 결과를 여러 번 경험한 끝에, 풍족한 통화나 세금 인하의 환상에 더 이상 가만히 속아 주지 않는 경제 주체들 자신의 복잡한 계측 능력을 고려하지 않았기 때문이다. 그래서 결과적으로 정부는, 통화적이거나 재정적인 부양책에 반사적 행동으로 대응하는 경제 주체들을 더 이상 수동적인 존재로 여길 수 없게 되었다. 극대화 계측은 어떤 의미로는 고려해야 할 매개변수들 중 하나로서의 정책들 자체를 포괄한다. 개인적 계측 안으로의 정책의 이러한 '내재화'는 신자유주의 자체가 점진적으로 진보해 온 방식을 다시 성찰할 수 있게 해준다.

프리드먼이 이론화한 통화주의는, 전후의 국제통화체제 붕괴와 변동환율의 창설로 인해 발생한 상황, 그리고 통화규율의 새로운 규범에 따라 관리되지 않는 모든 화폐를 위태롭게 할 수 있는 휘발성 자본의 점증하는 역할로 인해 발생한 상황에 따라 신속히 확산되었다. 이러한 통화규율은 요컨대 금융시장이 부과한 규율이 되었다. 1976년 영국, 1991년 프랑스 그리고 1994년 스웨덴에서 보았던 것처럼 말이다. 이렇게 해서 인플레이션에 대한 투쟁이 정부 정책의 우선순위가 되었고, 반면 실업률은 단순한 '조정변수'로 변했다. 완전고용을 위한 모든 투쟁은 지속적 효과가 없다고, 게다가 인플레이션의 한 인자라고 의심받기까지 했다. '자연적 실업률'이라는 프리드먼의 이론은 정치적 성향에 관계없이 모든 정책 담당자들에게 폭넓게 받아들여졌다.

재정은 그 자체로 행동에 대한 규율적 도구가 되었다. 최고 소득 및 기업에 대한 세금 인하가 치부와 투자에 대한 부양책을 강화하는 방법으로서 종종 제시되었다. 사실 훨씬 더 은밀한 방식으로, 사회보장 분담금 증액 거부와 같은 조세압력 완화 목표는, 균형의 존중과 국가부채의 제한이라는 이름으로 공공 지출과 사회적 프로그램의 삭감을 강요하기 위한 수단이었는데, 이것은 역학관계의 상황에 따라 다소 효과적인 방법이었다. 이러한 재정적 전략의 가장 좋은 예는 아마도 여전히 레이건의 예일 것이다. 그는 엄청난 재정적자에 빠진 직후, 즉 1985년에, 예산의 균형이 회복될 1995년까지 공공 지출의 자동삭감을 의무화하는 법Balanced Budget and Deficit Reduction Act을 채택하게 만들었다. 어떤 사람들의 의무적 공제를 삭감해 주면 필연적으로 다른 사람들에게도 그만한 보상을 해야 한다는 것을 망각하게 만든 신자유주의 정부들은 이렇게 사회보장과 공공 서비스에 드는 비용의 '과도하고' '견딜 수 없는' 성격을 증명하기 위해 재정에 뚫린 '구멍'[적자]을 도구화했다. 다소 고의적인 일련의 과정을 통해, 수당 지급을 줄임으로써 사회적 프로그램과 공공 서비스에 가해진 예산 감축은 매우 자주 사용자들의 불만을 야기했고 또 사회적 프로그램과 공공 서비스가 비효율적이라는 비판에 대한 적어도 부분적인 찬동을 야기했다.[58)]

통화 및 재정과 관련된 이러한 이중의 제약은 사회적 규율로 이용되었고, 엄격한 규정의 확립을 위한 다음과 같은 정책들, 즉 고용에 우선권을 주고자 하고 임금노동자들의 요구를 충족시키려 하거나 혹은 공공지출을 통해 경제를 재활성화하려고 하는 모든 정책들을 억제한다고 간주되는 '거시경제적' 정책으로서 이용되었다. 그러므로 마치 활동의 수준에서 어떤 특정한 수단을 사용하는 것을 단호하게 금지하는 규정을 통해 국가가 주어지는 것처럼, 하지만 그와 동시에 주체들로 하여금 그것들을 내면화하도록 강요함으로써 마치 '보이지 않는 굴레'를 통해 국가가 주체들에게 작용을 가할 수 있는 수단을 언제나 마련하기라도 하는 것처럼, 그렇게 모든 일들이 일어난다. 벤담의 표현을 빌리자면 이 굴레는 서로 경쟁상태에 있는 개인들처럼 처신하도록 강요하는 그러한 굴레인 것이다.

'보편적 리스크'가 문제시될 때조차도 질병 및 노화에 대한 최소한의 사회보장을 받아들여야 한다고 주민들을 설득하기는 어려웠던 반면, 실업자들을 비난하기는 쉬웠다. 그러니까 실패자들, 즉 자신의 과오로 인해 성공하지 못했고 '난관을 극복'하지 못했으며 게다가 공동체에 더부살이하던 모든 사람들과 성공한 건실한 노동자들을 분할하는 원리를 작동시키는 것이 더 쉬웠던 것이다. 사회가 개인의 운명을 책임질 수 있다고 간주되어서는 안 된다는 생각을 전개하면서 대처

58) 우리는 공공선택 학파의 논지들과는 거리가 먼 분석을 할 것이다.

주의는 개인의 죄의식을 폭넓게 이용했다.

신자유주의 정책의 주된 논쟁들 중 하나는 노동시장의 과도한 경직성을 고발하는 데 있었다. 이 경우 주도적인 생각은 노동자들이 누려야 할 보호와 경제 효율성 간에 모순이 있어 왔다는 관념이다. 이 관념은 새로운 것이 아니다. 자크 뤼에프Jacques Rueff는 1920년대부터, 영국의 돌[59]이 영국 실업의 주된 원인이라고 고발했다. 새로운 것이 있다면 실업자 지원에 규율적 개념으로 접근한 것이다. 문제는 사실 실업자들에 대한 모든 원조를 단지 폐지하는 것이 아니라, 이 원조를 통해 실직한 노동자들을 더 온순하게 만드는 데 있다. 고용시장을 순수한 경쟁모델에 더욱더 부합하도록 만드는 것이 관건이다. 단순한 이론적 고심 때문이 아니라 수익성 회복을 강제로 명령하면서 노동자들을 더 잘 규율화해야 하기 때문이다. 그것은 실직한 노동자가 원조를 받는 것에 지나치게 오랫동안 만족할 수 없도록, 가급적 빨리 일자리를 되찾도록 종용하기 위해, 그에게 불이익을 가하는 것을 목표로 하는 어떤 정책을 새로운 형태하에서 회복하는 것이다. 다른 시대에도 영국에서 실업구제정책의 개혁이 유사한 목표를 추구했었다는 것을 상기해 볼 필요가 있다. 1834년 고전 경제학 및 유용성 원리라는 정신에 입각해 나소 시니어Nassau Senior와 에드윈 채드윅Edwin Chadwick이 발의하여 공표된 빈민구호법은, 워크하우스(영국식 구빈원) 수용자들에게 거의 감옥 같은 노동 체제를 부과하는 것으로 해석되었다. 이러한 체제는 자신의 존엄과 자유에 신경 쓰는 사람들에게는 실제적인 박탈의 도구였다.

---

59) 'dole'은 영국의 실업수당을 일컫는 말이다.

이것이 '복지에서 노동으로'Welfare to Work라는 정책의 모든 정신이며 그것들은 또한 합리적 선택이라는 가설 위에 구축된다. 고용 정책의 영역에서 신자유주의적 규율은 제재라는 무기를 사용함으로써, 시장 규칙에의 복종을 충분히 받아들이지 않는 실업자들에 대한 '책임 묻기'를 목표로 한다. 실업은 경제 주체가 최종적으로 공동체의 도움을 받는 한이 있더라도 여가를 더 선호한다는 것으로, 그러므로 '자발적인' 것으로 해석된다. 이 자연실업률이라는 학설에 따르면, 부양정책을 통해 실업을 줄이고자 하는 것은 무익한 데다가 해악적이기까지 하다. 실업자수당 지급은 '실업의 덫'을 만드는 것이 된다. 첫 번째 실천적 과업은 실업의 원인으로 간주되는 이러한 경직성에 일조할 수 있었던 모든 것들을 비난하는 데 있었다. 두 번째 실천적 과업은 일자리 없는 임금노동자들에게 훨씬 더 강압적인 '재취업' 체제의 구축을 목표로 했다.

노동조합들과 노동법은 신자유주의를 표방하는 정부들의 우선적 표적이다. 대부분의 선진 자본주의 국가에서 나타나는 노동조합 탈퇴에는 아마도 객관적인 원인들이 있을 것이다. 이를테면 탈산업화, 그리고 임금이 낮으면서 사회적 투쟁의 전통이 없거나 전제정에 예속된 지역 혹은 나라로의 공장 이전 등이 그것이다. 노동조합 탈퇴 현상은 조합의 힘을 약화시키고자 하는 정책적 의지의 산물이기도 하다. 그것은 특히 미국과 영국에서, 개입하고 결집하는 조합의 힘을 제한하는 일련의 법적 조치와 장치들로 표현되었다.[60] 따라서 이제 사회법은 고용주들에게 훨씬 더 유리한 방향으로 변화했다. 요컨대 임금 하향조정, 생계비용에 대한 물가 연동제 폐지, 그리고 고용 불안정의 악화 등이 그것이다.[61] 이러한 정책들의 일반적 방향설정은, 경제활동의 주기적 변화로부터 임금노동자들을 보호해 오던 체계를 파괴하고 그것을 유연성이라는 새로운 규범으로 대체시키는 데 있다. 그렇게 함으로써 고용주들이 노동력에 대한 그들의 필요를 노동력에 대한 비용을 가능한 한 축소하면서도 경제활동의 모든 수준에 최적의 방식으로 맞출 수 있도록 해주는 것이다.

이러한 정책들은 또한 실업자들의 품행을 변화시킴으로써 노동시장의 '활성화'를 목표로 하기도 한다. '구직자'는 고용되기에 적합한 자가 되기 위해 행동하는 주체가 되어야 하며 자기 자신에 대해 책임지는, '자기기획력 있는'self-entreprising 존재가 되어야 한다. 사회적 보호에 관련된 권리들은 개인의 품행에 대한 경제적 해석에 부합하는 인센티브화 및 징계화의 장치에 점차적으로 종속된다.[62]

'구직자'들에게 책임을 묻는 이러한 방식은 보수정부의 전유물이 아니다. 유럽 좌파정부에서 이러한 방식을 가장 맹렬하게 옹호하는 자들 몇몇을 발견할 수 있다. 독일 수상 게르하르트 슈뢰더Gerhard Schröder

60) 우리는 1981년에 파업을 한 항공관제사들을 비조합원들로 대체하기 위해 기존 항공관제사들을 모두 해고한 레이건의 난폭함을 기억한다. 그것은 뉴딜 때 생겨난 사회적 타협들에 대항하는 보편화된 공세의 한 신호일 뿐이었다. 영국에서도 상황은 비슷했는데, 마거릿 대처가 조합원들을 상대로 한 전면공격을 이끌었고 강력한 제한을 통해 조합원들의 활동을 진압했던 것이다.

61) 미국에서의 사회법의 변화를 분석하려면 다음을 참조할 것. Isabele Richet, *Les Dégâts du libéralisme. Etats-Unis : une société de marché*(자유주의 대소동. 미국: 시장사회), Textuel, Paris, 2002.

62) 이 점에 대해서는 다음을 참조할 것. Mark Consicine, *Enterprising States. The Public Management of Welfare-to-Work*, Cambridge University Press, 2001. 이렇게 보상조건들은 거의 모든 곳에서 끊임없이 혹독해졌다. 예를 들어 2005년 프랑스에서는 일자리 제안을 1회 거절하면 보상금의 20%를, 2회 거절하면 50%를, 3회 거절하면 100%를 삭감하는 추징금 체계가 신설되었다. 국가고용센터(Agence nationale pour l'emploi, ANPE)의 파일들을 이미 수없이 말소시켜 온 이러한 징계정책은 2008년에 더욱더 강화되었다.

의 '용감한' '어젠다 2010'*Agenda 2010*이 그것을 증명해 주듯이 말이다. 슈뢰더는 구직자들에 대한 국가보조를, 그들에게 제안된 일자리를 순순히 수용하는 정도, 소득수준 그리고 가족이 소유한 재산의 정도에 따라 엄격하게 조건화한다. "납세자가 낸 세금으로 지원을 받는 사람은 사회의 부담을 줄이려는 태도를 가져야 하며, 자신의 소득이나 재산을 최우선적으로 생활비에 사용해야 한다."[63] 보다시피 이러한 규율적 정책은, 경제적 리스크의 잠재적 희생자들에 대한 연대성의 원칙에 급진적으로 이의를 제기한다.

규율(2): 선택의 의무

생산자에게 가해지는 자극에 힘입어 고객의 만족을 증대시키는 수단으로서의 경쟁이 찬양되지 않는 영역이 하나도 없다. '선택의 자유'는 주체의 품행에 대한 새로운 규범의 중요한 주제다. 더 나은 기회를 호시탐탐 노리지 않는, 능동적이지도 계산적이지도 않은 주체는 상상할 수 없는 것 같다. 적어도 한 세기 전부터 경제이론이 보여 준 그 효용의 모든 한계(상품차별화, 자연독점 등)를 망각하면서, [선택의 자유라는] 이 새로운 주장은 소비자가 재화와 용역의 공급자에게 가할 수 있는 압력만을 알고 싶어 한다. 요컨대 문제가 되는 것은 개인들을, 선택적 공급 사이에서 선택을 해야만 하고 또 그들 자신의 이익을 극대화하도록 종용되는 상황에 위치시키는 새로운 억압체계를 구축하는 것이다.

---

63) G. Schröder, *Ma vie et la politique*, Trad. Geneviève Bégou, Odile Jacob, Paris, 2006, p. 295. [『게르하르트 슈뢰더 자서전』, 김소연·엄현아·박성원 옮김, 메디치미디어, 2017, 348쪽.]

프리드먼이 보기에, 경쟁적 자본주의로부터 권리적으로 기대되어야 하는 모든 자질을 요약하는 '선택의 자유'는 국가의 주된 임무들 가운데 하나를 이루고 있다. 국가는 기존 시장에서의 경쟁 강화를 임무로 할 뿐만 아니라 경쟁이 아직 존재하지 않는 곳에 경쟁을 유발하는 임무 또한 갖고 있다. 요컨대 자본주의는 모든 영역, 특히 정치영역에서 개인의 자유를 보호할 수 있는 유일한 체계라는 것이다. 그러므로 중요한 것은, 개인들이 능동적이 되고 과감해지며, '자기 선택의 주체' 및 '리스크를 감수하는 자'가 되도록 시장적 장치와 시장경제적 인센티브 혹은 거의 시장경제적인 인센티브를 도입하는 것이다.

어떤 방식으로 소위 자유로운 선택의 특정한 에토스가 광고 메시지와 마케팅 전략의 핵심에 놓이게 되는지, 또 어떻게, 점차적으로 학습된 이러한 성향을, 상품의 종류의 폭을 넓히는 기술적 발전과 대중매체라는 보급 채널이 촉진시켰는지를 아마도 여기서 상기해야 할 것이다. 소비자는 선견지명이 있어야 한다. 앞서 살펴본 것처럼, 소비자는 개인적으로 모든 보험을 갖춰야 한다(사보험을 통한 보장, 주거지 소유, 고용적격성 유지). 소비자는 모든 영역에서 최상의 상품과 최상의 서비스업자(우편물 발송 방식, 전력공급자 등)를 합리적인 방식으로 선택해야 한다. 그리고 모든 기업이 상품의 종류를 확대하듯이 주체는 점점 더 섬세하게 가장 유리한 상업적 공급(항공권이나 승차권의 일시, 보험 및 예금상품 등)을 '선택'해야 한다. 사회적 삶의 이러한 '사유화'는 사적 소비나 대중의 여가 영역에 그치지 않는다. 우리가 살고 있는 세계를 지시하기 위해 피터 드러커가 사용하는 강한 표현에 따르면, 공적 공간은 점점 더 '글로벌 쇼핑센터' 모델에 입각해 구축되고 있다.

신자유주의자들은 정치영역에서 시장환경 구축을 위해 대대적으로 결집했는데, 그러한 시장환경 구축의 모범적 사례들 가운데 하나가 교육의 사례다. 교육의 영역에서도 역시 밀턴 프리드먼은 선구자 역할을 했다. 미국 공교육 분야의 낙후에 직면해 프리드먼은 1950년대부터 '교육 바우처'에 기반한 학교들 간 경쟁체계의 수립을 제안해 왔다.[64] 더 이상 학교에 직접적으로 재정을 지원하는 것이 아니라 학교 교육의 평균비용에 상당하는 '바우처'를 각 가정에 지급하자는 것이다. 각 가정은 학교에서 선택을 통해 자유롭게 바우처를 사용할 수 있고 학교 교육과 관련한 선택을 통해 자신이 원하는 금액을 거기에 더할 수 있다. 여기서의 사고방식 역시 여러 가능성 중에서 판단해 최상의 기회를 선택할 수 있어야 하는 소비자의 소위 합리적 행동에 기초하고 있다. 사실 '교육 바우처제'는 서로 연관된 두 가지 목표를 갖는다. 요컨대 이 제도는 가족을 '학교 소비자'로 변환시키는 데 그 목적이 있다. 바우처제는 학교들 간의 경쟁 도입을 목표로 하고 있고, 그 결과 가장 열악한 수준이 올라가도록 한다는 것이다. 그러므로 이 교육 바우처제는, 사회 전체에 미치는 긍정적 효과 때문에 '초등교육'에 적합하다고 간주되는 공공투자와, 서로 경쟁상태에 놓인 학교에 적용된 기업적 유형의 행정을 결합한 것이다. 이러한 '교육시장' 노선이, 나라에 따라 정도는 다르지만, 1990년대 이후 전 세계의 교육개혁정책을 지배했고, 이것은 교육체제의 점증하는 파편화와 사회계급에 따른 교육

64) '교육에서의 정부의 역할'는 다음에서 재검토된다. M. Friedman, *Capitalism and Freedom*, University of Chicago Press, Chicago, 1962[1955]. [『자본주의와 자유』, 심준보·변동열 옮김, 청어람미디어, 2007.] 이러한 발상은 곧이어 다음의 책에서 재검토되고 전개되었다. John E. Chubb & Terry M. Moe, *Politics, Markets, and America's Schools*, The Brookings Institution, Washington, 1990.

장소와 방식의 차별화에 상당한 영향을 미쳤다.

규율(3): 신자유주의적 기업경영

신자유주의적 규율은, 합리적 주체들이 자신들의 계산에 통합시키게 되어 있는 규칙들, 요컨대 '거시경제학'상에서의 불변하는 여러 규칙들을 통해 품행의 방향을 결정하는 이러한 '부정적' 방식에 머물지 않는다. 신자유주의적 규율은 시장경제적인 재화 및 용역 소비라는 유일한 영역을 훨씬 넘어서서 선택을 강제하는 경쟁 상황의 설정에 국한되지 않는다. 시장논리의 신장과 증대는 노동의 조직화와 노동력의 고용 형식에 매우 현저한 영향을 미쳤다. 금융권력의 논리는 더욱더 높은 성과의 요청들에 순순히 따르는 임금노동자들의 규율화를 강화할 뿐이다.[65] 주식가치 상승에 대한 강박적 추구는 임금노동자를 희생시켜 지본소유자들의 수익의 지속적 증가를 보장해 준다는 것을 전제하고 있었다. 이는 생산성 증가율과 임금상승률 간 격차를 가져왔고, 앞서 말했듯, 소득 분배 불평등을 훨씬 더 두드러지게 만들었다.[66] 이뿐만이 아니다. 주식가치 상승에 대한 추구는 특히 기업의 모든 경제와 모든

65) Catherine Sauviat는 매우 적절하게, 금융 자본주의가 "임금노동자들을 규율화하는 기계"라고 말한다. C. Sauviat, "Les fonds de pension et les fonds mutuels : acteurs majeurs de la finance mondialisée et du nouveau pouvoir actionnarial"(연기금과 뮤추얼펀드: 글로벌 금융과 새로운 주주 권력의 주요 주체), in F. Chesnais(dir.), *La Finance mondialisée, racines sociales et politiques, configuration, conséquences*(글로벌 금융, 사회·정치적 뿌리, 구성, 결과), La Découverte, Paris, 2004, p. 118.

66) Michel Aglitta et Laurent Berrebi, *Désordes dans le capitalisme mondial*, Odile Jacob, Paris, 2007, p. 34. [『세계 자본주의의 무질서』, 김태황·서익진·정세은·서환주 옮김, 길, 2009, 48쪽.]

영역 그리고 모든 단계에서, 더 높은 수익성의 규범을 부과하는 것으로 해석되었던 것이다. 그로 인해 점점 더 많은 임금노동자들이, 주식가치 창출이라는 목표를 달성하거나 초과달성하기 위한 인센티브와 징계의 체제에 예속되었던 것이다. 그런데 이 목표들 자체도 수익성과 관련된 국제 규범에의 적응 방식이 규정한 것이다. **주식가치와 관련된 모든 규율**은 이렇게 각각의 임금노동자를 일종의 개별적 '이윤의 중심'으로 만드는 것을 그 원칙으로 삼는 노동력 경영의 회계 및 평가 테크닉 내에서 구체화된다. 요컨대 신자유주의적 경영 원칙, 몇몇 저자들이 '통제된 자율', '유연한 강제', '자기관리'라 부르는 신자유주의 경영원칙은, 기업에는 재무적 수익성이라는 제약을 '내부화'하게 하는 동시에 임금노동자들에게는 생산 효율성과 개인의 수행능력이라는 새로운 규범을 내면화하게 한다는 것이다.

바람직한 방향으로 개인들이 행동하게끔 하는 것은, 노동하도록 강제하고 또 합리적 주체로서 행동하도록 강제하는 독특한 상황의 창조를 전제한다. 실직과 불안정성이라는 수단은 특히 조합가입률과 임금노동자들의 요구와 관련해 아마도 강력한 규율의 방편이었을 것이다. 하지만 공포의 조장을 원동력으로 삼는 이러한 '부정적' 수단은 아마도 기업을 재조직하는 데 충분치 않았던 것 같다. 임금노동자들에 대한 위계적 압력을 강화하고 이러한 강화에 대한 그들의 연루를 증대시키기 위해 경영의 또 다른 도구들이 필요했다. 사기업의 경영은 이렇게 목표의 개인화, 반복적 양적 평가에 기초한 보수를 원칙으로 하는 인력관리 실천들을 발전시켰다. 막스 베버가 그 이상적 유형을 기술한 바 있는 관료주의 모델의 문제화와 종종 동일시되는 이러한 방침은 복종의 의미를 전복시키는 데 있다. 임금노동자들은 형식적 절차와 위로부터 오는 위계적 명령에 복종하기보다는, 불가피한 강제의 유일한 원천의 위치로 격상된 '고객'이 명령하는 품질과 기한의 요구에 복종하도록 유도된다. 어쨌든 성과와 특별수당의 개인화는 임금노동자들 서로 간의 경쟁화, 기업 내 관계의 표준적 유형으로서의 경쟁화를 가능하게 했다. 모든 일은 마치 노동계가 기업들 간에 실재하거나 실재한다고 간주되는 과도한 경쟁논리를 '내면화'한 것처럼, 또 동시에 자신들의 이익에 대한 '가치를 창출'할 수 있는 주주들이 출자하는 자본을 끌어들이고 지키기 위한 경쟁논리를 '내면화'한 것처럼 일어났다. 이로 인해 간부사원들뿐 아니라 노동자들과 사무직원들 등 대다수의 임금노동자들이 시장의 더욱더 직접적인 압력하에 놓이게 되었다. 그것은 위계적 통제의 축소로 이어지지 못했고, 대신 이 위계적 통제의 점진적 변화, 즉 구성하는 방식과, 새로운 회계·기록·소통 등의 테크놀로지에 의거할 수 있었던 '신경영'의 틀 내에서의 점진적 변화로 귀착되었다.[67)]

이러한 '신경영'은 매우 다양한 형태를 취했다. 다시 말해 사회적 관계의 계약화가 발달했고, 기업 수준에서의 임금노동자와 사용자 간의 협상을 탈중심화했고, 기업의 단위들이 그들 상호 간에 혹은 외부의 단위들과 경쟁하게 만들었고, 품질규격이 보편적으로 부과되면서 규범화되었으며, 성과의 개별적 평가가 비약적으로 발전했던 것이다.[68)] 기업 안팎의 경계들은 [다음과 같은 사건들, 즉] 하도급이 발달하고

---

67) 다음을 참조할 것. Michel Gollac et Serge Volkoff, "Citius, Altius, Fortius. L'intensification du travail"(더 빨리, 더 높이, 더 강하게: 노동 강화), *Actes de la recherche en sciences sociales*, n° 114, septembre 1996.

기업 내 부서들이 자율화되며 임시직에 의지하고 프로젝트가 조직되며 노동이 '임무'별로 분할되고 외부 고문이 영입되면서 더욱 모호해졌다.

노동과 경영을 조직하는 이러한 새로운 형식은 기업의 새로운 전형, 즉 토마스 쿠트로Thomas Coutrot가 '신자유주의적 기업'[69]이라 부른 바를 규정할 수 있게 해주었다. 팀이나 개인의 보다 더 큰 자율성, 다기능성, '프로젝트 팀'들과 탈중심화된 단위들 간의 유동성은 노동자 집단의 약화와 불안정성을 의미한다. 신자유주의적 기업의 새로운 형태의 규율은 더 원거리에서 직접적이지 않은 방식으로 생산행위에 앞서서 혹은 사후적으로 작동한다. 통제는 성과의 기록을 통해, 상이한 생산단계의 이력추적 가능성traceability(상품이력관리)을 통해 행해진다. 또 통제는 품행, 존재방식, 타자와 관계 맺는 방식에 대한 더욱 만연된 감시를 통해 행해지는데 특히 고객과 관계 맺는 서비스업의 모든 장소에서, 그리고 작업의 수행이 협동과 정보의 교환을 전제로 하는 모든 조직들에서 그러하다. 더욱 '개인화'되고 더욱 모호해진 이러한 경영은 임금노동자들 간의 경쟁과 기업을 이루는 부분들 간의 경쟁에 작용한다. 성과와 방법을 비교함으로써benchmarking[70] 임금노동자들로 하여금 끝없이 절차에 따라 최대의 성과와 '최적의 실천들'에 따르도록 강제

68) 이 점에 대해서는 다음을 참조할 것. Michel Lallement, "Transformation des relations du travail et nouvelles formes d'action politique"(노사 관계 변화와 새로운 형태의 정치적 행동), in Pepper D. Culpepper, Peter A. Hall et Bruno Palier(dir.) *La France en mutation, 1980-2005*, Presses de Sciences-Po, Paris, 2006.

69) T. Coutrot, *L'Entreprise néo-libérale, nouvelle utopie capitaliste. Enquéte sur les modes d'organisation du travail*(신자유주의적 기업, 새로운 자본주의 유토피아: 노동조직 양식에 관한 연구), La Découverte, Paris, 1998.

하기 위해 말이다. 경쟁은 이제 자본 수익성의 강제를 내면화하는 방식이 된다. 매개적 관리를 통해 위계화된 라인과 항상적 통제를 경감시키면서, 그리고 무제한적인 규율의 압박을 도입하면서 말이다.

특정한 활동들의 외주화, 그리고 더 자율적인 여러 단위로의 분산은 여러 활동들을 조정하기 위한 평가의 필요성을 증대시킨다. 평가는 새로운 조직화의 열쇠가 되는데, 이것은 모든 종류의 긴장을 결정화하지 않을 수 없다. 평가가 창의력과 리스크 감수의 종용, 그리고 기업 내의 실제적 권력관계를 환기시키는 기업평가 사이의 모순에 속하는 것이라 할지라도 말이다.

이러한 새로운 기업조직 방식은 노동과 고용에 중대한 결과를 가져왔다. 그것은 노동의 증대와 기한의 단축, 그리고 임금의 개인화로 표출되었다. 임금의 개인화라는 방법은 성과와 능력에 보수를 연결시키면서 위계적 권력을 증대시키고 모든 집단적 형태의 연대성을 축소시킨다. 하지만 그것은 임금노동자에 대한 통치의 새로운 실천과 동일한 외연을 갖는다. 이러한 실천은 '자기관리'에 기반하며 외적 강제보다 한층 더 효과적인 것으로 간주된다. 이러한 '경영철학'은 피터 드러커가 고안해 냈다. 그의 설명에 따르면, 새로운 지식 경제에서는 조직관리가 관건이 아니라, 지식을 갖고 있는 사람들이 최대한 많은 것을 생산할 수 있도록 그들을 '인도하는 것'이 문제라는 것이다. 목표에 따른 경영, 실현된 성과의 평가, 그리고 성과의 자기관리는 이렇게 개인

70) 벤치마킹은 아주 명백하게, 생산부서(자회사, 부서, 기업)들의 결과들을 비교할 수 있게 해주는 표준화된 성과 기준들을 선택하고 '좋은 실천'을 측정하며 더 향상된 성과를 목표로 삼기 위한 매니지먼트의 한 방법이다.

들을 경영하는 수단들이다.

목표 관리에 의한 경영의 가장 큰 장점은 경영자로 하여금 자기 자신의 성과를 스스로 관리할 수 있게 해준다는 점이다. 자기관리를 한다는 것은 한층 더 강한 동기 부여가 있어야 한다는 것을 의미한다—주어진 일을 적당히 처리하는 것이 아니라 최선을 다해야겠다는 의욕이 필요하다는 말이다. 그것은 좀더 높은 성과 목표 그리고 좀더 폭넓은 비전을 필요로 한다. 목표 관리는 각 부문의 경영자들의 노력을 한 방향으로 통합하는 데 있어서는 필수적이지 않을 수도 있겠지만, 경영자가 자기 관리를 하도록 하는 데 있어서는 필수적이다.[71)]

이러한 자기관리는 위계적 피라미드를 축소시킬 수 있게 해주기 때문에 더욱 경제적인 동시에, 노동이 더 이상 외적 필요가 아닌 내적 강제에 의존하는 한에서 더욱 효과적이다.

그것은 외부에 의한 통제보다 한층 더 엄격하고, 훨씬 더 정확하고 그리고 더욱 효과적인 내부 통제를 가능하게 해준다. 그것은 경영자로 하여금 다른 사람의 의견이나 지시에 의해서가 아니라, 자신이 수행하는 과업의 객관적인 필요성 때문에 행동하도록 동기를 부여한다. 그는 누군가가 원하기 때문이 아니라, 자신이 그것을 해야 한다고 스스로 판단했기 때문에 행동한다—달리 말하면, 그는 자유인으로서 행동한다.[72)]

---

71) P. Drucker, *Devenez manager! Les meilleurs textes de P. Drucker*, Village mondial, Paris, 2006, p. 122. [『피터 드러커 미래경영』, 이재규 옮김, 청림출판, 2002, 187쪽.]

보편적으로 적용되는 이러한 '자유의 철학'은 "기업의 객관적인 필요를 경영자 개개인의 목표로 전환해 줌으로써 성과를 달성할 수 있게 해준다. 그리고 모든 경영자에게 법의 테두리 안에서 자유롭게 활동할 수 있는 진정한 자유를 보장해 준다".[73] 이렇게 경영은 '예술가'나 '쾌락주의자'의 논리에 따라서가 아니라 욕망과 죄의식화라는 심리적 심급들을 조종하는 자기규율체제를 통해서 개인들의 에너지들을 손에 넣으려 한다. 목표달성의 책임을 오로지 개인에게 전가시킴으로써 '자기실현'의 열망을 기업을 위해 총동원하게 하는 것이 관건이다. 이것은 물론 개인에게 높은 심리적 대가를 치르게 하지 않을 수 없다.[74]

이러한 자기 자신에 의한 자기통치는 각 개인의 자율에 대한 열망을 조종하는 매혹적인 경영담론의 단순한 효과를 통해 저절로 얻어진 것이 아니다. 이러한 주체성의 통제는 모든 임금노동자들이 실업의 위협에 처해 있는 유연한 노동시장에서만 효과적으로 수행될 수 있다. 그것은 또한 목표와 결과들을 수치화한 지표라는 형식으로 시장의 강제와 금융수익성의 요구를 객관화하려 한 경영 테크닉의 산물이며, 개별면담 시 측정되고 심의된 수행능력의 개별화를 통해 임금노동자들이 '취업능력'을 부단히 향상시켜야 할 절대적 필요성을 내면화하게 하려 한 경영 테크닉의 산물이다. 각자를 '자기 자신의 도구'로 만드는 역효과를 유발하는 메커니즘이라고도 일컬어지는 이 자기관리의 극치는, 임금노동자에게 자신이 도달해야 할 목표들을 결정하도록 권

---

72) *Ibid.*, p. 127. [같은 책, 195~196쪽.]

73) *Ibid.*, p. 127. [같은 책, 196쪽.]

74) 다음을 참조할 것. Nicole Aubert et Vincent Gaulejac, *Le Coût de l'excellence*(탁월함의 비용), Seuil, Paris, 1991.

유할 때뿐만 아니라, 자신이 평가받고자 하는 그 기준들을 결정하도록 권유될 때에도 일어났다.

합리성(1): 전문가들과 행정가들의 실천

그러므로 이젠 복지주의에서처럼 보편적 생명권, 다시 말해 보건, 교육, 사회통합, 정치참여 등의 권리에 입각해 재화를 재분배하는 것이 문제가 아니다. 문제가 되는 것은 선택을 하고 일정한 행복에 도달할 수 있는 조건으로 제시된 결과를 이루기 위해 주체의 계측 능력에 호소하는 것이다. 여기에는 전제가 있다. 주체가 '책임질 수 있기' 위해서 주체는 계측 요소, 비교 지표, 자신의 행동에 대한 회계적 해석, 혹은 더 철저하게는 자신이 한 선택의 화폐화를 자유롭게 운용할 수 있어야 한다는 점이다. 요컨대 환자, 학생 그리고 그들의 가족, 대학생과 구직자들로 하여금 그들이 발생시키는 '비용'의 증가분을 감당케 함으로써 책임을 지게 만들어야 한다는 것이다. 성과와 연관된 상벌을 개인화함으로써 개인들로 하여금 책임지게 하는 것처럼 말이다.

책임화라는 이러한 정치적이고 윤리적인 작업은 품행에 대한 수많은 형태의 '사기업화'와 연관되어 있다. 삶은 단지 개인의 선택으로 제시되기 때문이다. 비만자, 범죄자, 불량학생은 자신의 운명에 책임이 있는 자들이라는 것이다. 질병, 실업, 빈곤, 학업 실패, 퇴학은 잘못된 계측의 결과로 간주된다. 건강, 교육, 직업, 노화 같은 문제계는 개인들 각자가 평생 축적하고 관리하는 자본에 대한 회계적 관점으로 집중된다. 생활고, 불행, 질병, 빈곤은 예견, 신중성, 리스크에 대한 보험 부족으로 인해 발생하는 관리 실패라는 것이다.[75] 각자가 자기 자신을 수확

해야 하는 '인적 자본'의 소유자로 간주하도록 만드는 데 필요한 '교육' 작업이 바로 이로부터 결과된다. 개인들로 하여금 자기 자신을 돌보고 교육하며 스스로 일자리를 찾도록 강요하면서 그들을 '자극하는' 것을 목적으로 하는 장치들의 설치가 바로 이로부터 결과된다.

이 점과 관련해 새로운 우파의 의기양양한 이데올로기와 그 근간이 되는 통치합리성을 혼동하지 않는 것이 중요하다. 단순히 실천적 방향 수정에 앞서 국가개입에 대한 대대적인 이데올로기적 공세가 있었던 것이 아니라 이데올로기적 공세가 실천적 방향 수정을 동반한 것이다. 신자유주의적 전환에서 가장 중요했던 것은 '국가의 후퇴'라기보다는 기업과 행정의 '합리화'와 '현대화'라는 이름으로 행해진 국가 개입 방식의 변환이다. 이러한 관점에서 볼 때 미디어와 저널리즘으로 전향한 지식인들보다는 순응적 전문가들과 행정가들이 더 중요한 역할을 담당했던 것 같다. 이들은 자신들이 개입해야 하는 다양한 영역에서 신자유주의에 적합한 새로운 장치와 관리방식을 설치했고 이것

75) 개인들을, 리스크를 즐기는 사람들로 변화시키는 것이, 프랑스경제인연합회(Moluvement des entreprises de France, MEDEF)가 원하는 '사회개혁'의 기초가 되었다는 것을 우리는 기억한다. 두 종류의 인간, 즉 리스크를 즐기는 용감한 지배자와 리스크를 겁내는 소심한 피지배자 간의 대립은 2000년에 출간된 다음의 책에서 이론화되었다. François Ewald et Denis Kessler, "Les noces du risque et de la politique"(리스크와 정책의 결합), *Le Débat*, n° 109, 2000. 로베르 카스텔은 『르몽드』지에서, 프랑스경제인연합회를 향해 다음과 같은 매서운 대답을 내놓았다. "예전에 **악한 빈자들**은 그들의 운명에 대해 자신들이 게을렀기 때문이라고, 무절제하고 음탕하며 지저분하며 또 악했기 때문이라고 자기 자신을 탓할 수밖에 없었다. 똑같은 도덕적 양식의 현대화된, 또 약간은 완곡하게 표현된 버전에 따르면, 리스크를 겁내는 자와 소심한 자들, 그리고 너무 어리석게도 과거의 기득권에 얽매여 있어서 자본주의가 우리를 위해 예비해 둔 희망에 찬 미래의 도래에 참여 불가능한 자들은 오늘날 사회적으로 도태되어 마땅하다. 여기서는 바로 지배자들을 위한 지배자들의 담론이 문제인 것이다." Robert Castel, "'Risquophiles', 'risquophobes' : l'individu selon le Medef"('리스크 애호가', '리스크 혐오자': 프랑스경제인연합회가 말하는 개인), *Le Monde*, 6 juin 2001.

들을 오직 만인에게 유익한 결과의 추구에 의해 좌우되는 새로운 정치 테크닉으로 내세운다. 신자유주의의 이러한 '유기적 지식인들'은 때로 혹은 차례로 우파와 좌파를 자처하면서[76] 이러한 실천들의 이입, 이데올로기적 중립화, 그리고 최종적으로는 실천적 정착에서 결정적 역할을 담당했다. 연구집단, 수많은 학술대회, 공공 서비스에 대한 폭넓은 관리교육 시행, 통일된 용어집의 대대적 생산과 보급, 현대화를 추진하는 엘리트들의 의사소통을 위한 공통언어는 결국 정통 경영 담론을 부과하게 된다. 그러나 거기에 속아 넘어가면 안 된다. 신자유주의 정책은 '시장이라는 종교'의 이름으로 시행된 것이 아니라 경영이라는 기술적 명령과 효율성, 그리고 공공 서비스 체계의 '민주화'라는 이름하에 시행되었던 것이다. 공공정책의 합리화로 방향을 전환한 엘리트들이 중요한 역할을 담당했다. 물론 이들은 이 일과 관련해 '현대성'을 옹호하는 주장들을 중계한 합의생산장치 전반의 도움을 받았다.

좌우를 막론하고 1978년 레몽 바르Raymond Barre와 몇 년 후 자크 들로르Jacques Delors와 같은 몇몇 선구적 인물들이 프랑스에서 일찌감치 두각을 나타냈고 이들은 '현실주의', '긴축', '현대성'이라는 동일한 곡을 연주했다. 사실 몇 년 새 모든 정치·경제 엘리트들이 '케인스주의적' 관리방식으로부터 '신자유주의적' 방식으로 이행했고 행정부와 당의 많은 간부들을 자기들 쪽으로 데려갔다. 브뤼노 조베르Bruno Jobert가 적절히 말하듯이 "이러한 변화의 벡터는 신흥 엘리트들보다는 기존

76) 이 점에 대해서는 신자유주의적 도식을 이렇게 정착시킨 주체들의 개인적 도정을 존중하는 것이 좋을 것이다. 우리는 다음과 같이 자문해 볼 수 있다. 프랑스에서의 '제2 좌파' 중 몇몇이, 사회적이고 교육적인 국가장치들의 '개혁'에 대한 정치적이거나 노동조합적인 참여로부터 능동적인 참여로의 이행을 용이하게 해준 어떤 '가교'를 구축하지는 않았는지 말이다.

엘리트들이었다. 이들은 자신들의 영향력을, 그 방향을 바꾸는 것까지 감수하면서 영속화하려 했고 종종 그렇게 하는 데 성공했다. 신자유주의 주창자들은 대개 이 새로운 말의 은총에 감동받은 회개자들이었다.…"[77] 스탈린주의적인 당의 중진들이 복원된 자본주의의 새로운 지배자가 되어 버린 구 동유럽 국가들에서 이것은 사실이다. 공공 서비스를 예찬하는 분위기에서 교육받은, 종종 좌파에 속하는 전문가들과 행정가들이 경영과 수행능력의 용어로 전향하게 되는 서구 국가들에서도 이것은, 현저하게 눈에 띄는 방식은 아니지만 사실이다.

고위 공무원들의 실천이 신자유주의로 전환한 것은 고위 공무원들이 관료주의의 개입 영역과 그 재원의 규모를 부단히 확대했다고 주장하는 공공선택Public Choice의 논지를 부인하는 것이다. 사실 공공 서비스의 신자유주의적 방식은 국가의 개입력 상실보다는 관료주의적 합리성 내에서의 방향전환을 유발시킨다. 고위 공무원들은 '합리적 선택'을 주장하는 경제학자들이 생각했던 것처럼 세금 인상과 부하 직원들의 증원이 필연적으로 자신들에게 이익을 가져다준다고 생각하지 않는다. 게다가 막스 베버가 보여 주었듯이 그들은 자신들의 권력과 정당성의 확장에 자신들의 이득이 있다고 생각한다. 이것은 그들이 '변화'와 '개혁'뿐 아니라 국가관료주의 '종말'의 신봉자 역할을 하게 된다는 것을 암시하는 것이다. 적어도 이 방향전환이, 그들이 행사하는 지배력을 재차 문제 삼지 않을 경우에 말이다.

77) B. Jobert(dir.), *Le Tournant néo-libéral en Europe. Idées et recettes dans les pratiques gouvernementales*, L'Harmattan, Paris, 1994, p. 15.

합리성(2): 신자유주의적 좌파의 '제3의 길'

신자유주의의 지속적 성공은, 세계경쟁이라는 새로운 정책적 기획에 대한 거대 우파 정치진영의 찬동뿐 아니라, 어떤 경우에는 지배적 합리성에 완전히 복종한다는 느낌을 주는, 특히 '블레어주의'[78]에서, 거대한 신자유주의적 주제에 대한 '현대 좌파'의 다공성多孔性, porosité을 통해 보증되었다. 미국에서도 '자유주의자'들이 마치 '보수주의자'들처럼 말하고 생각하고 행동하기 시작하는, 어떤 동일한 경향이 발견되었다.[79] 이러한 신자유주의의 제도화에서 가장 눈에 띄는 것은 신자유주의적 관점을 지닌 현대 좌파가 유연한 노동시장과 실업자들의 재취업 정책을 받아들였다는 것이다. 이러한 현상은 또한 이론의 측면에서 케인스에 대한 모든 참조의 포기를 수반했고, 게다가 유럽의 구축과 세계화를 통해 야기된 층위의 변화를 받아들인 새로운 케인스주의의 모든 공적까지도 포기하는 것을 수반했다.

절대적 시민권에 필수적인 사회적 재화의 분배방식을 지침으로 삼는 모든 사회민주주의 전통에 몹시 어긋나는 사회정책의 의미 변화가 좌파의 신자유주의적 전환을 가장 잘 예증한다. 불평등에 맞선 투쟁, 사회민주주의의 예전 기획들에서 중심을 차지했던 그 투쟁은 몇몇

---

78) 정말 다양한 사람들이 있었다. 슈뢰더 정책의 지지자들, 독일 좌우파 거대 연합, 그리고 프랑스에서는 사회당의 몇몇 '인사들', 즉 새로운 이데올로기적 흐름이 사회민주주의의 지적이고 정치적인 기반을 얼마나 붕괴시켰는지를 지적했던 사회당 인사들에 대한 사르코지의 개방정책 성공이 있었다.

79) 우파를 생각하는 방식에 대한 미국 좌파들의 '호소력'에 대한 분석으로는 다음을 참조할 것. James K. Galbraith, *The Predator State. How Conservatives Abandonned the Free Market and Why Liberals Should Too*, The Free Press, New York, 2008.

블레어주의 지식인들, 이를테면 앤서니 기든스Anthony Giddens 등에 의해 이론화된 '공정'과 '개인의 책임'이라는 이데올로기에 따라 '빈곤에 맞선 투쟁'으로 대체되었다. 이제 연대는, 그리스도교적이고 청교도적인 관점에 입각해 빈곤한 '지역'을 겨냥함으로써, 시스템에서 '배제된 자'들에 한정된 원조로 이해된다. 의존성을 만들어 내지 않기 위해 '특수한 인구'(장애인, 조기퇴직자, 고령자, 싱글맘 등등)에 한정되는 이러한 원조에는 개인적 노력과 유효한 노동이 수반되어야 한다. 달리 말하자면 신좌파는, 모두에게 올바른 사회 건설이라는 이상을 포기하면서 자신들의 전통적 적대자들의 이데올로기적 모체를 자기들 나름의 방식으로 다시 취한다.

만약 좌파의 신자유주의라는, 사회민주주의의 뒤를 이은 이러한 새로운 정치 형태에서 신자유주의적 이데올로기에 대한 어떤 단순한 찬동을 보는 데 그친다면 좌파의 신자유주의를 이해할 수 없을 것이다. 이러한 '현대 좌파'는 자신이 신자유주의라고 생각하는 것, 요컨대 방임으로의 순수하고 단순한 회귀라고 생각하는 것과는 거리를 두면서 신자유주의를 거부하기까지 한다. 현대 좌파가 우파와 구별되기 위해 이러한 '정글의 이데올로기'를 고발한다 할지라도, [현대 좌파는] 일정한 유형의 한 사유와 문제제기 방식을 승낙하고 수용하며 재생산하고 그렇게 함으로써 매력적인 합리성을 구성하는 응답체계를 받아들이고 재생산하며, 요컨대 일정 유형의 규범적 담론, 즉 그곳에서 완전한 현실을 이해할 수 있게 되고 또 그것을 통해 몇 가지 한정된 정책을 '자명한 것'으로서 규정하는 그러한 규범적 담론을 받아들이고 재생산한다. 한마디로 말하자면, 그리고 아마도 역설적인 방식으로 말하자면, 30년 전부터 우파의 정책과 매우 유사한 정책을 주도하면서 좌파를 표방하는 정부들의 실천의 변화보다 더 신자유주의 합리성의 본성을 잘 현시하는 것도 없다.[80] '책임 있고', '현대적'이며 '현실주의적'인 모든 담론, 요컨대 신자유주의 합리성의 성질을 띠는 모든 담론은, 시장경제, 경쟁의 미덕, 시장의 세계화가 가져다주는 장점, 금융과 기술의 '현대화'를 통해 도입되는 불가피한 강제 등의 사전 수용으로 특징지어진다. 신자유주의의 규율적 실천은 사실상의 소여로서, 그리고 그것에 적응하는 것 말고는 다른 어떤 것도 할 수 없는 그러한 하나의 현실로서 부과된 것이었다.

이러한 동화同化의 가장 좋은 예는 아마도 토니 블레어와 게르하르트 슈뢰더가 1999년 유럽의회 선거에 즈음해 함께 서명한 '제3의 길과 새로운 중심'The Third Way / Das neue Mitte이라는 제목의 '선언'일 것이다. 거기서 단언되고 있는 현대 좌파의 목표는 다음과 같은 것을 부여하는 것이다.

> 경쟁력 있는 시장경제를 위한 견고한 틀, 생산주체들 간의 자유경쟁, 그리고 자유교역은 생산성 제고에 핵심적인 것들이다. 따라서 시장의 힘이 제대로 작동할 수 있도록 해주는 틀을 갖춰야 한다. 이는 경제성장에 핵심적이며 고용을 위한 효과적 정책의 선결 조건이다.

이러한 '틀', '좌파를 위한 새로운 공급 정책'이라는 대상은, 소위

80) 그렇지만 다소 격렬한 내부 투쟁들이 좌파정당들을 관통했었다는 것을 잊지 말아야 한다. 이러한 신자유주의적 방향설정에 반대하는 자들은 방어태세를 취해야 했으며, 비용이 많이 들고 무능하며 사기를 저하시키는 구식 행정 경영의 지지자라는 비판을 받을 수밖에 없었다.

'시대에 뒤떨어졌다'고 하는 "최근 20년간의 신자유주의적 방임laisser-faire"과 대립된다. 우리는 이를 통해, 신자유주의에 대한 잘못된 해석이 얼마나 잘못된 대립을 구성했는지 보게 된다. 또 바로 이러한 전제하에서 위의 선언이, 진정하게 신자유주의적인 다음과 같은 일련의 논거를 실질적으로 개진했다는 것을 알 수 있다. 요컨대 너무 높은 인건비, 과도한 공공 지출, 의무에 대한 권리의 위험한 우위, 정부 주도의 경제관리에 대한 과도한 신뢰 등이 그것이다.

현대 좌파의 이러한 선언은 특히 우리가 여기서 "신자유주의적 합리성"이라 부르는 바를 잘 표현한다. 그 선언은 낡은 좌파의 오래된 해법들을 다시 문제 삼으면서 시작된다. "사회정의라는 문제는 때로 소득평등의 질서라는 말과 혼동되어 왔다. 그 결과 노력과 책임에 대한 개인적 보상에 대해서는 거의 관심을 기울이지 않았다. 그리고 창조성과 다양성, 수행능력을 구현하는 대신, '사회민주주의'와 '순응성 및 진부성'을 머릿속에서 결합시키는 리스크 또한 감수했던 것이다." 반대로 공공정책의 보편적 원리로서 개인의 책임을 강화해야 할 필요가 있다는 것이다. 요컨대 전형적인 블레어주의적 표현에 따르면, "사회민주주의자들은 사회적 권리라는 구명튜브를 개인적 책임을 위한 발판으로 변화시키기를 원한다"는 것이다.

노동시장도 유연화해야 한다. 요컨대 "기업은, 활동하기 위한, 또 나타나는 기회들을 잘 활용하기 위한 운용의 폭을 충분히 가져야 한다. 즉 기업은 과도한 규칙들로 방해받아서는 안 된다. 노동시장과 자본시장 그리고 재화의 시장 모두가 유연해야 한다. 어떤 경제분야에선 경직성을 받아들이면서 다른 경제분야에선 개방성과 역동성을 받아들인다는 것은 불가능하다. 적응성과 유연성은 지식에 기초한 경제에서 더 많은 수익을 내게 해주는 장점들이다."

그 다음에는 세율을 낮춰야 하는데, 특히 기업들의 경쟁력을 해치는 세율을 낮춰야 하고, 국가의 역할을 축소해야 한다는 것이다.

> 노동비용은 끊임없이 올라가는 세금부담으로 인해 가중되었다. 국가가 시장의 모든 결점 혹은 결함을 해결하려 애써야 한다는 믿음은 매우 빈번하게 행정업무를 과도하게 확장시키고 또 관료주의를 확대시켰다. 개인적 행위들과 공동체적 행위들 간의 평형은 무너져 버렸다. 시민들에게 중요한 가치들, 이를테면 자기의 자율적 구축, 개인적 성공, 기업가정신, 개인의 책임과 공동체에 대한 소속감 등은 매우 빈번하게 보편적인 사회보장에 종속되어 버렸다.
>
> 권리는 너무 빈번하게 의무를 넘어서 버렸지만, 우리는 자기 자신과 자신의 가족, 자신의 이웃 혹은 사회 전체, 그리고 국가에 대한 책임들을 저버릴 수 없고, 그것들을 국가에만 맡길 수도 없다. 만약 우리가 상호의무의 원칙을 잊는다면 그것은 공동체적 소속감이 약화되는 것이며 친지들과 이웃들에 대한 책임이 사라지는 것이다. 그것은 범죄 혹은 반달리즘이 증가하는 것이고 우리의 모든 법적 장치들이 더 이상 계속될 수 없다는 것이다. 성장과 고용을 촉진하기 위해 그들의 국가경제를 명확하게 규제하는 정부의 능력이 과대평가되었고, 부를 창출함에 있어 기업과 경제 주체의 중요성은 과소평가되었다. 사실 우리는 시장의 취약성을 강조했고 그것의 자질을 과소평가했다.

수요에 대한 시대착오적 정책, 즉 케인스주의 정책을 대체해야 하는, 공급에 대한 이러한 새로운 정책적 제안들은 경제에서의 사기업

우선성이라는 보편적 원리, 그리고 사기업의 우선성이 사회 내에 확산시킬 수 있는 '가치들'의 중요성에 근거하고 있다. 그래서 이것은 좀 더 현대적이고 새로운 통치방식을 정의하는 것으로 귀결된다. 요컨대 "국가는 노를 젓지 말아야 하지만 키는 잡고 있어야 한다. 통제해야 한다는 것, 바로 이것이 관건이다." 행정과 공공지출의 확대에 맞서는 결투는 공급에 대한 이러한 새로운 정책에서 가장 우선시된다는 것이다. 요컨대 "공공부문에서 관료주의는 모든 수준에서 축소되어야 하고 구체적 결과라는 목표들이 공식화되어야 하며 공공 서비스의 질이 항구적으로 평가되어야 하고 기능장애가 해소되어야 한다." 하지만 이 새로운 '조종' 방식은 옛 좌파와는 더 이상 아무 상관 없는 '정신상태'와 가치들에 근거한다.

> 새로운 공공정책이 완전하게 성공하려면 사회 전 분야에서 승리정신과 새로운 기업가정신이 촉진되어야 한다. 새로운 공공정책은 새로운 책임을 담당하기 원하는 유능하고 잘 육성된 노동자를 필요로 한다. 그리고 이니셔티브 정신, 새로운 도전에 임하고자 하는 창조성과 열망을 자극하면서 새로운 기회를 제공하는 사회보장제도도 요구한다. 마지막으로 기업가들과 그들의 독립 그리고 그들의 이니셔티브에 호의적인 환경이 필요하다. 그러므로 소기업들의 생성과 생존을 용이하게 만들어야 한다. 우리는, 예술가들과 축구선수들이 존경받는 것처럼 기업의 우두머리가 존경받는 사회를 원한다. 그리고 삶의 모든 영역들에서 창조성이 가치를 회복하는 사회를 원한다.

이 선언은 현대 좌파의 '현실주의', 즉 유럽 무대에서 토니 블레어가 주로 주창했던 '현실주의'의 본성을 더 잘 이해할 수 있게 해준다. 1994년 노동당 집권 이래로 블레어주의의 가장 두드러진 특징은 대처주의의 유산을 재검토하되 전도시켜야 할 정책으로서가 아니라 기정 사실로서 재검토한다는 것이다.[81)]

앤서니 기든스와 토니 블레어는 그들의 공저 『제3의 길』에서 그러한 방향전환을 이론화한다. 그들은 신노동당New Labour의 임무가, 역전 불가능한 소여로 간주되는 신자유주의가 부과한 새로운 틀 내에서 '중도 좌파'의 해법들을 가져오는 것이라고 단언한다. 이 정책노선의 핵심 단어가 **적응**, 즉 새로운 현실에 대한 개인의 적응이다. 세계화되고 금융화된 자본주의의 불확실성으로부터 개인을 보호하는 것이 아니라는 말이다. '신좌파'는 자유주의적 세계화의 틀을 받아들이는 좌파, 경제성장과 경제경쟁력을 위해 끌어낼 수 있는 모든 기회를 찬양하는 좌파다.[82)] EU 통상담당 집행위원인 피터 만델슨Peter Mandelson은, 자신이 보기에 사회·경제적 정책과 관련한 모든 후퇴를 완전히 금지하는 듯한 전 세계적 '시장개방 붐'을 찬양하면서 이에 대한 '동의'를

81) 이 점에 대해서는 다음의 논증을 참조할 것. Keith Dixon, *Un digne héritier. Blair et le thatchérisme*(합당한 계승자. 블레어와 대처주의), Raisons d'agir, Paris, 1999.

82) 토니 블레어는 대담에서 다음과 같이 탁월하게 정의 내린다. "저는 정부의 활동이, 세계시장에서의 기업 간 경쟁을 방해하는 것을 목표로 해서는 안 된다고 말할 것입니다. 그것은 적합한 해답을 구성하지 않고 잘 작동하지도 않을 텐데, 왜냐하면 시장이 우리를 지배하기 때문입니다. 만약 우리가 세계시장의 효과로부터 기업을 보호하고자 시도한다, 그렇게 되면 말이죠, 그 기업들은 몇 해 동안은 살아남겠지만 얼마 못 가서 사라질 것입니다. 왜냐하면 지구적 경쟁의 압력은 필연적인 것이 될 테니까요. 반대로 당신이 할 수 있는 것은 세계시장의 가혹함에 맞설 수 있도록 그 기업들로 하여금 필요한 준비를 하게 하고 또 그 기업들을 위해 일하는 개인들에게도 그렇게 하도록 하는 것입니다. 바로 이것을 저는 제3의 길이라고 부릅니다." Philippe Marlière, *Essais sur Tony Blair et le New Labour. La troisième voie dans l'impasse*(토니 블레어와 신노동당, 그리고 막다른 골목으로 이어지는 제3의 길에 관한 시론), Syllepse, Paris, 2003, pp. 97~98에서 재인용.

매우 명료하게 표명한다. 만인의 번영이 이러한 경제개방에 달려 있는 한, 이러한 후퇴는 가능하지도 않고 바람직하지도 않다고 생각했던 것이다.[83]

현대 좌파는 또한 사기업이, 부와 성장의 유일한 원천은 아닐지라도 적어도 주요한 원천이라고 인정하는 좌파이며 그렇게 인정함으로써 공권력이 그 모든 활동들에서 사기업에 혜택을 주고 공공 서비스의 조달과 관련해 주요 경제 주체와의 협력을 발전시켜야 한다는 결과를 끌어내는 좌파다. 토니 블레어가 주도한 최초의 투쟁들 중 하나는, 생산수단 국유화라는 목표에 헌신해 왔던 노동당 당규 4개 조항을 폐지한 것이다. 사실 신노동당은 대처가 이끈 거대한 민영화의 물결을, 즉 100만에 육박하는 임금노동자들이 일하고 있는 40개가 넘는 거대 기업들과 관련된 그 민영화의 물결을 전혀 재검토하지 않았고, 게다가 1997년부터 2002년까지 프랑스의 '여러 계열의 좌파'조차도 1980년대 중반에 시작된 이러한 민영화 절차를 저지하지 않았다.

이러한 정책의 근간이 되는 사회와 개인이라는 개념은 신자유주의적 우파의 방향설정을 구축하는 개념과 매우 유사하다. 연대보다 경쟁을 우선시하는 것, 성공할 기회를 포착하는 수완, 그리고 개인의 책임은 사회정의의 주요 토대들로 간주된다.[84] 현대 좌파의 정책은 개인들이 스스로를 돕도록 도와야 하는데, 요컨대 보편화된 경쟁 그 자체

83) P. Mandelson, "Europe's openness and the politics of globalisation", *The Alcuin Lecture*, Cambridge, 8 février 2008.

84) Michel Freeden, "True blood or false genealogy : New Labour and british social democratic thought", in Andrew Gamble et Tony Wright, *The New Social Democracy*, Blackwell, Oxford, 1999, p. 163.

에는 의문을 제기하지 않고 그러한 경쟁 내에서 '난관을 극복하도록' 도와야 한다는 것이다. 이것은 그들의 담론 속에서 사회적 관계의 경쟁도식에 고유한 범주들, 요컨대 인적 자본, 기회 균등, 개인의 책임 등등을 재도입하는 형태로 표출된다. 더 큰 연대와 진정한 평등이라는 목표에 기초할 수도 있는 사회적 관계에 대한 대안적 개념들을 포기한 대가로 말이다. 사실 '현대 좌파'의 교의가 구축된 것은 '오래된' 좌파가 옹호하는 사회의 이러한 '낡아빠진' 개념들과 관계가 있다. 자크 들로르가 그들의 책 프랑스어판 서문에서 두 저자들의 논지를 잘 요약하고 있다.

> 제3의 길의 사회민주주의 신봉자들은 홉하우스가 정식화했던 것처럼, 국가가 시민을 평생토록 보호하고 의식주를 제공해야 한다는 개념을 더 이상 옹호하지 않는다. 그들의 목표는 오히려, 개인들로 하여금 그들 자신의 노력에 따라 품위 있는 삶의 최고 수준에 이르도록 해주는 조건들을 만들어 내는 것이다.[85]

앤서니 기든스는 제3의 길 정책을 다음과 같은 슬로건으로 요약

---

85) T. Blair et A. Giddens, *La Troisième Voie. Le Renouveau de la social-démocratie*(제3의 길. 사회민주주의의 부활), Seuil, Paris, 2002, p. 10. 들로르는 복지국가주의를 반대하는 자들의 이러한 논거들과 고전적 어휘를 재검토한 후에 다음과 같이 주장한다. "전통적인 사회보호 정책들은 때때로 의존과 무책임의 문화를 야기했다."(p. 12) 신자유주의 합리성의 영향력으로부터 기적적으로 벗어날 수 있었던 프랑스 사회주의나 유럽 건설의 위선을 제외한다면, 들로르가 이 제3의 길이라는 틀에 자신의 유럽기획을 기입했다는 것을 눈여겨보는 것은 흥미로울 것이다. 유럽위원회(Commission européenne)에서 발행한 1993년 백서(Croissance, compétitivité, emploi[성장, 경쟁력, 고용])가 그 대략적 개요를 다룬다.

한다. "책임 없이 권리 없다." 기든스에 따르면 그것은 노동시장에서 개인의 의무를 확대해야 함을 의미한다.[86] 국가는 사람들을 보호하기보다는 그들의 적응을 돕는 '사회적 투자가'라고 기든스는 말한다.

> 사회민주주의자들은 정부, 기업, 노동시장의 영역에서 '책임 있는 리스크 수용자들'로 이루어진 사회를 발전시키기 위해, 복지국가에 수반되는 리스크와 안전 사이의 관계를 변화시켜야만 한다.[87]

시민권은 이제 정치적 공동체 고유의 공적 재화를 규정하는 데 대한 적극적 참여로 정의되지 않고, 소비자들에게 만족을 주는 지역 재화를 생산하기 위해 기업 및 단체와의 모든 종류의 협력과 계약에 참여해야 하는 개인들의 지속적 결집으로 정의된다. 공적 활동은 무엇보다도 개인들의 활동에 이로운 조건들의 설정을 목표로 삼아야 하며 '공공재'의 생산자들 전체 속에 국가를 용해시키는 방향을 지향해야 한다. 기든스는 공적 활동의 역할을 다음과 같이 정의한다.

> 국가는 이제 더 이상 사회적 보호를 보장하는 것으로 만족할 수 없다. 더욱 확장된, 그러나 또한 더욱 유연한, 조정자의 역할을 담당해야 하는 것이다. 효과적인 공공 영역과 만족스러운 공공재를 만들어 내는 데 기여함으로써 말이다. 이러한 영역에서 국가는 유일한 행위자가 전혀 아니다. 따라서 상점과 슈퍼마켓 등에서의 식료품 유통은 공공재를

86) *Ibid.*, p. 78. [『제3의 길』, 한상진 · 박찬욱 옮김, 책과함께, 2014, 82~83쪽.]
87) *Ibid.*, p. 111. [같은 책, 124쪽.]

의미한다. 이러한 활동을 조절하는 틀을 만드는 것이 결국 국가의 소관이다.[88)]

그의 고유한 표현에 따라 '좋은' 사회로 귀결되어야 하는 이 '조절'에서 중요한 것은 도대체 무엇일까? 개인이 항시 상품과 서비스 사이에서 조정선택을 할 수 있게 하는 것이 중요하다. 대단히 독창적인 것은 아니다. 경쟁의 원리가 모든 곳에 적용되어야 한다는 것이다. 공공서비스에까지도 말이다. 유일한 차이가 있다면 경쟁자들이 따라야 하는 규범들이 아무튼 간에 동일한 주체들에 의해 동일한 방식으로 규정되지는 않는다는 점이다. 앤서니 기든스에 따르면,

시장의 힘이 자유롭게 행사되는 영역들에서는 개인이 시민-소비자로 행동한다고 말할 수 있다. 그 규범들은 주로 경쟁으로부터 직접 결과된다. 다른 티브이 수상기들과 동일한 가격으로 제시된 불량 수상기는 시장에서 오래갈 수 없다. 국가와 여타의 공공당국들이 담당하는 역할은 독과점 형성을 저지하고 계약을 보장할 수 있는 수단들을 제공함으로써 전체적인 틀을 감독하는 데 그친다. 시장경제가 아닌 영역 즉 국가와 시민사회에서 소비자는 자신이 일정한 선택을 제안받는 처지에 놓이게 마련이다. 비록 시장조절 원리들이 거기서 사소한 역할만을 담당한다 할지라도 말이다. 공공 분야에서, 예를 들자면 여러 명의 일반의一般醫, 여러 학교, 여러 사회 서비스 중에서 선택할 수 있어야 한다. 하지

---

88) A. Giddens, *Le Nouveau Modèle européen*, Hachette Littératures, Paris, 2007, p. 147. [*Europe in the Global Age*, John Wiley & Sons, 2013.]

만 이 규범들이, 시장경제 영역의 경우가 그러하듯 경쟁에 의해 보장될 수는 없다. 규범들은 전문가들과 공공당국들에 의해 직접 감독되어야 한다. 말하자면 공공 영역에서 개인은 소비자-시민이다. 개인은 외부 당국의 엄격한 규범 적용을 기대할 권리가 있다.[89)]

이렇게 앤서니 기든스는 공공선택과 "신공공관리" 이론가들의 논거를 반복한다.[90)] 공무원들의 이기주의에 반대해 모든 영역, 특히 보건과 교육 영역에서 "효율적인 자극을 만들어 내야 하며, 공급자들의 다양성을 촉진시켜야 한다"[91)]는 것이다. 경쟁의 창출과 선택의 의무가 국가 개혁의 방책이라는 것이다. 요컨대 "선택할 수 있는 가능성, 그리고 더 일반적으로 이용자가 소유한 더 큰 권력의 인정은 효율성과 비용관리 촉진에 기여하는데",[92)] 왜냐하면 이것들은 공급자가 서비스를 향상시키도록 압력을 가할 수 있기 때문이라는 것이다.[93)] 요컨대 "사회민주주의자들은, 공공기관들은 시장 규율의 혜택을 받지 못하기 때문에 나태해지고 그들 서비스의 질은 하락하게 된다는 비판으로부터

---

89) *Ibid.*, pp. 158~159. 우리는 "전체적인 틀을 감독하다"와 같은 표현이 매우 질서자유주의적인 암시라는 대목에 주의하려 한다.

90) *Ibid.*, p. 163. '신공공관리'에 대해서는 12장을 참조할 것.

91) 기든스는 스웨덴에서의 학교 민영화와 미국에서의 교육용 상품권을 예로 든다. *Ibid.*, pp. 166~167.

92) *Ibid.*, pp. 165~166.

93) *Ibid.*, p. 166. 기든스는, 사용자의 권력을 강화하는, 즉 그가 '일상생활의 민주화'라고 부르는 것과 순수하고 단순한 신자유주의적 '소비자운동'을 구별하고 싶어 할 것이다. 하지만 우리는 그것들을 구분하는 것이 좋지 않다고 생각한다. 예를 들어 학문 분야와 대학공간에서 학생들이 빚을 내어 자신들의 학비를 조달하는 것에 대해 현대 좌파와 신우파(뉴라이트)가 새로이 합의했다고 기든스는 증언한다.

영감을 얻어야 한다"[94]는 것이다.

'제3의 길'이라는 교의는 사회민주주의와 노동당 정책의 근본이 되는 토대들의 포기를 여실히 보여 주고 있다. 사회적 국가와 소득재분배 정책은 이제 성장의 장애물로 여겨지고, 사회적 타협의 중심적 요소들로는 더 이상 여겨지지 않게 되었다. 신노동당은 권리와 취득에 기초해 구축된 사회정책에 대한 비판을 계속했고 또 정당화했다. 신노동당은 맬서스나 스펜서도 부인하지 않았을 도덕적 강조를 하면서 개인의 성공을 고무했다.[95] 물론 블레어주의는 통화주의적 유형의 순수 경제적인 정통성과는 어느 정도 차이를 유지하고 있다. 요컨대 최저임금 설정, 경기조정적 예산정책, 민간 영역의 지원을 받는 보건 및 교육 영역에의 재투자 등이 그것이다. 이러한 차이들은 부정할 수 없지만 그래도 이것들은 동일한 기본틀, 요컨대 신자유주의에 고유한 규율적 실천과 정치적 합리성의 틀에 속하는 것이다.

신노동당과 관련해 케이트 딕슨Keith Dixon은 이렇게 '제2세대 신자유주의'[96]를 논한다. 신자유주의가 국가의 후퇴를 의미한다는 관념을 떨쳐 버린다면 우리는 블레어주의의 중도개혁적 적극적 행동주의에서 개인에 대한 새로운 형태의 통치를 구조화하는 차원을 확인할 수

94) 다음에서 인용함. K. Dixon, *Un digne héritier*, p. 77.

95) 포셰-킹(Florence Faucher-King)과 르갈레(Patrick Le Galès)가 그것을 잘 강조한다. 요컨대 "신노동당은 승리자들과 기업가들(그들의 성향이나 출신, 나이가 어떻든지 간에), 그리고 재화와 인명의 안전에 더 큰 가치를 부여하는 새로운 전망을 채택하고, 사회에서의 통합, 재분배, 혹은 연대 및 공공 영역에 대한 담론이라는 쟁점들은 한 켠으로 밀려난다." F. Faucher-King et P. Le Galès, *Tony Blair, 1997-2007*, Presses de Sciences-Po, 2007, p. 18.

96) K. Dixon, *Un abécédaire du blairisme*(블레어주의 안내서), Le Croquant, Bellecombe-en-Bauges, 2005, p. 15.

있을 것이다.[97] 신노동당에 대해 결산하면서 몇몇 분석가들이 해석하는 것이 바로 이것이다.

> 개혁프로그램은 정부의 통제 및 관리 능력을 동원하고 발전시키면서 시행되었다. 보수주의자들이 물려준 틀을 추종하고 또 거기에 적응하면서, 공리주의의 유산을 현대화하면서(사회를 신뢰하지 않으면서) 신노동당 정부는 정부와 통치와 통치수행방식을 체계적으로 개혁했다. 블레어 정부는 강화된 억압과 통제 체제 속에 있는 개인과 조직에 더 많은 자율성을 남겨 둠으로써 영국의 중앙집권화를 대대적으로 확대했다. 미셸 푸코라면 이러한 강화된 억압·통제 체계를, 관료주의적이고 권위주의적이기까지 한 파행을 늘 피할 수는 없는 그런 '품행 인도'의 체계라 말했을 것이다.[98]

그러므로 때때로 부적절하게 '좌파의 신자유주의적 전향'이라 불리는 것은 단지 우파의 이데올로기적인 캠페인이나 설득력만으로는 설명될 수 없다. 그것은 보다 근본적으로 폭넓게 공유되는 자명성으로 기능하는 전지구적 합리성의 보급으로 설명될 수 있다. 이 전지구적 합리성은 정당의 논리에 속한다기보다는 소위 이데올로기적으로 중

---

97) 자유방임과 옛 사회민주주의적 타협 중 그 어느 쪽도 지지하지 않는 '양비론'(ni-ni)의 기만적 형태로 그 표명을 찾을 수 있다. 토니 블레어는 집권 전 이렇게 말했다. "나는, 정부의 역할이 없다고 말하는 자들의 통상적 태도인 자유방임을 거부하는 한편으로, 기업 국가 모델로의 회귀도 거부합니다. 정부의 역할은 경제의 위대한 통솔자가 아니라, 길동무입니다." T. Blair, *La Nouvelle Grande-Bretagne. Vers une société de partenaires*(새로운 영국: 파트너들의 사회를 향해), L'Aube, La Tour-d'Aigues, 1996, p. 101.

98) F. Faucher-King et P. Le Galès, *Tony Blair, 1997-2007*, p. 16.

립적이라고 간주되는 인간통치기술에 속한다.

가장 중요한 것은 신자유주의 이데올로기[통념]의 승리라기보다는 신자유주의가 구체적인 정책들 속에서 구현된 방식이다. 요컨대 이 정책들이 기득권을 후퇴시키고 집단 간 세대 간의 연대성을 약화시키며 상당한 사회적 주체들을 곤란에 빠지게 하고 그들을 '리스크'의 논리에 체계적이고 명시적으로 위치시키면서 점증하는 난관에 봉착하게 만드는 것을 목표로 설정할 때조차도, 결국 일군의 임금노동자들이 감내하고 때로는 용인하기까지 한 구체적 정책들 내에서 신자유주의가 구현된 방식이 중요하다는 것이다. 신자유주의는 당파적 이데올로기 그 이상이다. 게다가 신자유주의적 실천을 구현하는 위정자들은 이데올로기를 거부한다. 구체적 정책들에 영감을 줄 때 신자유주의는 **합리성** 그 자체이기 때문에 스스로 이데올로기임을 부인한다.

이러한 방식으로 대단히 유사한 정책들이 지극히 다양한(상황과 경우에 따라 각기 나름대로 보수주의적, 전통주의적, 현대적, 공화주의적) 수사 속에서 극도의 유연성을 보이면서 주조된다. 달리 말한다면 신자유주의 독트린은 당파적 기원과 무관한 **보편적 실용주의**로 간주되게 된다. '정치를 하지 않는' 사람들의 정식에 따르면 현대성이나 효율성은 좌파에도 우파에도 속하지 않는다. 토니 블레어가 종종 반복해 이야기하듯이, 중요한 것은 "그것이 작동한다"는 것이다. 이것은 또한 마거릿 대처와 로널드 레이건의 정치적 신자유주의의 **투쟁적** 시기와, '적절한 통치', '적절한 실천', '세계화에의 적응'과 같은 것들만이 문제가 되는 **관리적** 시기 사이의 간극을 측정 가능하게 해준다. 이 성숙기 동안에 과거의 많은 반체제인사들은 자본주의에 대한 예전의 비판을 공식적으로 포기해야 했고, 경제활동을 조정하는 가장 효과적인 수단으로

'시장경제'를 인정해야만 했다. 요컨대 신자유주의의 이데올로기적인 대대적 승리는 시행된 정책들이 어떤 논쟁의 대상이 되지 않을 정도로 이 정책들을 '탈이데올로기화'하는 데 있었다.

우리는 여기서 1990년대 동안 좌파가 교의상 너무도 철저하게 붕괴된 원인들 가운데 하나를 파악할 수 있다. 만약 우리가 개인들을 관리하는 신자유주의의 실천 장치들이 유일하게 효율적이고 유일하게 가능하며 아무튼 상상할 수 있는 유일한 것이라고 용인하게 되면 신자유주의의 토대가 되는 원리들(예를 들면 합리적 선택이라는 가정)에 현실적으로 대항하는 방법을 제대로 알 수 없고 또 이 원리들이 도달하게 된 결과들(경쟁과 세계경제에서 발생하는 '사고事故들'에의 대대적인 노출)에 대해 문제를 제대로 제기할 수 없게 될 것이다. 사람들이 묵묵히 받아들인다는 것을 큰소리로 비판하는 수사적 설득의 논리만 남는다. 바로 이것이 좌파 위정자들 가운데 가장 '노련한 자들'이 필요시에 할 수 있었던 것이었다.[99)] 그러나 더 나아가 실제로 전개된 정책적 신자유주의는 개인들로 하여금 '자기 자신을 스스로 책임지게' 만듦으로써, 집단적 연대성을 더 이상 신뢰하지 못하게 만듦으로써, 더 철저한 상호경쟁의 맥락 내에서 더욱 개인적인 논리를 추구하면서 개인들이 자신들의 이해관계를 계측하여 극대화시키도록 만듦으로써, 개인들의 실제 품행에 중대한 영향을 미쳤다. 달리 말해서 신자유주의의 전략은 개인의 품행을 체계적으로 인도하려 했고 또 여전히 그렇게 하려 한

99) 미테랑의 '사회당' 치하 프랑스에서는 신자유주의에 대단히 적대적인 수사의 분위기가 지배적이었지만 블레어주의보다 훨씬 앞선 시기부터 이미 다수의 신자유주의적 방식들이 채택되고 있었다.

다. 마치 개인들이 항시 도처에서 시장 상거래와 경쟁이라는 관계에 연루되어 있기라도 하듯이 말이다.

11장 · 유럽연합 구축의 기원이 되는 질서자유주의

1980년대와 1990년대에 이루어진 세계의 거대한 전환은 영국과 미국으로부터 온 보수주의의 강력한 파도를 수반했다. 이 전환은 그 여파로 앵글로색슨의 '울트라자유주의'에 저항하는 보루로 간주된 유럽연합 구축이라는 일종의 찬란한 전설을 발생시켰다. 이것은 좌파 진영의 신자유주의자들이 항상 되풀이하는 말들 중 하나다. 하지만 이 역사는 훨씬 더 복잡해서 단선적이지 않은 것은 물론이고 이분법적이지도 않다. 리토르트Retort라는 단체에 속한 미국의 대학인들이 합당하게 강조하듯 "미국의 '야만주의'에 대립하고 자본과 현대성의 한복판에서 상대적으로 긍정적인 위치를 점유하고 있는 정치적으로 독자적인 유럽이라는 개념은 대체로 착각이다". '유럽의 예외'라는 미심쩍은 자기만족적 이미지에 도취되어 "좌파는 실질적 저항의 모든 가능성을 포기했다".[1] 실제로 유럽연합의 구축이 여러 전통 중에서도 기독교민주주

1) Retort, *Des images et des bombes, Politique du spectacle et néolibéralisme militaire*(이미지와 폭탄: 스펙터클한 것의 정치와 호전적 신자유주의), op. cit., pp. 8~9.

의의 강력한 전통의 산물인 것이 사실이지만, 그것은 우리가 앞부분에서 질서자유주의와 더불어 그 이론적 주요 근간을 살펴본 바 있는 오래된 신자유주의 전략에 속하는 것이기도 하다. 종종 오해되기도 하는 이 독창적 전략은 1970년대에 신자유주의 이데올로기가 전파되기 이전에, 즉 포드주의적 자본주의의 조절이 위기에 빠지기 전부터 이미 존재했다. 유럽의 신자유주의는 사실 거대한 연속적 정신을 가지고 수행된 정책에 힘입어 점진적으로 제도화되는 데 사상적 측면에서의 승리를 필요로 하지 않았다. 경쟁시장의 법률적·정책적 구축은 행정적 관료주의적 합리성이 지속적으로 지배하던 시기 동안에, 또 케인스주의적 개입주의가 실제로 우선시되거나 혹은 프랑스의 경우처럼 다양한 유형의 '콜베르주의'colbertisme가 우세하던 시기 동안 서서히 실현되었다. 유럽연합을 신자유주의 시험대로 만든 후 이를 전 세계로 확대하는 것이 문제가 아니었다. 문제는 아주 일찍부터 유럽연합 구축이 특정 방향으로 흘러가게 한 질서자유주의에 전적으로 길을 열어 주는 것이었다. 이러한 유럽연합 구축의 첫걸음을 관찰했던 한 사람이 주목했듯 "**경쟁지상주의**가 과거의 자유주의를 대체"한다. 그는 이 경쟁지상주의가 "현대 신자유주의의 기초관념"[2]이라고 덧붙인다.

유럽 '공동시장'의 구축은 신자유주의적 '경쟁지상주의'의 시행과 관련해 특별히 흥미진진한 한 예를 제공한다. 1951년 석탄 및 철강에

---

2) Louis Franck, *La Libre Concurrence*(자유경쟁), PUF, Paris, 1967. 프랑크는 다음과 같이 명확히 말한다. "특정 형태의 자유경쟁을 보호하려면 공적 개입들이 필요하다는 것, 또 이 자유경쟁은 사물들의 본성에 있는 것이 아니고 혹 있었다 해도 이제 더 이상 있지 않다는 것, 그리고 자유경쟁과 자유방임이라는 두 개념이 구분되어야 한다는 것이 이제 받아들여진다. 주지하듯 이것은 새로운 자유주의의 교훈들 중 하나지만 고전학파와 비교하자면 어느 정도 혁명적이다."(p. 7)

관한 유럽연합조약(CECA), 그리고 1957년 로마조약은 차별행위, 지배적 지위의 남용, 국가보조로 인한 경쟁의 왜곡을 막을 수 있는 엄격한 규칙들을 제정하기 시작했다. OECD의 한 보고서에 따르면 그 이후로 유럽법원의 강력한 지원을 받는 유럽위원회는 진정한 '경제헌법'[3]의 토대가 되는 일련의 도구들을 고안했다고 한다. 부단히 확대되고 심화된 이러한 경쟁정책은[4] 게다가 경제통합의 가장 강력한 추동력들 가운데 하나로 간주된다. 즉 "유럽위원회가 시장통합의 조건을 확정하는 것과 관련해 유럽법원이 유럽위원회에 한 격려로 인해 조약의 경쟁규칙은 거의 헌법적인 속성을 부여받게 되었다"고 OECD는 강조한다.[5]

이러한 정책적 신자유주의는 무에서 탄생한 것이 아니다. 현행의 유럽연합 구축이 새로운 세계합리성에 따르기에 앞서 질서자유주의가 그 교의적 토대의 핵심을 구축했다. 자칭 유럽의 신자유주의자들이 볼 때, 공동시장 및 유럽연합의 창립을 주재한 정신과의 질서자유주의가 갖는 유연관계는 의심의 여지가 없는 것이다. 그들 중 그렇게 주장하는 이가 한둘이 아니었다. 프리츠 볼케스테인은 2000년 7월 10일 프

---

3) OCDE, *Droit et politique de la concurrence en Europe*(유럽에서의 경쟁 관련 법과 정책), Paris, 2005, p. 12.

4) 경제적 효율의 한 수단으로 간주된 왜곡 없는 자유경쟁은, 유럽연합 기관들의 고도로 규범적인 지침들과 법리 해석의 토대가 된다. 경쟁총괄위원회(Direction générale)가 정의하고 사법재판소(Cours de justice)의 법리 해석이 지탱하는 사법적 규범들은 복지와 경쟁력이라는 경제적 목표 모두를 충족시킨다. 이 점과 관련해 유럽위원회(Commission)는 줄곧 신자유주의 프로그램에 완전히 충실했다. 처음에는 민간 부문의 경쟁 조건을 통제하는 데 초점을 맞추고 유럽위원회와 유럽법원은 전기통신 부문에서 1980년대부터 공기업들의 독점을 공격하기 시작했다. 1988년 유럽위원회는 경쟁의 왜곡에 맞선 투쟁의 목표들을 전면 확대하고 경쟁법을 위반하는 모든 공공독점의 제거를 목표로 하는 지침을 통해 공적 서비스의 자유화를 위한 오랜 투쟁을 시작했다. 에너지, 운송, 보험, 우정서비스, 라디오 방송 등 민간 부문에 적용되는 경쟁법에 공공 기업들도 동조하도록 독촉받는 영역은 매우 광범위하다.

5) *Ibid.*, p. 12.

라이부르크에 있는 발터-오이켄 연구소에서 이 점과 관련해 가장 설득력 있는 증언을 한다. 유럽위원회의 '내부시장과 세제 담당'이라고 자신을 소개한 연사 볼케스테인은 자신의 강연 제목을 '21세기 자유주의 유럽 건설'이라고 붙였다. 독일연방공화국(FRG, 서독)의 경제정책과 통화정책에서 질서자유주의자들의 역할과 특히 학설상에서 발터 오이켄의 탁월한 역할을 환기한 후 볼케스테인은 이렇게 단언한다.[6]

> 미래 유럽의 비전 내에서 오이켄이 옹호했던 자유라는 관념은 따라서 명백히 중심적인 위치를 점유해야 합니다. 유럽의 실천에서 이 자유라는 개념은 내부 시장의 네 가지 자유, 요컨대 인간, 재화, 서비스 그리고 자본의 자유로운 순환을 통해 구체화됩니다.

그리고 이렇게 첨언한다.

> 사실 이러한 자유들이 확보되기 위해 해야 할 일이 많은 것은 분명한 사실입니다. 유럽위원회와 협의회는 이러한 도전을 의식하고 있으며 또 지난해 3월 개최된 리스본 정상회담 최종 회의록에 요약되어 있는 탈규제화와 유연화라는 야심 찬 프로그램을 채택함으로써 이 도전을 개시했습니다. 리스본에서 제안된 모든 조치들의 시행은 '질서자유주

6) 프리츠 볼케스테인(Frits Bolkestein)은 네덜란드 정치인으로 오랫동안 (자유)국민당 대표였으며, 1996년부터 1999년까지는 런던의 자유 인터내셔널 의장을 역임했고, 1999년부터 2004년까지 유럽위원회에서의 임기 동안 고안한 지침 "La directive du 12 décembre 2006 relative aux services dans le marché intérieur"(유럽연합 내부 시장에서의 서비스와 관련된 2006년 12월 12일 지침)의 저자이기도 하다.

의적' 관념에 부합하는 유럽의 실현에서 상당한 진보를 의미할 것입니다.

그 다음은 더욱 명시적이다.

경제, 통화 연합이라는 야심 찬 계획은 이 점과 관련해 특별한 도전을 의미합니다. 이 계획은 시민의 자유 강화를 목표로 할 뿐 아니라 유럽이라는 막대한 시장경제의 주요 도구들 가운데 하나를 구축하기도 합니다. 따라서 이 계획은 '질서자유주의적' 사유의 순수한 산물입니다.

프리츠 볼케스테인은 '질서자유주의적' 유럽이 완전하게 실현될 수 있도록 하는 개혁 프로그램을 상세히 설명한다. 네 가지 점이 강조되었다.

1. 노동시장 개혁을 통한 임금 및 물가의 유연화
"고용시장 유연화 영역에서의 진전이 절대적으로 필요합니다." "그러므로 우리의 중요한 도전들 가운데 하나는 노동시장과 자본시장의 유연성을 향상시키는 것입니다."
2. 개인의 저축 장려를 통한 연금개혁
"연금이 만들어 낸 시한폭탄의 폭발을 피하려면 긴급히 연금에 관한 법제 개혁에 진지하게 착수해야 합니다. 연기금은 유로화가 제공하는 새로운 투자 가능성을 활용할 수 있어야 합니다."
3. 기업가정신의 고양
"유럽인들은 기업가정신을 충분히 보여 주고 있지 않습니다. 유럽의 문제는 새로운 사업계획을 시작하기 위한 벤처자본의 부족이 아닌 듯합니다. 돈이 부족한 것이 아닙니다. 반면 창업에 발벗고 나서는 사람은 극소수입니다. 그러므로 구조개혁은 시민의 정신상태의 변화와 나란히 가야 합니다."

4. '허무주의'에 저항하는 자유 사회의 문명적 이상 옹호

"허무주의의 도덕적·인식론적 상대주의는 비판적이고 합리적인 정신과 자유로운 개인의 근본적 존엄에 대한 신뢰 같은 자유주의 계획을 구성하는 본질적 가치들을 동요하려고 위협합니다." "미래의 자유주의 유럽의 도래는 오늘날 학교와 대학에서 젊은 유럽인들에게 전승된 교육으로 인해 동요될 위험이 있습니다. […] 그러므로 대학인들의 임무는 자신들의 연구를 통해 자유 사회의 근본적 가치들을 전승하는 것이고, 아무튼 이러한 자유 사회를 위태롭게 하려는 관념들에 맞서 싸우는 것입니다."

프리츠 볼케스테인은 자신이 보기에 유럽의 구축은 애초부터 반사회주의적인 계획이었고 심지어는 사회적 국가에 반하는 계획이었음을 숨기지 않았다. 그래서 그는 이렇게 환기한다. "오이켄에게 사회주의는 끔찍한 비전이었고 비효율적일 뿐 아니라 특히 자유가 부재하는 모델이었습니다."

그러므로 볼케스테인이 대단히 잘 지적하듯이 '자유주의 유럽'은 명확히 설계된 프로그램이다. 유럽의 구축이 독일 질서자유주의 계보에 속하며, 그래서 유럽이 앵글로색슨 국가들의 '울트라자유주의적' 세계화에 대립하는 '사회적 모델'을 구현하기를 바라는 관념에 역행한다고 그가 강조한 것은 옳다. 충분히 의도적인 이 혼동은 많은 사람들

이 '사회적 유럽'의 동의어로 내세우는 '사회적 시장경제'라는 전형적으로 질서자유주의적인 표현이 갖는 의미로부터 유래한다. 2005년 한 인터뷰에서 자크 들로르는 "새로운 조약이 어떻게 시장의 타락에 맞서 싸울 수 있는가?"라고 묻는 어떤 기자의 질문에 이렇게 답했다.

> 1957년부터 유럽 국가들은 만약 공동시장이 있다면 효율성뿐 아니라 그들 간의 연대도 향상시키리라 생각했습니다. 공동시장을 만드는 건 쉬운 일이 아닙니다. 이 조약에서 채택된 건 동일한 원칙들입니다. 원칙들이 혁신적이지는 않았습니다. 새로운 것은 시장의 힘을 안정시키기 위한 국가나 제도의 개입을 거부하는 정치세력들이 대두되었다는 사실입니다. 제가 늘 맞서 싸워 온 통화주의의 이름으로 경제적인 것과 통화적인 것 간의 균형회복이 거부되었습니다. […] 이 조약은 일도양단하지 않고 정치세력들이 전자 혹은 후자 쪽으로 나아갈 가능성을 열어 놓습니다. 이 조약이 없으면 프랑스 국민들은 프랑스의 정당한 이해관계를 보호하고 이러한 **사회적 시장경제**로 나아가는 데 필요한 수단을 제대로 운용하지 못합니다. 쇄신된 사회적 시장경제는 세계화와 금융권력에 대한 응답인 것입니다.[7]

이러한 대답은 이 '사회적 시장경제'가 유럽 신자유주의의 정식이 되기에 앞서 이미 독일 신자유주의의 정식이었음을 망각하게 만드는 특정 유형의 유럽연합 역사 해석을 특징짓기에 충분하다. 이런 식으로 은폐하는 건 자크 들로르만이 아니다. 유럽헌법조약(TCE)을 지지하는

---

7) *Nord-Éclair*, 14 mai 2005.

거의 모든 사람들이 이와 유사한 해석을 옹호했다. 2005년 10월 27일 개최된 햄프턴코트Hampton Court 정상회담 전날 유럽의 27개 신문 논단에서 자크 시라크Jacques Chirac는 이렇게 선언했다. 유럽의 모델은 "사회적 시장경제입니다. 사회적 시장경제라는 계약은 자유와 연대의 결합이고, 전체의 이해관계를 공권력이 보장하는 것"이라고 말이다. 이어서 이렇게 말했다. "그렇기 때문에 프랑스는 단순한 자유교역 지대로 축소된 유럽을 결코 용납하지 않을 것입니다." "그렇기 때문에 우리는 연대의 원리에 기초한 정치적 사회적 유럽이라는 계획을 다시 추진해야 합니다."

이 몇몇 인용문들은 유럽 신자유주의의 기원뿐 아니라 그것이 부과된 방식도 해명되어야 한다는 것을 강조하고 있다.

유럽헌법조약의 원리에 대한 고고학

잠시 '유럽헌법'으로 거슬러 올라가 보자. 유럽헌법의 구상에서 유럽의 자유주의 정당과 기독교민주당들은 근본적 역할을 담당했다. 2005년 프랑스에서 전개된 국민투표 캠페인은 유럽중앙은행의 통화주의, 경제활동의 원리로서의 경쟁, '공익 관련 경제 서비스'의 축소와 부차화 같은 몇 가지 경제정책의 방향설정과 관련된 '헌법화'의 문제를 제기했다. 이러한 선택은 유럽연합 전체를 위한 새로운 헌법의 준거 양식이라 할 수 있는 '사회적 시장경제'의 속성과 관련된 문제를 제기했다.

2007년 간단한 수정을 거친 후 '리스본 조약'이 된 이 유럽헌법조약은 애초부터 유럽경제의 속성에 영향을 끼치는 일련의 근본원리들을 포함하고 있었다. 이 원리는 헌법의 제3부에 언급되어 있다. 특히 제3조부터는 추구해야 할 목표에 대한 공식적 표현이 모두에게 명확한 방식으로 발견되는데, 바로 '고도로 경쟁적인 사회적 시장경제'다. 제3부에서 규정된 모든 경제정책은 '경쟁이 자유로운 개방된 시장경제'의 몇몇 근본원리를 중심으로 한 유럽의 조직화를 목표로 설정하고 있다. 그리고 이 원리는 헌법의 여러 부와 항들에서 계속 반복된다. 유럽헌법이 확고히 하는 '사회적 시장경제'의 두 큰 축은 바로 경제행위에서의 경쟁이라는 숭고한 원칙과 독립된 중앙은행이 보장하는 물가안정이다.

이렇게 유럽연합은 '내부시장 작동에 필요한 경쟁규칙 확립'(제I-13조)을 위한 절대적 권한을 갖게 된다. 제III-162와 III-163조는 내부시장에서 경쟁을 해치는 모든 실천과 지배적 위치의 남용으로 간주되는 모든 실천들을 금지함으로써 이 원리를 적용한다. 제III-167조는 경쟁을 왜곡시킬 수도 있는 국가보조를 특히 금지하고 있다.

통화 안정은 두 번째로 중요한 원리다. I부-III장은 '유럽연합의 권한'에 관련되어 있는데 29조에서 유럽중앙은행의 권한 및 위상에 대한 규정이 발견된다. 제2항은 이렇게 선언한다.

> 유럽중앙은행 제도는 유럽중앙은행 의사결정기관들이 지휘한다. 유럽중앙은행 제도의 주된 목표는 물가안정 유지다. 유럽중앙은행 제도는, 물가안정이라는 목표를 해치지 않으면서도 유럽연합의 목표 달성에 기여하기 위해 유럽연합 내의 포괄적 경제정책을 지원해야 한다.

그리고 제3항에서는 이렇게 명시한다.

유럽중앙은행은 법인격을 가진 기관이다. 유럽중앙은행만이 유로화 발행을 승인할 유일한 권한을 갖는다. 유럽중앙은행은 권한 행사와 재정 면에서 독립적이다. 유럽연합의 기관과 기구 그리고 회원국 정부들은 이 원칙을 존중할 것을 약속한다.

이 원리들은 새로운 것들이 아니다. 유럽연합을 창조한 1992년 마스트리흐트 조약은 제3조를 통해 이미 "내부시장에서 경쟁이 왜곡되지 않도록 확고히 하는 체제"라는 목표를 도입했고, 또 범상치 않은 제3A조를 통해 "회원국들 간 긴밀한 경제정책 조정에 기초하고, 내부시장과 공통의 목표 설정에 기초해 '경쟁이 자유로운 개방된 시장경제' 원칙 존중에 따라 수행되는 경제정책 수립"을 목표로 부여했다. 이후 마치 진정한 슬로건인 것처럼 사용된 이러한 표현은 마스트리흐트 조약에서 수없이 반복되었고 이후 헌법조약 내에서도 역시 누차 반복되게 될 것이다.

그러나 마스트리흐트 조약 자체는 훨씬 더 오래된 논리에 속한다. 1957년 로마조약에서는 "공동시장 내에서 경쟁이 왜곡되지 않도록 확고히 하는 체제의 수립"이 필요하다고 단언한다(I-3). 29조에는 유럽공동체위원회가 "유럽공동체 내부에서 경쟁조건의 변화가 기업들의 경쟁력을 증대시킨다면 그 변화를 따라야 한다"고 명시되어 있다.

유럽공동체의 정책에 할애된 제3부에는 '경쟁의 규칙들'이 상세히 규정되어 있다. 제3부 85조에는 "회원국들 간 무역에 해가 될 수 있고 공동시장 내부 경쟁의 작용을 막거나 제한하거나 왜곡하려는 목표를 갖거나 효과를 발생시키는 기업들 간의 모든 계약, 모든 연합 결정, 모든 담합행위는 공동시장과 양립 불가능하며 따라서 금지된다"고 적혀 있다. 86조는 사적이든 공적이든 독점이 부재하는 경쟁 경제의 이미지를 소묘하고 있었다. 요컨대 "하나 혹은 다수의 기업이 공동시장 혹은 공동시장의 상당 부분에 대한 지배적 위치 남용이 회원국들 간 무역에 해를 끼치는 경우 그 행위는 공동시장과 양립 불가능하며 따라서 금지된다." 동일한 이유로 덤핑과 국가보조도 이미 금지되었다. 92조는 다음과 같이 명시한다. "국가가 지원하는 원조나 국가의 자원을 통해서든 어떤 형태로든지 간에 국가의 지원이 일정한 기업이나 일정한 생산에 특혜를 주게 되면 이 지원은 현행 조약이 규정하는 예외가 아니라면 공동시장과 양립 불가능하다."

유럽경제공동체를 수립하는 로마조약은 이미 유럽연합 구축을 위한 독트린의 핵심 내용을 간직하고 있었던 것이다. 게다가 1957년부터는 근본적인 경제적 자유(인간의 순환, 상품의 순환, 서비스의 순환, 자본의 순환과 같은 4대 자유)가 헌법적 가치를 지니게 되고 유럽법원은 이 자체를 유럽 시민들의 기본권으로 인정했다.[8] 바로 이 점을 유럽연합 헌법은 "경쟁이 자유로운 개방된 시장경제의 원칙"이 쟁점이 되는 수많은 조항들에서 확증했던 것이다.[9]

---

8) Cf. Laurence Simonin, "Ordolibéralisme et intégration économique européenne"(질서자유주의와 유럽의 경제적 통합), *Revue d'Allemagne et des Pays de langue allemande*, t. 33, faxcicule 1, 2001, p. 66.

9) 이번 국민투표의 우여곡절에서는, 비준에 호의적인 프랑스 사회주의자들의 현실 부인 습관이 특히 눈에 띄었다. 그들은 오히려 조약이 '완전히 경제적인 것'의 종말을 의미한다고 주장해서, 그들이 얼마나 이해를 못 하고 있는지, 혹은 진행 중인 절차의 "질서자유주의적" 논리를 파악하고 싶지 않아하는지를 보여 주었다. 하나만 예를 들자면, 도미니크 스트로스칸(Domonique Strauss-Kahn)과 베르트랑 들라노에(Bertrand Delanoë)가 『르몽드』에 게재한 칼럼이 있다. "유럽연합의 역사는 이제까지 주로 경제적 구축을 중심으로 쓰여져 왔다. [⋯] 이 새로운 조약은 너무나도 획일적인 접근의 종말을 보여 주고, 유럽 공동체의 야망을 다양화한다. 이 새로운 조약은 시민의 사회적 권리 외에도 유럽적 사회 모델을 신성화하는데, 그 핵

1957년부터 사회적 시장경제의 '헌법화' 논리가 점차 현저해졌다. 그래서 유럽연합 구축을 주도하는 노선은 부문 간 협력과 특수한 정책들의 조직화가 아니라 사회적 시장경제의 근본 원리들을 헌법에 통합시키는 일이었다.[10] 이러한 견지에서 유럽연합헌법은, 가장 넓은 의미에서의 정치적 헌법의 가장 본질적인 구성요소로 간주되는 지고한 경제 규범을 향해 나아가는 운동의 정점을 나타낸다고 할 수 있다.

경제적 자유의 이러한 '헌법화'는 1932~45년 사이에 규정된 질서자유주의의 근본원리들의 현실화에 대체로 상응하는 것이고, 보다 일반적으로는 유럽 신자유주의의 현실화에 상응하는 것이다.[11] 자유주의적 성향을 보이는, 특히 프랑스와 이탈리아의 일부 정책 담당자들과 경제학자들은 아주 의식적으로 신자유주의 구축에 조력했고, 그들은 이 신자유주의 구축에서 경쟁주의 원칙의 시행을 기대했다. 우리는 앞서 자크 뤼에프가 케인스주의 유형의 개입주의 정책에 대한 비판과 관련해 어떤 역할을 했는지 논의한 바 있는데, 뤼에프의 경우가 경쟁주의와 관련해 지극히 명시적인 예라 할 수 있다.

1958년 자크 뤼에프는 몇 달 앞서 체결된 로마조약에, '맨체스터주의적 시장'과 철저히 구분되어야 했던 '제도적 시장'을 만들어 내는

심에는 우리가 고집하는 '**사회적 정의 모델**'인 '사회적 시장경제'가 있다."("Il faut ratifier le Traité"[조약 비준해야], *Le Monde*, 3 juillet 2004)

10) 게다가 전문가들은 이것을 완벽히 인식하고 그 정당성과 필요성을 옹호한다. 프란체스코 마르투치(Francesco Martucci)는 자신이 '유럽의 경제적 구축'이라 부르는 것에 관해 이렇게 썼다. "유럽 공동체는 시장경제에 기반한 경제 헌법을 소유하고 있다." 그리고 그는 그 목적과 수단 그리고 원칙을 상세히 설명한다. "La Constitution européenne est-elle libérale?"(유럽헌법은 자유주의적인가?). 다음 저작에 부록으로 실림. *Lettre de la Fondation Robert-Schuman*(로베르-슈만 재단의 문서), n° 219, 2005. www.robert-schuman.eu.

11) 이 책의 7장을 참조하라.

특별한 점이 있었다는 사실을 설명한 바 있다. 제도적 시장이 맨체스터주의적 시장과 동일한 평형적 특질들을 지니고 있고 또 맨체스터주의적 시장과 마찬가지로 "'자유통행'laisser-passer 지대이긴 해도 '자유방임'laisser-faire[12] 지대는 또 아니었다"는 것이다. 공권력은 곧바로 합의를 이끌어 낼 수 있는 '사적 이해관계'의 시장을 보호하고 판로를 통제하기 위해 개입하도록 종용받았다. 제도적 시장의 주요 특징은 그가 '근본적 현실주의'라 명명하는 바에 있다고 자크 뤼에프는 설명했다. 제도적 시장의 창시자들은 "도덕적으로 받아들일 만하고 정치적으로 수용 가능한 기회를 주는 개입에 의해 제한되는 시장을 선호했다".[13] 하지만 이것이 시장에 대한 억압으로 해석되어서는 안 된다. 그가 강조하듯이 용인되는 개입은 '가격 메커니즘을 존중'하고 시장에서의 자유로운 가격 형성을 결코 방해하지 않는 절차여야 한다.

자크 뤼에프에 따르면 유럽연합의 구축이 그 원형에 해당한다고 할 수 있는 이 '제도적 시장'에는 찬란한 미래가 약속되어 있다. 제도적 시장의 실현은 자유주의 정당과 사회주의 정당 모두를 하나로 결집시켜야 하고 전 세계적 경제관계의 총체에 확대 적용되어야 한다는 것이다. 자크 뤼에프가 생각하기에 신자유주의는, 그것이 이미 유럽연합 구축의 토대이기도 하지만, "공통된 문명 속에서, 인간적으로 가능한 한도 내에서 불평등과 불의를 축소하면서도 모든 인간에게 무질서 없는 자유와 예속 없는 복지를 부여하고자 하는 모든 개인들과 인민들을 장

---

12) J. Rueff, "Le marché institutionnel des Communautés européennes"(유럽 공동체들의 제도적 시장), *Revue d'économie politique*, janvier-février 1958, p. 7.

13) *Ibid*., p. 8.

차 하나되게 할" 세계시장의 토대가 되기에 부족함이 없다. 자유주의는 우파에도 좌파에도 속하지 않는다는 전위적인 후렴구를 되뇌던 자크 뤼에프가, 결국 자유주의자와 사회주의자는 '제도적 시장' 구축이라는 동일한 목표에 동의하게 될 것이라 선언했던 것과 관련해, 반세기 후 사람들은 그의 이 선언이 갖는 예언적 성격에 놀라게 된다.[14]

그런데 정치당국이 구축하고 감시하는 시장이라는 관념은 어디서 기인하는 것일까? 다른 관찰자들뿐 아니라 자크 뤼에프가 보기에도 '공동시장'에 생기를 불어넣는 이 제도적 시장이라는 관념은 의심의 여지 없이 1930년대 말에 출현한 신자유주의의 순수한 산물이다.

> 이처럼 제도적 시장은 자유주의적 사유의 자기혁신 노력의 귀결이자 정점이었다. 자유주의의 자기혁신 노력은 20여 년 전에 생겨났고 신자유주의, 사회적 자유주의, 게다가 자유주의적 사회주의의 이름하에 자신의 열망을 점차적으로 의식화하기 시작했고 또 이 열망을 충족시키기에 적합한 방법을 의식하기 시작했다. 그래서 결국에는 유럽 석탄 및 철강 공동체의 정식과 장차 유럽경제공동체에 전면적으로 적용될 정식 내에서 인정되기에 이르렀다.[15]

---

14) 뤼에프는 이렇게 단언했다. "자신들의 목적에 도달하고자 한다면 자유주의자들과 사회주의자들 모두 제도적 시장의 규범들에 따라야 한다." 왜냐하면 양측 모두 계획화된 전체주의에 맞서 동일한 '시장 문명'에 동조하기 때문이다.

15) *Ibid.*, p. 8. 1990년대 초 다른 저자들은 공동시장의 원칙들과 신자유주의를 연결지었다. 이를테면 루이 프랑크(Louis Franck)는 이렇게 말한다. "첫째로 ECSC(유럽석탄철강공동체)를 설립하고 두 번째로 EEC(유럽경제공동체)를 설립한 파리와 로마조약에 의해 채택된 경쟁 보호 정책에 신자유주의가 깊은 영향을 미쳤다는 데에는 의심의 여지가 없다."(*La Libre Concurrence*, p. 20)

충분히 살펴보았듯이 질서자유주의는 결코 독점적 지위를 누리지는 못했지만, 그럼에도 유럽 신자유주의의 가장 정합적인 독트린의 본체를 구성했다고 인정해야 한다. 자크 뤼에프가 질서자유주의에 표하는 경의, 질서자유주의가 프랑스 전 대통령 발레리 지스카르 데스탱 Valéry Giscard d'Estaing이나 전 수상 레몽 바르Raymond Barre 등의 전직 고위 책임자들에게 미친 영향이 그 증거라 할 수 있다.[16]

독일연방공화국[서독]에서 질서자유주의가 잡은 헤게모니

어떻게 해서 이 원칙들이 유럽에서 승리하게 되었는지를 이해하기 위해서는 그것들이 제2차 세계대전 이후에 어떻게 독일연방공화국에 부과되어 합의의 토대를 구축하게 되었는지를 재검토할 필요가 있다. 독일의 가장 중요한 정치 단체들이 이 합의의 토대에서 재발견된다. 하지만 너무 빈번히 발생하는 혼동을 피하는 것이 중요하다. 즉 독일에서 엄밀하게 질서자유주의 계열에 속하는 것과 '비스마르크'의 사회주의 국가처럼 더 오래된 모델과 관련된 것 혹은 '공동경영' 같은 노동조합 세력과 사용자 세력 간 타협의 사회적·경제적 조건들과 관계된 것의 혼동을 피하는 것이 중요하다. '서독의 자본주의'는 독일의 자유주의 경제이론가들이 정의하는 것과 같은 '사회적 시장경제'가 아니다.

16) 우리는 유럽의 구축이 매우 이른 시기부터 회원국들의 '사회 및 경제 구조의 경직성'에 의문을 제기할 수 있는 수단으로 의식적으로 작용했음을 잊지 말아야 한다. 1959년, "뤼에프-아르망 보고서"라고도 불리는 『경제적 확장의 장애물들에 대한 보고서』(*Rapport sur les obstacles à l'expansion économique*)는 유럽의 경쟁에 프랑스의 경제와 사회를 대비시키라는 권고를 기반으로 한다.

독일 신자유주의 최초의 성공은 여러 요인들에 의존하고 있었다. 서독으로서는 새로운 국가 정당성의 토대를 재부여하고 자유 세계에 통합되면서 국가주의적이고 전체주의적인 과거와 거리를 두는 것이 중요했다.[17] 또 독일 재건과 관련한 미국의 영향력 행사와 1923년 경제를 파괴한 인플레이션에 대한 공포를 언급할 필요가 있다. 이 모든 요인들이 오랫동안 자유주의에 유보적이었던 독일에서의 상황 역전에 유리한 힘으로 작용했다. 질서자유주의가 독일에서 승리할 수 있었던 이유는 나치즘 이후, 자급자족적 국가주의에 대한 거부와, 양차대전 사이에 독일의 무질서에 상당한 영향을 끼친 고전 정치경제학과 신고전파 정치경제학에 입각한 순수자유주의에 대한 거부를 조합했기 때문이다. 독일 질서자유주의는 '강력한 국가'를 도모하면서도, 결속된 사익집단들을 제압할 수 있고 만인이 경쟁 규칙을 존중하도록 만들 능력이 있는 공평한 국가를 도모하는 체계화된 자유주의를 장려한다.

역사적이고 실천적인 측면에서 질서자유주의의 '호기'는 1948년 점령당국 경제정책 담당 심급 산하에 루트비히 에르하르트가 주도한 것으로 추정되는 경제위원회의 창설, 즉 질서자유주의자들이 지배하는 위원회의 창설이었다. 흔히 '독일 기적의 아버지'로 소개되는 에르하르트는 이론가라기보다는 실천가, 즉 국가주도 계획경제를 거부하고 '시스템의 필요'에 국한된 경제를 실천하는 실천가였다. 그는 도이치 마르크화를 창시한 1948년 6월 21일 경제개혁의 주축 인물이었다. 이후 얼마 지나지 않아 그는 물가를 자유화했다. 1957년 '반카르텔법'[18]을 채택하게 하고 같은 해 연방은행을 독립시킨 것도 바로 루

---

17) 이 점에 대해서는 다음을 참조하라. M. Foucault, *NBP*[『생명관리정치의 탄생』].

트비히 에르하르트였다. 그의 교의는 '경쟁을 최우선시'였다. "경쟁 경제 지탱은 사회적 임무"라는 구절이 그의 베스트셀러 『만인을 위한 번영』[19]에 나오는데, 이 저서는 발터 오이켄의 한 제자가 1930년 출간한 '사회적 의무로서의 경쟁'에 관한 책을 연상케 한다. 에르하르트는 이러한 과업을 수행하는 데 알프레드 뮐러-아르막처럼 반은 이론가이고 반은 실무자였던 사람들의 도움을 받았다. 사회적 시장경제Sozial Marktwirtschaft[20]라는 표현은 뮐러-아르막에게서 비롯된 듯하다.

질서자유주의의 성공은 우선 독일 주요 정당들이 '사회적 시장경제'를 채택했다는 사실에서 확인할 수 있다. 1949년부터 기민당은 루트비히 에르하르트의 영향을 받아 질서자유주의 교의의 핵심을 자신의 프로그램에 채택했다. 기독교 민주주의자들은 1947년 알렌 프로그램에 영향을 준 사회적 기독교주의라는 준거와 이보다 더 자유주의적인 뒤셀도르프 강령 사이에 양분되어 있었다.[21] 뒤셀도르프 강령이 그

18) 장 프랑수아-퐁세에 따르면 1957년의 독점금지법은 '기본법'으로 간주되며 경제 분야에서는 헌법에 대응하는 것으로 간주된다. J. François-Poncet, *La Politique économique de l'Allemagne occidentale*, p. 156. 저자는 그것이 경제력에 마음을 쓰는 실용적 고용주와 질서자유주의의 영향을 받은 정부 간 고된 타협의 결과임을 분명하게 보여 준다.

19) L. Erhardt, *La Prospérité pour tous*, p. 113.

20) 몇몇 증언들에 따르면 이 표현은 적어도 1945년부터 에르하르트가 그에게 제안한 것이다. 알프레드 뮐러-아르막은 유럽의 문제들을 담당하는 국무장관이 되기 전, 재정부의 '원칙 문제 담당 이사'인 에르하르트에 의해 처음으로 임명되었으며, 브뤼셀 근방 발-두크 성(château de Val-Duchesse)에서 로마조약 초안을 작성했다.

21) J. Starbatty, "L'économie sociale de marché dans les programmes de la CDU/CSU"(우니온 프로그램의 사회적 시장경제), in *Les Démocrates chrétiens et l'économie sociale de marché*(기민당원들과 사회적 시장경제), Economica, Paris, 1988, p. 91. CDU(기민련)가 '사회적 시장경제' 개념과 관련해 제시한 해석들은 두 참조 텍스트 간의 정책적 긴장을 반영한다. '알렌 프로그램'으로 알려진 것은 가톨릭 사회 교리의 영향을 받았고, '뒤셀도르프 강령'이라 불리는 다른 하나는 더 분명하게 질서자유주의로부터 영감을 받았다.

보다 더 사회적인 알렌 프로그램을 제압하게 된다. 조아킴 스타베티가 강조하듯이 그리스도교와 질서자유주의라는 두 방책의 상호관계는 부차적 성격을 갖는 원칙이다. "가능한 한 각 시민에게 주도권과 책임을 넘긴다. 이것이 시장경제의 구성요소인 탈중앙집권적 결정과 사유재산 형성을 규정하게 한다."[22] 그리스도교와 자유주의가 이렇게 타협할 수 있었던 것은, 사회적 목표가 공정한 경제적 경쟁의 '정당한' 결과로서 주어진다는 사실, 그리고 신자유주의가 앵글로색슨의 쾌락주의 전통을 비난하고 칸트의 영향을 받은 '경제윤리'를 주장한다는 사실 때문이다.

사민당은 정확히 10년 뒤인 1959년 바드고데스베르크 전당대회에서 시장경제를 공식 채택한다. 사민당이 '계획된' 시장경제를 논의한다 해도 사회적 시장경제라는 유명한 표현에 신속히 동조하게 될 것이다. 따라서 주요 통치 정당들은 1960년대부터 사회적 시장경제 교의를 주장하게 된다. 이 교의를 주장하기는 노조도 마찬가지다. 왜냐하면 독일노동자총연맹(DGB)도 1964년에 시장경제에 찬동하기 때문이다. 프랑수아 빌저François Bilger의 강한 표현에 따르면 20년 사이에 질서자유주의는 '국민 교의'가 된다.[23]

비록 사회정책이 예상보다 훨씬 더 '총괄적'이 되었고 또 기업의 공동경영이 질서자유주의 계획과는 다른 실천을 구성하긴 했지만 사회적 시장경제 교의의 대부분은 현실화되었다. 질서자유주의 계획은

---

22) *Ibid.*, p. 92.

23) F. Bilger, "La pensée néolibérale française et l'ordolibéralisme allemand"(프랑스 신자유주의 사상과 독일 질서자유주의), in P. Commun(dir.), *L'Ordolibéralisme allemand*, p. 17.

사회적이고 정치적인 타협의 강제보다 더 복잡한 사회적이고 역사적인 현실에 봉착하게 되었다. 1960년대 중반까지 정권을 잡은 기독교민주주의자들은 비스마르크 시대의 유산인 복지국가와도 그렇고 산업 재건기 내내 잘 조직되어 있었고 강력했던 노동자 계급과도 타협해야 했다. 1960년대 말부터 사민당이 정권을 잡자 '독일모델'은 '사민주의화'되고, '케인스주의화'된다. '경제 안정성 및 경제성장 제고'와 관련된 1967년 법은 질서자유주의와 케인스주의 경기대책의 뜻밖의 결합을 잘 설명해 준다.[24] 1965~75년 사이에 '사회적 시장경제'는 '좌파' 이미지를 획득하고 이로 인해 아마도 '사회적 시장경제'라는 표현의 의미와 관련해 지속되어 온 혼동이 생겨난 것 같다.[25]

질서자유주의 교의와 자본주의의 '독일 모델'을 혼동하지 않는 것이 중요하다. 1990년대 초반 프랑스에서 큰 반향을 불러일으킨 책에서 미셸 알베르Michel Albert는 이제 일상이 되어 버린 '사회적 시장경제'와 '독일자본주의', 다시 말해 국가적으로 조직화된 자본주의 모델의 혼동을 확산시키는 데 기여했다.[26] 미셸 알베르는 사회적 시장경제를 어떤 '합성된 총체'로 보고 있고 그 안에 복지정책과 공동경영을 포함시킨다.[27] 앵글로색슨 국가들에서 통용되는 듯한 자본주의와 대립되

---

24) 이는 의심의 여지 없이 프랑스 사회주의자들이 1990년대 말, 경기의 유연성을 유럽 안정 협정에 도입하고자 했을 때 반복하려 했던 것이라는 데 주목해야 한다.

25) 반전이 있었으니, 2004년 슈뢰더 총리는 사회적 시장경제를 주장했던 반면 기민당원들은 복지국가 이미지에 너무 가까워져 버린 어떤 개념을 부인하는 경향을 갖고 있었다는 것이다. 이 점들에 대해서는 다음을 보라. Fabrice Pesin et Christophe Strassel, *Le Modèle allemand en question*(화제의 독일 모델), Economica, Paris, 2006, p. 14.

26) M. Albert, *Capitalisme contre capitalisme*(자본주의에 맞서는 자본주의), Seuil, Paris, 1991.

27) *Ibid*., p. 138.

는 '자본주의 모델'의 구축 계획에 몰두하면서 미셸 알베르는 기원상 자유주의로부터 온 것들과 사회민주주의가 이것들에 가한 수정을 혼합한다. '사회적 시장경제'라는 표현은 1947년에 만들어졌던 반면 '독일 모델'이라는 표현은 이보다 훨씬 뒤늦은 시기인 1970년대에 등장했다. 이 시기는 독일 사회민주주의가 독일의 정책을 봉급생활자들을 위한 쪽으로 변화시키고 훨씬 더 능동적인 경기부양 쪽으로 방향을 재설정하는 데 성공했던 시기다. 이는 사회보장 급여의 확대, 훨씬 더 현저한 재분배 정책, 의무적 공제의 증가로 표현되었고, 사회보장 측면에서 독일은 유럽의 다른 국가들과 비슷한 수준에 오르게 되었다.

사회적 측면에서 '독일 모델'의 가장 주목할 만한 양태 가운데 하나는 사용자 집단과 노조 간 협의 관계의 중요성이다. 이 협의 관계는 사용자와 임금노동자 간의 순수한 시장관계를 제한하게 된다.[28] 루트비히 에르하르트에 이어 집권한 사민당의 칼 쉴러Karl Schiller는 사회정책 및 임금과 관련해 노조, 사용자 집단 그리고 정부 간의 '협의에 기초한 행동'을 더욱 심화시키고 싶어 했다. 상당수의 법들이 이 체계화되고 제도화된 협의를 상징적으로 보여 준다. 요컨대 그것은 1951년의 공동경영에 관한 법을 개정한 1976년 공동경영법과 노동자 대표들이 행정감독위원회와 기업 이사회에 참여하는 것을 법제화하는, 기업의 위상과 관련된 1972년 법이 그것이다. 임금노동자가 이렇게 기업 의사결정에 참여하는 것은 부문별로, 또 전국적 수준에서 임금과 노동시간 관련 집단적 협약을 통해 보강되었다. 국가는 사용자 집단과 노동

28) P. Wagner, "Le 'modèle' allamand, l'Europe et la globalisation"(독일 '모델', 유럽과 세계화), 2004[1995]. http://multitudes.samizdat.net.

조합이 각자 독자성 원칙에 따라 자유롭게 협상하는 것을 이론적으로 방임한다. P. 바그너Wagner가 보여 주듯 바로 이 법이 노사관계를 체계화시켰고 또 협상절차 이전에 파업에 호소하는 것을 금하면서 '사회적 평화'를 부과했던 것이다.

1970년대 말 다른 곳에서와 마찬가지로 독일에서도 자본주의의 사회적이고 케인스주의적인 관리에 대한 문제제기가 다시 일어난다. 1980년대부터 기민당이 집권하게 되면서, 파트리시아 코묑Patricia Commun이 사용한 표현에 따르자면 "사회적 시장경제의 사회적 파행"에 대한 문제제기를 수반하는 "원천으로의 회귀"가 목격된다.[29] 질서자유주의 원칙으로의 이러한 회귀는, 사회적 진보는 경쟁질서와 통화안정의 결과로서 여겨져야지 그 자체로 목표는 아니라는 것을 의미한다.

질서자유주의의 영향을 받는 유럽연합의 구축

이러한 맥락에서 유럽연합의 '숨은 전통'이라 할 수 있는 질서자유주의가 어떻게 1980년대부터 유럽연합을 통치하는 엘리트들이 준거하는 교의가 되어 가는지 파악해야 한다. 비록 프랑스를 비롯한 여기저기서 주저하는 모습을 보이긴 했지만 말이다. 여기서 경계해야 할 것은 저성장과 실업 증가의 책임을, 강력한 통화를 고수한 독일에 돌리는 일국주의적 반응이다. 사실 독일의 경제력 때문에 자본주의의 '독일 모델'이 강요된 것은 아니었다. 질서자유주의에 크게 영향받은 논리를 유럽연합 구축에 적용한 것은 유럽연합 책임자들이었다. 게다가

29) P. Commun(dir.), *L'Ordolibéralisme allemand*(독일 질서자유주의), p. 9.

일국적으로 조직화된 자본주의의 '독일 모델'이 유럽의 통합으로 인해 다시 문제시되었다는 점에 주목할 필요가 있다. 적어도 '유럽연합의 사회와 관련된 논의'는 '협의에 기초한 행동'이라는 대단히 형식화되고 강제적인 규정들과 아주 거리가 멀기 때문이다. 사회적 협상이 일국 수준에서 유럽연합 수준으로 옮겨 가면서 독일의 사용자 집단은 사용자 집단과 임금노동자들 간 힘의 관계에 설정되어 있던 일국적 협상의 제약들로부터 벗어날 수 있게 되었다고 생각할 수도 있다. 더욱이 유럽의 통합이, 이후에 보게 되겠지만 '상호 인정'[30]이라는 원칙의 이름으로 제도 체계들의 경쟁을 통해 점차 진행되어 감에 따라 일국적 협의의 독자성 자체가 '경쟁적 탈규제'를 통해 문제로 다시 떠오르게 된다.

또 하나 흥미로운 점은 '독일 모델'에 대한 이러한 참조가, 기민당과 사민당 모두 유럽의 구조적 개혁의 필요성이라는 이름으로 이 독일 모델에 문제를 제기하는 바로 그 순간 행해진다는 데 있다. 더 충격적인 사실은 독일에서조차 성장과 고용 측면에서 비효율적이라고 밝혀졌던 예산 및 통화 긴축을 유럽연합 전역에 확산시키려는 시도가 있었고, 이때 유럽연합 구축은 질서자유주의의 경쟁원리를 독일에 역수입할 수 있게 해주는 '지렛대' 중 하나로 간주된다는 것이다. 세계화는 독일은 물론 유럽연합 전체에 유연성 강화와 기업의 임금부담 경감을 강요하는 주요 제약으로서 부여되었다.[31]

30) 상품뿐 아니라 학위에도 적용되는 원칙에 따르면, 한 국가에서 허용되는 모든 것은 유럽연합의 다른 국가들에서도 허용되어야 한다.

31) 전 독일 중앙은행 총재인 한스 티트마이어(Hans Tietmeyer)는 이렇게 말한다. "세계화는 유연한 자들에게 보상을 주고, 유연성을 결여한 자들에게는 반대로 제재를 가한다." H.

질서자유주의와 유럽연합 구축 간 관계의 역사는 복잡한 문제다. 40여 년 사이에 질서자유주의자들의 저항은 이데올로기적으로 성공한 정복으로 이행했다. 루트비히 에르하르트처럼 이론가이거나 실무자였던 질서자유주의자들은 애초부터 행정적 통제나 계획경제와 유사할 수 있었던 것에 대해 회의적인 태도를 보였다. 게다가 프랑스에서 온 모든 것은 참을 수 없는 계획경제 같은 것을 숨기고 있다고 의심받았다. 그래서 콘라트 아데나워Konrad Adenauer 총리가 1950년 유럽석탄철강공동체와 관련된 프랑스 외무장관 로베르 쉬망Robert Schuman의 제안서 검토를 빌헬름 뢰프케에게 요청했을 때 뢰프케는, 로베르 쉬망의 이 위험한 발의를 다른 영역으로 확대하지 말 것을 강력히 권고하는 의견서를 아데나워에게 전달했다. "유럽의 경제가 절대권력을 휘두르는 계획경제의 손아귀에 들어가는 것"[32]을 피해야 하기 때문이라는 것이다. 프랑스의 이른바 계획경제를 제한하려 했던 재무부 장관 루트비히 에르하르트는, 관리받는 경제협력을 다른 부문들로까지 확장하려 했던 장 모네Jean Monnet와 룩셈부르크 고위당국의 정책에 반대했다. 독일 정부의 전략은 우선 독일 경제를 세계 자유무역 체계에 통합시키는 것이었다. 유럽의 공동시장은 방어해야 할 보루가 아닌, 세계 자유무역 체계로 나아가는 하나의 단계로 인식되어야 했던 것이다.

Tietmeyer, *Économie sociale de marché et stabilité monétaire*(사회적 시장경제와 통화 안정성), Economica et Bundesbank, Paris, 1999, p. 81.

32) 다음에 인용되어 있다. Andreas Wilkens, "Jean Monnet, Konrad Adenauer et la politique européenne de l'Allemagne fédérale. Convergences et discordances(1950-1957)"(장 모네, 콘라트 아데나워 그리고 독일연방의 유럽 정책. 일치와 불일치), in Gérard Bossuat et Andreas Wilkens, *Jean Monnet, l'Europe et les chemins de la paix*(장 모네, 유럽과 평화의 길들), Publications de la Sorbonne, Paris, 1999, p. 154.

1955년 5월 「협력과 통합 문제에 관한 고찰」이라는 텍스트에서 루트비히 에르하르트는 유럽이 '기능적 통합'을 목표로 설정해야 한다고 쓴다. 다시 말해 재화, 용역, 자본의 운동을 전면 자유화하고 통화를 교환 가능하게 해야지, "늘 새로운 제도들을 창조"해서는 안 된다는 것이다. 사실 서독 정부는 연방주의자들과 질서자유주의자들로 나뉘어 있었다. 연방주의자들은 점진적 경제통합을 통한 정치적 통일을 지향했다. 그리고 질서자유주의자들은 유럽의 시장경제를, 더 나아가 유럽 시장 경제가 거대한 세계시장 내에 통합되는 쪽을 선택했다.

사실 1957년 석탄·철강 공동시장은 독일과 프랑스 간의 타협, 그리고 서독 정부 내의 여러 경향들 간 타협이라는 이중의 타협으로 얻어진 결과였다. 프랑스는 공동 정책의 실시를 얻어 냈고 그 중 하나인 농업정책을 오늘날까지 고무하며 그것을 유럽공동체가 이끌어 낸 요점들 중 하나로 여기고 있다. 또 사회적 노선에서의 동조, 특히 임금노동자의 휴가와 관련된 사회적 노선의 동조를 이끌어 냈고, 독일의 반대의견을 무릅쓰고 공동체 외부에 대한 상당히 높은 공동가격 책정을 이끌어 냈으며 현 식민지 국가와 과거 식민지 국가로부터의 수입에 대한 일종의 우선권을 관철시켰다. 주지하듯이 프랑스 입장의 논리는 자국 농민을 위한 이익 보전 의지 이외에도 소련과 미국이라는 양대 '블록'에 대항해 유럽연합이 독자성을 확보하기에 충분한 힘을 갖추는 데 있었다.

하지만 로마조약은 서독 정부 내부의 연방주의자들(에첼Etzel)과 질서자유주의자들(뮐러-아르막) 간 타협으로부터 결과된 것이기도 하다. 한편에서는 부문들의 확장이 주창되었고 다른 한편에서는 시장들의 '기능적 통합'이 주창되었다. 이 타협안은 양대 진영의 대표자들이 회동한 알프레드 뮐러-아르막의 별장에서 1955년 5월 22일 상징적으로 서명되었다.[33] 독일 당국자들[34]의 이러한 타협에 기초해 요컨대 공동시장과 핵에너지 공동체 관련, 같은 날 서명된 두 개의 로마조약이 준비되었던 것이다. 에너지 분야를 제외하고는 초국가적 행정기관 설치를 피하면서 서독은 4대 경제적 자유와 왜곡되지 않은 자유경쟁에 기초한 수평적이고 '기능적인' 통합이라는 이념의 성공을 확보하게 되었다. 장 모네와 연방주의자들 역시 협상에서 승리했다고 생각했지만 결국 승리한 것은 루트비히 에르하르트였다. 루트비히 에르하르트가 1955년 메시나 강연 다음 날 표명하듯이 유럽의 협력은 '자유경제체제' 내에서 이루어져야 했고, 상정할 수 있는 유일한 초국가적 기구는 "국민국가들이 사전에 확정한 게임 규칙들을 잘 준수하는 것을 보장하는 데 필요한 감시 기구"[35]여야 했다.

유럽경제공동체를 창설하는 이 조약은 공동정책(농업, 교통수단)에 대한 요청과 사람, 상품, 용역과 자본이 자유롭게 순환하는 시장 창설을 목표로 하는 조치 간의 타협으로 생각될 수 있다. 그러나 공동시장은 애초부터 이상한 위상을 갖고 있었다. 이 '유럽경제공동체'는 석

---

33) 윌켄스는 이 에피소드를 다음과 같이 묘사한다. "우리는, 한편으로 사람과 재화, 용역 그리고 자본의 자유로운 이동이 보장되어야 하는 '공동 자유무역시장'의 연속적 단계에 의한 창조의 원칙을 받아들이는 데 동의했다. 다른 한편으로는 원자력 에너지 분야에서 유럽공동체의 기획에 참여하는 데 ― 연방 경제부에서 모네의 친구들에게 추가적으로 양보 ―, 그리고 공동체 국가들의 생산적 투자를 지원하기 위한 유럽 펀드의 창설에 동의했다. 뮐러-아르막 진영이 제도적으로 구조화된 공동 시장의 원칙 이전 단계에서 승리했다는 사실은 이 타협의 성사에 중요한 역할을 했다." A. Wilkens, "Jean Monnet, Konrad Adenauer et la politique européenne de l'Allemagne fédérale. Convergences et discordances(1950-1957)", *loc. cit.*, p. 181.

34) 독일 사민당이 모네의 연방주의와 그의 유럽연합 활동위원회에 가담했다는 데 유의해야 한다.

35) *Ibid.*, p. 186에서 재인용.

탄과 철강, 핵에너지, 농업 같은 여러 공동체들 중 하나의 '공동체'지만, 이 모든 공동체들을 하나의 총괄적 원칙에 따르게 함으로써, 그래서 다른 원칙들은 이 총괄적 원칙의 부분을 이루거나 예외를 이루게 함으로써 이 공동체들을 포괄해 버린다. 구조화하는 원칙으로서의 경쟁 원칙이 단번에 이 조약에 들어온다. 요컨대 로마조약은 "공동시장 내에서 왜곡되지 않은 것을 확보하는 하나의 체제"를 수립한다.

법제의 경쟁화를 향하는가?

질서자유주의의 대원칙들은 자유주의 질서의 헌법화라는 유럽적 논리와 유럽중앙은행의 독립 및 경쟁정책의 엄격한 적용 내에서 작동한다. 질서자유주의의 대원칙들은 유럽연합의 확장, 세계 자유교역의 옹호 등에서도 작동하고 있는 것을 확인할 수 있다. 이것은 독일의 정책 당국자들이 영국 유럽연합 가입과 공동 외부관세 인하 그리고 세계시장 참여를 위해 수행한 투쟁의 결과물에 해당하는 방향설정이다.

질서자유주의의 이러한 원칙들은 유럽연합 회원국들 정부의 재정활동 제한을 목표로 하는 징계 규칙에서도 작동한다. 더 폭넓게는 '구조개혁' 정책을 위해, 다시 말해 노동시장 유연화를 위해, 직업교육, 저축, 사회보장과 관련해 개인에게 책임을 지우기 위해 회원국 정부의 경기정책을 무력화하는 시도 내에서도 작동한다. 한스 티트마이어는 유럽연합에서 수행해야 할 질서자유주의의 행동지침을 자신의 글과 발언에서 2000년에 정식화된 '리스본 전략'을 예견하며 소묘한 바 있다. 그에 따르면 경제와 사회적 진보를 가로막는 분배와 보호 노력을 제한하는 것이 절대적으로 필요하다는 것이다. 유럽의 불완전 고용에 관한 주장이 공공지출과 화폐발행을 조장하는 데 이용되어서는 안 되며, 안전은 각자의 일자리지 사회부조가 아니라는 것이다.[36)]

유럽의 신자유주의는 이렇게 구축되어 유럽연합 구축을 경유해 보급되었다. 유럽연합은 1930년대 질서자유주의를 대규모로 실험하는 진정한 실험실이 되었다. 물론 그것이 하나의 순수한 모델이었던 것은 아니다. 질서자유주의의 원칙들은 서로 이질적인 사회적, 국가적, 정치적 논리들과 타협했다. 그러나 유럽연합 헌법조약과 시장경제 헌법화 시도가 그 어떤 것보다도 잘 증거하듯, 질서자유주의의 원칙들이 점차 우선권을 갖게 되었다고 말할 수 있을 것이다.

드골주의의 패배와 드골주의의 전략적 선택의 패배(양대 블록을 거부하는 외교정책, 핵무장을 통한 군사적 자립, 국가와 조국의 유럽연합 구축이라는 '정치적' 모델)[37)]는 1970년대 발레리 지스카르 데스탱과 레몽 바르가 인정한 하나의 사실이다. 2005년 6월 헌법조약 인준에 실패한 지 4개월 만인 2005년 10월 자크 시라크가 '사회적 시장경제'에 동의한 것은 '프랑스식' 유럽연합의 정치적 구축이 결정적으로 붕괴되었음을 상징한다. 하지만 독일 모델의 이러한 지배는 유럽 '사회민주주의의 실패'의 결과이고, 또 몇몇 사회적 조정을 통해 사회민주주의가 신자유주의 모델에 동의한 결과였다.

질서자유주의 모델의 힘은 특히 통화정책에서 분명하게 드러난다. '마스트리흐트 조약의 기준들'과 결합되어 수행된 노선은 통화와

---

36) H. Tietmeyer, *Économie sociale de marché et stabilité monétaire*, p. 39.

37) 드골은 "몇몇 기술관료주의적이고 무국적에 무책임한 아레오파고스적 모임"이 지휘하는 시장들의 유럽을 늘 비판했고, "의심의 여지 없이 하나의 연방으로 변화해 가는, 국가들로 조직된 협력"을 지지했다. conférence de presse du 9 septembre 1965.

재정을 활용한 모든 경기 조정을 이론적으로 금지했다. 다시 말해 케인스주의로부터 영감을 받은 혼합정책을 금지했다. 한스 티트마이어의 전형적으로 질서자유주의적인 생각에 따르면 물가안정은 '시민의 기본권'이고 이러한 생각은 공통의 확신이 되었다. 이러한 교의적 논리는 경쟁정책에서도 확증된다. 경쟁정책은 로마조약과 그 제3조 이후 유럽연합 구축의 핵심부에 위치하게 된다.[38] 획정된 모든 목표는 이러한 지상권과 연관되어 있다. 요컨대 최적의 자원배분, 물가 인하, 혁신, 사회정의, 탈중심화된 작동방식, 국가 경제의 장벽 허물기 등과 같은 모든 것은 유럽위원회가 수행한 경쟁 질서의 원인이자 결과로 간주된다.[39]

유럽위원회는 예외적 권력을 갖고 있지만 그래도 질서자유주의 논리에 부합한다. 유럽위원회의 예외적 권력은 회원국 정부들의 상위에 위치하는 '기술적' 심급에 '게임의 규칙'을 부과할 권력을 부여한다. 이러한 '규칙들을 통한 통치'의 논리에 입각해 유럽위원회 '경쟁' 당국은 담합, 지배적 위치의 남용, 기업 집중 등을 감사하고 징계하는 업무를 수행한다. 바로 이러한 논리에 입각해 유럽위원회가 예방조치를 시행하고 이를 통해 예를 들어 위원회가 질서자유주의의 원칙에 위배된다고 판단한 합병을 금지할 수 있는 것이다. 이를 통해 유럽연합 당국은 경제 구조를 감시하고 통제할 권한을 부여받게 된다.[40]

---

38) Fabrice Fries, *Les Grands Débats européens*(유럽의 위대한 논쟁들), Seuil, Paris, 1995, p. 186.

39) 파브리스 프리가 잘 제시하는 것처럼, 이러한 '순수 경쟁' 정책은 형식적인 데다 형식주의적인 반면, 좀 더 '실질적'인 미국의 실천은 '효율성 해명'(efficiency excuses) 혹은 효율성을 위한 예외라 부를 만한 것을 받아들인다.

40) *Ibid.*, p. 192.

유럽위원회는 또 경우에 따라 보조금 지급으로 해석될 수 있는 국가의 지원과 공적 자본 투여를 감독한다. 여기서도 특례를 부여함으로써 허가하는 것은 유럽위원회다. 이것은 일종의 '산업정책'을 구성하는 동시에 비-정책이기도 하다. 이 정책은 **목표**가 아닌 **규칙**에 따라 결정되기 때문이다. 이러한 관점에서 볼 때 공리주의적인 것에 훨씬 가깝고, 그러므로 덜 형식주의적인 미국의 정책이 그 예라 할 수 있다. 그것은 **프레임**cadre의 정책인데 이 정책은 어떤 지원이 합법적인지 아닌지를 해석하는 대단히 중요한 권한을 유럽연합위원회에 부여한다. 이 권한은 행정적 유형의 권한(조사, 서류, 징계적용)인 동시에 사법적 권한이기도 하다. 왜냐하면 유럽위원회가 징계를 결정하고 가하기 때문이다. 독일연방카르텔청bundeskartellamt처럼 완전히 독립되지 않은 유럽연합위원회는 다른 모든 고찰, 특히 사회적·정치적 고찰보다도 경쟁할 권리의 우선성을 단언한다. 경쟁할 권리의 사법적 우선성은 수많은 문제들, 이를테면 시장분석의 지극히 복잡한 문제를 발생시킨다. 지배적 상황이란 무엇인가? 지배적 상황 그 자체가 경쟁을 저해하는 것일까? 분석의 적절한 척도는 무엇일까? 그것은 하나의 국가인가, 유럽인가, 세계인가? 자본집중의 세계화 속에서 중소기업들로 이루어진 '인본적 경제'라는 질서자유주의의 기준들은 이미 상당 부분 시대에 뒤떨어진 신화임이 명백해 보인다.

하지만 유럽연합위원회가 질서자유주의 교의에 거의 완벽하게 충실한 영역이 하나 있다면 그것은 '공익 경제 서비스' 영역일 것이다. 이 영역 역시 경쟁이라는 상위 규칙에 따라야 하는데 그 이유는 규정상 경쟁의 권리가 다른 어떤 권리보다도 상위에 있기 때문이다.[41] 교통수단, 전신전화, 에너지, 전기통신 영역에서 일어난 일이 이를 완벽히 증명해 준다. 유럽연합은 이들 분야에서 자신이 원하는 서비스 기업을 항시 선택할 수 있어야 하는 '소비자=왕'이라는 이상에 따르고 있다.

오늘날 확대된 유럽연합은 경쟁 원리상에서 더 멀리까지 나아가고 있고, 그 결과 유럽연합의 조약들에 편입되었던 것과 같은 낡은 질서자유주의는 '극단적'인 질서자유주의 개념들에 의해 가려지게 되었다. 오늘날에는 훨씬 더 극단적인 논리가 형성되었는데 이 논리는 세제나 사회보장, 교육이 문제일 때조차 **제도 시스템들 자체의 경쟁화**에 근거하고 있다. 비판적 의미에서 '사회적이고 세제적인 덤핑'이라 불리는 것은 경쟁의 왜곡이라는 자유주의적 비판에 걸려들지 않는다. 그리고 국가의 지원이 금지되었다 해도 투자자들이나 이웃나라 예금자들의 자본을 끌어모으는 역할을 담당하는 기업들의 세금감면의 경우는 이에 해당되지 않는다. 이 점과 관련해서는 아일랜드가 그 방법을 보여 주었다. 모든 유럽연합 국가들, 그 중에서도 특히 신입회원 국가들은 '경쟁적 질서'의 새로운 단계에 과감히 투신한다. 경쟁적 질서는 경제통합과 관련한 특권적 수단으로 등장한다.

마치 모든 일이 1970년대와 1980년대에 세계적 수준의 자본주의 관리에 영향을 준 변화들이 유럽 신자유주의 고유의 조건들을 역전시킴으로써 유럽 신자유주의를 변화시킨 것처럼 일어나고 있다. 유럽연합의 법제를 통해 경쟁 질서를 만들어 내는 것이 아니라 자유로운 경쟁의 작동을 통해 유럽연합의 법제를 만들어 내는 것이다. 이렇게 해

---

41) 이런 관점에서, '단순화된 미니조약'의 타협은 엄밀히 말해 아무것도 변화시키지 않는다. 신중한 표명, '원칙'으로서가 아닌 '목표'로서의 경쟁 같은 것은, 어떤 의미에서는 유럽 지도자들이 취하는 접근 방식의 구성주의적 차원을 더욱 고발할 뿐이다.

서 오늘날 **일정한 질서자유주의 경향들의 변동** 같은 것이 그 윤곽을 드러내고 있다. 이러한 변동은 신자유주의의 두 주요 기원이라 할 수 있는 독일적 기원과 오스트리아-미국적 기원이 점증적으로 수렴되는 현상을 증거한다.

이러한 변동은 상당수의 신자유주의 유파들이 유럽 신자유주의의 원류로 되돌아가려는 욕망과 일치하며, 심지어는 신자유주의가 타협해야 했던 사회적 국가, 사회재를 공급하는 공공 서비스, 그리고 노조의 권한을 압살하기 위해 유럽 신자유주의의 원류로 급진적으로 되돌아가려는 욕망과 일치한다.[42] 게다가 제1세대 질서자유주의자들의 '정적이고' 국가적인 착상들은 제2세대 '신-질서자유주의자들'의 역동적이고 진화론적인 착상에 의해 초극된 것처럼 보인다. 이들 제2세대의 본질적 관심사 중 하나는 바로 그들이 **'체제들 간 경쟁의 원칙'**을 통해 실현하고자 했던 유럽 통합이다. 달리 말해 그들은 입법을 통해 어떤 틀을 형성하기보다는 그 틀이 제도적 체계들 간 경쟁의 산물이기를 바랐던 것이다.

아웃소싱, 노동자의 이주, 주거지 이전은 경쟁을 통한 새로운 유럽

---

42) 파트리샤 코뮝이 이야기하는 '새로운 사회적 시장경제'는 분명 자크 들로르의 혁신에 대한 꿈과는 아주 거리가 멀다. P. Commun(dir.), *L'Ordolibéralisme allemand*, p. 11. 또한 다음을 참조하라. P. Commun, "Faut-il réactualiser l'ordolibéralisme allemand? Réflexions sur la dimension historique, philosophique et culturelle de la pensée économique allemande"(독일의 질서자유주의를 재현동화해야 하는가? 독일 경제사상의 역사적·철학적·문화적 차원에 대한 고찰), *Allemagne d'aujourd'hui*, n° 170, 2004. 저자는 "Initiative Neue Soziale Marktwirtschaft"(새로운 사회 시장경제 이니셔티브)로 통합된 사람들의 기원으로 되돌아가려는 시도를 그려 낸다. 이 새로운 신자유주의는 '사회적'인 것을 다음과 같이 재정의한다. "사회적이라는 것은 사적 주도권과 책임감, 그리고 진정한 연대에 필수불가결한 자질을 보여 주는 것이다."

통합의 매개물이다. 목적지라는 기준에 대립되는 '출신지'라는 기준이 근본적인 듯하다. 왜냐하면 바로 이러한 방법을 통해 국가들의 법규들을 경쟁시킬 수 있고 교환 **이전**이 아닌 교환 **이후**의 조정에 도달할 수 있기 때문이다. 이러한 조정은 위로부터가 아니라 아래로부터, 시장의 자유로운 작동으로부터 온다. 법규들과 제도들의 소비자가 말하자면 최종 심판자다.[43] 경쟁을 통한 이러한 조정은 공공 서비스 분야, 사회보장과 납세, 노동법, 상업 및 금융 관련 법률 내에서 수행되어야 한다.[44] 질서자유주의의 새로운 세대에게는 아직도 많은 장애물들이 존재하고 그 중 어떤 것들은 유럽연합위원회가 1980년대에도 여전히 그랬던 것처럼 통일된 사회적 규칙 수립을 위해 만든 것들이다. 그러므로 유럽연합위원회는 훨씬 더 명확한 작동 규칙들을 확정해서 '출신국'과 '상호인정'의 원칙들을 일반화시키고 경제 주체들이 완전한 이동성을 통해 체제들을 자유롭게 심판할 수 있게 함으로써 체제와 법규의 경쟁을 가능하게 해야 한다. 새로운 질서자유주의 세대들이 보기에 이것은 유럽연합이 '복지국가 카르텔'로 남는 것을 피할 수 있는 유일한 수단이다.

그러나 이 '신-질서자유주의자들'에게는 "법제들 간의 이러한 경쟁의 확립이 **자유에 관한 유럽연합 헌법**에서 인정받는 것"[45]이 중요하다. 당연히 하이에크를 상기시키는 이 표현은 신자유주의의 두 변종인

43) 시모냉(Laurence Simonin)의 지적에 따르면, "이주 가능성은 시민들에게 추가적인 권력을 부여한다. 이주의 위협이 정부를 통제하기에 충분하기 때문이다." Simonin, "Ordolibéralisme et intégration économique européenne", *loc. cit.*

44) *Ibid.*, p.85.

45) *Ibid.*, p.84에서 재인용.

독일 버전과 오스트리아-미국 버전의 결정적 상호접근을 지시한다. 아무튼 이러한 급진적 방향설정으로 인해 1990년대부터 유럽연합위원회의 감독하에 유럽연합이 취한 방향의 활용이 가능해졌다.

질서자유주의가 오로지 자유시장이라는 경제원칙을 토대로 정치 제도를 정당화하려는 지극히 독창적이고 예외적이기까지 한 야심을 갖고 있었다는 것을 미셸 푸코는 정확히 포착했다. 독일 재건 — '원년의 신화' — 과 기존 제도들의 '소거'로서의 유럽연합 재건 간의 상응 관계가 존재한다. 경제헌법 제정을 통해 확립되는 시장경제와 경쟁을 토대로 삼는 최소한의 정치 기구 구축은 질서자유주의 성공의 주된 원동력처럼 보인다. 하지만 질서자유주의의 초기 기법이 유럽 국가와 심급이 만들어 낸 법률을 통해 시장을 관리하려 했던 반면, 신질서자유주의는 시장 자체를 유럽연합 국가들이 만든 법률들을 선별의 원리로 만들려 한다. 이러한 관점에서 볼 때 유럽연합위원회의 역할은 법제와 관련해 시장이 내린 판단의 인준에 국한된다. 새로운 질서자유주의자들이 보기에 이것은 유럽연합위원회가 과거를 통해 보여 준 과도하게 적극적인 입법활동에 제동을 거는 장점이 있다. 그 결과 종국에는 회원국 차원뿐 아니라 유럽연합 차원의 입법권 자체를 제압하는 유럽연합의 법제가 정착하게 된다. 시장의 판단이 법제를 승인할 정도로 명백하게 입법부 자체를 제압해 버리게 되는 것이다.

이러한 변화가 만약 확증된다면 애초부터 신자유주의(하이에크가 반복한 프란츠 뵘)의 이상이었던 '사법私法 사회'의 이상이 매우 적나라하게 드러날 것이다. 유럽연합 국가들이 자기 자신들에게 사법의 규칙들을 적용해야 한다는 것은, 경쟁 원칙을 국가들의 법제들을 조정하는 원리로 만들어야 한다, 그러므로 유럽연합 법제 구상의 원칙으로 만들어야 한다는 명제를 통해 일정한 방식으로 성과를 얻게 된다. 이러한 경향은 지금 벌써 유럽연합 내에서조차 세력들이 입법부의 주요 특권을 박탈함으로써 **자유민주주의의 모든 실체의 소거**를 원하고 있음을 나타낸다. 하지만 이러한 기획이 유럽연합 당국 내부, 특히 질서자유주의의 '유럽적' 특수성을 고수하는 국가들에서 저항에 부딪히게 되리라고 예측할 수 있다. 2007년 시작된 재정위기는 이미 그 첫 효과로 정치적 신자유주의의 내부 자체로 전선을 옮겨 가게 했고 질서자유주의의 가장 고전적인 전통의 낡은 정식의 진면모를 예상치 못한 빛 속에 다시 드러나게 해줄 수도 있을 것이다.

12장 · 기업가적 정부

'자유주의자'는 '반자유주의자'와 마찬가지로, 그러나 상반되는 이유로, 사익의 영역과 국가의 영역 간의 전통적 분리를 항시 인정하는 것처럼 보인다. 마치 사익의 영역이 독자적이고 자율화된 방식으로 기능하기라도 하듯이 말이다. 이런 식으로 '반자유주의적' 비판은 시장을 정치적 사회 이전에 존재하는 자연적이고 폐쇄된 체계로 표상하게 하는 함정에 계속해서 빠진다. 더욱이 신자유주의를 순수한 방임주의로 해석한 '신좌파'는 자신들이 시장경제에 '견고한 틀'을 부여하자고 주장했다는 사실만으로 신자유주의적 우파에 대한 대안으로 자처할 수 있었다. 이것은 칼 폴라니가 국가의 회귀는 자유주의 유토피아의 결정적 종말을 의미한다고 생각했을 때 범한 역사적 진단의 오류가 반복되는 방식이기도 하다.

사실 1980년대 이후 전 세계적으로 확산된 민영화, 규제완화, 세제감면의 거대한 파도는 국가 철수[불간섭]라는 관념을 신뢰했다. 여지껏 비상업적 원리들에 의해 지배되던 분야들에서 민간 자본이 자유롭게 활동할 수 있도록 한다는 국민국가 종말 관념까지는 아니라 해도 말이다.

하지만 자생적 · 자율적 시장이라는 순진무구한 개념은 이미 오래 전부터 의심의 대상이었다. 수십 년 사이 동일한 평가가 여러 차례 반복됐다는 데 놀라지 않을 수 없다. 혹자들이 '자유시장'이라 부르기 좋아하는 그것은, 매우 높은 리스크를 감수해야 효과를 볼 수 있는 것으로, 현실적 실천들로부터는 여전히 동떨어진 하나의 신화에 속한다. 1935년에 월터 리프먼은 짧지만 주목할 만한 텍스트 「항구적 뉴딜」에서 시장의 자기조절에 대한 신뢰가 여론에서 권위를 상실한 것을 이렇게 설명했다.

> 이 복음의 설파자들은 결코 그것을 실천에 옮기지 않는다. 그것은 더 이상 그들의 행동 규칙이 아니다. 그들은 경제가 자동적으로 자기조절적이라고, 또 수요와 공급의 자유로운 게임이 부의 생산과 분배를, 의식적으로 사전에 기획한 경영이나 관리보다 더 효율적으로 조정할 것이라고 맹렬하게 주장한다. 그러나 실제로는 그들도 이 원리를 거의 적용하지 않는다. 방임의 이상을 가장 강하게 주장하는 자들은, 관세와 술책을 이용해 국가의 산업 생활을 고도로 중앙집권화된 통제에 따르는 기업들로 조직한 자들과 동일한 자들이다. 자신들의 사유를 표현하는 방식상에서 그들은 자유무역주의자다. 하지만 실제 실천상에서 그들은 수요와 공급의 자유로운 게임을 중단시키고 그것을, 그것이 가능한 모든 곳에서, 생산의 의식적 관리와 가격 및 임금의 행정적 결정으로 대체한다.[1]

이렇게 1930년대부터 이 문제는 자기조절적 시장이냐 국가개입이냐라는 단순한 양자택일의 형태로는 더 이상 제기되지 않고, 정부 개입의 속성 및 그 목적들과 관련해 제기되었던 듯하다. 월터 리프먼에 따르면 "근대 국가에서도 방임정책은 신중하게 관리되어야 했고, 심지어 수요와 공급의 자유로운 게임도 신중하게 관리되었던 것이 사실이다".[2] 이것이 존 케네스 갤브레이스가 『약탈 국가』*The Predator State*, 2008에서 확증한 것과 동일하다는 점은 주목할 만하다. 소위 시장경제는 미국 자본주의 이전 시대부터 전승된, 사회, 교육, 과학, 군사 장치들의 조밀한 네트워크 없이는 작동할 수 없다고 그는 주장한다. 월터 리프먼의 표현과 이상하게도 아주 가까운 표현으로 그는 그것을 '지속적 뉴딜'the Enduring New Deal이라 부른다.[3]

하지만 국가개입의 항상성을 확인하는 것만으로는 충분치 않다. 국가개입의 목표와 방법을 면밀히 조사할 필요가 있다. 신자유주의가 국가 '후퇴'나 자본 축적 영역 확대는 그렇게까지 추구하지 않는다는 것, 그보다는 국가를, 경쟁이 지배하는 영역으로, 또 민간기업들이 경험하는 효율성들과 유사한 효율성의 강제에 따르는 영역으로 만듦으로써 **국가 행위의 변화**를 추구한다는 사실은 너무 자주 망각된다. 국가는 사람들이 혼동하는 두 가지 방식으로 재구성되었다. 요컨대 외부로부터 공기업들을 대대적으로 민영화하여 '생산자 국가'를 종식시킬 뿐 아니라, 그 내부에서부터 새로운 권력 기제들을 동원하고 그것들을 가지고 정부와 사회적 주체들 간 새로운 관계들을 구조화하는 평가자이

---

1) W. Lippmann, "The Permanent New Deal", in *The New Imperative*, Macmillan, London, 1934, pp. 42~44.

2) *Ibid.*, p. 47.

3) James K. Galbraith, *The Predator State*, op. cit.

자 규제자로서의 국가가 확립되는 것이다.[4]

세계화가 강제하는 새로운 제재들의 맥락에서 국가에 가해지는 주된 비판은 국가의 **효율성과 생산성이 총체적으로 부족하다는** 것이다. 국가는 그것이 공동체에 가져다주는 이익들에 비해 비용이 너무 많이 들고 또 경제의 경쟁력을 저해한다고 비판받는다. 그러므로 어젠다와 논어젠다를 구분하기 위해서뿐만 아니라 어젠다 실현 방식을 가늠하기 위해서도 국가 행위를 경제적 분석에 따르게 하려 한다. 바로 이것이 1980년대부터 구축되기 시작한 '효율적 국가' 혹은 '경영국가'managerial state 노선의 목표다. 신좌파와 마찬가지로 신자유주의적 우파도 실제로 정부가 인구의 안전, 보건, 교육, 교통, 주거, 그리고 당연히 고용과 같은 인구 관리를 등한시할 수 없다는 것을 받아들였다. 글로벌 경쟁이라는 새로운 규범이 행정적·사회적 장치들에 비용 절감을 강요하고 또 원칙적으로 경제적 경쟁의 요구에 맞추라고 강요하면 할수록, 정부의 인구 관리는 점점 더 줄어든다. 이 정책들이 도입하고자 하는 차이는 이 관리의 능률, 그러므로 인구에게 재화와 용역을 제공하는 방법과 관련된다. 새로운 교리의 "자명한 이치"들에 따르면, 이 인구 관리가 행정당국의 수중에 있을 경우 그것은 가격과 경쟁의 압력과 관련된 시장 논리를 방해한다. 바로 이것이 국가 행정당국 간부들과 그들이 임명한 전문가들 중 '현대화' 분파가 갖는 반관료주의적 태

4) 이 점에 대해서는 다음을 참조하라. Desmond King, "Une nouvelle conception de l'État : de l'étatisme au néolibéralisme"(국가에 대한 새로운 개념 : 신자유주의에서의 국가주의에 관하여), in Vincent Wright et Sabino Cassese(dir.), *La Recomposition de l'État en Europe*(유럽에서 국가의 재구성), La Découverte, Paris, 1996. 또 이 도구의 구조적 차원에 대해서는 다음을 보라. Pierre Lascoumes et Patrick Le Galès(dir.), *Gouverner par les normes*(규범을 통한 통치), Presses de Sciences-Po, Paris, 2007.

도의 토대다. 관료주의적 관리와 '과세 부담'에 반대하는 미디어 동원 캠페인은 말할 것도 없고 현장 공무원들에 대한 경멸, 그들에게 지급되는 낮은 임금뿐 아니라, 이 서비스들 자체가 운용하는 인력과 재원의 만성적 부족은 국가 행위와 사회적 연대에 속하는 것을 무조건 평가절하하게 했다. 역설적인 것은 이러한 폄하가 종종 관료들의 영역에서, 자신들의 권력 강화 수단을 발견한 일부 행정 엘리트들에 의해 이뤄졌다는 사실이다. 하지만 글로벌 경쟁 논리의 효과 속에서 변한 것은 특히 국가 행위 개념이다. 국가가 사회를 기업에 봉사하도록 개혁하고 관리할 임무를 맡은 기제로 여겨진다면 이제 국가는 사기업의 효율성이라는 규칙에 복종해야 한다.

국가 행위 한가운데에 사기업의 가치·실천·기능을 부과하려는 의지는 통치의 새로운 실천을 수립하기에 이른다. 1980년대 이후 모든 OECD 국가들에서의 새로운 패러다임은 국가가 더욱더 유연하고 반응적이며 시장에 기초하고 고객 지향적이기를 원한다. 경영은 모든 영역에 유효한 '포괄적' 관리 양식으로서, 공공 분야 전반에 이식 가능한 순전히 도구적이고 형식적인 활동으로 제시된다.[5] 국가가 이렇게 기업적으로 변한 결과는 국가 행위의 효율성 증대와 비용 절감을 지향하는 데 그치지 않고 현대 민주주의의 토대, 요컨대 시민의 신분에 결부된 사회권의 인정을 급격히 와해시킨다.

이러한 정책적 개입이 사적 행위주체들과의 수평적 상호관계로

---

5) Cf. Denis Saint-Martin, *Building the New Managerialist State. Consultants and the Politics of Public Sector Reform in Comparative Perspective*, Oxford University Press, 2000.

축소되면서 관점의 변화가 일어난다. 그것은 이제 초기 공리주의자들의 시대처럼 국가에 제기되는 국가 행위의 유용성에 대한 일반적 문제에 국한된 것이 아니라, **국가의 유효성을 다른 행위주체들의 효율성과 비교하는 양적 평가**의 문제다. 국가 행위에 대한 이러한 '탈주술화된' 새로운 개념은 민간 사업체들과 동일한 수준에 위치하는 기업으로 국가를 보는 관점을 야기한다. 이 '국가 기업'은 '공익' 생산과 관련해 제한된 역할만을 할 뿐이다. 다시 말해, 시장이 이해관계의 자연스러운 조화를 만들어 낼 수는 없다고 가정한다 해도, 그러므로 국가가 인위적 조화를 실현시킬 수 있다는 결론이 따라 나오는 것은 아니다. 국가 자신도 엄격한 통제에 따르는 경우가 아니라면 말이다.

국가가 원하고 지원해서 만들어진 경쟁이 지배하는 시장 제도는 경쟁적 시장의 작동 규칙들을 공적 영역에 '도입하고' 넓은 의미에서 기업의 합리성에 입각해 통치권력의 행사를 사유하려는 경향에 의해 강화되고 연장되었다. 그러므로 우리는 '제도적 시장'이라는 표현이 시간이 지나면서 대단히 모호해진다는 것을 알 수 있다. 이제 단순히 시장이라는 정치 제도가 문제가 아니라 역으로 기업의 규칙들에 따라 기능하도록 명령된, **공공기관의 시장화**가 문제다. 이러한 각도에서 신자유주의는 공권력이 구축하고자 했던 경쟁 논리가 부메랑처럼 되돌아오는 듯한 분명한 실천적 변화를 체험했던 것이다. 최근 20여 년 동안의 변화는 "사익을 위한 사물들의 생산에 적용할 수 있는 자유경쟁의 원칙을 공익을 위한 사물들의 생산에 적용할 수는 없다"[6]는 발라스 Léon Walras가 결국 틀렸다는 것을 보여 준다. 이것이 바로 새로운 '거버

---

6) L. Franck, *La Libre Concurrence*에서 재인용.

넌스'의 주창자들이 성취한다고 주장했던 것이기 때문이다. 이런 관점에서 정치적 신자유주의는 경쟁을 국가 행위의 성과를 향상시킬 수 있는 최상의 기제로 여기면서 급진화된다.

'기업의 거버넌스'로부터 '국가의 거버넌스'로

국가 및 국가 행위에 관한 개념상 변화는 이제 정치적 어휘 내에 각인되었다. '거버넌스'라는 용어는 세계적 차원에서 신자유주의의 새로운 규범의 핵심어가 되었다. '거버넌스'gobernantia라는 말 자체는 오래된 말이다. 13세기에 이 말은 통치의 사실과 기술을 지칭했다.[7] 이 용어는 국민국가가 구축되던 시기 전반에 걸쳐 **주권**과 **통치** 개념으로 점차 양분되었다. 세네갈 대통령 레오폴 세다르 상고르Léopold Sédar Senghor에 의해 20세기 후반 프랑스어에서 다시 통용되게 된 이 용어는 세계화의 강제에 따르는 통치 실천에 적용되어 정치적 의미와 규범적 범위를 갖게 되기 이전에 영어권 국가들에서 우선 경영자와 주주 간 관계의 변형을 의미하게 되면서 다시 유행했다. 거버넌스라는 용어는 세계적 차원에서 신자유주의적 생활규범의 원리들을 보급하는 임무를 부여받은 주요 기구들, 특히 세계은행이 남반구 국가들에서 사용한 주요 범주가 되었다. 거버넌스라는 말이 갖는 다의성이 바로 그 용례의 지표다. 실제로 이 용어는 기업의 인도, 국가의 인도, 그리고 세계의 인도라는, 점차 혼합되는 권력의 세 차원을 결합 가능하게 해준다.[8]

---

7) Cf. J.-P. Gaudin, *Pourquoi la gouvernance?*(왜 거버넌스인가?), Presses de Sciences-Po, Paris, 2002.

'거버넌스'의 이러한 정치적 범주 혹은 더 정확히 말해서 '적절한 거버넌스'는 일반화된 경쟁 규범 보급에서 중심적 역할을 한다. '적절한 거버넌스'는 구조조정 차관 도입에 따른 관리 조건을 존중하는 거버넌스고 우선적으로 상업과 금융의 흐름에 개방적이어서 세계시장에의 통합 정책과 긴밀하게 연결된 거버넌스다. 적절한 거버넌스는 또한 차츰 고루해져 가치를 잃은 '주권' 범주를 대신하게 된다. 국가는 이제 서구의 고전적 국가 개념에 입각해 영토 **주권** 확보 능력에 따라 평가되어서는 안 되고 거버넌스의 법률적 규범들과 경제적으로 '적절한 실천들'의 존중과 관련해 평가되어야 한다는 것이다.[9)]

국가의 거버넌스는 기업의 거버넌스로부터 가장 주요한 특성을 빌려 온다. 금융주도 기업지배구조의 틀 안에서 기업 경영자들이 주주들의 감시하에 놓였던 것처럼 국가 지도자들도 동일한 이유로 국제금융기구, 전문가 기구, 금융신용평가기관의 통제하에 놓이게 되었다. 사유 방식들의 동질성, 공공 정책들의 평가 및 인준 기제들의 동일성, 상담역의 감사와 보고, 이 모든 것은 정부의 활동을 성찰하는 새로운 방

---

8) 1992년 빌리 브란트(Willy Brandt) 전 독일 총리의 주도로 만들어진 글로벌 거버넌스위원회(Committee on Global Governance)는 이 개념을 이렇게 정의한다. "개인과 공적·사적 기관들이 그들의 공통된 업무를 다루는 다양한 방식의 합. 이것은 다양하고 충돌하는 이해관계들 간의 지속적인 협력과 조정의 절차다. 강제력 있는 공식 기관과 제도는 물론, 사람들과 기관이 자신들의 이익에 동의하거나 인식하는 비공식적인 조치들이 여기에 포함된다." 다음에서 재인용. Jean-Christophe Graz, *La Gouvernance de la mondialisation*, La Découverte, Paris, 2008, p. 41.

9) '거버넌스'와 '주권'이라는 이 두 개념은 그러므로 부분적으로 이율배반적이다. 거버넌스는 먼저 주된 상업적·재정적 이해관계를 대표하는 조직들의 명령에 대한 복종을 전제한다. 거버넌스는 또한 국제적인 힘의 관계 및 전략지정학적 이해관계에 따라 인권이나 소수의 이름으로, 혹은 더 범속한 표현으로는 '자유 시장'의 이름으로 NGO나 외국 군대 또는 채권자가 간섭할 권리다.

식이 다국적 대기업 그룹들을 지배하는 경영 논리로부터 차용되었음을 보여 준다. 공공 정책을 분석하고 진행시키는 데 벤치마킹[10]과 같은 도구의 성공은, 거대 다국적 기업들이 자회사들의 활동을 통제하고 촉진할 수 있게 해주는 도구가 어떻게 기업의 영역으로부터 정부의 영역으로 이행할 수 있었는지를 보여 준다. 사기업 경영으로부터의 이러한 차용을 통해, 주권의 원칙들에 고전적으로 고정되어 있던 개체들과는 완전히 무관한 '이해당사자들'에 대한 '적절한 거버넌스'의 정의까지도 도입할 수 있게 되었다. 이 '이해당사자들'은 국가의 채권자이기도 하지만, 국가 행위의 질을, 달리 말해 국가 행위가 이해당사자들의 금융적 이해관계에 부합하는지를 평가해야 하는 외부 투자자들이기도 하다. 국외 투자자들이 기업지배구조 규칙들을 준수하는 순간부터 그들은 [투자대상] 국가 지도자들이 국가 거버넌스의 규칙들을 채택하기를 기대한다. 이를 통해 우리는 이 거버넌스의 규칙들이, 국가 거버넌스가 수행해야 할 정책의 목표들과 수단들을 결정하는 초정부적이고 사적인 일련의 결정기관들에 의한 국가의 통제로 이루어져 있음을 알 수 있다. 이런 의미에서 국가들은 유사한 규범들에 따르는 방대한 정치적-경제적 네트워크 속에 있는 다른 단위들과 마찬가지로 '생산적 단위들'로 간주된다.

'거버넌스'는 국제적이고 일국적인 정치 및 사법 제도, 협회, 교회, 기업, 두뇌집단, 대학 등을 포함하는 새로운 권력 행사 방식으로 종종 기술되었다. 여기서 새로운 세계적 권력의 속성을 검토하지 않으면 이 새로운 경쟁의 규범이, 사기업들에 대한 다양한 형태의 권한 양도의

---

10) 이 책의 10장에서 '규율(3) : 신자유주의적 기업경영' 부분을 참조하라.

점증적 전개를 내포한다고 확증할 수밖에 없고, 그 결과 우리는 다양한 영역에서 **공공과 민간이 국제 규범들을 공동 생산**한다고까지 말할 수 있을 정도다. 인터넷, 원거리 통신, 국제금융 등이 그 사례다. 경제 정책의 이러한 민관 공동 거버넌스는 세제와 규제 측면에서 거대한 독과점 그룹들에 체계적으로 유리한 조치와 장치로 귀결된다. 이러한 과정이 드러난 것 중 하나가 회계 규범의 고안을 초국적 민영 기구(IASB: 국제회계기준위원회)에 위임한 것이다. 이 기구는 미국에서 시행 중인 회계 원칙들에 광범위한 영향을 받는다.[11]

기업은 지역 국가들의 지지를 받아 세계 경제의 '거버넌스'를 조직화하는 토대들 가운데 하나가 된다. 이제 국가의 어젠다를 직접 지휘하는 것은 사기업의 절대적 요청과 그들의 긴급한 요구, 그리고 그들의 논리다. 이는 다국적 기업들이 전능하여 일방적으로 '국가의 몰락'을 기획한다는 의미도 아니고 심지어는 여전히 널리 퍼져 있는 맑스주의의 도식에 따라 국가가 다국적 기업들의 손아귀 안에 있는 단순한 하나의 '도구'라는 의미도 아니다. 그것이 의미하는 바는 거시경제 정책들이 민관 공동 결정들의 산물인 반면 국가는 다른 분야들에서 일정한 자율성을 유지하고 있다는 사실이다. 비록 이 자율성마저 초국가적 권력들의 존재에 의해, 수많은 공적 책임을 비정부 민간단체, 종교 공동체, 사기업과 비영리단체 등이 착종된 네트워크에 위임하게 됨으로써 변질된다 해도 말이다.

---

11) Cf. Nicolas Véron, "Normalisation comptable internationale : une gouvernance en devenir"(국제 회계 표준화: 생성 중에 있는 거버넌스), in Conseil d'analyse économique, *Les Normes comptables et le monde post-Enron*(회계 기준과 엔론 사태 이후의 세계), La Documentation française, Paris, 2003.

'거버넌스' 범주가, 주권 범주를 비롯한 공법 범주를 대신해 국가의 기능과 실천으로 사유될 정도로 격상된 이유를 설명해 주는 것이 바로 이 새로운 소위 '공적' 행위[국가 행위]의 일반화된 혼성화hybridation다. 이러한 혼성화는 국제 규범 **생산**의 민영화와 관련되어 있고 또 상품과 자본 교역의 조정에 필요한 사적 규범화와 관련되어 있다. 이 혼성화는 국가의 후퇴를 의미하는 것이 아니라 민간 행위주체의 활동을 최대한 특정 방향으로 유도함으로써, (컨설팅 회사, 평가기관, 국제무역협정 등과 같은) 민간 중계자들에 의해 규정된 계율, 표준 규범을 통합하면서 국가가 권력을 간접적으로 행사한다는 것을 의미한다. 민간 경영이 일정한 인센티브 시스템을 통해 임금노동자들을 최대한 노동하게 하는 것과 정확히 동일하게, '국가의 거버넌스'는 민간 기업들에 의해 보다 효율적이라 여겨지는 방식으로 재화와 용역을 생산하게 되고 법 대신 **자기조절 규범**을 만들 권한을 민간 영역에 허가한다. 국가는 이제 일국적이거나 초국가적인 민간 행위주체가 국제적 활동과 연계되어 행동하기를 기대한다. 그러므로 그것은 **용역의 직접 생산자라기보다는 '전략가'**인 국가다. 제2차 바젤 조약이 바로 그 예인데, 이를 통해 국가들은 자율통제 기준의 제정권을 국제금융기관들에 넘겨주었던 것이다.

2007년부터 금융 위기 때문에 갑작스레 드러난 바젤 위원회의 실패는 행정당국들과 그 체계의 주요한 민간 행위주체들이 모두 참여하는, 무엇보다도 전형적으로 신자유주의적인 혼성적 거버넌스의 실패다. 우선 금융 분야가 온전히 남아 있지 않았다는 점을 상기할 필요가 있다. 이러한 관점에서 이 책 서문에서 이미 지적했듯 규칙의 **부재**와 규칙의 **실패**를 혼동해서는 안 된다. 은행 그룹과 주식 시장 간의 세계적 경쟁은 점차 새로운 국제 규칙들을 불가피한 것으로 만든다. 1974년부터 국제통화체제의 종말과 환율 변동 관련 리스크 증가로 특징지어지는 맥락 속에서[12] 국제결제은행의 주도로 은행 통제를 위한 바젤 위원회가 설립되었다. 이 위원회는 금융 시스템의 소위 '신중한 감독'의 확장을 담당했다. 이로 인해 금융기관들의 일반화된 경쟁화에 부응하는 일련의 규범이 마련됐다.[13] 이 새로운 규제는 은행들을 법규에 따르게 할 뿐 아니라 보다 엄격한 자기통제를 행하고(내적 통제) 또 시장의 다른 주체들에게 보다 엄격한 투명성의 규범에 따르도록 강제하는 것을 목표로 했다.

금융 분야 감독체계 내에서 바젤 위원회는 국가의 법규로 채택될 수 있는 표준을 정의할 책임을 갖는다. 더 나아가 감독 당국은 리스크에 연관된 활동과 리스크를 통제하는 활동을 분리하도록 요구함으로써, 내부 통제 책임마저 은행에 위임한다. 이 당국은 모든 수준의 내적 통제 절차들을 코드화한다.[14] 1988년 이른바 바젤 협약 I은 자기자본 기준을 확정했지만, 이는 곧 시장 리스크와 운영 리스크 증가에 부적

12) 1974년 에르스타트(Herstatt) 은행과 미국 프랭클린 내셔널 은행의 파산.

13) 플리옹 등이 프랑스에 대해 쓴 내용은 전부 전체 금융 체계에도 적용된다. "프랑스 은행 분야에서의 규제완화와 민영화는 때로 국가가 철수하고 은행 분야에서의 진정한 규제완화가 시작되는 신호로 여겨져 왔다. 국가의 철수와 규제완화는 종종 1990년대 동안 은행들이 겪은 어려움에 책임이 있다고 지목되기까지 한다. **그렇지만 규제완화가 규제철폐를 의미하는 것은 아니다. 규제는 사라지는 것이 아니라 그 속성을 바꾼다.** 이제 중요한 것은 신중한 규제완화다. 은행들의 활동을 관리하는 것이 아니라, 지불능력 기준을 특히 중점에 두고 신중함을 지향하는 것이다. 이렇게 새로운 규제 조건들이 출현한다. 이 규제완화는 더 이상 시장을 배제하지 않는다. 한편 리스크 증가는 자연스럽게 은행들로 하여금 그들 리스트에 대한 내적 관리에 경각심을 갖게 했다." D. Plihon, J. Couppey-Soubeyran et D. Saïdane, *Les Banques, acteurs de la globalisation financière*(은행, 금융 세계화의 주체), p. 113. 강조는 인용자.

14) *Ibid*., p. 109.

합한 것으로 드러났다. 2006년 말 이른바 신 바젤 협약(바젤 II)은 은행기관들이 결정적 영향력을 행사한 긴 협상 끝에 시행되었다. 이 협약은 새로운 지불능력 기준, 보다 엄격한 내부통제 방법, 경영 투명성의 의무를 확정한다. 이러한 규제의 '세 축'은 기존의 국가 장치들을 보완한다. 미국에서는 2002년 사베인스-옥슬리 법Sarbanes-Oxley Act이 통과되어 엔론 회계부정 사건 이후 금융기관 감시를 강화하려고 노력했고, 프랑스에서도 마찬가지로 2003년 금융안전법으로 거래 투명성을 강화하고 시장 감시 기관(금융시장국)을 설치했다.

이 공적이자 사적인 규범 전체는 실패한 것으로 드러났다. 이 규범이 채권과 파생상품의 증권화를 매개로 은행이 떠맡았던 리스크를 외부로 돌리는 체계적 실천의 전개를 허용했던 것이다. 사실 은행들은 바젤 협약 II에서 상환능력 비율과 관련해 수립된 규제들을 감독 당국(먼저 미국 당국)이 보는 앞에서 우회할 수 있었다. 은행들은 규제가 거의 없다시피 한 시장에서 은행들보다 덜 감시받고 덜 통제되는 (헤지 펀드나 보험사 같은) 다른 행위자들에게 리스크를 전가했다. 시장에서 더 많은 신용 리스크 보유자들에게 리스크를 확산시키는 것이 국제금융시장 안정화의 요인이라고 생각한 것이 오류였다. 이런 식으로 감독 당국은 시스템을 불안정하게 하는 메커니즘이 정착되도록 방치했던 것이다. 대단히 복잡한 온갖 종류의 '매개수단들'을 통해, '악성' 부채와 결부된 리스크들은 대단히 긴 전이의 연쇄를 따라 지연되었고 그 결과 이 연쇄의 끝에 위치한 자들은 사실상 악성화된 유가증권화에 의한 잠재적 손실을 더 이상 평가할 수 없다.[15] 시장 효율성의 낙관론에 기초한 이러한 리스크 전가 메커니즘은[16] 자동적으로 그들[연쇄의 끝에 위치한 자들]이 더 많은 리스크를 감수하게 했다. 은행들의 리스크 외부

이전 능력이 뛰어날수록 그들의 경계심은 누그러지기 때문이다.

금융위기는 신자유주의 통치성에 내재하는 위험을 아주 명확히 보여 준다. 신자유주의 통치성이 자본주의 경제체제의 한복판에서, '경제 주체들' 당사자들이 세계 경쟁의 직접적 압박을 받고 있고 그들이 자신들의 이익을 추구함으로써 그들 스스로를 통치할 줄 안다는 미명하에, 신중한 감독의 일부를 그들에게 위임했을 때 말이다. 바로 이러한 혼성화의 논리들이 경각심을 무디게 만들어 극도의 불안정을 유발하는 행동들에 이르게 만들었다. 가장 해악적인 역할을 한 민간 행위주체들 중에 특히 은행 평가를 담당했던 소수의 신용평가기관들이 있다. 고도로 전략적인 기능인 감독 임무를 담당하는 이 주체들은 정작 자신들에 대한 모든 감시를 회피한다. 그리고 평가대상 기업들이 이들에게 평가를 요청하고, 그 평가에 대한 비용을 지불함에 따라 이해충돌의 첨예한 문제들에 봉착하게 된다. 감독장치에 별의별 결함이 많은 것도 분명하지만 결정적 요인은 규칙 자체였다. 규칙들은 '감시받는 자들' 자신에 의해 만들어졌을 뿐 아니라 각 기관에 개별적으로 관여할 뿐이어서 시스템 위기 시에는 곧바로 이 규칙들이 작동하지 않게 된다. 그러므로 문제가 되는 것은 민간 행위주체들이 자신들의 기

---

15) 은행들이 바젤 협약 II의 규칙들을 우회할 수 있도록 허용한 규제적 꼼수에 대한 기술적 분석은 다음을 참조하라. Michel Aglietta, *Macroéconomie financière*, La Découverte, Paris, 2008, pp. 96~97. [인용되고 있는 책의 1판(1995년)이 우리말로 번역되어 있지만(『금융제도와 거시경제』, 전창환 옮김, 문원출판, 1998) 이 책에서는 바젤 II의 등장 이후에 나온 5판(2008년)을 인용하고 있기 때문에, 해당 내용을 우리말 역에서 찾을 수 없었다.]

16) 이 이론에 따르면 정교한 금융 상품들을 통해 리스크 자체를 매도하는 것이 가장 좋은 평가를 가능하게 한다. 금융 시장은 리스크에 상품 가치를 부여함으로써 자금 할당에서의 더 나은 효율성을 창출해야 한다.

업 이익만이 아니라 시스템 자체의 이해관계를 고려함으로써 자기를 규율할 수 있는 능력이다.[17)]

각 영역 전문가들의 협상에 맡겨진, 세계무역에 필수적인 제원諸元의 모든 절차에서 우리는 간접적·혼성적 조절과 동일한 논리를 발견할 수 있다. 이러한 변화는 당연히 경제와 금융의 변환들 자체와 관련이 있다. 경쟁이 너무나 치열해서 생산 및 마케팅 측면에서의 다양한 반응을 일으켰다. 예를 들면 기업 간 경쟁의 주된 방식으로 '상품 차별화'가 강조된다. 글로벌 대기업 그룹들의 과점적 경쟁은 자원과 리스크를 공평하게 분배하기 위한 연구개발(R&D) 관련 제휴 추세를 부추겼다. 이러한 형세에서 국가들은 종속적이거나 보조적인 역할만을 담당할 뿐, 소수 독점 기업들의 암묵적 동의 없이는 사회·환경·과학 관련 정책을 더 이상 수립하지 못할 정도로 이 종속적·보조적 역할을 내면화한다.

국가는 후퇴하는 것이 아니라[18)] 자신도 그것들을 정착시키는 데 공헌한 새로운 조건들에 순응한다. 세계 금융의 정치적 구축이 이를

---

17) 다음은 앨런 그린스펀이 2008년 10월 23일 의회 청문회에서 뒤늦게 인정한 내용이다. "나는 조직, 특히 은행의 잘 이해된 사익추구가 그 조직으로 하여금 그 조직의 주주와 기업의 자본을 가장 잘 보호할 수 있다고 생각하게 하는 실수를 저질렀다. 내가 18년 동안 연방준비은행(Fed)에서 일하며 얻은 경험, 그리고 그 전에 일하며 얻은 경험 때문에 나는 은행 임원들이 가장 훌륭한 규제자들보다도 훨씬 더 리스크에 대해 잘 안다고 생각하게 되었다. 그러므로 문제는 대단히 견고한 건조물로 보였던 것의 가장 주요한 기둥이 무너졌다는 사실이다. […] 나는 정확히 무슨 일이 일어났는지, 또 왜 일어났는지 알지 못한다. 그러나 필요하다면 나는 주저 없이 내 견해를 변경할 것이다." 그리고 '자유주의 이데올로기'에 관해 이렇게 덧붙인다. "세계가 작동하는 방식이라고 부를 수 있는 바를 규정하는 본질적 구조에 존재하는 결함으로 인해 나는 큰 충격을 받았다."

18) S. Strange, *The Retreat of the State. The Diffusion of Power in the World Economy*, Cambridge University Press, 1996 참조. [스트레인지, 『국가의 퇴각』, 양오석 옮김, 푸른길, 2001.]

가장 잘 증명하고 있다.[19] 국가의 수단들을 가지고 또 ('국민의 이익', 국가의 '안전', '국민의 행복' 등과 같은) 종종 지극히 전통적인 수사를 통해 각국 정부들은, 그들 자신들이 원했던 경쟁과 그들 자신이 구축한 국제 금융의 이름으로, 이 독점 기업들에 유리하고 임금노동자와 자신들의 국가에 불리한 정책들을 추진한다. 사람들은 이렇게 IMF, WTO, OECD 혹은 유럽위원회 같은 국제기구들이나 정부들 간 기구들의 점증하는 영향력에 대해 논의할 때, 이러한 기구들의 감사, 보고서, 종용, 지침에 **소극적으로** 따르는 체하는 정부들이 정작 그것들의 **적극적** 이해당사자임을 망각한다. 모든 일은 마치 대다수 주민들에게 사회복지 감소를 강제하고 가장 부유한 계급들로의 소득이전을 조직적으로 행한 신자유주의 생활규범이 삶의 모든 영역에 경쟁의 규칙들을 정착시킴으로써 사회복지적이고 교육적인 국가를 거덜 낸 책임을 다른 당국들에 전가하는 것을 가능케 하는 '가면극'을 전제로 하듯 일어난다.

IMF, WB[세계은행], GATT처럼 제2차 세계대전이 끝나고 탄생한 주요 국제기구들은 신자유주의의 새로운 규범을 강제할 중요한 매체들을 구축했다. 이 기구들은 별다른 저항에 부딪히지 않고 미국과 영국의 바통을 이어받았다. 이를 위해 브레턴우즈 체제의 기관들은 자신들의 역할을 재설정하고 새로운 비정부 기관들과 기구들에 자리를 내줘야 했다. 세계무역기구(WTO)의 등장은 그 주된 신호다. 세계무역기구를, 국가들과 과점 기업들의 압력과 이해관계를 떠난 보편적 시장 규칙의 단순 도구로만 보는 것은 오류일 수 있다. 무역 협상의 내용이 발전 관련 당면 과제로 이동했다는 이유로 이 기관을 남반구 개발

19) 이 책 10장의 '금융 자본주의의 비상' 절을 참조하라.

도상국들의 주요 옹호자로 본다면 더더욱 오류일 것이다. 과점 기업들의 이해관계의 논리는 특히 기술혁신 분야에서 가장 노골적으로 나타난다. WTO 협상 범주에서 북반구 국가들은 R&D 지출이 강력한 분야의 과점 기업들의 지적 재산권 확장을 실현 가능하게 해줌으로써 그들의 이해관계를 도모하는 경향이 더욱 강해졌다. 지식 독점 기업들의 압력 단체들은 국제기구들을 매개 삼아 신기술로 얻는 소득의 보호를 체계화해 민간 연구개발비 지출의 결실을 보려 하는 동시에 개발도상국들이 저개발 상태로 머무르게 하는 데 기여하기도 한다.

정부들의 행위에서 나타나는 또 하나의 변화는 글로벌 경쟁 규범과 더욱더 직접적으로 연결되어 있다. 이 변화는 생산 요소들에 대한 국가개입의 정책 수정과 관련되어 있다.

국가는 이제 거대한 독과점 기업들을 자신이 관리하는 국내 영토에 유치할 책임뿐 아니라 이 독과점 기업들에 물류 및 인프라를 지원할 막중한 책임을 진다. 이것은 연구, 대학, 교통, 세제 혜택, 문화적 환경, 도시화, 시장의 보장(미국의 중소기업들에 개방된 공공시장) 등 매우 다양한 영역과 관련된다. 달리 말해 정부의 개입은 생산 요소 및 경제 환경 관련 정책의 형태를 취한다. 경쟁 국가는 이해관계들 간의 **조정자**가 아니라 글로벌 경제전쟁에서 독과점 기업들의 이해관계의 **동반자**인 국가다. 우리는 이를 무역 정책 측면에서 잘 확인할 수 있다. 자유무역의 의미 자체가 변한다. 생산 절차의 파편화 때문에 한 나라의 수출품은 갈수록 더 많은 수입 부품들을 포함하게 된다. 그러므로 국가들은 **관세** 보호무역주의를 **전략적** 보호무역주의로, 즉 **생산요소들**에 보조금을 지급하는 논리에 의한 **생산품** 보호무역주의로 대체하게 되었다.

일반화된 경쟁의 규범은 국가들이나 다른 공공 당국들에게 역설적이게도 '자본의 공공재'라 불릴 수 있는, 자본의 가치증식을 위한 최적의 지역 환경을 만들어 내라고 압력을 가한다. 이러한 공공재는 첨예한 경쟁 체제 내에서 자본과 양질의 임금노동자들을 끌어모으기 위해 필요한 하부구조와 제도들에 대한 투자의 산물이라는 것이다. 연구조직, 세제, 대학, 도로, 은행 네트워크, 간부들을 위한 주거 및 여가 지역은 자본주의 활동에 필수적인 공공재의 일부다. 이것은 자본의 유동성의 전제조건이, 국가에 의한 하부구조 구축, 고정되어 움직이지 않는 하부구조의 구축임을 보여 주는 경향이 있다.

국가는 이제 더 이상 집단적 삶의 상이한 수준들의 통합을 확보하는 역할을 하지 않고 사회를 글로벌 경쟁과 글로벌 금융의 강제에 맞춰 조정하는 역할을 담당한다. 인구 관리의 의미와 방식이 변화하게 된다. 포드주의 시대에 지배적인 관념은, 정해진 공식에 따르면, 일국적 자본주의의 틀 내에서의 '경제적 효율성과 사회의 진보 간의 조화'였던 반면, 오늘날 사람들은 비용-편익 분석에 따르는 기업을 위한 '자원'으로 인구를 지각할 뿐이다. 우리가 의미론적 관성을 통해 아직도 '사회복지적'이라 부르는 정책의 논리는 이제 더 이상 대량생산된 상품에 대한 수요를 충분하게 유지하기 위한 생산성 이익 분배가 아니다. 그것은 '취업 능력'과 생산성을 증대시키고, 노조의 협상력을 약화시키고 노동권을 붕괴시키고, 인건비를 낮추며 연금 액수와 사회보장의 질을 '세계화에 적응'시키는 새로운 종류의 '사회복지' 정책을 통해 그 비용을 감소시킴으로써 **인구의 효용 극대화**를 목표로 한다. 그러므로 국가는 인구관리와 관련해서는 자신의 역할을 포기하지 않지만 이제 그 개입은 이전과 동일한 필요나 동기에 따르지 않는다. 경제발전과 성장의 결실의 공정한 분배 간의 조화를 강조했던 '복지경제'를 대신하는 새로운 논리는 인구와 개인을 고찰할 때 글로벌 경쟁에서 그들이 기여하는 바와 발생시키는 비용이라는 훨씬 더 편협한 관점을 취한다.

사회 집단들이 갈등에 처하는 조건들도 기업적 통치와 더불어 변화한다. 이렇게 신자유주의 합리성은 제2차 세계대전 이후 자유민주주의 국가들에서 수립된, 계급 대립을 '내포한' 체제에 종말을 고한다. 노동조합들의 '통합'이라고 불려 온 것, 요컨대 사회민주주의 관리의 상대물인 이것은 이해관계 충돌을 자본 축적의 원동력 가운데 하나로 만들고 계급투쟁을 성장의 기능적 요인으로 만들었다. 노동조합적으로 관리되는 갈등, 협상, 종종 거기로부터 결과되는 '사회복지의 진보'와 같은 고전적 리듬은 이러한 갈등의 내포를 보여 주는 것이었다. 하지만 인구가 '인적 자원'과 '사회적 부담'이라는 특권적 각도에서 이중적으로 보여질 때 상황은 변하게 된다. 노동조합과 맺을 수 있는, 보다 일반적으로 임금노동자와 맺을 수 있는 유일한 관계의 형식은 모두에게 바람직하다고 상정된 목표들을 중심으로 한 '협의', '공조', '합의'다. 경영 원칙들을 존중하지 않으려는 자라면 누구나 '협의'가 필연적으로 도달하게 되는 결과들을 받아들이지 않으려 할 것이고, 그로 인해 통치자들에게 '협조적으로' 행동하기를 거부하려는 몇몇 노동조합은 즉각 '게임'으로부터 배제될 것이다. 이 새로운 통치체제는 'stakeholders', 즉 자신이 참여한 사업의 성공에 직접적 이해관계가 있는 '이해 당사자'만을 알 뿐이다. 가장 징후적인 사실은 아마도, 사용되는 담론의 의무적 통일이다. 과거 사회적 관계의 조절에서는, 서로 다르고 상충한다고 단순에 간주되는 논리들을 조정하는 것 — 이는 '타협'의 추구를 내포하고 있었다 — 이 관건이었던 반면, 새로운 조절에서는 동의의 용어들이 애초부터 결정적으로 확정되어 있다. 그 무엇도 성과와 효율성의 척수가 될 수는 없기 때문이다. 실천의 양태, 리듬, 부차적인 몇몇 조정만이 논의 대상이 될 수 있다. 우리는 이것이 '용기 있는 개혁들'의 원칙이기까지 하다는 사실, 특히 절대 다수의 전반적 상황을 악화시키는 개혁의 원칙이기까지 하다는 사실을 잘 알고 있다. 우리는 이를 통해 기업, 제도, 사회 전체 내에서 갈등관계의 양상들이 변화를 요청받고 있음을 알 수 있다. 두 가지 중요한 변환이 일어난다. 한편으로 경영 논리는 경제, 사회, 정치의 장들을 통일하고 각 영역들을 관통하는 횡단적 투쟁의 가능조건들을 만들어 낸다. 다른 한편으로 경영 논리는, 계급투쟁을 완화시키던 모든 제도들을 체계적으로 해체함으로써 이 갈등을 '외부로 확장'한다. 이는 경영 논리가 이 갈등에다 이의제기의 성격을 부여함으로써 이루어진다. 기업 국가에 대한, 그러므로 새로운 자본주의 자체에 대한 범세계적 이의제기 말이다.

세계 정부 없는 세계 거버넌스

세계화된 경제의 특성들에 적응한 '글로벌 권력'이 정착된다. 경제 경쟁은 이제 국가 간 대결 양상을 보이는데 국가들은 서로 동맹을 맺기도 하고, 행동망이 점차 세계화되는 기업들과 연합하기도 한다. '세계 시장'이라 불리는 것은 모든 원동력과 금융, 외교, 역사, 문화, 언어 등 모든 영역을 이용해 국가 권력과 경제 권력의 이해관계가 뒤섞인 이익을 제고하기 위한 사기업과 공기업의 거대한 유동적 혼합체다. 이 파노라마에 지역이나 도시 같은 지자체들[국가 하위의 공적 단위들]이 추가되어야 한다. 이들은 다소 차이는 있지만 상당한 재량권을 발휘해 더 나은 성공 수단들을 갖추기 위한 다양한 경쟁에 몰두한다.

이 시대의 주요 특질들 가운데 하나는 정확히 말해 오마에 겐이치[20]의 정식에 따른 '국민국가들의 종말'이 아니라, 국가 권력의 조직, 민족[국민] 문화의 창출과 보급, 사회계급들 간의 관계, 경제 생활의 조직, 고용 수준, 지역의 정비 등과 같은 집단적 생활의 모든 차원들을 통합하는 실체로서의 국가 역할의 상대화다. 국가들은 종종 자기들 임무 대부분을, 이미 글로벌화되고 글로벌 규범에 따르고 있는 사기업들에 위임하는 경향이 있다. 국가들은 국가의 사회-경제적 발전 보장 임무를, 민영 미디어의 '대중문화' 담당처럼 사기업들에 부분적으로 위임한다. 이러한 사태로부터 우리는 **통합 기능들의 부분적 민영화**를 목격할 수 있다. 이 기능들은 사기업들의 권한에 속하는지 아니면 공권력의 특권에 속하는지에 따라 상이한 제약과 시간성에 부합한다. 고용, 장기에 걸친 국토 개발 및 정비의 임무들을 허술한 방식으로 떠맡은 기업들에 대한 지원이 그 예다. '문화'나 교육 관련해서도 마찬가지다. 거기서 사기업들은 고전적으로 국가에 부여된 목표들과 동일한 목표들을 추구하지 않는다.

이러한 상황이 만들어 내는 건 결국, 사적 이해관계와 공적 이해관계[특수이익과 일반이익] 간의 전통적 구분을 무력화하는, 이 둘의 복합체다. 이것은 국가가 단지 운용의 폭을 침식당하는 것이라기보다는 오히려 국가가 특수한 독과점 기업들의 이해관계를 위해 일하는 것, 국가가 보건, 문화, 관광, 심지어는 '유희'의 무시할 수 없는 상당 부분을 이들에게 위임하기를 주저하지 않는 것이다.

---

20) K. Ohmae, *De l'État-nation aux États-régions*, Dunod, Paris, 1996. [오마에 겐이치, 『국가의 종말』, 박길부 옮김, 한언출판사, 1996.]

이러한 전례 없는 상황에 직면해 국가 사회와 지역 사회를 국제적 독과점 기업들이 몰두하고 있는 경쟁으로부터 보호하는 임무를 수행하려는 세계 정부도 출현하지 않고 있고, 게다가 유럽연합 회원국들의 사회복지 및 세제의 덤핑으로부터 주민들을 보호하려는 유럽연합 정부도 출현하지 않고 있다. 교역의 조정도 확보되지 않았고 사회복지 환경도, 세제도, 유로존을 넘어선 화폐 관련해서도 조정이 행해지지 않기는 마찬가지다. 그 어떤 세계기구도 금융위기를 예방할 수 없었고 금융이 지배하는 자본주의의 점증하는 불안정성으로부터 경제와 사회를 보호할 줄 몰랐다는 것은 자명한 사실이다.

물론 국경을 가로지르는 자본 순환의 용이함과 규제 제도들의 허약함 간의 이러한 대비는 세계 수준에서 최소한의 조정을 담당하는 IMF, WB, WTO, G8, G20 등과 같은 국제기구들에 부여된 역할이 점차 늘어나며 부분적으로 완화되기는 했다. 권력의 세계적 구조는 국가 주권 개화기의 '만민법'(과거의 jus gentium)의 유구한 표상과는 점점 무관해져 가고 있다. 이러한 변환은 국가 주권의 종말과 새로운 형태의 세계적 권력의 출현이라는 포스트모더니즘의 논지를 강화한다.[21] 이 논지에 따르면 국가 권력은, 반은 공적이고 반은 사적인 '혼성적' 기구들과 기관들을 가진 다수의 분산된 권력으로 변화했다는 것이다. 앞서 환기했듯 규범들을 성문화하는 작업이 기업에 위임된 것이 사실이라면 현재 진행 중인 변환은 훨씬 더 세계적이라는 사실에 유념해야

21) 예를 들어 마이클 하트(Michael Hardt)와 안토니오 네그리(Antonio Negri)가 『제국』(*Empire*, trad. Denis-Armand Canal, Exils, Paris, 2000)에서 제시한 포스트모던 이론은, 국가 주권이 자본주의 생산 질서에의 보다 직접적인 새로운 예속의 형태들로 대체된다고 주장한다.

한다. 사실 기업 모델의 점증하는 영향력과 더불어 변화하는 것은 공적 활동의 원칙들과 방식들이다. 이러한 변화는 가장 고전적인 '주권 기능들'에서도 마찬가지다. 그래서 나오미 클라인은 부시 행정부가 최소한의 공개 토론도 하지 않고 "군인들에 대한 의료 서비스부터 죄수 심문, 국민 대상 정보 수집, 데이터 마이닝data mining에 이르는 정부의 핵심 기능을" 외주화하기 위해 어떻게 '테러와의 전쟁'의 맥락을 이용했는지를 환기시킨다. 그러면서 "계약업자들의 연결망을 관리하는 일은 정부가 아닌 벤처 자본가가 하고 있다. 정부는 재난 자본주의 복합체의 창설에 종잣돈을 대고, 새로운 서비스의 가장 큰 고객이 되어 준다"[22]고 말한다. '거버넌스'의 장을 확장하는 것은 그러므로 단순히 비국가적인 행위주체들과 다수의 관계를 구축하는 것으로만 이루어진 것이 아니다. 이 확장은 단순히 국민국가의 쇠퇴를 의미하는 것이 아니라 보다 심층적으로 국가의 '포맷'과 역할의 변환을 의미한다. 이제 국가는 **기업들에 봉사하는 기업**[23]으로 지각되는 것이다. 바로 이 변환 속에서 글로벌 경쟁 규범과 개인들을 통치하는 신자유주의의 기술 간의 연결고리를 가장 잘 파악할 수 있다는 건 분명하다.

---

22) N. Klein, *La Stratégie du choc*, p. 22. [『자본주의는 어떻게 재난을 먹고 괴물이 되는가』, 23쪽.] 여기서 저자가 '복합체'라는 말로 의미하고자 하는 바는 군산복합체보다 훨씬 더 넓은 의미에서의 '문어발식 사업체'다. 수치만 보더라도 그 변화 규모를 알 수 있다. "2003년, 미국 정부는 안보 기능을 수행하는 회사들과 3,512건의 계약을 맺었으며, 2004년 10월부터 2006년 8월까지 국토안보부는 11만 5천 건 이상의 계약을 맺었다." *Ibid.*, p. 23. [같은 책, 22쪽.]

23) 나오미 클라인이 사용한 'corporate state'라는 표현이 의미하는 것이 바로 이것이다. 'État corporatiste'(*Ibid.*, p. 26)라는 프랑스어 번역어는 유감스러운 오해를 불러일으킨다. [나오미 클라인은 사실 'corporatist state'라는 표현을 사용하고 있다.]

기업 모델

신자유주의적 개입주의는 인구의 복지를 위해 바람직하다고 판단된 정치적 목표들에 따라 '시장 실패'들을 체계적으로 교정하는 것을 지향하지 않는다. 신자유주의적 개입주의는 우선 가장 잘 '적응한 자들'과 가장 강한 자들에게 유리하다고 생각되는 경쟁 상황을 만들어 내고 또 모든 이익의 원천이 된다고 간주되는 경쟁에 모든 개인들이 적응하게 만드는 것을 지향한다. 그것은 공적 관리보다 시장 자체가 늘 바람직하다는 것이 아니라 '국가 실패'가 시장 실패보다 훨씬 더 피해가 크다고 가정하는 것이다. 그것은 또한 사적 경영의 테크놀로지가 공법의 법규들보다 행정적 관리에 의해 제기된 문제들에 훨씬 더 효과적인 해결책이라고 간주하는 것이다.

이런 관점에서 영국의 사례는 주목할 만하다.

> "보다 잘 통치하는 것은 보다 덜 통치하는 것"이라는 18세기풍 의견의 회귀 때문에, 공공 행정 방책을 (영국에서는 그 효율성이 잘 알려져 있지 않은) 사기업 방책으로 대체하는 것에 기초한 경영 효율성이 점차 추구되기 시작했다.[24]

신보수주의자들에게 공공 지출의 증가에 자동적 제동장치를 부

---

24) Jack Hayward et Rudolf Klein, "Grande-Bretagne : de la gestion publique à la gestion privée du déclin économique", in B. Jobert et B. Théret(dir.), *Le Tournant néo-libéral en Europe, Idées et recettes dans les pratiques gouvernementales*, L'Harmattan, Paris, 1994.

과하는 것만으로는 불충분했고 심층적으로 공공 활동의 방식을 변화시켜야 했다. 대처주의는 지자체들에 피해를 주면서까지 강력한 행정 집권화 운동을 시작했는데, 이 운동은 권력분산에 동의하는 동시에 관리방식의 기업경영적 개혁에 동의하는 몇몇 신자유주의자들의 이론적 원칙들에 명백히 대립하는 방식으로 진행되었다. 공공 서비스는 이제 소비자들의 '지고한' 결정들에 따르고 경쟁에 노출된 '경영 센터'에 의해 정해진 규범들에 의해 지배되는 특수한 목적들을 갖춘 독립된 기구들로 분할되었다. 경우에 따라서는 공법의 원칙들에 따르던 행정을 경쟁이라는 관습법에 따르는 경영으로 대체하기도 했다.

1980년대에는 모든 진보의 매개자, 번영의 조건, 무엇보다도 우선적으로 일자리 공급자라고 상정되는 기업에 특권이 부여된다. 이러한 기업과 기업가에 대한 찬양은 단지 사장단의 로비와 광신적 신봉자들 때문만이 아니다. 매일매일 거의 모든 나라에서 기업가를 찬양하는 자는 바로 행정 엘리트, 경영 전문가, 경제학자, 온순한 신문기자, 정책 책임자들이다. 이데올로기적 동질화는 경제의 국제화와 결합한다. 경쟁력은 '개방'의 맥락에서 정책적 우선성이 된다. 모든 자질을 갖춘 기업들 앞에서 복지국가는 '부담', 경쟁의 억제장치, 비효율의 원천으로 제시된다.[25] 대처의 모토는 '복지국가의 경계를 후퇴'시키는 일련의 신념과 실천, 요컨대 관리통제주의를 탄생시켰고, 이는 체계적으로 효율성을 추구하는 테크닉들을 통해 해결할 수 있는 조직화의 문제로 축소된 모든 사회적 병들에 대한 보편적 치료제로서 제시된다. 이 관리통제주

---

25) 이 점에 대해서는 다음을 참조하라. Jean-Pierre Le Goff, *Le Mythe de l'entreprise*(기업이라는 신화), La Découverte, Paris, 1992.

의는 경영자와 그의 지식에 특권적 지위를 부여한다. 이 특권적 지위는 그를 새로운 시대의 진정한 영웅으로 만든다.[26)]

이 새로운 '거버넌스'가 전제하는 것들이 있다. 사적 경영은 언제나 공공 행정보다 효율적이라는 것. 사적 영역이 훨씬 더 반응적이고 유연하며 혁신적이고 기술적으로 더 효율적이라는 것. 왜냐하면 사적 영역이 공적 영역보다 훨씬 더 전문화되어 있고 규정적 법규들에는 훨씬 덜 따르기 때문이라는 것이다. 신자유주의자들에게서 사적 영역이 갖는 이러한 우월성의 주된 요인은 실적의 자극제로서 경쟁이 갖는 훈육적 효과에 있다는 것을 앞서 살펴본 바 있다. 이러한 가설은 때로는 공공 서비스 전체를, 때로는 그 활동의 부분들을 사적 영역으로 '외주화'하거나 사적 분야와 (예를 들면 공-사 협력의 형태로) 계약적 연합 관계를 증가시키는 것 혹은 행정당국들과 기업들 간의 체계적인 하청관계를 발전시키는 것을 지향하는 모든 조치들의 원칙이었다. '조절자'로서의 국가는 한정된 목표들을 위해 기업, 비영리단체, 관리 자율성을 누리는 공공 기관들과 계약관계들을 유지하는 국가다.[27)]

미국에서와 마찬가지로 영국의 보수주의는 변신했고 또 현대성의 가치라는 이름으로 '혁명' 혹은 과거와의 '단절'로 보여지길 원했다. 반보수주의적·'반체제'적 세력의 모습을 한 신우파는 개혁과 변화를 독점했다. 신우파는 종종 외국인 혐오의 색채를 띠는 반엘리트적이고

---

26) C. Pollitt, *Managerialism and the Public Services. Cuts or Cultural Change in the 1990s?*, Blackwell Business, Londres, 1990, p. 8.

27) 뤽 루방(Luc Rouban)은 이렇게 말한다. "이 계약들은 그것들이 공공 기관들끼리 체결한 것이든 민간 부문의 기업과 체결한 것이든 간에 공적 행위의 새로운 규범적 틀을 제공한다." L. Rouban, "La réforme de l'appareil d'État", in *La Recomposition de l'État en Europe*, p. 148.

반국가적인 포퓰리즘으로 일부 대중들의 불만을 자신들에게 유리한 쪽으로 체계적으로 전환했다. 신우파 수사의 일반적 경향 가운데 하나는 관료주의에 자리를 잡고, 정직하고 근면하며 건전한 인구에 빌붙어 사는 모든 기생충들의 '낭비', '남용', '특권'에 반대하는 여론을 동원하는 것이다. 관리통제주의는 이렇게 크리스토퍼 폴리트Christopher Pollitt가 지적하듯이 "국가와 관련된 신우파 사유의 수용 가능한 측면"이 되었다. 이러한 개혁은 이데올로기와 무관하며 만인에게 이로운 외과수술이라 주장함으로써 신우파는 보수 진영을 넘어서는 지지를 받았고 또 신좌파의 표상들에 파고들었다. 신좌파는 자신들이 구현하고자 하는 '현대성'에 더 큰 가치를 부여하면서 좌파 신자유주의가 우파 신자유주의 못지않게 '과감하다'는 것을 보여 주고자 했다. 새로운 공공관리의 '기술적이고' '전술적인' 측면은, 사적 분야의 규율과 범주를 도입하는 것, 공공 분야 전체에 정책적 통제를 증가시키며 가능한 한 최대한도로 예산을 축소하고 공무원의 수를 가급적이면 최대한으로 줄이며(의사, 교육자, 심리상담원 등) 상당수 직업의 직업적 독자성을 약화시키는 것이 핵심이었다는 사실을 망각하게 만들었다.[28]

이기적이고 합리적인 행위주체 가설

국가 행위의 구조조정은 이용자로서의 공무원들이 그들의 개인적 이해관계의 논리에만 대응하는 경제적 주체라는 전제에 의거하고 있다. 국가 행위의 효율성을 향상시키는 것은 개인들이 내리게 될 결정들이

---

28) C. Pollitt, *Managerialism and the Public Services*, p. 49.

비용을 감소시키고 성과를 극대화하는 쪽으로 개인들이 행동하는 방식을 유도하는 규제와 인센티브를 활용하는 데 있다. 앞서 환기한 바 있는 '공공선택' 유파는 유권자들의 선택과 공무원들의 결정이 인구를 위한 최적의 조치들로 어어지는지 여부를 선험적으로 입증할 수 있는 것은 아무것도 없다고 전제하면서 이러한 유형의 방법론에서 선구적 역할을 담당했다. 시카고 학파 경제학자들이 행한 상당수의 연구들은 사회복지 프로그램과 법규들, 특히 그것들이 결정될 당시 고려되지 못했던 숨겨진 비용 혹은 역효과로 인해 주창자들이 기대한 결과는 거의 얻어 내지 못했음을 증명하려 애썼다.

이러한 연구들은 『형벌과 보상에 관한 이론』에서 벤담이 내디딘 첫걸음, 즉 공적 결정들의 양적 평가와 다시 만나게 된다. 이 연구들은 벤담의 분석처럼 모든 관련 행위주체들(수익자, 지급인, 공무원)이 특수 이익을 추구하고 모든 기업이나 시장의 모든 소비자와 마찬가지로 이를 충족시키기 위해 합리적 행동을 채택한다는 관념에 기초하고 있었다.[29] 뿐만 아니라 이 연구들은 자신들의 분석들을 개인의 계산의 논리에 기초하면서 어떤 사람들은 다른 사람들에 비해 '더 많은 돈을 벌고 있다'는 것을 보여 주려 한다. 이처럼 많은 문헌들이 복지국가와 일반

29) 벤담의 여러 분석들은 관료제 확장에 대한 비판들을 예견하고 있다. "각료의 관심사는 최대한 많은 직원, 즉 가능한 한 많은 부하들을 갖는 것이다. 직원들을 늘리는 것은 곧 그의 피조물들을 늘리는 것이다. 그들에게 높은 급여를 주는 것은 그들을 그들의 보호자에게 더 많이 붙잡아 매는 것이다. 그리고 그들의 부주의로 잃을 것은 아무것도 없으므로 그들을 가까이서 감시할 동기는 전혀 없다."(*Théorie des peines et des récompenses*, 1811, vol. 1, p. 224) 하지만 벤담의 해결책은 신고전주의 경제학자들이 권장하는 것과는 너무 다르다. 이 해결책은 가장 급진적인 민주주의, 그리고 판옵티콘 장치들 속에서 대표자들과 공무원들을 지속적으로 감시하는 것에 의거하고 있다.

적 재분배 정책의 정당성을 제거하면서 이 장치들이 추구하는 평등에 반대되는 효과들을 발생시켰다는 것을 보여 주는 데 집착했다.

일반적으로 비용편익계산 적용은, '소비자'가 사유재보다 공공재에 훨씬 더 비싼 값을 지불한다는 것, 또 생산이 법의 규제를 받지 않는 사유재보다 규제를 받는 사유재에 훨씬 더 비싼 값을 지불한다는 것을 보여 주려고 하는 성향이 있다. 하지만 이러한 증명의 의지를 넘어서서 '정치적 생산'에 대한 이런 유형의 분석은 이 분석이 전제하는 국가 개념의 유형 때문에 중요하다. 국가는 사람들이 국가를 다음과 같이 선험적으로 지각하는 경우에만 공통의 경제 분석에 속한다. 즉 국가는 경제체제의 다른 행위주체들과 마찬가지로 하나의 행위주체로서 자신의 고유한 목표를 추구하고 수요에 공급으로 응수해야 하는 존재이며, 국가의 생산은 다른 사적 경제 행위주체들의 생산과 비교될 수 있다고 말이다.

국가 행위에 대한 이러한 신고전주의적 해석은 경제이론의 공식 역사에서 상대적으로 새로운 것으로 출현했다. 이러한 해석은 국가를 무역 질서 '밖에 있는' 외적 한계를 존중해야 하는 사업체로 더 이상 간주하지 않고 교역의 공간과 경제 행위주체들의 상호의존 체계에 전적으로 통합된 사업체로 간주한다.

모든 공무원이 공익보다 자신의 사익을 우선시한다는 가설은 사실 그다지 새로운 것이 아니다. 정치 이론의 역사에서 이 가설을 분석과 개혁의 원리로 삼은 최초의 인물은 제러미 벤담이었다고 앞서 언급한 바 있다. 이 본질적 원천을 재검토하지 않았다면 오늘날 시장의 지위 격상과 '신경영'의 원칙 간 관계를 이해하지 못했을 것이다. 벤담은 국가 행위의 효율성을 증대시키기 위해 공익에 유리한 방향으로 개인들의 행동을 유도하고 적어도 각 행위주체의 이익과, 유익한 서비스로서 그에게서 기대될 수 있는 것 간의 대립을 축소시키는 것을 목적으로 섬세하고 정밀한 통제와 인센티브의 메커니즘을 이용해 국가 행위를 합리화하려고 노력했다.

제러미 벤담은, '최대 다수의 최대 행복'을 확보하는 데 가장 적합한 방향으로 이해관계와 행동을 유도하기 위해 국가는 입법을 통해 직접 개입하는 동시에 주민들을 관리·감시함으로써 간접적으로도 개입해야 한다고 이해했다. 제러미 벤담은 사상가이자 공학자였던 그의 경력 전반에 걸쳐 '이익과 의무의 접목 원리'[30]에 입각해 공무원이 사익과 공익을 접목하게 만드는 강제적이고 선동적인 장치들을 숙고하려 애썼다. 벤담을 이후 '신공공관리'라 불렸던 것의 잊혀진 선구자들 가운데 하나로 만든 그의 독창성은 그가 관료주의적 낭비에 대항해 투쟁하기 위해 시장에 호소하는 데 만족하지 않았다는 점과 관련이 있다. 벤담은 개인들에 대한 시장의 통제와 동일한 효용성을 갖는 공무원에 대한 실질적 통제 수단들을 발견하려 했다. 그것이 목표로 하는 것은 절대 다수의 이익에 반하는 그들의 '사악한 이익'으로 인해 부패한 공무원들과 정치인들에 의해 관리받는 사람들이 당해야 하는 모든 남용, 무능력, 모욕, 유예, 억압, 사기를 없애는 것이다. 다수의 텍스트에서, 그리고 그 중에서도 특히 1820년대에 집필된 『헌법전』*Constitutional Code*에서 벤담은 공무원의 활동과 공익이 일치하도록 통제하는 원리에 전

30) 이 점에 대해서는 다음의 이론을 참조하라. Christophe Chauvet, "Les apports de Jeremy Bentham à l'analyse économique de l'État"(제러미 벤담이 국가에 대한 경제적 분석에 기여한 바), Université de Picardie, UFR de sciences économiques et de gestion, 2006.

적으로 따르는 관료주의 장치의 방대한 도표를 작성한다.[31)]

이 일련의 장치들을 통해 공적 개입은 '최대 다수의 최대 행복'이라는 정부의 목표에 잘 부응한다. 국가의 조직화와 관련해 이 목표는 공무원들의 능력을 극대화하는 원리와 공공 지출을 최소화하는 원리라는 두 하위 원리의 적용을 통해 구체화될 수 있다("Official Aptitude maximized, Expense minimized"). 유용성의 원리는 시장에서의 자발적 사적 행위의 효율성과, 집단의 이익보다 자신들의 이익을 우선시할 수 있는 자들의 활동을 엄밀하게 통제할 필요성을 동시에 사유 가능하게 해준다. 사익의 우선권은 사실 보이는 만큼 그렇게 모순되지는 않는 두 방향으로 나아간다. 한편으로 사익의 우선성은 시장에서 자신의 이익을 추구하는 행위주체들에게 가능한 한 최대의 자유를 허용하기에 이르고, 다른 한편으로는 집단 이익을 위해 일하게 되어 있지만 충분히 감시하지 않을 경우 틀림없이 자신의 이익을 위해 일하고 싶어할 모든 자들을 가장 세심하게 통제할 수 있게 해준다. 전자에 대한 상대적 신뢰는 후자에 대한 절대적 불신으로 이중화된다. 그러므로 이해관계의 원칙이라는 이 동일한 원칙이, 사적 영역인 시장에서 나타났던 것과 같은 바람직한 결과를 공적 영역에서도 동일하게 끌어내 줄 규범적 장치들을 발견하게 해주리라는 것이다.[32)] 모든 정치적 관계의 구조적 병폐들이라 할 수 있는 권력 남용을 막기 위해 벤담은 보편적 치료제로서 공무원들과 선출직 대표자들이 자신들의 사익을 위해 일하

31) Cf. L. J. Hume, *Bentham and Bureaucracy*, Cambridge University Press, 2004.

32) C. Chauvet, "Les apports de Jeremy Bentham à l'analyse économique de l'État", op. cit., p. 22.

거나 공금을 낭비하는 것을 막는 투명성을 제안한다. 벤담은 공무원들의 통제를 황금률로서 수립한 자들 중 하나다. 소수의 검사관이 다수의 개인들을 감시할 수 있었던 일망감시 장치를 전도시키면서 벤담은 행정 업무 공간 주변에 배치된 관리실 유리창 뒤에서 공중이 공무원들의 노동 강도를 관찰할 수 있게 하는 건축적 조치들을 『헌법전』에서 기술한다. 이 장치가 기대되는 효과를 발생시키는 데는, 일망감시 교도소에서와 마찬가지로 공무원으로 하여금 언제라도 감시받을 수 있다고 스스로 생각하게 하는 것으로 충분하다. 이 감시를 통해 불법적 행동이 산출할 이득에 대한 기대는 감시받는 행동주체의 정신 속에서 높은 징계 가능성에 의해 상쇄된다. "훌륭한 정부[통치]는 지금까지 생각되어 왔던 것보다 훨씬 더 건축에 달려 있다"[33] 고 벤담은 쓴다. 이것이 모두가 따라야 하는 통제 체제라 간주되는 벤담의 관료주의적 조직이다. 직함, 임무, 요구되는 능력, 공무원과 공중의 관계에서의 규범 확정, 엄격하고 철저한 회계장부, 정기 활동 보고서 공표, 서비스에 대한 항상적 감사 체제, 그리고 특히 국가 공무원들에 대해 여론이 행하는 통제가 그것이다.

하지만 감시가 전부는 아니다. 임무 완수를 고무할 수 있는 긍정적 인센티브도 이용할 줄 알아야 한다. 『형벌과 보상에 관한 이론』에서 벤담은 사무실에 만연한 무기력과 나태가 균등한 임금 때문이라고 생각했다. 이해관계와 의무를 결합시키기 위해서는 근면과 서비스 제공 방식에 비례하는 임금을 지급하도록 애써야 한다는 것이다. 이는 특히

33) J. Bentham, *Constitutional Code*, vol. 1, éd. F. Rosen and J. H. Burns, Clarendon Press, Oxford, 1983.

서비스 책임자의 급료에 추천된다. 병원이나 형무소, 사무실, 군대, 그리고 해군에서 책임자는 부상자와 환자 그리고 사망자의 수에 따라 징계나 포상을 받게 하여 이 책임자의 이해관계가 그에게 맡겨진 자들의 이해관계와 조화를 이루게 한다.

벤담의 분석들은 '공공선택'*Public Choice*의 분석들을 선취한다. 둘 모두, 언제나 사익에 따라 행동하는 계산적 행동주체라는 동일한 가정에서 출발하기 때문이다. 하지만 앞으로 보게 되겠지만 민주주의의 메커니즘에 부여된 역할과 관련해서는 '공공선택'의 분석과 큰 차이가 있다. 이 두 절차의 관계를 이해하려면, 그 자체로 **이해관계에 기초한 통치성**을 구성하는 것 안에 이 둘의 관계를 위치시켜야 하고, 또 행동들을 유도하기 위한 계측과 인센티브의 실천이 시장 사회에서 인간들을 통치하는 방식의 구성요소임을 이해해야 한다. 오늘날 **평가**라 불리는 효과들의 계측은 근대의 통치 실천 외부에 있지 않다. 그것은 뒤늦게 부가된 어떤 것이 아니다. 이것은 벤담 공리주의의 모든 테크놀로지가 거기에 기울이는 관심이 보여 주듯 애초부터 근대의 통치 실천을 특징짓는다. 효율성 평가의 이러한 차원이 오늘날 우리에게 알려져 있는 만큼 폭넓게 발전하기 위해서는, 또 국가 행위를 조정하는 '당연한' 방식으로 보일 만큼 발전하기 위해서는, 물론 시간이 필요했다. 이러한 관점에서 신자유주의적 실천은 18세기 이후 통치 방식에 영향을 준 완만한 변동을 강력하게 보여 준다.

공공선택론과 새로운 공공정책

신자유주의의 영향을 받은 국가 행위 개혁에 찬성하는 총의는 '관료주의 시대'의 종말에 대한 믿음으로부터 기인한다.[34] 달리 말해 국가들마다 상이한 정도와 리듬으로 확인할 수 있는 통치 행위의 구조조정은 고유의 기준들(효율성efficacité, 경제성économie, 능률성efficience이라는 3개의 E)에 따라 해석되어서는 안 되고, 이 구조조정의 기원이 되는 인간학적 논리에 입각해 해석되어야 한다. 이 인간학적 논리의 주요 이론가들은 공공선택론을 주장한 경제학자들, 특히 제임스 뷰캐넌James Buchanan과 고든 털럭Gordon Tullock이었다.

샬러츠빌에 위치한 버지니아 대학이 그 역사적 중심지인 '공공선택론' 학파는 정부[통치]가 생산하는 재화의 **속성**이 아니라 정부[통치]가 재화를 생산하는 **방식**에 관심을 가지면서 정부[통치]에 대한 분석을 내놓았다. '공공선택론' 학파는 공공기관들에 경제 이론을 적용하면서, 모든 영역에서 인간 행동 방식의 통일성을 전제한다면 국가의 작동 방식과 시장의 작동 방식을 이론적인 동시에 실천적으로 동질화하지 못할 이유가 전혀 없다고 간주한다. 공무원은 다른 사람들과 똑같은 한 사람이고, 공익을 희생시켜서라도 자신의 사익을 추구하고 극대화하려 애쓰는 계산적이고 합리적이며 이기주의적인 개인이라는 것이다. 그들의 도덕군자연하는 선언에도 불구하고 오직 사익만이 공무원들의 현실이고 의미이며, 국가의 공익을 극대화하는 대신, 엄청난 사회적 낭비의 대가로 대부분의 경우 사익을 추구하는 자들이 공무원들이라는 것이다.[35]

34) 우리는 이 사회의 중심이자 조직인 관료주의 모델로부터, 새로운 정치경제에 기반한 '포스트관료주의' 패러다임(다음에서 유래. Michael Barzelay, *Breaking through Bureaucracy : A New Vision for Managing in Government*)으로 이동하게 될 것이다.

관료들이 평범한 사람이라면 그들은, 모든 경우는 아니더라도 대부분의 경우에, 사회 전체의 이익보다는 자신들의 이익을 고려해 결정을 내릴 것이다. 다른 이들과 마찬가지로 그들도 때로는 더 광범위한 이익[공익]을 위해 자신의 안녕[사익]을 희생할 수 있지만, 우리는 이것이 예외적인 행동일 것이라 예상해야 한다.[36]

관료는 자신의 서비스 신뢰도를 높이거나 하급자 수를 늘리거나 혹은 더 높은 서열로 승진하려고 노력한다.[37] 윌리엄 니스카넨William Niskanen은 관청 사무국을, 이윤을 추구하지 않는 조직이라고 아주 느슨하게 정의한다. 그곳 직원들은 상품 판매로 소득을 얻는 것이 아니다. 그러면서 니스카넨은 관료의 효용 기능은 자기 부서의 예산 증가와 연관되어 있다고 주장한다. 사기업은 이익을 극대화하려 하는 반면 정부 부서는 예산을 극대화하려 노력한다는 것이다.[38] 고든 털럭도 같은 말을 한다.

일반적으로 관료는 몸담고 있는 행정기관이 확장되면 승진 가능성도 높아지고 그의 권력, 영향력, 대중으로부터 받는 존경도 커지며, 심지

35) X. Greffe, *Analyse économique de la bureaucratie*(관료제에 대한 경제적 분석), Economica, Paris, 1988, p.13 참조.

36) G. Tullock, *Le Marché politique. Analyse économique des processus politiques*, Economica, Paris, 1978, p.34. [*The Vote Motive*, Institute of Economic Affairs, 2006, p.61.]

37) G. Tullock, *The Politics of Bureaucracy*, Public Affairs Press, Washington, 1965 ; W. Niskanen, *Bureaucracy and Representative Government*, Aldine Publishing Company, Chicago, 1971.

38) W. Niskanene, *Bureaucracy and Representative Government*, p.42

어는 그가 일하는 사무실의 물질적 조건도 개선됨을 알게 될 것이다. […] 행정기관 전체가 확장되면 거의 모든 관료들이 적어도 뭔가를 얻게 될 것이다. 하지만 어떤 정부 부처가 확장된다면 거기서 일하는 관료는 더 많은 것을 얻게 되고, 그가 일하는 하위 부처가 확장된다면 더욱더 많은 것을 얻게 될 것이다.[39]

이러한 공급 증가의 자동적 경향에 수요 확대의 경향이 상응한다는 것이다. 사회적 국가가 많은 개입 요구를 촉발시키고 기생적 관료주의가 불어난다. 일종의 거대한 연합이 공무원들과 공공 서비스를 가장 많이 이용하는 중산층 구성원들 간에 형성된다. 공공 서비스의 혜택을 보는 자들은 내부 압력단체(관료들)로 조직되거나 분열된 개별 납세자들을 희생시키는 외부 압력단체(로비)로 조직된다. 이러한 현상은 동원된 유권자 계파들의 결정적 투표를 '매수하려' 애쓰는 한편, 점점 수가 많아지는 공무원들의 지지를 이용할 궁리를 하는 의원들의 행동에 의해 강화된다. 선거인단 가운데 공무원들이 많으면 많을수록 세금과 지출에 찬동하는 유권자들이 더욱더 많아진다. 그 결과 관료주의는 주민들의 실질적 필요보다 훨씬 더 많은 서비스를 '과잉 생산하는' 경향을 갖게 된다. 공동체에 환원되지 않은 재원들을 활용하는 행정당국들은 자신들의 존재와 성장을 정당화하기 위해 이 재원들을 지출한다. 장-자크 로사가 말했듯 "정책 시장은 표를 가지고 공공 개입의 약속과 맞바꾸는 장소다".[40] 관료주의에 대한 이러한 비판은 행위주체들의 합리적 이기주의 가설로부터 공공 서비스 생산에서의 경쟁 부재가 결과

39) G. Tullock, *Le marché politique*, op. cit. [*The Vote Motive*, p. 64.]

시키는 부정적 효과들을 연역한다.[41]

니스카넨은 구조적 변화의 가장 중요한 지렛대로서 공적 독점을 깨고 생산 효율을 증대시키기 위해 유사 서비스 공급에서 정부 부처 간 경쟁을 도입하자고 제안한다.[42] 그는 또한 예를 들어 할당된 예산과 실제 지출 간 차액의 일부를 부서 담당자들이 소유하도록 하는 것에 기초한 사적 수익 시스템이나 지출 경비 축소에 비례하는 속도의 승진 시스템 도입과 같은 노동 의욕 고취상에서의 변환을 제안하기도 한다. 공공선택론의 규범적 목표는 분명하다.

> 일반적으로 시장에서 사람들의 행동에 가해지는 제약은 정부의 제약보다 '효율적'이다. 결과적으로 자기 자신을 위해 봉사하고자 할 때 다른 이들의 안녕에도 봉사하게 될 가능성이 더 높은 것은 정부에서의 개인들보다는 시장에서의 개인들이다. 실제로 정치에 대한 경제적 접근['신경제']의 목적 중 하나는, 개혁안을 고안하여 정부의 '효율성'을 민간 시장의 효율성에 더 가깝도록 하는 것이다.[43]

"이 마지막 부정적 상황[경쟁 상황]에 처하더라도 행정당국들은 경쟁 업계의 민간 기업들만큼은 **결코** 효율적이지 않"기 때문에 행정당국은 이 효율성에 절대 도달할 수 없겠지만, 그래도 다른 수단을 통한

---

40) "Face-à-face Attali-Rosa", *L'Express*, 9 juin 1979; *Demain le libéralisme*, Hachette, 'Pluriel', Paris, 1980, p. 60에서 재인용.

41) 공공선택론의 현행 주제들에 대한 요약은 H. Lepage, *Demain le capitalisme*, pp. 202~206을 참조하라.

42) W. Niskanen, *Bureaucracy and Representative Government*, p. 195.

43) G. Tullock, *Le marché politique*, p. 15. [*The Vote Motive*, pp. 39~40.]

상황 개선은 기대할 수 있을 것이다.[44] 첫 번째 수단은 계약을 통해서 그때까지 공공 행정당국이 독점적으로 제공하던 서비스 공급에 사기업들이 기여할 기회를 줌으로써 공공 서비스와 민간 서비스를 경쟁 상태에 놓는 것이다. 하지만 이는 관료적 서비스들 자체를 경쟁에 참여시키는 단계를 거친다. 그러려면 행정당국을 "별도의 예산을 가진 더 작은 부처들로" 분할하여 그 성과를 비교하는 것으로 충분하다고 고든 털럭은 설명한다.[45]

주지하듯 버지니아 학파 경제학자들의 분석은 많은 점에서 제러미 벤담의 진단 및 치료법과 매우 유사하다. 둘 모두에서 중요한 것은 공무원의 이익을 유도하기 위해 시장에서의 유인책들과 유사한 긍정적이거나 부정적인 유인책들을 유발하는 것이다. 하지만 민주주의 개념과 관련해서는 엄청난 차이가 존재한다. 1820년대의 급진적 벤담은, 대표자들과 공무원들에 대한 유권자들의 세밀한 통제를 통해서야 비로소 '이익과 의무 접목의 원칙'이 작동할 수 있다고 봤던 반면, 이 영역에서 하이에크와 같은 사람들과 의견을 같이하는 공공선택론은 관료주의 발전의 주된 요인으로 비판받는 대의 민주주의에 지극히 적대적인 운동이다. 민주주의 체제에서 시민들은 관료들에게 진정한 통제를 가할 수 없지만 그들이 스스로 조직화할 수 있는 경우에는 오히려 관료들과 연합하려고 노력한다. 국회의원들은 재선을 위해 관료주의적 과잉생산을 부추긴다. 그리고 세금을 내지 않는 빈자들은 자신들보다 소수인 부자들보다 훨씬 더 큰 유권자 권력을 사용하고 남용하여

44) *Ibid.*, p. 44. [p. 73.]
45) *Ibid.*, p. 46. [p. 75.]

부자들이 대부분의 세금 부담을 지게 한다는 것이다. 바로 이러한 의미에서 제임스 뷰캐넌은 제목 그 자체로 징후적인 『자유의 한계들』*The Limits of Liberty*, 1975에서 복지국가를 폐지하는 대신, 빈자들이 받는 수당을 폐지하는 대가로 부자들이 빈자들에게 재정적으로 보상하는 새로운 사회계약을 체결하자고 주장한다. 제임스 뷰캐넌은 보다 전면적인 방식으로 부채, 적자, 세율의 한계를 지킬 것을 주정부들에 강제할 '헌법적 혁명'을 위해 투쟁한다.[46] "민주주의는 우리가 그것에 헌법적 제한들을 강제하지 않거나 준수하게 하지 않는다면 자기 자신의 리바이어던이 될 수 있다."[47] 이러한 혁명은 "헌법적 질서 자체의 토대 재구축", 요컨대 미국 전통 실용주의의 막다른 골목 앞에서 급진적 조치를 목표로 하는 것 같다.

우리는 여기서 신자유주의 합리성에 고유한 새로운 통치 방식들의 핵심과 만나게 된다. 그 중요한 원칙들 가운데 하나는 벤담의 정식, "우리가 더 철저하게 감시를 받으면 받을수록 우리는 더욱 잘 행동하게 된다"로 요약될 수 있을 것이다.[48] 공무원들의 행동이 근본적으로 이해타산적이라는 가정은 그들을 통제하고 유도하는 수단들의 개정을 유발한다. 공무원들과 사용자들의 모든 행위에 대한 회계 평가라는 대대적이고 확산된 양태를 취한 이 감시는, 유일하게 가능한 것으로 제시된 공공 부문 개혁의 함축적 원리라는 것이다.[49] 최대한 민영화하

---

46) J. Buchanan, *Les Limites de la liberté, entre l'anarchie et la Léviathan*(자유의 한계: 아나키와 리바이어던 사이), Litec, Paris, 1992, p. 42.

47) *Ibid*., p. 184.

48) 다음에서 재인용. F. Faucher-King et P. Le Galès, *Tony Blair, 1997-2007*, p. 65.

49) 효율은 어떤 문제에 대한 최상의 해결책에 기반하는 반면, 능률을 위해서는 가장 경제적인 해결책을 위한 재정적 평가가 필요하다.

는 한편, 이제까지 관료주의와 공공 지출을 증가하게 만든 논리들, 다시 말해서 내적 압력단체들의 이익, 외적이고 선별된 로비의 연합들도 파괴해야 한다. 기업은 가능한 모든 곳에서 관료주의를 대체해야 하며, 가능하지 않을 경우에는 최대한 **기업가로서** 행동해야 한다는 것이다.

앞서 살펴보았듯이 공공선택 학파 경제학자들에 따르면 오직 사익만이 이익을 극대화하려는 개인들에게 현실성과 중요성을 갖는다. 설치되는 통제 장치들의 원리에는 모든 공무원이 기회주의적 이해타산자라는 가정이 존재한다. 기업 경제로부터 나온 새로운 공공 거버넌스의 참조 모델들은 명령자의 이익과 집행자의 이익 간 대립과 화합의 문제를 다시 제기했다. 1970년대에 출현한 위임자[주인]/집행자[대리인] 모델은 경제 문헌에서 위계 수준들 간 관계를 사유하기 위해 사용되었다. 이 모델은 합리적 선택들에 기초하고 있다. 주인은 권한을 가진 자고 대리인은 실무를 수행해야 하는 자다. 문제제기는 다음과 같다. 어떻게 감시장치와 부양책 장치를 통해 수임자들(대리인)로 하여금 위임자들(주인)의 이익에 부합하는 방식으로 행동할 것을 약속하게 할 것인가? 이때 염두에 둬야 할 것이 있다. 개인들은 자신들의 유용성을 극대화하려고 노력하는 동시에, 계약들이 수행해야 할 임무들의 내용을 상세히 규정하고 있지 않다는 사실(계약의 불완전성 가설)로부터 이득을 끌어내려 한다는 것이다. 원래는 주주와 경영자의 관계를 분석하기 위해 사용되던 이 모델은 정책적 '결정의 중심'과 관리의 독립성을 갖추고 평가에 복종하는 집행 기관 간 관계를 해석하는 격자가 되었다. 심지어 이제는 위계 수준들 간 관계를 사유하는 가장 일상적인 방식이기까지 하다. 점차 복잡해지는 평가는 '대행기관의 문제', 다시 말해 정책 결정자가 갖고 있지 않은 정보를 소유하고 있는 실무자의 기회주의적 행동을 해결할 수 있다고 간주된다.

이러한 새로운 정치경제학은 행정기관들을 구조조정하는 방대한 운동에 '상식' 역할을 해왔다. 1991년 크리스토퍼 후드는 이 운동을 총칭하기 위해 '신공공관리론'New public Management이라는 이름을 부여했다. 신공공관리론은 경쟁 논리와 사기업에서 사용되는 통치 방식을 체계적으로 본받아 국가를 변형시키는 것을 목표로 설정한다.[50] 신공공관리론은 1950년대와 1960년대의 방대한 계획들에 존재했던 희망들이 좌절된 것처럼 보이는 사태에 직면해 '정부[통치]를 쇄신하려' 한다. 그리고 이 일을 정부의 고객으로 간주되는 사용자의 만족을 향상시키면서도 비용을 절감할 수 있다고 주장하는 정치적 맥락에서 추진하려 했다.

이러한 정부 쇄신의 '세계적 패러다임'은 국가들과 정부들 혹은 해석자들에 따라 여러 얼굴을 보여 주었다. 이들은 때로 기업 모델 도입을 강조하기도 하고, 때로 양자를 혼합하지 않을 경우에는 결정에 필요한 주민들의 민주적 참여를 강조하기도 했다. 하지만 선진국들에서의 지배적 경향은 기업 논리에 순응하는 새로운 합리화 방식을 행정당국들에 강제하는 것이었다. 경쟁, 규모축소downsizing, 외주outsourcing, 감시, 특별기구에 의한 규제, 급료의 개별화, 인사의 유연성, 이윤 창출

50) 공공 부문의 생산성을 향상하려는 시도는 새로운 것이 아니라고 말할 것이다. 1950년 '예산 및 회계 절차법'의 단초가 되는 1949년의 '성과주의 예산' 창설을 권장했던 후버위원회의 작업이 증언하듯, 미국은 이 운동의 선구자였다. 1960년대 계획예산제도(PPBS: Planning Programming Budgeting System)로 연장된 이 작업은 '예산 선택 합리화'의 다양한 양식들을 발생시킨다. 그러나 이러한 시도들은 1980년대 말, 1990년대 초부터의 '신공공관리' 개혁 움직임이 취했던 체계적이고 보편적인 성격을 갖고 있지는 않았다. 이 시도들은 민간 부문의 경영에 독점적인 모델을 갖고 있지도 않았다.

기관들의 탈중심화, 성과의 지표, 벤치마킹은 헌신적인 행정관리들과 정당성이 없어 고심하는 정책 결정자들이 국가가 '시장과 세계화의 현실'에 적응해야 한다는 핑계로 공공 부문에 도입해 보급하려 하는 도구들에 다름 아니다.

신공공관리론은 공무원들이 더 이상 관료주의적 규칙들에 단순히 부합하는 방식으로 행위하지 않게 만들어 성과의 극대화와 고객의 기대 존중을 추구하게 만드는 데 있다. 이것은 행정 부서들이 그들의 특수한 생산에 책임이 있고, 그들 자신의 계획을 실현하는 데 있어 일정한 자율성을 누린다는 것을 전제한다.[51] 경영 테크닉은 '목표-평가-상벌'이라는 삼부작에 기초하고 있다. 각 사업체(생산 부서, 집단 혹은 개인)는 '독자적이고' '책임을 지는'(accountability의 의미에서) 상태가 된다. 이러한 임무의 범주 내에서 각각의 사업체는 도달해야 할 목표들이 자신들에게 부여된다는 것을 알게 된다. 각 사업체는 이 목표들의 달성과 관련해 정기적으로 평가를 받게 되고 또 최종적으로는 그 성과에 따라 긍정적이거나 부정적으로 상벌을 받게 된다. 효율성은 모든 차원에서 공무원들에게 가해지는 항상적이고 객관화된 압력으로 인해 증가한다고 간주되어 그 결과 그들은 자신들의 위계를 대신하는 고

51) 비셰르(Christian de Visscher)와 바론(Frédéric Varone)은 이것을 탁월하게 종합한다. "공공 정책들의 집행을 위한 양적 목표, 따라야 할 절차보다는 제공되는 서비스에 대한 집중, 공공 서비스 생산비용 절감, 자원들을 자유롭게 할당하는 관리자에 의한 행정단위 관리, 재정적 인센티브를 통한 직원 동기 부여, 사용자들을 위한 선택의 자유 보장 등, 한마디로 신공공관리는 전통적 행정을 성과 지향적 조직으로 바꾸는 것을 목표로 한다. 따라서 국가는 공공 서비스의 질과 공공 자금의 효율적 사용을 통해 부차적 적법성과 같은 것을 확보하게 될 것이다. 이는 의사결정과정을 사전에 구성하는 민주적 규칙들에 대한 존중에 기반한 일차적 적법성을 강화할 것이다." "La nouvelle gestion publique 'en action'"('활동 중'인 신공공행정), *Revue internationale de politique comparée*, vol. 11, n°2, 2004, p. 79.

객들의 압력에 노출된 민간 분야의 임금노동자와 동일한 상황에 인위적으로 놓이게 될 것이다.

'성과'의 강조 외에도 이 신경영의 중요한 양상들 중 하나는 자신들의 활동을 소비자의 만족에 종속시키려 하는 사기업들에 의한 '품질관리'의 도입이다.

국가 행위 한복판에서의 경쟁

경쟁은 이 새로운 공공관리의 핵심어다. 이런 의미에서 이 새로운 공공관리는 밀턴 프리드먼의 교의를 표현한 것이다.

> 공기업, 민간기업을 막론하고 소비자에게 가장 큰 위험은 바로 독점이다. 독점으로부터 소비자를 가장 효과적으로 보호할 수 있는 길은 국내에서 자유경쟁 상태를 유지시키고 전 세계에 걸쳐 자유무역을 실천하는 것이다. 소비자는 재화를 구입할 수 있는 또 다른 공급자가 존재하고 있으며 이들이 소비자에게 상품을 팔려고 노력하는 경우에만 독점자에 의한 착취로부터 보호될 수 있다. 공급의 대안이 많아야만 소비자는 전 세계의 독점비판자를 합친 것보다 더 효과적으로 보호받을 수 있는 것이다.[52)]

국가 행위가 '경쟁 정책'이어야 한다면 국가 자체는 특히 세계 수준에서 다른 국가들과 경쟁하는 행위주체가 되어야 한다. 사용되는 범

52) M. Friedman, *La liberté du choix*, p. 217. [『선택할 자유』, 290~291쪽.]

주들의 단일성으로 인해 동질적으로 보이는 두 조치들을 한꺼번에 수행하는 것이 관건이다. 요컨대 한편으로 상업 영역에서 가능한 한 최고로 경쟁적인 시장들을 구축하는 동시에 다른 한편으로는 국가 행위의 범주에 경쟁 논리를 개입시키는 것이 관건이다. 이렇게 경쟁은 원거리 통신, 전기, 가스, 철도, 심지어 우체국 등과 같은 네트워크 산업들의 자유화 원리 내에 존재하고 이 자유화는 민영화나 탈규제화와 혼동됨 없이 독점적이라고 간주되거나 비용 고려 사항과 무관한 기준에 따르는 부문 내에 시장 혹은 준시장을 만들어 냄으로써 새로운 형태의 국가개입을 아주 잘 증거하고 있다. 이즈리얼 커즈너의 저서 제목을 다시 취해 보면 **경쟁과 기업가정신**은 신자유주의적 통치 실천의 핵심어다.[53)]

마거릿 대처 정부의 가장 중요한 조치들 가운데 하나가 바로 강제경쟁입찰제Compulsory Competitive Tendering(CCT)의 설치다. 요컨대 모든 지자체 서비스 공급에서 경쟁입찰과 적격성 조사Value for Money(VFM) 기준들에 따라 가장 경쟁력 있는 공급의 선택을 의무화하는 시스템의 설치, 다시 말해서 사기업들과 지자체들을 경쟁시키는 시스템의 설치를 의무화했다.[54)]

이와 같은 경쟁의 제도화는 서비스 공급자를 자유롭게 선택할 수 있는 고객들에게 훨씬 더 큰 만족을 가져다주고 지출을 줄임으로써 공공 서비스에 부여된 목표들을 가장 잘 실현시켜 준다고 생각되었다. 이는 공적이든 사적이든 이러한 형태의 서비스 제공이 그 내용과 효과

53) I. Kirzner, *Concurrence et esprit d'entreprise*.

54) P. Lascoumes et P. Le Galès(dir.), *Gouverner par les instruments*, Presses de Sciences-Po, Paris, 2004의 CCT 분석을 참조하라.

에는 영향을 미치지 않는다는 것을 전제로 한다. 공공 서비스의 효율성을 강화함으로써 선택 정책은 공공 서비스에 새로운 정당성을 부여하는 것으로 간주된다. 토니 블레어가 강조하듯 이러한 이념은 신좌파의 수사에서 핵심적 위치를 차지한다.

> 선택은 우리 프로그램의 가장 중요한 원칙이다. 공공 서비스의 수급자들 사이에서뿐만 아니라 각각의 서비스 내부에서 더욱더 많은 선택을 필요로 한다. 선택이 가능한 곳에서 선택은 극빈자들에게 할애된 서비스의 질을 향상시키고 불평등에 맞서 싸우는 데 도움을 주는 동시에 공공 서비스에 대한 중산층의 애착을 강화한다. 교육 분야에서 이것은 부모들이 자녀의 필요에 충분히 부응하는 학교를 더욱 빈번히 선택할 수 있도록, 여러 학교들 가운데서 선택하는 것을 의미한다.[55)]

[하지만] 현실은 좀 다르다. 교육 분야에서의 많은 연구들이 보여주듯, '자유로운 선택'이라는 건 아주 불평등하다. 모든 가정이 동일하게 좋은 패를 쥐고 동일한 역량을 발휘해 선택할 수는 없는 것이다.[56)]

경쟁은 또한 '인적 자원의 관리'에도 존재한다. 재화와 용역의 국내 시장 구축은 공공 영역에서 주체들 자신의 경쟁을 수반한다. 신공공관리론은 개인의 성과를 중심으로 한 평가와 개인화된 재정적 인센

---

55) T. Blair, "Comment réformer les services publics?"(어떻게 공공 서비스를 개혁할 것인가?), *En temps réel, les Cahiers*, juin 2003, p.36.

56) 영국에서는 서비스 제공의 '출시'가 지방 자치 단체들에 가해지는 강력한 통제 수단으로 여겨졌다는 것, 중앙 정부는 새로운 절차들을 적용시키기 위해 제재 수단을 갖춘다는 것도 잊어서는 안 된다.

티브를 이용해 과거의 평가 및 급료지급 시스템에 변화를 가한다. 서비스를 책임지는 관리자들은 그들이 약속한 목표들의 달성 여부에 따라 사전 평가가 아닌 사후 평가를 받게 될 것이다. 그들이 자신의 부하 사원들을 평가하듯 서비스와 행정은 그 어느 때보다도 개인의 성과를 감시하고 통제하는 긴 사슬과 유사하다.[57]

이 '성과 관리'는, 공무원들이 따라야 하는 공법 법규들의 완화나 폐지, 임용고시의 민법적 고용계약으로의 대체, 서비스들 간 유동성, 공공 부문과 민간 부문 간 유동성, 무능력하다고 판단된 공무원들에 대해 가능해진 해고 등과 같은 몇몇 양상들을 수반하는, 공공 서비스의 일종의 '탈공영화'에 기인한다.[58] 설령 공공 고용의 전통적 규약에 따른 차원이 문제화된다 하더라도 그것은 어떤 '탈관료화'와는 거리가 멀다. 이에 대해서는 앞으로 살펴볼 것이다.

새로운 공무원 관리 모델인 기업적 통치[정부]가 수립되는 경향이

57) 실리카니(Jean-Ludovic Silicani)가 작성한 백서(*Livre blanc sur l'avenir de la fonction publique, faire des services publics et de la fonction publique des atouts pour la France*, La Documentation française, Paris, 2008)에서는 이 연쇄적 평가 양식에 대한 아주 세련된 표명이 발견된다. 실리카니는 "**관리의 사슬**이 머리부터 발끝까지 불연속성 없이 동원되지 않았더라면 그런 결과에 이르지는 못했을 것"이라고 쓰면서 이렇게 덧붙인다. "따라서 이러한 관리 목표들을 각 직무 수행자가 받는 임무와 관련된 공문에서 상기시키고 또 이 영역 내에서의 결과에 따라 평가하는 것이 중요하다. 이렇게 그들은 그들의 인도자들과 동일한 방식으로 행동하도록 선동될 것이고, 그 인도자들도 그들 자신의 협력자들과 동일하게 행하는 등, 그런 식일 것이다. 이 덕성 있는 관리의 역학을 작동시키기 위한, 또 행정 효율의 눈에 띄는 개선을 이토록 신속하게 이끌어 내기 위한 첫 번째 조건은, 신뢰의 직접적 관계가 각료와 중앙 행정 지도자들 간에 확립되는 것이다." 이 관료주의의 악몽 속에서는 각료에서부터 하급 공무원에 이르기까지, 통제의 연속적 연쇄가 전체 행정의 효율성을 보장한다고 간주된다. 각자가 평가하는 자인 동시에 평가받는 자다. 아마도 최상의 평가자인 수장만이 유일한 예외일 것이다.

58) B. Guy Peters, "Nouveau management public(*New Public Management*)", in *Dictionnaire des politiques publiques*, Presses de Sciences-Po, Paris, 2006.

있다. 이 기업적 통치 모델은 '성과 관리'의 원칙들에 근거하고 있고 행동들에 대한 '원격 통치'를 가능케 하는 성과지표, 인센티브 시스템을 통한 동기 관리와 같은 민간 영역에서 차용된 도구들을 동원한다. 이러한 통치는 체계적 평가를 통한 공무원 업무의 세밀한 통제와, '수요에 의한 조종' 원칙에 따라 다양화된 공급 앞에서 선택권을 행사하는 '시민-고객'의 수요에 대한 공무원의 종속을 전제로 한다. 이러한 전략은 재정적이고 규범적인 이중적 속성을 가지고 있다. 이러한 전략은 사용자에게 납세 압력 완화의 추구에 부응하는 것과 같은 '재정적' 책임감을 고취시킴으로써 사용자가 직접적으로 서비스 비용에 기여하게 만든다. 그리고 이 전략은 또한 자신의 수요 조절이 요구되는 공공서비스 '소비자'의 행동을 변화시키는 수단이기도 하다. 이러한 새로운 통치 실천의 특징들 전체를 가장 잘 모아 놓은 책은 1992년에 출간된 데이비드 오스본과 테드 게블러의 베스트셀러 『정부혁신의 길』이다.[59] 이 두 저자에게는 그 어떤 정부[통치]도 역사 속에 고정된 것이 아니다. 뉴딜 정책 당시 국가 행위의 형태들이 혁신되었던 것과 마찬가지로 '정보화 시대', 세계화, 그리고 '재정 위기'의 '새로운 세계'에 적합한 새로운 정부가 창조되어야 한다는 것이다.[60] 공공 서비스의 생산은

---

59) D. Osborne and T. Gaebler, *Reinventing Government. How the Entrepreneurial Spirit is Transforming the Public Sector, from Schoolhouse to State House, from City hall to the Pentagon*, Addison-Wesley Publishing, Reading, 1992. [『정부혁신의 길』, 삼성경제연구소 옮김, 삼성경제연구소, 1994.] 오스본은 다음 저작의 저자이기도 하다. *Banishing Bureaucracy: The Five Strategies for Reinventing Government*, Plume, 1998.; *The Price of Government: Getting the Results We Need in An Age of Permanent Fiscal Crisis*, Basic Books, New York, 2006.

60) *Ibid*., p. XVII. [『정부혁신의 길』, 10~11쪽.]

규모 축소, 한 '업종'에의 집중, 품질 향상, 권한 분산, 위계 라인 평준화처럼 기업 구조조정을 주재한 규칙과 동일한 규칙에 따라야 한다는 것이다.[61] 지출 규모를 더 많거나 더 적게 변화시키는 것보다는 공공 정책과 조직의 재창조가 관건이라는 것이다. 베버주의적 관료제 모델을 포기하고 포스트-베버주의 모델로 나아가야 한다고 그들은 쓰고 있다. 이들이 자신들의 논지를 요약하기 위해 사용하는 표현이 바로 '기업가적 정부'[62]다.

이 두 저자는 자신들이 상상한 새로운 모델을 제시하는 대신 미국에서 진행되고 있는 것을 설명하겠다고 한다. 기업가적 정부의 재창조는 그들에 따르면 지방 재산세를 반으로 줄인 그 유명한 '개정안 13'에 캘리포니아 유권자들이 투표한 1978년 6월 6일에 시작된 절차라는 것이다. 이러한 '조세 저항'은 미국의 모든 주로 확산되어 로널드 레이건이 이를 자기 정책의 주요한 축으로 삼기에 이른다. 재원 감소를 확인한 시장들과 주지사들은 1980년대에 새로운 조직화 방식을 발전시켜야 했고 '공공-민간 협력'을 조장해야 했다. 바로 이 새로운 실천들이 국내 수준에서 '기업가적 정부'의 발명을 가능케 했다.

이 기업가적 정부들은 이 저자들이 상세히 분석한 10개 원칙에 따른다. 대부분의 기업가적 정부들은 서비스 공급자들 간 경쟁을 장려한다. 관료제로부터 권력을 회수하여 시민들에게 되돌려 준다는 것이다. 이 정부들은 잠재력이 아닌 결과에 집중하면서 정부 기관들의 성

---

61) *Ibid*., p. 12. [같은 책, 32~33쪽.]

62) 기업가(entrepreneur)라는 낱말이 그들에게서 갖는 뚜렷한 의미는 세(J.-B. Say)에게서 차용한 것으로, 이때 기업가는 어떤 분야에서든 효율성과 생산성을 증대시키는 자다.

과를 측정한다. 이 정부들은 규칙과 규정을 준수하기보다는 그들의 목표들을 추구한다. 이 정부들은 사용자를 소비자로 여기고 그들에게 학교, 직업교육 프로그램, 주거 유형 등의 선택 가능성을 제공한다. 이 정부들은 사후 서비스 제공에 만족하기보다는 문제들이 출현하기 전에 이 문제들을 예방한다. 그들은 재원을 찾아내기보다는 지출을 피하는 데 에너지를 쏟는다. 그들은 참여 관리를 촉진함으로써 권한을 분산시킨다. 그들은 관료주의 메커니즘보다 시장 메커니즘을 선호한다. 그들은 공동체의 문제들을 해결하기 위해 공공 서비스 공급에만 집중하는 것이 아니라 공공, 민간, 비영리 단체 등 모든 부문에서 실천에 집중한다.[63)]

다양한 측면에서 이렇게 요약된 기업가적 정부를 보수주의자들의 자유시장과 혼동해서는 안 된다고 데이비드 오스본과 테드 게블러는 쓰고 있다. "공공 목적을 달성하기 위해 시장을 조성하는 것은 어떠한 문제를 '자유시장'에 방임하는 것과는 사실상 정반대라고 할 수 있으며, 그것은 바로 시장개입의 한 형태인 것이다."[64)] 아무튼 사람들이 자유시장을 정부의 모든 개입으로부터 자유로운 시장으로 이해한다면 자유시장은 존재하지 않는다고 그들은 부언한다. 힘으로 통제되고 폭력에 의해 지배되는 암시장을 제외한 모든 합법적 시장은 정부들에 의해 설립된 규칙들에 의해 구조화된다.[65)] 사적 결정들을 집단의 목표 쪽으로 유도하기 위해 공공의 지렛대를 사용하는 이러한 기업가적 거

63) *Ibid*., p. 20. [같은 책, 41쪽.]
64) *Ibid*., p. 283. [같은 책, 343쪽.]
65) *Ibid*., p. 284. [같은 책, 343쪽.]

버넌스는, 그들에 따르면, 보수주의자들이 말하는 자유시장과 (미국적 의미에서의) '정치적 자유주의자들'이 말하는 거대 정부의 관료주의적 프로그램 사이에서 '제3의 길'을 정의할 수 있게 해준다는 것이다.

기업가적 정부라는 이 주제가 실현되지 않은 채 남아 있었던 것은 아니다. 오스본과 게블러의 책의 영향으로 정부성과평가위원회National Performance Review가 빌 클린턴 치하에서 발족되었다. 1993년 앨 고어가 "더 효율적으로 기능하고 비용이 적게 드는 정부를 만들어 내는"[66] 프로그램이라고 작성한 보고서에 따라 빌 클린턴 행정부는 대대적인 공보 활동을 조직했고 정부 재창조 '팀들'과 '연구소들'을 설치했다.[67] 앨 고어에 따르면 정부성과위원회는 351,000명의 공무원 일자리를 줄였다고 한다. 1994년 캐나다에서도 이와 유사한 작업을 통해 45,000명의 공무원을 감원했다고 한다. OECD와 같은 국제감정기관들이 강력히 장려하는 이러한 총괄적 감사 절차는 여러 다른 이름으로, 하지만 동일한 논리에 입각해 세계 도처로 확산되었다.

좌파의 정책?

이러한 '정부 재창조'는 종종 좌파 정책의 재창조를 자처한다. 사실 이것은 새로운 신자유주의적 합리성의 지배를 보여 주는 가장 충격적인

---

66) *From Red Tape to Results : Creating a Government that Works better and Costs less*, Government Printing Office, Washington D.C. 참조. 'red tape'라는 용어는 행정문서들을 감싸는 붉은 띠를 가리키며 조금 더 친숙한 표현으로는 프랑스어의 'paperasse'(쓸데없는 서류, 관청의 서류)에 해당할 것이다. 이것은 우리가 관료주의적 규칙으로부터 결과로 이행해야 함을 의미한다.

67) X. Greffe, *Analyse économique de la bureaucratie*, p. 143 참조.

예에 다름 아니다. 공적 개입 도구들의 이러한 개혁은 1990년대 말 빌 클린턴과 토니 블레어 그리고 유럽의 몇몇 좌파 지도자들 간 협약의 토대가 되었다. 제3의 길을 말하는 이론가 앤서니 기든스는 '국가 개혁'의 새로운 방향설정을 이렇게 기술했다.

> 대부분의 정부는 기업의 훌륭한 관행들로부터 여전히 배워야 할 것이 많다. 이를테면 목표 조정, 효과적인 회계검사, 유연한 의사결정구조, 피고용자의 참여 증대가 그것이다.[68]

하지만 좌파의 '혁신'이라 자처하는 것은, 국가 행위에 발생한 관리상에서의 변화가 1980년대의 신자유주의 정부들에 의해 시작된 정책의 심화에 다름 아니었다는 사실을 망각하게 만든다. 영국의 보수주의자들은 사실 이 제3의 길에 있어 선구자들이었다. 1980년부터 일련의 장치들이 공공 분야에 설치됐다. 정부에 조언하던[69] The Efficiency Unit, The Scrutiny Program, The Financial Management Initiative, The National Audit Office 등과 같은 회계감사회사들의 컨설턴트들이 신줏단지 모시듯 하는 소중한 효율성의 원칙을 체계적으로 적용하기 위해서였다.

1988년 영국 총리에게 보내는 보고서는 행정당국을 각기 독자성을 갖추고 독자적 목표들을 추구하며 성과지표에 따르는 '생산 단위

68) A. Giddens et T. Blair, *La Troisième Voie. Le Renouveau de la social-démocratie*, p. 87. [『제3의 길』, 95쪽.]

69) D. Saint-Martin, *Building the New Managerialist State* 참조.

들' 혹은 '기관들'의 총체로 간주하는 야심 차고 체계적인 '넥스트 스텝스'next steps[70] 작전을 시행했다. 공공 서비스의 생산성 향상을 위해 민영화, 민간에의 하도급이나 기관 독립과 같은 여러 선택이 시행되었다.[71] 기관 독립의 경우, 지극히 통일되고 규범화된 공공 서비스를, 탈중심화되고 감독 부처 앞에서 책임을 지는 다수의 사업체로 쪼개는 것이 관건이었다. 영국의 공공 서비스는 이렇게 점차로 거의 80%의 공무원들을 규합하는 110여 개의 독자 기관들로 분할되었다. 각 기관은 경영 능력을 토대로 채용되어 성과에 따라 임금을 받는 책임자에 의해 관리된다. 관리가 자유로운 책임자는 민간에 하도급을 주는 해결책이 더 효율적이라고 판단할 경우 그렇게 할 수 있다.

토니 블레어의 영국은 대처주의 노선을 따랐다. PPPPublic-Private Partnership로도 불리는 PFI(민간투자사업)The Private Finance Initiative는 민간 기업들이 교육, 건강, 안전 분야의 공공 서비스에 출자하고 관리 가능하게 해준다. 이 계약은 하부구조에 투자하고 그것을 관리하는 대가로 민간 부문에 장기간(20년 혹은 30년) 서비스 개발 권한을 부여한다. 하지만 민간 기업들이 여기에 상당하는 양질의 서비스를 반드시 제공하는 것은 아니고 국가는 민간 기업들에 보조금을 지급하는 형태로 비

70) "Improving management in Government—the next steps." Christopher Hood, "A public management for All Seasons (in the UK)?", *Public Administration*, 69/1, 1991, pp. 3~19 ; Perry Anderson, "Histoire et leçons du néolibéralisme", *Page* 2, novenbre 1996, p. 2 ; Xavier Greffe, *Gestion publique*, Dalloz, Paris, 1999 참조.

71) 자비에 그레프는 1991년의 백서 *Competing for Quality*를 인용한다. 그 백서에서는 경쟁에 서비스 공급을 개방하는 여러 방법들 중 하나로 '시장 테스트'를 이야기한다. "품질을 위한 경쟁, 즉 시장의 해결책이 더 좋으면 민영화하고, 그렇지 않으면 서비스에 대한 고객의 통제를 확장시키기 위해 가능한 한 많은 시장 메커니즘을 도입한다."(Greffe, *Gestion publique*, p. 151)

용을 분담할 수밖에 없다.[72] 캐나다에서도 공공 부문 구조조정 계획이 1988년부터 수립되었다('공공 서비스 2000'). 오스트레일리아, 뉴질랜드, 덴마크, 스웨덴에서도 마찬가지였다. 프랑스에서는 미셸 로카르 Michel Rocard 수상이 1991년 이런 유형의 방책을 추진하려 했다('공공 서비스 혁신' le renouveau du service public). 1992년 미셸 로카르는 '책임 센터들'을 창립함으로써 분산된 국가 서비스들에 경영 논리를 도입하는 '공공 서비스 헌장'을 공표하게 했다. 이 책임 센터들은 그 감독부처와 함께 '서비스 프로젝트'를 수립해야 했다. 이 '혁신'의 두 핵심 범주인 '책임 의식 고취'와 '평가'는 별로 독창적인 것이 아니었다.[73] 신공공관리의 이 최초의 이식은 다른 나라에서 그랬던 만큼 추진력을 얻지는 못했다. 프랑스에는 분명 문화적으로나 정치적으로나, 공공 부문을 고객에게 제공되는 서비스의 생산자로 간주하는 데 대한 저항이 강력하게 남아 있기 때문이다.

프랑스 국가의 수뇌를 차지하고 있는, 현대화를 추진하려는 엘리트들이 오래전부터 기치로 내걸어 온 관리 개혁이라는 테마는[74] 2001년 8월 재정법과 관련된 조직법(LOLF)의 제정 및 채택과 더불어 1990년대 말, 2000년대 초에 재개되었다. 이 법은 국가 재정관리에서

72) Philippe Marlière, *Essais sur Tony Blair et le New Labour. La Troisième Voie dans l'impasse*(토니 블레어와 신노동당에 관한 시론: 난관에 봉착한 제3의 길), Syllepse, Paris, 2003, p. 104.

73) 바로 이때 부처 간 평가위원회, 과학 평가 협의회, 국가 평가 개발 기금이 조성되었다.

74) 국가의 책무들과 조직에 대한 「피크 보고서」(rapport Picq, 1994년 5월) 참조; Jean Picq, *L'État en France. Servir une nation ouverte sur le monde*(프랑스에서의 국가: 세계를 향해 열린 국가에 대한 봉사), La Documentation française, Paris, 1995. 또한 다음을 참조하라. Roger Fauroux et Bernard Spitz, *Notre État : le livre-vérité de la fonction publique*(우리 국가: 공공 서비스에 관한 진실을 말하는 책), Robert Laffont, Paris, 2000.

의 성과 의무화를 도입하려고 한다. 예산 지원은 이제 지출의 속성이 아닌 '프로그램들'의 결과에 따라야 하며, 이 프로그램들은 평가 대상이 될 구체적 목표들을 명확히 해야 한다. 여기서 볼 수 있듯이 '수단의 논리를 결과의 논리로 대체하는 것'을 목표로 하는 이 새로운 실천에 대단히 독창적인 것은 전혀 없다.

두 번째, 소위 가속의 단계는 2007년 7월 니콜라 사르코지의 대통령 당선 직후 '공공 정책의 전면 개정'(앨 고어의 정부성과평가위원회를 떠올리게 하는 표현)이라는 미명하에 시작되었다. '현대화'의 첫 번째 조치들로부터 대단히 미적지근한 대차대조표를 받아든 프랑스 정부는 이로부터의 진정한 '단절'을 하고 싶어 한다. 여기서도 이 실천이 다른 나라에서 일어난 것에 비해 새로울 것은 거의 없었다. 왜냐하면 "행정당국이 제공하는 서비스의 효율과 질을 향상시키면서도 공공 지출을 줄이기" 위해 모든 공공 정책들과 사회복지 지출에 대한 체계적 감사를 설정하는 것이었기 때문이다. 그 절차는 '터부나 선입견 없이' 모든 국가 행위의 '적절성'을 확립하고 서비스 생산성을 향상시키기 위한 수단들을 고려하면서 임무 수행에 필요한 물질적 인적 수단들의 수준을 확정하는 데 있다. 대통령의 최측근이 지휘하는, 그때까지 예산 및 행정을 통제하는 역할을 담당했던 모든 기관들과 심급들을 부차적인 존재로 만들어 버리는 이 '전면 개정'의 극도로 중앙집권화된 절차에 아마도 독창성이 있는 것 같다.

새로운 정부 모델은 많은 다른 국가들을 사로잡았다. '훌륭한 거버넌스'와 '훌륭한 실천'은 정부 활동의 주문이 되어 버렸다. 국제기구들이 국가 행위의 새로운 규범들을 특히 저개발 국가들에 폭넓게 확산시켰다. 이렇게 해서 세계은행은 1997년의 『세계 발전에 관한 보고서』

에서 '최소 국가'라는 표현을 '더 나은 국가'라는 표현으로 바꿀 것을 제안했다. 세계은행은 이제 체계적인 방식으로 민영화를 장려하기보다는 국가를 시장들의 '조절자'로 보려고 한다. 국가는 권위를 갖고 있어야 하고 핵심이 되는 것에 집중해야 하며 경제에 필수불가결한 규제의 틀을 만들어야 한다. 세계은행에 따르면 효율적인 국가는 법치국가를 보장하고 시장과 그 작동을 원활하게 하는 조절 행위를 우선시하는 강력한 중앙집권 국가여야 한다.[75] 1990년대 중반 이후 공공 거버넌스 위원회PUMA, Public Management Service 활동을 통해 규제의 개혁과 공공 서비스에 대한 경쟁 도입을 점점 더 많이 권고해 온 OECD도 예외는 아니며, 2001년 '유럽연합의 거버넌스'에 관한 백서를 발간한 유럽위원회도 마찬가지다. 물론 유럽연합의 거버넌스는 공공 서비스 내에서 제도들의 기능 방식과 기업가적이고 경쟁적인 모델의 장려를 혼합하고 있기는 하지만 말이다.

이러한 공공행정 개혁은 통치술 형태들의 세계화의 일부다. 국내 상황이 어떻든 간에 도처에서 동일한 방법들이 장려되고 일률적인 어휘(경쟁, 프로세스 리엔지니어링, 벤치마킹, 모범 사례, 성과 지표)가 사용된

---

75) 세계은행은 1997년에 이 보고서를 작성한다. "우리는 이제 시장과 국가가 상호보완적임을 확인하는 와중에 있다. 왜냐하면 시장이 작동하는 데 필요한 제도적 기반을 구축하는 것은 국가의 책무이기 때문이다. 게다가 민간 투자를 유치하기 위해서는 정부의 신뢰성, 즉 규정들 및 공공 정책들의 예측가능성과 적용의 일관성이 그 규칙들과 공공 정책의 내용만큼이나 중요할 수 있다." Banque Mondiale, *Rapport sur le développement dans le monde*(세계 개발 보고서), Washington, 1997, p. 4.; Matthias Finger, "Néolibéralisme contre nouvelle gestion publique"(신공공관리에 맞선 신자유주의), in M. Hufty(dir.), *La Pensée comptable. État, néolibéralisme, nouvelle gestion publique*(회계적 사유: 국가, 신자유주의, 신공공관리), PUF, 'Les Nouveaux Cahiers de l'Institut universitaire d'études du développement', Paris, 1998, p. 62에서 재인용.

다. 이 방법들과 범주들은 국방에서 사법 활동을 거쳐 병원 관리에 이르기까지 모든 문제에 유효하다. 민간 영역의 원리들에 따르는 이와 같은 국가의 '총체적' 개혁은 이데올로기적으로 중립적임을 자처한다. 이 개혁은 오직 효율성만을 지향한다는 것이고 영국의 회계감사 전문가들이 말하듯 '적격성 조사', 사용된 자원의 최적화만을 목표로 한다는 것이다. 우리는 앞서 신공공관리가 당파적 분열을 극복하고 미국의 새로운 민주당과 혁신된 유럽의 사민주의를 통합시킨다고 생각되는 '제3의 길'의 중요한 축들 가운데 하나를 구성하게 되었음을 살펴본 바 있다. 여기서 사실 문제가 되는 것은 너무나 집요하고 강력해서 비판이나 반대자를 거의 만나지 않은 합리성이다. 너무나 보편적으로 수용된 이 신공공관리는 그 어떤 급진적 담론보다 더 효율적으로 작용해 공공 부문과 시민단체의 윤리적·정치적 저항력을 약화시켰다. 바로 이 [제3의 길이라는] 어휘, 그리고 이 어휘가 가진 합리성과 더불어, 그 어떤 활동 영역도 예외가 될 수 없는 인간에 관한 공리주의적 개념이 확산된다. 공무원은 물질적 인센티브에 반응하는 합리적 행동 주체라는 것이다. 상당수 공무원들에게 열정을 불어넣고 그들의 참여에 의미를 부여하는 직무 고유의 명예 코드, 직업적 정체성, 집단적 가치, 사명감과 공익 의식은 의도적으로 무시된다. 도처에서, 그리고 모든 부문에서 행위의 동기는 모두가 상벌을 조건화하는 평가 절차로서 동일하다. 공공 활동의 의미와 공무원의 업무를 축소하는 놀라운 작업이 진행 중이다. 오직 가장 이해타산적인 행동의 동기만이, 행동을 유도한다고 생각되는 금전적 인센티브만이 타당성을 갖는다.

시장이 불가결해지는 것은, 이러한 기업가 정부와 더불어 시장이 국가나 시민단체의 영역을 침범하기 때문만이 아니라, 국가 행위를 사유하는 데 시장이 보편적으로 유효한 모델이기 때문이다. 병원, 학교, 대학, 법원이나 경찰서는 모두 동일한 도구와 동일한 범주에 속하는 기업으로 간주된다. 공공관리에 고유한 이러한 환원 작업은 서구 사회를 특징짓는 인류학적 변동과 당연히 관계가 있다. 이 작업은 이러한 변동의 단순한 반영이 아니다. 성과의 양적 논리와 이질적이라 여겨질 수 있는 영역들을 건드릴 때 이 작업은 특히 효율적인 변동의 매개체라는 것이다. 교육, 문화, 건강, 사법 혹은 경찰을 생각할 수 있다.[76] 하지만 이 영역들에서의 변동이 다른 영역에서보다 덜 현저한 것은 아니다. 1990년대에 확산되었던 '사법 흐름의 관리' 같은 개념들은 법관을 경영자로 만들어 버린다. 그는 매년 자신의 소송 포트폴리오를 늘려야 한다. 그의 임금과 승진이 점점 더 그 포트폴리오 비율 준수에 의존하게 될 테니 중요한 일이다. 사법, 의료, 사회, 문화, 교육, 치안 활동에 대한 대대적인 회계적 단순 파악은 공무원들이 이러한 회계적 논리와 그들이 자신들의 직무에 부여하는 의미 간의 긴장을 체험하는 방식과 마찬가지로 새로운 관리 원칙에 의해 지배되는 서비스의 '소비자들'이 간주되는 방식에도 중대한 영향을 주었다.[77]

회계 규범들은 '이데올로기'를 구성한다기보다는 경제적인 것으

76) 공공 병원의 기업적 개혁에 대해서는 다음을 참조하라. Frédéric Pierru, *Hippocrate malade de ses réformes*(개혁 때문에 아픈 히포크라테스), Éditions du Croquant, Bellecombe-en-Bauges, 2007. '대학의 책임에 관한 법률'이라고도 하는 대학 개혁에 관한 최근의 법률 분석에 대해서는 다음을 참조하라. Annie Vinokur, "La loi relative aux libertés et responsabilités des universités : essai de mise en perspective"(대학의 자유와 책임에 관한 법률: 관점화의 시도), *Revue de la régulation*, n°2, janvier 2008.

77) 예를 들어 새로운 '사법 경제'에 대해서는 다음을 참조하라. Gilles Sainati et Ulrich Schalchli, *La Décadence sécuritaire*(안전을 위한 쇠퇴), La Fabrique, Paris, 2007.

로부터 차용된 특수한 형태의 합리성을 구성한다. 그러한 자격으로 '성과 관리'는 자신이 일반적으로 회피하는 성향이 있는 위험한 문제들을 제기한다. 성과 지표들의 확정 문제, 성과들의 형식화 문제, '상·하' 간의 정보 순환 문제가 그것이다. 문제는 사법, 의료, 문화 혹은 교육에서 '성과의 문화'가 무엇을 의미하는지를 아는 것이다. 사실 윤리적이고 정치적인 기준들에 속하는 판결 행위가 이데올로기적으로 중립적이라고 가정되는 효율성의 척도로 대체된다. 마치 각 기관에 고유한 구성적 가치들은 존재하지 않는다는 듯, 동일한 회계적 규범을 위해 각 기관 고유의 목적들이 은폐되는 경향이 있다.[78)]

통제 테크놀로지

이와 같은 국가 행위의 경영적 개혁은 정책 프로그램의 효과들, 서비스 활동, 각 행동 주체의 업무를 '합리적이고' 또 '과학적으로' 설명할 수 있는 총체적이고 철저한 평가의 효력에 대한 믿음에 근거하고 있다.[79)] 이와 같이 일반화된 평가의 논리는 실제적 권력과 정당성을 관찰, 조사, 판단이라는 개념과 그 실천적 도구들의 숙달에 점차적으로 의존하고 있는 사회 집단들에 의해 지탱된다. 채용, 직업교육, 서비스

78) 베버주의적 용어로 '합목적성에서의 합리성'이라는 이념형(l'idéal-type)은 어떤 목적에 대한 여러 수단들의 최적의 적응이라는 논리에 의해 지배되며, 현실태와 혼동되는 경향이 있다. 그 어떤 기관도, 한 행위를 윤리적, 종교적 또는 철학적 원리에 종속시키는 '가치상에서의 합리성'을 완전히 포기할 수 없다.

79) 이제 장관의 행동은 더 이상은 시민의 공적 판단이 아닌 감사(監査)의 논리에 따라야 한다는 이러한 생각, 즉 2007년 12월 니콜라 사르코지의 결정에 의해 실행된 이 이념은 '경영 정신'이라는 세계적 교의의 풍자적 귀결에 지나지 않는다.

책임자들의 사회화는 도처에서 큰 중요성을 갖게 되었고, 이것들은 또한 가장 중요한 '현대화의 행동 주체'로 간주되었다. 민간기업의 환경과 점점 더 밀접한 관계를 맺으며 비즈니스 스쿨 환경에서 점진적으로 양성된 고위 공무원들은 이것들에서 '현대성'과 '과학성'을 혼합한 추가적 정당성의 수단을 발견한다. 행정을 제안하고 통제하는 역할을 이들 전문가들의 평가 권력에 빼앗긴 민주적 제도들을 손상시키면서 말이다.

이 신공공관리는 공무원들을 세심하게 통제해 업무에 대한 그들의 헌신을 증대시키려고 한다. 이제 공무원들에게 요구되는 것은 직무 절차나 법규를 준수하기만 하는 것이 아닌 그 이상의 결과를 얻는 것, 민간기업에서처럼 일반적으로 수치화된 성과를 획득하는 것이다. 이러한 성과 측정은 공공 서비스 분야에서 권력관계의 기본적인 테크놀로지가 되었고 공무원들에 대한 진정한 '통제의 강박'이 되었으며 관료주의화와 엄청난 규범적 인플레이션의 원천이 되었다.[80] 신공공관리는 활동 모델 자체를 만들어 내는 경향이 있고 '피평가자' 주체성의 변형을 발생시켜 그들이 상위 심급에 관한 '계약상의 약속'에 부합하게 하는 것을 목표로 한다. 여기서 문제는 의사, 판사, 교육자 등 낭비적이고 방만하며 거의 생산적이지 못하다고 평가된 상당수의 직업군들에 의해 획득된 독자성을 축소하는 것이다. 널리 퍼져 있는 전문기술

---

80) Michael Power, *La Société de l'audit. L'obsession du contrôle*(감사 사회: 통제에 대한 집착), La Découverte, Paris, 2005. 실제로 새로운 통제의 테크닉들은 '효율성'이라는 교의에 이의를 제기하는 시간과 에너지 그리고 돈의 지출에 해당한다. 감사, 평가, '프로젝트' 개발 시간, 계약의 추구는 특히 시간이 많이 걸릴 수 있고, 활동들의 주요 목표들을 왜곡할 수 있다. 특히 고등 교육 및 과학 연구 분야에서 이러한 방법이 구현되는 경우라면 어디에나 해당하는 경향이 있다.

구조에 의해 구축된 성과 기준들을 그들에게 강제함으로써 말이다. 이상적으로 각자가 자신의 성과들을 계산하여 정리하고 또 이 성과들이 각자에게 지시된 목표들에 부합하는지를 계산해 정리함으로써 자기 자신에 대한 감시자가 되어야 한다. 목표들 중 하나는 성과 규범들을 내면화하고 더 나아가 피평가자가 자기 자신을 평가하는 데 사용될 규범들을 생산하게 만드는 데 있다.

평가는 개인들을 성과와 자격의 새로운 기준들에 적응하도록 유도하고 또 고전적 관료주의 규칙들보다 덜 형식적이지 않은 새로운 절차들을 준수하도록 유도하는 규범화 절차다. 하지만 고전적 관료주의의 규칙들과 달리 새로운 기준들은 연구원과 간호사, 우체부 그리고 경찰관에 이르기까지 다양한 직업 세계의 경우에서 그러하듯이 '직무의 심장부'와 그 사회적 의미, 직무가 근거하고 있는 가치들에 훨씬 직접적으로 타격을 줄 수 있다. 이와 같은 성과 측정과 신공공경영에 고유한 성과와 인센티브에 대한 이러한 획일화된 측정 방식은 신공공관리를 직업의 독자성의 형식들과 임금노동자들이 따르고 있는 가치 체계들에 대항하는 무시무시한 전쟁 기계로 만들어 버린다.[81]

신공공관리는 활동의 효과에 대한 회계적 통제의 환상에 근거하고 있다. 서비스 '관리' 방향을 결정하는 '계기판' 사용에 의해 지시되는, 어떤 활동의 성과들을 순전히 수치화한 해석은 직무 경험이나 직

81) 헨리 민츠버그와 같은 일부 조직 이론가들은 활동 유형에 따라 조직의 양식들을 차별화할 필요가 있음을 보여 주었다. H. Mintzberg, *Structure et dynamique des organisations*, Éditions d'organisation, Paris, 1982. [*The Structuring of Organizations*, Prentice-Hall, Englewood Cliffs, 1979.]

무의 양화 불가능한 차원들과 모순되게 된다.[82] 추구되는 효율성은 다른 가치들에 의해 지배되는 직업 세계들에서 이러한 '관리 문화'가 발생시키는 가치 충돌들에 의해 모순에 빠진다. 기만적 허구 혹은 새로운 억견[신공공관리] 내에서는 헌신이나 직업의식이 예외로 간주되는 만큼 이러한 '사기저하' 효과들이 서비스의 질에 영향을 미치지 않을 수 없다.

게다가 오직 신공공관리만이 성과의 평가에서 벗어난다는 역설이 존재한다. 사실 누가 평가를 평가할까? 스웨덴이나 캐나다는 공무원 수 감축을 생산성 증대의 증거로 내세우지만 그것이 사회에 미치는 효과가 유용한지, 산정되지 않은 비용은 없는지, 일정한 사회 그룹들에게 비용이 전이된 것은 아닌지를 말할 수 있는 사람은 아무도 없다.[83] 공무원 수 감축과 그들의 급료 감축(1982년 봉급의 비연동화 이후 프랑스 공무원들의 사례)은 그 자체가 더 큰 성과의 조건을 구성하지 않는다.

사람들은 자신들이 구축한 것만을 검증할 수 있고 측정 가능한 것으로 환원할 수 있었던 것만을 측정할 수 있다.[84] 평가는 활동들에 고유한 특성들이 (ISO 9000 유형의) 표준들의 획일화 속에서 소거되는 규범화 시도다.[85] 새로운 통제 장치들과 더불어 수행해야 할 임무에 대

82) 이러한 환상은 영국에서 1부터 4까지의 척도로 지역 관리를 측정하는 단일 지표의 구축과 더불어 아주 멀리까지 나아간다.

83) 이 점에 대해서는 다음의 분석을 참조하라. C. Pollitt, *Managerialism and the Public Services*.

84) 파워는 다음과 같이 정확하게 지적한다. "기업의 효용성(efficience)과 효율성(efficacité)은 감사 절차 자체에서 구축되고 검증된다." Power, *La Société de l'audit. L'obsession du contrôle*, p. 111.

85) 파워의 강력한 주장에 따르면, 활동을 '감사할 수 있도록' 하기 위해, 그 활동을 바라보는 권력 테크놀로지의 시선이 변형된다. '감사 가능성'은 사회적·정치적으로 구성되었다는 것이다.

한 새로운 지각, 노동 및 타자와의 새로운 관계가 발전한다. 기준과 규범의 선택을 통해 평가는 직무의 어떤 양상들을 보이게 하거나 보이지 않게 하는 효과가 있고 이 양상들의 가치를 고양시키거나 저하시킨다. 활동에서 보이는 것은 보이지 않는 것을 희생시켜 가치를 갖는다. 평가의 '객관성'과 관련해 제기되는 문제는 의미가 없다. 이러한 권력 테크놀로지는 주체들이 합법적 행동 규범 규정에 부합함으로 인해 그 자체로 유효하게 되는 일정 유형의 관계를 만들어 내는 것을 목표로 한다. 그러므로 품행이 평가 절차들과 이것들과 연관된 상벌들에 의해 인도되는 **주체의 구축**을 통해 공공 서비스 분야에 도입되는 통치 방식을 평가할 필요가 있다.

성과와 관련된 규범들의 내면화, 지표들에 부합하려고 늘 스스로를 감시하는 것, 타자와의 경쟁은 현대화를 추진하는 자들이 바라는 '정신구조 혁명'의 구성요소들이다. 벤담의 오래된 꿈을 현대화하는 이 전면적 검열 체제는 영국의 지역 당국들이 경험한 바 있는 관료주의의 악몽으로 변할 수 있는 고유의 논리를 갖고 있다. 특히 신노동당 정부들이 도달해야 할 기준과 목표들을 늘리면서 감사 체제 개혁을 시도했을 때 경험했던 악몽 말이다(최고가치 원칙).[86]

86) 파트리크 르갈레(Patrick Le Galès)는 엄청난 인플레이션 때문에 지역 서비스에 대한 반복적 감독의 횟수를 대폭 증가시킨 감사위원회의 통제에 부응하기 위해 복잡한 보고서들을 작성하는 데 시간을 보내는 현지 담당자들의 기괴한 상황을 묘사한다. P. Le Galès, "Contrôle et surveillance. La restructuration de l'État en Grande-Bretagne"(통제와 감시: 영국의 국가 구조조정), in P. Lascoumes et P. Le Galès(dir.), *Gouverner par les instruments*, p. 52 sq.

신공공관리는 두 차원을 갖는다. 신공공관리는 보다 복잡한 관료주의적 합리화의 성질을 갖는 보다 섬세한 통제 방식들을 도입한다. 신공공관리는 민간 영역의 생산에 공공 서비스의 기반을 설정함으로써 공공 서비스 고유의 임무들을 혼란에 빠뜨린다.

가장 중요한 양상들 가운데 하나는 확실히 지역의 자유가 강했던 나라들에서 국가의 획일화된 표준들에 입각한 새로운 검열 체제가 봉착하게 되는 관료주의적 중앙집권화의 과잉이다. 성과 지표에 의한 관리는 예를 들어 영국에서 1982년부터 국가감사위원회 설치에 힘입어 지자체들에 대한 중앙 기관들의 통제를 한층 더 강화시키는 데 사용되었다. 정교한 도구들의 압박에 행동을 예속시키는 것은 현장의 행동 주체들에게 더 많은 자유를 부여하는 것과는 거리가 멀게 행동 주체들을 활동의 과잉 객관화 속에 가둬 버리는 경향이 있었다. 통계학적 규범들은 '베버주의적' 유형의 관료주의 논리 내에서 행동을 표준화하고 규범화하는 강력한 수단들임이 확인되었다.[87] 그래서 감사 및 규제 기관들의 중앙집중화와, 경쟁에 예속된 부서들의 소위 독자성 간의 긴장은 간과할 수 없는 도착 효과를 발생시킨다. 이 긴장 때문에 여러 부서들은 자기가 맡은 임무의 실제 내용에는 별 관심을 갖지 않은 채 성과율에만 강박적으로 집중하게 된다. 시험 합격률, 병상 회전율, 관찰된 사실/명확화된 사실의 비율은 지극히 상이한 실제 결과들과 심지어는

87) 관료주의의 비용을 중심에 놓는 공공선택론의 경제적 분석이, 사회학에 의해 부각된 합리화 절차들의 주요 측면들 중 하나를 제쳐 두고 있음을 보여 주려는 경향이 있는 듯하다.

행해진 서비스의 현실과 관련해 대단히 심각한 일탈을 의미할 수 있다. 이와 같은 수치의 물신화는 관리자들과 그 부하 직원들 모두가 '게임을 해야' 하고 또 수치의 집단적 생산에 기여해야 하는 한, 실질적 향상을 표현한다고는 보기 힘든 '결과들의 날조' 쪽으로 이 과잉합리화를 이끌어 간다. 관리적이고 상업적인 수사가 늘 현실과 일치한다고 단언할 수 있게 해주는 건 아무것도 없다. 양적 평가 기준들이 고객에 대한 관심의 질적 기준들과 늘 일치하는 건 아니다.

관료주의적 합리화의 이 새로운 단계와 더불어 공공 서비스 고유의 의미는 상실된다. 신공공관리의 효과들 가운데 하나는 사실 공공 영역과 민간 영역 간 경계의 혼선이다. 게다가 계약과 위탁 관계는 끊임없이 증가하고 공공 고용에서는 더 다양한 형태의 불안정이 더 가중되는 쪽으로 변화하는 가운데, 상업 논리에 저촉되는 원리들을 가진 공공 영역이라는 관념 자체가 문제로 제기된다.[88] 예를 들면 경쟁 촉진은, 많은 공무원들과 시민들이 애착을 갖고 있는 공공 서비스의 의무와 쉽게 양립할 수 없다. 신공공관리는 (공법의 우선성, 사용자들에 대한 대우의 평등성, 서비스의 연속성, 세속주의와 정치적 중립성의 준수 등) 프랑스에서 수립되었던 공공 기능의 원칙들과 단절한다. 사용자를 소비자로 변형시키는 것, 즉 수익성 증대를 위해 최대한 많은 상품을 팔아야 하는 대상으로서의 소비자로 변형시키는 것은, 전문가들이 말하고 싶어 하는 것과는 달리 '중립적'이지 않다. 평가 방식과 관련해서는 자체

88) 뤽 루방은 이렇게 말한다. "최근 몇 년 동안 행정적 변화는 공공 활동이 아닌 정부 활동의 공적 수단을 제한하는 경향이 있다. 이러한 움직임은 시장의 규칙들을 위반하는 사법적이고 재정적인 체제의 혜택을 받는 활동들을 포괄하는 것으로서 이해되는 '공적 부문'이라는 개념의 종말로 이어진다." L. Rouban, "La réforme de l'appareil d'État", *loc. cit.*, p. 147.

적으로 할 수 있는 성과 측정과, 어떤 정책이 사회 전체와 관련해 얻을 수 있는 다양하고 긴 시기에 걸친 효과들을 혼동하는 경향이 있다.

상업경제 세계에서 나온 회계 논리의 도입은 공공 활동과 그 성과를 '탈현실화할' 뿐만 아니라 국가와 시민의 관계를 탈정치화한다. 시민은 '자기 돈의 대가로 서비스를 가져야' 하는 서비스 구매자로 간주된다. 이와 같이 효율성의 차원과 재정적 수익에 부여된 특권은 납세자가 개인적으로 지불한 것과 그가 개인적으로 받은 것 간의 등가관계 개념 이외의 모든 정의 개념을 공공의 공간으로부터 제거한다.

원리로서의 불신, 방법으로서의 평가적 감시는 새로운 인간 통치술의 가장 전형적인 특질들 가운데 하나다. 공공 서비스와 공무원 개인을 넘어설 수도 있는 대의에의 헌신이라는 가치들이 폐기된 대가로 이 통치술에 활력을 불어넣는 경영 정신이 강제된다. 민주주의적 주권과 결부되어 있던 옛 형태의 정부에서 공무원의 상대적 독자성은 대의에 봉사하겠다는 공무원의 대의에 근거했다. 그에게 부과된 대의는 공법을 준수하고 '단결력'을 구성하는 직업적 가치들을 존중하라고 요구했다. 신분[위상]으로 상징되는 이 약속은 물론 늘 일정한 규제 양식들에 의해 균형이 잡히지만, 그 상호성으로서 공무원의 고결한 품행에 대한 일정한 신뢰를 얻게 된다. 하지만 내적으로 공공 '의식'에 대한 애착을 결여하고 있고 자기 외부의 그 어떤 가치에도 동의하지 않는 '평범한 개인'을 더 이상 신뢰할 수 없다고 신경영의 가설이 주장하는 한, 유일한 해결책은 사적 이해관계의 통제와 '원격 조정'이다. 병원 직원들이 되었건, 판사들이 되었건, 소방대원들이 되었건 간에 그들의 직업 활동은 오직 개인적이고 동업조합적인 이해관계의 관점에서만 생각된다. 이로 인해 고유한 가치들에 근거하는 어떤 직업에 그들이 참여하는 것이 갖는 모든 정치적이고 도덕적인 차원들은 부정된다. 경영의 세 E, 요컨대 'économie, efficacité, efficience'(경제성, 효율성, 능률성)은 권력의 논리로부터 의무와 직업적 양심의 범주들을 소거해 버렸다.

불신이 역시 공공 기관들과 사회적이고 정치적인 주체들 간의 관계도 특징짓는다. 여기서 사회적이고 정치적인 주체들도 또한 집단적인 이익을 염두에 두지 않고 자신들의 이익의 극대화를 추구하는 '기회주의자들'로 간주된다. 신자유주의적 구조조정은 시민들을 자신들의 이기주의적 만족만을 추구하는 서비스 소비자로 변형시킨다. 그래서 시민들을 감시, 제한, 불이익, 책임 전가의 절차들을 통해 다루게 된다. 그것은 의료비의 증가분을 환자들에게 부담하게 만듦으로써 환자들을 '걸고넘어지고', 대학 등록금을 인상함으로써 학생들을 '걸고넘어지게' 되는 결과를 초래한다. 종합 성과 지표를 통한 행정당국, 지자체, 병원, 학교의 '운영'은 그 결과가 전국 언론이나 지역 언론을 통해 인기 순위표의 형태로 확산되고 시민으로 하여금 자신의 판단을 오직 비용과 편익의 관계에만 기초하도록 종용한다. 시민들의 '미덕들'에 대한 신뢰의 쇠퇴는 확실히 새로운 시민-소비자들이 공동 부담금에의 재정적 기여와 그들이 개인의 자격으로 그것으로부터 '돌려받는 것'을 바라다보는 방식에 수행적 효과를 발생시킨다. 이 시민-소비자들은 이제 더 이상 정치적 공동체의 이익이라는 관점에 따라서가 아니라, 자신들의 개인적인 이익에 따라 제도와 정책을 판단하도록 요청받는다. 이것은 이렇게 급진적으로 변화한 정치적 주체의 정의 그 자체다.

13장 · 신자유주의적 주체 구축

사회를 다수의 기업으로 구성된 하나의 기업으로 만들어 버리려는 구상은 새로운 주체의 규범 없이는 성공할 수 없다. 그것은 산업사회 생산 주체의 규범과는 더 이상 동일하지 않다. 형성 중에 있는 신자유주의의 주체는 오늘날 수많은 연구의 대상이 되는 수행능력performance과 향유jouissance 장치와 상관관계에 있다. 이번 장에서는 그 중요한 몇몇 특징들을 소묘해 보고자 한다. 오늘날 '초현대적', '불확실한', '유연한', '불안정한', '유동적인', '무중력의' 인간에 관한 기술記述은 차고 넘친다. 정신분석과 사회학의 교차 지점으로 종종 수렴되는 이 소중한 연구들은 인간의 새로운 조건을 보고하고 있으며 그 중 몇몇 연구들은 이 새로운 인간의 조건이 인간의 심리체계 자체에까지 영향을 미친다고 보고한다.

한편으로 많은 정신분석자들은 새로운 주체의 시대를 증언하는 징후들로 고통받는 환자들이 자신들의 상담소를 찾는다고 말한다. 임상의학 문헌에서 주체의 이러한 새로운 상태는 종종 '과학의 시대' 혹은 '자본주의 담론'과 같은 방대한 범주들과 결부된다. 라캉 독자라면 역사적인 것이 구조적인 것을 제압한다는 말에 놀라지 않을 것이다. 라캉에게 정신분석의 주체는 영원한 실체도 아니고 역사를 관통하는 불변항도 아닌, 역사와 사회에 각인된 담론의 효과다.[1] 다른 한편으로 사회학 영역에서 '개인'의 변환은 이와 같은 부인할 수 없는 사실에서 기인한다. '개인주의'라는 양의적 용어로 빈번하게 지시되는 바는 어떨 때는 뒤르켐의 전통에 입각한 형태론적 변동과 연관되어 있고, 또 어떨 때는 맑스주의적 전통에 입각한 상업적 관계의 확대와 연관되어 있기도 하며, 때로는 훨씬 더 베버적인 맥락에 입각한 실존의 전 영역으로의 합리화의 확대와 연관되어 있기도 하다.

따라서 정신분석과 사회학은 각기 나름의 방식으로 인간에 관한 담론의 변동을 기록하고 있다. 라캉처럼 그것을 학문과 연관지을 수도 있고 [사회학에서처럼] 자본주의와 연관지을 수도 있다. 요컨대 17세기부터 인간이 무엇이고 그가 무엇을 해야 하는지를 발화하기 시작한 것은 학문적 담론이다. 그리고 인간을 이처럼 생산적이고 소비적인 동물, 요컨대 노동과 필요의 존재로 만들기 위해 학문적 담론은 인간의 측정 기준을 재정의할 것을 제안했다. 그러나 서구사회에 새로운 규범의 논리가 어떻게 해서 부과될 수 있었는지를 포착하려면 이 너무나 일반적인 틀만으로는 아직 부족하다. 특히 이 틀로는 최근 3세기 이래 서구의 주체의 역사가 겪은 굴곡을 설명할 수 없고 신자유주의 합리성과 연관될 수도 있는 현재 진행 중에 있는 변환은 더더욱 설명할 수 없다.

---

1) 이 점에 주의를 기울여 보면 자크 라캉이 그의 글과 세미나에서 누차 서구 사회의 공리주의적 전환이 갖는 중요성을 지적했다는 사실을 알 수 있다. 예를 들면 다음을 참조하라. Jacques Lacan, *Écrits*, Seuil, Paris, 1966, p. 122.

그러므로 만약 새로운 주체가 있다면 이 주체는, 20세기 말 새로운 종류의 심리적 기능을 마침내 만들어 내는 개입, 상벌, 인센티브의 네트워크 구축을 추진하면서 기업으로서의 인간 혹은 '기업가적 주체'라는 형상을 만들어 낸 담론적이고 제도적인 실천 내에서 재파악되어야 할 것이다. 사회를 완전히 개편한다는 목표에 도달하는 것, 요컨대 시장이라는 메커니즘, 관계, 행동의 배가와 강화를 통해 기업과 제도를 완전히 재편한다는 목표에 도달하기 위해서는 주체를 다르게 변화시킬 필요가 있다. 벤담적 인간은 시장에서 **계산하는** 인간이자 산업체에서 **생산하는** 인간이었다. 신자유주의적 인간은 세계적 규모의 경쟁에 완전히 함몰되어 **경쟁하는** 인간이다. 이 책의 전반에서 관건이었던 것이 바로 이러한 변환이었다. 이번 장의 논의에서 관건이 되는 것은 이러한 변환의 다양한 형태를 보다 체계적으로 기술하는 것이다.

복수의 주체와 영역들의 분리화

어디서부터 시작해야 할까? 오랫동안 서구의 소위 '근대적' 주체는 고대사회의 관습적이고 종교적인 영역, 정치적 주권의 영역, 상업적 교역과 같은 서로 이질적이고 동시에 갈등관계에 있던 규범 체제와 정치영역에 속해 왔다. 근대 서구의 주체는 여전히 농촌화되고 그리스도교화된 맹세와 신앙의 공간, 국민국가 및 정치공동체의 공간, 노동과 생산의 화폐시장이라는 공간, 이렇게 서로 다른 세 공간에서 살고 있었다. 이러한 공간 분할은 애초부터 유동적이었고 또 그 역학관계와 정치전략의 관건은 이 공간들의 경계를 확정하고 변경하는 데 있었다. 정치체제의 본질을 둘러싼 대대적 투쟁은 그것을 대단히 압축적으로 표현하고 있다. 이보다 더 중요하지만 훨씬 더 파악하기 어려운 것이 바로 인간관계의 점증적 변화, 새로운 경제가 야기한 일상적 실천의 변화, 상업 공간에서의 새로운 관계와 주권의 공간에서의 새로운 정치적 관계가 주체에 발생시키는 효과다.

자유민주주의 국가들은 다양한 긴장과 분리를 추동하는 힘들이 활동하는 세계였다. 논의의 주제를 벗어날 정도로 자유주의를 고찰하진 않을 것이다. 자유주의가 다양한 삶의 영역들을 분리하는 동시에 연결하고 있었다는 의미에서, 주체의 이질적 기능 방식을 일정한 한도 내에서 가능하게 했고 존중하던 체제로 자유주의를 기술하고자 한다. 이와 같은 주체 기능 방식의 이질성은 제도, 규칙, 도덕적, 종교적, 정치적, 경제적, 미학적, 지성적 규범의 상대적 자율성으로 해석될 수 있을 것이다. 하지만 그렇다고 해서 균형과 '관용'이라는 이러한 특성을 통해 자유민주주의에 생기를 불어넣는 활동의 속성을 남김 없이 설명할 수 있다는 뜻은 아니다. 정치적 민주주의와 자본주의라는, 병행하는 두 거대한 추동력이 탄생한 것이다. 그래서 근대인은 양도 불가능한 법권리를 소유한 시민과 자신의 이해에 따르는 경제인, 요컨대 '목적'으로서의 인간과 '수단'으로서의 인간으로 이중화된다. 이러한 '근대성'의 역사는 두 번째 축을 위해 불균형을 신성화한다. 몇몇 저자들이 그렇게 하듯[2] 거칠게나마 우리가 민주주의의 발전을 바란다면, 서로 다른 방식으로 맑스, 베버, 폴라니가 명확화한 중요한 축, 요컨대 최대 이윤의 규칙에 예속된 인간관계의 일반논리의 확산을 놓칠 수도 있다.

상업 관계 자체가 주체에 야기시킬 수 있었던 모든 변화를 여기서

2) 제5장 마르셀 고셰(Marcel Gauchet)의 관점에 대한 논의를 참조하라.

무시해서는 안 될 것이다. 맑스는 다른 사람들처럼, 그러나 그 누구보다 탁월하게, 시장이 인간관계에 미친 해체 효과를 지적한 바 있다. 도시화와 사회관계의 상업화는 전통, 뿌리, 가족애, 인간들 사이의 충실성과 관련한 개인의 '해방'을 이루는 가장 강력한 요소들 가운데 하나였다. 이러한 주체의 자유는 자본의 가치고양이라는 익명적이며 통제 불가능한 법칙에 새로운 형태로 종속되는 대가로 얻어 낸 것임을 보여 준 것이 맑스의 위대성이었다. 자유주의의 주체는 자기 자신의 소유자인 로크적 주체처럼 자신의 모든 선천적 자질과 자신의 이성과 의지의 자유로운 행사를 누릴 수 있다고 믿을 수 있었고 또 만천하에 자신의 환원 불가능한 독자성을 천명할 수 있었지만, 그래도 여전히 그는 고전 정치경제학이 분석하기 시작했던 거대한 기계장치의 톱니바퀴로 남게 되었다.

이와 같은 확장적 상업화는 인간관계에서 **계약화**라는 일반적 형식을 취하게 된다. 자유로운 개인들이 맺는 자발적 계약, 주권 당국이 항시 확실하게 보장하는 계약은 인척관계, 가족관계와 같은 제도적 형식을 대체했고, 보다 일반적으로는 상징적 상호성이라는 과거의 형식을 대체하기에 이르렀다. 계약은 전례 없이 모든 인간관계의 척도가 되어 버렸다. 그래서 개인은 타자와의 관계에서 자발적 계약이라는 충만하고 완전한 자유를 점점 더 잘 체험하게 되고 '사회'를 신성한 법권리를 소유한 개인들 간의 연합관계의 총체로 지각하게 된다. 바로 여기에 근대 '개인주의'라 불릴 수 있는 것의 핵심이 있는 것이다.

에밀 뒤르켐이 보여 줬듯 거기에는 특이한 착각이 있다. 이 계약에는 항시 계약 이상의 것이 존재하기 때문이다. 요컨대 보증하는 국가가 존재하지 않는다면 개인의 자유는 존재할 수 없다는 말이다. 하지만 미셸 푸코와 더불어 우리는 이렇게 말할 수도 있다. 즉 주체의 자유 아래에는 주체의 자유와 다른 것이 정말로 존재한다고, 요컨대 **효율화 장치**라 불릴 수 있는 것을 구성하는 규범화 절차와 규율 테크닉의 배치가 존재한다고 말이다. 주체들이 자발적 혹은 본능적으로 산업·상업 사회로 '전향'한 것은, 자유무역에 대한 선전 때문만도 아니고 사적 치부致富의 매력 때문만도 아닐 것이다. 이해타산적 개인임과 동시에 생산적 노동자라는 새로운 인간 이상형의 제도적 형태라 할 수 있는 여러 유형의 정신교육, 신체 통제, 노동의 조직화, 주거, 휴식, 여가 등을 '전략가 없는 전략을 통해' 구상해 수립해야 했다. 이러한 효율화 장치가 경제 활동에 필요한 '인적 자본'을 공급했고 또 생산과 소비라는 거대한 회로 속에서 기능할 수 있는 영혼과 신체를 부단히 생산해 냈다. 한마디로 자본주의 사회의 새로운 규범성이 특수한 유형의 주체의 규범화를 통해 부과되었던 것이다.

미셸 푸코는 이 절차에 관한 최초의 설명도와 문제계를 만들어 냈다. 효율화 장치의 일반 원리는 과도하게 논의된 바 있는 '신체의 조련'이라기보다는 '정신의 관리'라고 말할 수 있다. 아니 오히려 신체에 가해지는 규율적 행위는 주체성을 일정하게 작동시키는 방식을 만들어 내는 작업의 한 단계 내지는 양상이라고 말하는 것이 더 나을 듯하다. 사실 벤담의 판옵티콘은 특히나 이런 주체 주조의 상징이다. 인간에 대한 새로운 통치는 인간의 사유에까지 침투해 따라다니며 사유의 방향을 설정하고 선동하며 교육하기까지 한다. 통치권력은 이제 주권자의 의지에 불과한 것이 아니라 벤담이 말하듯 이해관계를 조종하는 데 사용되는 '우회적 방법'이나 '간접적 법제'의 역할을 담당한다. 선택의 자유를 상정하는 것, 선택의 자유라는 것을 생각 속에 불러일으키는 것, 그리고 이러한 자유를 실제로 만들어 내는 것은 주체가 각자와 만인에게 이익이 될 수 있는 선택을 하기 위해 '보이지 않는 손'에 의해 인도되는 것을 전제로 한다. 이러한 표상의 이면에서 발견되는 것은 최고의 시계 제작자 모델에 입각한 위대한 기술자라기보다는 혼자서도 이상적으로 작동하는 기계, 또 전체 장치의 필요에 부응할 채비가 된 톱니바퀴를 각각의 주체에서 발견하는 기계다. 하지만 이 톱니바퀴는 제작하고 유지할 필요가 있는 것이다.

생산적 주체는 산업사회가 만들어 낸 위대한 작품이었다. 물질적 생산을 증가시키는 것만이 아니었다. 권력은 자신을 본질적으로 생산적인 것으로서, 또 생산을 촉진하는 것으로서 재정립해야 했으며 이 촉진의 한계는 오로지 권력행위가 생산에 야기하는 효과에 의해서만 결정될 수 있는 그런 촉진제로 스스로를 재정립했어야 했다. 본질적으로 생산적인 이 권력의 상관물은 생산적 주체이지만 이 생산적 주체는 노동자이기만 한 것이 아니라 자신의 실존의 전 영역에서 복지, 쾌락, 행복을 생산해 내는 주체이기도 하다. 아주 일찍부터 정치경제학은 자신과 동질적인 심리적 경제를 기술하는 과학적 심리학을 보증자로 삼게 된다. 이미 18세기에 경제 역학은 감각과 관련된 심리-생리학과 결합되기 시작한다. 양자가 결정적으로 교차된 결과, 쾌락과 고통에 의해 통치되는 인간에 관한 새로운 경제학의 윤곽이 구체화되는 듯하다. 감각에 의해 통치되고 통치될 수 있는 인간에 관한 경제학의 구체적 윤곽 말이다. 요컨대 개인은 그의 자유에 입각해 고찰되어야 하는 존재이기도 하지만 교활한 상인, '잠재적 비행자', 즉 우선적으로 자신의 이해에 따라 행동하는 존재이기도 하다. 만인이 개인을 감시할 수도 있고 개인이 만인을 감시할 수도 있도록 설립된 일망감시체제라는 기념

물과 더불어 새로운 정치가 시작된다.

하지만 왜 주체들을 감시하고 권력을 극대화시키느냐고 물을 수 있다. 거기에 대한 답변은 저절로 나온다. 보다 큰 행복을 생산하기 위해서라고 말이다. 노력과 결과의 강화, 불필요한 지출의 최소화, 바로 이것이 효율성의 법칙이다. 노동에 순종하고 신속히 소비할 수 있는 유용한 인간의 주조, 요컨대 **효율적 인간**의 주조가 어떤 면에서는 벤담의 저작에서 이미 뚜렷이 나타나고 있다. 그러나 고전 공리주의는 낡은 범주들을 분쇄하는 놀라운 작업을 했음에도 불구하고 영역들의 분리에 상응하는, 주체에 내재하는 복수複數성[3]을 제거할 수는 없었다. 이 유용성의 원리는 동질화를 자신의 소명으로 삼았지만 모든 담론과 제도를 흡수할 수는 없었다. 화폐라는 보편적 등가물도 모든 사회적 활동을 종속시키지는 못했다. 주체의 이러한 복수적 특성, 그리고 실천적 영역들이 분리되어 있다는 사실이 바로 오늘날의 문제다.

기업에 의한 사회의 모델화

이미 논의했듯 첫 단계는 개인들 간 이해관계가 존재함으로 인해 요구되는 쾌락과 고통을 극대화하려는 노력을 자기 자신에게 가할 수 있는 이해타산적 인간을 만들어 내는 데 있었다. 제도들은 이러한 삶에 순응하지 않는 주체들을 교육하고 관리하기 위해, 다양한 이해관계를 수

---

3) 앞에서 살펴보았듯이(3장, 특히 주석 89) 존 로크의 사유가 주체를 이해관계의 주체, 법권리의 주체, 종교적 주체 등으로 구분하는 것을 성찰하지 않은 것이 아니다. 공리주의의 헤게모니에도 불구하고 나름대로의 방식으로 전통적 사유가 존속하고 있는 것은 이해관계의 절대적 체제로 주체를 포섭하는 데 대한 저항을 증거한다.

렴하기 위해 만들어졌다. 하지만 정치적 담론을 필두로 하는 제도들의 담론은 단일하지 않았다. 공리주의는 유일하게 합법적으로 부가되던 교의가 전혀 아니다. 여러 원리들이 혼합되어 있었고 19세기 말 경제적 관계 속에서 '사회적' 고찰, '사회적' 법권리, '사회' 정책들이 출현해 자본 축적의 논리를 심각하게 제한하고, 사회적 교환의 완전히 계약주의적인 개념에 반대하는 것을 목격할 수도 있다. 국민국가의 구축은 법학자들의 전통에 속하는 구태의연한 용어로 계속해서 쓰여지고 있고 또 생산의 질서와는 무관한 정치적 형식 내에 계속해서 편입된다. 한마디로 말해 경제적 효율성이라는 규범은 자신과는 이질적이었던 담론에 의해 억눌려 있었다. 경제적 인간의 새로운 합리성은 여러 이론들의 착종에 의해 가려져, 여전히 불투명한 상태로 남아 있다.

이와는 대조적으로 신자유주의의 단계는 기업이라는 형상을 중심으로 인간에 대한 담론이 동질화되는 특징을 지닌다. 이 새로운 주체의 형상은 주체성의 다양한 형식들을 전례 없이 획일화시키는 작업을 수행한다. 자유민주주의는 이 주체성의 다양한 형태들이 존속되게 내버려 두었고 또 경우에 따라 자신의 존재의 영속성을 위해 이것들을 이용할 줄 알았다.

이제 다양한 기술들은 오늘날 '기업가적 주체', '신자유주의적 주체' 혹은 더 간단히 **'신주체'**néosujet[4]라고 별다른 구분 없이 명명되는 획일화된 새로운 주체를 만들어 내는 데 기여한다. 이것은 신체와 정신

---

4) 장-피에르 르브룅(Jean-Pierre Lebrun)이 *La Perversion ordinaire. Vivre ensemble sans autrui*(일상화된 도착: 타자 없이 함께 살기), Denoël, Paris, 2007에서 제안한 신조어를 우리 방식대로 다시 사용한다.

을 더욱 온순하게 하기 위해 억압을 통해 신체를 조련하고 정신을 예속시키려는 과거의 규율과는 무관하다. 이 제도적 방법론은 오래전부터 위기에 봉착해 있었다. 신자유주의적 주체에서 문제가 되는 것은, 자신이 수행해야 하는 활동에 주체성 전반이 연루되어 있어야 하는 존재를 통치하는 것이다. 그러기 위해서는 그 존재를 구성하는 욕망이라는 환원 불가능한 부분을 그 존재 안에서 식별해 내야 한다. 신경영에 관한 문헌에 넘쳐나는 '인적 요소'의 중요성에 대한 대대적인 공언들은 새로운 유형의 권력이라는 견지에서 이해되어야 한다. 요컨대 노동하는 인간도 여전히 인간이며 수동적 대상의 위상으로 결코 축소되지 않는다는 것을 확인하는 것은 더 이상 문제가 아니라는 것이다. 중요한 것은 인간 존재 내에서 자신의 직업 활동에 전적으로 참여하고 전적으로 연루되며 전적으로 몰두해야 하는 능동적 주체를 확인하는 것이다. 획일화된 주체는 이렇게 자기 자신을 전적으로 연루시키는 주체다. 자기 자신을 실현하려는 의지, 자신이 이끌어 가야 할 계획, 기업의 '협력자'에게 생기를 불어넣는 동기, 결국 개인에게 부여될 수 있는 온갖 이름의 **욕망**, 바로 이것이 새로운 권력의 표적이 된다. 욕망하는 존재는 이 권력의 적용 지점일 뿐 아니라 품행관리장치들의 중계지점이기도 하다. 왜냐하면 새로운 주체를 만들어 내어 관리하는 새로운 실천은 개인이 마치 자기 자신을 위해 일하는 것처럼 기업을 위해 일하게 만들고 그 결과 모든 소외감과 심지어는 개인과 개인을 고용한 기업 간의 모든 **거리**를 소거하게 만드는 그런 효과를 기대하기 때문이다. 개인은 자신의 효율성과 자기 노력의 강화를 위해 일해야 한다. 마치 자기 품행이 자기 자신으로부터 기원하기라도 한 것처럼, 마치 자기 품행이 자기 내부에서 자기도 저항할 수 없는 자기 고유의 욕망의 지엄한 명령에 의해 지시된 것이기라도 한 것처럼 말이다.

'자기의 기업'이라는 새로운 테크닉은 아마도 모든 소외감을 소거한다고 주장하면서 소외의 정점에 도달하는 듯하다. 자기 자신의 욕망에 따르는 것과 자기 안에서 속삭이는 절대적 타자에게 복종하는 것은 똑같은 것이니 말이다. 현대의 경영은 이런 의미에서 '라캉적'이다. 현대의 권력이 주체의 절대적 타자 역할을 하는 한, 주체의 욕망은 절대적 타자의 욕망이다. 바로 이것이 시장, 기업, 돈을 수호하는 인물의 구축이 지향하는 바다. 하지만 이런 인물들을 구축하는 것은 무엇보다도 동기를 부여하고 격려하며 자극하는 세련된 기술들을 얻을 수 있게 해준다.

'기업문화'와 새로운 주체성

기업적 통치성은, 자기 고유의 망라하는 속성으로부터 그 힘을 끌어내는 총괄적 합리성의 영역에 속한다. 왜냐하면 기업적 통치성은 주체의 새로운 열망과 품행을 기술 가능하게 해주고 품행상에서 주체에게 가해지는 통제와 행사되는 영향력의 방식들을 규정 가능하게 해주며 국가 행위의 임무와 형태를 새롭게 규정 가능하게 해주기 때문이다. 주체에서부터 국가에 이르기까지, 기업을 경유함으로써 하나의 담론이 인간에 대한 규정을 그가 자신의 삶에서 '성공하려고' 하는 방식에 연결 가능하게 해주고 또 그가 '인도되고', '자극받고', '교육받고', '자율화되는'empowered 방식과도 연결 가능하게 해준다. 달리 말해 신자유주의 합리성은 자신이 필요로 하는 주체를 생산해 낸다. 이 주체가 자신의 성과를 극대화하는, 경쟁하는 개체로서 실제적으로 처신할 수 있도록 하기 위한 통치 수단들을 배치하면서, 또 자신이 맞서야 할 리스크에 자신을 노출시키고 있을 수 있는 실패의 책임을 전적으로 감수하게 하면서 말이다. 그러므로 '기업'이라는 것은 신자유주의 시대의 자기통치에 부여되어야 할 이름이다. 이는 '기업가적 자기통치'가 앞서 논의한 '기업문화'와는 다르며 그 이상의 것임을 의미한다. 물론 기업 모델의 이데올로기적 가치고양도 여기에 속한다. 확실히 기업은 도처에서 개인의 개화의 공간, 개인의 자기실현 욕망, 물질적 복지, 노동 공동체의 상업적·재정적 성공, 그리고 그들이 인구 전체의 번영에 기여하는 것, 이 모든 것이 결국 서로 결합될 수 있는 심급으로 주어진다. 이런 방식으로 신경영은 상상적 차원에서 다니엘 벨이 그의 시대에 소비의 쾌락주의적 가치와 노동의 금욕주의적 가치 사이에서 포착한 모순을 극복하려는 야심을 품게 된다.[5)]

하지만 사람들은 이 신경영의 유혹에 빠져들어 가면서 심각한 실수를 범하게 될 것이다. 18세기 자선사업이 새로운 권력 테크놀로지의 정착에 달콤한 음악을 곁들인 것과 마찬가지로, 현대 인간 관리의 인본주의적이고 쾌락주의적인 담론은 훨씬 더 효율적인 새로운 형태의 예속화를 발생시키는 것을 목표로 하는 기술의 사용을 수반하게 된다. 이 새로운 형태의 예속화는 그것이 아무리 새롭다 할지라도 자본주의에 고유한 가장 음험하고 가장 고전적인 폭력, 요컨대 노동자를 단순한 상품으로 변환시키는 경향을 지니고 있다. 노동자 신분에 부여된 법권리들의 점진적인 쇠퇴, 불안정하고 일시적이며 한시적인 '새로운

---

5) Daniel Bell, *Les Contradictions culturelles du capitalism*, PUF, Paris, 1977. [『자본주의의 문화적 모순』, 박형신 옮김, 한길사, 2021.]

형태의 일자리'로 인해 급여생활자 전체 내에 점차적으로 자리 잡는 불안전, 너무나 수월해진 해고, 서민 계층 전반의 빈곤화로 이어지는 구매력 저하, 바로 이것들이 노동자가 고용주에 종속되는 의존도를 상승시킨 요소들인 것이다. 이러한 **사회적 공포**의 맥락이 기업 내 신경영의 정착을 수월하게 해주었다. 이렇게 보면 신자유주의 담론에서 리스크를 '자연시'[당연시]하는 것과, 사회보장 및 집단적 연대성의 축소를 통해 시장의 요동에 점점 더 직접적으로 노출시키는 것은 동전의 양면에 불과하다. 리스크를 임금노동자에게 전가하고 리스크의 느낌을 고조시키면서 기업은 임금노동자들에게 훨씬 더 많은 유연성과 더 많은 참여를 요구할 수 있었다.

그렇다고 해서 신경영에 새로운 것이 전혀 없다거나 자본주의는 본래 항시 같은 것이라는 말은 아니다. 반대로 신경영에서 대단히 혁신적인 것은, 개인들로 하여금 그들에게 마련된 새로운 조건을 견뎌 낼 수 있는 수행능력을 갖추게 만들고 또 그렇게 함으로써 개인들이 자신들의 행동을 통해 이 조건들을 점점 더 가혹하고 오래 지속되게 만드는 데 기여하게 하는 기법에 있다. 한마디로 말해 신경영의 혁신성은, 자기들 간의 경쟁 관계를 재생산하고 확대시키며 강화시키는 '적극적 주체들'을 만들어 냄으로써 '연쇄효과'를 촉발시키는 데 있다. 이 연쇄효과 때문에 적극적 주체들은 그들 스스로가 만들어 내는 조건들보다 언제나 더 많고 더 힘든 조건들에 주체적으로 적응하기를 강제받게 될 것이다.

『새로운 자본주의의 정신』[6]에서 뤽 볼탕스키와 에브 시아펠로는

6) L. Boltanski et E. Chiapello, *Le Nouvel Esprit du capitalism*, Gallimard, Paris, 1999.

이 점을 충분히 보지 못했다. 자본주의 정신에 대한 그들의 정의에 입각해 "자본주의에 참여하는 것을 정당화하는"[7] 이데올로기를 대상으로 삼으면서 그들은 신자본주의가 1990년대 경영과 관련된 문헌들 속에서 스스로와 관련해 이야기하려 했던 것을 쉽게 믿는 경향이 있다. 이 문헌이 학위, 신분, 이력의 관리에 토대를 둔 낡은 권력을 비판하기 위해 얼마나 관료주의, 조직화, 위계질서에 대한 일정 유형의 비판을 전유했는지를 강조할 필요가 있다. 불확실성, 반응성, 유연성, 창조성, 네트워크 등에 대한 옹호가 얼마나 정합적이고 약속으로 가득 찬 표상을 만들어 내는지를 명확히 해명하는 것도 중요하다. 이 표상은 자본주의의 '접속주의' 모델에 대한 임금노동자들의 찬동을 조장했다.

하지만 이것은 권력의 새로운 양식들의 매혹적이고 엄밀히 말해 수사학적인 측면만을 강조하는 것이다. 이것은 권력의 새로운 모델이 특수한 테크닉들을 통해 특수한 주체성을 만들어 내는 효과가 있다는 사실을 망각하는 것이다. 한마디로 말해 이것은 경영자의 담론을 곧이곧대로 받아들이면서 이 담론이 갖는 순전히 규율적인 양상을 과소평가하는 것이다. 이러한 과소평가는 68년 5월에서 나온 '예술 비평'으로부터 '새로운 자본주의 정신'의 유래를 찾는, 결국 지극히 일면적인 논지 내에서 개인의 '성숙'이라는 이데올로기를 과장되게 해석한 것과 마찬가지다. 하지만 '노동세계'의 변화들이 점점 더 부각시키는 것은 바로 품행의 통치에서 통제 테크닉이 갖는 결정적 중요성이다. 신경영은 '반관료주의적'인 것이 아니다. 신경영은 관료주의적 합리화의 더 복잡하고 더 '개인화되고' 더 '경쟁력 있는' 새로운 한 단계에 해당한

7) *Ibid.*, p. 42.

다. 그리고 신경영이 일정 유형의 조직화 권력을 다른 일정 유형의 조직화 권력으로 확실히 변형시키기 위해 68년 '예술 비평'에 기대는 것처럼 보이는 것은 착시에 불과하다. 우리는 아직도 막스 베버가 논했던 자본주의 경제라는 '철창'으로부터 해방되지 못했다. 오히려 어떤 측면에서는 각자 자신을 위해 개인적인 작은 '철창'을 구축하라는 명령을 받고 있다고 말할 필요가 있다.

주체에 대한 새로운 통치는 기업이 무엇보다도 '공동체' 혹은 성숙의 공간이 아니라 경쟁의 도구이자 공간이라는 것을 사실상 전제로 한다. 기업은 무엇보다도 모든 혁신과 항구적 변화의 장소, 시장의 수요 변화에 부단히 적응하는 장소, 탁월함을 추구하는 장소, '무결점'의 이상적 장소로서 주어진다. 그러면서 기업은 주체가 자기에 가하는 부단한 작업을 통해 이 이상적 이미지에 내적으로 부합하라고 명령한다. 요컨대 주체는 가능한 한 최대로 효율적이 되도록 지속적으로 심혈을 기울여야 하고, 자기 자신이 전적으로 노동에 몰두한 상태에 있음을 드러내 보이는 데 심혈을 기울여야 하며, 지속적인 학습을 통해 수행능력을 향상시키는 데 심혈을 기울여야 하고, 시장에 의해 부과된 부단한 변화가 요청하는 최대의 유연성을 받아들일 수 있도록 심혈을 기울여야 한다. 자기 자신의 전문가, 자기 자신의 고용자, 자기 자신의 발명가, 자기 자신의 기업가인 주체에게 신자유주의 합리성은 경쟁에서 살아남기 위해 자기 자신을 강화하는 방향으로 자기 자신에게 작업을 가하라고 압박한다. 주체가 하는 모든 활동은 생산, 투자, 비용 산정과 비교되어야 한다. 경제는 개인의 자기규율이 된다. 마거릿 대처가 이 합리성에 가장 명확한 정식을 부여했다. "경제는 방법이다. 경제의 목적은 영혼을 변화시키는 것이다."[8)]

평가, 프로젝트, 절차의 규범화, 분권화 같은 관리 테크닉들은 개인에게 요구되는 품행 규범에 개인이 부합하는지를 객관화 가능하게 해주고 일람표와 관리자의 '계기판' 같은 다른 기록 도구를 통해 직업상의 징계를 받는 조건으로 개인의 주관적 직업 몰입도, 개인의 보수와 경력의 추이를 평가 가능하게 해주는 것으로 상정된다.[9] 수행능력 및 성과의 측정의 객관성을 보증한다고 여겨지는 심리학적 범주들을 조작하게 되어 있는, 아주 심각하게 자의적인 서열의 개입이 없다면 이러한 평가는 이루어질 수 없을 것이다. 하지만 중요한 것은 측정의 진실이 아니라 기업을 위해 '가차 없이 헌신하도록' 종용받고 있고, 또 '자기 자신을 초극하라'고 요청받고 있으며, 또 고객을 더 만족시키기 위해 항시 더 '동기부여 되도록' 요청받고 있는 주체에게 '심층에서' 행사되는 그런 유형의 권력, 다시 말해 주체와 기업을 연결하는 계약에 의해 촉구되고, 노동에 대한 개인의 헌신을 증명하기 위해 그에게 적용된 평가방식에 의해 명령받는 주체에게 '심층에서' 행사되는 그런 유형의 권력이다.

기업적 합리성은 모든 권력관계들을 단 하나의 담론을 씨줄 삼

8) *Sunday Times*, 7 may 1988. 강조는 인용자.

9) 상당수의 연구는 동일시, 내면화, 죄의식 느끼게 하기의 메커니즘의 도움을 받아 임금노동자를 기업의 요구에 복종시키려고 하는 경영 기제들을 강조한 바 있다. 프로젝트를 통한 경영은 '유연한' 방식으로 간부사원과 임금노동자들이 기업이 기대하는 그들의 수행능력의 기대치에 충실하고 존중한다는 것을 항속적으로 증명하도록 강제하는 하나의 방식인 것이다. 예를 들어 다음을 참조하라. David Courpasson, "Régulation et gouvernement des organisations. Pour une sociologie de l'action managériale"(조직의 규제와 거버넌스: 경영 행위의 사회학을 위해), *Cahiers de recherches*, Groupe ESC Lyon, 1996; *L'action contrainte, Organisations libérales et domination*(제한된 행위 자유주의적 조직들과 지배), PUF, Paris, 2000.

아 엮어 낼 수 있다고 하는 탁월한 장점을 제시한다. 기업이라는 어휘는 이런 견지에서 '다양한 실존의 체제들'을 획일화할 수 있는 잠재력을 갖고 있고, 이는 정부들이 기업으로부터 광범위하게 도움받고 있다는 사실을 설명해 준다. 이 잠재력은 특히 시행된 정책의 목표와 사회적이고 개인적인 모든 요소들을 서로 연결 가능하게 해준다.[10] 그래서 기업은 모방해야 할 보편적 모델이 될 뿐 아니라 어린이와 학생들에게는 고양해야 할 일정한 태도가 되고, 임금노동자들에게는 고양해야 할 잠재적 에너지가 되며, 제도적 변화에 의해 발생되었지만 동시에 모든 영역에서 향상을 촉발하는 존재 방식이 된다. 자기통치와 사회의 통치를 긴밀하게 일치시킴으로써 기업은 자기가 자기 자신에게 행하는 감시, 평가절차가 그 강화와 검증을 담당하게 되는 이 감시 작업을 통해 구체화되는 새로운 윤리, 다시 말해 일정한 내적 성향, 일정한 에토스를 규정한다.

그렇다 보니 기업가 윤리의 첫 번째 계명은 '너 자신을 도와라'이고 또 이런 의미에서 이 윤리는 '자기 조력'의 윤리이다. 이 윤리는 새로운 것이 아니라 애초부터 자본주의 정신의 일부를 이루고 있었다는 것을 물론 강조할 필요가 있다. 이 정식은 이미 벤저민 프랭클린의 표현에서도 발견되고 게다가 이보다 한 세기 전 1859년에 『자조론』*self-help*이라는 제목의 전 세계적 베스트셀러를 쓴 작가 새뮤얼 스마일즈에게서도 발견된다. 이 작가는 가장 자유로운 상태로 남아 있어야 하는 개인들의 에너지에 전적으로 기대를 걸었다. 하지만 그는 자기가 유일

---

10) Nikolas Rose, *Inventing Ourselves. Psychology, Power and Personhood*, Cambridge University Press, Cambridge, 1996, p. 154.

하게 결정적인 것이라 본, 개인의 윤리에 머물러 있었다. 그는 '자기 조력'이 개인 각자가 자기 자신을 위해 발전시켜야 하는 도덕적 역량과 다를 수 있다고는 결코 생각하지 않았고, 특히 그것이 정치적 통치 방식이 될 수 있을 것이라고는 결코 생각하지 않았다.[11] 그는 사적 영역과 공적 영역의 엄격한 구분에 기초하면서 심지어 그 반대로까지 생각했다. "한 인간이 통치되는 방식은 큰 중요성을 갖지 않을 수 있는 반면, 자기 자신을 통치하는 방식에는 모든 것이 달려 있다."[12] 엄밀히 말해 신자유주의 테크놀로지의 대대적 혁신은 한 개인이 통치받는 방식과 그가 '자기 자신을 통치하는 방식'을 직접적으로 결부시킨다는 점에 있다.

자기 가치 고양의 에토스로서의 자기 자신의 기업

그러나 이는 주체 자신의 가장 내밀한 곳까지 파고드는 대대적인 합리화 작업, 요컨대 **욕망의 합리화** 작업을 전제로 한다. 이 작업이 자기 기업이라는 규범의 핵심에 위치한다. 이 규범을 만들어 낸 공학자들 중 한 명인 캘리포니아의 국제 컨설턴트 밥 오브레가 강조하듯 "자기 자신의 기업에 대해 논의한다는 것은 각자가 자신의 삶을 좌우할 수 있

---

11) S. Smiles, *Self-Help ou caractère, conduite et persévérance illustrées à l'aide de biographies*, trad. Fr. par Alfred Talandier, Plon, Paris, 1865. 저자는 이 책의 서문에서 이 주제와 관련해 다음과 같이 요약한다. "인생에서 개인의 복지와 행복은 항시 우리 자신의 노력, 우리가 우리의 역량을 기르고 훈련하며 통제하는 데 쏟는 다소 근면한 노력으로 인해 특히 임무의 정직하고 용기 있는 수행이 된다. 이 임무의 수행은 진정으로 개인의 성격을 영화롭게 한다."

12) *Ibid*., p. 5.

다는 생각, 요컨대 자신의 욕망과 필요에 따라 적절한 전략을 세우면서 자신의 삶을 이끌고 관리하며 제어하는 것을 좌우할 수 있다는 생각을 표현하는 것이다".[13] 인간 주체의 존재 방식으로서의 자기 자신의 기업은 일정한 원리와 가치에 따라 자기를 통치하는 방식을 구축한다. 니컬러스 로즈는 그 중 몇 가지를 끌어낸다. "에너지, 자주적 행동, 야심, 계산과 개인의 책임"[14]이 그것이다. 역량 있고 경쟁력 있는 개인은 자신의 인적 자본을 모든 분야에서 극대화하려 한다. 그는 단지 미래에 자신을 투신하고, 과거의 호모 에코노미쿠스가 그랬던 것처럼 자신의 이득과 비용을 계산하려고만 하는 것이 아니라 자신을 끊임없이 변형시키고 향상시켜 항시 효율적으로 만들기 위해 특히 **자기 자신에게 작업을 가하려고** 애쓰는 자다. 이 주체의 특징은 그를 자기 자신의 실적과 성과를 부단히 향상시키는 쪽으로 유도하는 향상 절차에 있다. 교육, 연수, '평생교육'long life training, '취업능력'의 시장으로서 노동시장을 포괄하려는 새로운 패러다임들이 그 중요한 전략적 양태들이라고 할 수 있다.

이 기업가적 윤리의 차원이 기만과 침해에 불과하다는 듯 비난하는 것은 그릇된 것이다. 이것이 우리 시대의 윤리다. 하지만 이 윤리를 허약한 실존주의나 손쉬운 쾌락주의와 혼동해서는 안 된다. 물론 기업가적 윤리는 '자기 자신을 스스로 만들어 내는 인간'과 '총체적 성숙'을 찬양하는 윤리적 형태를 내포할 수 있다. 그러나 이 윤리는 다른 방식으로 특이화된다. 이 윤리는 훨씬 더 전사적인 면을 갖고 있고 전투, 힘,

---

13) Bob Aubrey, *L'Entreprise de soi*(자기의 기업), Flammarion, Paris, 2000, p. 11.

14) Nikolas Rose, *Inventing Ourselves*, p. 154.

원기, 성공을 찬양한다. 그리고 기업가적 윤리는 노동을 자기 실현의 특권적 수단으로 만들어 버린다. 직업적으로 성공함으로써 사람들은 자신의 삶을 '성공'으로 이끌 수 있는 것이다. 노동은 자신의 소질을 발휘하고 자신의 에너지를 창조적으로 소비하고 그 가치를 증명하는 가장 유익한 방식이기 때문에 자주와 자유를 보장한다. 이 노동의 윤리는 자기 포기의 윤리가 아니다. 이 윤리는 상급자의 명령에 복종하는 것을 미덕으로 삼지 않는다.

이런 점에서 이 윤리는 3~4세기 그리스도교 수덕주의ascétisme의 것이기도 했던 '회심'metanoia의 윤리와 정반대다. 그리스도교 윤리는 자기 단절의 윤리다.[15] 기업가적 윤리는 초기 프로테스탄티즘의 윤리였던 노동의 윤리와도 확연히 다르다. 기업가적 윤리가 주체에게 항상적 자기 탐색과 '체계적 자기 통제'를 종용하긴 하지만, 노동에서의 성공을, 주체에게 구원의 확실성을 가져다준다고 사료되는 '신의 선택의 징표'로 만들지는 않는다.[16] 여기서 노동이 자유의 공간이 된다면 그것은 각 개인이 과거의 임금노동자라는 수동적 위상을 초극할 줄 안다는 조건하에서, 다시 말해 자기 자신의 기업이 된다는 조건하에서인 것이다. 이 새로운 노동 윤리의 대원칙에 따르면 개인의 열망과 기업의 탁월함이라는 목표가 결합될 가능성, 즉 개인의 계획과 기업의 계획이 결합될 가능성은 오직 개인이 작은 기업이 될 때에만 존재한다. 이것은 기업이 작은 자기 기업들로 구성된 개체로 인식되는 것을 전제로

15) Michel Foucault, *L'herméneutique du sujet*, Gallimard/Seuil, Paris, 2001, p. 203. [『주체의 해석학』, 244~245쪽.]

16) Max Weber, *L'éthique protéstante et l'ésprit du capitalisme*, p. 176 sq.

한다. "경제적인 의미에서 기업은 그것을 구성하는 개인 기업들의 총체다. 오늘날 노동하는 개인들을 단지 피고용자로서만이 아니라 자기 안에 전략과 삶의 목표를 가진 자로 생각할 필요가 있다."[17] "고전적이고 경제적 의미에서의 기업은 우선적으로 '자기 자신의 기업'을 기업의 모든 구성원 그리고 심지어는 예를 들어 기업 고객들의 임금노동자, 공급자, 그리고 그 환경을 포괄하는 이해관계자들의 병치에 근거하고 있다"[18]는 주장을 이와 동일한 의미에서 이해할 필요가 있다.

이러한 새로운 윤리에 이론적 근거를 마련하려고 고심하는 밥 오브레는 푸코로부터 '자기 자신의 기업'이라는 정식을 빌려 와 그것을 직업 교육의 방법으로 만들려 했다고 단언한다.[19] 권력에 대한 비판적 분석론이 임금노동자들에 대한 명령적이고 수행적인 일련의 제안으로 변화되는 것이 좀 이상하긴 하지만, 그래도 그의 주장은 대단히 의미심장하다. '발전도상사회'라는 새로운 세계에서 개인은 이제 자기 자신을 노동자로 간주해서는 안 되고 시장에 용역을 파는 기업으로 여겨야 한다는 것이다. 즉 "모든 노동자는 고객을 찾아야 하고 시장에 정착해 가격을 설정하고 비용을 관리하며 발전-연구를 수행하고 자신의 수행능력을 함양해야 한다. 요컨대 개인의 관점에서 나는 내가 하는 노동을 나 자신의 기업으로 간주하는 것이고 나 자신의 발전은 나 자신의 기업으로 정의된다"[20]는 것이다. 이게 무슨 뜻일까? 자기 자신의

17) "L'entreprise de soi, un nouvel âge"(자기의 기업, 새로운 세대), Entretien avec B. Aubery, *Autrement*, no. 192, 2000, p. 97.

18) B. Aubrey, *L'Entreprise de soi*, p. 193.

19) *Ibid*. 그는 이전에 Bruno Tilliette와 함께 다음의 저서들을 썼다. *Savoir faire savoir*(알게 하는 법 알기), Interéditions, Paris, 1990 그리고 *Le Travail après la crise*(위기 이후의 노동), Interéditions, Paris, 1994.

기업은 모든 분야에서 작동하고 모든 관계에 존재하는 "심리학적이고 사회적이며 게다가 영적이기도 한 개체"[21]라는 것이다. 특히 자기 자신의 기업은 고용 관계로서의 고용 계약을 소거할 정도로 고용 계약을 급진적으로 변화시키는 새로운 게임 규칙에 대한 대응이라는 것이다. 자기 노동의 가치증식과 관련된 개인의 책임이 절대적 원칙이 되어 버렸다. 각 개인이 자신의 노동 가치와 맺는 이러한 관계는 "이미 개방되어 점차 세계화되는 노동시장에서 관리, 투자, 발전의 대상이 된다".[22] 달리 말해 노동은 그 상품 가치를 더욱더 정확히 측정 가능한 '상품'이 되어 버렸기 때문에 고용계약을 '자기 자신의 기업들' 간 계약관계로 대체할 때가 왔다는 것이다. 이런 관점에 입각해 볼 때 '기업'이라는 말의 사용은 단순한 은유가 아니다. 왜냐하면 개인의 모든 활동이 **자기 가치증식의 절차**로 간주되기 때문이다. 이 말이 의미하는 바는 "보수를 받는 노동, 민간단체를 위한 자원봉사, 가정관리, 수행능력의 획득, 인맥의 발전, 활동 전환의 준비 등 다양한 측면을 갖는 개인의 활동이 본질적으로 기업적이라고 생각된다는 것"[23]이다.

자기 노동의 상품적 가치증식과 자기 가치증식을 등가관계에 놓음으로써 밥 오브레는 자기 자신의 기업이 현대적 형태의 '자기돌봄'[자기배려], 고대 그리스의 에피멜레이아 개념의 현대 버전과 동일한 것이라 여긴다.[24] 현대의 에피멜레이아는 '비즈니스 포트폴리오를 관리하고' 학습, 결혼, 우정, 자녀교육의 전략을 발전시키며 '자기 자신

20) B. Aubrey, *Le Travail après la crise*, p. 85.
21) *Ibid*., p. 86.
22) *Ibid*., p. 88.
23) B. Aubrey, *L'Entreprise de soi*, p. 15.

의 기업 자본'을 관리하는 데 있다.[25] 게리 베커로부터 영향을 받은 그는 경험, 연수, 지혜, 네트워크 그리고 에너지와 건강, '고객의 기반'과 '소득 및 재산' 등과 같이 자본을 증식하게 해주는 것이라면 가족적인 것이든 개인적인 것이든 모조리 통합하려고 시도한다. '자기 자신의 기업'이라는 개념은 '사생활과 사회생활의 통합', 사업 포트폴리오의 가족경영 관리, 시간과의 관계 변화를 전제한다. 그러나 이러한 전제들은 고용계약에 의해 결정되는 것이 아니라 다양한 고용주들과 수행해야 할 프로젝트에 의해 결정된다. 그러나 이것은 직업 세계를 넘어서 진행된다. 이것은 불확실성의 시대에 개인의 윤리가 된다. "자기 자신의 기업은 자기 삶의 총체 속에서 의미와 고용계약을 발견한다." 그리고 이것은 일찍이 찾아온다. 15세에 뭘 하고 살아야 할까 자문하는 그 순간부터 이미 우리는 자기 자신의 기업가인 것이다. 모든 활동은 기업적이다. 왜냐하면 이제 확실한 것은 아무것도 없기 때문이다. 모든 것은 정복되어야 하고 또 매 순간 방어되어야 한다. 심지어는 어린아이조차도 '자기 자신의 지식의 기업가'가 되어야 한다. 어떤 의미에서 노동, 소비, 여가 등 모든 것이 기업이 된다. "사람들이 이것들로부터 최대의 부를 끌어내고, 창조하는 방식으로서의 자기 완성에 그것을 이용하려 하기 때문이다."[26]

---

24) B. Aubrey, *Le travail après la crise*, p. 103. 에피멜레이아 헤아우투(epimeleia heautou)는 고전기 그리스 문화에서 '자기돌봄', '자기배려'라는 표현이다. 이와 관련해서는 미셸 푸코의 『주체의 해석학』을 참조하라.

25) "노동하기, 배우기, 관계 유지하기, 결혼생활의 좋은 화합 확보하기, 아이들 양육하기, 지역생활에 참여하기, 자원활동하기, 삶의 질 개선하기 등, 오늘날 우리는 책무를 담당하고 여러 전략들을 전개함으로써 이러한 활동들에 전념할 수 있다." *Ibid.*, p. 105.

26) *Ibid.*, p. 101.

이로부터 '자기 제어'를 재정의하는 하나의 방식이 도출된다. "오늘날 새로운 하나의 관념이 탄생했다. 요컨대 우리는 더욱더 많아지고 점점 더 신속해진 선택과 가능성 그리고 기회에 직면하게 되었다. 따라서 자기 제어는 자신의 삶을 경직되고 틀에 박힌 방식으로 영위하는 데 있는 것이 아니라 자기 자신이 유연성과 기업가정신을 갖추고 있다는 것을 스스로 현시하는 데 있다." 선택이 많아질수록 시장에서 자신의 가치를 증식시켜야 할 의무도 많아진다. 하지만 개인의 가치는 이제 개인이 태어나면서부터 기적적으로 부여받았다고 하는 권리들과 더 이상 연관되지 않게 된다. 개인의 가치는 "그가 소유하고 있는 기업을 통해, 즉 모든 것이 부여되어 있고 결정되어 있으며 기입되어 있는 권리의 세계에 만족하지 않고 교역을 통해 자기 자신의 가치를 증식시켜야 하는 유동적 세계에 속한다"[27]는 것이다.

밥 오브레의 논의에서 흥미로운 점은, 그가 이러한 새로운 인간상을, "자주적으로 관리되는 자기 기업의 발전"[28]이라는 새로운 형태의 지혜에 도달하기 위해 개인들이 운용하는 실천적 기술의 총체와 결부시킨다는 것이다. 만약 "자기 자신의 기업이 즉각적으로 자명한 것이 아니라면", 새로운 훈련들이 "개인을 지원하는 치료적 접근에 실용적 전략과 도구를 제공함으로써 그것을"[29] 대신해야 한다. 왜냐하면 중요한 것은 진정한 자기수련이기 때문이다. "그러므로 자기 자신의 기업의 진정한 작업은 자기 자신에게 가해지고 타인을 위해 행해지는 작업

27) "L'entreprise de soi, un nouvel âge", op. cit., p. 99 sq.

28) B. Aubrey, *Le travail après la crise*, p. 133 sq.

29) *Ibid*., p. 138.

이다."[30] 오브레는 다음과 같이 구체적으로 말한다. "자기 자신의 기업은 철학도 아니고 이데올로기도 아니다. 그것은 개인들이 기업, 거주구역, 단체, 가족, 네트워크 등과 같은 자신의 삶의 맥락 속에서 진화할 수 있게 유도하는 경험과 도구를 구비하는 활동이다. 그것은 평생에 걸친 발전 테크닉이다."[31]

이것은 각자가 주도해야 하는 행위 속에서 그리고 이 행위를 통해서 '능동적', '자율적' 주체가 되는 법을 배워야 한다는 말이다. 이렇게 그는 자신의 인적 자본을 증식시키고 그 가치를 최대로 끌어올리기 위한 '생활의 전략'을 펼치는 법을 홀로 배워야 한다는 것이다. "자기 자신의 창조와 발전"은 "정체성의 수립, 자기 인적 자본의 발전 그리고 사업 포트폴리오의 관리라는 삼중적 필요에 대처하기 위해"[32] 습득해야 할 "사회적 태도", 전개해야 할 "행동 절차"[33]다. 이런 기업가적 태도는 만인에게 유효해야지 소수의 사장이나 자영업자에게만 유효해서는 안 된다. 각자는 자기 자신의 기업에서 "생활 전략 조언자"의 도움을 받고 유사한 직업교육의 지배하에 놓이게 된다. 이 연수를 통해 개인 각자는 "나와 내 수행능력", "나와 내 행동 방식", "나와 내 성공 시나리오" 등 절차의 다양한 양태에 관한 표준화된 세미나에서 "자기 진단"을 할 수 있게 된다.[34]

---

30) *Ibid.*, p. 198.
31) B. Aubrey, *L'entreprise de soi*, p. 9.
32) *Ibid.*, p. 10.
33) *Ibid.*, p. 10.
34) *Ibid.*, p. 22.

이 신자유주의 자기윤리가 기업에 국한되지 않는다면 그것은 직업적 성공이 인생의 성공과 혼동되기 때문만이 아니라, 훨씬 근본적으로 현대의 경영이 인성, 성격의 성향, 존재 방식, 행동 방식, 게다가 무의식적 동기들까지도 통제하고 평가하는 것에 힘입어 "주체성들을 동원하려" 하기 때문이다.[35)]

경영 담론은 '자기 삶의 당사자로서의 인간의 성숙'을 촉진시키는 것을 목표로 자기가 자기에게 가하는 작업을 제안하는 다수의 테크닉 없이는 행해질 수 없다. 기업 생활은 이미 그 자체가 '교육'으로 간주되고 실천적 지혜 습득의 장으로 간주된다. 그렇기 때문에 정치 및 경제 담당자들 모두가 아주 어릴 때부터 기업 생활에 참여해야 한다고 그토록 주장하는 것이다. 이런 의미에서 기업은 교육 과정을 마련해 거기서 좋은 성과를 낸 자들에게 정당성을 부여하고 그 결과 경영자들은 "현자나 스승에 버금가는 자"[36)]로 여겨지게 되었다고 밥 오브레는 주장한다.

이와 같은 주제계는 고대의 지혜 단련과 수련에 할애된 미셸 푸코와 피에르 아도의 작업을 의식적으로 반복한 것이다. 이러한 실천은 담론에서 제안된 어떤 이상에 근접해 가는 자기를 만들어 내는 실천임을 상기할 필요가 있고 또 그래서 정해진 매 상황 속에서 자신이 해야

---

35) François Aballéa et Lise Demally, "Les nouveaux régimes de mobilisation des salariés"(새로운 직원 동원 체제), in Jean-Pierre Durand et Danièle Linhardt(dir.), *Les Ressorts de la mondialisation du travail*(노동 세계화의 원천), Octares Editions, Toulouse, 2005.

36) Bob Aubrey et B. Tiliette, *Savoir faire savoir*, p.265.

할 일을 자문하는 것을 전제로 하는 실천임을 상기할 필요가 있다. 푸코는 특정한 자기 통치, 요컨대 특정한 주체화는 정치적이고 종교적인 통치 실천의 조건이었다는 사실을 밝혀냄으로써 이 분석을 확대했다. 이것은 고전기 그리스 윤리가 생각했던 것과 같은 도시국가 내에서의 자기 통치와 타자 통치 간의 관계에서 특히 유효하다. 요컨대 자기 자신을 통치할 수 없는 자는 타자를 통치할 수가 없다는 것이다.[37] 고대의 실천과 경영 실천의 **동일시**는 임금노동자들을 교육하는 시장에 더 강력한 상징적 가치를 부여하는 기만적 절차다. 쉽게 확증할 수 있는 것은 기업의 자기 수련이 목표로 하는 것은 주체를 기업과 동일시하는 것, 기업에 총체적으로 연루된 주체라고 우리가 앞서 명명한 바를 생산해 내는 것인 반면, 미셸 푸코가 논하는 '자기수양'culture de soi이라는 실천은 자기 자신과의 윤리적 **거리두기**, 요컨대 모든 사회적 역할과 관련한 거리두기를 목표로 하고 있다. 그럼에도 불구하고 우리는 에릭 페제가 '수행능력의 수련'이라 적절히 명명한 바에 연루되어 있고 이것이 확장일로에 있는 시장을 구축하고 있다.[38]

상이한 테크닉들, 코칭, 신경언어 프로그램밍(NLP)Neuro-linguistic programming, 교류분석(TA)Transactional analysis, 그리고 '학원' 혹은 '지도자'와 결부된 수많은 절차들이 자기 자신과 자기 자신의 감정, 스트레스, 고객이나 협력자 그리고 상사와 하급자와의 관계 최적화를 지향한

37) 이 주제와 관련해서는 플라톤의 『알키비아데스』의 해석에 할애된 콜레주드프랑스 강의들을 읽어 볼 필요가 있다. in M. Foucault, *L'Herméneutique du sujet*, pp. 27~77. [『주체의 해석학』, 심세광 옮김, 동문선, 2007, 64~115쪽. 1982년 1월 6일 강의 후반부.]

38) Éric Pezet(dir.), *Management et conduite de soi, enquête sur les ascèses de la performance* (자기경영과 자기인도, 수행능력의 수련에 관한 조사), Vuibert, Paris, 2007.

다. 이 모든 것들은 자아의 강화를 목표로 하고 자아가 현실에 최적의 상태로 적응하는 것을 목표로 삼으며 어려운 상황에서 자아가 최대한 작업을 수행할 수 있는 수행능력을 갖추게 하는 것을 목표로 삼고 있다. 이 모든 것들은 각기 자기 고유의 역사가 있고 이론이 있으며 각각에 상응하는 제도를 갖추고 있다. 여기서 우리의 관심을 끄는 것은 다만 이들의 공통점이다. 그 첫 번째 양상은 특수한 어휘, 참조해야 할 저자들, 특수한 방법론, 경험적이고 합리적인 논증 방식을 갖춘 심리학적 지식으로 등장한다는 데 있다. 두 번째 양상은 기업 안에서뿐만 아니라 기업 밖에서도 이용 가능할 수 있게 개인들을 기본 원칙들의 총체에 입각해 변형시키는 테크닉으로서 등장한다는 데 있다.

각각의 방식은 도구, 양태, 기술자들의 위계를 갖추고 있다.[39] 이것들이 '자기와 타자의 품행'을 표적으로 삼는 기술들이라는 것, 달리 말해서 타자와의 관계의 효율성 증대를 주된 목표로 삼는 통치성의 테크닉이라는 것을 파악하는 것이 특히 중요하다. 그래서 NLP의 교수법 설명에는 다음과 같이 적혀 있다. "진실을 말할 것이냐 진실이 아닌 것을 말할 것이냐는 중요치 않다. 다른 사람과 가장 효율적이고 건설적인 방식으로 말하는 방식이 무엇인지를 자문하는 것이 중요하다."[40] NLP나 TA가 문제시될 때 소통 규칙들에 대한 최상의 실천적 인식을 통한 '소통의 제어'가 강조되고 있다. 이 방법들은 개인의 수행능력의 요청과 긴밀하게 연관되어 있다. 개인의 수행능력은 판매나 하급자 지

39) 특히 보건 분야에서의 코칭 실천에 대한 비판적 분석과 관련해서는 다음을 참조하라. Roland Gori et Pierre Le Coz, *L'empire des coachs. Une nouvelle forme de contrôle social*(코치들의 제국: 사회 통제의 새로운 형식), Albin Michel, Paris, 2006.

40) Antoni Girod, *La PNL*, Interéditions, Paris, 2008, p. 37.

휘, 취업 절차나 승진 요청에서의 성공을 위한 **설득력**을 포함한다.

코치의 도움을 받든 안 받든, 혼자서 하든 단체로 하든, 기업 내에서 하든 밖에서 하든 관계없이 일정 단계의 명상이나 자기 성찰, 자기 진단을 통해 자신을 더 잘 파악하는 것은 '소통 **과정**'에서 자신이 하는 바와 타자가 하는 바를 더 잘 파악하기 위해서만 의미를 지닌다. TA는 평등한 소통, 다시 말해 동일한 '자아의 상태'에 있는 사람들 간의 소통을 구성하는 법을 가르쳐 "대화 상대자들이 자신들의 화제를 유도하는 심층적인 동기를 실제로 인식하지 못하는 왜곡된 소통을 피하고자 한다".[41] 적절한 정신 상태에 있는 것, 인정의 기호들을 해독하고 발화하는 것, 그리고 특히 소통의 기본 단위인 '타협'을 조정하여 소통 속에서 관계 맺는 '자아의 상태'를 확보하는 것이 그것이다. 자기 '자아의 상태', '삶의 시나리오', 다양한 '사회적 게임'의 규칙들을 더 잘 이해하는 것, 바로 이것이 소통법을 이해하고 그래서 소통 자체를 제어하는 것이다. 동일한 방식으로 NLP은 타자와의 동기화 훈련, 즉 언어적이거나 비언어적인 다양한 매개변수들의 일치를 통한 관계 수립을 목표로 하는 기술을 제안해 '페이싱과 리딩'pacing and leading의 원리에 따라 타자를 '인도할' 수 있게 한다.

제안된 절차들은 '실용적'이다. 이 절차들은 지배적 통설의 용어로 말해서 '해결 지향적'이다. 이 절차들은 이유를 말하기보다는 '작동 방식'을 말하는 것을 목표로 한다. 이런 유형의 담론에서 발견되는 정식들의 양식은 이런 식이다. "펑크의 원인이 되는 못을 발견하는 것은 바퀴를 교환하는 방식에 대해 아무것도 말할 수 없다." 유행하는 또 하

41) TA 교육 사이트 www.capitecorpus.com.

나의 정식에 따르면 이 절차들의 장점은 "사람들이 자신들이 원하는 것이 무엇인지를 안다는 조건하에서 진정으로 원하는 것을 획득하기 위해 필요한 일을 하는 것이다".[42] NLP에 부여된 가장 잘 고안된 규정들 가운데 하나는, 관건이 되는 바를 잘 요약하고 있다. 즉 "NLP는 우리가 그것을 적용하기로 결정한 다양한 영역들 내에서 수행능력의 효율성을 목표로 하는 인간과학들의 접근법이다. 본질적으로 실용적인 NLP는 효과적으로 소통하고 명확한 목표들을 고안하여 도달하기 위해 필요한 구체적인 수단들을 부여한다"[43]는 것이다. 이를 위해 동원되는 심리학 이론은 항시 실천적 용례에 의해 결정된다. 그 결과 여기서는 소통의 효율성과 관련된 화용론이 논의될 수 있다. 이 화용론에서 자아가 자신의 감정을 제어하는 것은 단순한 수단에 불과할 뿐이다(덧붙여 말하자면 이것은 이 모든 담론들 내에서 넘쳐나는 '자기제어'의 이상에 대한 언급의 정확한 위치를 복원시켜 준다[44]). NLP의 모든 원리는 개인을 더 효율적으로 만드는 것을 목표로 하고 자기 설득 작업에서 시작하려고 한다. 이 자기 설득 작업을 통해 개인은 각자 자기 자신 안에 '자원'을 갖고 있다고 생각해야 한다. 즉 "우리 각자가 자기향상과 그것을 달성하는 데 필요한 자원과 문제들을 해결하는 데 필요한 자원을 갖고 있다고 가정하는 것은 책임의식과 자립성을 북돋우고 자기존중의 발전에 필요한 근본적 매개물을 구축한다."[45]

---

42) NLP 사이트 www.france-pnl.com.

43) A. Girod, *La PNL*, p. 13.

44) 이러한 관점에서 enkrateia 혹은 욕망에 대한 투쟁을 통한 자기 자신에 대한 절대적 지배권은 고전기 시대부터 극기와 정의의 이상의 위치에 정렬되었다. 이것은 우리를 '경영관리'와 가장 거리가 먼 곳에 위치시킨다.

45) A. Girod, *La PNL*, p. 21.

통치성의 이러한 테크닉들은 가장 방대하고 또 확실히 가장 영리적인 직업 세계에서 그 적용 영역을 발견해 낸다. 타인들과의 '개방적이고' '긍정적인' 관계는 생산성의 조건이다. 모든 것이 달려 있는 기업 내부의 관계는 전적으로 심리학적인 차원에서 이해된다. '개인의 발전', 노동에서의 최상의 의사소통, 기업의 총체적 수행능력은 긴밀하게 연관되어 있다고 근본적으로 가정되는 것이다. '개인의 잠재력 발전'이 품질을 향상시키고 고객을 만족시키는 최적의 수단으로 간주된다. NLP는 변화가 불가피한 세계적 경쟁의 맥락에 기업이 "적응하고 변화를 유도하는 모델"로 제시된다. 경영인들을 상대로 하는 이 기술들은 경영인들이 타인들의 '잠재력'과 '자기신뢰', '자기존중'을 강화함으로써 타인들을 관리해 가는 작업을 돕는 것을 목표로 한다. NLP는 기업 경영진이 "그들의 카리스마와 리더십을 강화하게" 해준다고 약속한다. 우선 NLP는 경영자를 둘러싸고 있는 사람들이 어떻게 기능하는지를 알 수 있게 해주고 이러한 인식을 중심으로 공통의 목표를 향해 에너지를 유도할 수 있게 해준다. 즉 "NLP는 의사소통상에서의 효율성을 통해 경영자에게 효과적인 도구들을 제공하여 그의 팀원들이 고객 만족을 위한 동기부여를 할 수 있게 만든다." 스스로 명확한 목표를 부여하기, 인간관계를 이해하여 "동기부여의 원동력을 활성화하기", 성공의 관건이 되는 기업 내 직원들 간 의사소통 향상시키기(기업 내 원활하지 않은 의사소통은 에너지를 분산시킨다), 적절히 "피드백을 관리하여" 직원이 하는 일을 효율적으로 파악하고 직원이 자신이 하는 일을 향상시키게 하기. 바로 이것들이 NLP가 효율적 경영을 위해 기여한 것들의 일부다.[46)]

'영혼의 관리'와 기업의 관리

이 모든 자기변형의 실천적 훈련은 모든 복잡성과 경쟁의 무게중심을 개인 쪽으로 이동시킨다. 발레리 브뤼넬이 다시 사용한 라캉의 표현에 따르면 '영혼의 관리자'는 업무에서 요구되는 일정한 행동 양식과 일정한 주체성을 주체들이 기꺼이 받아들이게 만듦으로써 주체들을 인도하는 것을 목적으로 하는 새로운 통치성의 형태를 도입한다.[47] 진부하게 사용되는 판에 박힌 표현에 따르면, 만약 각자가 신속히 대응하고 혁신하며 창조하고 '지구화된 경제의 복잡성을 관리'하기 위해 자신들의 자질을 발전시켜야 한다면 그것은 이상적으로는 각자가 경영자이기 때문이라는 것이다. 각자는 문제들을 해결하기 위해 이 경영자를 신뢰해야 한다. 자기제어와 의사소통 관계는 그 누구도 이제 더 이상 통제할 수 없는 지구적 상황과 같은 것으로 간주된다. 경제적이고 과학기술적인 절차들을 지구적으로 통제할 수 없다면 각자의 행동은 계획될 수도, 기술될 수도, 규정될 수도 없다. 자기제어는 불가능한 세계제어에 일종의 보상으로 주어진다. 개인은 유일하다고 말할 수는 없지만 복잡성의 최상의 통합자이고 또 불확실성의 최고의 배우라는 것이다.

그러므로 '자기에게 가하는 작업', '자기실현', '자기 책임화'가 문제라 해도 이것은 자기 외부의 그 어떤 심급이나 수순과도 관계 맺지

---

46) www.france-pnl.com의 'PNL et business' 페이지에서 발췌한 인용문.

47) Valérie Brunel, *Les managers de l'âme. Le développement personnel en entreprise, nouvelle pratique de pouvoir?*(영혼의 관리자: 기업에서의 개인의 발전, 새로운 권력 행사?), La Découverte, Paris, 2004(rééd. Poche 2008).

않은 채 자신만을 대상으로 삼는 일종의 주체의 자기폐쇄를 의미하는 것이 결코 아니다. 미셸 푸코와 더불어 이것을 논의해 본다면 여기서 '자기돌봄'[자기배려]—그런 것이 있다면—은, 자기가 돌봄[배려]의 대상이자 목적이 아니라는 의미에서 자목적적이지 않다.[48] 요컨대 일정한 자기관계를 만들어 내기 위한 목적으로만, 즉 오직 자기를 위해서만 자기 자신에게 작업이 가해지는 것이 아니라는 말이다.

게다가 푸코의 해석이 납득시키려 했던 것과는 다르게, 피에르 아도는 헬레니즘 시대(기원후 1~2세기)의 '자기수양'은 세계의 일정한 질서, 우주에 내재하는 이성과 관련되고 그 결과 내면화 운동은 여기서 자기 초극이자 보편화였다고 강조한 바 있다.[49] 어떤 면에서 '수행능력의 수련'은 이 논리를 벗어나지 못한다. 물론 이 질서는 더 이상 스토아주의 '자연'의 질서도 아니고, 청교도 윤리의 '세계 내 수련'이 매달리던, 창조주의 의지에 의해 만들어진 질서도 아니다. 하지만 그럼에도 불구하고 이 '수련'은 개인을 초극하는 경제 질서에서 궁극적인 정당화를 발견할 수 있다. 왜냐하면 경제는 개인의 품행을, 개인을 뒤덮고 있는 세계적 차원의 경쟁이라는 '우주적 질서'와 일치시키기 위해 구체적으로 고안되었기 때문이다. 확실히 개인은 자기 자신의 수행능력을 향상시키기 위해 자기 자신에게 작업을 가한다. 하지만 개인은 기업의 수행능력을 향상시키기 위해 자기 자신의 수행능력을 향상시킨다. 기업이 바로 준거의 실체를 구성한다. 더욱이 주체의 품행에 향

48) M. Foucault, *L'Herméneutique du sujet*, p. 81. [『주체의 해석학』, 118~119쪽.]
49) Pierre Hadot, "Réflexions sur la notion de 'culture de soi'"('자기수양' 개념에 대한 성찰), in *Exercices spirituels et philosophie antique*(영적 수련과 고대철학), Albin Michel, Paris, p. 330.

상을 가져다준다고 상정되는 수련들은 개인을 기업 세계와, 더 나아가 세계시장이라는 '대우주'와 완벽한 조화를 이루는 '소우주'로 만들려 한다.

결국 기업 전체에 적용되는 효율성의 보편적 규범이, 개인의 수행능력 증대를 목표로 하는 주체성에 가해지는 작업을 통해 개인에게 적용되는 것이 관건이다. 왜냐하면 개인의 복지, 직업적 만족은 이러한 수행능력 증대의 결과로서만 획득되기 때문이다. 주체가 발전시켜야 하는 자질들은 '자기 소개'가 기업의 전략적 관건을 이루고 있는 사회적 공간과 관련된다. 이 사회적 공간에서 확실하게 '개방적이고', '동시적이며', '긍정적이고', '공감적이며', '협동적'이어야 한다면 그것은 개인의 행복만을 위한 것이 아니다. 그것은 우선 '협력자들'로부터 그들에게 기대되는 수행능력을 획득하기 위해서인 것이다. 도덕적인 동시에 심리학적인 주제계의 조작에서 뭔가 도착적인 것이 발견된다. 왜냐하면 사람들은 효율적 도구로서 주체에 관심을 기울이고 또 그에게 일정하게 '곧은' 행실을 보이라고 명령하기 때문이다. 게다가 전적으로 주체성의 관리의 성격을 띠고 있는 외관과는 대조적으로 기업 세계에 심리학적인 지식이나 윤리적인 문제계를 적용하는 것은 중요하지 않다. 반대로 심리학과 윤리에 의거해 그 자체가 기업 통치에 속하는 자기통치의 테크닉들을 구축하는 것이 관건이다.

바로 이것이 미국의 심리학자로 '인간상호관계의 근본방향설정'(FIRO)을 만들어 내고 『인적 요소: 자기평가, 생산성 그리고 그 결과』라는 저서에서 다음과 같이 쓰고 있는 윌리엄 슈츠William Schutz 이론의 토대다. "나는 내 자신의 삶—내 품행, 내 사유, 내 감정, 내 감각, 내 추억, 내 약점, 내 질병, 내 신체 등 모든 것—을 선택하거나 그렇지 않으면 내가 선택할 수 있음을 모르기를 선택하거나 한다. 나는 내 삶의 총체를 선택할 경우 자율적일 수 있다."[50] 달리 말해서 우리가 세계를 변화시킬 수 없음에도 불구하고, 자기 자신을 만들어 낼 여지는 있다는 것이다. 기업도 세계도 변화될 수 없으며 이것들은 손댈 수 없는 소여라는 것이다. 모든 것은 주체의 해석과 반응의 문제다. 윌리엄 슈츠는 또 이렇게 쓴다. "스트레스는 '스트레스를 주는 사람'으로부터 결과되는 것이 아니라 내가 그들의 명령들을 해석하고 반응하는 방식으로부터 결과된다."[51] 자기 테크닉과 선택의 테크닉이 완전히 혼합된다. 주체가 자신의 선택을 분명하게 의식하고 제어할 경우 그는 자기 자신에게 일어나는 것에 대해 분명하게 책임질 수 있다는 것이다. 전 지구적 성격으로 인해 통치 불가능하게 되어 버린 세계의 '무책임성'과 자신의 운명이나 성공할 수 있는 수행능력, 행복해질 수 있는 수행능력과 관련해 개인이 갖는 무한 책임성은 상관관계에 놓이게 된다. 과거에 구애받지 않고 긍정적 예측에 열중하며 타인과 효율적인 관계를 맺는 것, 요컨대 신자유주의적으로 자기 자신을 관리하는 것은, 항상 더 많은 자기를 요구하는 경쟁력 있는 자아를 스스로 만들어 내는 데 있다. 그리고 이 경쟁력 있는 자아의 자기 존중은 역설적으로 이미 완수된 성과에 대해 자신이 느낄 수 있는 불만족으로 인해 더 커진다는 것이다. 경제적인 문제들은 조직화의 문제로 간주되고 이제 이 조직화의 문제는 불만족스러운 자기 제어 및 불만족스러운 자기와 타자와의 관

50) 이 구절은 브뤼넬(Valérie Brunel)이 『영혼의 관리자』(*Les managers de l'âme*)에서 인용한 구절이다. W. Schutz, *L'Élément humain, Comprendre le lien entre estime de soi, confiance et performance*, Interéditions, 2006.

51) *Ibid.*

계의 제어에 결부된 심리학적 문제로 환원된다. 효율성의 원천은 자기 내부에 있는 것이지, 외적 권위에서 오는 것이 아니라는 것이다. 심층의 동기를 찾아내기 위해서는 심리 내적 작업이 필요해진다. 사장은 이제 더 이상 명령할 수 없고 동기를 일깨우고 강화하고 지지해야 한다. 경제적이고 재정적인 강제는 이렇게 **자기** 강제와 **자기** 죄의식으로 변형된다. 왜냐하면 우리 자신이 우리 자신에게 일어나는 일의 유일한 책임자이기 때문이다.

확실히 자기에 대한 새로운 규범은 성숙의 규범이다. 요컨대 성공하려면 자기 자신을 알고 사랑하는 것이 좋다. 여기로부터 모든 성공의 관건인 **자기 존중**이라는 마술적 표현에 대한 강조가 따라 나온다. 하지만 자기 자신이 되고 있는 그대로의 자기를 사랑하라는 명령과 관련된 이 역설적인 말은 정당한 욕망을 질서화하는 담론 내에 편입된다. 경영은 부드러운 말들 속에 있는 경직된 담론이다. 경영 고유의 효율성은 어휘적, 방법론적, 관계적 합리화와 관련되어 있고 주체는 이 합리화 안에 들어가도록 명령받는다. "개인을 발전시킨다"고 주장하는 이 방법들과 함께 우리는 본질적으로 경영적인 절차와 전적으로 상업적인 상품들과 연관되게 된다고 발레리 브뤼넬은 강조한 바 있다. 그 기술적 절차, 그 프레젠테이션 도식, 그 전문가와 실무자 간의 분업, 그 표준화되어 전승 가능한 규칙들, 그 '사용설명서', 그 판매 수단, 그 설득 방법은 그 자체가 인증된 대량 소비 상품으로 간주되고 또 그렇게 팔리는 인적 '테크놀로지'의 다양한 양상들이다. 이것들은 제값을 하는 고부가가치 상품이 관건이라고 생각하게 만들 정도로 정교한 지적 상품들이지만 단순하게 사용할 수 있고 신속한 결과를 내는 도구들이기도 하다.

게다가 이 자기관리는 '자기계발' 시장에서 대규모 과점 기관들과 틈새 시장을 개척하고자 하는 소규모 업자들을 동원하는 치열한 비즈니스의 대상이 된다. 자기관리의 상업적 팽창은 놀랄 만한 것이 아니다. 이러한 자기관리 기술이 삶의 모든 영역에 걸쳐 전면적인 인격 '개조'를 목표로 한다는 사실에 유념할 필요가 있다. 그리고 그렇게 하는 데는 두 가지 상보적인 이유가 있다. 개인의 삶의 모든 영역이 잠재적으로 기업을 위한 간접적인 '자원'이 된다. 왜냐하면 개인의 삶의 영역은 개인에게는 자신의 수행능력을 향상시키는 계기가 되기 때문이다. 그러므로 단지 '노동하는 인간'만이 아니라 **주체성 전체**가 이러한 관리 방식에 소환된다. 그리고 기업이 신체적이며 미학적이고 관계적이며 품행적인 기준들, 요컨대 점점 더 '개인적인' 기준들에 따라 채용하고 평가함에 따라 더욱 그렇다.

리스크: 실존의 영역과 강제된 삶의 양식

새로운 주체는 이 '인적 자본'의 소유자로 간주된다. 주체는 비용과 이익과 관련된 책임 있는 계산으로 성숙된 현명한 선택을 통해 이 자본을 축적해야 한다는 것이다. 삶에서 획득된 결과는 오직 개인의 소관인 일련의 결정과 노력의 결실이고, 실패할 경우 선택적 보험 계약에 포함된 보상 이외에는 특별한 어떤 보상도 요구할 수 없다. 경제적 자원과 사회적 지위의 분배는 성공했건 실패했건 간에 전적으로 개인적 실현의 결과로 간주된다. 기업가적 주체는 자신의 삶 전반에 걸쳐 피할 수 없는 중대한 리스크에 노출된다. 왜냐하면 이 리스크의 관리는 순전히 사적인 결정에 속하는 것이기 때문이다. 자기 자신의 기업이라는 것은 전적으로 **리스크** 속에서 사는 것을 전제로 한다. 밥 오브레는 양자 간의 긴밀한 상관관계를 설정한다. 요컨대 "리스크는 자기 자신의 기업 개념에 속하는 것이다." "자기 자신의 기업은 내일 어떻게 될지 모르는 세계 속에서의 대응성과 창조성이다."[52]

이러한 차원이 새로운 것은 아니다. 오래전부터 시장 논리는 매상 감소, 적자, 파산의 위험과 연관되어 있었다. 리스크의 문제계는 '시장의 리스크들'과 불가분의 관계에 있었고 중세 말부터 보험 관련 테크닉들에 의거해 이 리스크들을 방지해야 했다. 새로운 점은 그때까지 오직 기업가들에 한정되었던 일정한 양식의 경제적 삶이 보편화되었다는 것과 관계가 있다. 금융가이자 중농주의자였던 리샤르 캉티용은 18세기 초부터 '확실한 담보를 가진 사람들'과 '불확실한 담보를 가진 사람들', 다시 말해 '기업가들'을 구별해야 한다는 '인류학적' 원칙 같은 것을 확립했다.

> 한 국가에 거주하는 모든 주민 전체를 대상으로 하는 분야 내에서 행해질 수 있는 이 모든 추리와 또 다른 무수한 추리를 통해 군주와 지주를 제외한 한 국가의 모든 주민들이 의존적이라는 사실, 이들이 두 계급, 요컨대 기업가와 담보할 것을 갖고 있는 자로 분할된다는 것, 그리고 기업가는 담보가 불확실하고 다른 모든 사람들은 그들의 직분이나 위계의 편차가 지극히 큼에도 불구하고 그들이 그것들을 향유하는 시간 동안은 담보가 확실하다는 것을 확증할 수 있다. 봉급이 있는 장군, 수당을 받는 궁신, 담보물이 있는 하인은 후자의 계열에 속한다. 나머지

52) "L'entreprise de soi, un nouvel âge", *loc. cit.*, p. 101.

모든 사람들은 자신들의 기업을 관리하기 위해 자본을 가지고 개업을 하든 어떤 자본도 없이 자기 자신의 노동을 통한 기업가들이 되건 간에 기업가들이며 불확실하게 산다고 간주된다. 걸인과 도둑은 이런 부류의 기업가들이다.[53]

이제 걸인과 도둑을 포함한 모든 개인들이 '불확실한 담보를 가진' 자들이 된다. 경영자 집단에 의해 적극적으로 조장되는 정치 전략의 내용이 바로 여기에 있다. 용감한 지배자들인 '리스크 애호가들'과 겁 많은 피지배자들인 '리스크 혐오자들'이라는 두 부류의 인간들의 대립은, 게다가 프랑스 경영자 집단과 관계를 맺은 두 이론가인 프랑수아 에발드François Ewald와 드니 케슬러Denis Kessler에 의해 찬양되었다.[54] 이 두 이론가들에 따르면 모든 '사회의 재건'은 최대 다수의 개인들을 '리스크 애호가'로 변화시키는 것을 전제한다. 몇 년 후 프랑스 경영자 집단 책임자인 로랑스 파리조Laurence Parisot는 훨씬 더 직설적인 방식으로 "생명, 건강, 사랑이 불안정한데 왜 노동이 이 법칙으로부터 벗어나야 하는가?"[55]라고 말하기까지 한다. 실정법들이 불안정성이라는 이 새로운 '자연법'에 따라야 한다는 주장을 어떻게 이해해야 할까? 이러한 담론에서 리스크는 존재론적 차원으로 주어지고 각 개인에게 생기를 불어넣는 욕망의 분신이다. 자신의 욕망에 따르는 것은 리스크를 감수하는 것이 된다.[56]

---

53) Richard Cantillon, *Essai sur la nature du commerce en général*(일반적인 상업의 본성에 관한 시론), Londres, 1755, pp. 71~72.

54) 이 점과 관련해서는 이 책의 10장 주 75를 참조하라.

55) *Le Figaro*, 30 août 2005.

이런 관점에서는 '불확실하게 사는 것'이 자연적인 상태처럼 보일지 모르지만, 실제 실무 현장에 조금만 있어 보면 사태는 완전히 다른 관점하에서 나타나게 된다. '리스크의 사회'에 대해 논할 때는 그 말을 잘 이해할 필요가 있다. 사회적 국가는 의무적인 사회보험의 형태로 임금노동자의 상황과 관련된 상당수의 직업적 리스크를 다루었다. 이제 리스크의 생산과 관리는 완전히 다른 논리에 따른다. 사실상 문제가 되는 것은 국가가 아니라 점점 수가 늘어나고 강력해지는 기업들에 의해 관리될 수 있는 개인화된 리스크의 사회적이고 정치적인 생산이다. 기업들은 철저하게 개인화된 '리스크 관리' 서비스를 제안한다. 자신이 속한 사회집단의 상호부조 형태와 공공 연대의 메커니즘을 점점 더 신뢰하지 못하는 개인들을 만들어 내는 것이 관건이기 때문에 '리스크'는 명실상부한 상업적 영역이 되어 버렸다. 리스크의 주체가 만들어지는 것과 동일한 방식과 동일한 보폭으로 사보험의 주체가 만들어진다. 정부가 사회화된 의료보장을 축소하고 그 관리를 개인화된 논리에 따라 기능하게 되어 있는 사보험회사, 상호금융 혹은 상호부금으로 이관하는 방식은 진정한 하나의 전략이 문제라는 것을 확증하게 해준다.

---

56) 이 구체적인 사항과 관련해 울리히 벡이 고전 자유주의의 이해관계의 존재론과 현대 자본주의의 리스크의 존재론, 이해관계에 의해 지배되는 부르주아 사회와 리스크에 의해 지배되는 현대 사회를 단정적으로 대립시킨 것은 옳지 않다(Ulrich Beck, *La société du risqué*, Aubier, 2001, p. 135). 반면에 이 위험 혹은 위험 의식으로서의 '리스크'에 대한 강박관념에 대한 현재의 주장을 강조하는 것은 아마도 옳은 것 같다. 하지만 그렇다고 해서 그가 그렇게 하듯이, 이러한 주장을 이제 사회에 통합된 자연에 대한 기술적 지배 내에서 발생한 중대한 변동과 결부시킬 필요가 있을까? 게다가 바로 이것이 그가 자신의 저서의 제2부에서 해명하려고 하는 바이기도 하다.

게다가 바로 이것이 울리히 벡의 연구와 그의 저서 『리스크 사회』로부터 유념해야 할 바이기도 하다. 울리히 백은 선진자본주의가 삶의 집단적 차원을 본질적으로 파괴한다고 생각한다. 선진자본주의는 이전의 전통적인 구조들, 그 중에서도 우선적으로 가족을 파괴할 뿐만 아니라 사회계급과 같이 자신이 만들어 내는 데 기여했던 구조들을 파괴한다는 것이다. 모든 형태의 사회적 위기들을 개인적 위기들로 자각하게 만들고 모든 불평등을 개인의 책임과 결부시키는 철저한 개인화가 목격된다는 것이다. 현행 선진자본주의는 "외적 원인들을 개인의 책임으로 변환시키고 시스템과 결부된 문제들을 개인적인 실패로 변환시킨다".[57] 울리히 벡이 "시장에 의해 매개되는 자기 생계의 주체"라고 부르는 자는 전통과 집단적 구조로부터 '해방된 개인', 자신에게 자리를 지정하던 신분으로부터 '해방된 개인'이다. 이제 이 '해방된' 존재는 "자기 자신을 참조의 준거로 삼는다". 요컨대 자기 스스로 사회적 기준들을 갖춰야 하고 한없는 사회적, 지리적 이동성을 통해 사회적 가치를 획득해야 한다. 시장을 통한 이러한 개인화가 새로운 것은 아니지만 울리히 벡은 이 개인화가 오늘날 더 철저해졌다는 것을 잘 보여 주고 있다. '복지국가'는 공동체의 구조를 사회보장 수당의 지불 '창구'로 대체함으로써 상당히 애매모호한 역할을 담당했다. 이 장치는, 그 보장이 논리적으로 '사회화된' '사회적 리스크'의 구성에서 중요한 역할을 담당했다. 하지만 그 재정 확보 방식과 분배 원칙은 사실상 이 '사회적 리스크'가 그 원인(실업)이나 결과(노동력의 건강 상태)의 측면에서 경제와 사회의 기능 방식의 소관이라는 것을 보여 주었다.

---

57) *Ibid*., p. 161 et p. 202.

리스크와 관련된 새로운 규범은 '운명의 개인화'의 규범이다. '리스크'의 확장은 리스크의 속성의 변화와 일치한다. 리스크는 사회적 국가의 이러저러한 정책이 담당하는 '사회적 리스크'가 아니라 점차 '삶의 리스크'가 되어 간다. 앞에서 문제가 되었던 개인의 무한 책임이라는 전제에 의거해 주체는 이 리스크의 책임자이자 이 리스크와 관련된 보험의 책임자로 간주되게 된다. 우리는 여기서 주체가 '적극성'을 보여야 하고, 자기 자신의 리스크의 관리자여야 한다는 발상을 발견할 수 있고 결과적으로 고용, 건강, 교육과 관련해 **적극적이고 능동적인** 품행을 자극하고 수반하는 것이 바람직하다는 발상을 발견할 수 있다. 프랑수아 에발드와 같은 새로운 경향을 가진 몇몇 이론가들에게 개인화된 리스크 사회는 '정보 사회'를 전제로 한다. 요컨대 공권력과 기업의 역할은 노동시장, 교육체계, 환자들의 권리 등과 관련해 신뢰할 수 있는 정보를 제공하는 데 있다는 것이다.[58]

여기서 합리적 주체의 '자유로운 선택'에 기초한 시장의 규범과, 최적의 선택을 위한 조건이라 할 수 있는 사회 작동 방식의 '투명성' 간의 이데올로기적 상보성이 발견된다. 하지만 이것은 무엇보다도 정보 **공유**와 리스크 **감수**를 동일시하는 메커니즘을 설정하는 것이다. 개인이 자신의 선택에 필요한 정보에 접근할 수 있는 수행능력이 있다고 가정하는 순간부터 그 무릅쓴 리스크의 책임은 전적으로 개인에게 있다는 것을 상정해야 한다. 달리 말해 상업적이거나 사법적 유형의 정보 장치 설정으로 인해 치료 혹은 수술을 '선택하는' 환자에게, 직업교

58) "Entretien avec François Ewald"(프랑수아 에발드와의 인터뷰), *Nouveaux Regards*, no. 21, printemps 2003.

육을 '선택하는' 학생이나 '실업자', 저축 방식을 '선택하는' 장래의 퇴직자, 여행 코스의 조건을 받아들이는 여행자 등에게 리스크를 전가하는 것이 가능해진다. 그래서 우리는 지표와 '인기 순위표'의 설정이 얼마나 신자유주의적 주체화 방식으로부터 기인하는 것인가를 이해할 수 있다. 요컨대 그것이 의학적 결정이든 학업적 결정이든 직업적 결정이든 간에 모든 결정은 완전히 개인의 소관이라는 것이다. 개인이 자신의 인생의 흐름, 결혼, 번식과 죽음을 제어하고자 열망하는 한 이것이 개인에게 영향을 주지 않을 수 없다는 사실을 상기할 필요가 있다. 하지만 모든 일은 마치 이 '개인주의적' 윤리가 결코 '자연적'이지 않은 리스크의 전가 메커니즘을 통해 모든 비용을 주체에게 부담시키는 계기가 되는 식으로 발생한다. 사실 이러한 전략은 삶의 선택과 관련된 개인적 선택의 열망으로부터 출발해 리스크 전반을 삶의 선택으로 재해석하려 한다. 밥 오브레는 이러한 변화를 아주 잘 정식화했다. "리스크는 지극히 개인적인 미시적 리스크가 되어 버렸다. 내가 직업을 갖는 순간부터 이 직업은 리스크를 갖는다. 내가 건강을 갖고 있는 그 순간부터 이 건강은 리스크를 수반한다. 내가 부부관계를 유지하는 순간부터 이 부부는 리스크를 동반한다."[59]

'책임성'(accountability)

기업적 통치의 혁신성은 개인의 책임과 자기통제에 기초한 관리의 지극히 일반적이고 다영역적이며 체계적인 성격에 있다. 이와 같은 책

59) "L'entreprise de soi, un nouvel âge", *loc. cit.*, p. 100.

임 수행능력은 후천적으로 획득된 것으로 간주되는 것이 아니라 강제된 것들의 내면화로부터 결과되는 것으로 간주된다. 개인은 자신과 맺는 관계를 기술技術적으로 합리화함으로써 내적으로 자신을 통치해야 한다는 것이다. '자기 자신의 기업가'라는 것은 자기 자신의 사회적이고 작업적인 성공의 도구를 스스로 만들어 낸다는 것을 의미한다. '트레이닝'과 '코칭'이라는 테크놀로지에 의존하는 것만으로는 충분치 않다. 감사, 감시, 평가와 같은 테크닉의 확립이 목표로 하는 것은 이와 같은 개인의 자기통제와 수행능력의 향상이다. 효율적인 주체성의 코치가 각 개인을 "자기 자신의 전문가"[60]로 만드는 것을 목표로 한다면 거기서 핵심적인 것은 에릭 페제가 잘 파악했듯 책임질 줄 아는 사람을 만들어 내는 것이다. 수행능력이 있는 이러한 자아를 생산해 내는 기술은 많은 준비 단계나 교정의 시퀀스와 같은 이러한 통제 방식과 긴밀하게 결부되어 있다.

현재 통용되고 있는 이 영어 표현의 다양한 의미들을 추적해 보면 그것은 개인이 자기 자신에 대해 전적으로 책임질 수 있는 동시에 타자들에게 자신의 행동들을 책임질 수 있어야 하며 완전하게 계산 가능해야 한다는 것을 의미한다. 에릭 페제가 쓰고 있듯이 "'개인의 책임화'는 개인을 책임자로 만들 뿐 아니라 인사관리 업무와 경영자가 제공하는 척도에 입각한 그의 행동의 책임자로 만들기도 한다".[61] '평가'는 개인의 '수행능력'을 자극함으로써 품행을 유도하는 일차적 수단이

60) Valérie Brunel, *Les Managers de l'âme*, op. cit.

61) É. Pezet, et al., *Management et conduite de soi. Enquête sur les ascèses de la performance*, p.8.

되었다. 평가는 결과를 감정하는 위치에 있는 위계상의 상급자가 행사하는 권력관계, 요컨대 평가받는 자들을 **책임질 줄 아는 주체로 주체화**하는 효과를 갖는 관계로 정의될 수 있을 것이다. 평가에 입각해 심사받는 것을 수용하고 평가의 결과에 따르는 것을 받아들이면서 주체는 이렇게 매 순간 평가 가능한 주체, 다시 말해 평가자와 그가 사용하는 도구에 자발적으로 복종할 줄 아는 주체가 되고, 또 그와 동시에 평가자의 권한과 그가 사용하는 도구의 유효성을 사전에 인정하도록 교육받는다.

그러므로 신자유주의의 주체는 벤담적 주체가 아니다. 주지하듯 벤담적 주체는 계산하는 자이기 때문에 계산을 통해 지배 가능한 주체다. 그러나 이제는 고전 공리주의에서처럼 사법적 틀과 만인이 알고 있는 '간접적 법제화' 조치의 총체를 운용해 각자가 최선의 계산을 하게 만드는 것만이 관건이 아니라, 개인에 훨씬 더 근접한 도구(직속 상관), 훨씬 더 항상적인 도구(활동의 연속적 결과), 훨씬 더 객관적인 도구(정보과학적 기록을 통해 획득된 양적 계측)를 사용하는 것이 관건이 된다.

신자유주의적 주체는 행정 분류 체계 내에 위치 설정이 가능한 인간, 질적 기준에 따른 범주들 내에 분포될 수 있는 인간, 사적이고 공적인 관료제의 방대하고 치밀한 도표의 칸에 배치할 수 있는 인간이 이제 더 이상 아니다. 이 과거의 '조직의 인간'은 상대적으로 예측이 가능한 경력의 측면에 따라, 자신의 지위, 학력, 직능의 격자 내에서 자신의 위치에 따라, 자신의 이해득실과 관련해 그가 할 수 있었던 계산의 도움을 받았다. 과거의 관료주의적 평가 체계는 등급 체계 내에서의 개인의 위치와 그의 개별적인 효율성 간의 통계학적 확률에 의거했었다. 이제 개인의 효율성을 그의 직위, 학력, 지위, 축적된 경력을 통해, 다시 말해 등급 체계 내에서 그가 점유하는 위치에 따라 더 이상 사전에 평가하려 하지 않음에 따라 모든 것이 변하게 된다. 왜냐하면 실제로 수행된 개인의 수행능력이 가장 섬세하고 가장 엄격하게 매 순간 평가받게 되기 때문이다. 신자유주의적 주체는 이제 학업이나 직업 경력 동안 그에게 인정되었던 자격을 통해 수행능력이 결정되는 것이 아니라, 직접 측정 가능한 자신의 노동력의 사용가치에 의해 수행능력이 매겨진다. 이를 통해 우리는 시장 체제에 상응하는 상벌 체계를 부과하려는 이런 형태의 권력이 자기 자신의 기업으로서의 인간 모델을 필요로 한다는 것을 알 수 있다.

재정적 실천과 가장 거리가 먼 영역(정신건강, 교육, 도우미 활동, 사법)까지를 포함한 영역에서 이러한 평가 활동의 모델을 구성하고 있는 이상理想은, 자신들의 활동을 통해 생산된 활동 가치의 책임자로 간주되는 각 팀이나 개인이 생산한 이익을 평가하는 것이다.[62] 기업의 '이익책임단위'Profit center가 따라야 하는 감사를 경제적, 사회적, 문화적, 정치적 활동 전반으로 전치하는 것은 임금노동자의 **재정적 주체화**라는 본격적인 논리를 끌어들인다. 모든 생산물은 '재정적 대상'이 되고 주체 자신은 주주 앞에서 책임이 있는 주식 가치 창출자가 된다.[63]

이 모든 것은 평가를 통해 도입된 주된 변동이 주체와 관련되어 있음을 가리킨다. '자기 자신의 기업'의 생산에 기초한 새로운 테크놀로지들은 임금노동자들이 자신들의 노동에서 확보하고자 열망하는

62) Nelarine Cornelius et Pauline Gleadle, "La conduite de soi et les sujets entreprenants : les cas Midco et Labco", in É. Pezet, et al., *Management et conduite de soi*, op. cit., p. 139 참조.

63) 이 모든 점들과 관련해서는 이 책의 12장을 참조하라.

더 많은 자율에 부응하는 것처럼 보이는 반면, 평가 테크놀로지는 그들의 '경영 사슬'에의 종속을 강화시킨다. 자신의 목표를 달성하도록 압박받는 평가 대상도 타자, 하급자, 고객, 환자 혹은 제자에게 기업의 우선성을 부과하라는 압박을 받는다. 우체국 창구 직원은 은행의 재정 상담사와 똑같이 이런 류의 '상품' 판매를 증대시켜야 한다. 의사 역시도 때로는 돈이 되는 '처방전'을 써 주고, 때로는 최대한 신속하게 환자를 퇴원시켜 병상을 확보해야 한다. 가장 확실한 효과 중 하나는 아마도 '상거래'가 '관계'를 파괴하면서 그 자리를 점점 더 차지하게 되고 타자의 도구화가 타자와 맺을 수 있는 다른 모든 관계 방식을 희생시켜 중요성을 획득하게 되는 것이다. 그러나 더 근본적인 것은 이러한 변형이 산업시대를 특징짓는 장치와는 판이하게 다른 장치에 주체가 적극적으로 참여하도록 요구되는 방식과 관련이 있다는 점이다. 경쟁의 장에서 자기 테크닉은 수행능력의 테크닉인 것이다. 자기 테크닉의 목표는 적응과 통합만이 아니라 수행능력의 강화다.

새로운 장치 '수행능력/향유'

신자유주의 합리성을 어떤 사회나 그 사회의 외적 적용 지점인 개인에 대한 기계적 힘의 부과로 간주한다면 신자유주의 합리성 전개의 범위를 이해할 수 없게 될 것이다. 신자유주의 합리성의 힘은 주지하듯 주체가 자신에게 부과된 게임의 방식에 따라 기능해야 하는 상황을 설정하는 것과 관계가 있다. 하지만 경쟁 환경의 틀 속에서 기업처럼 기능한다는 것은 무엇을 의미하는 것일까? 이것이 어떤 한도 내에서 우리를 '새로운 주체'로 유도하는 것일까? 여기서는 수행능력/향유 장치를 구성하고 효율적인 산업 장치와 비교해 혁신을 보여 주는 몇 가지 요소들만을 염두에 두고자 한다.

새로운 주체는 경쟁과 수행능력의 인간이다. 자기 자신의 기업가는 '성공'하고 '승리'하기 위해 만들어진 인간이다. 경쟁 스포츠는 이상화된 기업주보다 신들과 반신들 그리고 현대의 영웅들을 보여 주는 거대한 사회적 극장으로 존속하고 있다.[64] 설령 스포츠 숭배가 20세기 초부터 포디즘과는 물론이고 파시즘이나 소비에티즘과도 완벽하게 양립할 수 있었다 할지라도, 그것이 어휘의 차용을 통해서뿐만 아니라 보다 결정적으로 경쟁 스포츠의 주체의 의미작용을 변형시키는 수행능력의 논리를 통해 지극히 다양한 실천 속으로 침투해 들어갔을 때는 중대한 변화를 겪게 된다. 이것은 직업의 세계에서도 그렇지만 다른 많은 영역, 예를 들면 섹슈얼리티의 영역에서도 그렇다. 오늘날 성적 실천을 분석하고 자극하며 온갖 종류의 조언을 쏟아붓는 방대한 '심리학적' 담론에서 성적 실천은 모든 주체가 그것을 통해 사회적으로 요구되는 수행능력의 규범에 부합하게 되는 훈련이 된다. 성관계의 빈도와 지속시간, 오르가슴의 질과 강도, 파트너의 다양성과 성격, 체위의 수와 유형, 모든 연령대에서 리비도의 자극과 유지는 상세한 조사와 구체적 권장의 대상이 된다. 알랭 에랭베르가 보여 주었듯 스포츠는 특히 1980년대 이래로 "모든 분야에 걸쳐 행동의 원칙"이 되었고 경쟁은 사회적 관계의 모델이 되었다.[65] '코칭'은 스포츠, 섹슈얼리티, 그리고 노동 간의 항상적 유비의 기호이자 수단이다.[66] 아마도 경쟁력에 관

64) Alain Ehrenberg, *La culte de la performance*(퍼포먼스 숭배), Hachette, 'Pluriel', Paris, 1999 참조.

한 경제적 담론보다도 바로 이 스포츠 모델이 수행능력의 임무를 '자연스럽게 해주었고' 또 전면화된 경쟁에 기초한 일정한 규범성을 대중에게 보급 가능하게 한 것 같다. 문제가 되는 이 장치 내에서 기업은 일반적으로 챔피언과 동일시된다. 기업은 챔피언에게 스폰을 제공하고 챔피언의 이미지를 이용한다. 반면 스포츠계는 주지하듯이 콤플렉스에서 벗어난 비즈니스의 연구소가 된다. 스포츠 선수들은 자기 기업가의 완벽한 화신이다. 그는 공정과 충실을 고려하지 않고 최고입찰자들에게 자신을 파는 것을 일순간도 주저하지 않는다. 하지만 더 나아가 자신의 신체의 유지, 자기 향상, 강력한 감각의 추구, '극한적인 것'에의 매료, 능동적 여가에 대한 취미, '한계'의 이상화된 극복은 스포츠 모델이 서로를 포식하는 '강자들' 간의 오락적 스펙터클로 축소되지 않는다. 소위 '리얼리티쇼'라 불리는 상당수의 티브이 게임 역시 이러한 '생존을 위한 투쟁'을 잘 현시한다. 여기서는 가장 영악하고 종종 가장 냉소적인 사람들이 '살아남게' 된다(「서바이버」라는 프로그램과 이것의 프랑스 버전인 「코란타」*Koh Lanta*는 다른 맥락에서 로빈슨 크루소의 신화와 엄청난 위험 상황에서의 '적자생존'을 재현하고 있다). 이러한 종류의 현대 모험이야기는 확실히 새로운 규범을 급진화하지만 수행능력과 향유를 정확히 분리할 수 없는 그 상상계를 더욱 잘 현시할 뿐이다.

신자유주의의 주체는 '수행능력/향유' 장치에 의해 만들어진다.

---

65) *Ibid*., p. 14. 알랭 에랭베르는 막스 베버가 이러한 경향을 지적했다고 올바르게 다음과 같이 지적한다. "미국에서 그 절정의 현장에서 부의 추구는 오늘날 그 윤리적이고 종교적인 의미에서 벗어나 순전히 대결적 정념과 연관되는 경향이 있다. 이로 인해 부의 추구에는 빈번히 스포츠의 성격이 부여된다."(*Ibid*., p. 176)

66) Roland Gori et P. Le Coz, *L'Empire des coachs*, op. cit., p. 7 sq. 참조.

주체가 처한 상황의 역설적 특징을 수많은 연구가 강조한다. 사회학자들은 있는 그대로를 말하기 위해 '통제받는 자율성', '강제적 연루' 같은 '모순어법'을 많이 사용한다.[67] 하지만 이 모든 표현들은 주체를 통치받는 주체로 구축한 특수한 권력관계의 밖에 있고 그 이전에 있는 주체를 상정한다. 하지만 권력과 주체의 자유를 대립시키지 않을 경우, 통치술이 주체를 완전히 수동적인 대상으로 변형시키는 것이 아니라 주체로 하여금 자신이 하기로 받아들이는 일을 하도록 유도하는 것이라고 주장할 경우, 문제는 새로운 차원에서 제기된다. 새로운 주체는 생산/저축/소비라는 사이클의 주체, 이미 끝나 버린 자본주의 시기의 주체인 것만은 이제 아니다. 과거의 산업적 모델은 노동의 청교도적 금욕주의, 소비의 충족, 축적된 재화의 평온한 향유를 긴장 속에서 연결시켰다. 노동에서 합의된 희생(비효용)은 소득 덕분에 획득될 수 있었던 재화(효용)와 균형을 유지하고 있었다. 앞서 환기했듯이 다니엘 벨은 이러한 금욕적 성향과 소비향락주의 간에 점증하는 긴장, 그에 따르면 1960년대에 와서 그 절정에 이르게 된 이 긴장을 보여 준 바 있다. 그것은 이 긴장을 관찰할 능력은 아직 없는 상태에서 수행능력과 향유를 동일시하는 하나의 장치 속에서 이 긴장을 해결할 수 있는 방법을 모색하는 것이었다. 그리고 그 원리는 '과잉'과 '자기 초극'의 원리다. 왜냐하면 비효용과 효용의 일종의 균형 상태 속에서 자기 자신이 할 줄 아는 것을 행하고 자신이 필요한 것을 소비하는 것은 이제 더

67) 뒤랑(Jean-Pierre Durand)이 *La chaîne invisible. Travailler aujourd'hui: du flux tendu à la servitude volontaire*(보이지 않는 사슬. 오늘날 노동한다는 것: 긴박한 유출로부터 자발적 예속으로), Seuil, Paris, 2004, p. 373에서 강조하듯, 이 역설의 모델은 일찍이 라보에시(Étienne de La Boétie)가 '자발적 예속'이라는 이름으로 말한 바 있는 역설의 모델과 동일하다.

이상 중요하지 않기 때문이다. 새로운 주체에게 요구되는 것은 '늘 더 많이' 생산하고 '늘 더 많이' 향유하는 것, 이렇게 시스템적인 것이 되어 버린 '더 많은 향유'에 직접적으로 접속되는 것이다.[68] 삶 자체가 모든 측면에서 수행능력과 향유 장치의 대상이 된다.

이것은 수행능력을 의무화하는 경영 담론과 향유를 지상명령으로 만들어 버리는 광고 담론의 이중적 의미다. 양자의 긴장관계만을 강조하는 것은 수행능력의 의무와 향유의 의무 간의 등가관계를 망각하는 것이 될 것이다. 그것은 학업과 직업 그리고 인간관계와 성적 측면 등 모든 영역에서 각 주체의 효율성 강화를 목표로 삼는 '늘 더 많이'라는 지상명령을 간과하는 것이 될 것이다. "우리는 챔피언이다."We are the champions 바로 이것이 새로운 기업가적 주체를 위한 주제가다. 나름의 방식으로 새로운 주체의 흐름을 예고한 이 노래 가사에서 "패배자에게 기회는 없다"No time for losers는 경고에 유념해야 한다. 새로운

68) 바로 이 강화와 가속화로 인해 질 들뢰즈와 펠릭스 가타리는 『안티-오이디푸스』와 『천의 고원』에서 리비도의 경제와 분리되지 않는 또 다른 정치경제학에 대한 최초의 발상을 하게 되었다. 이 두 저자에 따르면 자본주의는 생산 시스템의 재생산을 위해 사용된 사회적이고 정치적인 범주들을 넘어서는 욕망하는 유출을 해방함으로써만 작동할 수 있다. 자본주의에 고유한 주체화가 '분열증적'이라고 규정되는 것은 바로 이런 의미에서다. 하지만 자본주의가 '탈코드화'하고 '탈영토화'하는 항상 더 강력한 양의 리비도적 에너지를 해방함으로써만 작동할 수 있음에도 불구하고, 자본주의는 이 에너지를 생산 기계 내에 부단히 편입하려고 애쓴다. "자본주의 기계가 유출로부터 잉여가치를 끌어내기 위해 유출을 탈코드화하고 공리화하면서 탈영토화하면 할수록 관료주의적이고 경찰적인 그 부속 장치들은 전력을 다해 점증하는 잉여가치의 일부를 흡수함으로써 점점 더 재영토화한다."(Gilles Deleuze et Felix Guattari, *L'Anti-Oedipe*, Minuit, Paris, 1972, p. 42) 들뢰즈는 1970년대에 욕망의 도주선을 헛되이 제어하려고 시도하는 '편집증적'인 억압 기계들을 강조한 반면, 이후에는 이 욕망하는 에너지의 유출과 그것을 '통제사회' 내에서 유도하는 장치 간의 관계, '욕망'의 자극을 통한 주체화와 수행능력의 일반화된 평가 간의 관계를 강조한다. Gilles Deleuze, "Cô̂ntrole et devenir", "Post-scriptum sur les sociétés de cô̂ntrole" in *Pourparlers*, Minuit, Paris, 1990.

점이 있다면 패배자는 평범한 자, 본질적으로 패배하는 인간이라는 점이다.

주체와 관련된 사회적 규범이 실제로 변화했다. 균형과 평균이 아니라 최대의 수행능력이 각자가 자기 자신에게 가해야 하는 '구조조정'의 목표지점이다. 주체에게 요구되는 것은 이제 더 이상 경제적 생산과 사회적 재생산에 착수하는 주체의 일상적 규범에 흔쾌히 따르는 그저 '규범적' 인간이 되라는 것이 아니다. 순응주의로는 부족할 뿐 아니라 심지어 그것이 의혹의 대상이 되기까지 한다. 왜냐하면 경영자와 코치가 말하듯 '자기 자신의 초극'과 '한계 극복'이 주체에게 명령되기 때문이다. 경제적 기계로서의 주체는 그 어느 때보다도 더 평형을 유지하며 작동할 수 없게 되었고 더욱이 손실을 내면서는 더욱 작동할 수 없게 되었다. 경제적 기계는 항시 맑스가 '잉여가치'와 동일시한 '초극'과 '잉여'를 지향해야 한다. 자본축적 체제에 고유한 이러한 요구는 그때까지는 그 효과 전체를 전개하지는 못했었다. 주체가 이렇게 연루됨으로써 주체와 기업의 작동 조건이 '자기 초극'의 추구가 될 때 이 일은 성취된다. 자기 자신의 기업 및 인적 자본과 주체를 동일시하는 것의 중요성은 여기로부터 결과된다. 자기 자신, 자신의 삶 속에서의 즐거움, 그저 살아 있다는 사실 등으로부터 '더 많은 향유'를 추출하는 것이 새로운 주체와 새로운 경쟁 시스템을 작동시킨다. '책임 있는' 주체화, '금융적' 주체화가 **자기 자신 위에서 자기 초과를 통한 주체화 혹은 무한한 자기 초극을 통한 주체화**를 최종적으로 규정한다. 이제 전례 없는 주체화의 형상이 그 윤곽을 드러낸다. 이것은 자기 너머를 지향하고 자기 단절이나 자기 포기의 신성화를 내포하는 '**타동주체화**'가 아니다. 정치적이거나 경제적인 유형의 모든 다른 목적으로부터 해방되어 자기와 자기 간에 윤리적 관계에 도달하려고 하는 '**능동주체화**'도 아니다.[69] 이것은 '자기 소유'의 궁극적이고 안정적인 상태가 아니라, 항시 연기되는 자기 너머의 상태를 목표로 설정하고 체질적으로 또 심지어는 그 체제상 기업의 논리에 따르고, 더 나아가 세계시장이라는 '우주'의 논리에 따르는 일종의 '**초주체화**'[70]다.

효율성에서 수행능력으로

[신자유주의의 경제인은] 고전적 경제인과 어떤 차이가 있을까? 영혼은 자신의 감각과 관념과 희망과 동기부여의 물질적 토대인 신체에 지속적으로 의존했었다. 미셸 푸코가 어느 순간 규율[훈육]의 장을 신체의 조련과 관리에 국한시켰던 것처럼 보였다면 그것은 신체의 특성들이 개인들을 관리하는 방식에서나 개인들을 분류하고 배치하는 데 있어 일차적이었기 때문이다. 개인의 신체와 행위를 분배하던 분업화는 말하자면 주체들을 관리하는 패러다임이었다. 모든 고전적 공리주의는, 말을 통해 동기유발의 원동력을 자극할 수 있다는 착상에 이르기까지 이 신체의 우위성에 의해 지배되고 있었다. 유용성의 원리는 신체적 역능에 속하는 모든 것 그러므로 심리적 역능에 속하는 모든 것이 최대한도로 남김없이 활용돼야 한다는 착상에 근거했다. 일차적으로 주

69) '횡단주체화'와 '자기주체화'라는 용어는 미셸 푸코가 3~4세기 그리스도교 금욕주의와 헬레니즘 시대의 '자기수양' 간의 차이를 설명하기 위해 제안한 용어다. *L'Herméneutique du sujet*, p. 206[『주체의 해석학』, 249쪽] 참조.

70) 라틴어에서 ultra가 '~을 넘어서'를 의미한다는 점에서 ultrasubjectivation은 그러므로 과도하거나 과잉적인 주체화가 아니라 자기 안에서 늘 자기 너머를 지향하는 주체화다.

어진 것으로서의 신체는 고전적 규율[훈육]을 통해 완전하게 유용해져야 했다. "규율[훈육]은 유용한 개인을 만들어 내는 기술로서 기능한다"고 푸코는 강조한다.[71]

우리는 더 이상 이런 시대에 살고 있지 않다. 이 '인간 신체의 자연적 범주'는 향유와 수행능력의 한계를 부여했었지만, 이 한계는 오늘날 수용 불가능한 것이 되었다. 이제 신체는 선택, 양식, 모델화의 산물이다. 각자가 자신의 신체에 대한 책임이 있고 자기 자신을 자기가 원하는 대로 재창조하고 변형시킨다. 향유나 수행능력과 관련된 새로운 담론은 **모두에게 똑같이** 각자가 자기 자신의 생산 수행능력과 쾌락의 수행능력을 항시 초과할 수 있는 그런 식으로 자기 자신의 신체를 갖추도록 강제한다. 그 어떤 태생적 장애나 환경적 장애도 일반적 장치와 개인적 연루 속에서 극복 불가능한 장애물이 될 수 없다. 그러니까 이러한 선회는 '심리과학적' 담론에 의해 지탱되는 '심리과학적' 기능이 품행의 원동기와 동일시되고 '심리과학적' 테크닉을 통해 가능한 변형의 표적 대상과 동일시되는 순간부터 가능해졌다. 신자유주의의 주체가 이러한 구축의 직접적 결과물이라는 것은 아니다. 하지만 신자유주의의 주체에 대한 이러한 담론은 심리학적 언표와 경제학적 언표를 융합하게 되는 정도에까지 이르게 되었다. 사실 신자유주의의 주체는 고전적 자유주의의 개인이 그랬듯 **합성적 결과물**이다. 고전적 자유주의의 개인이 다양한 차원에 속하는 다양한 성찰들이 혼합된 산물이었다는 사실을 살펴본 바 있다. 해부학과 생리학은 정치경제학 및 도

71) M. Foucault, *Surveiller et punir*, Gallimard, Paris, 1975, p. 246. [『감시와 처벌』, 제3부 제3장 네번째절(1).]

덕학과 합성되어 고전적 자유주의의 개인에게 견고한 토대를 부여했다. 마찬가지로 인간 존재에 대한 심리학적 개념, 새로운 경쟁의 경제학, 개인을 '인적 자본'으로 표상하기, '커뮤니케이션'을 통한 조직의 정합성, '네트워크'로서의 사회적 관계 등의 조합을 통해 점차 이 '자기 자신의 기업'이라는 형상이 구축된 것이다.

니컬러스 로즈는 미셸 푸코의 연구에서 강한 영향을 받은 자신의 연구에서 '심리과학들'의 담론은 그 전문가 권력 및 과학적 정당성과 더불어 현대의 통치 가능한 개인을 규정하는 데 기여했다는 사실을 보여 주었다.[72] '지적 테크놀로지'로 이해할 수 있는 '심리과학'의 담론은 개인의 내면 구축과 관련된 지식에 입각해 개인을 조종 가능하게 해주었다. 그러면서 이 담론은 자기 자신을 심리학적 존재로 이해하고 자기가 자기 자신에게 가하는 작업을 통해 자신을 평가하고 변화시키는 법을 가르쳐 준 동시에 제도와 통치자에게 개인의 품행을 통치할 수 있는 수단을 제공했다. 주체를 정념, 욕망, 이해관계의 공간으로 여김으로써 사람들은 어떻게 해서 심리적 힘이 품행의 동기인지를, 또 자극, 선동, 보상, 징계라는 적응 시스템을 통해 어떻게 심리적 영역에 기술적으로 작용을 가해야 하는지를 이해할 수 있었다. 교육, 직업, 가정 영역에서의 진단 및 '심리적 교정' 기술의 총체는 그러므로 산업사회의 거대한 효율성 장치에 통합되었다. 그 핵심 관념은 심리적 원동력

72) Nikolas Rose, *Governing the Soul. The Shaping of the Private Self*, Free Association Books, Londres, 1999[2e éd], p. vii. 하지만 니컬러스 로즈는 연역의 오류를 범한다. 심리과학들의 전기는 19세기 말이 아니라 그보다 더 일찍 시작되었다. 심리학으로부터 독립하지는 못했지만 '심리과학' 담론은 정치경제학이나 자유주의 통치성과 동시대적이다. 요컨대 품행들을 통치하기 위해서는 동기의 형성에 영향을 미칠 줄 알아야 한다. 다시 말해서 벤담의 표현에 따르면 '심리학적 역학'에 작용을 가할 줄 알아야 한다.

과 사회적이고 경제적인 원동력의 상호 적응 개념이었다. 이것은 '인성'과 '인간적 요소' 내에서 잘 '보살펴야 할' 경제적 원천을 보는 법을 가르친다.

사회적 관계의 심리학화와 노동의 인본화는 선의를 갖고 오랫동안 함께 해왔다. 인간 공학자, 사회학자, 심리학자는 노동자가 노동을 통해 더 잘 살고자 하는 열망, 심지어 노동에서 쾌락을 발견하려는 열망에 부응하려 했다. 마찬가지 방식으로 주체의 영역은 그 자체가 현실임과 동시에 기업의 성공의 객관적 도구가 되었다. 노동의 '동기유발'은 그러므로 사람들을 노동으로 유도하는 새로운 방식의 원리로 간주되었을 뿐만 아니라 학생들을 학교에서, 병자들을 병원에서, 병사들을 전장에서 동기유발시키는 원리로 간주되었다. 정동, 욕망, 정념, 감정, 신념, 태도로 이루어진 주체성은 기업의 수행능력의 관건으로 간주되었다. 욕망하는 주체성과 기업의 목표 간 화합이라는 특수한 작업이 인사부, 채용부, 직업훈련 전문가에 의해 시행되었다. 이와 같은 기업의 '인본화'는 안정되고 성숙한 노동자가 훨씬 더 동기유발된 노동자, 그러므로 훨씬 더 효율적인 노동자라고 생각하던 좋은 뜻을 가진 개혁자들에 의해 외부로부터 지지를 받았다. 그렇기 때문에 그룹 내에서의 조화, '소속감'이 강조되었고, 또 '소통'은 그것이 수반하는 치료의 덕 및 설득력과 더불어 강조되었다. 니컬러스 로즈가 지적하듯이 "민주주의는 산업 생산성과 인간의 만족과 서로 손에 손을 잡고 함께 나아갔다".[73] 사회심리학과 노조와 정치 참여의 교차지점에서의 수많은 고찰은 심지어 '리더십의 민주적 양식'이 '집단적 주체성'에 미치는

73) *Ibid*., p. 88.

영향을 자주관리형 사회주의를 옹호하는 과학적 주장들로 간주하기까지 했다.

'심리과학' 담론이 경제 담론과 만나자 선택의 이데올로기에 과학적 형식이 부여되면서 일상 문화에 다른 효과를 발생시켰다. '개방된 사회'에서 각자는 자신의 의도대로 살 권리, 자신이 원하는 걸 선택할 권리, 자신이 원하는 방식에 따를 권리를 갖고 있다는 것이다. 자유로운 선택은 애초에 '우파'의 경제적 이데올로기로 수용된 것이 아니라, 그 누구도 각자의 욕망 실현에 반대할 수 없다는 '좌파'의 행동 규범으로 수용되었다. 경제적 언표와 '심리과학적' 유형의 언표는 '생산품'과, 거대 시장에서의 코드 및 가치의 다양한 양식 간 최고 중재인의 형식을 신주체에게 부여하기 위해 상호 교차했다. 바로 이 교차가 욕망의 경영적 합리화를 통한 개인의 수행능력을 표적으로 하는 자기 테크닉을 만들어 냈다. 하지만 이러한 교차의 또 다른 한 양태가 수행능력/향유라는 장치의 전개를 가능케 했다. 즉 어떤 한도 내에서 개인과 기업이 각각 자신의 고유한 필요 내에서 서로 적응할 수 있는지를 묻는 것이 아니라, 어떻게 심리학적 주체와 생산의 주체가 서로 동일시될 수 있는지를 묻는 그런 양태 말이다. 프로이트의 용어로 말해 본다면, 문제는 보다 잘 적응한 자에게 더 많은 '행복'을 약속하는, '적응을 돕는' 정신분석 주창자들이 목표로 삼는, 개인을 쾌락의 원리로부터 현실 원리로 나아가게 하는 것이 아니라[74] 개인을 쾌락의 원리로부터 쾌락의 원리 너머로 나아가게 하는 것이다. 두 주체의 동일시는 강화와 무제한

74) 프로이트에게서 현실 적응은 모든 쾌락의 포기를 의미하지 않으며, 그 현실 적응 자체가 특정 형태의 쾌락을 생성한다는 것을 상기하자.

의 논리 내에서 작동하기 위해 생리적 평형의 영역으로부터 멀어진다. '완수'와 '자기통제'라는 형태하에서의 적절한 향유와 주체와 대상의 적응이라는 환상은 유지되고 있다고 말할 수도 있을 것이다.

하지만 중요한 것은 거기에 있지 않다. 이러한 관점에 입각해 '심리과학'의 테크닉과 자유민주주의에 고유한 통치성이 상호 귀속된다고 하는 니컬러스 로즈의 주장은 타당하지만, 그는 자기 제어라는 이상이 신자유주의의 주체성을 특징지을 수 없다는 사실을 제대로 파악하고 있지 못하다.[75] 자유는 수행능력의 의무가 되어 버린 것이다. 정상성은 이제 충동의 제어와 조절이 아니라 일차 에너지원인 충동의 강도 있는 자극이다. 왜냐하면 자기 자신의 기업들 간의 경쟁의 규범의 주위에서 '심리과학'의 담론과 경제학의 담론의 융합이 행해지고 개인의 열망과 기업의 탁월함이라는 목표가 동일시되며 결국 '소우주'와 '대우주'가 서로 합치하기 때문이다.

경영이 이러한 결합을 확보해 주는 유일한 것은 분명히 아니다. 마케팅은 편재하는 끝없는 **향유에의 추동**이기도 하고 또 '성공'의 기호와 대상의 단순한 보유를 통해 불가능한 최후의 향유를 가능하게 할 정도로 효율적이다. 방대한 잡지 문헌, 방송의 지속적인 오락, 정치적이고 미디어적인 끝없는 연극, 방대한 광고와 선전의 담론은 '성공'을 그 수단이 무엇이든지 간에 최고의 가치로 흥행화한다. 흥행물로서의 이 '성공'은 그 자체로 가치가 있다. 성공은 실패가 불가피함에도 불구하고 성공하려는 의지, 적어도 인생의 어떤 시기에 거기에 도달했을

75) Nicolas Rose, *Inventing Ourselves. Psychology, power and Personhood*, Cambridge University Press, 1996. enkrateia라는 윤리적 이상에 대한 이 장의 주 44를 참조하라.

때의 만족감만을 증거할 뿐이다. 이 이미지 속에 수행능력/향유라는 장치가 응축되어 있다. 이러한 관점에서 볼 때 실비오 베를루스코니와 니콜라 사르코지와 같은 새로운 장르의 위정자들은 이러한 새로운 주체의 경향을 상징한다.[76)]

신주체에 대한 임상진단

이러한 주체는 자신의 진실을 성공의 판결 내에 위치시킨다. 그는 '진실 게임'에 따르고 그 안에서 자신의 가치와 존재를 입증해 보인다. 수행능력은 아주 정확히 말해 경영권력이 한정하는 진실이다. 이러한 총체적 장치는 병리적 효과를 발생시키고 누구도 여기로부터 벗어날 수 없다. 현대 임상진단의 풍부한 문헌을 통해 상당수의 징후들을 구분할 수 있다. 이 징후들에는 한 가지 공통점이 있다. 요컨대 이 모든 징후들은 주체가 그 안에서 자신의 자리를 발견하는 제도적 틀과 상징적 구조의 약화와 연관되어 있을 수 있다. 이러한 약화는 기업이 공공연하고 총제적으로 제도를 대체하는 현상 혹은 보다 정확히 말해서 **제도가 기업으로 변화하는** 현상으로부터 직접적으로 결과되는 것이다. 이제 기업은 규칙, 범주, 합법적 금지를 배분하는 주된 제도가 되는 경향이 있다. 그리고 기업의 자격으로 다른 모든 제도는 사회적 규칙과 정체성을 확정할 수 있는 정당성을 갖게 된다. 결국 기업의 방식대로 효율성과 경쟁의 논리에 따라 모든 제도는 규범성에 참여하게 된다.

---

76) Michaël Foessel et Olivier Mongin, "Les mises en scènes de la réussite. Entreprendre, entrainer, animer"(성공의 미장센: 기획, 훈련, 고취), *Esprit*, novembre 2007, pp. 22~42.

이 임상진단의 중심이 되는 역설은, 자리를 배분하고 정체성을 확정하고 관계를 안정시키는 제도가 **한계의 지속적 극복의 원리**에 지배당한다는 데 있다. 신경영은 이러한 원리를 적용하는 임무를 수행한다. '한계 없는 세계'는 어떤 '자연' 같은 것으로의 회귀에 속하지 않는다. 이것은 모든 한계를 이미 잠재적으로 극복한 것으로 간주하는 특수한 제도적 체제가 결과시킨 것이다. 주체에게 직접적으로 원격 명령을 내리는 중앙집권적 권력 모델과는 거리가 먼 수행능력/향유 장치는 통제, 평가, 다양한 인센티브 등의 메커니즘에 분포되어 있고, 생산의 모든 요소들과 소비의 모든 방식과 모든 형태의 사회적 관계의 성질을 띠게 된다.

여기, 작성 중인 임상진단 일람표를 제시한다.

노동에서의 고통과 좌절된 자주성

목표와 프로젝트를 통한 경영이 불러일으키는 효과는 수많은 사회학적·심리학적 분석의 대상이 되었다. 그 중 어떤 분석들은 큰 반향을 일으켰다.[77] '노동에서의 스트레스'와 '괴롭힘'은 직장에서의 자살 증가와 관련이 있고 고통스럽고 위험하며 집단 보험에 특히 많은 비용을 유발시키는 '사회-심리적 리스크'로 확인되었다.[78]

이러한 증후군들이 노동강도 가중에서 비롯되고 이 노동강도 가

77) Christophe Dejours, *Souffrance en France. La Banalisation de l'injustice sociale*(프랑스에서의 고통. 사회적 불의의 평범화), Seuil, Paris, 2006.

78) 명예 치안 판사 필리프 나스(Philippe Nasse)와 정신의 파트리크 레게롱(Patrick Légeron)이 2008년 3월 12일에 노동·사회관계·연대부 장관에게 제출한 「노동에서의 심리-사회적 리스크의 식별, 측정 및 모니터링에 대한 보고서」(Rapport sur la détermination, la mesure et le suivi des risques psychosociaux au travail)를 참조하라.

중 자체는 노동시간 단축의 경직된 흐름과 연관되고 또 노동시간 단축이 생산성 압박을 불러일으키는 역효과와 연관된다면, 스트레스 같은 정신병은 작업 목표 달성 책임의 개인화와 관련되어 있다. 임금노동자는 불가능한 임무 혹은 이중적 명령에 홀로 직면하게 되고 자신의 상사나 동료의 배려를 받지 못할 리스크가 예전보다 훨씬 많아졌다. 작업 공동체의 약화가 임금노동자의 고립을 심화시킨다. 통제의 강화는 조직 내에서의 '사회적 상호 관계'를, 즉 임금노동자의 관계에 의해 가능했고 노동에 의미를 부여하는 자유의 여백을 문제 삼는다. 뿐만 아니라 통제 강화는 더 많은 노동 자율을 갈망하는 노동자의 의지를 저지한다.[79] 직업상의 리스크는 당연한 것이 되어 버렸고 개인을 항상적 쇠약 상태로 내몬다. 경영 매뉴얼은 이 상태를 고무적이고 유익한 상태('노동자를 성장시키는 시련')로서 긍정적으로 해석한다. 경영의 주체가 자신의 나르시시즘을 경쟁적 전쟁의 분위기 속에서 자기와 기업이 결합된 성공과 결부시킬 경우, 최소한의 '역경'도 극단적인 효과를 발생시킬 수 있다. 신자유주의적 기업 경영은 시장의 속박을 내면화함으로써 경쟁의 불확실성과 난폭성을 조장하고 이것을 주체가 개인적 실패, 수치, 가치하락의 방식으로 감내하게 만든다.

79) 미셸 골락(Michel Gollac)과 세르주 볼코프(Serge Volkoff)가 쓰고 있듯이 "개인들이 경제적 이해관계를 떠나 투여할 수 있는 에너지를 기업에 유리하도록 포획하는 것은 경영의 방식과 테크닉을 넘어서서 인적 자원 관리가 항상적으로 공표하는 고심거리다. 요컨대 생산성 향상이 관건일 경우 어떤 자원도 간과되어서는 안 되고 또 이것이 '경멸 금지'가 의미하는 바다. 하지만 노동강도의 가중이 노동을 더욱 고통스럽게 하고 직무 경험을 폄하하며 견습을 방해하고 노동자 집단을 불안하게 할 경우 노동자 자주나 참여라는 말의 의미는 변화하게 된다. 경멸 금지는 한없는 표리부동과 결합된다." Michel Golac et Serge Volkoff, "*Citus, Altius, Fortius*. L'intensification du travail"(더 빠르게, 더 높게, 더 강하게. 노동강도 가중), *loc. cit.*, p. 67.

('강제적 개입', '유연한 제약' 등과 같은) 앞서 언급한 노동의 새로운 조직화의 모순은 직업에 대한 환멸을 심화시키고, 공개적이고 집단적인 분쟁의 가능성을 차단시킬 뿐이다. 팀과 개인이 일단 평가와 책임화의 논리를 받아들이는 데 동의해 버리고 나면, 진정한 이의 제기는 더 이상 존재할 수 없게 된다. 주체가 자기강제를 통해 자기에게 기대되던 바를 실행에 옮겼기 때문이다.[80] 아무튼 노동하는 주체는 경영진이 그에게 자기 주체성의 총체적 투입을 종용한 만큼 더욱더 허약해지는 것 같다.[81] 신경영 권력의 역설들 중 하나는 아마도 분쟁의 불법화일 것이다. 쟁의의 불법화는 강압의 '주체가 없다'는 사실, 강압의 주모자나 확인 가능한 출처가 없다는 사실, 강압이 전적으로 객관적인 것으로 주어진다는 이유로 인해 발생한다. 권력을 파악할 수 없으므로 사회적 분쟁은 차단된다. 아마 이것이 '심적 고통'이라는 새로운 증후군의 한 부분을 설명해 주는 것 같다.

인격의 침식

인간의 역사·문화적 성격에 대한 마르셀 모스의 설명의 연장선상에서 다수의 사회학자들이 현대인들의 인격의 '액체성', '유동성' 혹은 '점진적 소멸'을 강조한다. 주체가 자신의 삶을 자유롭게 도야할 기회로 종종 제시되는 유연한 조직화는 리처드 세네트가 보기에 '성격'을 변질시키고 타자와의 관계, 그들의 가치와 기준 같은 인격 내에 존재

80) J.-P. Durand, *La Chaîne invisible. Travailler aujourd'hui : du flux tendu à la servitude volontaire*, op. cit., p. 309.

81) Nicole Aubert et Vincent De Gaulejac, *Le Coût de l'excellence*(탁월함의 대가), Seuil, Paris, 1991 참조.

하는 모든 안정적인 것을 침식한다.[82] 생활 시간은 선형적인 모습으로부터 점점 더 멀어지고 계획화는 점점 더 어려워진다. 이러한 관계하에서 새로운 규범성의 가장 구체적인 징후는 "긴 시간이 존재하지 않는다"[83]는 것이다. 노동은 이제 안정적인 틀, 예측 가능한 경력, 견고한 인간 관계의 총체를 더 이상 제공하지 않는다. '프로젝트' 및 '임무'의 불안정성, '네트워크'와 '팀'의 계속적 변화 등 직업 세계는, 적어도 신의와 충실을 내포하는 사회적 관계를 대신하는 일시적 '상거래'의 총체가 된다. 이것은 사생활, 가족 구성, 자기 표상에 영향을 미치기도 한다. 요컨대 "단기 자본주의는 성격을 침식한다. 특히 인간들을 서로 연결시키고 각자에게 지속 가능한 자아감을 주는 성격의 요소들을 침식한다."[84] 특히 임금노동자는 자신이 직업 생활 동안 축적한 경험에서 어떤 도움이 될 만한 것도 이제 더 이상 발견할 수 없다.

즉각적으로 가용한 수행능력만을 고려하는 이러한 경향은 '시니어들'이 신속하게 무능력한 존재로 전락해 직업 세계로부터 축출되어 버리는 원인이 된다. 이러한 경향은 시간을 통해 보존된다고 하는 '인적 자본'으로서의 삶의 표상과 복잡한 관계를 맺고 있다. 사실 인적 자본은 기술적 자본과 동일한 정도의 가치하락 리스크를 동반한다. 이는 나이를 먹어 가면서 자신들이 사회적·경제적으로 무용하다는 느낌과 대면해야 하는 개인들에게 심각한 타격을 주지 않을 수 없다. 임금노

---

82) Richard Sennet, *Le travail sans qualité. Les Conséquences humaines de la flexibilité*(특성 없는 노동: 유연성이 인간에게 가져온 결과), Albin Michel, Paris, 2000. 이 책의 영어 제목은 더욱 설득력이 있다: *The Corrosion of Caracter, The Personal Consequences of Work in the New Capitalism*.

83) *Ibid.*, p. 24.

84) *Ibid.*, p. 31.

동자들 곁에서 리처드 세네트가 행한 조사에서 그 실천적 원칙들이 명확하게 언명된다. 요컨대 "모든 것은 항시 다시 시작되어야 한다", "항시 자신의 역량을 발휘해야 한다", "영점에서 다시 출발해야 한다"는 것이다. 그 효과는 다양하다. 직업적 쇠약이 가속화되고 관계적·심리적 '혼란'이 발생한다. 이것은 새로운 인격일까? 세네트에 따르면 이것은 "유연한 자기, 항상적 생성 속에 있고 항상 새로운 경험에 노출된 단편들의 콜라주"다.[85]

사기저하

우리는 앞에서 신경영이 지속적 자기통제의 노력을 종용하면서 얼마나 행동과 태도를 통제하려 했었는지를 살펴보았다.[86] 기업의 역량 강화를 위해 '경영의 사슬' 안에 있는 임금노동자들에 대한 주기적 평가와 결합된 이러한 '고행'은 품행을 규범화하는 동시에 주체들의 상호 격려를 파괴한다. 긍정적 관계, 감정, 정동은 효용성의 이름하에 동원된다. 에바 일루즈는 기업 및 소비의 공간이 경제적 전략에 의해 도구화된 감정으로 얼마나 넘쳐나는지를 강조한다.[87] 직업교육과 시험에서 '감성'이라는 테마의 중요성(감성적 자본, 감성적 지능, 감성적 수행능력)은 행복과 사랑의 의무와 연관되고 이는 표현된 감정의 진정성에 대한 항상적 의심을 포함하지 않을 수 없다.

---

85) *Ibid.*, p. 189.

86) Gabrielle Balazs et Jean-Pierre Faguer, "Une nouvelle forme de management, l'évaluation"(경영의 새로운 형식, 평가), *Actes de la recherche en sciences sociales*, no. 114, septembre 1996 참조.

87) Eva Illouz, *Les Sentiments du capitalisme*(자본주의의 감정들), trad. Jean-Pierre Ricard, Seuil, Paris, 2006.

사회적 관계의 침식은 노동 현장에서의 사회적이고 상징적인 상호성으로부터 결과되는 모든 것, 요컨대 이타성, 충직, 충성, 연대에 대한 문제제기로 표현된다. 현대의 개인들에게 요구되는 가장 중요한 자질은 '가동성'이기 때문이다. 이 자질로부터 결과되는 초연과 무관심의 성향은 '단체 정신'을 고양하고 '기업 공동체'를 강고히 하려는 노력을 저해하지 않을 수 없다. 하지만 노동의 새로운 조작화에서 팀워크의 가치고양은 집단적 연대성의 구축과는 하등의 관계가 없다. 가변적 형태의 팀은 철저하게 임무수행적이고 그 팀원들에게 할당된 임무를 완수하기 위한 지렛대로 기능한다. 더 넓은 의미에서 '그 누구에게도 빚지지 않는' 개인의 성공 이데올로기, 요컨대 자조self-help의 이데올로기는 타자에 대한 상호적 의무에 기초하는 사회적 관계를 파괴한다. 그 누구에게도 빚지고 있지 않은 주체들을 어떻게 단결시킬 수 있을까? 나쁜 빈민, 나태한 자, 노인 부양 가족, 이주민 등에 대한 불신과 혐오가 사회적 '접착제' 역할을 할 수도 있겠지만, 누구라도 언젠가는 비효율적이고 무용하게 될 수 있다는 위협을 느끼게 되면 이것은 역효과를 내지 않을 수 없다.

보편화된 우울증

금융 경제의 리듬에 따라 사는 JIT(Just-in-time)형 인간은 개인 파산에 노출된다.[88] 에랭베르에 따르면 수행능력 숭배는 절대 다수의 사람들에게 자신들의 무능력을 체험하게 하고 광범위한 영역에서 여러 형

---

88) Nicole Aubert, *Le Culte de l'urgence. La société malade du temps*(비상의 숭배: 이 시대의 병든 사회), Flammarion, 'Champs', Paris, 2004.

태의 우울증을 발생시키는 결과를 초래한다. 1979년에서 1996년 사이에 '우울증' 진단이 일곱 배 증가했다는 것은 잘 알려진 사실이다. 과거에 '신경쇠약증'이 그랬던 것처럼 우울증은 진정한 '세기말' 질병이 되었던 것이다.[89] 우울증은 사실 수행능력의 이면, 주체로 하여금 자기 자신을 실현하고 자기 자신이 책임을 지며 기업가적 모험 속에서 항시 보다 더 높이 자기 자신을 넘어서라는 종용에 대한 주체의 반응이다.[90] "개인은, 과오의 질병이라기보다는 무능의 병리인 것과 맞닥뜨리게 되었고 법률의 세계라기보다는 기능장애의 세계인 것과 대면하게 되었다. 요컨대 우울증 환자는 고장 난 인간이다."[91] 우울증 증후는 이제 규범성에 속하는 것, 그 부정적 요소다. 타자와 관계 맺는 수단인 경쟁을 지탱하지 못하는 자는 약하고 의존적인 존재, '수행능력'이 없다고 의심되는 존재다. '자기 자신의 실현'과 '인생의 성공'에 관한 담론은 '실패자', '낙오자' 그리고 불행한 자, 다시 말해 행복이라는 사회적 규범에 접근할 수 없는 자에 대한 낙인 찍기를 유발한다. '사회적 실패'는 결국 병리현상으로 간주된다.[92]

기업은 일정한 삶의 유형이 되어 버리고 — 막스 베버는 'Lebensführung'이라 불렀을 것이다—, 일상에서 해야 하는 여러 선택, 지속적인 리스크 감수의 독려, 개인의 자본화에 대한 지속적 종용은 결국 '자기로 존재한다는 것의 피로'를 유발시킬 수 있다. 더욱더 복

---

89) Philippe Pignarre, *Comment la dépression est devenue une épidémie*(우울증은 어떻게 전염병이 되었는가), La Découverte, Paris, 2001.

90) Alain Eherenberg, *La Fatigue d'être soi. Dépresssions et société*(자기로 존재한다는 것의 피로: 우울증과 사회), Odilie Jacob, 2000.

91) *Ibid*., p. 16.

92) 에바 일루즈의 지적과 관련해서는 Illouz, *Les sentiments du capitalism*을 참조.

잡해지는 상업적 세계는 모든 행동을 정보 수집, 시간과 노력을 요하는 숙고의 결과로 만들어 버릴 가능성이 있다. 신자유주의의 주체는 모든 영역(온갖 종류의 보험)에서 용의주도해야 하고, (교육 자본, 건강 자본, 노년 자본의) 투자가 관건이 되기라도 하듯이 모든 분야에서 선택을 해야 하며, (기차 여행의 일시, 우편물의 발송 방식, 인터넷 접속, 전기 및 가스 공급자와 같은) 가장 단순한 서비스의 구입을 위해 광범위한 종류의 상업적 공급들 중에서 합리적인 방식으로 선택을 해야 한다.

항상적 선택이 유발한 이런 '책임병', 이런 쇠약에 대한 가장 널리 퍼져 있는 치료제는 일반화된 도핑이다. 너무나 고독해진 개인들을 더 이상 지지하지도, 인정하지도, 보호하지도 않는 제도를 약물이 대신하게 된 것이다. 다양한 중독 현상, 시각 미디어에의 의존 현상은 이러한 인위적 상태들의 몇몇 예가 될 수 있다. 상품 소비 또한 약화된 제도를 대신하는 사회적 투약의 성질을 갖는다고 할 수 있다.

이러한 우울증의 징후는 종종 사용자들로부터 인정받고자 했으나 그 바람이 이뤄지지 않은 것과 연관된다. 하지만 이러한 자존감과 자기 존중의 차원은, 우리가 이미 살펴보았듯이, 소홀히 여겨지기는커녕 오히려 경영의 레토릭 도처에 존재한다. 이러한 요구에서 가장 중요한 현상, 요컨대 주체로 하여금 자신의 가치를 덜 의심하게 할 수 있는 정체성과 이상을 이제 더 이상 갖게 하지 못하는 제도들과 주체가 맺는 관계의 표현을 봐야 할 듯하다.

탈상징화

제도들에 의해 지탱되는 모든 이상의 쇠퇴, 정신분석자들이 말하는 이 '탈상징화'는 혹자에 따르면 프로이트 시대의 임상진단과는 점점 더

무관해지는 "새로운 심리적 경제"를 탄생시킨다.[93]

과거에는 [여러 성별들에] 서로 다른 자리들을 할당하던 문화에 의해 구조화되고 이야기되던 성별들 간의 관계[가 오늘날에는 더 이상 예전처럼 구조화되거나 이야기되지는 않는 것]처럼 세대 간의 관계 역시, 적어도 확실하지는 않게 되었다. 어떤 윤리적 원리도, 어떤 금기도 무한하고 무제한적인 선택의 증가 앞에서 더 이상 지탱될 수 없게 되었다. '상징적 무중력' 상태에 놓인 신주체는 삶 속에서 자기 자신을 인도하기 위해 자유로운 선택의 이름으로 자기 자신에 의지해야 한다. 이러한 항상적 선택의 종용, 무한하다고 상정되는 욕망의 종용은 주체를 유동적인 장난감으로 만들어 버린다. 만족과 불만족의 게임에 따라 주체는 어느 날은 자동차를 바꾸도록, 다른 날은 파트너를 바꾸도록, 또 다른 날은 정체성을 그리고 또 다른 날에는 성별을 바꾸도록 요구받는다. 그렇다고 해서 이것이 '세계의 탈상징화'라고 결론 내려야 할까?[94] 아마도 자본주의 경제 논리에 의해 상징의 구조가 도구화의 대상이 된다고 말하는 것이 더 나을 것 같다. 이것이 라캉이 '자본주의 담론'이라 부른 것에 부여될 수 있는 의미다. 직위와 직책 그리고 기업 고유의 수행능력과의 동일시는 소비자 단체와의 동일시, 유행의 기호 및 표식과의 동일시와 마찬가지로, 가족관계 내에서의 위치나 정치공동체에서

93) 이 점과 관련해서는 Charles Melman, *L'homme sans gravité. Jouir à tout prix*(중력 없는 남자: 어떤 값을 치르더라도 향유하기), entretien avec Jean-Pierre Lebrun, Denoël, Paris, 2002 참조.

94) Dany-Robert Dufour, *L'art de réduire les têtes. Sur la nouvelle servitude de l'homme libéré à ère du capitalisme total*(머리를 줄이는 기술: 총체적 자본주의의 시대에 해방된 인간의 새로운 예속에 관하여), Denoël, Paris 2003, p. 13. "오늘날 상업적 교환은 세계를 탈상징화하는 경향이 있다."

의 위치와 관련된 대체 예속화의 기능을 한다. 경제 기제에 의한 이러한 동일시의 조작은 상기한 동일시들을 "끊임없이 자기 수정 중에 있는 불안정한 자아의 이상들"[95]로 만들어 버린다. 달리 말해 정체성은 소비할 수 있는 상품이 되어 버렸다. 라캉이 지적했듯 자본주의 담론은 모든 것을 소비한다. 그리고 천연자원뿐 아니라 인적 자원도 소비한다면, 맑스가 『공산당 선언』에서 지적했듯, 제도적이고 상징적인 형식들 또한 소비한다. 하지만 이것들을 모두 소멸시키기 위해서가 아니라 이것들을 자본주의 담론에 공통적으로 속하는 형식들, 요컨대 기업과 시장으로 대체하기 위해 그렇게 하는 것이다.[96]

경제 제도들에 의한 상징계의 이러한 도구화는 주체에 이러한 이상들의 '유동성'을 주입하고 또 사물과 인간에 대한 전능의 환상을 주입한다. 개인과 개인의 이해관계를 위한 기능어를 통해 모든 것에 영향력이 행사된다. 그리고 이 기능어는 사물과 혼동된다. 성역할들과 세대 간 역할들의 분리를 수립하던 금기와 한계의 세계는 과학과 상품의 세계인 양적 세계로 대체된다. 상업주의적 담론과 과학적 담론이 상보하여, 정신분석가 장-피에르 르브룅이 "제한 없는 세계"[97]라 부르는 세계를 구축한다. 이처럼 주체는 지속적으로 자기 자신으로 회부되고, 탐욕의 사회적 심급들에 의해 항상적으로 선동되는 유혹들과, 사회적 이상에 근거한 신뢰할 만한 금기의 심급이 결여된 상태에 있는 자기가 자기 자신에게 가하는 금기들 사이에서 동요하게 된다. 신주체의 형

---

95) *Ibid*., p. 127.

96) *Ibid*., p. 137.

97) Jean-Pierre Lebrun, *Un monde sans limite. Essai pour une clinique psychanalytique du social*(제한 없는 세계: 사회적인 것의 정신분석임상을 위한 시론), Érès, Toulouse, 1997, p. 122.

성은 오이디푸스적 가정의 규범적 길들을 채택하지 않는다. 아버지는 종종 시장의 최근 동향에 무지하고 돈을 충분히 벌지 못한다는 이유로 비난받는 이방인에 불과하다. 정신분석가들에게 가장 곤란한 부분은 어린이를 어머니에 대한 욕망으로부터 벗어나게 하고 아버지의 이름을 매개로 해서 법과 욕망의 주체의 위상에 도달하게 하기 위한 타자의 형상—상징적 차원—을 사용할 수 없는 성격의 부분에 있다. 하지만 종교적이고 정치적인 심급의 붕괴로 인해 사회적인 것에는 이제 더 이상 시장과 시장이 하는 약속 이외의 다른 공통된 준거가 존재하지 않는다. 여러 측면에서 자본주의 담론은 상징적 형식들을 파괴함으로써 대중을 정신질환자로 만들어 가는 것 같다. 우리가 앞서 환기했듯이, 이것은 질 들뢰즈와 펠릭스 가타리의 논지였다. 하지만 이것이 라캉의 논지이기도 하다는 사실을 사람들은 잘 모르고 있다. "자본주의자의 담론을 특징짓는 것은 다음과 같다. Verwerfung, 즉 거부, 이미 내가 말한 바 있는 그것이 갖게 될 결과와 더불어, 상징적인 것의 모든 장들을 넘어선 거부다. 무엇의 거부일까? 거세의 거부다."[98] 제한 없는 주체가 사로잡혀 있는 이 전능한 세계는 이제 분열증과 편집증이라는 양극단을 갖는 대중의 정신질환으로 특징지어질 수 있는 것일까? 아니면 예를 들어 체계적인 도착과 같은 다른 특징을 갖는 방어 방식들을 통해 이러한 일탈로부터 보호되고 있는 것일까?[99]

---

98) 라캉은 거세를, 상징적 질서로 들어감으로 인해 어머니의 향유와 단절되는 것으로 이해한다. D.-R. Dufour, *l'art de réduire les têtes*, pp. 122~123에서 재인용(Séminaire 'Ou pire', séance du 3 février 1972).

99) 편집증적 행동들의 유발에 관한 경영 쪽 변명들도 중요하다. 인텔 CEO였던 앤드루 그로브(Andrew Grove)는 그의 저서 *Seuls les paranos survivent*(*Only the Paranoid Survive*, Doubleplay, New York, 1996)에서 경쟁의 규범을 직접적으로 직원들을 '정신병화하는' 관리

'일상화된 도착'[100)]

라캉으로부터 30여 년의 시간적 거리의 혜택을 누리는 몇몇 정신분석가들은 이렇게 생각한다. 우리가 오히려, 사물과 그 사물에 대한 자신의 욕망의 불일치에 시달리는 사람인 신경증 환자 특유의 환멸이, 완전한 쾌락의 상상적 환상에 기초한 **대상과의 도착적 관계**로 대체된 세계 속으로 들어갔다고 말이다. 모든 것이 등가관계에 있고 모든 것이 현금화되며 모든 것이 협상된다. 하지만 모든 것이 가능해 보임에도 불구하고, 모든 것은 의심스럽고 수상한 것이 된다. 왜냐하면 아무것도 그 누구를 위해서도 법을 만들어 내지 않기 때문이다. 모든 것을 거래로 변환한다는 사실,[101)] 더 나아가 위반을 가지고 새로운 규범이라고 항상 변명하는 성향은 이러한 일반화된 등가관계의 지표들에 속한다. 샤를 멜만은 직접적인 조작적 도착 작업을 억제하던 모든 표상들에 대한 이의 제기가, "성장하기 위해 우유부단, 수치심, 도덕적 장벽, 금기가 무너지는 것을 볼 필요가 있는" 경제적 팽창과 얼마나 연관이 있는지를 잘 보여 주었다. "이 모든 것은 완벽하고 한계가 없으며 중독적 쾌락을 탐닉하는 소비자군을 만들어 내기 위한 것이다."[102)] 이상의 약화

와 연관시키는 경영 방식을 권장한다. "경제에 대한 공포, 파산에 대한 공포, 실수에 대한 공포, 손해에 대한 공포는 강력한 동기유발일 수 있다. **우리 직원들에게 손실의 공포를 어떻게 배양할 것인가?** 오직 그것을 체험함으로써만 그렇게 할 수 있다."(p. 6)

100) 우리는 이 표현을 Jean-Pierre Lebrun, *La perversion ordinaire. Vivre ensemble sans autrui*(일상화된 도착: 타자 없이 함께 살기), Denoël, Paris, 2007에서 차용했다.

101) 대상과의 도착적 관계 양태로서의 '거래'와 관련해서는 다음을 참조하라. Roland Chémama, "Éléments lacaniens pour une psychanalyse au quotidien"(매일 정신분석을 위한 라캉적 요소들), *Le Discours psychanlytique*, Éditions de l'association freudienne international, 1994, pp. 299~308.

102) Charles Melman, *L'homme sans gravité*, pp. 69~70.

때문에 욕망은 동포들이 소유하고 있는 재화에 대한 단순한 갈망에, 홉스가 당대 사회의 특징으로 이미 지적했던 플레오넥시아pleonexia[남들보다 더 많은 것을 소유하고자 하는 욕망]에 빠진다.[103] 하지만 이 상업적 대상에 중독되면 될수록 인간은 자신이 경제적 장에서 생산하는 것에 의해서만 가치를 갖는 대상이 되는 경향이 있다. 이 대상은 인간 자신이 '수행능력'을 상실하고 무용해지면 쓰레기가 된다.

사실 신자유주의적 주체화는 다른 개인과의 의무적 향유 관계, **대상화***objectalisation* 관계라 명명될 수 있는 관계를 점점 더 노골적으로 도입하지 않을 수 없다. 여기서 문제가 되는 것은 프랑크푸르트 학파가 선호하는 한 주제를 답습해 '물신화'나 '사물화'의 메커니즘에 따라 단순히 타자를 사물로 변형시키는 데 있는 것이 아니다. 문제는 타인만이 아니라 타자로서의 자기 자신에게도 오로지 향유의 가치만을 부여하는 데 있다. 다시 말해 더 많은 것을 '되돌려 줄 수 있는' 자신의 수행능력의 가치만을 부여하는 데 있다. 이렇게 정의된 대상화는 삼중의 영역에서 모습을 드러낸다. 첫째로 주체들은 이윤 창출을 위해 기업이 소비하는 '인적 자원'으로서의 자신의 존재를 경영 관리를 통해 시험하게 된다. 다음으로 수행능력의 규범에 예속된 주체들은 다양한 관계 속에서 서로를 소유하고 모범으로 삼으며 또 자신들의 만족에 더 수월하게 도달하기 위해 변형해야 할 대상으로 여긴다. 마지막으로 마케팅 테크닉의 표적이 된 주체들은 상품 소비에서 궁극적 쾌락을 추구한다. 이 향유는 그들이 그것과 합류하는 데 지치게 되면 후퇴한다.

이러한 냉혹한 논리는 주체에 대단히 비싼 '비용'을 요구한다. 패

103) 이 점과 관련해서는 이 책 1장을 참조하라.

배자가 자신의 결핍으로 고통스러워하면 승자는 자신이 지배력을 확보한 대상들에게 그러듯이 타자들에게 고통을 가하는 경향이 있다. 이 사태는 새로운 것은 아니다. 하지만 '제한 없는 세계'가 한번 정착되면, 사소한 도착은, 아니 더 정확히 말해서, 일반적인 경쟁 상황 속에서 도착을 선동하는 것과 같은 것은, 전례 없는 확산의 장을 발견한다. 파트너를 대상처럼 소비하고 그가 부적합하다고 판단되면 버린다는 사실로 명백히 임상적으로 드러나는 이 도착은 사회적 관계의 새로운 규범이 돼버린 것 같다.[104] 수행능력의 정언명령은 이것을 통해 전능의 환상, 한계 없는 총체적 향유라는 사회적으로 확산된 환상과 양립한다. 샤를 멜만에 따르면 이제 우리는 억압에 의해 조직된 심리적 경제로부터 "향유의 과시에 의해 조직된 경제"[105]로 넘어간다.

신주체의 자기 향유

정신분석은 신주체들이 **자기 향유**의 체제에 따라 작동하는 방식을 고찰하는 데 도움을 줄 수 있다. 자크 라캉에 따르면 자기 향유는, 불가능한 충만에 대한 열망으로 이해된다. 단순한 쾌락과는 매우 다른 이 자기 향유는 사회적 질서 내에서 항시 제한되고 부분적으로 주어진다. 제도는 말하자면 이 자기 향유를 제한하고 그 제한에 의미를 부여하는 역할을 담당했다. 서구 자본주의 사회의 인간 제도의 보편화된 형식인 기업도 이 규칙으로부터 벗어나지 않는다. 하지만 기업은 **부정적인 방**

104) Charles Melman, *L'homme sans gravité*, p. 67.
105) *Ibid.*, pp. 18~19.

식으로 자기 향유의 제한을 행한다. 기업은 노동의 강제, 규율, 위계를 통해 자기 향유를 제한하고, 근면한 금욕의 성질을 갖는 모든 포기를 통해 자기 향유를 제한한다. 자기 향유의 상실은 종교적 사회들 못지않게 현격하고, **다른 방식으로** 현격하다. 희생은 다양한 지역적·역사적 배경을 갖는 인간의 조건에 내재하는 것으로 주어진 하나의 법칙에 의해 관리되거나 정당화되는 것이 아니라 "그 무엇도 그 누구의 탓으로 돌릴 수 없는" 개인적 결정의 주장을 통해 관리되고 정당화된다.

자수성가한[106] 개인에게 과도하게 가치부여하는 사회적 담론은 부정으로서 기능하고, 상실은 진정한 상실이 아니라는 주장을 가능케 한다. 주체가 스스로 상실하기로 결정했을 수도 있기 때문이다. 이 사회적 신화가 가정교육과 학교교육에 미치는 영향력은 더 이상 무시할 수 없지만, 그것은 신주체 작동방식의 한 측면에 불과하다. 신주체는 노동에의 전념에 동의해야 하고 일상생활의 강제에 복종할 것을 동의해야 한다. 신주체에게 이것들이 요청되는 까닭은, 자기 자신의 기업과 마찬가지로, 완벽한 세계 속에서 **상상적인** 충만한 향유로 자아가 지탱될 수 있기 때문이다. 각자는 주인이거나 적어도 자기 자신이 주인이라고 믿는다. 상상계의 질서 내에서의 자기 자신의 향유와 한계의 거부는 이렇게 심지어 초주체화의 법칙으로 보이기까지 한다.

과거 사회에서는 향유의 일부를 희생하는 것이 생산적이었다. 종교적이고 정치적인 거대한 구축, 그 교의적이고 건축적인 건조물은 이러한 생산의 증거가 된다. 초기 자본주의에서 축적된 자본은 여전히

---

106) Olivier Rey, *Une folle solitude. Le Fantasme de l'homme autoconstruit*(광적인 고독: 자기 구축된 자의 환상), Seuil, Paris, 2006.

이런 종류의 생산물이었고 요컨대 서민 계급만이 아니라 부르주아 계급의 소비에도 강제되던 절약의 결실이었다.

오늘날에는 상황이 다르다. 상실이 부정되면 향유의 무제한성이 상상적 측면에서 기업을 위해 동원될 수 있다. 하지만 기업 자체는 무한한 확장과 무한한 주식시장 가치 창출이라는 상상적 논리에 사로잡혀 있다. 분명히 주체성의 기술적 합리화를 거쳐야 한다. 하지만 그것은 이 기술적 합리화가 '수행되기' 위해서일 뿐이다. 노동은 고통이 아니라 실현해야 할 성과에 의한 자기 향유라는 것이다. 상실은 존재하지 않는다. 왜냐하면 직접적으로 '자기 자신을 위해' 노동하기 때문이다. 그러므로 초주체화의 타율적[107] 성격은 부인된다. 다시 말해 자기를 넘어선 상태에서의 향유의 무제한화가 상품 축적의 무제한화로 명령된다는 사실은 부인된다.

새로운 규범적 논리를 특징짓는 것은 불가항력적인 집단적 힘과 빛나는 미래를 위해 개인을 완전히 포기하라는 주장이 아니라, 직업 생활과 사회 생활을 설명하게 되어 있는 수사학적 정식에 따라 개인들로 하여금 '윈윈' 게임에 참여하게 해 상당히 전면적인 예속화를 확보하려 한다는 점이다. 과거의 자본주의에서 자본가는 리스크를 감수하는 바람에 자신의 재화의 향유를 상실하고, 프롤레타리아는 자신의 시간과 힘의 자유로운 운용을 상실하는 등 모두가 뭔가를 상실하는 반면, 새로운 자본주의에서는 아무도 상실하지 않고 모두가 획득한다. 신자유주의의 주체는 상실할 수가 없다. 그는 자본을 축적하는 노동자인

107) [옮긴이] 원문에 '이성애적'(hétéronormé)이라고 쓰여 있지만, 맥락상 '타율적'(hétéronome)의 오기로 추정된다.

동시에 그것을 향유하는 주주이기 때문이다. 자기 자신의 노동자이면서 자기 자신의 주주이기, 한없이 '수행하고' 그 축적의 결실을 제약 없이 향유하기, 바로 이것이 신주체의 조건을 이루는 상상계다.

신주체들에 대한 임상진단이 증거하는 이런 종류의 해체, 상징적 틀들을 넘어선 그들의 중단 상태, 그들이 시간과 맺는 유동적 관계, 일회성 상거래로 축소돼 버린 그들이 타인들과 맺는 관계는 수행능력의 요청이나 새로운 네트워크 테크놀로지와 관련된 기능장애가 아니다. 여기서 중요한 것은 **자기 향유의 무제한화가 상상계의 질서에서는 탈상징화의 정확한 이면임**을 이해하는 것이다. 자아의식은 과잉 속에서, 민첩성 속에서, 동요가 가져다주는 투박한 감각 속에서 발생한다. 이것은 확실히 신주체를 우울증과 비정상적 의존의 위험에 노출시키지만 '연결주의'의 상태도 가능하게 해준다. 신주체는 제3자와의 적법한 관계 없이 '연결주의'의 상태로부터 허약한 지지와 기대되는 효율성을 끌어낸다. 신자유주의 주체성에 대한 임상진단은 '병리적인 것'과 '정상적인 것'이 동일한 규범성의 성질을 지니고 있다는 사실을 간과해서는 안 된다.

신자유주의 주체의 통치

신주체에 대한 임상진단표를 추적해 보면 자기 자신의 기업은 두 얼굴을 가지고 있다. 거침없는 성공으로 의기양양한 모습이 있는가 하면 제어 불가능한 절차들과 규범화의 테크닉들 앞에서 실패한 우울한 모습도 있다. 우울증과 도착 사이에서 동요하는 신주체는 이중화의 운명에 처해진다.[108] 요컨대 사람들이 찬양하는 수행능력의 대가이자 사람들이 버리는 향유의 대상이 될 운명에 처해지는 것이다.

이 분석에 따르면 '쾌락주의적 개인주의' 혹은 '집단 나르시시즘'에 대한 너무나 진부한 설명은 전통적인 형태의 권위의 복고에 호소하는 위장된 방식처럼 보인다. 하지만 보수주의자들의 방식으로 신주체를 성찰하는 것만큼 오류도 없다. 신주체는 '아무것도 존중하지 않는' 무정부주의적 향유를 하는 인간이 아니다. 단지 상품적 사물화, 대량소비로부터의 소외만을 고발하는 것은 등가적이고 대칭적인 오류다. 향유하라는 광고의 종용은 확실히 '사물'의 미학화-에로스화와 일류 메이커의 마술에 의해 '욕망의 대상'과 향유의 약속으로 구축된다. 하지만 이 자신의 변덕에만 빠져 있는 것은 아닌 이 신주체가 수행능력/향유 장치 내에서 **통치되는** 방식을 고찰하는 것이 바람직할 것이다.

사회들이 처한 현재의 상황 속에서, 때로는 '시장 가치들의 내면화'와 동일시되고 때로는 '민주주의의 무제한적 팽창'과 동일시되는 무제한의 향유만을 보는 것은 그러므로 공적 공간과 사적 공간에 대한 더욱 강도 있는 감시, 네트워크상에서의 개인들의 활동들에 대한 더욱 정밀한 추적, 개인들의 활동에 대한 더욱 세심하고 인색한 평가, 정보와 광고가 통합된 시스템들의 더욱 강력한 작용, 그리고 아마도 특히 주체들 자신들에 의한 자기통제의 더욱더 기만적이 되어 가는 형태들과 같은 신자유주의 규범성의 어두운 부분을 망각하는 것이다. 요컨대 그것은 향유의 외설적 현시, 기업적 수행능력의 종용, 전면적 감시의

---

108) *L'individu incertain*(불확실한 개인), Hachette, 'Pluriel', Paris, 1996, p. 18에서 에랭베르(A. Ehrenberg)는 정복하는 개인과 고통받는 개인이 '자기 통치의 두 측면'이라고 적확하게 지적한다.

망상조직화를 다양한 매체들을 통해 연결하는, 신주체들에 대한 통치의 전반적 특성을 망각하는 것이다.

물론 관리라는 과거의 관점에서 보면 주체는 이제 더 이상 '견실하지' 않은 것으로 보일 수 있다. 이것은 19세기 보수주의자들이 이미 범했던 관점의 오류다. 이들은 '인권들'에서 '사회적 아나키'의 도래만을 보았던 것이다. 서구 사회의 변동은 전통적 권위의 위기로서 해석되었고 이 위기는 오직 구체제 가치들의 복원을 통해서만 극복될 수 있는 것으로 해석되었던 것이다. 그것은 산업사회의 주체들을 속박하던 노동과 노동의 기술적이고 사회적인 분업화와 결부된 다양한 형태의 강압을 등한시하는 것이었다. 한마디로 말해서 그것은 당대 자본주의 사회의 새로운 도덕적·정치적 체제를 간과하는 것이었다.

오늘날에도 유사한 몰이해가 일어나고 있고 이것이 신주체들의 품행들(일탈, 불만, 저항, 도주 포함)과 그들에게 행사되는 온갖 형태의 통제와 감시가 맺는 관계를 이해하는 것을 방해한다. 그러므로 가정, 학교, 조합 단체 혹은 정치 단체 같은 관리기관들의 위기를 한탄하거나 문화와 지식의 쇠퇴와 민주적 삶의 쇠퇴를 한탄하는 것은 비생산적이다. 이 모든 기관들, 가치들, 활동들이 그것들의 필요한 '현대화'의 미명하에 수행능력/향유 장치 속에서 어떻게 통합되고 변형되었는지를 파악하는 편이 더 낫다. 인구와 개인을 통제하고 감시하는 온갖 테크놀로지, 그들의 의료화와 신상 명세서 작성, 유년기를 포함한 그들의 행동 기록 같은 테크놀로지들을 면밀히 조사하는 편이 더 낫다. 사회관리의 기제들을 강화하기 위해 어떻게 의료 및 심리 분야의 학문들이 안전 담론 및 경제 담론과 결합되는지를 관찰하는 편이 더 낫다. 신주체를 통치하는 장치의 그 무엇도 아직 결정적으로 확정되지 않았기 때문이다. 그 추진력들은 다양하고 후보 학문들도 부족하지 않으며 그들 간의 통합도 진행 중에 있거나 예정되어 있다.[109] 개인들에 대한 통치에 제기된 핵심 문제는, 개인들을 가능한 한 신속하게 프로그래밍해서 무한한 자기 초극의 종용이 지나치게 폭력적이고 공공연한 범죄 행위로 타락하지 않도록 하는 방법을 아는 데 있다. 핵심 문제는 무절제의 횡행을 피하면서도 향유로 나아가야 할 때 '공공의 질서'를 어떻게 유지할 것인지를 아는 것이다. '수행능력의 사회적 관리'는 바로 이러한 통치의 절대적 필요성에 상응한다.

---

109) '사회생물학'의 비약적 발전이 있은 후 탄생한 '신경경제학'을 간과해서는 안 된다. 뇌생물학과 미시경제학의 통합은 행동의 통제와 관련된 흥미로운 관점들을 출현시키는 것 같다.

결론 · 자유민주주의의 고갈

신자유주의의 합리성을 특징짓는 주요 특질들은 무엇일까? 이 연구를 마치면서 다음의 네 특질을 들 수 있다.

첫째로 고전 경제학자들이 생각했던 것과 반대로 시장은 자연적 소여로 제시되는 것이 아니라 그 자체가 국가의 능동적 개입과 특수한 법체계의 설정을 요구하는 구축된 현실로서 제시된다. 이런 의미에서 신자유주의의 담론은 시장경제[상업] 질서의 존재론과 직접적으로 결부되어 있지 않다. 왜냐하면 어떤 '사태[사물]의 자연적 진행과정'에서 자신의 정당성의 토대를 찾지 않는 신자유주의 담론은 '구축주의적 기획'[1]의 성격을 단호하고 노골적으로 수용하기 때문이다.

둘째로 시장 질서의 본질은 교역에 있는 것이 아니라 그 자체가 다양한 생산 단위들 혹은 '기업들' 간의 불평등한 관계로 정의되는 경쟁에 있다. 시장을 구축한다는 것은 결국 경쟁을 경제적 실천들의 보편적 규범으로서 제고하는 것을 함축하고 있다. 이러한 관점에서 질서자

1) W. Brown, *Les Habits neufs de la politique mondiale*, pp. 51 et 97. [*Edge Work*, p. 40.]

유주의자들의 주요 교훈이 유효하다고 인정할 수밖에 없다. 즉 국가의 임무는 '야경'[불침번]이라는 전통적 역할을 한참 넘어서며, 그것은 이 경쟁을 "구성하는" 원리에 입각한 "질서-틀"을 설정하는 것, "일반적 틀을 감독하는 것",[2] 그리고 모든 경제적 행동 주체들이 그것을 준수하는지 감시하는 것이다.

셋째로 초기 자유주의와 비교하든 1890~1920년대의 '개혁적' 자유주의와 비교하든, 훨씬 더 새로운 것은 국가가 단순히 이 틀의 용의주도한 감시자가 아니라, 국가 역시 행위할 때 이 경쟁의 규범에 따른다는 사실이다. '사법私法 사회'[3]라는 이 이상에 따르면 국가는 자신이 적용시켜야 할 임무가 있는 법규들의 예외일 이유가 결코 없다는 것이다. 반대로 국가 측의 모든 형태의 자기 면제나 자기 제외는 이 동일한 법규들의 결연한 수호자로서의 자신의 역할상에서 스스로를 실격시킬 수밖에 없을 것이다. 사법의 이러한 절대적 우위로부터 공법의 모든 범주들의 점진적 제거가 결과된다. 그리고 이 제거는 공법 범주들의 형식적 폐지 쪽으로 나아가는 것이 아니라 공법 범주들의 운용 타당성을 제거하는 방향으로 나아간다. 이제 국가는 내적 작동방식에서뿐만 아니라 다른 국가들과의 관계에서도 스스로를 기업으로 간주해야 한다. 이렇게 국가는 시장을 구축할 책임이 있는 동시에 스스로를 시장의 규범들에 따라 구축해야 한다.

넷째로 경쟁의 규범을 보편화하라는 요구는 국가의 경계들을 광

---

2) 이러한 표현들의 의미에 대해서는 우선은 이 책의 7장을, 그리고 나서는 10장의 486쪽을 참조하라.

3) 뵘의 이러한 표현에 대해서는 이 책의 7장을 참조하라. 하이에크가 이것을 다시 취하여 더 깊이 연구한 것과 관련해서는 이 책의 9장을 참조하라.

범위하게 넘어선다. 그것은 그들 자신과 맺는 관계라는 맥락에서 고려되는 개인들에게까지 미치게 된다. 국가의 활동 측면에서 지배적이어야 하는 '기업적 통치성'은 사실 '개인-기업'의 자기통치 속에서 연장하는 방식을 발견한다. 보다 정확히 말해 기업가 국가는 '거버넌스'의 사적 행위주체들과 마찬가지로 개인들 자신이 기업가로 처신하도록 간접적으로 인도해야 한다. 신자유주의 고유의 통치성의 양태는 그러므로 "국가의 최소한의[엄밀한] 행위를 넘어서서 주체들이 자기 자신을 위해 처신하는 방식까지 지휘하는 일련의 통치 테크닉들"[4]을 포괄한다. 기업은 주체화 모델의 수준으로까지 격상된다. 요컨대 각자는 경영해야 할 기업이고 수익을 창출해야 할 자본인 것이다.

비민주적(a-démocratique) 합리성

시장 구축으로부터 시장 구축 규범인 경쟁으로, 그리고 경제 행위주체들의 활동 규범인 경쟁으로부터 국가-기업 구축의 규범인 경쟁으로, 마지막으로 국가-기업의 규범인 경쟁으로부터 주체-기업의 품행 규범인 경쟁으로, 이 모든 것들은 시장 합리성을 인간 실존의 전 영역으로 확장시키고 신자유주의 합리성을 진정한 세계합리성으로 만드는 계기들이다.

이를 오해해서는 안 된다. 여기서 문제는 '생활세계의 식민화'와 같은 하버마스의 주제와 다시 관계를 맺는 것이 결코 아니다. 왜냐하면 아직 담론들에 의해 포획되지 않았거나 권력 장치들에 의해 포위되

---

4) W. Brown, *Les Habits neufs de la politique mondiale*, p. 56. [*Edge Work*, p. 43.]

지 않은 '생활세계' 같은 것은 존재하지 않기 때문이다. 관건은 시장 합리성의 확장이 사적 영역과 공적 영역의 구분을 소거하면서 자유민주주의 자체의 토대들을 얼마나 침식시키는지 보여 주는 것이다. 사실 자유민주주의는 정치적인 것과 도덕적인 것을 경제적인 것으로 환원 불가능하다고 전제했었다. 그 직접적 반향은 애덤 스미스와 애덤 퍼거슨의 저서에서 발견된다.[5] 게다가 자유민주주의는 입법부 행위로서의 법의 일정한 우선성을 전제했고, 그러한 한도 내에서 행정부의 권력이 입법부의 권력에 일정한 형태로 종속되는 것을 전제했다.[6] 자유민주주의는 또한 사법에 대한 공법의 우위는 아닐지라도 적어도 그들 각자의 영역에 한계선이 필요하다는 첨예한 의식도 함의하고 있었다. 자유민주주의는 시민이 '공익' 혹은 '공공재'와 맺는 일정한 관계와 상관관계가 있었다. 그로 인해 자유민주주의는 공적 업무에 대한 시민의 직접적 참여를 중요시하여 이를 전제했었다. 정치 공동체의 존립 자체가 문제가 되는 순간에는 특히 그러했다.

신자유주의의 합리성은 이데올로기의 수준에서는 이러한 구분들의 잔재를 그대로 수용했던 반면 그것들이 가진 규범적 특성을 전례 없이 무력화시켰다. 사법을 위해 공법을 무력화시키기, 공공 활동을 수익성과 생산성의 기준에 맞추기, 입법부 고유의 활동인 법의 상징적 가치 저하, 행정부의 강화, 절차의 가치 고양, 모든 사법적 통제를 벗어나는 경찰권력의 성향, 경쟁적 '정책 공급들'을 심판하는 역할을 담당하는 '시민-소비자'의 지위 상승 등 이 모든 확인된 경향들은 정치적

---

5) 이 책의 1장과 2장을 참조하라.

6) 우리는 이를 존 로크에게서 확인할 수 있었다. 이 책의 3장과 9장을 참조하라.

규범으로서의 자유민주주의의 고갈의 충분한 증거가 된다.

이러한 무력화의 가장 중요한 징후들 가운데 하나가 관리 담론에서 '적절한 거버넌스'가 차지하는 중요성이다. 모든 행정에 관한 성찰은 국가 행위의 맥락과 가능한 선택의 다수성을 동시에 이끌어 낼 수 있게 해주는 정치적이고 사회적인 성찰들을 희생시켜 기술화된다.[7] 공공재 개념은 그것의 분배와 마찬가지로 이 무력화의 충격을 심각하게 받는다. 급여의 평등성과 혜택의 보편성은 급여의 개인화와 '타깃층'의 표본으로서의 수혜자 선별과 공공 서비스의 소비자 운동적 개념에 의해 이의 제기의 대상이 된다. 이런 의미에서 경영의 범주들은 그때까지 시민권의 토대에 있던 공통된 상징적 원리의 자리를 차지하는 경향이 있다.[8] 공공 토론에서 허용된 유일한 문제는 사람들이 사회에 대한 국가 행위를 통해 어떤 결과를 얻으려 하는지를 잘 모르는 상태에서 그 방향이 명시되지 않은 '개혁'을 수행할 수 있는 능력의 문제다.

관리 방식이나 관리 도구 이상으로 급진적으로 전복된 것은 통치자들과 피통치자들 간의 관계다. 사실 18세기 이래로 서구 국가들에서 구축되었던 모든 시민권은 그 뿌리까지 이의 제기의 대상이 되어 버렸다. 우리는 이 점을 특히 정치적 민주주의의 논리적 귀결로서 확립된 사회보장권을 시작으로 그때까지 시민권과 결부되어 있던 권리들에 대한 이의 제기를 통해 볼 수 있다. 조건이 악화된 일자리를 실업자들에게 강요하기 위해, 그 수혜가 철저하게 개인적이라 간주되는 서비스의 대가를 환자들이나 학생들이 지불하게끔 하기 위해, 자녀 교육의

7) P. Le Galès, "Gouvernance", in *Dictionnaire des politiques publiques*, p. 244 참조.
8) Marc Hufty(dir.), *La Pensée comptable*, p. 19.

바람직한 형태에 대한 가족수당을 조건화하기 위해 "대가 없는 권리 없다"고 말해진다. 상당수의 재화와 용역에의 접근은 어떤 권리들을 작동시키는 신분과 결부된 것으로 간주되는 것이 아니라 어떤 급여와 거기에 요구되는 행동 혹은 사용자의 직접 비용 간의 상거래의 결과로 간주된다. 즉각적으로 집단적인 책임에 둘러싸인 '시민'의 형상은 차츰 무대에서 사라지고 기업인에 자리를 내주게 된다. 이 새로운 통치 방식에 대한 몇몇 상투적 표현들을 취해 보면 기업인은 단순히 신자유주의적 수사의 '지고한 소비자'가 아니라 사회가 그에게 빚진 바 전혀 없는 주체이고 '아무것도 하지 않으면 아무것도 갖지 못하는' 주체이며 '더 많이 벌기 위해서는 더 많이 일해야 하는' 주체다. 국가 행위의 준거가 되는 것은 이제 법권리의 주체가 아니라 다른 자기-기업가적 행위주체들과 지극히 다양한 계약을 체결하는 자기-기업가적 행위주체다. '문제들을 해결하기' 위해 그때그때마다 협상된 상거래 방식들이 이렇게 국민투표에 의해 합법화된 공법의 법규들과 정책적 결정을 대체한다. 전혀 '중립적'이지 않은 이 국가 행위의 경영적 개혁은 **사회적 시민권의 민주적 논리**를 직접적으로 침해한다. 요컨대 [사회보장] 급여의 할당, 고용, 건강 교육 관련 재원에의 접근[9]상에서의 사회적 불평등을 강화하면서, 이 개혁은 이를 통해 점증하는 '하위 시민들'과 '비시민들'을 만들어 낸다.

하지만 신자유주의의 합리성에서 민주화의 '세 번째 단계'에 대한

9) Sharon Gewirtz, *The Managerial School. Post-Welfarism and Social Justice in Education*, Routledge, Londres, 2002 참조. 이 길에서 가장 앞서 나가는 나라들에서 진행되고 있는 '경영 학교'의 효과들에 대한 모든 연구는 교육 불평등의 증가와 게토 시설 주민들 중 가장 빈곤한 이들의 소외를 보여 준다.

문제화, 즉 18세기의 '시민적 시민권'과 19세기의 '정치적 시민권'을 보충하는 '사회적 시민권'의 채택을 20세기에 목격한 이 세 번째 단계에 대한 문제제기만을 보는 것은 오류일 것이다.[10] 복지국가주의는 인구에 대한 순수한 생명관리정치였던 것만도 아니고, 2차 세계대전 이후 포드주의적 조절 메커니즘 내에서의 대량 소비만을 단순히 결과시킨 것도 아니다. 로베르 카스텔이 강조했듯 시민권의 구체적 조건들을 설정함으로써 정치적 공간에 임금노동자들을 통합시킨 것이 복지국가주의의 원인이었다.[11] 시민의 사회권에 대한 점진적 침식은 그러므로 소위 '사회적' 시민권에 영향을 미쳤을 뿐만 아니라, 역사가 이 토대들을 서로 불가분의 것으로 만듦에 따라 시민권 그 **자체**의 토대들에 대한 총체적 문제화의 길을 연다. 이를 통해 시민의 사회권들에 대한 점진적 침식은 서구 사회를 역사의 새로운 단계로 접어들게 한다.[12]

이러한 견지에서 사회권들에 대한 문제제기가 자유민주주의의 정치적 토대뿐 아니라 문화적이고 도덕적인 토대들에 대한 실천적 문제화와 얼마나 긴밀하게 결부되어 있는지를 확인하는 것은 충격적이다. 냉소주의, 거짓, 경멸, 속물주의, 느슨한 언어와 행동, 무지, 돈의 오만함과 지배의 난폭함은 오로지 '효율성'이라는 이름으로만 통치할 가치가 있다. 성과가 정치의 유일한 기준일 때 양심, 사상 및 표현의 자유

10) 이 역사적 도식은 사회학자 마샬(T. H. Marshall)이 1994년 '시민권과 사회 계급'(Citizenship and social class)이라는 강연 때에 제시한 것으로, 다음에서 재인용되었다. A. O. Hirschman, *Deux siècles de rhétorique réactionnaire*, p. 14 sq.

11) R. Castel, *Les Métamorphoses de la question sociale*(사회적 문제의 은유들), Fayard, Paris, 1995(rééd. Gallimard, 'Folio', 1999).

12) 콜린 크라우치는 이 말을 '포스트데모크라시'라 부르자고 제안한 바 있다. C. Crouch, *Post-Democracy*, Polity Press, Cambridge, 2004 참조.

의 존중도 중요치 않고, 법적 형식들과 민주적 절차들의 존중도 중요치 않다는 말인가? 새로운 합리성은 자유민주주의의 도덕적이고 법률적인 원칙들과는 무관한 자기 고유의 검증 기준을 종용한다. 새로운 합리성은 엄밀하게 경영적인 합리성이며, 법과 규범을 그저 단순한 도구로 여긴다. 법과 규범의 전적으로 상대적인 가치는 오직 목표 달성에 의해 결정된다. 이런 의미에서 단순하고 일시적인 '민주주의의 환멸'이 문제가 아니라 정치적인 것에 타격을 주는 탈상징화가 나름의 방식으로 그 모든 심각성을 말하는 훨씬 더 전면적인 변동이 문제가 된다.

그렇기 때문에 웬디 브라운이 **'탈-민주화'**dé-democratisation라는 신조어를 사용하는 것은 전적으로 근거가 있다. 특히 아감벤에 의해 아주 잘 분석된 바 있지만, 법이 중단되고 예외 상태가 상시 상태로 변형됨으로써 자유민주주의의 초석이 되는 범주들이 실제적으로 무력화되는 것[13]은 새로운 정치 체제의 설립에 상당하지도 않고 또 서막이 되지도 않는다.[14] 이러한 무력화는 정치 체제들 간의 차이들을 약화시켜 이 차이들을 상대적 **무관심** 속에 처박아 버리는 새로운 규범적 논리의 두드러진 성향을 오히려 잘 표현하고 있다. 이러한 무관심은 결국 모

13) G. Agamben, *État d'exception. Homo sacer*, trad. Joël Gayraud, Seuil, Paris, 2003. [『예외 상태』, 김항 옮김, 새물결, 2009.]

14) 반대로 장-클로드 파예(Jean-Claude Paye)는 법권리의 중지가 슈미트적 의미에서의 '주권 독재', 즉 법권리의 새로운 질서를 창설하는 어떤 독재의 체질(constitution)을 의미한다고 주장한 바 있다. Paye, *La Fin de l'État de droit. La lutte antiterroriste, de l'état d'exception à la dictature*(법치주의의 종말: 테러와의 전쟁, 예외상태에서 독재까지), La Dispute, Paris, 2004, p. 197 sq. 브라운은 '정치적 형상(configuration)'이나 '우리가 아직 이름 붙이지 않은 정치적이고 사회적인 형상(forme)'에 대해 더 신중하게 말한다. Brown, *Les Habits neufs de la politique mondiale*, pp. 69~70.

든 고전적 전통으로부터 전승된 '정치 체제' 개념의 타당성마저 위협한다.

하지만 단순한 '사고'事故와는 거리가 먼 이 무관심이 신자유주의의 지성적이고 정치적인 기획 내에 애초부터 기입되어 있다는 사실을 잘 봐야 한다. 레몽 아롱이 그 가장 완결된 정식을 제공한 바 있는, 냉전시대와 동시대의 '민주주의 대 전체주의' 대립은, 두 형태의 민주주의 간의 또 다른 대단히 중요한 대립을 은폐했다.[15] 사실 프리드리히 하이에크에게 유일하게 관여적인 대립은 자유주의와 전체주의 간의 대립이지 민주주의와 전체주의의 대립이 아니다. 이 새로운 대립을 정당화하기 위해서는 우선 민주주의를 지도자 선출 절차, 무엇보다도 이 절차를 정당화하는 가치들에 따라 평가되는 것이 아니라 그 실제적 결과에 따라 평가되는 지도자 선출 절차로 축소시킬 것이 요구되었다.[16] 민주주의는 (선거를 통해) 지도자들을 선출하는 방식하고만 관련되는 반면 자유주의는 본질적으로 (그것이 다수일지라도) 권력 제한의 요청으로 정의된다. 결과적으로 비록 다수에 의해 지도자들이 선출된다 할지라도 이 다수의 권력이 무제한적이면 '전체주의적 민주주의'에 직면하기에 충분하다. 역으로 자유주의는 지도자들을 지명하는 방식에 따라 민주주의적일 수도 있고 권위주의적일 수도 있다. 그래도 자유주의는 민주주의적이든 권위주의적이든 간에 '다수의 전제정'[17] 보다는 늘

---

15) R. Aron, *Démocratie et Totalitarisme*(민주주의와 전체주의), Gallimard, 'Folio', Paris, 1987. 이 반대의견에 따르면 민주주의는 정치적 다원주의에 근거하는 반면 전체주의는 단일 정당의 독점을 의미한다는 것을 기억하자.

16) F. Hayek, *La Constitution de la liberté*, p. 104. [『자유헌정론 1』, 183쪽.]

17) 여기서 피노체트 독재에 대한 하이에크와 프리드먼의 태도를 다시 한 번 명확히 할 수 있다.

바람직하다는 것이다.

여기서 문제가 되는 것은 민주주의가 인민 주권과 동일시된다는 관념이다. 하이에크가 보기에 이는 대표자 선출의 기원과 권력 행사의 합법적 장 간의 전형적으로 '구축주의적'인 혼동이다. 인민주권론은 사실 선거에서의 유권자 다수 의견에 따라 정부가 공동체의 문제에 무제한적으로 개입할 권리를 인정하는 쪽으로 귀결될 수밖에 없다는 것이다. 따라서 정치적 자유 개념의 특수성에서 본질적인 자유를 인민에게 직접 부여하는 것 자체가 하이에크에게 수상쩍어 보인다는 것은 그다지 놀라운 일이 아니다. 인민이 자유롭다 말하는 것은 결국 "개인의 자유를 전체로서 간주되는 인간들의 집합으로 이전"하는 것이 된다. 하지만 역시 하이에크가 지적하듯 "이런 의미에서 자유로운 인민이 반드시 자유인 인민인 것은 아니다".[18] 다시 말해 개인이 독재 체제에서도 자유로울 수 있듯 민주주의 체제에서 억압받을 수도 있다는 것이다. 그러므로 최고의 가치는 개인의 자유다. 이는 자신들의 지도자들의 선택에 사람들이 직접적으로 참여하는 것과 같은 정치적 자유가 아니라, 자신을 위해 보호된 영역(개인의 '재산'[19])을 스스로 창조할 수 있는, 개인에게 주어진 능력으로서의 자유다. 여기서 핵심은 민주주의를 통치자들을 지명하는 기술적 방식으로 축소하는 것은 민주주의를 다른 체제들과 명백히 구별되는 정치 체제로 더 이상 보지 않는 것을 가능케 하고 이런 의미에서 정치 체제의 분류상에서 통상적으로 인정되는

18) F. Hayek, *La Constitution de la liberté*, p. 13. [『자유헌정론 1』, 34쪽.]

19) F. Hayek, *Droit, législation et liberté*, vol. 3, PUF, Paris, p. 181. [『법, 입법 그리고 자유』, 674쪽.]

구분의 기준들을 상대화하는 길을 이미 연다는 것이다. 만약 역으로 민주주의가 인민주권에 근거한다고 주장한다면 독트린으로서의 신자유주의는 우연히 그런 것이 아니라 본질적으로 **반민주주의**인 것 같다. 특히 바로 이 지점에, 잘 알려져 있듯 급진적 민주주의에 호의적인 벤담류의 자유주의와 신자유주의를 환원 불가능한 방식으로 분리시키는 바가 있다.[20]

전략적 성격의 장치

중요한 사실은 오늘날 신자유주의가 **지배적** 합리성이 되었으며, 자유민주주의에는 차례로 '추모적'commémorative이거나 '호전적'martiale인 퇴락한 형태의 수사로 명맥을 잇는 빈 껍데기만을 남겨 둔다. 이 신자유주의 합리성 자체는 담론적이기도 하고 제도적·정치적·법률적이며 경제적인 일련의 장치들 속에서 구체화된다. 이 일련의 장치들은 원치 않는 효과나, 때로는 원래 추구하던 것과 모순되는 효과가 발생함에 따라 수정과 적응이 가능한 복잡하고 유동적인 네트워크를 형성한다. 이런 의미에서 미셸 푸코에게서 그가 선호하는 용어 중 하나를 취해 본다면, 모든 장치가 그러하듯 본질적으로 '전략적' 성격을 갖는 **글로벌 장치**에 대해 논의하는 것이 가능해진다.[21] 이것은 이 장치가 주어진 힘의 관계들 내에서 '전략적 목표'[22]에 따라 이 관계들의 방향전환

20) 이 책의 4장과 5장을 참조하라.

21) '비담론적이고 사회적인 것'에 속하는 만큼이나 담론적인 것에도 속하는 균질하지 않은 요소들로 이루어진 망으로서의 '장치'(dispositif)의 확장된 개념에 대해서는 다음을 보라. M. Foucault, *Dits et Écrits II*, pp. 299~301.

을 지향하는, 사전에 계산된 개입에 입각해 구축됐음을 의미한다. 이 목표는 조정의 전문가인 집단적 주체에 의해 계획된 술수에 전혀 속하지 않고 행위주체들 자신들에게 부과되었고 이 행위주체들에게 부과되면서 이 목표는 자기 고유의 주체를 만들어 낸 것이다. 앞에서 이미 살펴봤지만[23] 바로 이것이 1970~80년대에 정치적 계획이 조절의 내적 동학과 연결됨으로써 발생한 일이었다. 전면화된 경쟁이라는 전략적 목표를 부과하기 위한 두 논리의 결합이 발생한 것이다. 그렇지만 포드주의적 조절 모델로부터 다른 모델로의 이행, 먼저 지성적으로 구상되고 그 다음 단계에서 계획된 방식으로 시행되었어야 할 다른 모델로의 이행을 의식하고 있던 계획은 존재하지 않았다.

주지하듯이 이 장치의 전략적 성격은 장치의 전개를 가능하게 하고 시간 속에서, 또 공간에서 장치가 취하는 다양한 형태들 속에서 장치를 변형시키는 일련의 재조정을 설명하는 역사적 상황들을 고려하는 것을 전제로 한다. 우리는 오직 이 조건하에서만 심각한 재정 위기로 인해 지배적 자본주의 국가들의 지도자들에게 부과된 '방향전환'을 이해할 수 있다. 우리가 이미 살펴본 바 있듯이 재정 위기는 **신자유주의 통치성의 위기**를 드러낸다. 일차적인 긴급 '복구'(긴급 회계 규범의 시행, 조세 피난처들에 대한 최소한의 통제, 평가기관의 개혁 등)를 넘어서서 우리 앞에 있는 것은 국가/시장 장치 **전체의 재조정**일 가능성이 대단히 높다. 가구의 과도한 부채에 기반한 재정 체제를 대체하는 새로운 '자본축적 체제'의 가능성에 대해 몇몇 경제학자들과 함께 이의를 제기하는

22) *Ibid*.
23) 이 책의 10장을 참조하라.

것, 그것은 지극히 정상적인 것이다. 우연히 이것으로부터 부동산 및 금융 자산의 인플레이션 메커니즘과는 다른 메커니즘을 이용한 새로운 성장 체제가 신자유주의 합리성에 대한 문제제기와 자연스럽게 일치한다고 추론하는 것은 반대로 경솔한 것이다. 하지만 '실물 경제'에 지속적으로 기반하고 환경을 존중하며 인구[주민들]의 필요에 유의하고, 인류의 공동선에 관심을 가질 수도 있는 쇄신된 작동 규범들을 가진 '착한 자본주의'의 임박한 도래를 전망하는 것은, 반계몽적인 것은 아닐지라도 적어도 자기조절적 시장의 유토피아와 동일하게 해악적인 환상의 속성을 지닌다. 우리는 신자유주의의 새로운 국면에 더 확실하게 진입하고 있다. 심지어 이 새로운 국면은 이데올로기의 측면에서 '원천으로의 회귀'라는 방식을 수반할 수도 있다. 결국 '규제된 자본주의의 재정립'의 호소는 법규들의 훌륭한 '교통법규'를 늙은 방임주의자들의 맹목적인 '자연법'에 대립시키는, 1930년대 재정립자들의 어조들을 재발견하는 것이 아닐까? 아마 우리는 그 이데올로기가 비밀을 간직하고 있는 진자 운동들 가운데 한 운동 덕분에 특히 질서자유주의의 변이체의 대대적 반격을 목격하게 될지 모를 일이다. 질서자유주의의 변이체가 순전히 무시되지는 않았다 할지라도 오스트로-아메리칸 경쟁자에 의해 오랫동안 종속적 자리로 밀려나 있던 만큼, 그럴 가능성도 배제할 수 없다.[24]

24) 순수하고 단순한 부정에까지 이르는 이러한 무지(질서자유주의는 신자유주의가 아니다)가 신자유주의를 자유시장의 이데올로기로 환원시키는 이유들 중 하나라는 것은 아주 분명하며, 다른 하나의 이유는 금융의 세계화와 위에서 언급한 바 있는 신자유주의적 합리성 간의 인과관계의 전도다(이 책의 12장을 보라). 이중의 동일시는 이렇게 지속적으로 전개되었다. 신자유주의는 금융에 의해 인도되는 자기조절적 시장에 다름 아니다. 따라서 금융위기가 신자유주의의 사망증명서라는 것은 성급한 결론이다.

신자유주의 장치의 전략적 성격을 후기 하이데거의 게슈텔Gestell이나 아감벤이 『장치란 무엇인가?』에서 간접적으로 그렇게 종용하듯이, 기원후 2세기 그리스도교 신학의 오이코노미아oikonomia와 유사한 것으로 생각하는 것 역시 오해일 것이다.[25] 아감벤과 더불어 푸코의 '장치들'의 '신학적 계보'에 대해 논하는 것은, 만약 그 장치들이 실제로 "존재 내에 어떤 토대를" 두고 있지 않고 또 그 결과 "장치들의 주체를 만들어 내야 한다" 할지라도, 그렇다고 해서 그것들이 "신 안에서 존재와 행위, 존재론과 실천론을 가르는 분할"[26]을 반복하는 것은 아니라는 사실을 이해하지 못하는 것이다. 성육신의 신학적 문제로 회부되는 신에 의한 인간들의 통치와는 달리 푸코의 장치들은 항시 **특이하고 우연한** 역사적 조건들에 입각해 사실상 구축되는 것이고 따라서 절대적으로 '전략적'인 성격을 가지고 있지, '운명적'이거나 '신기원적' 성격은 갖고 있지 않다. 이 점과 관련해서는 1580년에서 1660년 사이에 출현하는 통치성에 대한 새로운 문제화의 특수성을 지적하는 미셸 푸코의 설명을 상기할 필요가 있다. 만약 당시에 통치 행위의 주제화가 발생했다면 그것은 이 통치 행위가 "신이나 자연 쪽에서는"[27] 더 이

25) G. Agamben, *Qu'est-ce qu'un dispositif?*, trad. Martin Rueff, Rivages, Paris, 2007, pp. 22~28. 게슈텔(Gestell)이라는 용어가 정확히 의미하는 바는, 하이데거에게서 현대 기술의 본질을 정의하는 '명령하는 방식'으로, 실재를 드러내도록 인간에게 지시함으로써 인간을 자기 안에 배치하는 장치다. 신학자들이 말하는 오이코노미아는 인간들과 세계에 대한 통치를, 신이 자신의 아들에게 위임한 것으로서 사유할 수 있게 한다. 이것은 아감벤이 '장치'라는 개념에 부여하는 어떤 확대 해석에서 두드러지는데, 그것은 푸코가 역사적 특이성에 기울이는 관심과 양립하기 어렵다. *Ibid*., p. 31.

26) *Ibid*., p. 25. 이것은 다음에서 다시 다뤄지며 더 심화된다. *Le Règne et la gloire, Homo sacer, II*, Seuil, Paris, 2008, chap. 3, "Être et agir", pp. 93~109. [조르조 아감벤, 『왕국과 영광』, 박진우·정문영 옮김, 새물결, 2016, 제3장 '존재와 행동'.]

27) M. Foucault, *Sécutité, territoire, population*, p. 242. [『안전, 영토, 인구』, 327쪽.]

상 그 모델을 발견할 수 없었기 때문이다. 달리 말해서 인간에 의한 인간의 통치가 문제가 되는 것을 설명하는 것이 신에 의한 인간과 세계의 통치라는 '신학적 유산'이라기보다는 사실 신에 의한 세계의 '사목적 통치' 모델의 위기가 인간을 통치하는 기술에 관한 성찰을 발생시켰다는 것이다. 통치에 관한 일반적 문제의 출현에 유효한 것은 통치성의 특별히 신자유주의적 형태의 구축에도 역시 유효하다. 후자는 자본 축적 체제의 필연적 결과도 아니고 그리스도 강생의 일반 논리의 변형도 아니며 신비스러운 '보편적 존재의 비상'도 아니다. 순수한 지적 학설이나 '허위의식'의 일시적 형상은 더더욱 아니다.

그렇다고 해도 신자유주의 합리성은 지배적 합리성임을 중단하지 않고서도 순수한 시장 논리와는 다른 이데올로기들과 연결될 수 있다는 것에는 변함이 없다. 웬디 브라운이 잘 지적하고 있듯이 "신자유주의는 지배적 이데올로기를 구축하지 않고서도 통치성으로 부과될 수 있다".[28] 물론 긴장과 모순 없이 진행될 수는 없을 것이다. 미국의 예는 이런 관계하에서 풍부한 교훈을 준다. 신보수주의는 여기서 신우파에게 준거가 되는 이데올로기로서 부과되는 반면 이 이데올로기의 '고도로 도덕적인 내용'은 신자유주의 합리성의 '비도덕적' 성격과 양립 불가능한 것 같다.[29] 피상적 분석은 '이중적 게임'이 문제가 된다고 생

28) 저자는 다음과 같이 덧붙인다. "통치성은 권력의 행사를 의미하고 지배적 이데올로기는 통치성과 정확히 일치할 수도 있고 아닐 수도 있는 대중적 신념들의 질서를 의미한다. 지배적 이데올로기는 사실 통치성에 대한 저항의 장소를 제공하기까지 한다." W. Brown, *Les Habits neufs de la politique mondiale*, p. 67. [*Edge Work*, p. 49.]

29) *Ibid*., p. 86, note 6. [*Edge Work*, p. 143, n. 5.] 이 저자가 이 각주에서 '이데올로기'로서의 신보수주의를 이야기하고 있다는 점에 주목해야 한다. "신자유주의와 신보수주의는 뚜렷이 다른데, 특히 신자유주의는 정치 합리성으로 기능하는 데 반해 신보수주의는 이데올로기에 머무

각하게 만들 여지가 있다. 사실 신자유주의와 신보수주의 간에는 결코 우연이 아닌 일치가 존재한다. 요컨대 신자유주의의 합리성이 실제로 기업을 주체화의 모델의 수준으로 올려놓았다 해도 그것은 가정이 어린이를 도덕화하는 '세포 형식'인 것과 마찬가지로 오직 **기업-형식이 노동자 개인을 도덕화하는 '세포 형식'**인 한에서다.[30] 퇴직 연금, 공교육, 의료보험 체계의 붕괴를 수반하게 될, 대체로 노동하고 검소하며 용의주도한 가부장의 형상을 통해 타산적이고 책임감 있는 개인에 대한 끊임없는 찬사가 여기로부터 나온다. 단순한 '접촉 영역' 이상으로 기업과 가정의 연결은 신자유주의의 규범성과 신보수주의의 도덕주의의 집중지점 혹은 중첩지점을 구성한다. 바로 그렇기 때문에 도덕적이고 문화적인 보수주의를 경제 정책의 영역 내에서 그것을 신봉하는 자들의 [것이라] 추정되는 '자유주의'의 이름으로 비판하는 것은 위험하다. 왜냐하면 사람들은 이들의 '비정합성'을 폭로하려 애쓰면서 신자유주의와 '방임주의'를 가르는 차이를 자신이 이해하고 있지 못하다는 것을 드러내기 때문이다. 게다가 사람들은 자신들의 비판의 정합성을 구하기 위해 전면적이고 체계적인 일종의 방임주의를 스스로 인정해야 하는 리스크를 감수하게 된다.

하지만 신보수주의와 신자유주의 간의 일치는 다양한 곳에서 온 다양한 요소들을 조합하는 이데올로기적 혼합을 결코 의미하지 않고

르기 때문이다." [한편] 프랑스어판 서문에서는, 두 번째 논고인 「미국의 악몽」에서처럼 신자유주의와 신보수주의를 두 개의 '정치적 합리성'으로 이야기한다. 우리로서는 신자유주의 합리성과 신보수주의 이데올로기 간에 그 어떤 대칭적 유사성(symétrie)도 없다고 생각한다.

30) 기업은 신자유주의의 '윤리·정치적 기반'을 이룬다. 뢰프케에 따르면, 사실 기업-형식이 개인의 '도덕화-책임 지우기'의 형식으로서 사유되는 것은 신자유주의의 기원들에서부터다.

오늘날 광범위하게 쇠약해진 어떤 사상의 유파를 계승할 수도 없다. 블레어주의로부터 영향받은 좌파는 생활습관의 자유화를 포함한 모든 측면에서의 현대화에 대한 서정적 찬양이 신자유주의의 합리성과 완벽하게 결합될 수 있었음을 예전에 이미 잘 보여 주었다. 경제 정책이 아닌 다른 정책에서는 케인스주의 학설의 어떤 요소들이 기업적 통치 실천을 보완할 가능성도 배제할 수 없다. 임시 예산 부양책, 통화 안정 기준의 일시적 중지, 시장 투기를 막는 것을 목표로 하는 조치 등 자본과 노동 간의 기본적 소득 분배에 영향을 미치는 것을 내포하지 않는, 그러므로 2차 세계대전 이후의 협상에 상당하는 임금 협상의 재활성화를 내포하지 않는 모든 요소들이 그것이다. 이 경합은 그 자체로는 순전히 상황적이고 '실용적'이지만, 대규모 봉기에 의해서만 해체될 수 있는 신자유주의의 규범적 논리에는 상처를 낼 수 없다.

다른 통치성 발명하기

이 새로운 합리성은 좌파에게 만만치 않은 도전 과제를 제시한다. '일반화된 상품화'에 대한 신랄한 비판에 안주하지 말고 지배적 규범 체제가 전례 없는 수준에 도달했다는 데 대한 정치적 대응책을 만들어내야 한다. 지배적 규범 체제가 자유민주주의의 불가역적 쇠퇴를 내포하고 있다 해서 좌파가 종종 그렇듯 자유민주주의 옹호로 급선회할 수는 없다. 좌파가 공공의 자유를 포기해야 한다는 것이 아니라 예를 들어 '신자유주의적 권위주의'와 '자유민주주의'를 대립시킴으로써 이 민주주의의 이름으로 공공의 자유를 옹호하는 것을 경계해야 한다는 것이다. 다시 웬디 브라운을 인용하겠다.

> 자유주의적 용어들을 사용해 자유민주주의를 옹호하는 것은 좌파의 전망을 희생시킬 뿐 아니라 이 희생을 통해 좌파를 기성 체제에 대한 항상적 반론에 불과한 것으로 암암리에 단순화시킴으로써 가치 폄하하기까지 한다. 요컨대 정치적, 사회적, 경제적, 대안적 전망을 갖춘 정당이기보다는 불평하는 정당이라는 것이다.[31]

동일한 이유로 '형식적 민주주의'에 대한 맑스주의적 비판으로 되돌아갈 수도 없다. 왜냐하면 자유민주주의의 고갈이 이 비판의 모든 토대를 박탈하기 때문이다. 다시 말해 신자유주의 통치성은 형식 면에서도 민주주의적이지 않고 사실의 측면에서는 반민주적이기 때문이다. 신자유주의 통치성은 **형식 면에서조차** 더 이상 민주적이지 않다. 그렇다고 해서 독재적이거나 권위주의적인 권력 행사와 동일시되는 것도 아니다. 신자유주의 통치성은 비민주적이다. '시민'과 '부르주아'의 분할은 이제 끝났고 또 이 분할과 함께 인간의 자기 자신과의 재통합에의 호소도 끝이 났다. 같은 이유로 좌파는 '참여 민주주의'라는 엉성한 버팀목으로 붕괴 중인 대의민주주의를 지탱하려 애쓰면서 '노쇠해가는 시스템들'에 다시 생기를 불어넣으려고 계획할 수도 없다.[32] '정치적 자유주의'와 '경제적 자유주의'를 대립시키는 대체 노선을 견지할 수는 더더욱 없다. 요컨대 이러한 입장 역시 '순전히 정치적'인 자유주의의 토대들이 '순전히 경제적'이지는 않은 신자유주의에 의해 쇠퇴

31) W. Brown, *Les Habits neufs de la politique mondiale*, p. 78. [*Edgework*, p. 56.]

32) 다음에서 제안하는 것과 같다. Loïc Blondiaux, *Le Nouvel Esprit de la démocratie*(새로운 민주주의 정신), Seuil, Paris, 2008, p. 100.

했음을 모르는 것이다. 더 넓게 보자면, '사회민주주의'라 부르는 것이 적합했던 것이 점유했던 모든 공간이 직접적이고 철저한 문제제기의 대상이 된다. 이 '사회민주주의'라는 호칭은 고전적인 정치적 시민권의 보충과 강화 속에서 사회적 시민권을 규정하는 사회권의 인정을 통해 정치적 민주주의를 연장할 수 있는 가능성에서 그 의미를 빌려 왔기 때문이다.

이러한 견지에서 어떤 어휘가 얼마나 진정한 혼선 효과에 기여하는지 말할 필요가 있다. 신자유주의는 단번에 인간 실존의 전 영역을 포위하는 총체적 합리성이어서 사회적 측면에서 자기 자신을 연장할 수 있는 모든 가능성을 막기 때문에 '사회적-자유주의'는 존재하지 않고 존재할 수 없다. 오늘날 '사회적 자유주의'와 신자유주의가 맺는 관계가, 과거에 '사회민주주의'가 정치적 자유주의와 맺었던 관계와 같다고 생각하게 만들 수 있는 이러한 유비는 그러므로 기만적이다. 반면에 실제로 존재하는 것은 이제 사회민주주의 및 정치적 자유민주주의와는 전혀 무관한 **좌파 신자유주의**다.[33] 사실 '사회적'이라는 접두사 표현이 잘 숨기지 못하는 것은 자유주의를 경제적 방임주의와 함부로 동일시하는 피상적 방정식이다. 대다수 좌파가 너그럽게 부여한 '초자유주의'라는 명칭과 관련해서도 마찬가지다. 더구나 이것은 좌파가 주변의 신자유주의적 원리에 수치스럽게 가까워지고 싶었던 만큼이나 후한 명칭이었던 것이다.[34] 여기서도 역시 신자유주의가 시장만능주

---

33) 이 책의 10장을 참조하라.

34) 이는 다음에서 정확하게 지적되었다. Gérard Desportes et Laurent Mauduit, *L'Adieu au socialisme*(사회주의여 안녕), Grasset, Paris, 2002, p. 290. 금융 위기 상황에 맞서 미셸 로카르(Michel Rocard)가 채택한 자세는 이 점에서 아주 두드러진다. "현재의 위기는 자유주의에

의와 혼동되어서는 안 되고 그래서 국가개입 기제들을 포기하지 않는 '존중할 만한' 자유주의가 있을 수 있다는 것을 더 잘 납득시키기 위해 신자유주의를 '초자유주의'라 명명하는 것에는 아무 의미가 없다는 것을 상기할 필요가 있다. 반복해서 말해도 지나치지 않겠지만 하이에크는 '초자유주의자'가 아니라 '신자유주의자', 요컨대 다른 많은 신자유주의자들과 마찬가지로 강력한 국가를 신봉하는 자다.[35] 최소한의 국가나 국가의 폐지를 주장하는 자유지상주의는 '초자유주의'가 아니라 그것이 신자유주의와 맺는 관계를 단순한 정도 차이로 환원할 수 없는, 또 다른 자유주의다.

사실 제기될 가치가 있는 유일한 문제는 좌파가 신자유주의의 통치성에 맞설 수 있는 대안적 통치성을 내놓을 수 있는지를 아는 문제다. 『생명관리정치의 탄생』의 1979년 1월 31일 강의 종반부에서 미셸 푸코는 '독자적인 사회주의 통치성'과 같은 어떤 것이 존재한 적 있는지 자문한다. 그런 통치성은 있어 본 적이 없다고 푸코는 단호히 대답한다. 역사적 경험이 보여 주는 것은 사회주의가 항시 다른 통치성들과 '결부되어' 있었다는 사실이다. 이렇게 사회주의는 '자유주의적' 통

의문을 제기하지 않습니다. 다른 한편 그것은 밀턴 프리드먼이 창설한 범죄적 사유의 학파인 초자유주의에 종말을 고합니다." 2008년 11월 2-3일 『르몽드』에 실린 인터뷰. 여기서 시카고 학파를 '범죄화'하는 것은 이중의 장점을 보여 준다. 우선은 스미스와 프리드먼 간에 아무 관계도 없는 것처럼 만들 수 있고, 그러므로 신자유주의를 프리드먼의 관점으로 환원할 수 있게 해준다! 거기다가 "여전히 너무 드골주의적"(sic) — 이 표현은 프랑스 좌파가 법권리와 관련해 무력한 근본 이유들에 대해 많은 것들을 간접적으로 말해 준다 — 이라고 판단되는 프랑스의 법권리를 망라하는 기능을 갖는다.

35) 이 책의 9장을 참조하라. 세르주 오디에(Serge Audier)는 하이에크를 '초자유주의적인 새로운 유토피아'의 창시자로 간주하는 단순화를 피하지 않는데, 이는 뢰프케가 다음에서 말하는 '반자본주의적' 자유주의에 좀 더 잘 맞서기 위해서다. W. Röpke, *Colloque Walter Lippmann*, p. 234.

치성과 결부될 수 있었고 혹은 더 나아가 '행정적' 통치성과도 결부될 수 있었다. 여기로부터 내적으로 사회주의적인 통치성은 어떤 것일 수 있을까라는 문제가 제기된다. 미셸 푸코가 강조하는 것은 사회주의와 사회주의 텍스트 내에서는 이 통치성을 **찾을 수 없다**는 사실이다. 그리고 이 통치성을 발견할 수 없기 때문에 "그것을 발명할 필요가 있다"는 것이다.[36)]

이 발명의 필요성을 이해하기 위해서는 '통치'라는 관념으로 잠시 되돌아갈 필요가 있다. 미셸 푸코에 따르면 통치하는 것은 바로 '사물을 올바르게 배치하는' 데 있다. 인간과 대립되는 사물이 아니라 "인간과 사물의 착종"[37)]으로 이해해야 하는 것으로서의 '사물'을 올바르게 배치하는 데 있다는 것이다. 그러므로 통치성 개념은 일정한 방식으로 인간에 대한 통치 개념 및 사물에 대한 관리 개념과 결부되는 반면 주권의 범례는 군주[주권자]와 자신의 신하인 이 인간과의 직접적 관계를 특권화한다.[38)]

사물의 속성을 거부하지 않으려고 주의하는 인간에 대한 통치와 인간의 자유를 이용하는 사물의 관리 간의 이 상관관계는 통치술에 관한 성찰이 주권의 낡은 법률적 틀에서 해방될 수 있게 해줌으로써 그 성찰에 결정적 추진력을 부여하게 될 것이다. 왜냐하면 이 틀 내에서 법에 부여된 우선권은 군주의 의지와 항시 복종하지 않으려 한다는 의

36) 이 논의 전체는 다음을 참조하라. M. Foucault, *NBP*, pp. 93~95. [『생명관리정치의 탄생』, 143~146쪽.] 강조는 인용자.

37) M. Foucault, *Dits et Écrits II*, pp. 643~644. [해당 내용을 다음에서 볼 수 있다. 『안전, 영토, 인구』, 146~147쪽.]

38) M. Foucault, *Sécurité, territoire, population*, p. 50. [『안전, 영토, 인구』, 88쪽.]

심을 사고 항시 복종의 의무를 상기해야 하는 신민의 의지가 맺는 직접적 관계만을 성찰할 수 있게 하기 때문이다. 또한 주권이론을 새로운 토대들 위에 재정립하기 위해 행해진 모든 시도들은 이 우선권을 갱신하고 법의 신성화에 이를 정도로 이 법의 우선권을 강조하게 되었다. 특히 장-자크 루소의 시도가 그러하다. 루소는 사물의 관리와 인간의 통치에 자리를 마련하려고 노력하면서도 주권의 원칙하에 인간들을 포섭하려고 노력했다. 그래서 『백과전서』의 '정치경제학' 항목에서 루소는 '공공 경제' 혹은 '통치'와 '최고의 권위' 혹은 '주권'을 구분한다. 재화의 관리 및 인간의 통치가 속하는 통치는 법을 만들 수 있는 권력을 유일하게 보유하고 있는 주권자에게만 절대적으로 종속되어야 한다는 것이다. 여기로부터 그에 따르면 정치와 관련된 문제는 기하학에서의 "원의 구적분"과 같다. 요컨대 "법을 인간 위에 놓는 것"[39]이다. 인간은 법에 도달하는 한 방식에 불과하다. 그것은 "인간을 법으로 대체하는 것이다".[40] 그러므로 정치법이 자연법과 동일한 엄격함과 동일한 불변성을 획득하는 것이 이상적이다. 법에의 의존은 그러므로 사물에 대한 의존과 순전히 그리고 단순히 동일한 것이기 때문에 인간이 법에 불복종하는 것은 불가능하다.[41] 일종의 극한으로의 이행을 통해 절대적이 된 법의 지고성의 원칙은 이렇게 인간에 대한 통치를 전적으로 **불필요한 것**으로 만드는 경향이 있다. 요컨대 여기서 통치한다는 것이 법집행을 확보하는 데 있기 때문에 법이 침해되는 것을 더 이상 겁

39) J.-J. Rousseau, *Considérations sur le gouvernement de Pologne*, *Œuvres complètes*, t. III, Gallimard, 'La Pléiade', Paris, 1995, p. 955.

40) J.-J. Rousseau, *Émile*, *Œuvres complètes*, t. IV, op. cit., p. 311.

41) *Ibid*.

내지 않을 통치에 어떤 종류의 활동이 남아 있을지 우리는 자문할 자격이 있다. 결국 이상적인 것은 법의 무적성으로 인해 인간이 **아무 통치도 필요로 하지 않는 것**이다.

루소에 의한 통치성의 인정-거부가 좌파의 통치성을 만들어 낼 필요성과 관계가 있는지에 대한 물음이 아마도 제기될 수 있다. 간접적으로 말해 이 관계는 그래도 실재적이다. 좌파는 사실 역사적으로 맑스주의에 대한 참조를 중심으로 스스로를 구축했다. 하지만 맑스주의는 일정한 통치 개념을 생-시몽에 빚지고 있다. 『유토피아적 사회주의와 과학적 사회주의』(1883)에서 프리드리히 엥겔스는 생-시몽의 『산업』*L'Industrie*이라는 제목의 저작을 다음과 같이 칭찬조로 언급한다. "… 인간에 대한 정치적 통치로부터 사물의 관리와 생산 절차의 관리로의 이행, 그러므로 최근에 많은 소란을 불러일으킨 '국가의 폐지'는 이미 여기서 명확히 선언되었다."[42] 사실 **통치**와 **관리**의 근본적 구분을 고안해 낸 사람은 생-시몽이다. 이 구분은 두 유형의 체제, 즉 "통치적이거나 군사적인" 체제와 "행정적이거나 산업적인 관리" 간의 진정한 대립과 일치한다.[43] 산업화 이전의 사회, 소위 '군사적'이라고도 하는 사회에서 사회 질서는 전반적으로 지휘의 성격을 갖고 있었고 바로 이것이 통치의 우위를 설명하는 것이다. 요컨대 통치 행위는 몇몇 사람들이 다른 사람들에게 명령을 내리는 실천이고 또 그러한 한에서 통치

42) F. Engels, *Socialisme utopique et Socialisme scientifique*, Éditions sociales, Paris, 1977, p. 99.

43) 생-시몽은 실질적으로 인간 종은 "정부적 체제나 군사적 체제로부터 행정적 체제나 산업적 체제로 이행할 운명"이라고 말한다. 다음에서 재인용. Émile Durkheim, *Le Socialisme*(사회주의), PUF, 'Quadrige', Paris, 1992, p. 179.

행위는 필연적으로 임의적이다. 이것은 (절대군주제나 입헌군주제와 같은) 통치 형태와 전혀 관계가 없고 이러한 행위의 본질과 관계가 있다. 요컨대 모든 의지의 본질 자체 내에 임의적인 것이 있고 통치 행위는 인간이 다른 인간에게 명령을 하는 데 있다는 것이다.[44]

근대 산업사회의 사정은 완전히 다르다. 그래서 타인들이 그들의 의지에 복종하겠다는 약속을 타인들로부터 받아 낼 수 있는 능력, 다시 말해서 그들의 역량 때문이 아니라 단지 그들이 타인들보다 관리의 임무들을 더 많이 알고 있기 때문에 관리의 임무들을 역임하는 자들은 학자들과 실업가들이다. 이러한 상황에서 인간들을 관리하는 자는 인간들이 아니라 학자들과 실업가들의 입을 통해 직접 말해지는 진실이다. 사람들은 진실에 저항할 수 없고, 스스로 진실 쪽을 향할 수밖에 없다. 왜냐하면 진실은 명령을 내리는 것이 아니라 자신을 인정하게 만듦으로써 저절로 부과되기 때문이다. 그러므로 통치적 강제는 임의성과 더불어 소멸될 것이 요청된다. 산업사회에서 통치 행위는 최소한으로 축소되고 영점을 지향한다. 그래서 진실에 따르는 통치는 가급적이면 최소한으로 통치하고 **자신의 폐지를 지향하는** 통치다. 생-시몽의 이상은 명령의 임의성에 기초한 통치를 진실의 인식에 기초한 관리로 완전히 대체하는 것이다.

맑스주의가 다시 취한 이 이상은 **사물**에 대한 인간의 행위 즉 '관리'와, **인간**에 대한 인간의 행위 즉 '통치'의 철저한 분리를 전제한다. "그것을 너무 자주 반복할 수는 없지만 인간이 사물에 하는 행위만이 인간의 행위 중 유익한 행위다. 인간이 인간에게 하는 행위는 그것이

44) 여기서 우리는 다음의 논거를 떠올리게 된다. *Ibid*., pp. 177~178.

야기하는 강제적인 이중적 파괴 때문에 항시 그 자체로 인류에게 해롭다."[45] 통치에 대한 이러한 지극히 부정적인 생각이 통치 행위를 강제와 명령으로 환원함으로써 통치성 관념 자체에 의해 실현된 인간에 대한 행위와 사물에 대한 행위 간의 결합을 해체하는 데 집착하는 것이 목격된다.

루소에서와 마찬가지로 여기서도 역시 통치술의 특수성이 은폐되어 있다. 분명 생-시몽은 사회를 법의 독단에 복종시키는 '법학자들'에 속하는 자로 장-자크 루소를 꼽으면서 그를 기꺼이 공격한다. 그가 보기에 새로운 사물의 질서에는 "인간의 독단을 위한 자리도, **심지어 법의 독단을 위한** 자리도 이제 더 이상 존재하지 않는다. 양자 모두 그들의 자연적 요소라 할 수 있는 '애매함' 속에서만 작동할 수 있기 때문이다".[46] 과학의 진실[진리]을 가리는 것이 바로 '모호함'이다. 그리고 바로 그렇기 때문에 "통치 행위는, '명령 행위'를 의미하는 한에서는 무효하거나 거의 무효하다". 그러므로 지상권[주권]이 존재한다 해도 그것은 "사물의 속성으로부터 파생된 원리 내에" 있지 "대중에 의해 법으로 수립된 독단적 의견 내에" 있는 것이 아니다.[47] 아무튼 주권[지상권]이 보편적 의지로부터 나온 법에 속하기 때문이든 아니면 주권[지상권]이 진실 그 자체에 귀속되기 때문이든 간에, 생-시몽주의 및 루소주의에서 통치 행위는 그래도 하위적이다. 맑스주의는 생-시몽주의로부터 두 중심 개념을 계승한다. 우선 통치는 무엇보다도 결국 폭력과

45) Saint-Simon, *Écrits politiques et économiques*(정치적 · 경제적 저술), Pocket, 'Agora', Paris, 2005, p. 327.
46) *Ibid*., p. 330. 강조는 인용자.
47) *Ibid*.

강제에 의지하는 치안 기능이라는 관념과 다음으로는 진실[진리]에 따르는 통치는 사물의 관리 내에서 스스로의 폐기를 지향한다는 관념이 그것이다. 하지만 진실[진리]이라는 말로 맑스주의가 이해하는 바는 "사물의 속성으로부터 파생하는 불변의 원리"가 아니라 역사가 도래하게 하고 또 역사의 합리성이 현시하는 그런 진실[진리]이다. 아무튼 법의 지고성[주권]이나 사물에 대한 과학적 관리는 통치 행위에서 모든 진정한 정당화를 제거한다는 공통점을 갖고 있다. 인간을 인도하는 것은 법의 굳건한 멍에에 인간을 굴종시키는 것도 아니고 인간에게 진실[진리]의 힘을 인정하게 만드는 것도 아니다. 이것을 결코 인정할 줄 몰랐기 때문에 좌파는 늘 차용된 통치성에 따를 수밖에 없었다. 바로 그렇기 때문에 좌파의 통치성은 여전히 발명되어야 하는 것이다.

주체화의 실천으로서의 '대항품행'

하지만 통치성이 타자의 통치로 환원될 수는 없다. 통치성은 다른 측면에서 자기통치를 포함하고 있다. 신자유주의의 절묘한 기술은 자기통치를 타자통치의 적용 지점이자 목표로 만들어 버리는 특이한 방식으로 이 두 측면을 결부시키는 데 있었다. 이 장치의 효과는 신자유주의적 주체 혹은 신주체의 생산이었으며 지금도 여전히 그렇다. 좌파는 이 현실을 모를 수 없고 역으로 이 현실에 더욱 잘 대처하기 위해서라도 이 현실을 알아야 한다. 좌파 측에서의 최악의 태도는 문제들의 차원이 변했다는 사실, 연루된 세력들[힘의 관계]이 더 이상 동일하지 않다는 사실, 자본의 세계화가 이런 타협의 토대들까지 파괴했다는 사실을 자각하지 못한 채 국가적 범주나 유럽적 범주 내에서 사회민주주의적, 케인스주의적, 포드주의적 타협을 권장하는 것이다. 하지만 신자유주의를 본래의 '순수한 자본주의'로의 퇴행으로 환원하는 것의 배면에서 이런 태도가 출현하는 것을 종종 감지할 수 있다. 사람들은 정부가 직접 규제로 회귀하는 전조들을 감지하기 시작하지만, 그렇다고 그것을 대놓고 즐기지는 않는다. 사람들은 이 '회귀'가 기업적 국가에 이익이 되는 방향으로 진행된다는 사실에 거의 관심을 기울이지 않는다. 사람들은 경쟁의 '나쁜' 합리성과 국가 규제의 '좋은' 합리성을 쉽사리 대립시킨다. 그러면서 사람들은 신자유주의적 자본주의가 순전히 경제적이기만 한 합리성이 아니라는 사실을 간과하는 동시에 역사적 조건들의 차이를 보지 못한다. 이 차이가 경제적이고 행정적이며 계획주의적인 합리성으로의 회귀를 막는다(그러한 회귀가 바람직하다고 가정하더라도 의심스럽긴 하다). 문제는 신자유주의 이전의 타협으로의 회귀를 어떻게 자본에 강제할 수 있느냐가 아니라 어떻게 신자유주의 합리성으로부터 벗어날 것인가다.

하지만 어떤 합리성으로부터 벗어나는 것은 감옥에서 탈출하는 것보다 더 어렵다는 것을 우리는 잘 알고 있다. 왜냐하면 그것은 내면화 작업을 통해 기성의 규범 체계로부터 벗어나는 것과 같은 것이기 때문이다. 이것은 특히 신자유주의 합리성에 유효하다. 왜냐하면 신자유주의 합리성은 각각의 주체를 그들 스스로가 구축한 작은 '철창'에 가두는 경향이 있기 때문이다. 또 문제는 우선 무엇보다도 어떻게 이런 방책을 준비해야 하는지, 다시 말해 지금 여기에서 어떻게 지배적 합리성에 저항할 것인가다. 실천 가능한 유일한 방책은 지금부터 자기 자신의 기업이라는 모델을 대체하는 주체화의 양식들을 고취하는 것이다. 우리는 신주체가, 정부 정책의 철저한 방향 재설정을 통해 설정된 조건들에 입각해 형성되었다는 사실을 강조하고자 한다. 그러므로 우리 스스로가 우리 자신을 기만적인 유비의 함정에 빠뜨림으로써 정권교체로 인한 정책 변화가 그 다른 주체 구축의 조건을 만들어 줬으면 하고 기대하고 싶을 수 있다. 그러나 그것은 의지주의적이 되기 위해 신자유주의가 행한 방향 재설정이 결코 무로부터의 창조가 아님을 간과하는 것일 수 있다. 신자유주의의 방향 재설정은 새로운 경쟁 규범에 따르는 세계 경제의 일대 운동에 근거하고 있고, 그 결과 주체는 다수의 권력 테크닉들에 의해 이 규범에 내적으로 '굴복'하게 된다. 게다가 이것은 우리가 단순한 정책 변화를 통해 어떤 합리성이나 어떤 장치로부터 벗어나는 것도 아니고 정권교체를 통해 인간들을 통치하는 또 다른 방식을 만들어 내는 것은 더더욱 아니라는 사실을 망각하는 것이다. 우리가 모든 정권교체와 모든 새로운 정부에 의해 수행되는 정책에 무관심해야 한다고 말하는 것이 아니다. 그게 아니라 확실히 이러한 상황에서 취해야 하는 태도는 유일한 하나의 기준, 요컨대 어느 한도 내에서 이 정부의 행위들이 신자유주의의 통치성에 저항하는 것을 수월하게 하는지 아니면 반대로 저해하는지의 기준에 따라야 한다는 것이다. 결과적으로 **제도**로서의 정부의 문제는 여기서 자기와의 관계와 타자와의 관계를 개입시키는 **활동**으로서의 통치의 문제와 관련해 부차적이다. 그리고 이 이중의 관계는 바로 주체의 구축, 달리 말해 주체화의 실천에 속한다.

이를 이해하기 위해서는 대안적 주체가, 활성화하거나 촉진하기만 해도 되는 데이터처럼 '이미 여기' 있는 것으로서 어차피 발견될 수 있으리라는 착각으로부터 벗어나야 한다. 맑스주의가 과거에 경험한 이러한 환상의 첫 번째 형태는 인간 해방의 주체의 존재론적 위치 설정과 관련한 착각이다. 요컨대 사회적 존재 내에는 압제를 극도로 끌어올리는 어떤 장소, 계급인 동시에 '비-계급'일 수도 있는 계급, 요컨대 이러한 실존의 조건들 속에서 '보편적 인간의 총체적 상실'을 실현할 수도 있고 또 결국에는 보편적 인간의 '총체적 회복'을 실현시키는 것을 그 소임으로 하는 어떤 '보편적 계급'이 있을 수 있다는 착각 말이다.[48] **외부성의 존재론적 특권** 관념이 이러한 착각의 토대가 된다. 이 특권 때문에 주체는 사회의 행위주체들이 항시 사로잡히게 되는 권력관계와 관련해 철저한 '바깥'에 위치하게 된다. 마이클 하트와 안토니오 네그리가 주장한 '다중의 존재론적 독자성'[49]의 테제에서 이와 유사한 외부성의 착각이 발견된다. 확실히 이 두 사람은 '제국'의 어떤 공간도 생명관리권력의 포위로부터 벗어날 수 없다고 말하지만 그것은 적어도 부분적으로나마 제국의 통제로부터 벗어날 수 있게 해주는 고유한 존재론적 장소를 다중에게 부여하기 위해서다.[50] 신자유주의가 사용하는 주체화 절차를 오해하는 바람에 네그리는 공산주의의 '새로운 인간들'이 이미 여기 있으며, 그들은 새로운 '인지 자본주의'의 역학에 의해 현재의 그들로서 만들어진 것이라 주장하기까지 한다.[51]

사전에 주어진 주체가 있을 것이라는 이러한 착각의 또 다른 형태

---

48) 맑스가 프롤레타리아트를 주제로 진술한 주장은 『헤겔 법철학 비판』과 『독일 이데올로기』에서 볼 수 있다.

49) M. Hardt et A. Negri, *Empire*, op. cit. *Multitude*, 10/18, Paris, 2006. [『다중』, 정남영·서창현·조정환 옮김, 세종서적, 2008.]

50) 이 주장에 대한 비판은 다음을 보라. Pierre Dardot, Christian Laval et El Mouhoub Mouhoud, *Sauver Marx?*, La Découverte, Paris, 2007.

51) "우리는 이미 새로운 사람들입니다." 장 비엉봄(Jean Birnbaum)과 안토니오 네그리의 인터뷰, *Le Monde*, 13 juillet 2007.

의 정식은 악셀 호네트가 '물화' 분석에서 시도한 '비판 이론'의 쇄신에서 구체적으로 발견된다.[52] 그는 자신의 논설 제5장에서 자기물화 현상 분석을 시도한다. 자기물화라는 표현으로 우리가 자기 자신과 단번에 맺는 인정 관계의 '일종의 실종'이라 할 수 있는 물화 행위를 생각해봐야 한다는 것이다. 그러므로 문제가 되는 것은 "사회적 존재론 관점에서의"[53] 자기관계의 우선성이며, 이러한 우선권의 단언이 모든 분석의 토대에 있다. 요컨대 "우리는 우리 자신을 이미 항상 인정했다"[54]는 것이다. 문제는 분명 "이 우선권을 어떤 사회적 계급의 특권적 위치 위에 세우는 것이 아니다. 오히려 문제는 물화를 문제적인 일로서 기술 가능하게 해주는 '기원적'이고 정상적인 일정한 형태의 자기관계를 사전에 전제해야 하는지"[55]를 아는 데 있다. 하이데거의 '염려'라는 주제계를 참조하면서 악셀 호네트는 그것을 넘어서서 푸코에 의한 '자기배려' 개념의 재고안을 언급한다.[56] 이것은 하이데거에게 '염려'가 자기 자신과의 친숙성의 시원적 관계에 해당하는 것이 결코 아니고 오히려 자기의 전유를 실존Dasein에 부여된 임무로 만드는 세계 속에서의 분산과 세계 속으로의 침잠이라는 사실을 망각하는 것이다. "무엇보다도 그리고 대체로" 악셀 호네트와 더불어 하이데거와 같이 말해 본다면 지배하는 것은 자기 망각이지 자기 인정이 아니다. 동일한 지적은 푸

---

52) A. Honneth, *La Réification. Petit traité de Théorie critique*, Gallimard, Paris, 2007. [『물화』, 강병호 옮김, 나남출판, 2015.]

53) *Ibid*., p. 93.

54) *Ibid*., p. 105.

55) *Ibid*., p. 94. 이 이른바 '기원성'은 권력 관계들에 대한 자유의 외부성을 전제하는 것과 무관하지 않다. 푸코는 이러한 전제에 대항하여 통치성 개념을 구상한다. 이 책의 서문을 참조하라.

56) *Ibid*., pp. 101~102, ainsi que la note 17 p. 136.

코에게 더욱더 유효하다. 『자기배려』(1984)라는 제목의 『성의 역사』 제3권과 『주체의 해석학』에 할애된 콜레주드프랑스 강의는 동일한 점을 강조한다. 요컨대 자기배려는 자기와의 우선적 관계에 속하는 것이 아니라 진정한 tekhnê, tekhnê tou biou(삶의 기술)에 속하고 이 삶의 기술은 '자기'를 일대 수련askêsis의 결과로 만들어 버린다.

이는 **주체는 항시 구축해야 하는 것**이라는 신자유주의의 중대 교훈을 얼마나 우리 나름대로의 방식으로 우리 것으로 만들 필요가 있는지를 말하는 것이다. 모든 문제는 그러므로 이 주체화를 어떻게 권력에 대한 저항과 연결시킬 것인지를 아는 데 있다. 이 문제는 미셸 푸코의 모든 사유의 중심에 정확히 놓여 있다. 하지만 최근 제프리 T. 닐론이 보여 주었듯 북미의 일부 이차 문헌들은 반대로 [푸코의] 권력 연구와 주체성의 역사에 관련된 마지막 시기 연구 간의 단절을 강조했다.[57] 닐론이 익살스럽게 명명한 이 '푸코 컨센서스'에 따르면 초기 신구조주의와 일망감시적인 권력의 전체화하는 분석의 연이은 난관으로 인해 '최후의 푸코'는 권력의 문제를 포기하고 모든 정치적 차원이 결여된 실존의 양식의 미학적 창조에 절대적 관심을 기울였다는 것이다. 더욱이 푸코에 대한 이러한 탈정치적 독서를 따라가 보면 윤리의 미학화가 자기 창조를 곧바로 새로운 규범으로 만들어 버림으로써 신자유주의적 변동을 예견케 했다는 것이다. 사실 권력의 문제와 주체의 문제는 서로 무관하기는커녕, 주체화 방식과 관련된 [푸코의] 최후의 작업에 이르기까지 항시 밀접하게 연결되어 있었다. 이러한 견지에서 결정적

---

57) J. T. Nealon, *Foucault beyond Foucault. Power and its Intensifications since 1984*, Stanford University Press, Stanford California, 2008.

역할을 한 개념이 있다면 그것은 바로 1978년 3월 1일 강의에서 고안된 '**대항품행**' 개념일 것이다.[58] 이 강의는 대부분 사목제의 위기를 다룬다. 사목제 권력 양식의 상관물인 '품행의 반란', '품행의 저항'의 특수성을 파악하는 것이 중요하다. 만약 이러한 저항들이 소위 '품행'에 속한다면 이 저항은 **인도로서의** 권력에 대한 저항이고 이 저항 자체는 이러한 '권력-인도'에 대립되는 여러 **품행 형식들**이다. 'conduite'라는 말은 사실 두 가지 의미, 즉 타인을 이끄는 행위 혹은 '인도'conduction의 의미와 이 인도 행위의 영향을 받아 사람들이 스스로를 인도하는 방식의 의미를 갖는다.[59] 그러므로 '대항품행' 개념은 이 말의 수동적 의미만을 참조하는 '비행'과 달리 "타인을 인도하기 위해 사용된 절차에 대항하는 투쟁"을 직접 의미하는 장점을 제시한다.[60] 대항품행을 통해 사람들은 타인의 인도를 벗어나려 할 뿐 아니라 타인들과 관련해 자신이 처신하는 방식을 스스로를 위해 규정하려 한다.

신자유주의 통치성에 대한 저항의 성찰에 이러한 지적이 제시하는 장점은 무엇일까? 대항품행 개념은 통치성이 아니라 사목제에 대한 저항을 분석하는 맥락에서 도입되었다고 주장될 수도 있다. 정확히 말해서 적어도 전형적으로 신자유주의적인 통치성은 타인들의 자기 자신들에 대한 인도를 **통해** 타인들을 인도하는 것을 진정한 목표로 설정한다. 이 자기 인도의 본질, 자기의 기업으로서의 자기 인도의 본질

58) M. Foucault, *Sécurité, territoire, population*, pp. 195~232. [『안전, 영토, 인구』, 1978년 3월 1일 강의.] 이 개념이 구성한 본질적 단계에 대해서는 이 책의 p. 221 [『안전, 영토, 인구』, 269~270쪽]의 각주 5를 참조하라.

59) *Ibid.*, pp. 196~197. [같은 책, 266~269쪽.]

60) *Ibid.*, p. 205. [같은 책, 285~286쪽.]

은 즉각적이고 직접적으로 타인들의 인도, 자기의 기업으로 간주되는 타인들에 대한 경쟁의 인도를 촉발시키는 것이다. 그 결과 이 통치성에 대한 저항으로서의 대항품행은 분리 불가능한 자기 자신의 인도이자 타인의 인도인 인도와 일치해야 한다. 이처럼 개인들에 대한 외적 강제를 통해 행사된다고 상정되는 권위에 대항하는 저항의 호소를 통해서는 간접적 인도의 방식과 투쟁할 수 없다. 만약 "정치가 통치성에 대한 저항과 더불어 탄생하는 것에 불과한 것이라면 최초의 봉기, 최초의 대결"[61]이 의미하는 바는 윤리와 정치는 절대로 분리할 수 없다는 것이다.

초주체화가 구성하는 주체화-예속화에 대항품행을 통한 주체화를 대립시킬 필요가 있다. 그러므로 타인의 품행을 인도하는 특수한 방식으로서의 신자유주의 통치성과 그에 못지않게 특수한 이중의 거부를 대립시킬 필요가 있다. 요컨대 자기 자신을 자기의 기업으로 인도하는 것을 거부하고 타인들을 경쟁의 규범에 따라 인도하는 것을 거부하는 것이다. 그러므로 이 이중의 거부는 '소극적 불복종'[62]에 속하지 않는다. 자기 자신의 기업과 자기가 맺는 관계는 즉각적이고 직접적으로 일정 유형의 타자와의 관계, 요컨대 전면화된 경쟁관계를 결정하기 때문이다. 반면에 자기 자신의 기업으로 기능하기를 거부하는 것은 자기와의 거리두기, 경쟁의 경주에 스스로 참여하기를 전적으로 거부하는 것인데 이는 타자들과 협동, 분담, 공유의 관계를 수립한다는

61) *Ibid*., p. 221, note 5. [『안전, 영토, 인구』, 269~270쪽, 각주 5.]

62) 버클리 자신의 시대에 옹호했던 기존 권력에 대한 '수동적 순종'에 대한 순수한 부정인 태도. George Berkeley, *De l'obéissance passive*(소극적 복종), trad. Didier Deleule, Vrin, Paris, 1983.

조건에서만 유효할 수 있다. 모든 협동적 실천과 단절된 자기와의 거리두기가 실제로 어떤 의미를 가질 수 있을까? 최악의 경우 그것은 쉽게 속는 사람들에 대한 경멸로 채색된 냉소주의를 의미하게 될 것이다. 그리고 잘 해야 아마도 개인의 자기보존이라는 충분히 정당화될 수 있지만 궁극적으로는 주체를 기진맥진하게 만드는 배려에 의해 좌우되는 위장행위, 표리부동의 의미를 가질 뿐이다. 이것은 확실히 대항품행이 아니다. 이러한 게임은 적어도 한없는 자기 초극의 명령과 대조되는 일정한 안정성이라는 유리한 조건을 제공하면서 주체를 최소한의 보상적 정체성 속으로 피신할 수 있게 해준다. 하지만 정체성 확정은 그 속성이 어떻든 간에 신자유주의의 질서를 위협하기는커녕 오히려 자기 자신에게 지친 주체들, 경주를 포기하거나 경주로부터 단번에 배제된 모든 사람들의 자폐적 상태처럼 보인다. 더 나쁜 것은 신자유주의의 질서가 경쟁의 논리를 '소규모 공동체들' 간 관계의 차원으로까지 연장한다는 것이다. 개별적 주체화는 정치와 무관하게 그 자체로 유효한 것이 전혀 아니라, 그 가장 깊은 곳에서 집단적 주체화와 연결되어 있는 것이다. **윤리의 순수한 미학화는 이런 의미에서 진정한 윤리적 태도의 순수하고 단순한 포기다.** 새로운 삶의 양식들의 창조는 협동이라는 대항품행들의 증식과 강화로부터 비롯되는 집단적 발명일 수밖에 없다. '더 많이 일하기'의 집단적 거부는 그것이 아무리 국지적이라 해도 이러한 대항품행의 길을 여는 태도의 좋은 예를 구성한다. 사실 이것은 최근 작고한 앙드레 고르즈가 아주 적확하게 명명한 '구조적 공모', 즉 '돈을 버는 것', 항시 더 많은 돈을 버는 것이 노동자와 자본가 모두에게 결정적인 목표인 이상 노동자와 자본가를 결부시키는 '구조적 공모'와 단절하는 것이다. 이러한 거부는 "언제나 더 많이",

"언제나 더 빨리"라는 내적 강제에 대한 최초의 위반을 시작하는 것이다.[63]

이 저서에서 시도된 신자유주의의 계보학은 새로운 세계합리성이 인간을 예속하는 필연적 운명이 결코 아니라는 것을 가르쳐 준다. 반대로 이 계보학은 헤겔의 이성, 요컨대 인간의 역사의 이성이 결코 아니다. 이 계보학 자체는 처음부터 끝까지 **역사적이다**. 다시 말해 극복 불가능한 것이 결코 아니며, 전적으로 특수한 조건들과 관련되어 있다. 가장 중요한 것은 또 다른 합리성을 촉진하는 과업을 우리에게 면제해 줄 수 있는 것은 아무것도 없음을 이해하는 것이다. 그렇기 때문에 금융 위기가 홀로 신자유주의적 자본주의의 종말을 고한다는 믿음은 모든 믿음들 가운데 **최악의** 믿음이다. 이러한 믿음은 손가락 하나 까딱 않고 현실이 자신들의 욕망을 충족시키는 것을 보려고 하는 자들을 아마 기쁘게 할 수도 있을 것이다. 이러한 믿음은 자신들의 과거의 '혜안'에서 향유할 거리를 발견하는 자들을 위로한다. 사실 이 믿음은 가장 받아들일 수 없는, 지적이고 정치적인 포기의 형태다. 신자유주의적 자본주의는 그 내적 모순들로 '익은 과일'처럼 떨어지지 않을 것이다. 금융시장의 중개인들은 그들의 의도에도 불구하고 신자유주의적 자본주의의 예상치 못한 '무덤을 파는 자들'이 아니다. 맑스가 이미 이에 대해 단호히 말했었다. "역사는 아무 일도 하지 않는다."[64] 이러한 주어진 상황 속에서 행위하고 행위를 통해 미래를 여는 자들은 인간들뿐이다.

---

63) A. Gorz, *Ecologica*, Galilée, Paris, 2008, pp. 115 et 133.

64) K. Marx, *Œuvres III*, Gallimard, 'La Pléiade', Paris, 1982, p. 526. [『신성가족』, 6장 2절 a.]

가능성에 대한 새로운 감각의 길을 트는 것은 우리다. 인간의 통치는 성과의 극대화, 무한한 생산, 전면화된 통제의 전망과는 다른 전망에 따를 수 있다. 인간의 통치는 '자기 기업가적 경제 주체들' 간의 경쟁 관계와는 다른, 타인들과의 관계를 여는 자기통치를 스스로 지속할 수 있다. 지식의 '공유화', 상호 부조, 협력 작업의 실천은 또 다른 세계합리성의 선들을 그릴 수 있다. 이 대안적 합리성을 가장 잘 지시할 수 있는 단어는 **공유합리성**이다.

옮긴이 해제

이 책은 신자유주의의 계보를 파헤치는 책이다. 애초에 계보학은 어떤 가문의 혈통이나 학문의 계통을 연구하는 것으로, 주로 현재 상황에 정당성을 부여하려는 목적으로 활용되었다. 하지만 니체와 푸코가 계보학을 그들 연구의 방법론으로 채택했을 때 그 목적은 현재의 정당성 확보가 아니라 오히려 현재의 취약함을 폭로하고 현재를 비판하는 것이었다. '현재의 역사'를 연구함으로써 결과적으로 현재에 대한 비판을 목적으로 하는 계보학은 니체로부터 푸코를 경유하며 많은 사람들에게 알려지게 된다.

니체나 푸코처럼 어떤 가치나 사상에 대한 비판을 목적으로 그 계보를 추적한다고 할 때 그것이 의미하는 바는, 현재 우리 앞에 자명한 것처럼 나타나는 어떤 현상에 대해, 그것이 탈역사적으로 존재하는 것이 아님을 밝히는 것이다. 탈역사적이라는 것은 역사를 갖지 않는다는 뜻으로, 예전부터 지금과 동일한 형태로 늘 존재해 왔고 앞으로도 그럴 것으로 여겨진다는 것을 의미한다. 그러나 어떤 사상이나 가치의 역사를 파고 들어가는 계보학적 방법을 취하게 되면, 그것이 늘 오늘날과 같은 모습이었던 것도 아니고, 필연적인 이유를 갖고 탄생한 것도 아님을 알게 된다. 어떤 것의 계보를 연구한다는 것은 그 연구 대상의 실체성을 뒤흔드는 효과를 갖는다. 그것이 우연의 산물이라는 사실, 태초부터 지금 우리가 아는 그 모습 그대로 존재해 온 것이 아니라는 사실을 아는 것만으로도 우리는 그것을 넘어설 수 없는 벽으로 더 이상 느끼지 않게 되고, 그것이 만약 지금의 우리에게 어떤 고통을 주고 있다면, 그것을 얼마든지 변경하거나 폐기할 수도 있다는 생각에 다다르게 된다. 그것은 이제 '늘 그래왔으니 그런 것'이라는 핑계 이외의 방식으로 자기의 정당성을 증명해야 하는 위치에 놓이게 된다. 바로 이것이 계보학적 방법론이 비판적 효과를 갖게 되는 이유이며 과정이다. 계보학적 방법론을 취한다는 것은 그러므로 그 대상에 대해 가장 강력한 비판을 가하겠다는 의미인 것이다. 그리고 이 책에서 그 비판의 대상으로 삼고자 하는 것은 바로 신자유주의다. 아마도 그 이름 때문에 신자유주의는 자유주의라는 어떤 단일한 사상의 발전된 버전으로 생각될 수 있지만, 저자들에 따르면 자유주의는 하나의 단일한 본질을 갖고 있는 실체가 아니며, 그 안에서 수많은 갈등과 변화의 과정들이 있어 왔다는 것이다. 그 갈등과 변화의 과정들 속에서 우연히 한 지점에 맺힌 매듭이 신자유주의일 수 있다. 이렇게 이 책의 저자들은 신자유주의의 계보를 추적한다. 그 과정에서 푸코의 『생명관리정치의 탄생』을 주로 참고하면서도, 푸코의 죽음 이후 이미 상당한 시간이 흐른 시점에서, 또 신자유주의의 맹위가 극에 달해 있는 오늘날의 관점에서 다시 한 번 그 기획의 의미를 물으며 비판작업을 이어가고자 한다.

인간에 의한 통치를 제한해야 할 필요성

저자들은 신의 통치가 끝나고 인간이 인간을 통치해야 하는 시대로 접어들 무렵의 이야기부터 시작한다. 신의 통치는 신학적 세계관에 의거한 도덕과 목적론을 제시함으로써 이루어졌지만 인간의 통치는 그런 것들을 제시할 수 없었다. 그래서 인간에 의한 인간의 통치는 무신론적 사유로 비난받기도 했다. 또 신의 통치와 달리 인간의 통치는 불완전하기 때문에 그것이 무제한적인 것이 되지 않도록, 즉 전제주의적인 것이 되지 않도록 적절히 제한되고 제어되어야 한다고 여겨졌다.

루소—신이 인간에게 부여한 의무와 권리

인간에 의한 인간의 통치가 과도해지지 않도록 제한하기 위한 원리들 중 가장 중요하게 제시되는 것이 신이 부여한 것으로서 내세워지는 인간의 권리다. 루소에게 인간의 권리는 특히 신이 인간에게 부여한 절대적 의무와 쌍을 이루는 까닭에 불가침의 것으로 여겨졌다. 가령 로크에게서 소유권은 신이 인류에게 자연을 공동의 것으로 주었다는 생각에 근거한다. 인간은 노동을 통해 자연의 일부를 자기 것으로 취할 수 있으며, 그러므로 통치가 이 소유권을 침해할 경우 문제가 된다. 그러나 여기서 소유권은 신에 의해 자연의 공동소유자로 설정되어 있는 타인들과의 관계 속에서 고려되어야 하며, 타인의 권리를 과도하게 침해하는 소유권은 인정되지 않는다. 이러한 불가침의 권리를 통치자에게 양도한다고 하는 사회계약은 그러므로 일정 조건의 충족을 전제로 하며, 통치자가 그 조건을 만족시키지 못할 경우 그들의 통치를 제한하거나 그들을 물러나게 할 수 있다.

한편 노직의 경우에는 신을 상정하지 않고, 인간은 자기 자신의 소유자라는 것을 근거로 타인의 권리를 염두에 두지 않는 소유권을 주장하기도 한다.

흄—정념과 이기심이라는 인간 본성

데이비드 흄은 사회계약에 대단히 비판적이었는데, 실제로 관찰해 보건대 통치는 인민들의 동의보다는 오히려 주로 무력에 의해 수립되어 왔다고 생각했기 때문이다. 또 사회계약에서 통치자에 대한 충성의 의무는 약속을 지킬 의무에 의거하는데, 약속을 지킬 의무 역시 흄이 보기에는 근본적이거나 초월적인 것이 아니라, 단지 사회의 보편적 이익과 필요에 기초하고 있다는 것이다. 이렇듯 계약주체에게 주어지는 의무의 근거 자체를 흄은 의심한다.

그러나 흄도 인간에 의한 통치를 제한하는 원리의 토대를 제공했다. 최초의 자유주의 사상가들은 인간 본성의 보편성이라는 흄의 원리에 경도되어 있었는데, 시간이나 장소의 상황은 다를지라도 인간의 특정 성향과 감정은 보편적으로 타고난다는 것이다. 그 중에서도 그동안 인간의 이성에 밀려 경시되어 왔던 인간의 정념, 특히 이기심을 포함한 인간의 정념들을 인간의 중요한 본성으로 재발견하게 된다. 이를 스미스는 '보이지 않는 손'이라 표현되는 그의 독특한 개념으로 연결시키기도 했다. "'보이지 않는 손'이라는 섭리는, 인간의 본성에 각인되어 있는 원칙과 동기에 의해 유도된 행동들이 비의지적으로 결과시킨 것들의 연속에 불과하다."(70쪽) 이렇듯 인간의 정념은 모종의 섭리, 법칙으로 이어질 수 있는 것으로 해석되어, 인간에 의한 통치를 제한하는 원리가 된다. 특히 스튜어트와 스미스에게서 통치권력과 경제법칙들(사태[사물]의 자연적 진행과정) 간의 팽팽한 긴장감을 발견할 수 있다.

퍼거슨과 스미스 — 인간의 이기적 본성에 대한 의구심

이제 인간의 모든 정념, 특히 이기심이 완전히 긍정적인 요소로 여겨지게 되었을까? 그렇지는 않은 것 같다. 가장 대표적인 것이 '애덤 스미스 문제'로 알려진, 공감이라는 도덕적 원리와 이기심이라는 경제적 원리 간의 긴장이다. 퍼거슨의 경우에는, 이기심도 분명 인간의 본성이지만, 또 다른 인간 본성들 중 하나인 애정의 유대가 연결시켜 놓은 관계들을 해체하는 경향이 있다고 생각한다. 시민사회에서는 유사이래로 연합-해체의 이중 메커니즘이 작동해 왔다. 퍼거슨에 따르면 "이득에 대한 사랑은 완벽에 대한 사랑을 파괴하고 이기심은 마음에 불을 붙이며 상상력을 얼어붙게 하기 때문이다. 일거리들이 가져다주는 이익이 다소 상당해지고 더 확실해짐에 따라 일거리를 선호하게 만들면서 이 이득에 대한 사랑은 계산대와 작업장 깊은 곳에 재능과 야망을 가두어 버린다."(99쪽)

한편 퍼거슨은 분업, 즉 직업의 분화 때문에 개인적 관심사의 영역이 극단적으로 축소된 결과, 공적 활동보다 경제적 목적(이득에 대한 사랑)이 더 중히 여겨지게 되었다고 본다. 사적 노동의 전면적 상호의존성은 개인에게 공동체 전체에 대한 소속감보다는 오히려 공공의 목적에 대한 무관심을 유발했다고 하며 이는 퇴락으로 파악된다.

역사는 이중적 과정에 속한다. 한편으로는 분업화와 이기적 이해관계를 통해 실현되는 기술 발전과 무역 발전의 절차가 있고, 다른 한편으로는 인간 활동의 도덕적이고 정치적인 차원을 침식하는 근대사회 퇴락의 절차가 있다. 그러므로 인류 역사가 진보한다는 것은 부인할 수 없는 사실이지만 그렇다고 해서 역사의 진보가 인간 본성의 모든 성향의 실현을 보장하는 것은 결코 아니다. 오히려 인류 역사의 진보는 인간 본성의 어떤 특정 성향들을 희생시켜 다른 어떤 성향들, 요컨대 이기심의 본능적 힘을 특권화하는 경향이 있다는 것이다. 애덤 스미스는 도덕감정과 행복의 욕망 간의 균형을 상정한다.

시원적 자유주의에 생기를 불어넣는 "진보에 대한 확신"의 본질은 잠재적으로 무한한 생산력 발전과 인간 본성의 완성 간의 일정 형태의 유리에 있다. 그것이 퍼거슨의 퇴락이론을 발생시키기도 했고 스미스의 신의 섭리라는 형태의 목적론을 발생시키기도 했다.

벤담—유용성

인간의 통치를 제한하는 또 하나의 원리는 바로 유용성이다. 벤담은 신으로부터 받은 인간의 권리나 계약같이 검증된 적 없는 선험적 개념들은 모두 거부한다. 그가 보기에 이런 개념들은, 매력적이기는 하지만 있는 그대로의 인간, 즉 이해타산적 인간을 파악하는 데 방해가 된다. 그에게는 자유나 평등, 안전 역시 모두 법 이전에 선험적으로 존재하는 것이 아니라 "통치력에 의해 보호받는 […] '법의 산물'"(175쪽)이다. 그는 오직 계산 가능한 결과값을 제공해 주는 유용성의 원리에 따라, 정부가 해야 할 일과 하지 말아야 할 일을 구분하고자 한다.

이러한 주장은 그때까지 대립하던 두 개의 길 모두로부터 벗어나게 해준다. 그 중 첫 번째는 선조들에 대한 충실성과 전통에의 복종을 특징으로 하는 항구적 보수의 길이며, 다른 하나는 신으로부터 받은 자연적 원칙들에 기초해 봉기를 정당화하는 항구적 혁명의 길이었다. 벤담은 이 둘 모두가 환상에 따르고 있다고 비판하며 유용성의 원칙에 입각해 지속적 개혁을 추구하는 길을 연다. 벤담은 최소국가를 지향하는 자유주의적 측면을 보여 주면서도 각 개인들이 효율적으로 계산할 수 있도록 교육을 강조하는 이중적 측면을 보여 주기도 한다. 다만 그는 "세력가들과 다수의 하층민들로 환원 불가능하게 분할된 불평등하고 위계화된 사회의 틀 속에서 유용성의 원리에 입각해 지속적으로 개혁하는 길"(178쪽)을 추구하고자 했다.

대공황과 자유주의의 위기

자유주의의 역사는 자연권과 공리주의 간의 분할로 특징지어질 수 있다. "신성화된 개인의 권리라는 논리와 유용성의 원리라는 논리 간의 대결이 자유주의 위기의 중심에 놓이게 된다."(194쪽) 자유주의는 애초부터 통일적이지 않았다. 18-19세기 동안 다수의 자유주의 통치 개념들이 서로 대립하고 그들 간에 긴장이 조성되었다. 공공선을 우선시하는 자유주의와 개인의 자유를 우선시하는 자유주의 간의 팽팽한 긴장이 이윽고 19세기 말~20세기 초 자유주의의 위기를 초래한다. 사회·경제적 조건들이 급변하는 상황에서 개인의 권리는 통치술의 걸림돌로 여겨지고 법적 주체 간의 계약은 현실과 동떨어져 보이게 된다. 고전 자유주의는 기업이나 그와 관련된 새로운 현상들을 제대로 이해하지 못했으며, 보이지 않는 손은 더 이상 작동하지 않는 것처럼 보였다. 인간에 의한 과도한 통치, 즉 전제주의를 견제하고 비판하려던 것이 이제는 소유권에 대한 보수적 방어로 변했다. 이러한 위기들은 대공황을 출현시켰고, 이에 대한 다양한 대응방식들이 나타난다.

자유주의의 위기에 대한 두 해결책이 제시되었다. 케인스 등에 의한 새로운 자유주의, 그리고 하이에크 등 오스트리아 학파에 의한 신자유주의가 그것이었다. 이 둘의 공통점은 국가의 역할을 긍정하고 적극적인 공적 개입을 요구했다는 것이다. 그러나 둘의 방향은 같지 않았다. 새로운 자유주의가 자유주의의 원리에 반대되어 보이는 수단들(노동보호법, 소득에 대한 누진세, 의무적 사회보험, 적극적 예산지출, 국유화 등)을 통해 시장을 제한하는 공적 개입을 통해 자유주의 원리의 제대로 된 작동을 추구했던 반면, 신자유주의는 사법적 틀을 통해 경쟁을 강화하는 방식의 공적 개입을 추구했다. 이 두 해결책은 자유주의의 위기가 본격적으로 그 모습을 드러내기 전부터 존재했던 여러 사상들을 참고하고 있다. 케인스가 제시한 해결책은 토크빌과 밀의 사유에서 영향을 받았고, 하이에크 등 오스트리아 학파의 신자유주의자들이 제시한 해결책은 스펜서의 사유에서 영향을 받았다고 할 수 있을 것이다.

토크빌과 밀 — 자유주의적 믿음에 대한 회의적 시선

개인들의 이해관계가 자연스러운 조화를 이룰 것이라는 자유주의의 믿음에 대한 회의는 일찍부터 있었다. 이를테면 토크빌은 신분의 평등이 오히려 민중들이 자발적으로 원하는 강력한 중앙권력, 즉 만인의 이름으로 행사되는 전제주의로 이어질 수 있다고 말한다. 한편 존 스튜어트 밀은 상업이 발달하면서 정신적·도덕적인 고귀한 가치들이 쇠퇴하고 있다고 말한다. 이 둘 모두 상업문명의 발전과 더불어 통치권력이 강화된다는 이유로 자유방임주의에 회의적인 시선을 던진다. 밀은 사회주의적 이상을 비판하면서도 공공선과 부합하지 않는 소유권은 변경하거나 폐지할 수 있다고 말한다.

스펜서 — 사회 진화론 혹은 사회적 경쟁주의

스펜서는 벤담의 '경험적 공리주의'가 정치적 개입과 소유권 상대화의 정당화로 귀착될 수 있다는 이유로 이를 사회주의적 일탈이라 부르며 강력하게 비판한 바 있다. 그는 공리주의의 개혁적 성향을 막기 위해 생물학과 진화론에 기반한 공리주의를 정립하고자 했다. 그에 따르면 선은 간접적으로만 행해져야 한다. 선이 직접적으로 행해지면 그것은 억압적이고 강제적으로 행해지기 때문이다. 그는 국가개입 강화를 주장하는 사회주의를 노예제로 파악했다.

그는 주권이 그 자체로는 정당화될 수 없는 미신에 불과하다고 말하면서, 국가가 권리를 창조한다고 주장하는 벤담과 대립각을 세운다. 국가는 이미 존재하고 있는 것을 가공할 뿐이라는 것이다. 대신 스펜서는 협동을 통한 이점의 경험을 계약의 토대로 삼는다. 따라서 국가는 계약의 실행만을 담보해야지, 무로부터 권리를 창조해서는 안 된다는 것이다.

스펜서에 따르면 자유주의의 본래 기능인 통치에 대한 제한은 이제 의회권력에 대한 제한이 되어야 한다. 스펜서가 보기에 사회주의는 진화 이전 상태인 전쟁의 시대로 퇴보하는 것이다. 스펜서는 분업의 원리를 인간의 생리적이고 생물학적인 현실로까지 확대 적용한다.

스펜서의 사유는 자유주의 역사에서 하나의 변곡점을 이룬다. 그는 생물학적 진화법칙에서의 생존투쟁과 경제적 경쟁을 동일시함으로써, 사회의 진보라는 목표 아래 부적응자들을 솎아 내는 경쟁의 원리를 도입한다. 이 원리는 후에 신자유주의의 핵심 가치가 될 것이다.

스펜서의 사회적 진화론은, '적자생존'이라는 다윈적 용어로 사회를 설명하면서도 실제로 다윈주의적인 토대를 확보하지는 못하고 있다는 비판을 받기도 한다.

케인스—새로운 자유주의 혹은 사회적 자유주의

케인스는 자유주의의 위기에 대응하기 위해 토크빌과 밀의 사유에서 영감을 얻었다. 이들에게 국가개입은 불필요한 것이 아니었다. 이를테면 빈곤의 문제와 관련해 국가개입이 필요할 수 있다.

1차대전 이후 자유주의의 위기로 인해 19세기 자유주의에 대한 재검토가 일어나고 이는 뉴딜이라는 형태로 나타난다. 이 새로운 자유주의는 사회주의에서 제기하는 비판을 일부 수용했으나, 궁극적으로는 자유주의의 목표를 더 잘 실현시키고자 했다. 케인스로 대표되는 이 흐름은 나중에는 신자유주의와 대립하게 되지만, 그 출발에는 동일한 문제의식이 있었다. 자본주의 체제를 지키기 위해 자유주의에 대항하자는 것이다.

이는 국가개입을 옹호하던 영국 급진주의와 다시 연결된다. 이를테면 홉하우스에 따르면 각 개인은 자유주의가 간과했던 실질적 자유를 확보해 주는 입법활동에 참여해야 하며 이는 국가의 소관이다. 실질적 자유는 가장 강한 자들에 대한 강제와 가장 약한 자들에 대한 보호의 결합이라는 것이다. 케인스가 구현한 "새로운 자유주의" 혹은 "사회적 자유주의"는 벤담의 공리주의에서 기원하는 영국의 급진주의적 관점에서 정치적인 것의 역할과 위치를 재검토하면서, 국가의 역할과 자유주의의 재정립도 양립 가능하다고 여기게 된다. 이것은 방임과 자유주의가 결별하는 계기가 된다. 이 새로운 자유주의는 두 가지 명제로 요약될 수 있다.

첫째, 자유주의 사회의 주요 장점들을 유지하려면 방임의 교조주의가 국가의 어젠다에 부과하는 경계들을 초극해야 한다. 둘째, 국가의 이 새로운 어젠다는 지금까지 시장의 자기조절적 메커니즘에 부여되었던 신뢰와 서로 평등하다고 간주된 개인들 간의 계약의 정의에 대한 신뢰에 이의를 제기해야 한다(240~241쪽).

신자유주의는 이 두 명제 중 첫 번째 명제는 공유하지만 두 번째 명제는 공유하지 않는다. 시장의 자기조절적 메커니즘과 개인들 간 계약의 정의에 대한 신뢰에 이의를 제기하면서까지 국가가 개입해야 한다고는 생각하지 않는 것이다. 그들이 보기에 국가의 개입은 교정적이거나 상보적 행위를 통해 시장을 제한하려 해서는 안 되고, 대신 세심하게 맞춰진 사법적 틀을 통해 경쟁시장을 발전·정화시켜야 하며, 개인적 이익들 간의 자연적 화합을 상정하는 것이 아니라 그들의 경쟁게임이 집단적 이익을 충족시킬 수 있도록 최적의 조건을 마련해야 한다. 스펜서가 고안했던 경쟁에 기초한 시장 개념이 이렇게 신자유주의에서도 발견된다.

질서자유주의—독일의 신자유주의

가장 보수적인 자유주의자 그룹인 오스트리아 학파는 자유방임 교의의 쇄신에는 동의하면서도 모든 국가개입에 맞서야 한다고 주장했던 반면, 자유주의의 철저한 개혁을 주장하는 질서자유주의자들은 '자유주의적 개입주의'를 지지한다. 둘은 대공황의 원인 분석에서도 차이점을 보인다. 전자는 고전 자유주의의 원리들이 배반당했기 때문이라고 보지만 후자는 고전 자유주의 자체에 문제가 있다고 본다. 또 전자는 독과점의 원인을 보호주의 정책 등 국가개입 때문으로 보는 반면 후자는 기업집중이 경쟁을 파괴하기 때문이라고 보았다.

그러나 질서자유주의도 시장과 경쟁의 필요성을 강조한다. 시장의 사회적 결과들을 약화시키는 한이 있더라도 시장을 "질서화"해야 한다는 것이다. 그런데 질서자유주의자들은 "사회적 시장경제"라는 표현을 사용한다. 그들에게 시장경제는 가장 "사회적"이기 때문이다. 시장경제는 효율성을 지향하는 소비자 민주주의라는 것이다. 질서자유주의자들은 소비자가 왕이라 생각하고 따라서 공공 서비스도 경쟁에 따라야 한다고 주장한다. 그들은 사회의 진보를 경쟁 질서와 통화 안정의 효과로 간주한다.

질서자유주의들은 점차 변모하여, 입법을 통해서가 아니라 사회적 시스템들 간의 경쟁을 통해 틀이 만들어지도록 유도하게 된다. 조화는 선험적으로 온 것이 아니라 사후에 교역을 통해 결과된다고 보는 것이다. 그렇다면 질서자유주의와 오스트리아 학파의 신자유주의 간에 수렴이 이루어지는 것일까?

월터 리프먼 학술대회 혹은 자유주의의 재발견

사실 신자유주의는 단일한 노선에 따라 전개된 것이 아니다. 긴장 관계에 있는 여러 노선들의 얽힘이 있었다. 1947년 몽펠르랭 협회는 국가개입주의와 사회주의에 대항할 단일대오의 형성에 집중하면서 서로 결이 다른 오스트리아식 신자유주의와 독일식 신자유주의를 규합하는 바람에, 이 과정에서 자유주의적 개입주의는 잊혀지고 말았다. 그러나 1938년 리프먼 학술대회에서는 이 자유주의적 개입주의를 살펴볼 수 있다. 리프먼은 정부의 개입이 자유를 가능케 한다고 생각했고 경제와 사회에 대한 과학적 통제에 찬성했으며, 이 학술대회의 좌장이었던 루지에 역시 "자유주의 교의를 이론적으로 재기초하고, 방임에 대한 형이상학적 믿음이 유발하는 부정적 결과들을 피할 수 있는 능동적 자유주의 정책"(249쪽)을 추구했다.

리프먼 학술대회 개회사에서 루지에는 리프먼을 인용해 자유주의는 자유방임과 동일하지 않다고 말한다. 당시 여론이 사회주의나 파시즘을 자유방임의 해악에 대한 해결사로 끌어들이려 했기 때문이다. "자유주의 체제는 국가의 사법적 개입주의를 상정하는 법적 질서의 결과"(251쪽)라고 그는 주장한다.

이 학술대회의 목표는 자유주의의 교의를 전지구적 단위에서 성찰하고 토론하는 집단을 만드는 것이었다. 이러한 목표의 결과가 몽펠르랭 학회였으며, 이는 이후 다보스로까지 이어진다. 여러 연구 기관들을 끌어들인 전지구적 차원의 토론 기획은 후에 세계화가 진행되는 결정적 계기가 되었다.

폰 미제스, 하이에크, 커즈너 — 오스트로-아메리칸 신자유주의

신고전주의 경제 이론가들이 내세우는 경제 모델은 정적이다. 하지만 오스트로-아메리칸 신자유주의자들에 따르면 정적인 이론적 균형이 아니라 시장의 절차가 중요하다. 아무리 개인들 각자가 합리적이더라도 분업 때문에 각자가 가진 정보는 불완전할 수밖에 없고 그 누구도 모든 것을 알 수는 없기 때문이다. 이러한 맥락에서 사회주의는 전체의 파악을 전제한다는 것 때문에 비판받기도 한다.

오스트로-아메리칸 신자유주의자들이 볼 때 개인들은 기존의 데이터만으로는 자신의 효용성을 극대화할 수 없기 때문에 시장에서 새로운 데이터들을 발견하면서 스스로의 행동을 조정하고 기업가처럼 자신을 혁신해야 한다. 모든 사람이 모든 것을 알고 있다면 즉각적 조정으로 모든 것이 멈추겠지만 그렇지 않기 때문에 시장이라는 학습과 적응의 절차를 통해 무지의 축소가 이뤄진다. 여기서 시장은 발견과

학습이 이루어지는 교육의 장이며 거기서 배우게 되는 '기업가정신'은 주체 자체를 변화시켜 시장 외부로부터의 개입을 불필요하게 하고 시장의 효율성을 보장한다. 그러므로 자신의 이익을 적극적으로 추구하려는 타고난 성향을 모두가 드러낼 수 있도록 기업가정신이 교육되고 보급되어야 한다.

이렇듯 오스트로-아메리칸 신자유주의자들은 신고전주의 경제학보다는 인류학적 차원으로부터 더 큰 영향을 받는다. 하이에크는 언제나 불투명한 상태에서 전개될 수밖에 없는 인간의 활동에 관해 이야기하며, 인간행동에 대한 미제스의 이론은 기업가로서의 개인이라는 생각에 이르게 된다. 그런데 이러한 분석은 자칫 이해관계를 최우선시하는 기업가정신을 인간 행동의 유일한 동기로 만들어 버릴 수 있다는 문제점이 있다(344~345쪽).

이러한 주장들이 교조적 자유방임주의로의 단순 회귀를 주장하는 것은 아니지만, 그럼에도 불구하고 이를테면 폰 미제스는 '자유방임' 원칙을 강력하게 고수했고 그의 제자들 중 하나인 머리 로스바드는 무정부주의적 자본주의로까지 나아간다. 국가라는 실체에 부여된 모든 정당성을 전면 거부한 것이다. 이들은 국가의 개혁적 개입주의에 대항하고 자유기업적 자본주의를 위해 투쟁하면서, 이것이 소수 지식인들의 일이라고 말한다.

하이에크는 고전 자유주의자들의 방임주의를 비판하는 동시에, 질서자유주의자들과도 거리를 두면서 정부가 "사회적" 목표를 담당하는 것을 원칙적으로 거부한다. 하이에크가 보기에 정부가 어떤 사회적 목표를 담당하면 긍정적이라고 정의되는 집단적 목적을 의식적으로 지향하는 인공적 사회 개념을 내포할 수밖에 없기 때문이다. 이를테면 존 스튜어트 밀은 효율성을 내세우면서 국가개입을 주장했지만 하이에크는 다른 그 어떤 이유도 내세우지 말고 국가개입 그 자체를 정당화해 보라고 요구했다(372쪽). 선을 행하고자 함으로써 문제를 만들어 내는 도착적 효과에 대한 자유주의 수사학은 앨버트 허시먼에 의해 "반동적 수사학"의 세 도식 중 하나인 도착적 효과의 도식으로 이론화되기도 했다(441쪽).

커즈너가 보기에 시장은 개인의 자유를 필요로 한다. 그런데 이때 개인의 자유는 이윤창출의 기회라는 목표하에서만 가치를 갖는다. 여기서 자본주의의 원동력은 교환자들 간의 자유로운 계약이 아니라, 상업적 환경에서만 가능한 경쟁적이고 기업가적인 발견 절차다. 18세기에 등장한 '기획하는 인간'은 이제 이익을 획득한 자, 재정적으로 성공한 자에 머무르지 않고 지도자, 혁신가, 창조자로 여겨지며, 혁신적 기업가에 대한 가치부여는 기업가적 사회에 대한 구상으로 이어진다. 이제 진보의 원천은 변화를 기회로 활용하는 기업가의 경영이다.

오늘날의 신자유주의 통치성과 비교했을 때 이들은 국가를 혐오한다는 한계를 갖는 것도 사실이지만, 하이에크의 경우에는 국가개입을 그 자체로 비판하기보다는, 시장의 권리나 사적 권리의 존중을 위해 국가의 강제력에 호소하기도 했다는 점에서 특이한 점이 있다.

강력한 국가를 요구하는 신자유주의

하이에크는 인위적 사회 개념을 거부했지만, 국가를 혐오했던 다른 동료 신자유주의자들과는 달리 오히려 적극적으로 정부의 개입을 요청했으며, 이를 위해 국가의 합법적 개입과 비합법적 개입을 구분하고자 했다. 여기서 그는 자연(인간 의지와 무관한 질서)에도 인위(인간의 의도에 따른 질서)에도 속하지 않는 제3의 영역이 있다고 주장하며, 인간의 의도는 담겨 있지 않으나 인간의 행동으로 인해 나타나는 질서를 카탈락시라고 부른다.

흩어져 있는 지식들로부터 의도하지 않았던 특정 결과를 끌어낼 수 있는 것은 바로 시장 메커니즘 덕분이며 따라서 시장과 관련된 규칙은 형식적인 규칙들, 즉 해야 할 것이 아니라 하지 말아야 할 것(침해금지)만을 확정하는 규칙이어야 한다고 그는 주장한다. 시장질서로 환원될 수 없는 사회 역시 자생적 질서지만 그 안에서 시장질서는 중요한 위치를 점한다. "시장질서는 '경제'가 아니라 '경제적 관계'로 구성되어 있으며 **사회적 관계의 토대**에 위치하고 있는 것이 바로 이 경제적 관계"다(376~377쪽).

하이에크가 보기에 사회 전체가 '경제관계'에 의거해야 한다는 관념 때문에 독일에서 '법치국가'라는 명칭이 수용되었다. 이는 자유주의 운동에서 결정적 중요성을 가지며, 하이에크에 따르면 이는 칸트 법철학의 영향을 받았다. 정언명령은 "절대적인 법의 우선성이라는 관념의 토대가 되는 관념을 윤리의 모든 영역으로 확장시킨 것"(391쪽)이라는 것이다. 푸코에 따르면 법치국가의 규범은 독일에서 전제주의와 내치국가 양쪽 모두와 대립하기 위해 구축되었다.

법치국가의 원칙에 종속된 통치권력은 공표된 규칙의 위반을 처벌하기 위해 개입할 수 있다고 여겨지고 이것이 국가에게 강제력의 독점을 정당화시켜 준다. 국가의 독점은 평등권의 침해를 의미하지만, 개인들의 의사결정에 유리한 틀을 제공할 수 있고, 경쟁적 기업이 제공할 수 없는 공공보건 등의 사회 인프라를 구축하고 유지할 수 있다. 그러나 하이에크가 보기에 이는 모두에게 소용되는 것이 아니라 특정한 사람들을 위한 특정한 결과를 얻으려 하는 것이기 때문에 법치국가의 규칙이 배제하는 것이다. 특히 가격과 생산량의 통제는 임의적일 수밖에 없기 때문에 시장의 정상적인 작동을 방해하므로 금지되어야 한다고 한다.

자생적 질서는 정의나 불의에 의미를 두지 않는다. 하이에크는 정의로운 분배를 추구한다면 조직적 질서나 전체주의적 질서로 나아가게 될 것이라고 보지만, 시장 바깥에서 최저 수입을 보장하는 등의 개입은 괜찮다고 보았다. 문제는 제공된 서비스에 대한 보수가 정부 당국에 의해 정해진다는 것이었다.

하이에크는 자유방임의 복권을 주장한 사람이 아니다. 오늘날 많은 사람들이 신자유주의를 자유방임의 복권으로 오해하고 있지만 전혀 그렇지 않다. 게다가 하이에크는 영국의 고전 경제학자들도 자유주의 교의를 주장한 적 없다고 말한다. 하이에크의 주장은 노직의 '최소국가론'이나 프리드먼의 무정부주의적 자본주의(국가의 모든 기능의 민영화 주장)와 다르다. 그에게 중요한 것은 "자유민주주의의 근본적 재검토"(405쪽)이며, '공동선' 개념에 실정적으로 부여 가능한 모든 내용을 소거한다.

신자유주의 합리성의 네 가지 주요 특징

저자들은 이 책의 결론부에서 신자유주의 합리성의 네 가지 주요 특징을 다음과 같이 이야기한다. 첫째, 시장을 자연적으로 주어진 것이 아닌 구성된 현실로 제시한다. 둘째, 시장 질서의 본질은 교환이 아니라 경쟁에 있다고 주장한다. 셋째, 국가 역시 경쟁의 규범에 따라야 한다고 생각한다. 넷째, 경쟁의 규범은 개인이 자신과 맺는 관계에 영향을 미쳐야 하고 기업가적 국가는 개인이 기업가로서 행동하도록 유도해야 한다고 주장한다.

통치성이라는 용어는 정부에 속하거나 속하지 않을 수 있는 사람들이 다른 사람들의 품행을 인도하는 그러한 활동의 다양한 형태를 의미하기 위해 미셸 푸코가 도입한 용어다. 통치는 개인의 가장 내밀한 영역까지 개입하기 위해 규율에만 의존하는 것이 아니라 궁극적으로 개인 자신의 자기통치를 이끌어 내는 것, 요컨대 일정 형태의 자기관계를 이끌어 내는 것을 목표로 한다. 통치한다는 것은 자유에 반해 통치하는 것이 아니라 자유를 통해 통치하는 것, 즉 개인에게 주어진 자유의 공간을 적극적으로 활용하여 특정 규범에 순응하게 하는 전략과 전술이다.

1980년대의 "거대한 전환"은 상호의존적인 두 현상을 통해 설명할 수 있다. 첫째, 현실 자본주의의 변화인데 세계화, 금융화, 주주 가치의 도그마 등과 같은 신자유의적 "절서화"에 정치가 기여하는 현상이 나타난다. 둘째, 이데올로기 투쟁의 양상이 변화하는 현상이 발생한다.

"신자유주의의 전략은 그러므로 가능한 한 많은 시장 상황을 창조하는 데 있다. 다시 말해 다양한 방법(민영화, 공공 서비스의 경쟁화, 학교나 병원의 '시장화', 사적 부채를 통한 지불능력 확보)으로 '선택의 의무'를 조직화하는 데 있는 것이다. 이는 개인들로 하여금 시장의 상황을 그들에게 부과되는 '현실'로, 다시 말해 유일한 '게임의 규칙'으로서 받아들이도록 하기 위한 것이다. 그래서 이 개인들이 '게임에서' 지고 싶지 않다면, 또 자본축적이 삶의 보편법칙인 듯한 세계에서 자신들의 사적 자본의 가치증식을 원한다면 개인의 손익을 계산해야 할 필요성을 받아들이도록 하기 위한 것이다."(451~452쪽)

신자유주의적 개입주의는 인구의 복지에 바람직하다고 여겨지는 정치적 목적에 따라 "시장 실패"를 체계적으로 교정하는 것을 목표로 하지 않는다. 그것은 무엇보다도 가장 "적합하고" 가장 강한 사람에게 이익이 되는 경쟁 상황을 만들고 모든 이익의 원천으로 간주되는 경쟁에 개인을 적응시키는 것을 목표로 한다.

또한 신자유주의는 효율성의 관점에서 민간 부문의 방법을 공공부문에 적용한다. 국가 역시 자신의 서비스를 통해 경쟁해야 하는 기업으로 간주된다(사법私法 기업). 기업 경영의 규칙들이 국가의 경영에 적용되면서, 국가는 국가 외부의, 그러므로 민간의 감시와 투자의 대상이 되며, 그들의 통제하에 들어가게 된다. 공무원은 직업적 양심 없이 무엇보다도 자신의 이익을 추구하는 호모 에코노미쿠스로 간주되어 감시받고 또 격려받는다. 사실 푸코의 권력론을 경유해 우리에게 전달되는 판옵티콘의 이미지는 주로 우리 자신을 그 감옥의 독방 안에서 감시의 시선을 내재화하는 것으로 상상하게 하지만, 애초에 공리주의자 벤담이 고안했던 판옵티콘은 공리주의를 위기에 빠뜨릴 수 있는, 공익보다는 사익을 추구한다고 여겨지는 관료들을 시민의 눈으로 감시하기 위한 것이었다.

관료 역시 이기심을 본성으로 갖고 있으면서 사익을 추구할 수밖에 없는 인간이라는 사실로부터 "신공공관리"라는 주제가 나오게 된다. 그러나 국가 행위에 속하는 대부분의 영역에서는 경제영역으로부터 도입된 이 합리성이 의미가 없으며(학교, 사법 등), 공무원의 도덕적, 정치적 헌신을 부정하는 문제가 발생하여 역효과를 초래할 수 있다.

이러한 문제가 초래하는 정치적 결과는 다음과 같다. 시민들은 집단 부양과 관련된 세금 납부와 거기로부터 기대하는 개인의 "수익을 다르게 본다. 근본적으로 변화한 것은 바로 정치적 주체의 정의 그 자체다. 요컨대 경제합리성(경제성, 효율성, 능률성), 특히 회계 평가 논리에 입각해 공공 서비스를 체계적으로 분석하고 경쟁 상황에 위치시킴으로써 시민들을 세금의 비용과 편익, "대가로" 얻은 서비스를 계산하는 호모 에코노미쿠스로 만들어 버린다.

신자유주의와 그 경영 담론의 구체화는 "개인에의 책임 전가"를 강조한다. 노동의 세계와 일상생활에서의 실패자는 게으른 자, 그릇된 계산을 하는 자가 된다. 그러므로 만인이 자신의 "인적 자본"을 성장시킬 수 있도록 교육이 실시되어야 한다.

신자유주의적 국가와 신자유주의적 주체

국가 행위는 무엇보다도 개인의 행동에 유리한 조건의 확립을 목표로 해야 하며 이는 "공공재"의 모든 생산자들 가운데 국가를 해체하는 경향이 있다. 그 결과 복지국가와 소득재분배 정책은 이제 성장의 걸림돌로 인식되고 더 이상 사회적 타협의 핵심 요소가 아니게 된다.

신자유주의 시대는 기업이라는 형상을 중심으로 인간의 담론을 동질화하는 것이 그 특징이다. 이 새로운 신자유주의 주체의 형상은, 자유민주주의가 존속하게 내버려 두고 또 때때로 자유주의가 자신의 존재를 더욱 영속화하기 위해 작동시키는 법을 알고 있던 복수 형태의 주체성에 전례 없는 획일화를 행한다. 새로운 경제학자들은 "경제분석의 전통적 영역으로부터 벗어나 인간의 행실 전반에 손익 분석을 일반화"(447쪽)시키고자 했다. 이들은 아이러니하게도 자유로운 선택을 의무로서 부과하고자 했다. 개인은 시장 상황을 유일한 현실로 받아들여야 한다.

그런데 신자유주의의 규율에서 중요한 것은 직접 강제하는 데 있는 것이 아니라, 주체성 전반이 자신이 수행해야 하는 활동에 연루된 인간 존재를 통치하는 데 있다. 신자유주의 권력의 표적이 되는 것은 욕망이고 이용하는 수단은 인센티브, 동기부여, 자극이다.

"인간 존재에 대한 심리학적 개념, 새로운 경쟁의 경제학, 개인을 '인적 자본'으로 표상하기, '커뮤니케이션'을 통한 조직의 정합성, '네트워크'로서의 사회적 관계 등의 조합을 통해 점차 이 '자기 자신의 기업'이라는 형상이 구축된 것이다."(645쪽)

신자유주의의 합리성은 주체가 경쟁에서 살아남기 위해 자기 스스로를 강화하는 방향으로 자신에게 작업을 가하도록 종용한다.

밥 오브레는 이렇게 말한다. "모든 노동자는 고객을 찾아야 하고 시장에 정착해 가격을 설정하고 비용을 관리하며 발전-연구를 수행하고 자신의 수행능력을 함양해야 한다. 요컨대 개인의 관점에서 나는 내가 하는 노동을 나 자신의 기업으로 간주하는 것이고 나 자신의 발전은 나 자신의 기업으로 정의된다."(611쪽) 여기로부터 손익 계산, 리스크 감수 찬양이 결과된다.

"상업적이거나 사법적 유형의 정보 장치 설정으로 인해 치료 혹은 수술을 '선택하는' 환자에게, 직업교육을 '선택하는' 학생이나 '실업자', 저축 방식을 '선택하는' 장래의 퇴직자, 여행 코스의 조건을 받아들이는 여행자 등에게 리스크를 전가하는 것이 가능해진다. 그래서 우리는 지표와 '인기 순위표'의 설정이 얼마나 신자유주의적 주체화 방식으로부터 기인하는 것인가를 이해할 수 있다."(632~633쪽)

"자기 자신의 기업"이라는 논리는 타자의 도구화로 치닫고 선험적 차원에서는 유효성을 가질 수 없는 분야에서 수치화된 성과지표를 활용하는 쪽으로 나아가며 성과와 향유를 연결시키고, 그러므로 향유와 "항상적 잉여"를 연결시킨다.

그래서 "경제적 기계는 항시 맑스가 '잉여가치'와 동일시한 '초극'과 '잉여'를 지향해야 한다. 자본축적 체제에 고유한 이러한 요구는 그때까지는 그 효과 전체를 전개하지는 못했었다. 주체가 이렇게 연루됨으로써 주체와 기업의 작동 조건이 '자기 초극'의 추구가 될 때 이 일은 성취된다. 자기 자신의 기업 및 인적 자본과 주체를 동일시하는 것의 중요성은 여기로부터 결과된다. 자기 자신, 자신의 삶 속에서의 즐거움, 그저 살아 있다는 사실 등으로부터 '더 많은 향유'를 추출하는 것이 새로운 주체와 새로운 경쟁 시스템을 작동시킨다."(642쪽)

사회의 현재 상황에서 자유로운 향유만을 보는 것은 신자유주의의 규범성의 어두운 면을 망각하는 것이다. 공적 공간과 사적 공간에 대한 점점 더 조밀해지는 감시, 네트워크 내에서 개인의 움직임에 대한 점점 더 정밀해지는 추적 가능성, 개인의 활동에 대한 점점 더 세심해지고 인색해지는 평가, 정보와 광고의 통합된 체계의 더욱더 강력한 작용, 그리고 특히 주체의 자기통제의 더 은밀한 형태들을 망각하는 것이다. 요컨대 그것은 다양한 매개체들을 통해 향유의 외설적 노출과 기업가적 성과 종용, 일반화된 감시망을 서로 연결하는, 신주체 통치의 전반적인 성격을 망각하는 것이다.

신자유주의에 대한 현대 좌파의 몰이해

이 책의 저자들이 특히 강조하는 것은 신자유주의를 적으로 간주하는 좌파 사람들이 정작 신자유주의에 대해 제대로 파악하지 못하고 있다는 것이다. 이를테면 칼 폴라니까지를 포함해 신좌파 지식인들은 신자유주의를 자유방임주의로 오해하고 있으며, 이들은 신자유주의에 대항하는 방법으로서 국가의 회귀나 개입주의 등을 내세운다는 것이다. 그러나 신자유주의는 자유방임주의가 전혀 아니며, 오히려 국가의 적극적 개입을 종용하는 통치 합리성이라고 저자들은 말한다.

이는 국가의 후퇴가 아닌 새로운 토대와 방식과 목표를 가진 국가의 정치적 재편성과 관련된다. 보수파는 전통적 가치를 지키고 기성 질서를 방어하는 것을 넘어서는 목표를 갖고 있다. 이들의 새로운 정책들에는 시장 회귀나 자유방임 이데올로기 이상의 것이 있다. 새로운 정책은 규율적 속성과 전략적 차원(특정 목표에 도달하기 위해 사용되는 수단)을 갖는다. 이 전략적 차원은 총체적 합리성에 속한다. "이 말(신자유주의적 전략)은 새로운 정치적 환경을 창설하고 경제의 작동규칙을 변화시키며 자신의 목표를 부과하기 위해 사회관계를 변형시키려 하는 권력의 담론들, 실천들, 장치들의 총체로 이해될 수 있을 것"(414쪽)이다.

좌파 진영 일부는 이 전환을 '음모'로 속단하기도 했지만, 경쟁을 통한 규제라는 목표는 복지국가에 대한 투쟁에 앞서 존재하지는 않았던 듯하다. 이 목표는 이러한 대결의 과정에서 구축되었으며, 서로 아주 많이 다른 여러 세력들에게 부과되어 그들에게 집결지를 제공함으로써 촉매제 역할을 했다. 어떤 의도를 가진 주체가 그 전략을 출현시킨 것이 아니다. 중요한 것은 실천의 논리다. 신자유주의적 정책은 그러므로 어떤 수단의 선택이고, 그 정책의 목표, 즉 전면화된 경쟁은 전략적 성격을 갖는다.

저자들에 따르면 "현대 좌파"는 고전 자유주의의 전형인 자유방임주의를 비판하면서 그릇된 대립을 만들어 내고 "제3의 길" 운운하면서 그 대다수가 신자유주의로 전향해 버린다. "30년 전부터 우파의 정책과 매우 유사한 정책을 주도하면서 좌파를 표방하는 정부들의 실천의 변화보다 더 신자유주의 합리성의 본성을 잘 현시하는 것도 없다. '책임 있고', '현대적'이며 '현실주의적'인 모든 담론, 요컨대 신자유주의 합리성의 성질을 띠는 모든 담론은, 시장경제, 경쟁의 미덕, 시장의 세계화가 가져다주는 장점, 금융과 기술의 '현대화'를 통해 도입되는 불가피한 강제 등의 사전 수용으로 특징지어진다. 신자유주의의 규율적 실천은 사실상의 소여로서, 그리고 그것에 적응하는 것 말고는 다른 어떤 것도 할 수 없는 그러한 하나의 현실로서 부과된 것이었다. / 이러한 동화同化의 가장 좋은 예는 아마도 토니 블레어와 게르하르트 슈뢰더가 1999년 유럽의회 선거에 즈음해 함께 서명한 '제3의 길과 새로운 중심'이라는 제목의 '선언'일 것이다."(475~476쪽)

현대 좌파의 정치는 개인이 스스로를 도울 수 있도록, 요컨대 그 자체로는 의문시되지 않고 있는 전면화된 경쟁에서 위기를 모면할 수 있도록 도와야 한다고 이야기한다. 이는 인적 자본, 기회균등, 개인에의 책임전가 등 경쟁적 도식 고유의 범주들을 사회적 관계에 재도입함으로써 담론에 반영된다. 이것은 보다 광범위한 연대와 실제적으로 평등한 목표에 기반을 둔 사회적 관계라는 대안적 개념을 파괴한다. 장애인이나 노숙자 등 "배제된 자들" 특정 범주의 사람들만이 사회보장을 받을 권리가 있다는 것이다. 신자유주의의 근본 토대들을 오독한 후, 신좌파는 "자유주의적 세계화의 틀을 받아들이는 좌파, 경제성장과 경제경쟁력을 위해 끌어낼 수 있는 모든 기회를 찬양하는 좌파다"(480쪽). 그들은 자신들이 적으로 간주하는 신자유주의와 실은 동일한 것을 추구하고 있었다는 것이다. 신좌파들이 내세운 정책들에 동원된 개념들은 때로 "신자유주의적 우파의 방향설정을 구축하는 개념과 매우 유사하다. 연대보다 경쟁을 우선시하는 것, 성공할 기회를 포착하는 수완, 그리고 개인의 책임은 사회정의의 주요 토대들로 간주된다."(481쪽)

칼 폴라니에 따르면 자유주의 국가는 19세기에 시장 메커니즘 창설에 기여하면서도 시장 메커니즘을 제한하는 이중활동을 했다. 여기에 폴라니는 경쟁의 지배를 지향하는 시장의 작동을 위한 개입을 추가한다. 1930년대와 1940년대의 "거대한 전환"은 자기조절적 시장을 재건하기 위한 최후의 절망적 시도였다는 것이다. 도처에서 노동, 토지, 화폐를 경쟁 시장에서 제거하는 사회보호 장치들이 자리 잡는다(232~236쪽).

그러나 어떤 개입이냐가 문제다. 국가는 민간 기업들에 봉사하는 방식으로 적극 개입하여 신자유주의 합리성에 따라 세계가 돌아가도록 그 틀을 구성해야 한다고 주장하는 것이 바로 신자유주의다. 이렇게 국가는 그 자신 역시 기업가정신을 발휘하라는 요구를 받는 하나의 기업이 된다.

저자들은 신자유주의가 이미 하나의 합리성이 되었다고 이야기한다. 그것이 우리에게 너무나 당연한 것이 되고 우리의 일부를 이루고 있기 때문이다. 또 신자유주의는 시장의 이름으로 시행되었다기보다는 경영과 효율성, 공공 서비스 체계의 민주화라는 이름하에 시행되었었다고 말한다. "신자유주의 정책은 '시장이라는 종교'의 이름으로 시행된 것이 아니라 경영이라는 기술적 명령과 효율성, 그리고 공공서비스 체계의 '민주화'라는 이름하에 시행되었던 것이다. 공공정책의 합리화로 방향을 전환한 엘리트들이 중요한 역할을 담당했다."(472쪽)

그렇다면 왜, 그럼에도 불구하고 이들은 신자유주의에 대해 문제를 제기하고자 할까? 저자들은 신자유주의가 민주주의를 파괴하고 있다고 판단했기 때문이다(529쪽). 두 저자들은 "신자유주의는 우연히 그런 것이 아니라 본질적으로 **반민주주의**인 것 같다"(681쪽)고 주장한다. 달리 말해서 신자유주의는 분명히 권위주의적이고 전체주의적인 성향이 존재한다. 신자유주의의 모든 정책적·정치적 측면에는 이와 같은 권위주의적이고 전체주의적인 성향이 농후하다. 이러한 성향은 이미 벤담이나 월터 리프먼의 저서에서 농후하게 보여진다. 그래서 우리는 이 신자유주의에 대해 경각심을 가지고 비판적 실천을 해야 한다. 반민주적이라는 것의 구체적 내용은 이 책의 13장에 나온다.

푸코의 사유를 우파적으로 전유하고자 하는 사람들 혹은 좌파들의 활동 영역에서 푸코의 사유를 몰아내고자 하는 사람들의 기대와는 달리 이 저자들은 푸코의 사유를 적극 활용하면서도 여전히 좌파적 사유와 활동에 힘쓰고 있다. 이들은 신자유주의의 폐해를 목도하면서 이러한 상황을 타개해 나가고자 하는 열망을 갖고 있으면서도 정작 신자유주의에 대해 제대로 알지 못하는 까닭에 효과적인 비판지점을 찾는 데 어려움을 갖고 있는 사람들에게 도움을 주고자 하는 목적으로 저술 활동을 하고 있다.

감사 인사

저자들은 프랑스에서 2009년에 출간된 이 책의 한국어판 출간에 맞춰 그들의 최근 생각을 보여 주는 서문을 보내 주었다. 그들의 우정과 연대에 깊이 감사한다. 그들의 요즘 사유에는 그들 주변의 요즘 상황들이 반영되어 있으며, 점점 더 전투적인 주장으로 이어지고 있다. 사실 마크롱 집권 이후 본격 시행된 신자유주의적 정책들은 '노란조끼운동' 이라는 시위의 조직으로 이어졌고, 이를 진압하는 과정에서 많은 시위자들이 심각한 부상을 당하기도 했다. 이러한 상황에서 그들은 푸코의 신자유주의 통치성 개념을 연구하는 것만으로는 신자유주의에 대항하는 투쟁의 화력이 충분치 않다고 느꼈던 것 같다. 그들은 최근에는 푸코의 『생명관리정치의 탄생』보다는 『처벌사회』를 주요 참고 자료로 삼으면서, 일상에서 펼쳐지는 내전으로서의 권력투쟁의 중요성에 대해 강조하고 있다.

마지막으로 이 책의 번역과 출간을 포기하다시피 하고 있을 때 옆에서 독려해 주고 내용을 함께 검토해 준 이광근 선생과, 한없이 늘어지는 일정 속에서도 끈기 있게 견뎌 준 그린비 관계자분들에 깊은 감사를 전하고자 한다.

우이동 백운대 아래서

2022년 5월 12일

심세광, 전혜리

프리즘총서 040
새로운 세계합리성 : 신자유주의 사회에 대한 에세이

초판1쇄 펴냄 2022년 6월 27일
초판2쇄 펴냄 2022년 8월 26일

지은이 피에르 다르도, 크리스티앙 라발
옮긴이 오트르망(심세광, 전혜리)
프리즘총서 기획위원 진태원
펴낸이 유재건
펴낸곳 그린비
주소 서울시 마포구 와우산로 180, 4층
대표전화 02-702-2717 | **팩스** 02-703-0272
홈페이지 www.greenbee.co.kr
원고투고 및 문의 editor@greenbee.co.kr

주간 임유진 | **편집** 홍민기, 신효섭, 구세주, 송예진 | **디자인** 권희원, 이은솔
마케팅 유하나, 육소연 | **물류유통** 유재영 | **경영관리** 유수진

책값은 뒤표지에 있습니다. 잘못 만들어진 책은 구입처에서 바꿔 드립니다.
ISBN 978-89-7682-680-0 93300

學問思辨行: 배우고 묻고 생각하고 판단하고 행동하고

독자의 학문사변행을 돕는 든든한 가이드 _그린비 출판그룹

그린비 철학, 예술, 고전, 인문교양 브랜드
엑스북스 책읽기, 글쓰기에 대한 거의 모든 것
곰세마리 책으로 통하는 세대공감, 가족이 함께 읽는 책